"十二五"国家重点图书出版规划项目·新世纪法学教育丛书

中国刑法总论

阮齐林　耿佳宁　著

中国政法大学出版社

2019·北京

声　明　1. 版权所有，侵权必究。
　　　　2. 如有缺页、倒装问题，由出版社负责退换。

图书在版编目（CIP）数据

中国刑法总论/阮齐林，耿佳宁著.—北京：中国政法大学出版社，2019.10
ISBN 978-7-5620-9252-0

Ⅰ.①中… Ⅱ.①阮…②耿… Ⅲ.①刑法-法学-中国 Ⅳ.①D924.01

中国版本图书馆CIP数据核字(2019)第222837号

出 版 者	中国政法大学出版社
地　　址	北京市海淀区西土城路25号
邮　　箱	fadapress@163.com
网　　址	http://www.cuplpress.com（网络实名：中国政法大学出版社）
电　　话	010-58908435(第一编辑部) 58908334(邮购部)
承　　印	保定市中画美凯印刷有限公司
开　　本	720mm×960mm 1/16
印　　张	28
字　　数	614千字
版　　次	2019年10月第1版
印　　次	2019年10月第1次印刷
印　　数	1～5000册
定　　价	66.00元

作者简介

阮齐林 男，中国政法大学刑事司法学院教授，法学博士，博士生导师。1982年毕业于西南政法学院法律本科，获法学学士学位，1985年毕业于中国政法大学，获刑法学硕士学位；同年留校任教，从事刑法学教学研究。1992年10月至1994年4月国家教委派遣访问学者赴日本东京大学访学。2000年至2003年间在职在北京大学读刑法学博士研究生，2003年获法学博士学位。先后为本科生、双学士和硕士研究生讲授中国刑法、英美刑法、日本刑法、国际刑法、刑法实务、案例刑法等课程，为博士生开外国刑法、刑法讲座。

曾担任中国法学会刑法学研究会第五届理事会副会长兼秘书长；中国政法大学校学术委员会委员（2001~2004届）；2000年6月至2002年6月曾兼任北京市朝阳区人民检察院副检察长。现担任中国法学会刑法学研究会第六届理事，国家检察官学院兼职教授，北京市丰台区人民检察院副检察长（挂职）。

著述有：《毛泽东刑事法律思想初探》（中国检察出版社1991年版，与张穹合著）、《中国刑法上的量刑制度与实务》（法律出版社2003年版）、《刑法总则案例教程》（中国政法大学出版社1999年版）、《刑法案例研习教程》（高等教育出版社2005年版，与康瑛合著）。在《法学研究》《中国法学》等期刊上发表学术论文十余篇。

耿佳宁 女，中国政法大学刑事司法学院讲师，刑法学研究所副所长。法学博士，硕士生导师。意大利地中海雷焦卡拉布里亚大学访问学者，每年为该校博士生讲授"中国刑法导论"课程。

2011年毕业于中国政法大学，获法学学士学位。2013年毕业于中国政法大学，获刑法学硕士学位。同年受教育部国家留学基金管理委员会公派赴意大利罗马第一大学攻读博士。2017年2月以毕业论文"特优"嘉奖，取得公法学（刑法与刑事诉讼法方向）博士学位。同年7月起在中国政法大学刑事司法学院任教，先后为本科生、硕士研究生讲授刑法学总论、刑法学分论、刑法专题、刑法学案例研习、法学前沿问题等课程。

在《政治与法律》《当代法学》《北方法学》《刑事审判参考》等刊物上发表学术论文近十篇，另有译文数篇。

出版说明

"十二五"国家重点图书出版规划项目是由国家新闻出版总署组织出版的国家级重点图书。列入该规划项目的各类选题，是经严格审查选定的，代表了当今中国图书出版的最高水平。

中国政法大学出版社作为国家良好出版社，有幸入选承担规划项目中系列法学教材的出版，这是一项光荣而艰巨的时代任务。

本系列教材的出版，凝结了众多知名法学家多年来的理论研究成果，全面而系统地反映了现今法学教学研究的最高水准。它以法学"基本概念、基本原理、基本知识"为主要内容，既注重本学科领域的基础理论和发展动态，又注重理论联系实际以满足读者对象的多层次需要；既追求教材的理论深度与学术价值，又追求教材在体系、风格、逻辑上的一致性。它以灵活多样的体例形式阐释教材内容，既推动了法学教材的多样化发展，又加强了教材对读者学习方法与兴趣的正确引导。它的出版也是中国政法大学出版社多年来对法学教材深入研究与探索的职业体现。

中国政法大学出版社长期以来始终以法学教材的品质建设为首任，我们坚信，"十二五"国家重点图书出版规划项目定能以其独具特色的高文化含量与创新性意识，成为集权威性和品牌价值于一身的优秀法学教材。

中国政法大学出版社

与初学者谈谈学习刑法学的方法

"应试"出来的学生,眼里只有"书"没有"事"。其实,读书是读"事"。尤其是法律学说,很多书用很多文字在相同的话题上表达不同的看法,读者重在了解作者说什么事,为什么要这样说。如果读书读到的还是字词句,那就太缓慢了,艰涩枯燥,不得要领。如果读书读出了话题以及在该话题上的种种说法,那就对了。如果那话题引起了你的兴趣,那说法挑起了你的怀疑,勾着你不停地寻求正解,勾得你想发表见解,那过程就显得轻快了。看人披着法律的外衣道貌岸然地说利害攸关之事,有的智慧,有的固执,有的理性,有的感性,有的保守,有的偏激,还有的和稀泥,是不是很有趣?

一、观念篇:目的、价值及相关学说

(一)了解刑法的目的

刑法学是一门人文学科,领悟其核心观念是入门的捷径。刑法目的就是核心观念的核心,驾驭着刑法制度、学说的方向。

在罪刑法定时代,刑法即罪与罚,给人的印象好像是从"法律"开始的,其实不然,一切都是从生活开始的。人们共同经营群体生活形成社会秩序,使其相互之间能和谐共处、共同受益。在社会中,总有人要做些妨害秩序的事情,轻微的如侮辱、诽谤,严重的如烧杀淫掳。于是人们(社会)为了捍卫自身的利益而做出反应,在法律中使用刑罚禁止,这就产生了刑法。可见,刑法产生的第一动因是制止妨害社会秩序的行为、维护社会生活利益。如果问题到此为止,那就太简单了。麻烦在于:犯罪由"谁"来确认、刑罚由"谁"来执掌?表面上是国家(公共权力)以法律(公共意志)形式来确认犯罪、施加惩罚,其实是"人"。这个世界有没有圣人我们不知道,但至少我们能确信掌管刑法的人不是圣人。迄今为止的历史表明,"人类"有很多不好的表现,不仅个体之间时有侵犯,而且群体乃至国家之间也是杀伐抢掠不断,从用牙齿、石头打仗的时代,一直发展到用弓箭、枪炮、飞机、导弹打仗的时代。刑法的制度史也有许多令人汗颜蒙羞的记录，罪名有时会扣在不同政见者、不同信仰者、不同情感者的头上，刑罚有时会成为统治者滥施淫威的工具。当我们把刑法冠冕堂皇的装饰层层剥去，让"人对人的制裁"裸露出来的时候，[1] 尤其是当我们想到，刑法的执掌者有时竟然很愚蠢、很暴虐的时候，我们就成为怀疑主义者，不得不时刻心存戒心，提防滥用刑法之害。可见，刑法产生的第二个动因是防止国家、社会滥立罪名、滥施刑罚侵犯公民权利。这就是刑法的目的：①维护社会秩序，保护公民权益免受犯罪之害；②保障公民权利免受刑法滥用之害。

罪刑法定原则是现代刑法的基石，其理解和适用必须遵从刑法的目的。为了规范人的行为，减少犯罪活动，为了规范国家运用刑罚权的活动，防范刑罚滥用，均要求明确规定犯罪与刑罚并预先以成文法的形式公布，"广而告之"，以便人民一体遵行，达到"刑期于无刑"的效果（立法预防、心理强制）。当社会以法律的名义惩治犯罪时，社会与个人力量的不对等需要在刑法适用上采取不对等的规则，以便维持两个刑法目的之间的平衡，由此决定了罪刑法定原则的内容：采用成文法、排斥习惯法；刑法只能规定"必要的"犯罪和刑罚，禁止过量、残酷的刑罚；禁止适用事后重法，但允许适用事后轻法（从旧兼从轻）；在解释方法上，要求严格遵守条文词语的普通含义解释刑法，重视文理解释的地位，禁止不利于被告人的类推解释。

这方面的话题，可看看《刑法的根基与哲学》（[日]西原春夫著，顾肖荣等译），《刑法学基础》（[日]曾根威彦著，黎宏译），《走向哲学的刑法学》（陈兴良著），《刑法理性论》（张智辉著）。另外，《人类死刑大观》（[法]马丁·莫内斯蒂埃著，袁筱一等译）展示的"为了惩罚和诛灭恶人而形成的极刑方式"极具感性冲击力，令人对刑法怀有戒心。

（二）了解刑法的价值及相关学说

刑法是规定犯罪、刑事责任和刑罚的法律，可见"犯罪·责任·刑罚"是刑法学的核心话题。罪刑法定原则只给它们解决了制度基础，没有解决某行为之所以应当被规定为犯罪并应当受罚的"内容"。每位刑法专家以及其他法律职业者，在面对既存刑法体制、学说时，自然会时刻反思：什么应当作为犯罪？现行刑法中的这种、那种犯罪是不是真的都危害社会生活利益，

---

[1] [日]西原春夫著，顾肖荣等译：《刑法的根基与哲学》，法律出版社2004年版，第1~3页。

值得处罚？什么样的方式可以作为刑罚？现行刑法中的这种、那种刑罚是不是真的合理？惩罚犯罪是为了什么？我们有没有迷失方向？这类终极标准只能从法律之外的生活中寻求。生活变化了，它们也随之改变，人们会用新标准去改善刑法制度和学说。学说阐释这些话题，从而形成了"犯罪本质论""刑罚目的论""责任本质论"。对犯罪可解析出以下要素（人·意思·行为·结果）：①人，即"犯罪的主体"；②意思，即做某事的心理态度；③行为，即人的举止；④结果，即行为对外界所生之影响。

1. 不变的话题、价值和可变的刑法学说（观点）。

(1) 不变的话题："人·意思·行为·结果"。如果上升一个层面则是：刑法目的·犯罪·刑罚·责任的本质（内容）。

(2) 不变的价值：秩序·自由·安稳·公正·功利。在读书时，初学者如果能定位作者的该段文字是讨论什么话题的，就算抓住要领了；如能了解该作者在该话题上的观点和倾向（立场），就算得其要领了；如进一步了解到该作者在该话题采取该观点、价值倾向将会对刑法制度、解释甚至个案的定罪处罚产生何等的影响，那就算深得要领了。比如，"未遂"的可罚性，民事侵权以存在损害事实为构成要件，在"人·意思·行为·结果"的要素中，控制到事实上发生"结果"。如果刑法采取这种观念，则未遂没有可罚性。考虑到刑法规制的行为"性质"恶劣，所以还是要处罚未遂，这时应把犯罪根据设定在结果发生或"结果可能发生"（危险）上。

(3) 可变的刑法学说。以未遂为例，有的采取"选择"可罚，有的采取"普遍"可罚，反映出各种刑法学说对"结果"重视的程度不同。"未遂"的可罚范围，有具体危险说、抽象危险说和主观说。具体危险说主张，只有具有侵害结果现实可能性的未遂才应受处罚，据此对"不能犯"不应按照未遂犯处罚。抽象危险说主张，只有具有侵害结果抽象可能性的未遂才应受处罚，因此对不能犯要区分绝对不能与相对不能，以此确定犯罪性。主观说主张，有犯罪的意思和相应的行为就可罚，把犯罪的根据放到通过行为表现出的"犯罪意思"上，据此，即使迷信犯或愚昧犯也不排除可罚性，只是例外不罚。这背后可能包含着作者自认为或被认为：①以结果为中心，犯罪圈的扩大与收缩，甚至抛弃以结果为中心而推前至行为及其意思；②重视事前干预还是事后问责；③重视法规对人的指引还是保护法益的完好状态；④重视社会秩序还是个人自由。归根到底，刑法干预的合理分寸在何处？在此基础上，如果还能了解一点该作者所处的时代背景、当时的社会问题和流行思潮、个人成长经历、学术师承，那就有点专业味道了。

2. 传统学说：法益侵害→结果→行为→意思→人。传统学说认为，犯罪本质是对"权利"或"法益"的侵害。凭直观可知，刑法中各种犯罪如盗窃罪、抢劫罪等有害；深入分析可知，国家通过法律把某个东西当作犯罪惩罚的根源，也是认为那东西有害。有害是犯罪的本质内容，现在看来道理很简单，几乎是不证自明的。可是，历史上就曾经发生过把持不同信仰、不同观念当作罪恶惩罚的蠢事，也曾发生过把并无大碍的行为（如人与兽性交）当做犯罪惩罚的事情。可见，认识并信守犯罪应包含"有害性"内容并不简单。因为曾经发生过这类蠢事，为了将来不再发生这类蠢事，学者们力图证明犯罪必须"有害"的观念并使之成为信条，成为传统的犯罪本质观。

基于这种本质观，评价犯罪的重点在行为所生之外部影响（结果），犯罪之所以成为犯罪，在于其侵害法益的结果应予否定（结果无价值）；评价犯罪的顺序是逆向的，即由侵害法益而追及结果→行为→意思→人。当把"人·意思"划为犯罪主观要素、"行为·结果"划为客观要素时，该学说具有重视客观的倾向。刑法究竟应该"事先干预"人的意志使其避免犯罪，还是在侵害法益事实发生后进行"事后问责"？该学说重视"事后问责"。犯罪的自然顺序是：人→意思→行为→结果。该说把握的犯罪界限直至行为"造成侵害或威胁法益的效果"，比较靠后。

关于责任，传统学说认为，人出于故意、过失的心理意思而实施行为、侵害法益，就应当对自己的行为及其结果承担责任。在"人·意思·行为·结果"的要素中，"意思"是将客观的行为及其结果归责于行为人的主观根据（心理责任论）。人基于道德规则即"本人必须接受自己对别人做的事情"，对自己行为及其后果承担责任（道义责任论）。刑罚的目的建立在公正基础上，让罪行受到应得惩罚（报应主义），把罪犯给别人的东西（侵害）还给罪犯或者人选择犯罪就要担当其后果（道义责任）。罪刑相适应主要是指刑罚的轻重与"意思·行为·结果"的轻重相称。此说的倾向是"对事不对人"，在"人·意思·行为·结果"的要素中，不重视"人"的因素。当时没有考察到人的因素，只是把人想象为"理性人"（自由意志）。当研究犯罪人而发现他们各色各样往往异于常人时，这种观念受到剧烈冲击。

3. 新学说：规范违反说——命令规范→人→意思→行为→结果←评价规

范。新学说认为，犯罪的本质是违反规范。"规范"简单说就是规则、规矩。人的权利只有在众人（社会）循规、有序、和谐运行时，即处在"有秩序"状态中才能真正成为可享受的利益。这种法秩序状态中的利益，即法益。权利·利益·规范·秩序·法益的关系是：人的权利是与生俱来的，如个人的生命、健康、财产权，人享用权利是利益（好处）。但是，生活在人群（社会）中，个人的权利、利益若得不到他人的尊重则没有保障，于是需要规矩（规范）来维护。若人人循规蹈矩，则个人的权利处在和谐有序的享用状态，这就是社会秩序。秩序状态下的权利享用，不再是"自在"的权益，而是"自为"的权益，即法保障的权益，称法益或法权。规范在两方面发挥作用：①对"事"提供了评判对错的标准（评价规范），衡量某人做的"某事合不合规矩"；②对"人"发出指令：请循规蹈矩（命令规范）！当某人做出不合规矩的事时，针对该"人"责问：为何不守规矩?！若该人能守规矩（可期待其不犯法）而不守，则应当对自己的犯规行为受到谴责（规范责任说）。

按照规范违反说，罪责的评价重心略有变化：①偏重"结果"的观念被改变，认为刑法对犯罪的否定不单集中在结果上，也应体现在行为上（行为无价值），转向重视行为自身的反规范性；②故意、过失心理是责任根据的说法被改变，强调人拒不服从规范的态度是归责根据，故意、过失心理只是认定人的抗拒规范态度的心理事实根据；③与传统观念相比较，在"人·意思·行为·结果"的要素中，规范违反说对罪责的评价重心略微前移，违法评价推及行为、责任评价推及人的（拒绝服从规范的）态度，甚至推及人格（人格责任）。重视评价人的不合规矩的"行为"和人的不守规矩的"态度"，这既动摇了"事后问责"的传统观念，也为刑法干预人的活动往前推移提供了理论依据。

4. 社会情势与刑法——"危险时代的危险刑法"。我们所处的时代充满危险，恐怖主义、种族、宗教冲突、环境污染、高速交通等，煎熬着人们脆弱的神经。或许人们期望法律采取扩张态势约束人的行为，把评价犯罪的重心由行为所生之侵害"结果"推前到"行为包含之侵害危险"，把待法益侵害结果发生事后问责的刑法转变为防范法益侵害危险的刑法。"危险刑法"一语双关：一方面，刑法把犯罪界限前移至"行为之危险"，这是大量规定"危险犯"的刑法；另一方面，危险刑法可能会带来侵犯公民自由的危险。危险时代呼唤危险刑法，危险刑法包含侵犯人权的风险。这不禁又转回到刑法的目的，如何兼顾保护社会、惩治犯罪的双重目标？"投鼠忌器"是学者讨论罪责本质（标准）时不能忘记的箴言。上升到政治层面，就是个人自由主义还是家长主义的选择。

5. 刑罚目的。刑罚目的观虽然与罪责本质密切关联，但它对刑法制度具有独特的影响。报应主义的基础是公正观念，主张人因为自己的行为受惩罚、同罪同罚。预防主义的基础是功利观念，一般预防把刑法正当性放在警戒他人上，个别预防把刑法正当性放在教育、促进犯罪人悔过自新上。极端的个别预防使罪刑相适应变成刑罚与犯罪人个人改造的需要相适应。"刑罚的对象不是行为而是行为人"，表明了刑罚适用重心的变化。

6. 中国学说和制度。犯罪本质是"社会危害性"，如果继续追问：危害了什么？回答是：社会关系（客体）或法益、社会利益。关于责任，认为具有故意或过失就具有罪过责任，就应当承担相应的刑事责任，属于心理责任论。关于刑罚目的，采预防主义。

中国制裁危害行为有两个层次的法律：①《治安管理处罚法》及其他行政处罚法（规定违法行为和行政处罚）；②刑法（规定犯罪和刑罚）。这种法律结构事实上造成了中国刑法上的犯罪必须具有"严重"危害。如果窃取财物不够"数额较大"（1000元~3000元以上），或故意伤害行为没有造成"轻伤结果"，适用《治安管理处罚法》给予拘留、罚款处罚，在性质上属于违法行为、行政处罚，不属于犯罪和刑罚。因为存在行政处罚这道关口，有害行为越过这道关口进入刑事处罚领域被当作犯罪处罚的，往往具有相当的严重程度。这种制度特点决定了在"人·意思·行为·结果"的要素中，犯罪界限被极端推后至"结果"。这体现在分则条文对很多犯罪特意规定程度（结果）方面要件，如"数额较大""情节严重""情节恶劣""销售金额5万元以上""违法所得数额巨大"等。受这类要件的限制，中国刑法的实际运作具有极端重视客观、结果、事后问责的特点，未遂犯、帮助犯常常实际不受刑事追究。这不等于中国不存在过分追究"危险"的危险，而是把这个问题放到了行政法领域。刑事处罚受这个特点的制约，缓刑、管制、单科罚金刑等轻缓刑罚的适用空间被极度压缩。不了解中国制度特色，在刑法领域倡导"非犯罪化""非监禁化""扩大罚金刑适用，取代短期自由刑"，就显得盲目。

7. 小结。希望大家读完上面枯燥且不严谨的文字后能得到一点印象：

①人们总是尊崇这些价值："秩序·自由·安稳·公正·功利"，并喜好选择其中一个或数个作为"立论根据"；②据此在"刑法目的·犯罪·刑罚·责任"的话题上发表见解；③据此见解导致评价罪责的重点在犯罪的"人·意思·行为·结果"要素上发生移动；④即使细微的移动，在学说上也如同地震。

关于这方面话题，不妨看看《刑法概说》（［日］大塚仁著，冯军译），这本教科书有助于打下坚实的刑法学基础；《刑法的精神与范畴》（曲新久著），从标题可见书的内容是谈论刑法学重要话题（范畴）的；《刑法的基本立场》（张明楷著）则会告诉你同样的话题为何有不同的说法。

二、制度篇：基本与修正、常规与非常规

（一）基本与修正

基本的犯罪构成是由分则各"罪·刑"条款确立的。

首先，分则各"罪·刑"条款确立了"犯罪行为"的种类（行为类型）。比如，《刑法》第302条规定："盗窃、侮辱、故意毁坏尸体、尸骨、骨灰的，处3年以下有期徒刑、拘役或者管制。"据此，"盗窃、侮辱、故意毁坏尸体、尸骨、骨灰"是刑法禁止的犯罪行为，其法律效果是"处3年以下有期徒刑、拘役或者管制"。遇到"盗窃、侮辱、故意毁坏尸体、尸骨、骨灰"的事情（案件），此条是对该行为定罪处罚的基本法律依据。没有此条，不能认为该行为是犯罪；有此条，就可认为该行为是犯罪。处罚也受此条约束，最重不能超过3年有期徒刑。总则的许多规定，例如，罪刑法定原则、罪刑相适应原则，犯罪预备、未遂、中止，共同犯罪、犯罪故意、从轻处罚、减轻处罚、免除处罚等，在处理"盗窃、侮辱、故意毁坏尸体、尸骨、骨灰"事情（案件）时，均需依附、围绕此条适用。比如，甲唆使乙盗窃他人尸体，乙实施盗窃他人尸体行为，对乙依此条定罪自无疑问，对于甲能否依此条定罪就存在疑问，因为甲"动口不动手"，《刑法》第302条禁止并惩罚"盗窃尸体"，但不能当然推导出禁止并惩罚其"教唆"行为。《刑法》第29条规定："教唆他人犯罪的，应当按照他在共同犯罪中所起的作用处罚。……如果被教唆的人没有犯被教唆的罪，对于教唆犯，可以从轻或者减轻处罚。"有此规定，对"教唆"他人盗窃尸体的行为才获得处罚的根据。刑法分则开列出"罪·刑"清单，只有当分则开列出"盗窃尸体"是一种"犯罪"，该"犯罪"的"教唆"行为才具有犯罪性。对该教唆行为的处罚也必须以《刑

法》第 302 条为依据。在对甲定罪判刑时，首先需引用《刑法》第 302 条，其次引用第 29 条。由此可见，适用刑法条款处理具体案件时，分则各"罪·刑"条款是基本依据。于是学者就解说：分则各本条"罪·刑"条款确立的犯罪构成是"基本的犯罪构成"，总则有关确认犯罪行为的条款是"修正的犯罪构成"，如《刑法》第 29 条"教唆他人犯罪"的行为，就是对分则各条"罪·刑"条款的修正。《刑法》第 302 条经此修正，由惩罚"盗窃、侮辱、故意毁坏尸体、尸骨、骨灰"自身扩及惩罚该行为之教唆行为。同理，总则中关于"帮助犯"、"预备犯"的规定也把《刑法》第 302 条由惩罚"盗窃、侮辱、故意毁坏尸体、尸骨、骨灰"自身扩及惩罚该罪之帮助、预备行为。

其次，分则各"罪·刑"条款确立了对"犯罪程度"处罚的基准。比如，《刑法》第 302 条规定："盗窃、侮辱、故意毁坏尸体、尸骨、骨灰的，处 3 年以下有期徒刑、拘役或者管制。"另外，《刑法》第 23 条规定："已经着手实行犯罪，由于犯罪分子意志以外的原因而未得逞的，是犯罪未遂。对于未遂犯，可以比照既遂犯从轻或者减轻处罚。"根据此条规定对"未遂犯"比照"既遂犯"处罚，显然"既遂犯"是"未遂犯"的处罚基准。那么"既遂犯"在哪里？在《刑法》分则各"罪·刑"条款中！《刑法》第 302 条就是其中之一。这意味着，《刑法》第 302 条确立的就是一种（盗窃、侮辱、故意毁坏尸体、尸骨、骨灰罪的）既遂犯，构成该条之既遂犯，直接适用该条之法定刑处罚。同理，总则关于预备犯、中止犯的规定，也是以分则各本条既遂犯为基准处罚的。

最后，犯罪的个数也是分则各"罪·刑"条款确立的。比如，《刑法》第 302 条规定："盗窃、侮辱、故意毁坏尸体、尸骨、骨灰的，处 3 年以下有期徒刑、拘役或者管制。"有此规定，"盗窃、侮辱、故意毁坏尸体、尸骨、骨灰"才被认为是"一个"罪，无论是实施盗窃尸体行为，还是侮辱尸体行为，抑或是故意毁坏尸体行为，无论是盗窃一具尸体又侮辱一具尸体，还是同时对一具尸体兼施了盗窃和侮辱行为，只接受《刑法》第 302 条一次评价，被按照"一罪"定罪处罚即可。

在刑法分则与刑法总则谁"基本"这点上，本不该发生理解上的困难。可是我发现不少初学者在理解上还会发生困难，揣测原因大概是：①学习的进程是从总则到分则，总则又有那么多"基本"的内容（其实主要是"通用"规则），先入为主，以为总则确立了基本的犯罪构成；②中外学说犯罪论结构的差异造成的。欧陆学说犯罪论主干有三块内容:"犯罪构成·违法·责任",其"犯罪构成"是狭义的,可直接将它指向分则各"罪·刑"条款中的"罪状",即使不懂"犯罪构成是违法有责的定型"这样抽象的定义,不清楚犯罪构成"是"什么,也至少能清楚犯罪构成"在"哪里。中国学说犯罪论主干有两块,即"犯罪概念·犯罪构成","犯罪构成"是犯罪要件的"总和",是广义的。这种广义犯罪构成除了说它具有"法定性"的特征外,不能指向刑法更具体的位置。若既不懂它是什么,也不知它在哪里,就麻烦了。初学者往往会把犯罪构成"客体·客观方面·主观方面·主体"四要件当成基本的犯罪构成,其实这是犯罪构成的结构和共同内容。对犯罪构成作"基本·修正"的分类来自欧陆学说,其中"基本"的构成特指特殊的构成而非一般的构成,引入中国学说存在体系障碍。在中国学说中,这种分类究竟该放弃还是保留?学者们也很矛盾。留着它或许能帮助学生了解一点欧陆犯罪论体系重视分则各本条特殊构成要件的思维。

不过有一点与体系无关,在处理案件、决定适用刑名时,分则各"罪·刑"条款当然是基本的。行为触犯分则某"罪·刑"条款,是成立犯罪的前提。法官审理刑事案件找到、找准可资适用的分则"罪·刑"条款,是定罪处刑最基本的法律依据。

(二) 常规与非常规

法律源于生活、遵循法理,因此法律制度的设置通常与"生活·法理"是一致的。以故意杀人为例,从生活观察:甲要杀死乙且将乙杀死,甲预定的犯罪目标实现了,追求的结果发生了,一件事情做完了,犯罪既遂了;从法理(刑法学说)评价:刑法设置条文保护人的"生命",甲非法地杀死了乙,一个人的生命被终结了,法律保护的生命权益被破坏,该罪行既遂了。《刑法》第232条规定:"故意杀人的,处死刑、无期徒刑……"根据这样的法律规定,故意杀人且把人杀死的,既遂,就程度而言,需不折不扣地承担罪状之后的法律效果即"处死刑、无期徒刑……"在犯一个完整的故意杀人罪上面,"生活·法理·法律"是一致的。假如甲没有杀死乙,则是故意杀人罪的未完成情形。

法律设置与生活·法理的一致,自然与人们的观察、经验、逻辑推理一致,大约可以称其为"常规"。因此,法律设置的基本的犯罪构成往往合乎常规,并与人们的经验、逻辑思维吻合。初学者往往也能据此"举一反三",

不必一一具体掌握。但是，这恰恰是初学者容易犯错误的地方。立法者出于多种多样的考虑，时有"非常规"的法律设置。

例如，关于"放火"行为，《刑法》第114条规定："放火……危害公共安全，尚未造成严重后果的，处3年以上10年以下有期徒刑。"《刑法》第115条规定："放火……致人重伤、死亡或者使公私财产遭受重大损失的，处10年以上有期徒刑、无期徒刑或者死刑。"按常规理解，只需用一个条文规定惩罚一种罪行，但是《刑法》在这里用两个"罪·刑"条款（第114条和第115条）规定对同一（放火）行为的惩处，一种罪有两个"既遂"的标准，一个是第114条的"危险"，另一个是第115条的"结果"。这导致放火罪的"未遂"存在两个既遂基准。假如甲欲放火烧毁一巨型仓库，刚刚点着即被人发觉、扑灭，究竟算是既遂还是未遂呢？若按常理推断为未遂可能会出错。其实这是制度设置问题，假如甲放火行为完整实现《刑法》第114条的内容，即使尚未造成严重后果，也适用《刑法》第114条处罚，自无适用《刑法》总则未遂犯规定从轻、减轻的必要。

在犯罪个数上，因为制度设置的缘故也存在大量非常规情形。按常理，一个"意思·行为·结果"是一罪，刑法往往也是这样设置的，如《刑法》第232条规定之故意杀人罪。但是，法律设置要考虑法理和政策需要，可能会与常识不一致，如《刑法》第239条规定，犯绑架罪"……杀害被绑架人的……处无期徒刑或者死刑，并处没收财产"。假如甲绑架乙作人质，勒索到赎金之后竟然将乙杀害。按常理有绑架和故意杀人两个行为，应当成立绑架罪和故意杀人罪，但是，法律在此将自然观察的两个行为和法律上的两个罪行设置为承担一个法律效果（处死刑），只能视同一个罪行定罪处罚。刑法中常见把某罪行或某结果作为另一罪的加重情形，遇到这类加重犯，也只能从制度设置上予以掌握。

假如问题到此为止，不难解决，初学者对不合常规（或不合本人经验、逻辑）的制度设定逐一记牢就可迎刃而解。接下去的问题是，"学者"（注意是"学者"而不是"初学者"）因为自己的观念甚至偏好不同，对制度的设置提出不同的看法（学说），比如，有学者认为，我国《刑法》总则对预备、未遂、中止的犯罪性作出了普遍的规定，它与分则各"罪·刑"条款组合成（预备、未遂、中止、既遂的）犯罪构成，因此没有必要区分基本的犯罪构成和修正的犯罪构成。再比如，通说认为《刑法》第114条是放火罪等罪的既遂，《刑法》第 115 条是其结果加重犯。有学者重视犯罪的结果，认为犯罪构成的设置应当以"结果"发生为既遂基准，据此，第 115 条应是放火罪等罪的既遂，第 114 条是放火罪等罪"未遂犯在分则的特别规定"。这些说法并非没有道理，对初学者而言恐怕只有抓住本国制度设置的特点，结合刑法的基本观念，增强自己的"定力"，才能分辨出不同说法的根据和偏好。

三、提高篇：常态和非常态

生活中发生的绝大多数犯罪案件都是常态的，比如，甲为图保险金谋杀乙，使用剧毒的氰化物将乙毒杀，其动机、目的、认识、行为方式、造成的结果如此普通，以至于稍具常识的人就能作出与专家一致的判断。但是偶尔也会发生一些异常的罪案，例如，甲谋杀乙却把丙误认作乙（张冠李戴）而将丙杀害；或本欲毒杀乙并购买"毒鼠强"（剧毒灭鼠药）投放到乙的食物中，不料该灭鼠药是假的，不可能毒杀乙；或者甲为偿还乙的债务而投保人身意外伤害险，然后乞求乙砍断自己的双腿以便获保险金偿债。这类异常罪案极为罕见，甚至于超出常人的想象，不仅给法律提出了难题，也向学说提出了挑战。学说追求其原理的普遍适用性，能完满说明"常态"问题是理所当然的，只有同时也能完满说明"非常态"问题，才能通过学说原理性、圆满性的最终测试。正因为如此，非常态的事例尽管罕见，却常常为学者津津乐道，占了学说很大的篇幅。这不是卖弄也不是猎奇，而是学说需要通过极端事例来进行检验。

学说坚持主、客观相一致的原理，并追求它普遍适用的意义。犯罪人在犯罪过程中主观认识与客观实际通常是一致的，比如例 1：甲欲杀乙，并开枪击中乙致乙死亡。偶尔也会出现意想不到的情况，比如例 2：甲欲杀乙，误把丙认作乙并开枪射击致丙死亡，即发生了对象认识错误。值得研究的不是例 1 而是例 2，即所谓刑法上的认识错误的事实认识错误。考验学说价值、立场的不是例 1 而是例 2。关于例 2，甲对"丙"的死亡结果该承担故意罪责还是过失罪责？假如是故意罪责，则成立故意杀人罪的既遂，因为甲造成了一个人（丙）的死亡结果；假如是过失罪责，则成立故意杀人罪（对乙）未遂和过失致人死亡（对丙的死亡结果）的想象竞合犯，择一重罪处断，成立故意杀人罪未遂。学者都认可"主客观相一致"，例 2 提出的挑战是：主观与客观应当一致到何种程度？例 2 中甲对"乙人"有杀害故意，对"丙人"没有杀害的故意，若要求甲主观认识（欲杀"乙人"）与客观实际（杀死"丙人"）具体吻合到"乙人"还是"丙人"程度才对死亡结果承担故意罪责，叫做"具体符合"说，此说显然对确认故意罪责提出了极为严格的要求。若要求甲主观认识与客观实际吻合到"人"的程度即应对某"人"之死（不论是乙还是丙）承担故意罪责，叫做"法定符合"说，因为甲实际杀害的"丙"与"乙"虽然是两个不同的人，但他们同属于《刑法》第232条故意杀人罪之"人"，在法律上是同质的。通过解决这样的极端事例，可看出学说在坚持主客观相一致原理方面的细微差异。

在共同犯罪中，通常各犯罪人的认识一致，但也有认识不一致的事例。这些认识不一致的事例考验了承担共犯罪责需主客观一致到何种程度。例3：甲、乙共谋"教训"丙，甲实际上怀有杀丙之心而乙只有伤害丙的意思，二人共同加害丙，甲、乙是否成立故意杀人罪的共犯？共犯成立标准有犯罪共同说、部分犯罪共同说、行为共同说。按犯罪共同说，甲、乙二人不成立故意杀人罪的共同犯罪；按部分犯罪共同说，则仅在故意伤害的限度内可成立共犯；按照行为共同说，则甲、乙二人成立共同犯罪。本书主张共同犯罪只是一种共同违法形态，各共犯人对共同加功造成的违法结果承担刑事责任，至于故意的具体内容，依主观要件理论分别认定即可。所以，没有必要细究共同犯罪究竟是在哪点上"共同"。但对例3的评价结论与部分犯罪共同说一致。例4：甲、乙共谋盗窃丙家，甲入户盗窃，乙放哨，甲窃取5万元，出来后向乙谎称只窃得1万元，二人平分1万元。乙是对1万元还是5万元承担罪责？通说认为乙仍对5万元承担罪责，犯罪数额的误认不妨害故意罪责的承担。

认定犯罪故意，不仅要求事实认识的主客观相一致，而且要求行为违法性认识的主客观相一致。按常理，甲盗窃乙的财物，通常不仅对此事实有认识，而且对此事实的"是非善恶性质"也有认识，即知道这被法律禁止。如果某学说把犯罪故意的否定评价重心放在"知其不可为而为之"上面，会更重视行为人有此"违法意识"，把它当作承担故意罪责的本质根据。对于甲盗窃乙的财物这样的平常事，不需要求证甲知不知道盗窃"不可为"，因为具有普通辨认、控制能力的人从小受到道德教化，不言而喻知道"偷"是件"坏事"。普通人对生活中、法律上绝大多数的罪行均"知其不可为"是不言而喻的，所以当某人触犯刑律，通常无需说明他是否意识到行为违法就可成立犯罪故意，但不等于"违法意识"不是故意罪责的必要内容。因为现代社会法网严密，行为人可能会因为不知其行为违法（不可为）才触犯法律。比如例5：甲到非洲国家旅游从商店购买了一件象牙工艺品带回国内，他可能没有意识到这是犯法的（走私珍贵动物制品罪），惩罚他似乎不近人情或过于霸道。面对这样的极端事例，学说上就演绎出是否将违法性意识作为故意内容（要素）的必要说、不要说、有违法性意识可能性说。

主客观一致的原理在处理行为人主客观不一致（认识错误）的非常态事例中才显现出作用，学者的不同观点才显现出实质差异。同理，刑法学的其他原理、制度也是在处理其他非常态情形中得到表现。这类非常态的情形、事例如：①不能犯未遂（相对于能犯未遂）；②偶然因果关系（相对于必然因果关系）；③不作为尤其是不真正不作为犯（相对于作为犯）；④想象竞合犯（相对于一行为犯一罪）；⑤间接实行（相对于直接实行）；⑥教唆未遂（相对于成功教唆）；⑦间接故意（相对于直接故意）等。如果把"单个人实行一个既遂罪"看作分则各本条制度设置的常型，那么，犯罪预备、未遂、中止、帮助、教唆、共同犯罪、数罪、结果加重、情节加重也可以看作特别的情形，需要特别关注。

四、实务篇：定罪与量刑、法理与情理

适用法律处理案件，不仅要通晓观念、制度、学说，还需要懂社会，了解法律职业群体的思维习惯和经验。下面我们通过一起案件简单了解法律适用情况。

甲女在乙男（单身离异）家做保姆并照看乙4岁的女儿丙。甲、乙发生了两性关系，乙许诺与同居女友丁分手并娶甲。丁因觉察甲、乙关系暧昧，遂以乙的名义将甲解雇。甲不满，于某日中午将丙从学校骗至其亲属处，后打公用电话以丙的安全相要挟向乙索要"补偿费"2万元。当日16时许，公安人员接群众举报后将甲抓获，并在甲的带领下将丙解救。甲被控犯绑架罪。

一审以非法拘禁罪判处甲有期徒刑2年，理由是甲的行为不符合绑架罪实质特征，故依据索取不受法律保护的债务的司法解释，以索债（情债）型非法拘禁定罪处罚。控方坚持认为甲构成绑架罪，提起抗诉。二审认为甲绑架丙作为人质，并以此威胁乙索要"损失费"2万元，构成绑架罪。但鉴于

犯罪情节轻微，判决免予刑事处罚。[1]

本案难在何处呢？首先看本案定罪处罚涉及的全部法律依据：

（1）《刑法》第239条（绑架罪）[2]："以勒索财物为目的绑架他人的，或者绑架他人作为人质的，处10年以上有期徒刑或者无期徒刑，并处罚金或者没收财产……"

（2）《刑法》第238条（非法拘禁罪）："非法拘禁他人或者以其他方法非法剥夺他人人身自由的，处3年以下有期徒刑、拘役、管制或者剥夺政治权利……为索取债务非法扣押、拘禁他人的，依照前两款的规定定罪处罚。……"

（3）《刑法》第63条："犯罪分子具有本法规定的减轻处罚情节的，应当在法定刑以下判处刑罚……犯罪分子虽然不具有本法规定的减轻处罚情节，但是根据案件的特殊情况，经最高人民法院核准，也可以在法定刑以下判处刑罚。"

（4）《刑法》第37条："对于犯罪情节轻微不需要判处刑罚的，可以免予刑事处罚……"

本案的难点在于：从法理讲，甲扣押丙作人质勒索2万元，符合《刑法》第239条之"以勒索财物为目的绑架他人"的犯罪构成，理应承担该条"处10年以上有期徒刑……"的法律效果。如果适用《刑法》第239条处罚，同时又不适用《刑法》第63、37条，法院对甲必须至少判处10年有期徒刑、并处罚金或没收财产。[3]从情理讲，对本案甲判处10年有期徒刑实在太重，违背朴实的公平感，不合情理。一审法院为回避判刑10年，认定构成非法拘禁罪，判刑2年。遭抗诉后，二审法院改判绑架罪，但同样想回避判刑10年。二审法院找不到对甲可以适用《刑法》第63条"减轻处罚"的事由，干脆依据《刑法》第37条"免予刑事处罚"。本案起诉、审判中定罪量刑的曲折变化，反映出法理与情理的较量，并且情理始终支配着案件处理结果。

不过，法院的判决是否正确，哪级法院的判决更合理，则是个令人难以

---

[1] 臧德胜："挟持他人子女向他人索要'补偿费'的行为是否构成绑架罪——被告人李新朵绑架案法律适用问题探讨"，载北京市高级人民法院编：《审判前沿》（总第11集），法律出版社2005年版。

[2] 该条第1款已被2009年2月28日通过的《刑法修正案（七）》第6条修正，此处所举案例是为了说明刑法修订前刑法规定与现实情理的冲突与衡平。

[3] 这种说法被《刑法修正案（七）》第6条修正后，就显得不那么准确了。

确定回答的问题。如本案甲的行为到底是否符合绑架罪？涉及绑架罪构成要件的解释。一审判决认定不符合其"实质特征"，意思是仅仅"形似"。理由大概是绑架罪法定最低刑为 10 年以上有期徒刑，立法配置如此重刑，考虑适用的情形应当是那些以勒索巨额财产为目的严重威胁人质安全的行为。本案这种恩怨儿戏似的"绑架"，实则不是立法者意欲惩治的绑架罪。这种理解存在一个法律漏洞，因为照这种理解就没有"犯罪情节轻微"的绑架罪了，这等于否定了《刑法》第 37 条普遍适用的效力。起诉方和二审法院不接受一审判决的实质解释。二审判决认定甲构成绑架罪，但认定"犯罪情节轻微"，这也不是没有疑问的。首先，本案甲的绑架行为能否认定"情节轻微"就存在斟酌余地，一审判决不得不转定非法拘禁罪，恐怕就是感到没把握。轻微不轻微是个弹性的概念，但是其效果"免予刑事处罚"却是硬性的。一审法官可能认为对本案甲判 2 年有期徒刑比免予刑事处罚更为妥当，所以回避了《刑法》第 37 条的适用。其次，按照二审法官判决的思路，对本案这类绑架案件，要么处刑 10 年，要么免予刑事处罚，留下 10 年徒刑的巨大落差，怎能避免量刑畸轻畸重的结果？[1] 本案甲假如具有法定减轻情节比如自首，有一个平缓过渡的法律依据，会不会就减轻处罚而避免免予刑事处罚呢？如果这样，对被告人而言多一个法定减轻情节反倒成了坏事，得到一个减轻处罚的机会反倒因此失去免予刑事处罚的机会。与其这样，接受一审判决对绑架的"实质"解释未必不是一种可以考虑的选择。再如，处理本案各司法机关似乎都认为对甲处刑 10 年畸重，不近情理。但是这种认识是否符合立法精神呢？也值得推敲。刑法规定绑架罪法定最低刑为 10 年徒刑，立法者就是有意借此表明对绑架行为厉行禁止的态度，对本案甲的理解、宽容是否符合立法意图？可见对具体案件的处理，对具体条文的解释、适用，可能会存在多种观点、意见。

初学者须注意，千万不要成为怀疑主义者，即使是各方对这样疑难的案件存在分歧，但是有两个基本前提：①合情，洞察人情世故，符合人们普通的公平感；②合法，必须拿出定案的法律依据，如一审判决根据司法解释：

---

〔1〕 应当注意的是，根据《刑法修正案（七）》第 6 条，绑架罪的法定刑增加了"情节较轻的，处 5 年以上 10 年以下有期徒刑，并处罚金"的规定，这一修订将有效避免司法实务中对绑架罪量刑畸轻畸重的现状。

"对于绑架人质索取赌债、高利贷等不受法律保护的债务的行为以非法拘禁罪论处",对本案按照索债型非法拘禁定罪处罚。二审判决认定被告人绑架行为符合《刑法》第37条"犯罪情节轻微"的条件,免予刑事处罚。从这个意义上说,法律规定和基本理论是初学者必须重视的内容,本书特别使用仿宋字体将理论拔高的部分标出,使之区别于对基本内容的解说,便于读者循序渐进地展开刑法学习,避免初学者不得要领,过早地陷入复杂学说之泥沼。

另外,刑法理论和司法实务在适用刑法处理案件已经积累了丰富的经验,需要去虚心学习掌握。关于实务方面,不妨看看《刑法分则的解释原理》(张明楷著),希望大家从这本书中能了解刑法目的等观念、价值,不同的说法如何具体影响到刑法的解释、适用。此外,最高司法机关发布的司法解释或准司法解释,凝聚了中国司法人员的经验和智慧,是了解中国司法实务的必经途径,如《办理盗窃案解释》《审理抢劫案解释》《审理抢劫抢夺刑案意见》《办理走私刑案解释》《审理金融犯罪案座谈会纪要》《审理经济犯罪案座谈会纪要》等。判例是推动学说、制度发展的主要源泉,尤其是最高人民法院、最高人民检察院公布的指导性案例。建议读者看看刑法案例书,其中,法学院校出的案例教程一类的教材,较为系统、平易;司法实务部门判例选集较新较深入,比如《刑事审判参考》《人民法院案例选》。

阮齐林

2019年6月14日

规范性法律文件名称缩略语

缩略语	规范性法律文件名称
《刑法》	中华人民共和国刑法（1997 年修订）
《刑事诉讼法》	中华人民共和国刑事诉讼法（2018 年修订）
刑法修正案	中华人民共和国刑法修正案
●单行刑法	
《惩治外汇犯罪的决定》	全国人民代表大会常务委员会关于惩治骗购外汇、逃汇和非法买卖外汇犯罪的决定（1998）
《取缔邪教组织的决定》	全国人民代表大会常务委员会关于取缔邪教组织、防范和惩治邪教活动的决定（1999）
《维护互联网安全的决定》	全国人民代表大会常务委员会关于维护互联网安全的决定（2000）
《修改部分法律的决定》	全国人民代表大会常务委员会关于修改部分法律的决定（2009）
《特赦部分服刑罪犯的决定》	全国人民代表大会常务委员会关于特赦部分服刑罪犯的决定（2015）
《反恐怖主义法》	中华人民共和国反恐怖主义法（2018 年修正）
●立法解释	
《刑法第 93 条第 2 款的解释》	全国人民代表大会常务委员会关于《中华人民共和国刑法》第九十三条第二款的解释（2000）
《相对刑事责任范围的意见》	全国人民代表大会常务委员会法制工作委员会关于已满十四周岁不满十六周岁的人承担刑事责任范围问题的答复意见（2002）
《刑法第 30 条的解释》	全国人民代表大会常务委员会关于《中华人民共和国刑法》第三十条的解释（2014）

续表

缩略语	规范性法律文件名称
●司法解释	
《审判严重刑案答复（三）》（已失效）	最高人民法院关于人民法院审判严重刑事犯罪案件中具体应用法律的若干问题的答复（三）（1985，已失效）
《亲属主动退赃批复》	最高人民法院关于被告人亲属主动为被告人退缴赃款应如何处理的批复（1987）
《行政拘留折抵刑期答复》	最高人民法院研究室关于行政拘留日期折抵刑期问题的电话答复（1988）
《确定刑满释放日期的批复》（已失效）	最高人民法院关于如何确定刑满释放日期的批复（1990，已失效）
《判决宣告后又发现同种漏罪的批复》	最高人民法院关于判决宣告后又发现被判刑的犯罪分子的同种漏罪是否实行数罪并罚问题的批复（1993）
《企业犯罪后被合并答复》	最高人民法院研究室关于企业犯罪后被合并应当如何追究刑事责任问题的答复（1998）
《处理自首和立功解释》	最高人民法院关于处理自首和立功具体应用法律若干问题的解释（1998）
《审理挪用公款案解释》	最高人民法院关于审理挪用公款案件具体应用法律若干问题的解释（1998）
《审理非法出版物刑案解释》	最高人民法院关于审理非法出版物刑事案件具体应用法律若干问题的解释（1998）
《维护农村稳定座谈会纪要》	全国法院维护农村稳定刑事审判工作座谈会纪要（1999）
《审理森林资源刑案解释》	最高人民法院关于审理破坏森林资源刑事案件具体应用法律若干问题的解释（2000）
《适用财产刑规定》	最高人民法院关于适用财产刑若干问题的规定（2000）
《审理贪污、职务侵占案共同犯罪解释》	最高人民法院关于审理贪污、职务侵占案件如何认定共同犯罪几个问题的解释（2000）

续表

缩略语	规范性法律文件名称
《审理抢劫案解释》	最高人民法院关于审理抢劫案件具体应用法律若干问题的解释（2000）
《审理毒品案座谈会纪要》（已失效）	全国法院审理毒品犯罪案件工作座谈会纪要（2000，已失效）
《司法解释时间效力规定》	最高人民法院、最高人民检察院关于适用刑事司法解释时间效力问题的规定（2001）
《办理伪劣商品刑案解释》	最高人民法院、最高人民检察院关于办理生产、销售伪劣商品刑事案件具体应用法律若干问题的解释（2001）
《审理金融犯罪案座谈会纪要》	全国法院审理金融犯罪案件工作座谈会纪要（2001）
《办理非法经营食盐刑案解释》	最高人民检察院关于办理非法经营食盐刑事案件具体应用法律若干问题的解释（2002）
《审理抢夺刑案解释》（已失效）	最高人民法院关于审理抢夺刑事案件具体应用法律若干问题的解释（2002，已失效）
《审理出口退税刑案解释》	最高人民法院关于审理骗取出口退税刑事案件具体应用法律若干问题的解释（2002）
《单位组织盗窃批复》	最高人民检察院关于单位有关人员组织实施盗窃行为如何适用法律问题的批复（2002）
《涉嫌犯罪单位被撤销、注销、吊销营业执照批复》	最高人民检察院关于涉嫌犯罪单位被撤销、注销、吊销营业执照或者宣告破产的应如何进行追诉问题的批复（2002）
《审理经济犯罪案座谈会纪要》	全国法院审理经济犯罪案件工作座谈会纪要（2003）
《办理知识产权刑案解释》	最高人民法院、最高人民检察院关于办理侵犯知识产权刑事案件具体应用法律若干问题的解释（2004）
《审理抢劫抢夺刑案意见》	最高人民法院关于审理抢劫、抢夺刑事案件适用法律若干问题的意见（2005）

续表

缩略语	规范性法律文件名称
《审理未成年人刑案解释》	最高人民法院关于审理未成年人刑事案件具体应用法律若干问题的解释（2006）
《办理赌博刑案解释》	最高人民法院、最高人民检察院关于办理赌博刑事案件具体应用法律若干问题的解释（2005）
《审理军事通信刑案解释》	最高人民法院关于审理危害军事通信刑事案件具体应用法律若干问题的解释（2007）
《部分法院审理毒品案座谈会纪要》	全国部分法院审理毒品犯罪案件工作座谈会纪要（2008）
《执行剥权期间犯新罪应如何处理的批复》	最高人民法院关于在执行附加刑剥夺政治权利期间犯新罪应如何处理的批复（2009）
《职务犯罪认定自首等量刑情节意见》	最高人民法院、最高人民检察院关于办理职务犯罪案件认定自首、立功等量刑情节若干问题的意见（2009）
《涉财产部分执行规定》	最高人民法院关于刑事裁判涉财产部分执行的若干规定（2014）
《处理自首和立功意见》	最高人民法院关于处理自首和立功若干具体问题的意见（2010）
《关于案例指导工作的规定》	最高人民法院关于案例指导工作的规定（2010）
《〈刑法修正案（八）〉时间效力解释》	最高人民法院关于《中华人民共和国刑法修正案（八）》时间效力问题的解释（2011）
《适用禁止令的规定》	最高人民法院、最高人民检察院、公安部、司法部关于对判处管制、宣告缓刑的犯罪分子适用禁止令有关问题的规定（试行）（2011）
《职务犯罪严格适用缓刑、免处意见》	最高人民法院、最高人民检察院关于办理职务犯罪案件严格适用缓刑、免予刑事处罚若干问题的意见（2012）
《漏罪新罪并罚时减刑裁定处理意见》	最高人民法院关于罪犯因漏罪、新罪数罪并罚时原减刑裁定应如何处理的意见（2012）

续表

缩略语	规范性法律文件名称
《办理渎职刑案解释》	最高人民法院、最高人民检察院关于办理渎职刑事案件适用法律若干问题的解释（一）（2012）
《立案追诉标准规定（三）》	最高人民检察院、公安部关于公安机关管辖的刑事案件立案追诉标准的规定（三）（2012）
《刑事诉讼法解释》	最高人民法院关于适用《中华人民共和国刑事诉讼法》的解释（2012）
《单位实施诈骗行为答复》	最高人民检察院对《关于单位实施诈骗行为能否以诈骗罪追究其主管人员和其他直接责任人员刑事责任的请示》的答复（2012）
《办理盗窃案解释》	最高人民法院、最高人民检察院关于办理盗窃刑事案件适用法律若干问题的解释（2013）
《办理抢夺刑案解释》	最高人民法院、最高人民检察院关于办理抢夺刑事案件适用法律若干问题的解释（2013）
《办理危害药品安全刑案解释》	最高人民法院、最高人民检察院关于办理危害药品安全刑事案件适用法律若干问题的解释（2014）
《办理走私刑案解释》	最高人民法院、最高人民检察院关于办理走私刑事案件适用法律若干问题的解释（2014）
《毒品犯罪审判座谈会纪要》	全国法院毒品犯罪审判工作座谈会纪要（2015）
《办理减刑假释案规定》	最高人民法院关于办理减刑、假释案件具体应用法律的规定（2016）
《办理贪污贿赂刑案解释》	最高人民法院、最高人民检察院关于办理贪污贿赂刑事案件适用法律若干问题的解释（2016）
《常见犯罪量刑指导意见》	最高人民法院关于实施修订后的《关于常见犯罪的量刑指导意见》的通知（2017）

续表

缩略语	规范性法律文件名称
《未成年人刑检工作指引（试行）》	最高人民检察院关于印发《未成年人刑事检察工作指引（试行）》的通知（2017）
《办理盗窃油气、破坏油气设备刑案意见》	最高人民法院、最高人民检察院、公安部关于办理盗窃油气、破坏油气设备等刑事案件适用法律若干问题的意见（2018）
《办理黑恶势力案意见》	最高人民法院、最高人民检察院、公安部、司法部关于办理黑恶势力犯罪案件若干问题的指导意见（2018）

目 录

第一编 绪 论

第一章 刑法的概念、目的和解释 … 1
- 第一节 刑法的概念和分类 … 1
- 第二节 刑法的性质、目的和任务 … 10
- 第三节 刑法的体系和解释 … 14

第二章 刑法的基本原则 … 21
- 第一节 罪刑法定原则 … 21
- 第二节 刑法适用平等原则 … 25
- 第三节 罪刑相适应原则 … 26

第三章 刑法的效力范围 … 28
- 第一节 刑法的空间效力 … 28
- 第二节 刑法的时间效力 … 39

第二编 犯罪论

第一章 犯罪的概念、本质和分类 … 45
- 第一节 犯罪的法律概念 … 45
- 第二节 犯罪本质学说 … 59
- 第三节 犯罪的分类 … 64

第二章 犯罪构成概说 … 68
- 第一节 犯罪构成"三要件"论和"四要件"论 … 68

第二节　犯罪构成要件·要素 …………………………………………… 79

第三章　犯罪客观方面 …………………………………………………… 89
第一节　犯罪客观方面概述 ……………………………………………… 89
第二节　危害行为 ………………………………………………………… 90
第三节　行为对象 ………………………………………………………… 98
第四节　危害结果 ………………………………………………………… 100
第五节　危害行为与危害结果之间的因果关系 ………………………… 105
第六节　危害行为的时间、地点、方法（工具）和状况 ……………… 115

第四章　犯罪客体 ………………………………………………………… 116
第一节　犯罪客体概述 …………………………………………………… 116
第二节　犯罪客体的种类 ………………………………………………… 119
第三节　关于犯罪客体的其他观点 ……………………………………… 121

第五章　犯罪主观方面 …………………………………………………… 124
第一节　犯罪主观方面概述 ……………………………………………… 124
第二节　故意 ……………………………………………………………… 126
第三节　过失 ……………………………………………………………… 138
第四节　犯罪的目的和动机 ……………………………………………… 143
第五节　无罪过事件 ……………………………………………………… 145

第六章　犯罪主体 ………………………………………………………… 154
第一节　犯罪主体概述 …………………………………………………… 154
第二节　自然人 …………………………………………………………… 155
第三节　单位 ……………………………………………………………… 165

第七章　排除犯罪性事由 ………………………………………………… 173
第一节　概述 ……………………………………………………………… 173
第二节　正当防卫 ………………………………………………………… 174
第三节　紧急避险 ………………………………………………………… 185
第四节　其他排除犯罪性的事由 ………………………………………… 190

第八章　故意犯罪进程的形态 …………………………………………… 193
第一节　概述 ……………………………………………………………… 193
第二节　犯罪既遂 ………………………………………………………… 196

- 第三节 犯罪预备 …… 199
- 第四节 犯罪未遂 …… 202
- 第五节 犯罪中止 …… 209

第九章 共同犯罪 …… 215
- 第一节 概述 …… 215
- 第二节 共同犯罪成立的条件 …… 226
- 第三节 共同犯罪人的刑事责任、种类及其处罚原则 …… 235
- 第四节 共同犯罪的特殊问题 …… 255

第十章 罪数 …… 267
- 第一节 概述 …… 267
- 第二节 行为单数与法定的科刑一罪 …… 273
- 第三节 法规复数与酌定的科刑一罪 …… 284
- 第四节 罪数论的困惑与检讨 …… 295

第三编 刑罚论

第一章 刑罚概说 …… 301
- 第一节 刑罚的观念 …… 301
- 第二节 我国关于刑罚目的的通说 …… 306
- 第三节 评价和现状 …… 308

第二章 刑罚的体系 …… 310
- 第一节 概述 …… 310
- 第二节 主刑 …… 311
- 第三节 附加刑 …… 327
- 第四节 非刑罚处理方法 …… 337

第三章 刑罚的裁量 …… 340
- 第一节 量刑原则 …… 340
- 第二节 量刑情节 …… 342
- 第三节 量刑初步 …… 351

第四章 刑罚裁量制度 ································· 358
第一节 数罪并罚 ···································· 358
第二节 累犯 ······································· 370
第三节 自首、坦白 ·································· 375
第四节 立功 ······································· 383
第五节 缓刑 ······································· 388

第五章 刑罚的执行 ··································· 394
第一节 减刑 ······································· 394
第二节 假释 ······································· 399

第六章 刑罚的消灭 ··································· 407
第一节 追诉时效 ···································· 407
第二节 赦免 ······································· 410

第一编 绪论

第一章 刑法的概念、目的和解释

第一节 刑法的概念和分类

一、刑法的概念

刑法是规定犯罪和刑罚的法律规范。例如,《刑法》第 262 条规定,拐骗不满 14 周岁的未成年人,脱离家庭或者监护人的,处 5 年以下有期徒刑或者拘役。这条法律包含两项内容:①规定了一种行为是犯罪(拐骗儿童罪),即拐骗不满 14 周岁的未成年人,脱离家庭或者监护人的;②规定了该种犯罪的刑罚(法律后果),即处 5 年以下有期徒刑或者拘役。这条法律设定了一种法律关系:假如某人实施了①中的犯罪,就应当承担②中的刑罚(法律后果),①是适用②的法律要件,②是实现①应承担的法律后果。这种规定犯罪及其刑罚的法律规范是刑法。还有一些关于犯罪和刑罚的通用规则等内容,也属于刑法,如《刑法》总则规定的刑法原则、效力范围、刑罚种类、刑罚适用制度等。

因为刑法规定的法律后果主要是刑罚,所以一般侧重其法律后果称"刑法"(刑罚法规);又因为适用刑罚的前提是犯罪,所以侧重其法律后果的适用前提也可称"犯罪法"。

这种根据刑法内容所下的定义,大同小异。例如,①"刑法是规定犯罪、刑事责任和刑罚的法律"[1];②"刑法是规定犯罪和刑罚及其罪刑关系的法律"[2];

---

[1] 高铭暄、马克昌主编:《刑法学》,北京大学出版社、高等教育出版社 2017 年版,第 7 页。
[2] 陈兴良:《陈兴良刑法学教科书之规范刑法学》,中国政法大学出版社 2003 年版,第 9 页。

③"刑法是规定犯罪及其法律后果（主要是刑罚）的法律规范"[1]。

任何法律规范总是包含两项内容：假定+法律后果。具体到刑法规范就是"犯罪+犯罪的法律后果"。上述刑法定义的分歧集中在犯罪的法律后果的表述上：一是"犯罪的法律后果"与"刑事责任"之间的权衡取舍。就词语的普通含义而言，二者似乎是同义的，即犯罪人因其犯罪行为所应当承担的刑法规定的责任。因此，说"刑法是规定犯罪及其法律后果的法律"，还是说"刑法是规定犯罪及其刑事责任的法律"，仅属于表述上的差异。但鉴于"刑事责任"概念在学术上有近十种不同的表述，几乎成为我国刑法学说尚未成熟的标志之一，所以二者之间宜选择"犯罪的法律后果"的表述，图其简明。二是"犯罪的法律后果"与"刑罚"之间的权衡取舍。我国通说对"刑罚"作狭义解释，限于刑法典规定的主刑和附加刑。这种意义上的刑罚只是犯罪的法律后果或实现刑事责任的方式之一，并非全部，因为刑法对犯罪还规定了其他法律后果，如《刑法》第37条规定的"训诫"或者"具结悔过""赔礼道歉""赔偿损失"等非刑罚处理方法，第64条规定的违法所得的追缴、犯罪工具的没收等。按照这种理解，"刑罚"只是犯罪法律后果之一部分，所以选择犯罪"法律后果"较为全面，定义③便是如此。然而，刑罚毕竟是犯罪的法律后果中最主要、最本质的内容，如果不计较这些细微的差异，像本书这样称刑法是规定犯罪与刑罚的法律也不成问题。其优点是直接表述了犯罪的法律后果中最核心且最富特色的内容。三是定义①与②的差异，如果把"刑事责任"作狭义理解，则与"罪刑关系"的含义相近，定义①与②表述的内容就是一致的。定义②不使用"刑事责任"一词，可能也是顾虑其含义不确定。

此外，责任观念的松动对刑法概念也产生了很大的影响。在传统观念中，犯罪和刑罚以个人主观"责任"为前提，这里"责任"的含义是人因其故意或过失实施违反刑法的行为（犯罪）而应当受到的谴责，即具有主观罪过。所谓没有罪过就没有犯罪、没有刑罚。无责任能力人（精神病人、未达到刑事责任年龄人）即便实施了刑法禁止的行为，但因为缺乏罪过性，不认为是犯罪，不应受刑罚惩罚。例如，我国《刑法》第17条第4款规定，因不满16周岁不予刑事处罚的，责令他的家长或者监护人加以管教；在必要的时候，也可以由政府收容教养。第18条第1款规定，精神病人在不能辨认或者不能控制自己行为的时候造成危害结果的，不负刑事责任，但是应当责令他的家属或者监护人严加看管和医疗；在必要的时候，由政府强制医疗。这些都是在《刑法》中有明文规定的，如果固守个人（主观）责任观念，则不能称其为犯罪和刑罚，也就无法将它们纳入刑罚概念之中。新观念日渐重视刑罚预防犯罪、保护社会的作用，认为没有必要把刑法规制的范围限定在以个人责任为前提的"罪·刑"框架里，对于无责任能力人所实施的刑法禁止的行为，出于保护社会安宁的考虑而采取相应的处置措施，也应纳入刑法规制的范围。学说上渐渐倾向

---

[1] 张明楷：《刑法学》，法律出版社2016年版，第15页。

于在刑法中接纳这样的内容，有的国家在立法中也正式给予其刑法法律效果的地位，称其为"保安处分"。这样，刑法除包含以个人责任为基础的犯罪与刑罚之外，还包含不以个人（主观罪过）责任为基础而以保护社会为宗旨的保安处分。以至于有这样的说法："如果不能把具有法律效果的保安处分的法律规范包括在内，不能说是正确地认识了刑法的概念。"[1] 从此立场出发，刑法是规定犯罪及其法律效果——刑罚或保安处分的法律。[2]

在中国，刑法规范的形式（或形式渊源、存在形式）包括以下几种：

(一)《中华人民共和国刑法》（简称《刑法》、刑法典）

这是我国目前最主要的刑法渊源，共有452条，全面、系统地规定了犯罪及其法律后果，所以也称"刑法典"。中华人民共和国于1979年7月1日颁布《中华人民共和国刑法》，自1980年1月1日起施行。1997年对该刑法典进行了大规模的修订，并于1997年10月1日起施行。经1997年修订后的《中华人民共和国刑法》是现行有效的刑法典。与此相对，1979年制定的《中华人民共和国刑法》被称为"修订前的刑法"。依照最高人民法院《关于在裁判文书中如何引用修订前、后刑法名称的通知》，在裁判文书中引用修订后的刑法（典）的，一律称"《中华人民共和国刑法》"；引用修订前的刑法（典）的，一律称"1979年《中华人民共和国刑法》"。因为《中华人民共和国刑法》是我国最主要的刑法渊源，所以我国刑法学文献资料中称"《刑法》第×条"或"第×条"，可认为是"《中华人民共和国刑法》第×条"的简便称呼。

关于地方的刑法创制权，《刑法》第90条规定："民族自治地方不能全部适用本法规定的，可以由自治区或者省的人民代表大会根据当地民族的政治、经济、文化的特点和本法规定的基本原则，制定变通或者补充的规定，报请全国人民代表大会常务委员会批准施行。"该条所称的"本法"即《中华人民共和国刑法》，该条规定意味着自治区或省的人民代表大会可根据刑法典制定变通或补充的规定适用于特定区域（当地），但目前尚未见这种渊源于地方立法机关的刑法规定。[3] 在1997年修订《刑法》之后，除了颁行过两个单行刑法之外，对现行《刑法》的补充和修订全部采取"刑法修正案"的形式。目前已有十个修正案，给刑法典增补了不少新内容。

(二) 单行刑法

在1997年修订的刑法典施行之后，全国人大常委会在刑法典和刑法修正案之外，

---

[1] [韩]李在祥著，[韩]韩相敦译：《韩国刑法总论》，中国人民大学出版社2005年版，第3页。
[2] 参见[韩]李在祥著，[韩]韩相敦译：《韩国刑法总论》，中国人民大学出版社2005年版，第4页。
[3] 关于中华人民共和国刑法的创制与修订过程，见高铭暄、马克昌主编的《刑法学》（北京大学出版社、高等教育出版社2017年版）第一章第二节"刑法的创制与完善"，高铭暄、赵秉志主编的《新中国刑法立法文献资料总览》（中国人民公安大学出版社2015年版）和高铭暄所著《中华人民共和国刑法的孕育诞生和发展完善》（北京大学出版社2015年版）。

还制定了以下刑法规范:《惩治外汇犯罪的决定》《取缔邪教组织的决定》《维护互联网安全的决定》《修改部分法律的决定》《特赦部分服刑罪犯的决定》《反恐怖主义法》。这些在刑法典之外单独存在的刑法规范,被称为"单行刑法"。此外,在1979年制定《刑法》(刑法典)之前,我国曾经颁行过几个单行刑法,如1951年颁行的《中华人民共和国惩治反革命条例》和《妨害国家货币治罪暂行条例》;1952年颁行的《中华人民共和国惩治贪污条例》。在1979年制定《刑法》(刑法典)之后,我国还颁行过《中华人民共和国惩治军人违反职责罪暂行条例》《全国人民代表大会常务委员会关于惩治走私罪的补充规定》等二十余个条例、决定、补充规定,这些单行刑法属于修订前刑法(1979年《刑法》)的组成部分,它们随着1997年10月1日修订后的刑法典生效施行而被废止。它们曾经是中华人民共和国刑法渊源的组成部分,关于这些已废止的单行刑法的名录见《刑法》第452条"附则"及其"附件"。

(三) 附属刑法

我国立法机关制定的经济法、行政法、民事法等法律中可能出现有关犯罪及刑罚的条款。例如,《中华人民共和国预防未成年人犯罪法》第44条第1款规定:"对犯罪的未成年人追究刑事责任,实行教育、感化、挽救方针,坚持教育为主、惩罚为辅的原则。"第48条规定:"依法免予刑事处罚、判处非监禁刑罚、判处刑罚宣告缓刑、假释或者刑罚执行完毕的未成年人,在复学、升学、就业等方面与其他未成年人享有同等权利,任何单位和个人不得歧视。"该规定是对未成年犯罪人适用的特殊量刑原则和法律效果,属于刑事实体法的内容,是我国刑法渊源之一。其指导作用体现在2006年1月11日最高人民法院《审理未成年人刑案解释》之中。因为上述包含犯罪及刑罚的规范是附带规定于经济法、行政法、民事法等非专门刑法法规中的,所以被称为"附属刑法"。

附属刑法的内容在1997年修订的《刑法》施行前后有显著变化。在《刑法》于1997年修订前,因为1979年《刑法》第79条保留司法类推制度,"附属刑法"规范被认为是与司法类推相并立的"立法类推"途径,[1] 其"创制刑法"的功能较强,这表现在当时的附属刑法规范包含较多的刑法实体内容。例如,全国人大常委会制定的《中华人民共和国铁路法》(自1991年5月1日起施行,现已失效)第60条规定:"违反本法规定,携带危险品进站上车或者以非危险品品名托运危险品,导致发生重大事故的,依照刑法(指1979年《刑法》,下同——著者注)第115条(危险物品肇事罪)的规定追究刑事责任。企事业单位、国家机关、社会团体犯本款罪的,处以罚金,对其主管人员和直接责任人员依法追究刑事责任。携带炸药、雷管或者非法携带枪支子弹、管制刀具进站上车的,比照刑法第163条(私藏枪支弹药罪)的规定追究刑事责任。"该条惩罚单位危险物品肇事的行为和对"非法携带管制刀具"的行为比照私藏枪支弹药罪处罚,显然创制了(1979年《刑法》中所没有的)

---

[1] 储槐植主编:《附属刑法规范集解》,中国检察出版社1992年版,第10、20页。

新内容或在行政立法中类推适用1979年《刑法》有关条款。再如，《中华人民共和国铁路法》第64条规定："聚众哄抢铁路运输物资的，对首要分子和骨干分子依照刑法有关规定追究刑事责任。铁路职工与其他人员勾结犯前款罪的，从重处罚。"第65条第1款规定："在列车内，抢劫旅客财物，伤害旅客的，依照刑法有关规定从重处罚。"上述第64、65条中"从重处罚"的条款在1979年《刑法》中尚无规定，因此该"从重处罚"也属于创制的刑法规范。

在修订后的《刑法》施行后，因为刑法典确立了罪刑法定原则，废止了司法类推，国家对创制刑法的形式（渊源）似乎采取较严格、谨慎的态度，通常采取专门的单行刑法、刑法修正案的形式。附属刑法条款的内容基本上是依托刑法作"照应性"的规定，例如，全国人大常委会制定的《中华人民共和国税收征收管理法》（2015年4月24日修订）第66条第1款规定："以假报出口或者其他欺骗手段，骗取国家出口退税款的，由税务机关追缴其骗取的退税款，并处骗取税款1倍以上5倍以下的罚款；构成犯罪的，依法追究刑事责任。"本附属刑法规范只是表示出依照刑法构成犯罪进而追究刑事责任的立场。完全依托、照应《刑法》相关条款的规定，没有创制新的刑法内容。

另外，在1997年修订《刑法》时，将大量较成熟的附属刑法规范吸纳到了刑法典中，使得这些附属刑法规范由原本是创制、补充性的规范（相对于1979年《刑法》）转变为照应性规范（相对于修订后的刑法典）。在经修订的《刑法》施行后，修订行政法、经济法时，常根据刑法修订的变化而对有关附属刑法规范进行相应的修订，使之协调一致，这进一步使附属刑法规范由原本的创制、补充性的规范转变为照应性规范。

就现状而言，附属刑法规范多采取"……构成犯罪的，依法追究刑事责任"的表述，这种典型表述（或规定）方式，虽然主要是照应相关刑法规定，没有创制、补充刑法规范的作用，但是对于《刑法》有关条款的解释、适用具有一定的照应作用，对于有关行政法、经济法的法律责任具有一定的提示作用。

在"……构成犯罪的，依法追究刑事责任"的这类规定中，因为既没有指明应当适用的刑法条款，也没有规定具体的刑罚，所以如果超出了照应、提示的范围，创制了刑法内容，则其明确性存在疑问，不便实施。例如，原《中华人民共和国安全生产法》（2002年6月29日通过）第91条规定："生产经营单位主要负责人在本单位发生生产安全事故时，不立即组织抢救或者在事故调查处理期间擅离职守或者逃匿的，给予降职、撤职的处分，对逃匿的处15日以下拘留；构成犯罪的，依照刑法有关规定追究刑事责任。生产经营单位主要负责人对生产安全事故隐瞒不报、谎报或者拖延不报的，依照前款规定处罚。"显然，该条创制了新的"罪状"，但没有规定刑罚，不能直接作为独立的法律根据适用；又由于没有指定适用的刑法条款，故也不便引用刑法条款（如《刑法》第134条之重大责任事故罪、第135条之重大劳动安全责任事故罪）定罪处罚，因为《刑法》第134、135条的罪状原本不包含该条的情形。直到2006年，《刑法修正案（六）》第4条增补规定不报、谎报安全事故罪才解决了这个问题。现行《中华人民共和国安全生产法》（2014年8月31日修订）第106条保留了原第91条的规定。这有两点启示：①附属刑法中即使规定对某种行为追究刑事责任，但仍需相应的刑法条款配套才能有效适用，否则在已有《中华人民共和国安全生产法》第91条的情况下就没有必要增补《刑法修正案（六）》第4条；②若要使附属刑法真正成为刑法的渊源之一，需指明适用的刑法条款或规定具体的刑罚后果。

应当如何确定"附属刑法"的范围呢？"……构成犯罪的，依法追究刑事责任"的这类规定不仅大量存在于国家立法机关即全国人大及其常委会制定的法律中，还大量存在于省、自治区、直辖市人民代表大会制定的地方法规中和国务院及其各部委制定的行政法规、规章中。例如，国务院制定并于2002年12月1日施行的《禁止使用童工规定》第11条规定："拐骗童工，强迫童工劳动，使用童工从事高空、井下、放射性、高毒、易燃易爆以及国家规定的第四级体力劳动强度的劳动，使用不满14周岁的童工，或者造成童工死亡或者严重伤残的，依照刑法关于拐卖儿童罪、强迫劳动罪或者其他罪的规定，依法追究刑事责任。"鉴于刑法的创制权应当由国家立法机关行使，因此附属刑法应当限定在全国人大及其常委会制定的法律范围内。省、自治区制定的法规中有关追究刑事责任的条款，除《刑法》第90条规定的情形外，不能成为刑法的渊源；国家行政机关制定的规章中有关追究刑事责任的条款也不能作为刑法的渊源。[1] 这类不具有附属刑法效力的规定，仅具有提示作用。提示违反该规定的，即应依法承担相应的违法责任，（不排除）触犯刑律的依刑法追究刑事责任。

二、刑法的分类

对刑法规范根据不同的标准可以作出多种分类，对刑法进行分类有助于刑法的解释和适用。比如，刑法典、单行刑法、附属刑法就是根据刑法的渊源作出的分类。通过这样的分类，方便从法律形式上了解刑法有哪些种类。对刑法还有以下其他几种分类：

（一）狭义刑法和广义刑法

狭义刑法特指刑法典，例如，在我国说到"《刑法》第13条"，通常指称《中华人民共和国刑法》（刑法典）第13条。广义刑法则包含刑法典、单行刑法和附属刑法这三种形式。

（二）特别刑法与普通刑法

特别刑法是相对于普通刑法而言的，因为对特别刑法的"特别性"根据有不同的考虑，进而有以下两种划分：

---

[1] 关于附属刑法较深入全面的研究，参见储槐植主编：《附属刑法规范集解》，中国检察出版社1992年版。

1. 根据内容的特别性进行的划分。相对于普通刑法，特别刑法是指国家为了适应某种特殊需要而颁布的仅适用于特定人、特定时间、特定地点或特定条件的刑法规范。例如，《惩治军人违反职责罪暂行条例》仅适用于特定的人（现役军人），相对于可适用于一切人包括军人的刑法而言，其就是特别刑法。

在中国，这种分类的实用价值不大。因为在1997年修订《刑法》时就力求将所有的刑法规范统一纳入刑法典中，即使像《惩治军人违反职责罪暂行条例》这样典型的特别刑法的内容，也被纳入刑法典，成为其中的一部分（《刑法》分则第十章军人违反职责罪）。从内容上讲，它具有特殊性，比如仅适用于现役军人，其中的有些条款限定在"战时"，但是它们已经与刑法典（普通法）在形式上融为一体，因此其内容的特殊性往往体现在构成要件的特殊性上，如《刑法》分则第十章的"军人违反职责罪"属于特殊主体的犯罪，或者战时自伤罪限定的时间要件是"战时"。因它在形式上不独立，仅根据内容的特殊性把它划分为特别刑法的必要性不大。而且，若对特别刑法之特别性的根据没有统一的标准，则反生累赘，如《刑法》第277条第3款规定："在自然灾害和突发事件中，以暴力、威胁方法阻碍红十字会工作人员依法履行职责的，依照第1款的规定处罚。"该款规定了适用的特定条件——"在自然灾害和突发事件中"，从实质上讲也可被认为是特别刑法，但从构成要件的角度去把握它的特殊性更简明，没有必要从特别刑法的角度去把握。

2. 根据形式的特别性进行的划分。在形式上，特别刑法作为刑法典的对称，是指在刑法典之外存在的一切刑法规范，包括单行刑法和附属刑法。刑法典是中国刑法最主要的存在形式，也具有普遍适用效力，可称为普通刑法；与之相对，以其他形式存在的刑法规范被统称为特别刑法。在我国，这种两分法具有一定的法律依据且有益于掌握刑法的适用规则，如《刑法》第101条规定："本法总则适用于其他有刑罚规定的法律，但是其他法律有特别规定的除外。"根据该条可引申出：①在分类上，该条将"本法"（刑法典）与"其他有刑罚规定的法律"相对称，在中国刑事立法讲求大一统法典化模式的背景下，刑法存在的形式较为单一，这种分类最切合实际也最有实用价值；②在法律适用上，"本法"（刑法典）显然居于普遍法的地位，可普遍适用于"其他有刑罚规定的法律"；③"其他有刑罚规定的法律"有特别规定的，优先于刑法典适用，从而排斥刑法典一般规定的适用。在我国，这种分类很实用，因为我国刑法规范几乎全部规定于刑法典中，自1999年12月第一个刑法修正案诞生之后，对刑法典的补充修订基本采取"刑法修正案"的形式，以维持刑法规范尽可能统一规定于刑法典的思路。此后，似乎不再创制单行刑法。附属刑法基本采取"构成犯罪的，依刑法追究刑事责任"的模式，没有规定具体的刑罚，主要起到照应、提示、解释的作用，创制刑法的功能很弱。所以，这种"刑法典"与"其他刑法规范"的两分模式简明实用。

（三）刑事刑法和行政刑法

刑事刑法是指传统意义上的惩罚"天然"犯罪的刑法规范。所谓"天然"犯罪，是指违反人类基本价值准则且具有侵害性的犯罪，如杀人、放火、抢劫、盗窃、诈骗等行为，其也被称为"自然犯""刑事犯"。行政刑法是指国家为管理社会的需要而制定的惩罚违反管理秩序行为的刑法规范。行政刑法有广义和狭义两种理解，广义的行政刑法，包括行政处罚和刑罚处罚的条款；狭义的行政刑法，仅包括刑罚处罚的条款。我国学说通常在狭义上把握行政刑法的概念。

因为欧陆诸国早先的刑法典规定的主要是"天然"犯罪，所以，以惩治这类犯罪为内容的刑法就成为"本来"意义的刑法，被称为刑事刑法，也被称为"固有刑法"。随着社会生活日益复杂，国家为了实现行政管理而颁行大量的行政管理法规，如交通、医药卫生、工商税务、公共秩序、金融等法规，其中包含一些新类型的犯罪（违法类型）及其处罚的规定，比如，交通违章行为及其处罚，治安违法行为及其处罚，违反烟草专卖的行为及其处罚，噪音骚扰他人的行为及其处罚，出售烟酒给未成年人的行为及其处罚等。这类具有惩罚性的法律效果的规范与传统的刑法规范的不同之处在于：①在形式上，它们往往是在原有刑法典之外以单行行政刑法或附属刑法的形式存在；②在目的上，它们是出于行政管理的需要而在法律中规定惩罚该违法行为，而并非因为该种行为本身具有"天然"的恶性；③在所惩罚之"违法行为"的特点上，传统刑法中规定的犯罪明显违反人类价值准则，行为本身的反规范性质决定了应受刑罚惩罚，即所谓"自然犯""伦理犯"，所以刑法大多只简单表述为"盗窃的……处……""故意杀人的……处……"而不必特意申明"禁止盗窃""禁止杀人"，因为其侵害性与反伦理性显而易见。行政法中惩罚的违法行为，并非行为本身决定了应受刑罚惩罚，而是出于行政管理的需要而被禁止和惩罚，即所谓的"法定犯""行政犯"。源于外国的行政刑法与刑事刑法之分并不完全适合于我国的法律体制，比如，外国学说通常认为设置行政刑法的目的是出于行政管理的需要，规制的对象是所谓的"行政犯"而非"自然犯"（行政犯与自然犯的差别在于是否具有明显的侵害性和反伦理性），但这并不适合于我国的体制，因为我国行政处罚的对象包含伤害、盗窃、诈骗等具有"自然犯"性质的行为；另一方面，刑法典中规定的许多犯罪行为如非法经营罪、非法狩猎罪、非法买卖枪支罪等却具有"行政犯"的特征。

认识我国刑法中的犯罪与刑罚，不能不了解我国的行政处罚与刑事处罚的二元模式。在我国，对违法行为（或者恶行、侵害行为）的处罚主要有行政处罚和刑事处罚。在行政处罚中，以治安管理处罚最为主要，同时它与刑事处罚的关系也最为密切。《治安管理处罚法》（自2006年3月1日起施行）第10条规定："治安管理处罚的种类分为：①警告；②罚款；③行政拘留；④吊销公安机关发放的许可证。对违反治安管理的外国人，可以附加适用限期出境或者驱逐出境。"其中，拘留的最长期限为15日，数违法行为并罚的最长期限为20日，罚款最高额为5000元。《治安管理处罚法》规制的行为包括伤害、非法拘禁、侮辱、诽谤、盗窃、诈骗、哄抢、抢夺、敲诈勒索或者故意损毁公私财物等违法行为。可以说，刑法中常见的犯罪行为在《治安管理处罚法》中几乎都有相应规定，比如，《刑法》中有盗窃罪，《治安管理处罚法》中有盗窃违法行为，二者的差别主要就是数额是否较大（1000元至3000元以上）。在这种结构下，对于盗窃行为根据其危害程度（盗窃数额是否较大），分别由行政法和刑事法规定和制裁：①规定于《治安管理处罚法》中的盗窃行为，性质上属于行政违法行为，其法律后果是行政处罚（治安管理处罚），其适用由县级以上政府的公安部门依据行政处罚程序决定；②规定于《刑法》中的盗窃行为，性质上属于犯罪，其法律后果是刑罚，其适用由法院依据刑事诉讼程序判决。又因为在我国行政法中应受行政处罚的行为与刑法中应受刑罚处罚的行为存在广泛的对应关系或轻重程度上的衔接关系，所以派生出一个极为重要的问题——犯罪与（行政）违法行为的界限。这个问题在我国刑法上非常重要：①它广泛地影响到司法实务，大量的立案追诉标准以及其他构成犯罪的罪量标准（刑事门槛）就是其证明；②它影响到刑法的观念，如我国学说普遍认为刑法的特征之一就是"诸法的后盾""保障法"[1]；③它影响到犯罪论体系，如陈兴良教授在其《规范刑法学》一书中专门设置"罪量"作为犯罪构成要件之一。在比较法上，我国刑法中的犯罪概念具有较高的危害程度（不法程度），与此相对，配置和适用的刑罚相对较重，扩大单科罚金适用以及减少监禁刑适用的空间极为有限。因为大量的（或许是10倍于犯罪数量的）侵害行为已经依行政法处罚了，经过行政处罚的筛选进入刑事处罚门槛的侵害行为往往具有较严重的社会危害性，需要给予较重的处罚。

行政刑法与刑事刑法是欧陆学说根据本国的刑法体制作出的分类，在中国引进这种分类需要注意以下问题：

1. 由于确定刑罚乃至犯罪的实质标准不同，从而使行政刑法的界定难以"名副其实"。在我国，刑罚是指刑法总则中规定的主刑和附加刑，《治安管理处罚法》中规定的罚款、行政拘留（单处最高15日）等尽管具有惩罚性，但不认为其是刑罚。在法国刑法中，对于轻罪的监禁刑，法官可最低宣告1天监禁；违警罪仅限于适用罚金，不能剥夺自由。我国《治安管理处罚法》中规定的治安违法行为的性质和危害程度，大多重于法国刑法典中的违警罪，有的相当于法国刑法典中的轻罪。如此比较可以发现，在一国法律性质上属于违法行为、行政处罚措施，在另一国法律上却可能属于犯罪和刑罚；反之亦然。

2. 在我国，诸刑法规范基本集中于刑法典的模式下，狭义行政刑法的主要内容被收纳于刑法典中，没有一个相对独立的存在形式。又因为我国刑法所确立的犯罪具有较高的危害程度，有的规定仅有行政刑法的外表，但实际上仍然属于刑事刑法内容。比如，《刑法》第133条规定的交通肇事罪以造成重伤、死亡结果为要件，实际上却是过失致人死伤的特殊类型，并非严格意义的行政犯和行政刑法规范。在我国，刑法典之外的狭义行政刑法规范存在于附属刑法中，把它作为附属刑法的一部

---

[1] 高铭暄、马克昌主编：《刑法学》，北京大学出版社、高等教育出版社2017年版，第8页。

分来掌握更为简明。

3. 在我国的法律结构下，如果对行政刑法作广义理解，则刑事刑法与行政刑法的分类更有价值。因为我国行政法中规定的行政处罚较为广泛且较为严厉，如《行政处罚法》中规定的拘留、罚款、没收违法所得、没收非法财物、吊销执照等法律效果具有一定的惩罚性（剥夺性）。又如《强制戒毒办法》中的强制戒除毒瘾，也有独立的法律渊源，在社会生活中具有重要的作用，有必要作为一个独立的法律门类研究。

4. 处罚体系的差异。大陆法系国家也采取"二元"处罚体系，如德国、法国的违警罪，日本的轻犯罪等。但是对于偷盗、抢夺、诈骗财物和伤害人身的行为，不论程度轻重一律归入刑法规制范围。例如，日本的《轻犯罪法》（1958年制定，1983年修正）规定了34项轻犯罪行为，轻犯罪行为由警察处理，轻犯罪者可被拘留并被处以罚款。轻犯罪行为包括：潜伏在没人住的住宅、建筑和船舶内，携带凶器，携带作案工具，流浪者给人造成干扰，在公共场所对人动粗和恶语相向，破坏公共照明灯，妨碍水上交通，救灾时不合作，用火不慎，使用爆炸物，丢弃对人有危险的动物，插队，妨碍安静，暴露身体，学位、职务、资格等弄虚作假，谎报灾情，乞讨，偷窥，吐痰和随地大小便，随便丢弃鸟兽死尸和污染物，妨碍别人通行等。[1]这表明其刑罚与行政罚适用对象的区分之处主要是行为性质。而在我国，二者适用对象的区别不仅考虑行为性质，而且广泛考虑行为程度，如偷窃、抢夺、诈骗财物数额较大的是刑事罪，不够较大的是违反治安法行为；对人身暴力侵犯造成轻伤的是刑事罪，不够轻伤的是违反治安法的行为。

第二节 刑法的性质、目的和任务

一、刑法的性质

（一）刑法是公法、强行法

如果把法律划分为公法和私法，则刑法属于公法，适用公法的原理。刑法是国家为了保护公共利益而制定的法律，犯罪被视为侵害了公共利益。对犯罪的追诉，主要由公安、检察机关进行，即使是被害人，一般也不能左右对犯罪人的追诉、处罚。因为刑法涉及个人与国家、社会的关系，所以犯罪与刑罚须以法律事先配置的内容为准，且应预先告知公民（罪刑法定），不得适用习惯法、事后重法。与此相对，私法调整公民个人之间的关系，尊崇意思自治、公平（平等），设定每一个拥有独立意志的主体（公民）都是最大限度地维护自身的利益，其平衡点是等价交换。

---

[1]《中外城管综合执法体系比较研究》课题组："国外城管执法特色及借鉴"，载《中华建筑报》2012年1月13日，第3版。

当事人之间的纠纷总是可以"私了",个人可以任意放弃自己的权利,公权通常不予干涉。不过刑法的强行性并非绝对的,遇"告诉才处理"的犯罪,应尊重被害人的意志,任由被害人决定是否控告。对于某些轻微的犯罪,允许被害人自诉和双方和解,也是基于尊重当事人意思自治的原理。

(二) 刑法是实体法

如果把法律划分为实体法和程序法,则刑法属于实体法。刑法明确规定每一种犯罪的要件、法定刑以及定罪处刑的一般条件,提供了犯罪及其法律后果的具体内容。与此相对,规定追诉罪行的诉讼程序的法律是刑事诉讼法。刑法规定了确认犯罪及其法律后果的准据,刑事诉讼法则解决了依刑法定罪处罚的程序问题,通过刑事诉讼程序实现刑法规定的犯罪及其刑事责任的内容。因此,刑事诉讼法在程序上保障刑法内容的实现。

(三) 刑法与道德规范(是非善恶的准则)有密切联系

刑法不仅是法院认定及处罚犯罪的实体标准,也是约束公民的行为规范。刑法中规定的杀人、盗窃、抢劫等犯罪本身就具有道德上的恶,即使在没有法律的社会,它们也天然地违背道德准则。因此,刑法认定及处罚犯罪,与公民的道德准则大体是一致的。此外,国家由于管理社会的需要而借助刑罚禁止某些行为,如走私、逃税等。这类行为或许原本不具有道德上的恶,但是因为被刑法禁止和惩罚,久而久之,会引导公民的道德观,形成该种行为系不道德的之评价。

(四) 刑法保护的利益与调整的对象比较广泛

从《刑法》第2条规定的任务和第13条规定的犯罪定义中就可看出,刑法保护一切对我们社会生活至关重要的利益,从国家安全、公共安全、经济秩序到公民个人的人身权利、民主权利、财产权利。而其他法律如民法、经济法、行政法等,可能仅涉及社会生活的某一方面或某一层面的利益与关系。违反其他法律的严重行为(严重危害社会的行为),就有可能进入刑法的调整范围,刑法为其他法律提供了强有力的支持。

(五) 刑法是最后保障法

刑法运用刑罚的方法同犯罪作斗争。刑罚制裁的方式包括剥夺生命、自由、财产、资格等重要的权益。这种法律后果的严厉性是其他法律如民法、行政法所不能比拟的。正因为法律后果的严厉性,决定了刑法需要遵从明确性和谦抑性原则,如罪刑法定、适用刑罚的前提(构成要件)具体化、明确化;限制刑罚的适用,仅保留做保护社会的"最后手段"。

我国学说通常还从刑法的"社会制度"或"阶级性质"的角度给刑法下定义:刑法是统治阶级以法律形式,采用刑罚方法禁止、惩罚那些危害统治秩序的行为。并据此划分出"剥削制"(奴隶制、封建制、资本主义)刑法和社会主义刑法。结合我国的国家和社会制度,我国刑法是根据工人阶级和广大人民的意志制定的,以国家名义颁布实施的,规定犯罪及其法律效果的法律。

二、刑法的目的和任务

《刑法》第 1 条规定："为了惩罚犯罪，保护人民……制定本法。"据此，我国刑法的法定目的包括两方面：①"惩罚犯罪"；②"保护人民"。

《刑法》第 2 条规定："中华人民共和国刑法的任务，是用刑罚同一切犯罪行为作斗争，以保卫国家安全，保卫人民民主专政的政权和社会主义制度，保护国有财产和劳动群众集体所有的财产，保护公民私人所有的财产，保护公民的人身权利、民主权利和其他权利，维护社会秩序、经济秩序，保障社会主义建设事业的顺利进行。"据此，我国刑法的法定任务也包含两方面内容：①惩罚、预防犯罪，即用刑罚同一切犯罪行为作斗争。②保护人民、社会和国家利益等。

在外国学说中，"刑法的目的和任务"往往被合并作为"刑法的机能"阐述，因为把目的具体化为任务去完成所产生的作用，就是所谓的机能。刑法是控制社会的工具，在两方面发挥作用：①规范人的行为，通过惩罚使人们的行为符合社会的要求，从而维护人们和谐共处的秩序；②规范国家行使惩罚权的活动，通过刑法的原则和严密的法条防止国家滥施刑罚进而侵犯个人的权利。刑法是一种"必要的恶"或者说"双刃剑"，一方面，为了保护人民需要运用刑法防治犯罪；另一方面，刑法毕竟是由"人"制定并实施的，人的不完美性（人非圣贤）决定了还需要防止刑法被用来压制自由或者被专断实施，以确保刑法不至于反过来祸害人民。

国家惩治犯罪的活动应当在保护人民利益的目标下循法制轨道正当运行，由此产生的刑法机能主要是：

（一）保护法益

所谓法益，就是受法律保护的利益。所有的刑法规范都是为了保护某种法律利益而制定的，所以保护法益是刑法的重要作用。刑法通过规定一定的行为是犯罪并规定相应的刑罚来阻止犯罪，以维持社会秩序、保护遭受犯罪侵害或威胁的利益。例如，刑法惩罚故意杀人罪的规定，就明确地对侵害他人生命的行为判处刑罚，以防止这类行为的发生，保护公民的生命安全。然而，法益并不是个别分散存在的，它是作为整体构成社会生活秩序的，因此，保护法益归根结底是为了维护整个社会秩序。刑法保护法益的机能具体表现为防治犯罪，通过对犯罪人的处罚来防止该犯罪人再次犯罪（特殊预防）；通过处罚犯罪增强公民的守法信念和意识，防止公民犯罪（一般预防）。

刑法通过保护法益来维护社会生活规范。现代人自降生以来就生活在按照既定秩序运行的社会中，而既定社会秩序的根基是人们共处过程中逐渐形成并发展起来的各种各样的"规矩"（规范），比如尊重他人的生命、名誉、财产，不可以强凌弱等。因此，刑法的机能之一就是保护这些规范免遭破坏。

保护法益与捍卫规范（规矩）二说存在一致之处：个人、社会、国家的权利（权力）经法律确认和保护所形成的安稳状态就是法益，也是法维护的社会秩序。法律维护的规范得到遵守，当然也使人们得到有秩序的社会生活从而安稳享用法益。

规范是秩序的基础，法益是秩序的结果，比如"人有自由"是一种秩序，若"不得干涉他人自由"的规范得到遵守，则产生"人有自由"的秩序（福利），"人有自由"的权利经法律保护而成为"法益"，也就是人依法享有的自由不受侵犯的"法秩序"。可见二说在保护社会秩序（比如"人有自由"）上是一致的。并且因为刑法是用较严厉的方式（刑罚）维护社会秩序（"双刃剑"），所以，二说在刑法介入社会生活应当有所节制上也是一致的，无视刑法的"谦抑性"而对社会生活过分干预可能反生弊端。二说只是在刑法介入的时机或程度略有差异：强调保护法益，主张把刑法介入的时机控制在法益已经遭受侵害之时（法益侵害说、结果无价值），或至少控制在法益遭到现实危险之时；强调捍卫规范，则认为一概要等到法益遭到侵害之时刑法才介入存在片面性，刑法根本上应当以保护规范为目的，不一定非要等到法益遭到侵害之时才介入，有些场合当违反规范的行为发生时刑法就可以介入（行为无价值）。经分析可总结出二说的差异是：①目的的侧重点不同，一个侧重保护法益，另一个侧重保护规范。②刑法介入的时机略有不同，一个稍稍推后，另一个略微推前。③价值取向不同，一个较看重刑法的谦抑性，较多担心刑法的"双刃剑"作用可能压抑社会生活的一面；另一个较看重现实社会充满了危险（恐怖主义以及高速交通、快捷通信、生物技术等所产生的负面影响），期望刑法在控制社会方面发挥更积极的作用。二说的实际效果主要体现在评价犯罪的侧重点有所不同。对犯罪进行解析，大体可分为"行为"和行为对外界产生之"影响"（结果）两部分。在评价犯罪时，保护法益说较看重"结果"之害；保护规范说较看重"行为"自身之害。

（二）保护人权

刑法保护社会秩序、惩罚犯罪，自然对人们的权利提供了普遍的保护，这是刑法机能的主要方面。对人们而言，刑法还提供了使无辜的人免受刑罚侵害的保护。首先，刑法明示了什么是犯罪及其应受何等处罚。其次，人的行为无论怎样的反社会、不道德，只要不是刑法所规定的犯罪，刑法都保障其不受刑罚处罚。对于犯罪人个体而言，刑法保障其不受刑法所定刑罚之外的惩罚。在这个意义上，刑法既是保护善良公民的法律，也是保护犯罪人合法权益的法律。

不过，刑法保护法益或维护规范的机能与保护人权的机能之间难免发生矛盾，寻求二者之间的合理平衡是刑法学的重要课题。[1] 由此导出的问题是：国家应当对

---

[1] 关于刑法的目的、机能，参见［日］前田雅英著，曾文科译：《刑法总论讲义》（北京大学出版社2017年版）中的序章"犯罪与刑法"项下"刑法（刑罚）的作用"；［日］曾根威彦著，黎宏译：《刑法学基础》（法律出版社2005年版）中的译者（黎宏）序："行为无价值论与结果无价值论的现状与展望"、第一章第二节"刑法的机能"；［意］Antonio Fiorella, Le strutture del diritto penale. Questioni fondamentali di parte generale（G. Giappichelli 出版社2018年版）第一编第一章第二节"刑法的历史、目标与未来"；［德］汉斯·海因里希·耶赛克、托马斯·魏根特著，徐久生译：《德国刑法教科书》（中国法制出版社2001年版）中的序论"刑法的任务"、第三章"刑法与法治国家"。

什么行为施以惩罚,刑法可以禁止哪些行为?

第三节 刑法的体系和解释

一、刑法的体系

(一) 刑法典体系(结构)

刑法的体系是指刑法的组成和结构。《刑法》采用大陆法系的法典模式,《刑法》(刑法典、狭义刑法)分为"总则"和"分则"两编。总则分5章,共101条,各章的内容依次为:①刑法的任务、基本原则和适用范围;②犯罪;③刑罚;④刑罚的具体运用;⑤其他规定。分则分10章,共351条,分别规定了各种犯罪的罪状和法定刑。关于这个体系,只要看一下刑法典目录即可一目了然。总则规定的是犯罪与刑罚的通用性规则;分则规定的是各种具体犯罪的罪状和法定刑。总则与分则的关系是一般与特殊、抽象与具体的关系,二者密切联系、相辅相成,共同组成了一个刑法规范的体系。

(二) 刑法条文结构

"以暴力、胁迫或者其他方法抢劫公私财物的,处3年以上10年以下有期徒刑,并处罚金……"(《刑法》第263条)刑法通过这样的方式规定了犯罪与刑罚的关系,即在前半部分作为罪状表述了犯罪的法律要件(构成要件);在后半部分规定了(具备前半部分法律要件所应承担的)法定刑(法律后果)。这样,刑法以犯罪为前提条件,以刑罚为其法律后果,与法理学中所说的满足法律规定的"假定前提"就产生其后的"法律效果"的道理相同。不过,鉴于刑法的法律后果非同寻常的严厉性,对犯罪法律要件及其法律后果(刑罚)均要求严密、细致的规定,以至于刑法典分则使用了三百多个条文来确定每一种具体的"罪与刑"关系。其中适用刑罚的法律前提(或构成要件)的具体、细密程度,是其他法律所不能比拟的。

犯罪的构成要件及其法律后果的全部内容均来自于分则和总则两部分。其中分则各条,如《刑法》第263条:"以暴力、胁迫或者其他方法抢劫公私财物的,处3年以上10年以下有期徒刑,并处罚金……"在条文前半部"罪状"部分,是对该罪(抢劫罪)特有构成要件事实特征("以暴力、胁迫或者其他方法抢劫公私财物的")的描述;在条文后半部"法定刑"部分,是对该罪(抢劫罪)基本法律后果"处3年以上10年以下有期徒刑,并处罚金……"的规定。但是,分则条文的表述基本上是以"一个达到刑事责任年龄、具有刑事责任能力的人仅犯一罪且既遂"的情形为模板,那么,若一个13周岁的人抢劫呢?若一人为他人抢劫提供工具呢?若一人在为实施抢劫踩点的过程中即被发现呢?若一人为了劫取财物故意杀害他人呢?若一人为实施抢劫而事先盗窃枪支呢?以上疑问说明,直接适用分则条文有时不能得出对事实的终局性评价,此时还需要援引总则规定,这部分内容在"总则"以通用条件和法律后果的形式存在，如犯罪方面的责任年龄、责任能力条件，犯罪预备、教唆、帮助行为和处罚方面的量刑情节、数罪并罚等。

关于构成要件，有多种理解：

（1）最狭义的理解，就是指分则条文"罪状"部分描述的犯罪构成事实特征。

（2）狭义的理解，分则条文罪状描述的犯罪构成事实特征加总则条文规定的一般性要件。狭义构成要件的"前提"是分则各条只规定了犯罪的部分要件，并非规定了犯罪要件的总和。如果重新设定该"前提"，则与最狭义构成要件是一致的。总则关于责任年龄、责任能力的共同规定属于"责任"要件，可排除于构成要件之外；总则关于帮助犯、教唆犯，未遂、预备、中止属于"修正的构成要件"，可排除于基本的构成要件之外。因此认为罪状是对各罪特有的构成要件的描述，大体是可以成立的。

（3）广义的理解，总则、分则条文中描述的构成要件再加上依据事理、学说补充的要件。广义构成要件的"前提"是，刑法尤其是各条的罪状不一定对构成要件作出"完整的描述"，所以需要根据事理、学说补足。这涉及对"前提"的推敲，那么，刑法（总则和分则）规定是否完整无缺地规定了犯罪构成要件？由于文字表达的局限性，刑法条文是不可能完整无缺地"描述出"犯罪要件的，条文对构成要件的描述方式或详细或简略或抽象或具体，抽象简略如"故意杀人的""过失致人死亡的"这样的简单罪状，当然存在由人根据事理来填补的空间。还如《刑法》第238条规定的"非法拘禁他人或者以其他方法非法剥夺他人人身自由的"，并没有规定持续多长时间，但根据事理，构成非法拘禁罪应当持续相当长的时间。所以，根据事理、学理"填补"法条有限的表达能力是不可避免的。问题在于：根据事理、学理"填补"的内容，究竟属于法定罪状之内还是之外的内容？如果认为这仍然属于法条罪状应有的内容（题中应有之义），那么广义说法是没有意义的，而狭义构成要件的概念是能成立的。

（三）分则、总则与犯罪构成要件的分类

1. 各罪之"特殊构成要件"与全体犯罪之"一般构成要件"。分则各个包含"罪状·法定刑"的条款中，确立了某一种犯罪之特殊构成要件，如《刑法》第258条规定："有配偶而重婚的，或者明知他人有配偶而与之结婚的，处2年以下有期徒刑或者拘役。"该条包含罪状和法定刑，被称为"罪刑"条款，也称"正条"。该条罪状中只描述了重婚罪特有的构成要件。刑法分则（加上10个修正案）有400余条如同第258条的正条，确立了400余种罪之特殊构成要件，同时也确立了如同重婚罪一样的400余个犯罪行为类型，表明重婚、伪证、强迫劳动等400余个行为属于犯罪而被刑法禁止。

总则条文确立了全体犯罪之一般构成要件，如《刑法》总则第16条规定："行为在客观上虽然造成了损害结果，但是不是出于故意或者过失，而是由于不能抗拒或者不能预见的原因所引起的，不是犯罪。"确立任何犯罪都必须具备客观"造成损害"和主观出于"故意或者过失"两个要件。《刑法》总则第17条、第18条规定任何人无一例外地必须达到法定年龄、具有辨认控制能力才承担刑事责任。这与总则的"通则"性是一致的。

2. 基本的构成要件与修正的构成要件。分则"罪刑"条款（正条）包含有罪状和法定刑两项内容，不仅宣示了被禁止的行为类型（如通过《刑法》第258条表明重婚被禁止），同时配置了具体的法定刑，是认定并处罚犯罪（如重婚）的最基本法律依据。所以，这种条文被称为"正条"，其"特殊构成要件"也被称为"基本犯罪构成"。因为实施正条基本犯罪构成要件行为而构成犯罪的，被称为"正犯"。

总则对正条（基本犯罪构成）补充形成的犯罪构成要件则被称为"修正的犯罪构成"，包括两种：①正犯之不完成罪，即《刑法》第22条~24条之犯罪预备、未遂、中止行为；②正犯之共犯行为，即正犯之帮助、教唆、组织、共谋行为。

二、刑法的解释

刑法的解释，是指对刑法条文含义的阐明。法律条文是抽象、静止的，而社会生活却是多样的和多变的，为了正确理解、适用法律，往往需要对法律的含义进行阐释。

刑法学是研究刑法的学问。它在狭义上就是针对现行有效的刑法（成文法）进行解释所形成的一门学问。一国刑法是该国政治法律体系的组成部分，在罪刑法定原则的约束下，司法机关只能依据本国刑法认定并处罚犯罪，这决定了刑法学说通常需要依托本国现行有效的刑法。因为如何根据本国国情制定、适用刑法，以便实现保护社会、保障人权的目标，以及刑法在司法实践中实际运作的情况，裁判具体案件中出现的争议，才是学问发展的根本动力和源泉。另外，广大的法律职业群体为了生计，需要掌握本国现行有效的刑法；其他人为了应对现实生活中的各种问题，有时也需要了解本国现行有效的刑法知识。所以，对本国刑法的介绍和解释构成了刑法学的基本内容。从刑法学的研究对象和基本内容的角度看，也可称之为"中国刑法"。不过，中华人民共和国的刑法制度中有不少借鉴外国的内容，刑法学说的概念、原理、体系基本源自外国的学说，因此，比较中外刑法制度和实务的差异，借鉴外国刑法制度、学说也是推动刑法学创新与发展的重要源泉。

在广义上，刑法学是关于犯罪与刑罚的学问。广义的刑法学原本就自有一套关于犯罪与刑罚的概念、价值的学问，可独立于一国的刑事立法而存在。人们往往需要借助这门学问起草刑法、解释刑法、传授刑法。刑法学说的概念、价值也自然而然地渗透到刑法中。可见，刑法（立法）是刑法学说的结晶。这个意义上的刑法学说来源于刑法解释，但并不限于对现有规范的简单诠释。

（一）解释的效力

每个人都可以解释刑法，但并非全部的解释结论都具有法律效力。依效力的不同，刑法解释可分为有权解释和学理解释。

1. 刑法的有权解释。

（1）刑法的立法解释，即刑法的立法机关对刑法条文的解释。在我国，全国人民代表大会及其常务委员会对刑法条文的解释属于立法解释。

目前主要是全国人大常委会以决议形式对刑法条文含义的解释，例如：《渎职罪主体的解释》（2002年12月）；《刑法第313条的解释》（2002年8月）；《刑法第384条第1款的解释》（2002年4月）；《刑法第228、342、410条的解释》（2001年8月）；《刑法第93条第2款的解释》（2000年4月）；《刑法第294条第1款的解释》（2002年4月）；《刑法第30条的解释》（2014年4月）。

（2）刑法的司法解释，即我国最高司法机关对刑法条文进行的解释。在我国，最高人民法院对于法院在审判工作中具体应用刑法问题所作的解释，最高人民检察院对于检察院在检察工作中具体应用刑法问题所作的解释，均属于司法解释。司法解释在刑法的具体应用中发挥着极其重要的作用，集中反映了刑法的实际运作情况，应当得到高度重视。司法解释文件采用"解释""规定""规则""意见""批复"等形式。

如果广义理解刑法的渊源，我国的司法解释显然属于刑法的渊源之一。因为法院的刑事判决除引用刑法条款作为裁判依据外，如需要还可以引用有关司法解释作为裁判依据，事实上司法解释已成为案件裁决的重要法律渊源。对此，最高人民检察院《司法解释工作规定》第5条规定："最高人民检察院制定并发布的司法解释具有法律效力。人民检察院在起诉书、抗诉书等法律文书中，可以引用司法解释的规定。"但学说上似乎回避这一事实。在司法实务中，刑法适用中的疑难问题往往通过司法解释解决，因此司法解释在刑法适用中扮演着极为重要的角色。通过司法解释，能了解刑法适用的焦点和刑法实际运作的情况。

（3）指导性案例，专指经最高人民法院审判委员会讨论通过，并以最高人民法院"公告"的形式发布的案例。

除司法解释之外，近年来指导性案例在刑法解释中的作用日益凸显。2010年11月26日最高人民法院发布《关于案例指导工作的规定》，其中第7条明确指出："最高人民法院发布的指导性案例，各级人民法院审判类似案件时应当参照。"这是最高人民法院首次对参照指导性案例提出明确要求。在此之前，一些法院（特别是最高人民法院）发布的典型案例，往往冠以"参考案例""参阅案例""典型案例"之名，对于这些案例，若法官在办案时发现有参考借鉴价值的，可以参考，但不得叫"参照"。

关于指导性案例是否具有独立的法律地位，以及是否属于法律渊源，尚无定论；从中提炼的裁判要点是否具有独立的规则效力，也需要进一步统一认识。一方面，指导性案例的裁判要点本质上属于对法条的解释，一般不能独立作为司法裁判的规则或者依据，也不能像对待立法那样使用"按照"或者"依照"；但另一方面，考虑到指导性案例是最高人民法院审判委员会讨论确定的，其裁判要点是最高法审委会总结出来的审判经验和裁判规则,可以视为与司法解释具有相似的效力。因此,似乎在司法实践中,无论作为说理的依据引用还是作为裁判的依据引用均无不可。[1]

2. 刑法的学理解释。刑法的学理解释,是指有权对刑法进行立法解释和司法解释的机构之外的机关、团体和个人对刑法条文含义的阐释。立法解释、司法解释、指导性案例有法律上的约束力,属于"有权解释"。而学理解释没有法律上的约束力,依靠"以理服人",所以又称"非有权解释"。

(二) 解释的方法

1. 文理解释。文理解释,是指根据刑法用语文义及通常使用方式阐释刑法意义的解释方法。文理解释的主要根据是刑法条文中词语的含义、语法、标点符号、标题。例如,《刑法》第133条之一危险驾驶罪的"机动车"一般被理解为"以动力装置驱动或者牵引的车辆",因此,人力自行车不是该条所称的"机动车"。根据罪刑法定原则的精神,文理解释是解释刑法条文的基本方法,对解释结论的形成有决定性作用。同时也应当认识到,仅靠文理解释有时不足以合理阐明条文含义,此时便需要使用论理解释的方法。例如,危险驾驶罪所称的"机动车"是否包括超标电动自行车,贩卖毒品罪所称的"贩卖"是仅指"出售"还是也包括"为出售而购买",二人以上轮奸中的"轮奸"是否以二人以上均与被害人发生了性交为必要,等等。

2. 论理解释。论理解释,是指参酌立法背景、沿革、目的、社会需要等因素阐明刑法真实含义的解释方法。论理解释又可细分为:①扩大解释;②缩小解释;③当然解释;④反对解释;⑤补正解释;⑥体系解释;⑦历史解释;⑧比较解释;⑨目的解释。

有学者从其他角度对上述具体解释方法进行了划分。例如,形式与实质的划分:前者包括平义解释、扩大解释、缩小解释、当然解释、反对解释;后者包括文理解释、体系解释、比较解释、目的解释。又如,解释理由与解释技巧的划分:前者包括文理解释、体系解释、历史解释、比较解释、目的解释;后者包括平义解释、扩大解释、缩小解释、反对解释、补正解释。上述分类均有一定的合理性,但需要注意,我们对刑法解释论的展开不宜囿于经验主义的概念澄清,而应更富实践导向。所谓解释刑法,实际上是在罪刑法定原则的框架下,以某种方式使解释的结果与实定法文本取得联系。诸解释方法(根据、技巧),都是为解释者的判断提供正当性的工具。

当通过单个法条文本无法确定条文的正确内涵时,可以考虑通过条文之间的上下文关系解释法律,此即体系解释的方法。例如,仅对《刑法》第237条进行文理解释,无法确定"强制猥亵"是否包括"强制性交",而通过强奸罪(第236条)与强制猥亵罪(第237条)的对照可知,"强制猥亵"是指强制性交以外的其他猥亵行为。

---

[1] 参见胡云腾:"关于参照指导性案例的几个问题",载《人民法院报》2018年8月1日,第5版。

当通过现有规范本身无法确定条文的正确内涵时，可以从立法背景、动因等考察立法者的原意作为辅助，此即历史解释（主观解释）的方法。但是，一方面，受时空条件、科技水平及认知能力的限制，立法者本身可能认识有限，而且，因年代久远，故要探寻其本意也会产生许多困难；另一方面，成文法一旦颁行，便脱离立法者进入社会生活，"在一定程度上，每个法律解释都有其时代性"。[1] 因此，刑法解释的重心应落在对刑法条文客观的含义与目的的探求上。历史解释（主观解释）的证正能力比较有限。

即使放弃对立法者本意的探寻，解释者仍可以根据法律语词客观表达的目的对其进行解释，亦即，根据规范的保护目的确定具体的构成要件要素的含义，此即近年来上升势头明显的目的解释的方法。刑罚规范的目的（之一）是保护法益，所以，法益具有指导构成要件解释的功能。以《刑法》第128条非法持有枪支罪中的"枪支"为例，该罪所保护的法益的性质决定对"枪支"的含义必须做严格限定：既然该罪所保护的法益是公共安全，即不特定多数人的生命、健康，那么，只有那些能够类型性地引起轻伤以上结果的枪形物，才应纳入第128条所称的"枪支"的范畴。[2] 目的解释是一种实质解释，体现出结论导向的思维方式：先根据处罚必要性作出定罪或出罪的预设，再遂目的地灵活寻找解释根据。这种解释进路符合人们正常的思维过程，同时，对那些形式上符合刑法的相关规定但实质上不具有处罚必要性的待出罪案件感觉更敏锐、反应更直接。在研讨引起社会广泛关注的"赵春华非法持有枪支案"时，学界便不乏通过对"枪支"含义的目的解释达成出罪目标的尝试。

目的解释的方法以结论为导向，的确较易得出更具实质妥当性的解释结论，但为了达成实质妥当的目标，解释者往往会先根据行为是否当罚的判断，来决定是否超越法条语词的日常语义范围阐释其含义。这种进路在出罪的场合问题不大，但在入罪的场合，应警惕其与罪刑法定原则的可能冲突。因为，在目的解释论者看来，规范语词的含义可以随具体行为的处罚必要性程度的高低而有所变化，"处罚的必要性越大，这种解释被认定为类推解释的可能性就越小"。[3] 面对实质上存在处罚必要性但刑法没有明文规定的行为，目的解释容易滑向"有值得刑罚惩罚的法益侵害即为罪"的深渊，并且为证成此结论而过度冲击规范概念的可能语义边界，从而使公民无法预知特定法律用语的含义。借助"可能的文义"而将类推解释包装成"被允许的扩大解释"，这种"目的性扩张"的入罪逻辑有侵犯个人权利之虞。

事实上，以上诸种解释方法本身与罪刑法定原则均没有绝对冲突。罪刑法定原

---

[1] [德] 卡尔·拉伦茨著，陈爱娥译：《法学方法论》，商务印书馆2003年版，第196页。
[2] 参见劳东燕："法条主义与刑法解释中的实质判断——以赵春华持枪案为例的分析"，载《华东政法大学学报》2017年第6期。
[3] 张明楷：《刑法学》，法律出版社2016年版，第58页。

则所禁止的是，违反解释法律的规则，超越社会常理任意解释法律。进行论理解释时，不得超出刑法用语可能具有的含义，因此，确定概念的可能语义边界便成为刑法解释论（适用论）的核心（疑难）问题，相关内容详见本编第二章第一节"罪刑法定原则"。

第二章 刑法的基本原则

刑法的基本原则，是指刑法明文规定的，在全部刑事立法和司法活动中应当遵循的根本准则。刑法规定的基本原则有以下三个：

第一节 罪刑法定原则

一、罪刑法定原则的思想基础

（一）保障公民权利不受国家侵害

从罪刑法定原则形成的过程看，它的思想基础是保障公民权利不受国家权力的非法侵害。在欧洲大陆，人们不满在王权专制下个人权利无保障的状况，于是进行推翻国王专制的斗争，追求建立分权制衡和确保个人权利的宪政制度。罪刑法定原则是争取宪政的成果之一，它是经由法国1789年的《人权宣言》继而成为法国宪法以及其他国家的宪法所确认的公民权利。《世界人权宣言》第11条第2项规定："任何人的任何行为或不行为，在其发生时依国家法或国际法均不构成刑事罪者，不得被判为犯有刑事罪。刑罚不得重于犯罪时适用的法律规定。"这也表明它是确保公民个人权利的基本原则。正是循着保障个人权利（免受公权力非法侵害）的基本精神，可以把罪刑法定原则的渊源追溯到1215年英王约翰签署的《自由大宪章》（Magna Carta Libertatum），其第39条规定："凡自由民除经其贵族依法判决或遵照内国法律之规定外，不得加以扣留、监禁、没收财产、剥夺其法律保护权，或加以放逐、伤害、搜索或逮捕。"可以把美国1789年《宪法》第1条第9款第3项"联邦不得制定任何溯及既往的法律"，以及《宪法修正案》第5条"未经正当法律程序，不得剥夺任何人的生命、自由或财产"的规定看作美国版罪刑法定原则。受美国宪法的影响，日本《宪法》第31条规定："任何人，如果不根据法律规定的程序，其生命或者自由不被剥夺或者不被科处其他刑罚。"这也是罪刑法定原则的一种规定模式。由此可见，罪刑法定原则的精神实质是保障公民权利，不依法律规定不得剥夺公民的自由、生命、财产或给予其他处罚。这是宪法规定的公民权利在刑法中的具体体现。脱离罪刑法定原则的思想基础将只能得其躯壳而失其灵魂。它"不是简单的罪与刑的法定化，对公民的自由的保护才是其主旨"。[1]

（二）罪刑法定原则的其他思想基础

1. 心理强制说。心理强制说是根据预防犯罪的目的来论证罪刑法定原则正当性的理论。刑法的目的是预防犯罪，但是国家不能在公民还没有犯罪的时候就预先采取物理性的措施进行防范，因为这样会侵犯公民的自由权利。只有选择从"心理"上强制进行防范，即强调通过立法规定罪与罚，利用人的趋利避害的本性给人的心理施加影响，使其不愿意犯罪，从而达到预防犯罪的效果。因此，定罪科刑必须以事先公布的刑法为依据，才能合此目的。

2. 三权分立学说。该说认为只有立法（议会等民意机构）才有权确定犯罪与刑罚，而法官即司法权无权自行擅自确定犯罪与刑罚。因此法院（司法权）只能依据立法（刑法）定罪科刑，法无明文规定不为罪、不处罚，这是立法权与司法权之间的分权制衡要求。

3. 民主与自由。现代刑法理论认为，罪刑法定原则的价值基础是"公民自律"的原理和"可预知"的原理。公民自律的原理把刑法建立在民主的基础上。因为刑法是由全国人民代表大会这样的代表人民意志的机构制定的，是公民自我约束的产物。司法机关只能依法定罪处罚。可预知的原理有利于规范公民的行为、保障公民的自由。因为刑法明确规定犯罪与刑罚并预先公布，起到"广而告之"的效果，公民知道什么行为是犯罪、应受何种处罚，从而有所趋避，起到预防犯罪的效果。此外，刑法界定了犯罪与刑罚的范围，使公民能够预知行为的后果，在法律允许的范围内从事各种活动，发挥个人的创造力。

二、罪刑法定原则的规定及其基本内容

《刑法》第3条规定："法律明文规定为犯罪行为的，依照法律定罪处罚；法律没有明文规定为犯罪行为的，不得定罪处刑。"这就是我国《刑法》中表述的罪刑法定原则。它的基本含义是：定罪处罚必须依据行为当时合法有效的成文法律，由此可当然推导出以下基本原理或命题（派生原则）：

（一）犯罪和刑罚必须由成文法律明文规定

这是对定罪处罚的法律根据的要求。首先，必须是成文法的规定，排斥习惯法。处理民事纠纷时没有法律明文规定，可以依据习惯，但是对于刑事案件，法无明文规定的，不得定罪处罚。其次，必须是国家的（民意）权力机关制定的法律。在我国则是限定于全国人民代表大会及其常务委员会制定的成文法律、法令。地方各级人民代表大会制定的地方法规，原则上不得确立犯罪和刑罚；政府的行政法规、规章不得确立犯罪和刑罚。

（二）定罪处罚必须依据行为当时合法有效的法律

禁止刑法溯及既往的效力，即禁止适用行为之后生效的法律定罪处罚。但行为

---

[1] 孙国祥主编：《刑法学》，科学出版社2002年版，第4页。

之后生效的法律（事后法）若对被告人有利的，则应适用之（"从旧兼从轻"）。因为只有预先告知公民什么行为是犯罪、会招致何等惩罚，才能使公民合理规划、约束自己的行为，从而发挥刑法保障公民自由和预防犯罪的机能。当然，如果行为之后的法律发生了有利于被告人的变化，即行为当时的法律规定有罪或处罚较重，而案发时或审判时的法律不认为是犯罪或处罚较轻的，应适用事后法。因为事后法毕竟是现行有效的法律，代表了立法者最新的意志，在不妨害保障公民自由、预防犯罪的宗旨的情况下，应尽可能适用新规定。

（三）刑法条文规定的犯罪与刑罚必须明确

最初，强调刑罚的明确性主要是为了反对绝对不确定的刑罚。绝对不确定的刑罚，比如"予以严惩"之类的规定，令人不知该违法行为的法律后果是什么，不仅违反预先告知的要求，也给司法人员任意适用惩罚提供了条件。后来逐渐扩展到要求犯罪及其法律后果都必须明确。立法层面的犯罪的明确性主要体现在必须由（分则各条）具体条文规定罪名、罪状，根据条文用语的普通含义应当能够确定该犯罪是种什么样的行为。立法层面的刑罚的明确性主要体现为规定该犯罪行为最重和最轻的刑罚及其适用的情节、条件（相对确定的法定刑）。

（四）排斥（不利于被告人的）司法类推适用

《刑法》第3条前半段规定，法律明文规定为犯罪行为的，依照法律定罪处刑。据此推断刑法条文必须严格解释、适用，禁止司法机关类推适用刑法。我国1979年《刑法》第79条曾规定司法类推制度："本法分则没有明文规定的犯罪，可以比照本法分则最相类似的条文定罪判刑，但是应报最高人民法院核准。"这是在当时立法经验不足恐有疏漏的特定背景下，由《刑法》授权司法机关类推适用刑法规定定罪判刑。自修订后的《刑法》第3条确立罪刑法定原则、废止司法类推制度之后，刑法的严格解释、适用的焦点就转变为"罪刑法定原则的司法实现"。

确立犯罪和刑罚是立法的权限，司法机关只能依据刑事立法的规定定罪判刑。如果司法机关超越法律的规定适用刑法定罪判刑，实际上是变相创制刑法，破坏法治原则。因此，如何保证司法机关正确解释、适用刑法，就成为落实罪刑法定原则，保障刑法法治的核心问题，也成为刑法学的主要任务。在我国，最高司法机关具有司法解释权，司法解释被认为是"有权解释"，其解释是否越权、越位成为普遍关注的问题。

罪刑法定原则只是提出了应当严格解释、适用刑法的原则性要求，而何为"严格"解释刑法？一般而言，就是解释的内容与刑法条文的用语保持"同一性"；与此相对，如果解释的内容与刑法条文用语不具有"同一性"而仅具有"相似性"，则属于不允许的解释，通常称之为"类推解释"。罪刑法定原则排斥（不利于被告人的）司法类推适用，也即不允许通过不利于被告人的类推解释适用刑法。而对被告人有利的类推解释，在克服罪刑法定原则形式侧面的缺陷及实现刑法正义方面具有意义，不应被禁止。

（五）刑法规定的内容应当合理

法国 1789 年的《人权宣言》第 8 条规定："法律只应规定确实需要和显然不可少的刑罚，而且除非根据在犯法前已经制定和公布的且系依法施行的法律以外，不得处罚任何人。"这是欧陆国家法律性文件中关于罪刑法定原则的经典表述。其中的前半段"法律只应规定确实需要和显然不可少的刑罚"，就包含了对刑法规范内容合理性的要求。刑法内容的合理性包括：①合理确定刑罚适用的范围。刑罚是较为严厉的法律制裁，不能滥用，应当限定在必要的范围内，把真正值得惩罚的行为规定为犯罪。②罪刑相适应。对犯罪行为配置的刑罚应当与人们的公平观念相一致。对具体犯罪行为配置过重或过轻的刑罚，缺乏合理性，往往不能得到有效的遵守执行。禁止残酷、不人道、有辱人格的刑罚，因为这样的刑罚与人们的价值观念相违背，会损害刑罚的道义性，在任何情况下都不是必要的。在我国，这属于《刑法》第 5 条罪刑相适应原则的内容，在欧陆国家一般没有把罪刑相适应原则专门规定为刑法原则，所以学说上有时将其内容纳入罪刑法定原则之中。[1]

三、刑法解释的价值取向

刑法授权国家或公共权力对个人行使刑罚权，同时也存在国家滥用刑罚权侵犯个人的风险。确立罪刑法定原则的主要目的就是防范这种风险，因此在刑法解释上要注重保护个人的权利，这体现在：

1. 对解释素材（定罪处罚的依据）的要求：

（1）定罪处罚的依据要具有较高的法律形式（成文法），禁止习惯法，但未必排斥有利于被告人的习惯法。

（2）定罪处罚的依据应为现行有效的法律，禁止事后法，但允许适用有利被告人的事后法。

2. 对解释限度的要求：

（1）尊重刑法用语字面的普通含义进行解释（首选形式解释、文义解释）。在对刑法进行实质解释时，相对于对刑法条文文义所作的形式解释，允许把条文字面的含义解释得宽广一点，亦即扩大解释，如《刑法》第 116 条规定破坏交通工具罪的对象是"火车、汽车、电车、船只、航空器"，解释其中的"汽车"，认为包括大型的拖拉机，就有所扩大，但仍是汽车可以包含的范围。也允许把条文字面的含义解释得缩小一点，就是缩小解释，如《刑法》第 67 条第 2 款规定："被采取强制措施的犯罪嫌疑人、被告人和正在服刑的罪犯，如实供述司法机关还未掌握的本人其他罪行的，以自首论。"最高人民法院在司法解释中把该条的"其他罪行"解释为"不同种罪行"，排除了同种罪行，缩小了"其他罪行"的含义，但仍在"其他罪行"可以包含的范围内。扩大解释和缩小解释，均未脱离法律用语的可能含义，仍能与条文文义保持同一性质。

---

[1] 参见张明楷：《刑法学》，法律出版社 2016 年版，第 54~56 页。

（2）贯彻"可预知"原则，禁止（不利于被告人的）类推解释。如果解释过分超出了刑法用语的字面含义，使得解释的内容与法条文本之间仅具有"类似性"而不具有"同一性"，则形成类推解释。罪刑法定原则禁止（不利于被告人的）司法类推解释。不过类推解释与扩大解释的边界并非总是清晰的，例如，认为"丢失枪支"包括枪支被抢劫；挪用公款"归个人使用"包括"以个人名义将公款供其他单位使用"；《刑法》规定的"信用卡"，包括由商业银行或者其他金融机构发行的具有消费支付、信用贷款、转账结算、存取现金等全部功能或者部分功能的电子支付卡；受贿罪的"为他人谋取利益"包括"承诺为他人谋利"；等等。这些解释到底是扩张解释还是类推解释，实在难以分辨。

类推解释的表面特征是超出或脱离了条文的字面含义，其实质是超出公民可预测的范围。按照罪刑法定原则，刑法解释的实质边界是公民的可预知范围。例如，"卖淫"虽然在普通语义上是指"妇女出卖肉体"，[1] 但考虑到同性性交获利与"女性出卖肉体"在本质上都是通过提供性服务而取得报酬，所以认为安排男性向同性恋者提供有偿性服务是组织"卖淫"，没有超出一般公民可预知的范围，属于法律允许的扩大解释。然而很多时候，对具体条文中的法律用语，公民的可预知的范围又在哪里？这仍是个难以解决的问题，现阶段只能通过经验归纳的方法个别地予以回答。所以，合理解释法律或许只是刑法学尽力追求的目标。

（3）存疑时的处理原则。当刑法用语语义难以确定时，所谓"解释不清"的后果，是由立法不明所导致的，这种不利后果不应当由被告人（个人）承担。因此，"当模棱两可的措辞或者模糊的语句就其含义留下了一种合理的怀疑，而解释的原理又无法解决时，怀疑之益应当给予公民"。[2] 罪刑法定原则具有保护个人权利免受国家滥用刑罚权侵害的价值取向，所以，在刑法用语的语义确实难以界定时，宜采取对被告人（个人）有利的解释。

对此，我国学界也有反对的声音，基本主张："存疑有利于被告人"是刑事诉讼中重要的裁判规则，它所针对的是事实存疑的情况，而非法律用语本身存疑的场合。[3]

第二节　刑法适用平等原则

《刑法》第 4 条规定："对任何人犯罪，在适用法律上一律平等。不允许任何人

---

[1] 中国社会科学院语言研究所词典编辑室编：《现代汉语词典》，商务印书馆 2005 年版，第 913 页。
[2] 邢馨宇："存疑时有利于被告人的根据"，载《法学》2013 年第 11 期。
[3] 关于反对意见，参见张明楷："'存疑时有利于被告'原则的适用界限"，载《吉林大学社会科学学报》2002 年第 1 期。

有超越法律的特权。"它意味着对所有的人，不论其社会地位高低、民族、种族、性别、职业、宗教信仰、财产状况如何，在定罪量刑以及行刑的标准上都平等地依照刑法规定处理，不允许有任何歧视或者优待。该原则是法律面前人人平等的宪法原则在刑法方面的体现，也是人类追求公平、正义的意愿在刑法方面的体现。

刑法适用平等原则与刑法中具体的"区别对待"制度是不矛盾的，《刑法》中有一些"区别对待"制度，如规定对未成年人应当从轻或者减轻处罚，对已满75周岁的人故意犯罪可以从轻或者减轻处罚、过失犯罪应当从轻或者减轻处罚，对又聋又哑的人犯罪可以从轻、减轻或免除处罚，对初犯、偶犯酌情从轻处罚，对累犯应当从重处罚、不适用缓刑、不得假释等。这是立法中对某类人或某种行为表现而规定不同的处遇，符合刑法的目的，实质上是公平的。

第三节 罪刑相适应原则

《刑法》第5条规定："刑罚的轻重，应当与犯罪分子所犯罪行和承担的刑事责任相适应。"据此，《刑法》规定的罪刑相适应原则有两方面内容：①刑罚轻重应当与既往犯罪行为的恶意和损害程度相适应。着眼于已发生的犯罪事实，根据罪行的严重程度确定刑罚的尺度，并且力求公平对待各犯罪人，做到同罪同罚。②刑罚的轻重应当与犯罪人再次犯罪的危险性程度相适应。着眼于犯罪人的教育改造和犯罪预防。

刑法立法从以下几个方面充分体现了这个原则：①刑法分则对每一个罪都根据其犯罪的性质、情节和对于社会的危害程度规定了相应的法定刑，体现了对重罪适用重刑，对轻罪适用轻刑。②刑法总则中规定，对于犯罪分子决定刑罚的时候，应当根据犯罪的事实，犯罪的性质、情节和对于社会的危害程度，依照本法的有关规定判处。这体现了在裁量刑罚时，应尽量使刑罚与具体犯罪行为的社会危害性相适应，罚当其罪。③刑法总则还规定，对累犯从重处罚，不得适用假释、缓刑；对未成年人，年满75周岁的人，又聋又哑的人，限制刑事责任能力人，自首、坦白、立功的人从宽处理；对中止犯处罚明显宽大于未遂犯、预备犯等。这体现了刑罚与犯罪人主观恶性、人身危险性相适应。

此外，该原则在刑法解释中也扮演着重要角色。目的解释论者常用的"以刑制罪"的解释方法便是明例。刑法分则就特定罪名所规定的（基本犯和加重犯）法定刑的严厉程度反过来会制约、影响对构成要件要素的解释，这是罪刑相适应原则在刑法适用层面的应有之义。例如，作为《刑法》第264条盗窃罪基本犯的行为类型之一，对"扒窃"含义的界定就是司法适用中的疑难问题。根据司法解释，扒窃是指在公共场所或公共交通工具上窃取他人随身携带之财物的行为。若行为人趁车门行将关闭之际，快速从被害人大衣口袋顺走手机而后下车，使被害人虽即刻发现却无法追击，这种情形是否属于扒窃的范畴呢？以罪刑相适应原则为指导，解释思路如下：如果行为定性为扒窃，即使数额不够较大也构成犯罪（3年以下有期徒刑、拘役或者管制）；如果定性为抢夺，当数额不够较大时，不构成犯罪（治安管理处罚），此时定性抢夺会导致畸轻的评价结果；而且，假设定性为抢夺，当数额达到较大时，若行为人刚好随身携带了西瓜刀，则转化为抢劫罪，并且，由于行为发生在公共交通工具上，不仅转化为抢劫罪，还是该罪的加重犯（10年以上有期徒刑、无期徒刑或者死刑），此时定性抢夺会导致最终评价结果畸重。面对这种处罚要么畸轻、要么畸重的局面，比较好的解释方案便是限缩抢夺的语义、扩张扒窃的语义，取消扒窃秘密性的要求，将这种行为解释进"扒窃"的范围。

第三章
刑法的效力范围

刑法的效力范围又称刑法的适用范围，是指刑法在空间、时间方面的适用范围。刑法的效力分为刑法的空间效力和时间效力。

第一节 刑法的空间效力

刑法的空间效力，是指某刑法法规对国内和国外发生的犯罪的适用范围。

一、对我国领域内犯罪的效力（属地原则）

《刑法》第6条规定："凡在中华人民共和国领域内犯罪的，除法律有特别规定的以外，都适用本法。凡在中华人民共和国船舶或者航空器内犯罪的，也适用本法。犯罪的行为或者结果有一项发生在中华人民共和国领域内的，就认为是在中华人民共和国领域内犯罪。"

1. 属地原则，是指对在国家主权统治领域内的犯罪行为适用犯罪地国的刑法，也称领土原则。《刑法》第6条根据犯罪地在我国领域确定《刑法》的适用效力，采属地原则。这也是世界各国刑法确立适用范围时最主要的原则。国家施行刑法首先是为了满足维护其领域内社会秩序的需要，其效力自然以适用于本国领域的犯罪为主。此外，犯罪发生地较有利于犯罪案件的调查取证、犯罪嫌疑人的缉拿，能够保障刑法的有效施行；同时，犯罪往往会破坏犯罪发生地的秩序，需要通过对罪行的惩处恢复当地的秩序、维护当地公众守法的信心。因此，属地刑法效力优先也得到国际社会的广泛认同。

2. "中华人民共和国领域"。"领域"的含义遵从国家法和国际法的解释，刑法没有特别的说法。"领域"，也称领土，它由领陆、领空、领水和底土构成。①领陆，是指陆地领土，包括岛屿；②领水，包括内水和领海；③领空，是指领陆、领水的上空；④底土，是指领陆和领水以下的底土。我国主张领海的宽度是12海里；关于领空的高度，国际法通说是无限高度说。

3. 凡在我国船舶或者航空器内犯罪的，也适用本法。我国的"船舶"或者"航空器"是指在我国登记的船舶或航空器，以悬挂我国国旗为标志。《刑法》第6条的"航空器"含一切可载人的飞行器，包括宇宙飞船和空间站。我国刑法把对船舶和航空器的效力规定于属地原则之下，表明采取拟制领土说，即将本国的船舶和航空器视为本国的"移动的领土",不论该船舶或者航空器位于世界何处,一律将其上发生的犯罪视为在本国领域内发生的犯罪。例如,某悬挂中国国旗的船舶停泊于纽约港,美国人甲在该船舶上杀害意大利人乙,则依据我国《刑法》第6条第2款的规定,适用我国《刑法》。

船舶或航空器在某国登记并悬挂其国旗,也可认为具有某国"国籍",也可置于属人原则之下进而依据属人原则确立刑法的效力。但我国刑法不采此说。

在国际列车上发生的犯罪是否适用属地原则以确定刑法适用的效力?《刑法》第6条参酌国际法规定,在中国船舶和航空器上发生的犯罪适用中国刑法,没有明文规定国际列车上发生的犯罪如何适用刑法。2012年12月20日发布的最高人民法院《刑事诉讼法解释》第6条规定:"在国际列车上的犯罪,按照我国与相关国家签订的协定确定管辖。没有协定的,由犯罪发生后该列车最初停靠的中国车站所在地或者目的地的铁路运输法院管辖。"这条司法解释解决了依法应由我国管辖的刑事案件的管辖法院问题,但并没有从根本上解决刑法对于国际列车上的犯罪的空间效力问题。本书认为,可以简单地把国际列车当汽车看待,如果汽车行驶在我国境内,其上发生犯罪的认为是在我国领域发生的犯罪;如果在俄罗斯境内的,就认为犯罪发生在俄罗斯领域。但是,即使行驶于俄罗斯境内时发生犯罪,也不排除通过属人、保护原则确立我国刑法的适用。

4. "在中国领域内犯罪"的认定。

(1) 犯罪行为或者结果有一项发生在我国领域的,就认为是在我国领域内犯罪。犯罪行为和结果通常发生在同一国家领域内,但二者也可能分离,如行为发生在一个国家,结果却发生在另一个国家。比如,甲从德国将一瓶投放了毒物的咖啡寄给居住在我国北京的乙,乙饮用该咖啡中毒身亡,甲的投毒杀人行为发生在德国而乙死亡的结果却发生在我国。行为或结果二者有其一在我国发生的,就认为是在我国领域内犯罪,不必要求行为和结果都在我国发生。

(2) 在犯罪未遂的场合,犯罪结果的期望发生地为我国的,认为是在我国领域的犯罪。未遂的犯罪行为发生在我国的,当然认为是在我国领域的犯罪;若未遂的行为发生在外国,期望发生的结果在我国,但因为犯罪未遂该结果却没有实际发生,如前例,甲寄毒咖啡杀乙,乙因没有饮用而没有发生中毒死亡的结果,也认为是在我国领域的犯罪。

(3) 犯罪行为是有一个过程的,其预备、实行行为之一部分或一个环节发生在我国的,就认为是在我国领域的犯罪。例如,香港居民甲、乙、丙等人为在香港抢劫银行而在广州市密谋策划、雇用帮手、准备工具,而后返回香港抢劫银行,作案后又携赃款潜回广州隐匿,甲、乙、丙等人尽管在内地仅仅有犯罪预备行为,但也认为是在我国内地犯罪。

(4) 在共同犯罪的场合,共同犯罪人之一人或共同犯罪行为之一部分发生在我国的,认为是在我国领域的犯罪。因为共同犯罪是一个整体,不论是实行行为还是帮助、教唆行为发生在我国领域，也不论共犯行为是全部还是一部分发生在我国领域，均可认为是在我国领域犯罪。

（5）在外国驻华使领馆内发生的犯罪，应当认为是在我国领域内发生的犯罪。例如，甲潜入美国驻华使馆内盗窃财物后逃到使领馆外面，被我国司法机关抓获的，不言而喻应当依据属地原则确立刑法效力，由我国法院适用我国刑法审判。另外，甲即使在美国使馆内被抓获，如果美国使馆方面主动交由我国司法机关处理的，我国也是依据属地原则确立对该案的管辖权。当然，美国使领馆可以根据美国法律中的保护原则主张对案件的管辖权，这就出现两国各自依据本国法律均有管辖权的情况，即管辖权冲突。在发生管辖权冲突时，一般还是犯罪地国的管辖权更容易实现。使馆馆舍和外交官员受国际法保护，在驻在国享有司法豁免权，这只是意味着：①未经使领馆首长的同意，我国司法当局不能进入该使领馆拿捕犯罪嫌疑人、调查取证；②享有外交特权和豁免权的外交官员，享有司法豁免权。这样的人无论是在使领馆内还是在使领馆外犯罪，均享有豁免权。其他人在外国驻华使领馆内犯罪的，仍应认为是在我国领域的犯罪，不排除我国依据属地原则适用我国刑法处罚。

关于犯罪地的认定有"行为说"，即仅以行为发生地为犯罪地；"结果说"即仅以结果发生地为犯罪地；"综合说"即行为或结果发生地为犯罪地。"综合说"是通说，被较多立法例采纳。例如，《意大利刑法典》第6条（在意大利国家领域内实施的犯罪）规定："当构成犯罪的作为或者不作为全部或部分发生在意大利，或者因上述作为或不作为而产生的后果发生在意大利时，犯罪被认为实施于意大利国家领域。"又如，《德国刑法典》（犯罪地）第9条规定："正犯的行为地，不作为犯的犯罪人应当有所作为地，构成要件结果的现实发生地，或者行为人希望的结果发生地，皆为犯罪地。共犯行为地，共犯者的作为或不作为情况下的应当作为之地，或共犯行为人希望结果发生之地，皆为共同正犯的犯罪地。国外犯的共犯者在国内实施的行为，依犯罪地的法律对该行为没有规定刑罚的，对于共犯仍适用德国刑法。"立法采综合说反映各国倾向于扩大属地原则适用、将其作为确定刑法适用范围的基本原则，因为国家对领土的统治需要采属地原则，且该原则能有效保障刑法的适用。

5. "除法律有特别规定的以外"，主要是指：

（1）《刑法》第11条规定："享有外交特权和豁免权的外国人的刑事责任，通过外交途径解决。"根据国际法，有外交特权和豁免权的人不受接受国的刑事管辖。根据国际惯例和《维也纳外交关系公约》《维也纳领事关系公约》等国际条约，享有外交特权和豁免权的人员一般包括：①外国的国家元首、政府首脑、外交部长、外交人员以及他们的配偶和未成年子女、执行职务时的外交使差；②我国与外国所订条约、协定规定应享受若干特权和豁免的商务代表；③经我国外交部核定，享受若干特权和豁免的各国驻第三国的外交官、会议代表、高级官员；④领事代表和其他领事馆人员。

（2）我国香港和澳门特别行政区发生的犯罪由港澳特区的司法机构适用特区的

刑法。根据香港、澳门基本法的规定，港澳特别行政区是享有高度自治权的地区，其中包括立法权、独立的司法权和终审权。港澳特别行政区只适用自己制定的刑法，不适用《中华人民共和国刑法》。

另外，有的教材还举出第三种例外情形，即相对狭义刑法。就 1997 年 10 月 1 日生效的刑法典而言，存在"其他有刑罚规定的法律"情况时，根据特别法效力优于一般法的原则，适用特别规定而排斥刑法典的适用。"其他有刑罚规定的法律"可能有两种：①单行刑法和附属刑法中的特别规定；②《刑法》第 90 条规定的民族自治地方依据刑法典制定的变通或者补充的规定。不过，对广义中国刑法而言，这种例外情形是不存在的，因为广义的中国刑法包括刑法典以及"其他有刑罚规定的法律"。鉴于中国刑法的效力范围与中国的司法管辖权关联，且刑法典总则适用于其他有刑罚规定的法律，所以还是以广义的中国刑法为基准确定中国刑法适用范围的例外情形较为合适。

二、对我国领域外犯罪的效力

（一）对我国公民域外犯罪的效力（属人原则）

《刑法》第 7 条规定："中华人民共和国公民在中华人民共和国领域外犯本法规定之罪的，适用本法，但是按本法规定的最高刑为 3 年以下有期徒刑的，可以不予追究。中华人民共和国国家工作人员和军人在中华人民共和国领域外犯本法规定之罪的，适用本法。"

1. 属人原则，是指本国公民不论在何处犯罪都应当适用本国刑法。本国公民通常是指具有本国国籍的公民，所以属人原则又称国籍原则。《刑法》第 7 条根据犯罪人具有我国国籍确立我国刑法的适用效力，采属人原则。采用属人原则的理由一般有两说：①本国公民不论在何处都应当遵守本国的法律（忠诚于本国法律）；②各国应当对惩处犯罪承担应有的责任，对本国公民即使在域外犯罪也应当适用本国法律追究刑事责任。

2. 属人原则对属地原则的辅助性。我国刑法设定了属人原则适用的前提：我国公民"在中华人民共和国领域外犯本法规定之罪的"，这表明属人原则对属地原则而言处于补充、辅助的地位。依据《刑法》第 7 条属人原则确定刑法的适用效力仅仅限于我国公民在我国领域外犯罪的场合（所谓"国外犯"），我国公民在我国领域内犯罪（所谓"国内犯"）的，只能根据《刑法》第 6 条属地原则确立刑法的适用效力，比如，我国人甲在北京犯故意杀人罪，适用我国刑法的依据只能是《刑法》第 6 条（属地原则）。

3. 适用属人原则的犯罪范围：原则与例外。

（1）原则。我国公民在我国领域外犯我国刑法规定之罪的，适用我国刑法。这表明我国刑法可普遍适用于我国公民在我国领域外的犯罪。

（2）例外。《刑法》第 7 条"但书"："但是按本法规定的最高刑为 3 年以下有期徒刑的，可以不予追究。"这里规定了可酌情不予追究的例外情况，表现出适当的灵活性。"可以不予追究"的"可以"在刑法学范围内一般理解为"倾向于"不予追究，或者"通常"不必追究，其实质在于保留追究的余地，含有不宜绝对排除追究可能性的意味。"可以不予追究"的前提是罪行较轻，即法定"最高刑为3年以下有期徒刑的"，对该"最高刑"的含义有两种解释：第一种是指触犯的刑法条文的最高刑，如《刑法》第258条（重婚罪）规定："有配偶而重婚的，或者明知他人有配偶而与之结婚的，处2年以下有期徒刑或者拘役。"该条之罪的法定最高刑为2年有期徒刑，当然符合前提。第二种是指根据罪行轻重程度应适用触犯的刑法条文相应的"法定刑幅度"之最高刑，不必限定"整个条文"的最高刑为3年以下有期徒刑。例如，《刑法》第243条第1款（诬告陷害罪）规定："捏造事实诬告陷害他人，意图使他人受刑事追究，情节严重的，处3年以下有期徒刑、拘役或者管制；造成严重后果的，处3年以上10年以下有期徒刑。"该条的"整个条文"最高刑为10年有期徒刑，分为两个量刑幅度："3年以下有期徒刑、拘役或者管制""3年以上10年以下有期徒刑"。如果依第一说以整个条文的最高刑为准则，则我国公民在国外犯诬告陷害罪无论轻重，都不属于最高刑为3年以下的情形。如果依第二说以罪行应适用的"量刑幅度"最高刑为准，则有两种可能：一是该诬告陷害罪行没有造成严重后果，只应适用"3年以下有期徒刑、拘役或者管制"这一量刑幅度处罚，具备法定最高刑为3年以下有期徒刑的前提，属于可以不予追究的范围；二是该诬告陷害罪行造成严重后果，应适用"3年以上10年以下有期徒刑"这一量刑幅度处罚，不符合最高刑为3年以下有期徒刑的前提，不属于可以不予追究的范围。[1] 采取第二说的主要依据是最高人民法院对如何计算追诉时效期限的答复："根据所犯罪行的轻重，应当分别适用刑法规定的不同条款或相应的量刑幅度，按其法定最高刑来计算追诉期限。"[2] 这个答复对追诉期限法定最高刑以"量刑幅度"之最高刑为准。参照这个答复理解该条之最高刑，应该认为第二说较合理，因为毕竟是在我国领域外的犯罪（域外犯罪），罪行不重且犯罪地国家有条件追究而不追究，依本国法可以不予追究还是很有分寸的。如果因为罪犯逃回到我国，犯罪地国没有条件追究（本国公民不引渡），起码要达到可引渡罪行的严重程度才有必要提请我国司法机关追究，对罪行不重的，我国可追究可不追究，也合乎分寸。如果按照第一说，因为我国《刑法》中整个条文最高刑为3年以下有期徒刑之罪的极少，第7条的例外规定就没有实际意义了。

（3）例外的例外。对于有特定身份的人不适用"可以不予追究"的"但书"。我国国家工作人员和军人在我国领域外犯我国刑法规定之罪的，应当适用我国刑法。关于国家工作人员的范围见《刑法》第93条；关于军人的范围见《刑法》第450

---

[1] 何秉松主编：《刑法教科书》，中国法制出版社2000年版，第127页。
[2] 1985年8月21日最高人民法院《审判严重刑案答复（三）》（已失效）第11问，关于追诉时效期限的计算如何适用法律条文的答复。

条。本国刑法适用于本国公务员在外国的行为被认为应当属于依据行为人的身份确定的特殊的属人原则。[1]

按照第二说，法定最高刑在3年以下有期徒刑的常见罪行有：盗窃、诈骗、抢夺、敲诈勒索、故意毁坏财物"数额较大"的、故意伤害仅造成轻伤结果的、侮辱、诽谤、重婚、破坏军婚等。例如，我国公民甲在美国盗窃400美元的财物（数额较大），甲回到我国后，我国司法机关对甲的该盗窃行为"可以不予追究"。这意味着，一般情况下就不追究其刑事责任了，但是不排除对其追究的可能性。盗窃、诈骗、抢夺、敲诈勒索、故意毁坏财物数额巨大的、故意伤害致人重伤、死亡的、故意杀人、抢劫、强奸、绑架等情形，不属于法定最高刑在3年以下有期徒刑的范围，不属于"可以不予追究"的情形。

4. 在我国领域外犯我国刑法规定之罪。我国领域外包括：①我国以外的主权国家统治的区域；②无人管辖的区域，如公海、南极、太空、其他星球等。域外犯罪与"境外"犯罪不同，境外犯罪除包含域外犯罪之外，还包含我国台湾、香港、澳门地区的犯罪。我国台港澳地区的犯罪不属于域外犯罪，只能适用第6条属地原则确立刑法的效力，不能适用《刑法》第7条属人原则。我国内地居民在台港澳地区犯罪的，由犯罪地的司法当局适用犯罪地刑法处理，罪犯逃回内地或被移交内地的，适用《刑法》第6条确立内地刑法的适用效力。这意味着，我国内地居民因为在台港澳地区犯罪而在我国内地被起诉、审判的，当然不适用《刑法》第7条"可以不予追究"的"但书"。

我国刑法是认定我国公民域外犯罪的法律标准。犯罪地国刑法认为是犯罪而我国刑法不认为是犯罪的，以我国刑法为准，不认为是犯罪，不追究刑事责任；根据本国公民不引渡的原则，也不应当引渡给犯罪地国追诉。需要明确的问题是：①我国刑法认为是犯罪但犯罪地国的刑法不认为是犯罪，是否适用我国刑法追究？我国通说是，不论犯罪地国的刑法如何规定，只要是我国刑法认为是犯罪的都适用属人原则。②我国和犯罪地国刑法都认为是犯罪，但是犯罪地国刑法处罚较轻的，是否可以适用犯罪地国轻法而排斥我国刑法的适用？我国通说是，我国的法院只能适用中国刑法，不能适用外国刑法。

双方可罚原则。对于前述①的问题，有的国家采取了限制的立场，认为犯罪人国籍国和犯罪地国的刑法都认为犯罪，即依双方刑法皆可罚的（双方可罚原则），才有必要适用属人原则适用本国刑法处罚。不考虑行为地国的法律是否认为是犯罪，一律依本国法追究刑事责任，是过分要求公民忠实于本国的法律。

轻法原则。对于前述②的问题，也有立法例采取轻法原则，即如果犯罪地国的法律处罚较轻的，本国法院适用该犯罪地国的法律处罚。理由是犯罪通常是破坏犯罪地的法律秩序、应当以犯罪地的法律作为评价依据。犯罪地法律处罚较轻的，应

---

[1] [日]森下忠著，阮齐林译：《国际刑法入门》，中国人民公安大学出版社2004年版，第61页。

以犯罪地的法律处罚。当然如果本国法律处罚较轻的，毕竟是在本国审判，自然适用本国的法律。

刑法适用效力与刑事管辖权的关系。刑法确立对犯罪的适用效力，也就确立了本国司法机关对该犯罪案件的刑事管辖权，二者是一致的，但还是略有差异。这差异在采用"轻法原则"时就显示出来，本国法院在审判本国公民在外国的犯罪时（行使管辖权），可能因为犯罪地国的法律处罚较轻而选择适用犯罪地国的法律，排斥适用处罚较重的本国刑法，这就出现了本国司法机关行使管辖权却适用外国刑法的情况。不过在这种场合，本国刑法并非完全没有适用效力，因为本国法院之所以能处罚本国公民的国外犯罪，还是以本国刑法规定该行为是犯罪为前提的，若本国刑法不认为该行为是犯罪，则不应行使管辖权予以追究。[1]

本书认为，可酌情考虑双方可罚原则。如果我国公民在外国犯罪依照犯罪地国法律不应受刑罚处罚的，是否依照我国刑法追究应考虑是否侵犯我国国家或公民的利益，如果侵犯我国国家或公民利益，可以追究；如果没有侵犯我国国家或公民利益，则不予追究。因为无视犯罪地国的法律而单纯考虑我国公民对本国法的服从，过于苛刻。另外，也不能与我国刑法的保护原则中的双方可罚原则保持平衡。对外国人在外国犯罪侵犯我国国家或公民利益的，尚且要求依犯罪地国的法律应受刑罚处罚的要件；而对中国人在外国犯罪且没有侵犯中国国家或公民利益的，却不要求依犯罪地国的法律应受刑罚处罚的要件，有失公允。

也应酌情考虑轻法原则。在现行体制下，犯罪地国的法律若比我国刑法处罚较轻的，我国法院显然不能直接适用犯罪地国的法律定罪处罚。但是在量刑时，酌情考虑犯罪地国刑法的处罚应当没有法律上的障碍。

（二）对外国人在我国领域外犯罪的效力（保护原则）

《刑法》第8条规定："外国人在中华人民共和国领域外对中华人民共和国国家或者公民犯罪，而按本法规定的最低刑为3年以上有期徒刑的，可以适用本法，但是按照犯罪地的法律不受处罚的除外。"

1. 保护原则，是指对于侵害本国国家或者公民利益的行为，不论犯罪人的国籍和犯罪地如何，应当适用本国刑法。按照犯罪侵害的是国家还是公民，保护原则可细分为保护国家原则和保护国民原则。如果对外国人在外国的犯罪必须具有危害本国安全的性质才确立本国刑法的适用效力的，则称为"安全原则"。安全原则是一种特殊的保护国家原则。因为事关本国国家安全，属于最高级别的管辖权，所以不受该行为在（外国）犯罪地依法是否应受刑罚处罚的约束（不要求"双方可罚"）。而保护本国国民原则需要以该行为依犯罪地法律应受刑罚处罚为前提（要求"双方可罚"）。《刑法》第8条根据犯罪侵害我国国家或公民确立我国刑法的适用效力，

---

[1] 上述有关问题可参见〔日〕森下忠著，阮齐林译：《国际刑法入门》，中国人民公安大学出版社2004年版。

属于保护原则。《刑法》第8条规定采广义的保护原则，包含保护国家原则、安全原则和保护国民原则的内容。

2. 保护原则对属地原则的辅助性。我国《刑法》设定了保护原则适用的"国籍和场所"：外国人在我国领域外犯我国刑法规定之罪。表明我国《刑法》规定的保护原则对属地原则而言处于补充、辅助的地位，依据《刑法》第8条保护原则确定刑法的适用效力仅仅限于外国人在我国领域外犯罪的场合（外国人的"国外犯"），外国人和我国人在我国领域内犯罪的（所谓"国内犯"），不论犯何种罪行，侵害何种利益，依然根据《刑法》第6条属地原则确立刑法的适用效力，而不是依据保护原则确立。比如，外国人甲在北京从事间谍犯罪活动危害了国家安全，适用我国刑法的依据应当是第6条（属地原则）而不是第8条（保护原则）。

3. 《刑法》第8条保护原则适用的条件：

（1）外国人在我国领域外犯我国刑法规定之罪。"外国人"是指不具有我国国籍的人，包括具有外国国籍的人和无国籍人。

（2）对我们国家或者公民犯罪，即该犯罪行为直接侵害我国或我国公民。换言之，我国和我国公民是该项罪行的侵害对象，是该项罪行的直接被害方（被害人）。

（3）该犯罪按我国《刑法》规定，"最低刑为3年以上有期徒刑"。该"最低刑"也应解释为应适用的法定量刑幅度之最低刑。比如，《刑法》第234条（故意伤害罪）规定："故意伤害他人身体的，处3年以下有期徒刑、拘役或者管制。犯前款罪，致人重伤的，处3年以上10年以下有期徒刑；致人死亡或者以特别残忍手段致人重伤造成严重残疾的，处10年以上有期徒刑、无期徒刑或者死刑。本法另有规定的，依照规定。"第1款的最低刑为管制，故意伤害他人致轻伤的一般适用第1款处罚，不属于最低刑为3年以上有期徒刑，就不适用我国《刑法》追究刑事责任，同时意味着法律没有设定我国司法机关对该类罪行的管辖权。第2款规定故意伤害致人重伤处3年以上10年以下有期徒刑，应属于法定最低刑为3年以上有期徒刑的情形。当然有些犯罪不论轻重，其法定最低均在3年以上有期徒刑，如故意杀人罪（第232条）、抢劫罪（第263条）、绑架罪（第239条）、强奸罪（第236条）等。

（4）但是按照犯罪地的法律不受处罚的除外。此"但书"规定表明《刑法》第8条保护原则受犯罪地国法律的限制，以我国刑法和犯罪地国法律双方均认为应受刑罚处罚为要件（双方可罚原则）。若仅属于我国刑法规定之罪但不属于犯罪地国刑法规定之罪的，不能适用第8条确立我国刑法的适用效力。

4. 保护原则的灵活性。《刑法》第8条规定外国人在我国领域外犯罪符合保护原则适用条件的，"可以"适用我国刑法，显示出一定的灵活性。

《刑法》第8条采取双方可罚原则，导致在保护国家安全方面没有确立我国刑法适用的强制效力，存在疑问。保护原则分保护本国公民和保护国家安全两种情形，其中保护本国公民属于第二级次的管辖原则，而保护国家安全属于第一级次的管辖原则，具有本国刑法优先适用且不受外国法约束的性质，不适用"双方可罚原则"。

第8条把保护本国公民与保护国家安全两个不同级次的管辖原则同条规定，并同样适用双方可罚原则。这样一来，对外国人在外国危害我们国家安全的犯罪也适用双方可罚原则，即以该罪行在犯罪地也可罚为要件，明显不利于保护本国安全。如果注意到保护国家安全原则具有优先适用、不受外国法约束的特性，立法上就不宜对安全原则也设置"但是按照犯罪地的法律不受处罚的除外"这样的限制规定，而应当在保护国家安全方面确立我国刑法适用的强行效力。因为受此立法例影响，我国学说也大多不注意保护国民原则与保护国家安全原则之间的重大区别。

2015年全国人大常委会《反恐怖主义法》第11条[1]前半段似乎注意到了"双方可罚原则"的局限性，就"对在中华人民共和国领域外对中华人民共和国国家、公民或者机构实施的恐怖活动犯罪"取消"双方可罚"的要求，直接确立中国的刑事管辖权。然而，该项规定的适用范围极为狭窄，仅限于恐怖活动罪行。一般认为，恐怖活动罪行属于国际犯罪，此时，中国刑法的适用是根据保护管辖（《刑法》第8条）还是普遍管辖（《刑法》第9条），尚有疑问。

（三）对域外国际犯罪的效力（普遍管辖）

《刑法》第9条规定："对于中华人民共和国缔结或者参加的国际条约所规定的罪行，中华人民共和国在所承担条约义务的范围内行使刑事管辖权的，适用本法。"

1. 普遍管辖原则，是指不论犯罪地、犯罪人或者被害人的国籍如何，对侵害世界法益的行为都适用本国刑法。这意味着某个国家的司法机关对任何侵害人类共同利益的犯罪都具有管辖权，所以称普遍管辖原则。采取这个原则的理由是，各国应当共同担负起维护世界性利益的责任，确立本国刑法对侵害人类共同利益的犯罪的效力。这样就使本国国内刑法的适用效力超越国界、国籍的藩篱而适用于世界范围内的侵害世界法益犯罪，所以也称"世界原则"。《刑法》第9条依据国际刑法确立我国刑法对有关国际犯罪的刑法适用（效力）范围，即使该罪行不是发生在我国领域，亦未侵犯我国国家和公民，且该犯罪人不具有我国国籍，但我国司法机关也有权管辖该案件。这是对国际刑法中普遍管辖规范的确认或实现。

2. 《刑法》第9条确认的普遍管辖原则的适用。①适用的犯罪范围。限于我国"缔结或者参加的国际条约所规定的罪行"，即国际犯罪或国际法上的犯罪。国际犯罪在本质上侵害人类共同的至关重要的法益，所以被公约规定为犯罪。常见的国际犯罪如非法毒品交易、贩卖人口、劫持民用航空器、恐怖主义罪行、反人类罪、战争罪行、种族灭绝罪行等。例如，2015年《反恐怖主义法》第11条后半段规定，对于我国缔结、参加的国际条约所规定的恐怖活动犯罪，我国行使刑事管辖权，依法追究刑事责任。当然，随着交通、电信以及国际交流日益频繁，世界变小以至于有

---

[1]《反恐怖主义法》第11条规定："对在中华人民共和国领域外对中华人民共和国国家、公民或者机构实施的恐怖活动犯罪，或者实施的中华人民共和国缔结、参加的国际条约所规定的恐怖活动犯罪，中华人民共和国行使刑事管辖权，依法追究刑事责任。"

"地球村"的说法，国际社会同舟共济的意识日益增长，国际法规定的犯罪有扩大的趋向。②在承担条约义务的范围内行使刑事管辖权。在有关惩治国际罪行的条约中，往往要求缔约国承诺在国内法中确立对条约罪行的刑事管辖权，为其他缔约国提供司法协助。以《蒙特利尔公约》为例，缔约国在刑事管辖和司法协助方面的义务主要有：一是承诺对条约规定的罪行给予严厉惩罚（第3条）；二是采取必要措施确立对罪行实施管辖权（第5条）；三是拘捕犯罪嫌疑人以便起诉或引渡（第6条）；四是在其境内发现的条约规定的罪犯，如不引渡，则不论罪行是否在其境内发生，应无例外地将此案件提交其主管当局以便起诉。该当局应按照本国法律，以对待任何严重性质的普通罪行案件的同样方式作出决定（第7条）。由此可见，"承担条约义务"主要是：缔约国在其领域一旦发现条约规定的罪犯，（不论罪行是否在其境内发生）都有义务立即拘捕，要么引渡给请求国，要么自行起诉、审判（或起诉或引渡）。这意味着各国联手打击条约指称的罪行，防止因国家间的壁垒而使罪犯逃避惩罚。犯罪分子则不得不面临各缔约国对其采取"立即拿捕或引渡或起诉"的措施，难以利用国家间的壁垒逃避处罚。一项罪行是否被条约规定为国际犯罪，对犯罪分子而言这点最具有利害关系。因为条约中的罪行通常也是国内法的罪行，作为国内法上的罪行只有犯罪地国、国籍国和被害人国可对其行使刑事管辖权，而作为国际法上的罪行，则各缔约国还可以对其行使普遍管辖权，使罪犯更难逃脱惩罚。

3. 《刑法》第9条普遍管辖原则的义务性。《刑法》第9条是我国在国内法中对条约中规定的罪行行使刑事管辖权的承诺，因此对国际罪行行使刑事管辖权既是权利也是条约义务。对于我国领域内发现的国际犯罪分子，我国有义务确立本国的管辖权以进行起诉、审判，如不自行起诉、审判，则应当引渡给有关请求国处罚。

4. 普遍管辖原则与其他刑法效力原则的关系。自国内法的角度，普遍管辖原则相对于传统的属地、属人、保护原则而言仅具有补充作用。如果按照传统的属地、属人、保护原则中的任一原则能确立刑法的适用效力的，不必要适用普遍管辖原则。自国际刑法的角度，对于条约所称罪行确立刑事管辖权是缔约国的义务，对国际罪行如果按照属地、属人原则也能确立刑事管辖权，在刑法适用上与国内法的罪行固然没有差别，但是仍受《刑法》第9条的约束，不得违背条约义务既拒绝起诉、审判又拒绝引渡。

永久居留地原则：属人原则和保护原则的扩展。20世纪60年代，在有关惩治国际罪行的条约如《东京公约》第4条第2款中规定，如果犯罪人或受害人在一个缔约国有永久居留权，那么该缔约国对这类犯罪案件也有刑事管辖权。该条依据"永久居留权地"作为刑法适用的连结点，被称为永久居留地原则。这实际是对属人原则和保护原则中"国籍"概念的扩大使用，即含有将在某国享有"永久居留权"的居民视为该国公民的意味。作出这种变通规定的原因是：出生、成长并长期生活在A国却不具有A国国籍而拥有B国国籍的人现在越来越多，他们一直居住在A国，甚至从未去过国籍国（B国），国籍国只是他们名义上的母国，而居住地国倒成了实质意义上的母国。让他们在异国他乡服从一无所知的国籍国的法律很不现实。为了适应这种情况、合理落实刑法的效力范围，有必要把永久居留地作为确定刑法效力的根据。

三、刑法适用范围的体系和位序

（一）我国《刑法》确立刑法适用范围的体系

以属地原则为基础，以属人、保护、普遍管辖原则为补充、辅助。这体现在从《刑法》第 6 条到第 10 条采取"域内犯罪"和"域外犯罪"两分的立法构架：第 6 条（属地原则）确定适用的前提是"在中国领域的犯罪"；第 7 条（属人原则）、第 8 条（保护原则）、第 10 条（保留再行审判的权利）则均明确适用的前提是"在中国领域外犯罪的"。第 9 条是依据条约义务确立管辖权，属于特例，没有明确该国际犯罪的犯罪地。一般解说暗含"外国人在中国领域外"犯国际罪行，依传统的属地、属人、保护原则不能确立本国管辖权时，依第 9 条普遍管辖原则确立管辖权。这种以属地原则为基础、其他原则为补充的体系也符合现代国际社会的基本构架。主权国家出于维护本国统治区域社会秩序的需要和考虑而落实本国刑事管辖权的实效性，大多愿意选择属地原则作为基本的原则。

（二）刑法适用原则的位序

自国内刑法的角度，属地原则属于第一位序的管辖权，它的优势地位来自主权国家对领土的统治权。保护国家安全也属于第一位序的管辖权，它的优势地位来自维护主权国家自身生存的需要。而属人原则和保护本国公民原则属于第二位序的管辖，处于第二位序的原因是尊重其他主权国家对本国领土统治的权力。普遍管辖原则的地位自国内法的角度讲，只能是传统的属地、属人、保护原则的补充。因为国内法还是依据传统原则设定本国管辖权，来自国际法的普遍管辖原则仅起补充作用。在有关惩治国际犯罪的条约中，一般要求缔约国首先依据传统的原则确立本国管辖权，其次才是缔约国若在其领域内发现犯罪人，不论他在何处犯下条约规定的罪行，或者起诉或者引渡，这样看也是补充作用。不过第 9 条涉及本国在公约中承诺的义务，从"不得拒绝"管辖来讲，它应是第一位序的。从本国主动寻求管辖来讲，则传统的管辖原则优于普遍管辖原则。

四、在行使刑事管辖权受阻时保留审判的权利

（一）刑事管辖权冲突

外国刑法也大多采取以属地原则为基础，以属人、保护、普遍管辖原则为补充的刑法适用体制。这难免发生两个以上的国家依据本国刑法对同一犯罪案件均拥有刑事管辖权的情况（管辖权冲突或竞合）。例如，德国人甲在日本杀害我国公民乙，日本依据日本刑法的属地原则、我国依据我国刑法的保护原则、德国依据德国刑法的属人原则，对此案均拥有刑事管辖权。在中、日、德三国之中往往是有条件拘捕犯罪嫌疑人、调查取证的国家率先实现本国的刑事管辖权。犯罪地国（日本）通常因为犯罪破坏了本国当地的法律秩序而有追诉的迫切需要，也有追诉的便利，所以

通常是犯罪地国能有效实现本国的刑事管辖权。正因为如此，各国刑法确定刑法适用效力时大多以属地原则为基础、以其他原则为补充。

（二）在行使刑事管辖权受阻时保留审判的权力

《刑法》第 10 条规定："凡在中华人民共和国领域外犯罪，依照本法应当负刑事责任的，虽然经过外国审判，仍然可以依照本法追究，但是在外国已经受过刑罚处罚的，可以免除或者减轻处罚。"

该条表明，在依据我国刑法行使刑事管辖权受阻时保留再行审判的权利，我国刑法的适用效力不受外国判决的约束。以前述德国人甲在日本杀害我国公民乙为例，有关中、德、日三国可以采取刑事司法合作解决管辖权冲突问题，如引渡、移交案件。如果日本法院依据属地原则确立对该案的刑事管辖权，对甲进行起诉、审判，则我国依据保护原则确立的刑事管辖权暂时不能实现，只好在刑法中规定保留再行审判的权力。不论外国的判决是否适当，只要依照我国刑法应当负刑事责任的，仍然可以适用我国刑法追究。如果在外国已经受过刑罚处罚的，可以免除或者减轻处罚。例如，我国船舶"长城"号停靠在巴西港口时，我国籍船员甲、乙二人打架斗殴，致乙死亡。巴西法院认定甲构成故意伤害罪，判处 4 年有期徒刑。甲服刑 2 年后假释回国，被害人乙的亲属以巴西法院判决畸轻为由提出控告，我国司法机关有权对甲该项罪行再行起诉、审判。同时考虑甲就该项罪行已经受过刑罚处罚的事实，可以免除或者减轻处罚。

由此可以推论：①我国刑法的空间效力或法院的刑事管辖权不受外国刑事判决的约束；②我国尚不承认外国刑事判决在我国具有"一事不再理"的效力。对于已经受刑罚处罚的同一罪行再行审判处罚，似乎违背"禁止双重威胁""一事不再罚"等原则，但这是维护本国国家司法权而不得已为之的特例。[1]

第二节　刑法的时间效力

刑法的时间效力，是指刑法生效、失效的时间以及刑法对生效前行为的效力。

一、刑法对生效之前行为的效力（溯及力）：从旧兼从轻原则

《刑法》第 12 条规定："中华人民共和国成立以后本法施行以前的行为，如果当时的法律不认为是犯罪的，适用当时的法律；如果当时的法律认为是犯罪的，依照本法总则第四章第八节的规定应当追诉的，按照当时的法律追究刑事责任，但是如果本法不认为是犯罪或者处刑较轻的，适用本法。本法施行以前，依照当时的法律已经作出的生效判决，继续有效。"

---

[1] 关于刑法的空间效力的基础知识和动态，参见［日］森下忠著，阮齐林译：《国际刑法入门》，中国人民公安大学出版社 2004 年版，第 28~126 页。

（一）原则适用旧法（行为时有效的法律）

根据罪刑法定原则，只能依据行为当时有效的法律定罪处罚（从旧法），刑法不具有溯及既往（生效前行为）的效力，这被称为从旧原则，也被称为刑法不溯及既往的原则、禁止适用事后法（行为发生之后才生效的法律）原则。罪刑法定不仅要求"依法"定罪处罚，还要求"依行为时法"定罪处罚。其道理是：国家应预先公布刑法告知公民，以便公民遵守。在公民已经实施某种行为之后，行为当时的法律不认为是犯罪，国家事后制定的法律认为是犯罪并据此追究以前的行为，违反了预先告知的义务，妨害公民自由权利。

《刑法》第12条前段规定适用"当时的法律"，表明刑法时间效力的基调，采从旧法原则。在生活中，从发生涉嫌犯罪的行为到被交付法院审判之间往往有段时间间隔，尤其在行为被隐蔽或行为人逃匿的场合，这段时间可能长达数年甚至数十年之久，比如，甲在1995年犯故意杀人罪后逃匿，直到2005年才被缉拿归案，其间法律可能发生变化。甲"行为时"有效的刑法是1979年《刑法》，被抓获归案交付审判时有效的刑法是1997年《刑法》（审判时法），对甲10年前的杀人行为就产生了适用何时法律的问题。依据《刑法》第12条的规定，应当"适用当时的法律"即1979年《刑法》。1997年刑法典尽管是审判时有效的法律，但不能适用于它生效前发生的甲的杀人行为。有时，生活中发生的危害社会的行为在当时的法律中没有被规定为犯罪，如骗购外汇行为。但因为这种行为社会危害性很大，引起了立法者的关注，在1998年12月通过的《惩治外汇犯罪的决定》之中，立法者将其规定为犯罪。该决定只能适用于其生效以后发生的骗购外汇行为，不能适用该决定追究1998年12月之前的骗购外汇行为。

禁止刑法溯及力的主要根据是保障公民自由。凡法不禁止的，公民可自由行为。国家应要求公民依据行为时法认识自己行为的性质和法律效果，从而选择行为，不应要求公民预测行为后法律的变化并作出行为选择。因此，适用行为后法追究公民的罪责将使自由范围和行为后果变得不可预知，会侵害公民自由。同时也是为了避免立法者和公众在冲动之下用事后法惩处或加重惩处某种事件或行为。生活中有时会发生引起公愤的事件或影响恶劣的行为，立法者为了平息事态和民愤，可能会在事后制定法律严厉镇压已经发生过的行为，"因为是在情绪激动时作出的，所以在内容上大多数也不恰当"[1]。所以，凡法治国家必须杜绝这种盲动的现象。

"刑法不溯及的原则，只限于刑法才予肯定，并不及于刑事诉讼法和刑罚执行法领域。因为程序法总是对现在法律程序适用的。"[2] 不过刑罚的具体运用制度如果导致对犯罪人不利的法律效果的，应当没有溯及力。例如，修订后的《刑法》对适用假释增加了累犯和重暴力犯不得假释的限制，该限制没有溯及力。

---

[1] [德] 克劳斯·罗克辛著，王世洲译：《德国刑法学总论》，法律出版社2005年版，第93页。
[2] [日] 大塚仁著，冯军译：《刑法概说：总论》，中国人民大学出版社2003年版，第71页。

（二）例外适用行为后生效的轻法

《刑法》第12条"但书"："但是如果本法不认为是犯罪或者处刑较轻的，适用本法。"但书例外允许适用行为后法律，包括两种情形：①行为时法认为是犯罪，但因法律发生变化，到审判时法律不认为是犯罪的；②行为时法律和审判时法律都认为是犯罪，但因法律发生变化，审判时法律处罚较轻。因为这两种情形行为后的法律对行为人有利，适用行为后法律。这意味着我国《刑法》并非绝对禁止刑法溯及既往，在行为后法不认为是犯罪或者处罚较轻时例外允许适用事后法。罪刑法定原则原本绝对禁止刑法溯及既往，但鉴于允许适用事后轻法既能体现新的立法意志，也有利于保护公民权利，现代刑法多采用原则上禁止刑法溯及力但例外允许轻法溯及力的体制，即所谓"从旧兼从轻原则"。

1.《刑法》第12条"处刑较轻"，是指刑法对某犯罪规定的法定刑较轻。法定刑较轻首先是指法定最高刑较轻；法定最高刑相同的，则指法定最低刑较轻。如果刑法规定某犯罪有两个以上的法定刑幅度的，则是指具体犯罪行为应当适用的法定刑较轻。如果因为构成要件发生变化导致同一行为的罪名变化的，例如，按照行为时刑法属于一罪（流氓罪），但依现行刑法属于两罪（聚众斗殴罪和寻衅滋事罪）的，要将数罪并罚的结果与一罪的法定刑对比，以确定谁处刑较轻。

2. 行为时刑法规定的定罪处刑标准、法定刑与行为后刑法相同的，应当适用行为时刑法。这点非常关键，因为它突出显示从旧兼从轻原则中"从旧"（禁止刑法溯及力）的根本地位和新法较轻时有溯及力的例外地位。新旧刑法规定的实质内容完全相同，似乎适用哪一个都没有实质差别，但是为了固守刑法没有溯及力的原则性立场，依然坚持适用行为时法（旧法），排斥适用行为后生效的刑法（新法）。因新法较轻而适用于生效前发生的行为，仍属于例外情形。

3. 对继续犯、连续犯以及同种数罪的法律适用。

（1）犯罪行为继续到后一个新法律生效时间的，应当适用后来的新法。例如，甲在1996年5月非法拘禁乙，并一直继续到1998年5月才结束，甲的犯罪行为从1979年《刑法》有效期间继续到1997年修订后《刑法》生效期间，应适用1997年修订后《刑法》。因为甲的非法拘禁行为本身的继续到了后一个新法生效期，该部分行为就是发生在后法生效后，后法实际也是甲（非法拘禁一部分）行为时有效的法律。

（2）犯罪行为连续到后一个新法律生效时间的，若行为开始时的法律也认为是犯罪的，应当适用后来的新法。又鉴于我国司法习惯对于同种数罪一并审理时不实行数罪并罚，似乎也可参照对连续犯的法律适用方式。例如，甲在1997年4月至1998年4月一年内贩卖毒品10次，其中有5次发生在1997年10月1日之前，有5次在之后。因为1997年修订后《刑法》和1979年《刑法》都认为贩运毒品是犯罪，应当适用1997年修订后《刑法》一并处罚甲的10次贩卖毒品行为。但如果1997年修订后的《刑法》处罚较重的，可以酌情从轻或减轻处罚。

对跨越两个以上刑法法规的继续犯、连续犯以及同种数罪法律适用的前提是：行为开始时的刑法（前法）也认为是犯罪。若前法不认为是犯罪，连续、继续到后法生效的部分依后法认为犯罪，则仅适用后法处罚后法生效时发生的那部分行为，对后法生效前的部分不追究。

(3) 轻法溯及力的限制。轻法的溯及力仅限于"未决案"。所谓未决案，是指未经审判或者判决尚未确定的案件，包括上诉的案件，一审判决后正在上诉中的案件仍属于判决尚未确定的案件。根据《刑法》第 12 条第 2 款"依照当时的法律已经作出的生效判决，继续有效"的规定，这包含两层意思：①行为后法律发生变化不影响依据行为时法作出的生效判决的效力，不能因为行为后法律不认为犯罪或处刑较轻而推翻已经生效的判决；②对于已经生效的判决提出申诉，人民法院依法启动再审程序的，在再审时仍然适用行为当时的法律，不能因为再审时的法律发生变化有利于申诉人而适用行为后法。

这里所称的刑法是广义的刑法，包括刑法典及其修正案、单行刑法和附属刑法。

关于轻法溯及力的限制存在略有差异的规定。如《法国刑法典》第 112～114 条规定，新法施行不影响依旧法完成的法律行为的有效性，"但是，已受刑罚宣判之行为，依判决后之法律不再具有刑事犯罪性质时，刑罚停止执行"。

二、司法解释的时间效力

司法解释是"有权解释"，对刑法适用影响重大。为此，最高人民法院专门就司法解释的时间效力作出解释，[1] 其要点是：

1. "司法解释自发布或者规定之日起施行，效力适用于法律的施行期间。"这个"法律"是指被解释的法律。可见司法解释的时间效力从属于被解释的法律的时间效力，比如《办理赌博刑案解释》自 2005 年 5 月 13 日施行，该解释是对 1997 年《刑法》第 303 条（赌博罪）的解释，所以该解释的时间效力与《刑法》第 303 条相同，适用于 1997 年 10 月 1 日之后发生的赌博行为。这意味着司法解释可溯及适用于其施行（或称"出台"）以前的犯罪行为。只要案件起诉后，无论是一审还是二审阶段发布了有关司法解释，均应适用该解释，并与有关法律一并作为定罪处罚的依据。例如，《刑事审判参考》指导案例第 5 号"杨海波等贩卖淫秽物品牟利案"[2] 中，法院裁判时就适用了该案二审期间发布施行的最高人民法院《关于审理非法出版物刑事案件具体应用法律若干问题的解释》。

司法解释对行为的时间效力依附于被解释的法条，其法理根据是：司法解释仅仅是对法条"题中应有之义"的阐释，没有创新内容，所以即使溯及施行之前发生的行为，也不违反刑法不溯及既往的原则。不过，因为难以寻求扩张解释与类推

---

[1] 2001 年 12 月 7 日最高人民法院、最高人民检察院《司法解释时间效力规定》。
[2] 载中华人民共和国最高人民法院刑事审判第一庭编：《刑事审判参考》（总第 1 集），法律出版社 1999 年版。

解释的确切界限,当某一司法解释可能存在"越位"而有作出类推解释的嫌疑时,就可能引起人们的疑虑。希望司法解释具有溯及力的规定能够使最高人民法院(或最高人民检察院)在制定司法解释时更加慎重。

2. "对于司法解释实施前发生的行为,行为时没有相关司法解释,司法解释施行后尚未处理或者正在处理的案件,依照司法解释的规定办理。"这表明,司法解释只适用于"未决案",对于"已决案",不再适用司法解释重新审理。

3. "对于新的司法解释实施前发生的行为,行为时已有相关司法解释,依照行为时的司法解释办理,但适用新的司法解释对犯罪嫌疑人、被告人有利的,适用新的司法解释。"这表明对同一行为先后有新旧两个以上司法解释发生竞合(冲突)的情况下,采取从旧兼从轻原则,优先适用行为时的司法解释;只有行为后的司法解释有利于犯罪嫌疑人、被告人的,才适用行为后的司法解释。例如,现行刑法颁布以后,对于侵犯著作权刑事案件先后存在《审理非法出版物刑案解释》(1998年)与《办理知识产权刑案解释》(2004年)两个司法解释,《刑事审判参考》指导案例第417号"谭慧渊、蒋菊香侵犯著作权案"[1]中,一审法院根据《知识产权刑案解释》(新解释)认定被告人构成侵犯著作权罪,但二审法院认为,被告人非法复制出版物的非法经营额和违法所得均未达到《非法出版物刑案解释》(旧解释)所规定的定罪数额要求,宣告无罪。

但是,无论新旧司法解释哪个对犯罪嫌疑人、被告人更有力,对于那些按照行为时司法解释已经办结的案件,只要认定事实和适用法律没有错误的,不再适用行为后的司法解释重新审理。

三、立法解释的时间效力

立法解释的时间效力可参照司法解释掌握。因为立法解释既然是对法律的"解释",按道理也应是对法条"题中应有之义"的阐释,也不应创制新内容,其效力自然可如同司法解释一样掌握。不过,这种说法同样引起人们的疑虑。因为以往的立法解释实际上创制了新内容,名为"解释"实为"立法"。如果采取立法解释时间效力如同司法解释的时间效力的观点,则将来制定立法解释时也应当持极其慎重的态度。

立法机关固然有创制刑法权,但应讲究名义。创制刑法应采用刑法修正案之类的立法形式,不宜采取"法律解释"形式。既然称"解释",即便是立法机关作出的,也应当仅仅是对法条固有含义的阐释,不应当创制新内容。若创制新内容,应采取修正案或其他立法形式,否则会造成修正案与立法解释界限的模糊,甚至使人们对法律解释的意义产生歧义。因为在"解释"的名义下屡屡突破条文的词语含义进行解释,解释的概念是什么也不清楚了。既然称解释,无论是立法解释、司法解

---

[1] 载中华人民共和国最高人民法院刑事审判第一、二、三、四、五庭主编:《刑事审判参考》(总第53集),法律出版社2007年版,以下本书对该系列丛书仅注明书名、集数。

释还是学理解释都应恪守解释的基本规则，不能过分脱离法条词语固有的含义。

立法机关对某一刑事法事项采取立法解释的形式还是修正案的形式，其实质差异在于时间效力。如果采取立法解释形式创制刑法内容，会损害从旧兼从轻原则。

四、刑法的生效、失效和溯及力

（一）刑法生效的时间

刑法生效的时间有两种方式：①公布之后经过一段时间才生效，如1997年3月14日修订的刑法（典）通过并公布后，自1997年10月1日起施行（生效）；②自公布之日起生效，单行刑法和刑法修正案一般采取这种方式，如《惩治外汇犯罪的决定》和现有的10个刑法修正案均是自公布之日起施行（生效）。

（二）刑法失效的时间

刑法失效的时间也有两种方式：①由国家立法机关明确宣布某些法律自何日起失效。例如，《刑法》第452条第2款规定，列于本法附件一的全国人大常委会制定的《惩治军人违反职责罪暂行条例》等15件单行刑法，自1997年10月1日起予以废止。②自然失效，即新法施行后取代了有关旧法，或者由于原来特殊的立法条件已经消失，旧法自行废止。

（三）刑法的溯及力

刑法溯及力，是指某一刑法典、刑法修正案或其他刑罚法规对其生效前行为适用的效力。从刑法学说和制度发展历史的角度，关于刑法溯及力有四种主张和制度：

1. 从旧原则，即只能依据行为当时有效的法律定罪处罚，刑法不具有溯及既往（生效前行为）的效力。

2. 从旧兼从轻原则，即只能依据行为当时有效的法律定罪处罚，原则上禁止刑法溯及适用，但允许处刑较轻的刑法有溯及力。古典的罪刑法定原则绝对禁止刑法溯及力，现在学说和绝大多数立法例采取较为灵活的方式，例外允许轻法有溯及力。站在现在的立场上，认为罪刑法定原则仍然绝对禁止刑法溯及力，与现状不符。轻法有溯及力被认为不违反罪刑法定原则。

3. 从新原则，即刑法应适用于生效前的行为，刑法有溯及既往的效力。罪刑法定原则排斥从新原则。

4. 从新兼从轻原则，即刑法一般具有溯及既往的效力，但是行为时法不认为犯罪或处刑较轻的，仍应适用行为时法。从法律适用的实际效果看，它与从旧兼从轻原则似乎是相同的，因为都是权衡新旧法律之后择其轻者适用，但二者解决刑法时间效力的价值取向不同，从新兼从轻原则显然是考虑新法总是比旧法进步，所以倾向于刑法溯及适用，只是不能因此而产生不利于被告的法律效果。从旧兼从轻原则则倾向于禁止刑法溯及力，只是在有利于被告的情况下例外允许刑法溯及力。所以，当新旧刑法规定的实质内容相同时，依从新兼从轻原则应适用新法，依从旧兼从轻原则则应适用旧法。

第二编　犯罪论

第一章
犯罪的概念、本质和分类

第一节　犯罪的法律概念

《刑法》第 13 条规定："一切危害国家主权、领土完整和安全，分裂国家、颠覆人民民主专政的政权和推翻社会主义制度，破坏社会秩序和经济秩序，侵犯国有财产或者劳动群众集体所有的财产，侵犯公民私人所有的财产，侵犯公民的人身权利、民主权利和其他权利，以及其他危害社会的行为，依照法律应当受刑罚处罚的，都是犯罪，但是情节显著轻微危害不大的，不认为是犯罪。"学说上根据《刑法》第 13 条规定的犯罪概念，提出了一个更为抽象、简明的犯罪概念：犯罪是危害社会的、依照法律应当受刑罚处罚的行为。这个概念源于法律规定，所以几乎成为中国刑法学说独一无二的犯罪概念。

学说上也有根据唯物史观，认为犯罪是一个历史范畴即阶级社会的产物，是危害统治阶级利益、由掌握政权的统治阶级以国家意志的形式规定应受刑罚处罚的行为，这种概念曾经流行一时。

一、犯罪概念的立法模式

一国的犯罪概念论深受该国犯罪概念立法模式的影响。

（一）西方模式：无法定犯罪概念或形式的犯罪概念

西方国家刑法大多不规定抽象的犯罪概念，例如，德国、法国、意大利、瑞士等欧陆国家刑法中未见一般犯罪概念的规定，其原因大概是罪刑法定原则已经设定了犯罪的前提——必须是刑法规定给予刑罚处罚的行为。鉴于这些犯罪行为已经在刑法分则各条一一作出了具体的规定，比如盗窃罪、抢劫罪等，没有必要再给全体犯罪下一个抽象的定义。

西方国家偶有在刑法中规定犯罪概念的，也是在罪刑法定原则基础上的循环定义，如《西班牙刑法典》第 10 条："蓄意或过失的作为或者不作为为法律所处罚的，构成犯罪或过失罪。"这种仅从法律形式层面规定的犯罪概念，被称为"形式的犯罪概念"。

由于西方国家的刑法大多不规定犯罪概念，所以"犯罪概念论"的出发点不是"法律"而是"观念"。西方学说因为没有法定犯罪概念的框架，所以一般从两个层面或角度把握犯罪概念：①罪刑法定原则约束下的犯罪概念。犯罪是刑法规定处以刑罚的行为。这种概念仅仅说明了犯罪的法律特征，所以被称为犯罪的形式概念。②犯罪本质意义上的犯罪概念。因为刑法中没有界定犯罪的本质是什么，所以学者根据自己的犯罪本质观提出犯罪概念，例如：犯罪是侵害法益的行为；犯罪是违反规范的行为；犯罪是违反义务的行为；犯罪是反社会的行为；犯罪是犯罪人反社会人格的表现；犯罪是犯罪分子破坏人们共同经营的社会生活而达到了不能容忍程度的行为；等等。因为在罪刑法定体制下犯罪的法定性是不容置疑、不言自明、不需讨论的，所以犯罪概念论的中心是犯罪本质论，探讨行为之所以应当被认为是犯罪的本原。

西方学说还有一个犯罪的"结构"定义：犯罪是该当（或符合）构成要件、违法、有责的行为，由此形成"三要件"犯罪论体系。

（二）苏联模式：实质的犯罪概念或混合的犯罪概念

在刑法中规定犯罪的一般概念是苏联的立法模式，如 1922 年《苏俄刑法典》第 6 条规定："威胁苏维埃制度基础及工农政权在向共产主义过渡时期所建立的法律秩序的一切危害社会的作为或不作为都认为是犯罪。"该定义的显著特点是指出了犯罪的实质内容"危害社会"，但没有明确指明犯罪的法律上的特征，被称为"实质的犯罪概念"。[1] 在这种立法模式的影响下，属于前社会主义阵营的国家大多在刑法中规定犯罪的一般概念。苏联解体后这种立法模式仍然被沿袭，例如，《俄罗斯联邦刑法典》第 14 条规定："本法规定以刑罚相威胁所禁止的有罪过地实施的危害社会的行为，被认为是犯罪。"该定义不仅规定犯罪的实体内容"危害社会"，还指明了犯罪的法律特征（法律用刑罚禁止），被称为"混合的犯罪概念"，即综合了犯罪的实质内容和法律形式。实质的犯罪概念与罪刑法定原则相抵触，所以一旦采取罪刑法定原则，通常不采取实质的犯罪概念，只能采取形式的犯罪概念或混合的犯罪概念。

（三）中国模式：法定犯罪概念和混合犯罪概念

我国刑法直接给犯罪概念下了定义，因此我国"犯罪概念论"的出发点是《刑

---

[1]"实质意义的犯罪概念，是将犯罪置于法律之前或之上来给犯罪下定义。"载赵秉志：《刑法基本理论专题研究》，法律出版社 2005 年版，第 228 页。"首先在刑事立法中规定实质意义的犯罪概念的……是苏联。"关于犯罪的各种观念，参见该书第 229 页。

法》第 13 条确立的犯罪概念，其中心议题是"法定"犯罪概念及其基本特征。看看我国《刑法》第 13 条可知：一方面，它规定了一个抽象的犯罪概念，依然保留社会主义法系的传统；另一方面，它既规定了犯罪"危害社会""应受惩罚"的实质内容，也规定了犯罪"依照法律"处罚的形式，属于混合的犯罪概念。

二、犯罪概念的核心要素：行为

（一）行为是犯罪概念的核心要素

无论是《刑法》第 13 条规定的犯罪概念，还是分则各条规定的具体犯罪，最终都把犯罪归结为一种行为。因为行为是人作用于外界（法秩序）的唯一途径，没有行为则不可能对外界发生影响造成侵害。行为具有可观察、描述的特性，使法律能够清晰界定罪与非罪。古典的刑法学说把（犯罪）行为当作惩罚的对象，包含着法律只惩罚具有侵害性的行为，反对惩罚异端思想、信念、道德观的立场，包含法律应当明确界定公民自由、权利范围的法治要求。崇尚刑罚预防作用的实证学说，曾提出"应受处罚的不是行为，而是行为人"的观念，其理由是：犯罪行为是由犯罪人实施的，作为审判、处刑以至被执行刑罚、被教育改造的对象，都是犯罪人。这种学说试图把犯罪概念的核心转向行为人，转向行为人再次犯罪的危险性。可是，预测犯罪人的人身危险性还是需要根据犯罪人的行为。脱离犯罪行为认定人身危险性的做法是很危险的，可能造成犯罪概念、惩罚标准含混不清，破坏法治原则。行为是犯罪核心的观念经历各种思潮的冲击依然是主流观念，现代刑法规定的犯罪依然是行为类型的犯罪，现代刑法依然是"行为刑法"而不是"行为人刑法"。

（二）行为的一般理论

1. 行为的基本意义。对行为进行剖析可发现三个因素：①"人的举止"；②人支配自己举止的意思；③人的举止对外界（他人或社会）产生的影响。自然观察到的行为，首先是"人的举止"，但是人的举止若要有社会意义，能够接受法律评价，恐怕还需要考虑人支配自己举止的意思和该举止对外界（他人或社会）产生的影响。因为缺了这两个因素便很难确定人的举止的社会意义，自然也不能作出适当的法律评价。比如，甲"放了两枪"，如果只考虑"放了两枪"的举止是不能说明任何问题的，或者说人们并不清楚甲实施了什么样的行为，因为这不是完整的行为。只有把支配举止的意思和产生的影响添加进来一并考虑，才能明白甲做了什么，才是个完整的行为，才能对其作出适当的评价。比如，甲为打野兔而"放了两枪"，击中了一只野兔，把甲"放了两枪"与甲打野兔的"意思"和击中野兔的"对外界的影响"结合在一起，可得出甲"放了两枪"是"打猎"的完整认识。如果"放了两枪"举动的"前因后果"不同，意义会根本不同，如甲为了杀害乙而朝乙"放了两枪"，则是故意杀人的行为；再如，甲以打猎的意思放了两枪，结果误击中乙，则是一个过失的问题。人的意识和举止结合才能完整说明人的举止的意义；而人的举止和对外界的影响结合，才能产生社会意义和法律意义。因为人的举止如果对外界不产生影响，则法律没有必要干预。

2. 结果的基本意义。说到行为，则不能不说结果。自然观察到的结果是人的"行为"之结果，其实就是人的举止"对外界发生的影响"或者"引起的外界的变动"，这是最广义的结果。最广义的行为包含举止"对外界产生的影响或引起的外部变化"，即包含最广义的结果。是否把这种意义的结果从行为中分离出来，往往取决于分析的细致程度或选择的角度或学说的偏好。

3. 主观要素与客观要素。如果对行为从主观和客观两方面分析，则"人的举止"和人的举止"对外界（他人或社会）产生的影响（结果）"，属于犯罪行为的客观要素；人支配自己举止的"意思"，属于主观要素。行为是否包含这样的主观要素？包含到何种程度？也会因为分析的细致程度或选择角度或学说偏好的差异而有不同的说法。

各种行为学说

1. 因果行为论。刑法上的行为是由主观意志引起肢体运动、引起外界变动并产生侵害法益的结果，具有两个特征：①"有意性"，即肢体运动出于人的意思，无意识的举动不是行为；②"有形性"，即有身体运动并造成外界变动的结果。单纯的意思，不是行为。就意思与身体运动、外界变动的关系而言，是前者引起后者的一串因果联系。批评者指出：这种行为观把行为当作一串心理、物理过程，把自然科学的行为生搬到刑法学中，故称其为自然行为论。因果行为论在19世纪盛行，除了当时崇尚科学的风气之外，主要有两个原因：①提防罪刑擅断的情绪。当时的学者更愿意赋予行为可感知（有体性）的属性，以便更清楚、准确地界定犯罪行为。②客观主义的倾向和主、客观分立的思路。当时的学者更注重行为的"引致外界变动"的外部特征，把犯罪的本质归结为行为所生之侵害结果。这种行为观看重行为之"结果"，行为被当作"结果"的原因来把握。其主要缺陷是不能涵盖不作为。

2. 社会行为论。刑法上的行为是人的具有社会意义的有意的身体举止。它试图克服自然行为论难以解释不作为的缺陷，引入"具有一定社会意义"的特征界定行为，能够把所有具有刑法意义的行为都概括进去。因为无论是作为还是不作为，故意行为还是过失行为，总是因其是来自人的有意识的具有社会意义的举止而成为刑法所研究的对象。但其实这个问题并未得到圆满解决，忘却犯（无意识的过失不作为）虽具有社会意义却缺乏有意性，按社会行为观衡量不是行为，而事实上不能不承认忘却犯是犯罪。社会行为论的利弊集中在"社会意义"上面。一方面，"社会意义"是一个富有弹性的标准，较易包容各种行为方式，尤其不作为，这是其优越之处；另一方面，"社会意义"本身仍需界定且不易界定，以这样的标准去衡量行为，行为概念本身也就含糊不清了。这无疑会损害行为概念在区别罪与非罪方面的作用。此外，行为既是社会意义评价对象又是刑法评价对象，对同一事物进行双重规范评价是不必要的。如果以社会意义评价代替刑法评价则是十分危险的。社会行为论着眼于行为的社会意义，纠正了自然行为论的纯自然科学的倾向，但它与自然行为论一样都把行为视为因果现象。它们把由意思而产生的身体动静与由身体动静而引起的结果之间的因果关系作为行为论的中心课题，同时，把意思内容作为责任问题从行为论中排除出去。在这个意义上，社会行为论被归结为一种因果行为论。

3. 目的行为论。目的支配、操纵着人的行为，决定行为的性质和意义。目的是行为的本质要素且与行为不可分离。目的行为论非常适合解说故意犯罪行为，因为人的行为是有目的的活动，目的决定行为的性质。脱离目的，人的举止犹如僵尸的活动，毫无意义。但是在解释过失犯罪时，就陷入了困境，因为过失犯罪并无犯罪的目的性。过失犯罪的结果往往与人的目的相悖，比如，甲为了快回家而违章超速驾驶撞死了乙，甲想快回家的目的不能决定车祸的性质。

4. 人格行为论。行为是行为人人格的主体性现实化的身体动静。所谓"主体性的现实化"，是指受生物的、社会的、国家的制约，具有相对自由意志的人基于自己的意志对外界所发生的作用。这种表现具体行为人相对自由意志的能作用于外界的身体动静就是行为。但是不表现（或根源于）行为人人格的举动，如反向运动和受到绝对强制的动作就不是行为。

行为学说的影响

这些行为论看似琐碎，但如果联系欧陆犯罪论体系、犯罪本质观、刑罚目的观，则会发现它们举足轻重的意义。因果行为论和社会行为论，重视行为的"客观性"，这与早期构成要件该当性、违法性、有责性主客观清楚分立的体系相适应，即违法（该当性和违法性）是客观的，责任是主观的。行为属于客观要素，即属于该当性、违法性要素。主观意思（故意、过失）属于责任的内容。它们重视行为的"因果性"，犯罪的本质在于行为之"结果"的危害性（结果无价值），行为是结果之原因。目的行为论在两点上冲击了传统的行为论：①强调目的对行为的决定性和不可分离性，不仅使主观要素侵入了曾专属于客观领地的该当性、违法性，而且起支配作用，以致出现了主观的构成要件要素、主观的违法要素的说法，打破了主客观截然两分的犯罪论体系；②使犯罪的评价重心由结果向行为推移，或由客观实害向行为方式推移。比如，前面将行为拆分为三要素：支配举止的"意思"→"身体举止"→举止对外界的"影响"（结果）。传统的行为论把犯罪评价中心放在结果上，犯罪之所以成其为犯罪是因为行为产生之结果有害（法益侵害、结果无价值）；目的行为论认为目的是决定性的，把评价的中心前移到"意思"支配之"举止"本身，犯罪之所以成其为犯罪并非仅仅是因为行为产生之结果有害，而且也是因为行为"样态本身有害"（规范违反、行为无价值）。举止对外界的"影响"（结果）的独尊地位被否定了。行为是犯罪的核心，行为学说细微的变化都会对整个犯罪论产生巨大的影响。目的行为论曾是德日理论的通说，这意味传统的主客观截然分立的犯罪构成体系和偏重法益侵害结果的犯罪本质论（违法性论）一度远离主流位置，主客观统一的体系和行为无价值论占据优势地位，这意味着犯罪的界限由实害向危险推移，同时还表明犯罪论体系更倾向于把"行为"放在犯罪概念论而不是构成要件论中讨论，等等。目的行为论旨在证明目的是行为的灵魂，而人格行为论则更进一步，试图让"人"在犯罪行为的评价中占据一席之地。主张把"行为"当作"人的行为",关注"行为"与"人格"的关联性,关注行为中能突出表现人格的内容。"人"是犯罪中心的观念尽管没能取代"行为"中心的观念,但是适当考虑"行为人"也是必要的。

三、法定犯罪概念的基本特征:刑事违法性、社会危害性、应受惩罚性

根据《刑法》第13条规定的犯罪概念,犯罪具有"三特征",即刑事违法性、社会危害性、应受惩罚性(罪过性)。

关于第13条规定的犯罪概念包含几个特征,学说上存在不同的认识:①三特征说。该学说占主流地位,即认为犯罪行为有三个基本特征:社会危害性、刑事违法性、应当受刑罚处罚性。[1] ②四特征说。一种说法是行为、社会危害性、刑事违法性、应受刑罚惩罚性;一种说法是社会危害性、刑事违法性、罪过性、应受刑罚惩罚性。[2] ③二特征说。一种说法是社会危害性、依法应受刑罚处罚性;[3] 一种说法是被刑法类型化的严重的社会危害性(不法)、有责性(责任)。[4]

本书确认刑事违法性、社会危害性、罪过性三特征,把行为当作犯罪的核心要素。理由主要有以下几点:

(1)在内容上,作为教科书,在此应当把犯罪最重要的内容介绍给读者。这最重要的内容就是:①行为;②刑事违法性;③社会危害性;④罪过性。欧陆学说犯罪结构的概念是:犯罪是符合构成要件、违法、有责的行为,重在揭示这四个要素。苏联和现在的俄罗斯刑法上的犯罪概念是:"①本法典以刑罚相威胁所禁止的;②有罪过地实施的;③危害社会的;④行为,被认为是犯罪。"[5] 也重在揭示这四个要素。可见行为、法定、危害、罪过(责任)是公认的把握犯罪概念的要点。

(2)在结构(体系)上,尽量方便读者对中外学说的比较和兼容。我国刑法学说过去深受苏联学说影响,当前又深受欧陆学说影响,因为体系差异造成的基本概念的差异往往给初学者造成困惑。这种因体系性差异造成的困惑主要集中在犯罪论。因此尽可能在不影响内容的情况下谋求体系上的对应关系,方便读者把中外学说的概念、原理联系沟通起来,增加见识、减少困惑。为此,在确定犯罪概念论的特征及其顺序上,基本谋求与欧陆三要件体系的对应关系:①刑事违法性=构成要件符合性(该当性);②社会危害性=违法性;③罪过性=有责性;④行为=行为。

(3)补强两个观念:①狭义构成要件观念。欧陆三要件理论体系的要义,在于

---

[1] 关于具有代表性的三特征说,参见高铭暄、马克昌主编:《刑法学》,北京大学出版社、高等教育出版社2017年版,第45~48页。

[2] 四特征说源自苏联刑法的犯罪概念和刑法学说。

[3] 关于具有代表性的二特征说,参见何秉松主编:《刑法教科书》,中国法制出版社2000年版,第145~153页。

[4] 张明楷:《刑法学》,法律出版社2016年版,第87页。

[5] 《俄罗斯联邦刑法典》第14条规定的犯罪概念。

把犯罪的刑事违法性首先与"分则各本条"法定之具体犯罪之构成要件相联系。"构成要件符合性"的基本意思是行为触犯"分则各本条"的构成要件。而我国学说的"犯罪构成"概念自始就取广义（犯罪要素总和），与"分则各本条"之间的关联性淡薄。在这种知识结构下理解欧陆学说中"实行行为""犯罪既遂""基本犯罪构成与修正的犯罪构成"的分类是相当困难的。本书在介绍犯罪的"刑事违法性"时尽量将其与刑法分则、总则规定联系在一起，补强刑事违法性与具体法律规定的关联意识，即刑事违法性是指触犯分则各条规定之犯罪要件（基本的犯罪构成、狭义的犯罪构成）以及总则规定之犯罪要件（修正的犯罪构成）。②罪过或责任本质观念。犯罪的主体要件（责任年龄、责任能力）、主观要件（故意、过失）的根据是同一的，即人对其实施的外在的违法有害行为存在意志上的瑕疵（过错）且应受到责难。但是因为在体系上主体要件与主观要件并列，导致其上位的"罪责"观念难以找到合适的体系地位展开。这往往导致把主体要件当作人的自然因素，把故意、过失当作心理事实的简单化理解。在这种知识体系下，很难把责任与自由联系起来，自然也很难理解"期待的可能性"这样的超故意、过失责任要素。

（一）犯罪是违反刑法的行为，具有刑事违法性

1. 刑事违法性的概念。刑事违法性是指"依照法律应当受刑罚处罚的行为"，或者说是刑法明文规定其法律效果是刑罚的行为。例如，《刑法》第232条规定"故意杀人的，处……（刑罚）"；第266条规定"诈骗公私财物，数额较大的，处……（刑罚）"；等等。它表明故意杀人、诈骗被刑法用刑罚处罚予以禁止，是法律意义上的犯罪行为。关于"卖淫"或者"嫖娼"，《治安管理处罚法》第66条第1款规定："卖淫、嫖娼的，处10日以上15日以下拘留，可以并处5000元以下罚款……"即卖淫、嫖娼是法律规定应受治安行政处罚的行为，但是，法律没有规定该行为的法律后果是刑罚处罚，所以不能认为其是犯罪。"卖淫"或者"嫖娼"，属于"违法行为"，但不是刑事违法行为。在罪刑法定制度下，刑事违法性是犯罪的当然特征，法律没有规定为犯罪行为的，不得定罪处罚。因为这从法律层面界定了犯罪的特征，尚不涉及某行为之所以被法律规定为犯罪的实质内容，所以被称为犯罪的"形式特征"或者"法律特征"。不论人们对卖淫嫖娼的评价如何，仅仅自法律规定看就不是犯罪，因为没有被刑法所禁止。

2. 刑事违法性的认定。

（1）依据分则各本条规定的"犯罪要件"认定行为的刑事违法性。分则各本条规定了各种犯罪的"基本法律要件"，并且一般以罪状的形式规定（描述）出来。例如，《刑法》第264条规定："盗窃公私财物，数额较大的，或者多次盗窃、入户盗窃、携带凶器盗窃、扒窃的，处……（刑罚）"，其罪状部分就描述了行为类型"盗窃"，行为对象"公私财物"，行为结果"数额较大"；另外还规定了几种盗窃行为类型，即"多次盗窃""入户盗窃""携带凶器盗窃""扒窃"。认定行为是否具有刑事违法性必须依据分则各本条确立的要件，行为达到与条文具体规定的犯罪构成要

件完全一致的程度，才能判定该行为"触犯了刑法"或"违反了刑法"，具有刑事违法性。这对于区别刑事违法与一般违法尤其重要。因为我国法律对于有危害的行为根据危害性质和程度，分别用刑法和行政法规制，仅仅笼统根据"行为类型"往往不能区分刑事违法与一般违法。例如，《治安管理处罚法》第 49 条规定："盗窃、诈骗、哄抢、抢夺、敲诈勒索或者故意损毁公私财物的，处 5 日以上 10 日以下拘留，可以并处 500 元以下（2017 年《治安管理处罚法（修订征求意见稿）》调整为 1000 元以下）罚款；情节较重的，处 10 日以上 15 日以下拘留，可以并处 1000 元以下（2017 年《治安管理处罚法（修订征求意见稿）》调整为 1000 元以上 2000 元以下）罚款。"仅仅根据行为类型不足以区分"盗窃"的刑事违法性与行政违法性。为了有效地区别二者，一般要在刑法中规定刑事违法的标志性要件，《刑法》第 264 条规定的盗窃罪的刑事违法性的标志性要件是"数额较大"或"多次"。类似的情形如刑法中诈骗罪、抢夺罪、聚众哄抢罪、敲诈勒索罪，一般也用"数额较大"表示刑事违法与一般违法的界限。

刑法分则规定的刑事违法的标志性要件不限于"数额较大"这类客观的、单一的要素，也有主观的、综合的要素，例如，《刑法》第 260 条（虐待罪）规定，"虐待家庭成员，情节恶劣的，处……"，第 246 条（侮辱罪、诽谤罪）规定，"以暴力或者其他方法公然侮辱他人或者捏造事实诽谤他人，情节严重的，处……"其刑事违法性的标志性要件是"情节恶劣""情节严重"，其中显然包含有动机、目的、手段、结果等主观的和客观的诸要素的综合评价。如果虐待行为不具备"情节恶劣"要件的，则属于《治安管理处罚法》第 45 条第 1 项"虐待家庭成员，被虐待人要求处理的"治安违法行为；如果侮辱、诽谤行为不具备"情节严重"要件的，则属于《治安管理处罚法》第 42 条第 2 项"公然侮辱他人或者捏造事实诽谤他人的"治安违法行为。

另外，《刑法》分则也有不明确标识刑事违法与行政违法的情况。例如，《刑法》第 245 条规定，"非法搜查他人身体、住宅，或者非法侵入他人住宅的，处……"《治安管理处罚法》第 40 条第 3 项规定，"非法限制他人人身自由、非法侵入他人住宅或者非法搜查他人身体的"。二者都仅仅规定了非法搜查、非法侵入住宅的行为类型，没有明示标识该行为刑事违法性的要素。对此需要根据刑事政策、社会情势来确认刑罚处罚的必要性。

在欧陆"三要件"犯罪论体系中，犯罪成立的第一要件就是"构成要件该当性"。其中的"构成要件"，相当于分则各本条规定的犯罪要件；"构成要件该当性"相当于对上述刑事违法性的认定。其原理是：在罪刑法定原则下，行为触犯分则各本条规定即具有刑事违法性是构成犯罪的法定要件。

（2）依据刑法总则通用性规定认定行为的刑事违法性。例如，《刑法》第 264 条规定"盗窃"行为是犯罪，教唆、帮助他人盗窃的，比如，甲教唆乙盗窃丙的汽车，乙盗窃了丙的汽车，依据《刑法》第 264 条可认定乙的行为具有刑事违法性，但是甲本人并没有实施盗窃行为，仅仅根据《刑法》第 264 条不能认定其行为的刑事违法性。这时需要根据《刑法》第 29 条第 1 款"教唆他人犯罪的，应当按照他在共同犯罪中所起的作用处罚"，确认其行为的刑事违法性。另外，若甲教唆乙盗窃丙的汽车，乙没有实施盗窃丙的汽车的行为，乙没有触犯刑法，亦即根本没有发生违反《刑法》第 264 条的盗窃事实，甲的行为是否具有刑事违法性？根据《刑法》第 29 条第 2 款规定："如果被教唆的人没有犯被教唆的罪，对于教唆犯，可以从轻或者减轻处罚。"据此可认定甲的教唆行为依然具有刑事违法性。

按照欧陆学说的犯罪论体系，犯罪构成要件分为"基本的犯罪构成"和"修正的犯罪构成"。其中，基本的构成是指分则各本条规定之构成要件，修正的构成是则是总则条文对分则各本条构成要件的补足、修正。具体包括帮助、教唆、组织行为和未完成罪（预备、未遂、中止）。

（3）依据司法习惯尤其是司法解释认定刑事违法性。盗窃的"数额较大"，侮辱、诽谤的"情节严重"，虐待遗弃的"情节恶劣"，这些刑事违法性的标志性要件自身也具有模糊性，仍需要合理的解释、适用。那么这种解释、适用的分寸或者"谱"从何而来呢？在于民族的规矩意识和用刑罚捍卫规矩的分寸感，这较集中地表现为司法习惯。刑法规定不是立法者凭空想象出来的，而是根据社会生活"规矩"制定出来的，比如，不得烧杀淫掳，不得偷盗，不得欺骗等。人们认同并循此规矩共处，相安无事，井然有序。因此刑法条文是"表"，规矩是"里"。规矩是特定民族经历漫长社会生活累积而成的，把握规矩的分寸也是深深根植于民族的意识和习惯。因此，即使没有法律规定，人们通常也能合理把握处罚违反规矩之恶行的分寸。同理，当国家根据规矩制定刑法并由司法机关执行时，也是依据这种分寸感来把握"依法应当受刑罚处罚性"的。这主要体现在司法习惯和司法解释中。例如，根据最高人民法院《办理盗窃案解释》（2013）第 1 条第 1 款的规定，盗窃公私财物价值 1000 元至 3000 元以上的，为"数额较大"。这里 1000 元至 3000 元就是最高人民法院根据中国目前的社会情势划定的盗窃行为的"刑事门槛"即刑事违法性，并且允许各省、自治区、直辖市高级人民法院可根据本地区的经济发展状况，考虑社会治安状况，在前款规定的数额幅度内，分别确定本地区执行的"数额较大"的标准。比如，北京市高级人民法院将数额较大的标准确定为 2000 元以上。国家最高司法机关广泛采用司法解释设定刑事违法性的门槛，其普遍性、广泛性只要看看刑事司法解释的名录以及对司法实务的影响，就非常清楚了。最高司法机关在制定刑事门槛时，依据国家刑事政策、总结司法经验（习惯），进行大量调查研究，在此基础上形成司法解释，指导司法认定刑事违法性。可以认为这是我国认定刑事违法性的制度化的特色。

欧陆学说往往进一步讨论、评价违法性的实质标准究竟应该取客观倾向还是主观倾向，与此相应，究竟是着重考虑（犯罪行为之）结果的无价值，还是兼顾犯罪行为自身的无价值？从我国刑法规定的犯罪构成要素看，既有动机、目的、行为情节之类主观性要素，如《刑法》分则第九章渎职罪各条广泛规定的"徇私""徇情"的动机，第363条传播淫秽物品牟利罪的"以牟利为目的"的目的，也有结果、数额等客观性要素，说明确认刑事违法性并非纯客观的；司法评价刑事违法性有时也考虑行为及其情节，评价刑事违法性并非单纯考虑结果无价值。但是就倾向而言，在确认、判断刑事违法性方面，我国立法和司法明显表现出客观的、结果无价值的倾向。其原因是我国刑事违法与行政违法两立的体制具有普遍性、广泛性，这迫使立法和司法在划定刑事门槛时不得不借助便于操作量化的客观因素如结果、数额、次数等，从而使我国刑事违法性的实际运作状况呈现出客观倾向，可量化的结果在评价刑事违法性方面具有举足轻重的地位。

3. 犯罪受刑罚处罚的应然性。在法定犯罪概念中界定犯罪是"依照法律应当受刑罚处罚的行为"，除表明犯罪必须是现行刑法禁止的行为即具有刑事违法性之外，还表示出犯罪行为受刑罚处罚的应然性。

犯罪不以犯罪人实际受刑罚处罚为必要。对于犯罪人，法院可依法裁量而不实际适用刑罚处罚。例如，《刑法》规定对于犯罪中止没有造成损害结果的，应当免除处罚（《刑法》第24条）；对于犯罪情节轻微不需要判处刑罚的，可以免予刑事处罚（《刑法》第37条）等。在这种场合，行为人虽然没有被法院实际判处刑罚，但其行为也被认为构成犯罪。

（二）犯罪是危害社会的行为，具有社会危害性

1. 确认了侵害性原理。《刑法》第13条确认应当受刑罚处罚的行为必须具有社会危害性，其意义在于宣示我国刑法确认了犯罪必须具有侵害性的原则。1789年法国《人权宣言》第5条规定："法律只能禁止对社会有害的行为；法律无权禁止对社会没有危害的行为。"这大约是犯罪应具有侵害性最早的法律渊源。贝卡利亚指出："衡量犯罪的唯一和真正的标尺是对国家造成的损害。"[1]《刑法》第13条通过"危害社会"表达了犯罪必须具有侵害性的原理。人类历史上曾经发生过把持不同信仰、不同观念当作罪恶惩罚的蠢事，也曾发生过把并无大碍的行为（比如人与兽性交）当作犯罪惩罚的事情。可见认识并信守犯罪应包含"危害性"的内容并不简单。确认法律只能禁止和惩罚有危害的行为是法律文明的标志之一，设定了法律干预公民行动自由的范围。首先，它符合刑法保护社会生活利益的目的，对不妨害人们和谐共处的行为没有必要当作犯罪处罚。其次，严格区分道德与法律问题。邪恶的思想意识、不同的信仰、价值观念，不是法律调整的对象，法律只能规范对社会生活有现实危害的行为。最后，可以防止国家滥用刑罚权力，使法律维护的权益范围较为明确，行为对合法权益的侵害有外部的表现，凭借较为确实可靠的根据把握犯罪，可避免随意性。

---

[1] [意]切萨雷·贝卡里亚著，黄风译：《论犯罪与刑罚》，北京大学出版社2008年版，第20页。

2. 危害的对象（范围）[1]。这里的"危害的对象（范围）"回答的问题是犯罪行为危害了什么？《刑法》第13条规定的危害的对象（范围），总体而言是"社会"，所谓"危害社会"，结合整个条文意思看，应当是指危害具有社会意义。我国刑法没有采取西方刑法典常见的个人、社会、国家权益的三分方法，所以不能理解为狭义的社会。该条具体列举的侵害的对象或范围是：①国家安全和统一；②社会政治、经济制度；③社会秩序和经济秩序；④公私财产权；⑤公民的权利。据此，学说通常认为，犯罪的社会危害性是对刑法所保护的重要权益或法益的侵犯、侵害。刑法分则各章、节、条明示或包含更为具体的危害的对象（范围），如《刑法》分则第二章"危害公共安全罪"和第六章"妨害社会管理秩序罪"等。

3. 实际损害和危险。对上述"对象"的危害应包括两种情形：一是实际损害（实害）；二是危险。这是必须明确的，因为它也涉及对危害范围的理解。危害包括对上述对象造成实际损害是不言而喻的，是否包括危险则需要说明。我国《刑法》第22～24条规定未完成罪一般可罚，学说上一般认为"犯罪结果"是对"客体"实际造成或可能造成的危害，学说上也承认"危险犯"的概念，可见，这里的"危害"包括实际造成的损害（实害）和可能造成的损害（危险）。

4. 危险的程度。对法益可能造成损害（危险），通常表现为造成危害结果的可能性。危险，可分为具体危险和抽象危险。

（1）具体危险，是指该行为在具体场合有造成法益侵害结果的可能性，也即有现实的可能性。

例如：甲为杀害乙而朝乙开枪射击，见乙中弹倒地，以为大功告成便匆匆逃离现场。不料只是击中了乙腿部，乙没有死亡。甲对乙生命法益有侵害，没有发生死亡（实害结果）但有具体危险。甲构成故意杀人罪的未遂。可见，对法益造成危险的，通常是犯罪未遂。换言之，犯罪未遂对法益侵害的程度通常是危险而不是实害。

（2）抽象危险，是指该种行为方式一般而言有造成法益侵害结果的可能性，只是在该具体场合没有造成法益侵害结果的可能性。

例如：甲为杀害乙，买来一瓶200毫升（小瓶）农药投放到乙家的水缸中，乙一家三口人饮用该水后感到身体不适，寻找原因发现水缸的水有异味。事后查明该种农药对人畜没有致命毒性，加上水的稀释作用，不会造成死亡结果。就本案具体场合（甲投农药杀害乙的行为）而言，不可能造成死亡结果，没有具体危险。但是"一般而言"（脱离具体场合抽象地讲），农药大多对人畜有致命毒性，使用农药可以毒杀他人，甲的行为有抽象危险。甲构成故意杀人罪的未遂。

5. （绝对）不能犯。（绝对）不能犯，是指行为当时看似触犯了刑律，而事后看来绝对不可能侵犯法益（连危险都没有）。例如，甲为杀害乙而朝"乙"连开数枪，

---

[1] 注意：这里"对象"一词在普通意义上使用，表示被危害的事物，我国刑法学说中往往称其为"客体"，与作为具体犯罪构成要件要素的"犯罪对象"中的"对象"用法不同。

"乙"中弹却不倒下，走近一看才知那不过是穿着乙的旧衣服用来吓唬麻雀的稻草人（稻草人事件）。再如，甲为杀害乙而向乙的咖啡中投放"毒药"，乙饮用后安然无恙，甲事后方知错把保健品当"毒药"用了（保健品事件）。在"稻草人事件"中，因该对象（稻草人）不可能被害；在"保健品事件"中，因该方法绝对不可能害命，这样的绝对不能侵犯法益的行为，是"（绝对）不能犯"，即不可能侵犯法益之意。（绝对）不能犯因其不具有犯罪本质特征而不构成犯罪，不能按照犯罪未遂处罚。

（三）犯罪是应受惩罚的行为，行为人对自己实施的行为具有罪过

所谓"罪过"，是指行为人的危害社会、违反刑法的行为应当受到谴责、责备。具体表现为行为人在能够辨认、控制自己行为的条件下，由本人意志决定故意或过失地实施危害社会、违反刑法的行为。我国刑法确认了罪过责任原则，《刑法》第16条规定行为人的行为即使在客观上造成了损害后果，但不具有故意或过失的，不认为是犯罪。《刑法》第17、18条规定不具有辨认、控制自己行为能力的未成年人、精神病人不负刑事责任。要使行为人承担由其行为引起的法律后果，除了对行为的评价之外，还需要对行为人与其行为的关系做出评价，得出行为人能够对其行为承担法律责任的结论。没有罪过就没有刑罚，所以罪过是犯罪的基本特征之一。

确立罪过责任原则的意义在于：①体现刑法的目的。刑法的目的（之一）是规范人的行为以维持社会生活和谐顺畅运行，因此只能针对能理解、控制、支配自己行为的人提出遵守法律的要求，期待他们选择合法行为、避免违法行为，从而实现刑法的目的。②体现刑罚的道义性。惩罚应当以行为人意志存在瑕疵（过错）为前提。只有在违法行为体现行为人意志的场合，才有理由责备行为人为何做出这种错误的选择，才有理由令其承担刑事责任。因此，无论功利还是道义观念，罪过是行为应受刑罚惩罚的根据。

人应受责罚的根据是什么？外在的就是违法有害的行为，内在的就是有瑕疵的意志。所以在欧陆学说中，"有责性"是犯罪的特征之一。在苏联刑法和现行俄罗斯刑法中也均将罪过性作为犯罪概念的基本特征之一。关于责任的学说，有道义责任论、社会责任论、规范责任论。分别从"道义""社会""规范"的角度寻求可谴责性的根据。另外，根据故意或过失的心理事实寻求责任的内在根据的学说，被称为"心理责任论"，与其对立的学说是"规范责任论"，即从人的反规范意志、意识寻求责任内在根据的学说。

四、法定犯罪概念的司法意义：罪责实质评价的规范根据

应当充分认识《刑法》第13条犯罪概念的司法意义，该犯罪概念既包含实质要素又包含形式（法律）要素，具有指导犯罪认定的功能。在适用刑法认定是否成立具体犯罪时，不仅应考察行为是否符合犯罪的形式（法律）要素，还要考察行为是否具有犯罪的实质内容。在罪刑法定体制下，犯罪必须具备刑事违法性，这是不言而喻的。也许犯罪的形式定义因为与罪刑法定原则在内容上有重叠而显得无关紧要，但不能忽视的是《刑法》第13条对犯罪的实质内容所进行的限定。该条在分则各条

之上或之外重申认定犯罪必须作社会危害性和应受惩罚性（罪过性）的实质审查，为理论和司法对罪责进行实质评价提供了一般性的法律依据。

司法定罪的进路是：法定犯罪概念"三特征"变身为司法定罪的"三要件"，分两个层次审查三点内容。首先，评价行为的刑事违法性，即是否符合某分则正条罪状描述的构成要件，本层的审查应当坚持形式解释论，贯彻罪刑法定原则，严守犯罪法定性的形式门槛；之后还要进一步评价，考察上述貌似该当罪状的行为是否真的具有社会危害性和应受刑罚惩罚性（罪过性）；在认定行为该当法定罪状时，《刑法》第13条规定的（形式和实质）混合的犯罪概念增加了罪责实质评价的内容和层次，强化了我国刑事司法模式的出罪功能。[1]

我国司法人员和学者都有必要强化罪责实质评价的理念。在"王力军无证收购玉米案"中，原审法院和部分学者只重视行为刑事违法性的形式评价，不进行社会危害性和罪过性的实质判断，认为王力军无证收购玉米的行为符合《刑法》第225条非法经营罪的构成要件，便应当承担刑事责任。[2] 再审法院纠正了上述对行为仅做形式评价就入罪的错误观念，明确指出，"王力军的行为虽然违反了当时的国家粮食流通管理有关规定，但尚未达到严重扰乱市场秩序的危害程度，不具备与《刑法》第225条规定的非法经营罪相当的社会危害性和刑事处罚的必要性，不构成非法经营罪"。[3] 在行为（貌似）该当非法经营罪罪状的基础上，再审判决便是通过对社会危害性的实质评价达成出罪的结论。

根据《刑法》第13条后半段的规定，对（貌似）该当罪状的行为是否具有社会危害性的实质审查包含定性与定量两个方面，[4] 这种设置对于合理认定和处罚犯罪也具有重要的意义。该犯罪概念不仅从实质上明确了犯罪具有危害性，还设置了定量要求："但是情节显著轻微危害不大的，不认为是犯罪。"这被称为犯罪概念的"但书"，它的意义在于提示人们注意：认定犯罪不仅考虑定性还要考虑定量，犯罪是一定程度的社会危害性、违法性的质与量的统一。例如，关于盗窃罪，《刑法》第264条规定："盗窃公私财物，数额较大的，或者多次盗窃、入户盗窃、携带凶器盗窃、扒窃的，处3年以下有期徒刑……"在这里，盗窃公私财物一般要"数额较大"或者"多次""入户""携带凶器""扒窃"，才认为是犯罪，而偶尔窃取少量财物的，便不认为是犯罪。《刑法》第264条对盗窃罪的"量"的因素的规定，就是要把

---

[1] 关于对罪责实质评价的提倡，具体参见阮齐林："刑事司法应坚持罪责实质评价"，载《中国法学》2017年第4期。

[2] 参见内蒙古自治区巴彦淖尔市临河区人民法院（2016）内0802刑初54号刑事判决书；叶良芳："无证收购粮食行为入刑的法理考察——基于规范论和立法论的双重视角"，载《法治研究》2017年第1期。

[3] 内蒙古自治区巴彦淖尔市中级人民法院（2017）内08刑再1号刑事判决书。

[4] 关于中国刑法中犯罪概念的量的因素，参见储槐植："我国刑法中犯罪概念的定量因素"，载《法学研究》1988年第2期。

偶尔窃取少量财物的行为排除在盗窃罪的范围之外。

上述危害性"量"上的实质评价是适应我国的法律结构需要而产生的。我国制裁危害行为有两个层次的法律：①行政法规和行政处罚，违反行政法规的属于"违法行为"，应当受到的制裁是行政处罚；②刑法和刑罚处罚，违反刑法的属于"犯罪行为"，应当受到的制裁是刑事处罚。情节显著轻微、危害不大的行为，根据法律结构上的分工，应作为行政处罚的对象，而不是刑事处罚的对象。[1] 与这种法律结构相呼应，分则条文对有些犯罪特意规定程度方面的要件，如盗窃罪、诈骗罪、抢夺罪、敲诈勒索罪、故意毁坏财物罪等均有"数额较大"的限制；侮辱罪、诽谤罪等有"情节严重"的限制；寻衅滋事罪、遗弃罪、虐待罪等有"情节恶劣"的限制。在经济犯罪中，往往有"销售额""逃避缴纳税款数额""非法经营额""违法所得"等数量限制。

"定量"要求有助于司法机关合理适用刑法。通过"定量"要求，赋予司法机关酌情排除犯罪的权力，避免过分拘泥于法律形式而作出刻板教条的判决，如少男与幼女恋爱中偶尔发生性行为，情节显著轻微的，不认为是犯罪。已满14不满16周岁的人强拿硬要少量财物，虽符合抢劫罪的特征，但是情节显著轻微危害不大，不认为是犯罪等。

"量"的刑事政策意义在于：可以缩小犯罪或刑事处罚的范围，从而避免给一些轻微的危害行为（或违法行为）打上犯罪的标记，有利于行为人改过自新，也有利于合理配置司法资源惩罚严重的犯罪。

在我国1979年《刑法》存在类推制度的体制下，一般犯罪概念的实质定义还具有补充法律漏洞的功效。因为当时的类推制度认可"本法分则没有明文规定的犯罪"可比照最相类似的条文定罪处罚。这意味着刑法分则规定的犯罪不是犯罪的全部，其犯罪构成是可添加、补充的。刑法定义的一般犯罪概念就承担起这个任务。正因为如此，我国刑法学说曾经公认《刑法》第13条是认定犯罪的一般标准，此一般标准含有原则性、普遍性标准的意思。相应地，根据此犯罪一般概念建立的犯罪构成一般要件，被认为是认定犯罪的"法律规格"。现行刑法废除了类推制度，确定了罪刑法定原则，刑法分则条文封闭了全部犯罪种类、构成要件。法定一般犯罪概念补充法律漏洞的功效不复存在，但要求适用分则各条必须进行出罪意义的实质审查的功效依然存在。

---

[1] 行政处罚中主要的也是与刑事处罚最密切的是治安处罚。治安处罚是由《治安管理处罚法》规定的，其处罚方法分为四种：①警告；②罚款50元以上5000元以下；③拘留1日以上15日以下；④吊销公安机关发放的许可证。治安处罚适用于违反治安管理的行为。《治安管理处罚法》规定的违反治安管理的行为几乎包括了所有的轻微的侵害行为，相当于一部轻微罪行法典。此外，在工商、税务、海关、交通管理等行政法规中，对非法经营、逃税、抗税、走私、交通肇事等违法行为也有行政处罚的规定，所以也存在行政违法行为与犯罪行为的区别。

第二节 犯罪本质学说

一、犯罪的本质

犯罪的本质是指在法律之外决定行为之所以成其为犯罪的根本内容。犯罪的本质是相对犯罪的（法律）形式而言的，法治社会已经确立犯罪必须是法律明文规定的，但这只是在既定法律的基础上谈论犯罪。如果追问国家"为什么"能惩罚某种行为，法律"根据什么"将某种行为规定为犯罪，这些是法律自身不能够回答的，法律只能表明自身内容的权威性、有效性，但不能证明自身内容的正确性。某种行为之所以被法律规定为犯罪的本原（或根据、内容），需要在法律之外寻求。

寻求犯罪本质非常重要，因为关系到刑法介入社会生活的界限。刑法是柄"双刃剑"，用它干涉社会生活必须控制在合理的范围内。这要求立法者制定刑法时应当把"真正值得"用刑罚处罚的行为规定为犯罪，司法者适用刑法对"真正值得"用刑罚处罚的行为定罪处罚。实现这个目标并不容易，因为人类社会就曾经有过教训，把不值得甚至不应该适用刑罚惩罚的行为当作犯罪惩罚。为了确保实现这个目标，不能不寻求行为"真正值得"用刑罚处罚的根本内容。

我国学说因为《刑法》第13条明文规定犯罪的本质特征是"社会危害性"，加上受苏联学说的影响，犯罪本质论通常围绕"社会危害性"展开，可称为"社会危害性说"。新近也有主张法益侵害说的见解。无论采取哪一说，或多或少与外国学说中的犯罪本质论存在联系。外国刑法学说关于犯罪本质论有以下几种：

（1）权利侵害说：犯罪的本质是侵害他人的权利。国家也具有人格、享有权利，对国家的犯罪也是对权利的侵害。

（2）法益侵害说：犯罪的本质是对法律保护的社会生活利益的侵害。

（3）义务违反说：犯罪的本质是行为人违反所负的社会的、伦理的义务。行为即使没有侵害任何法益也可以对社会共同体造成损害，如伪证行为，其本质就是违反义务而非侵害法益。

（4）规范违反说：犯罪的本质是违反规范或违反社会秩序。

（5）折中说：犯罪的本质主要是侵害法益，另外也包括违反义务或规范。因为刑法规定本身就不是单纯以侵害法益作为定罪处罚标准的，有的还考虑侵害法益的行为方式（样态）或身份。比如，盗窃、诈骗、抢夺等犯罪都同样侵害财产权，因为行为方式的差异而被规定为不同的罪；同样的行为因为身份不同而被规定为不同的罪或承担不同的责任。

二、对犯罪本质说的述评

1. 外国学说中的犯罪本质论属于犯罪观念论，讨论的焦点是行为之所以"应当"被认为是犯罪的根本内容或依据。既然是观念论，当然是"超法律"的，即它是在超脱于法律之外（我国学说通常说是法律之上或之前）谈论犯罪。因为罪刑法定原则已经在法律上回答了什么是犯罪，剩下的犯罪根本问题只有观念上的，即犯罪本质。

2. 刑法理论在两处谈论犯罪本质：①"犯罪概念论"中的"犯罪本质论"；②犯罪构成论中的"违法性论"。在这里有一点要特别说明，在欧陆较流行且在我国影响较大的犯罪三要件理论体系中（符合构成要件、违法、责任），"构成要件"着重解决"形式"违法，"违法"则着重解决"实质"违法，因此"违法性论"着重解说犯罪的实质内容。这与我国学说中"违法"的观念正好相反，我国学说中"违法"通常指形式违法，违法的本质使用"危害性"概念。"犯罪本质论"和"违法性论"讨论的犯罪本质在内容上是一致的。[1] 犯罪概念部分谈论的犯罪本质较宏观，在"违法性论"部分具体展开。不过在"违法性论"谈论的犯罪本质有时会与犯罪构成体系的分歧纠缠在一起，即是否能把犯罪本质的内容分配到"违法性"要件以外的要件以及如何分配的问题。其实，体系性分歧也与学者的犯罪本质观密切联系。

犯罪招惹"谁"了？也就是犯罪到底有害、有碍于什么？这是犯罪本质的第一要义，也是犯罪本质论首先必须明确的。外国学者在这点上看法不同，以致形成了不同的学说，如权利侵害说、法益侵害说、义务违反说、规范违反说。因此弄清楚权利、法益、义务、规范的概念就能知道各说的要点、价值取向以及对定罪处罚的影响。

1. 权利、法益。权利的基本含义是个人权利，是指那些与生俱来的，每个人应当平等拥有的东西，如生命、健康、财产、名誉、自由等。在社会中（人与人的关系中），天赋的权利只有得到法律的确认和保护，才是确实的、有保障的，所以在法治社会中确实有效的权利是"法权"，即经法律确认的权利主体享有的作为或不作为和要求他人作为或不作为的好处（"法益"）。权利是法律保护的对象（东西），法益是法律保护权利带给人的社会生活（人与人有序共处）利益。可见，权利侵害说与法益侵害说的价值取向是一致的，即都强调犯罪本质在于侵害他人、社会、国家应当拥有、享有的东西，可归结为共同以"侵害性原理"为基础产生的略有差异的说法。在把握犯罪本质上，较看重对被害事物（被害对象）的作用、影响；在评价行为时，对行为的三因素［支配举止的"意思"→"身体举止"→举止对外界的"影响"（结果）］，较倾向于"行为的末端"即举止对外界的"影响"（结果无价值），亦即行为对权利或法益的损害。因为"行为的末端"（结果）相对于"行为的前端"较物质、较客观、较具象、较靠后、较实在，采此说对整个犯罪论重大问题

---

[1] 韩永初："犯罪本质论———一种重新解说的社会危害性理论"，载法苑精粹编辑委员会编：《中国刑法学精粹》（2005 年卷），高等教育出版社 2005 年版，第 105 页。"二者的内容是一致的"，但"根据大陆法系的犯罪成立体系，犯罪本质问题不能等同于违法性本质问题"。

(未遂、共犯)的"倾向性"具有重大影响。

2. 义务。义务虽然是权利的对称，但是权利侵害说与义务违反说的价值取向根本不同。因为权利侵害说的"权利"是他人、被害方的权利，而义务违反说的"义务"是国家、社会加于行为人（己方）的义务，"本人"有义务当为而不为或不当为而为之就具有违法性，不必看本人违反义务之行为对外界（他方）产生何种影响。在把握犯罪本质上，较看重行为主体（本人）的态度，在评价行为时，对行为的三因素［支配举止的"意思"→"身体举止"→举止对外界的"影响"（结果）］，较倾向于"行为的前端"支配举止的"意思"→"身体举止"（行为无价值）即行为人"自身"的态度、行为方式。因为"行为的前端"（行为样态）相对于"行为的末端"较主体、较主观、较精神、较道德、较靠前，采此说对整个犯罪论重大问题（未遂、共犯）的"倾向性"具有重大影响。义务违反说产生的背景是德国纳粹时期过分强调德国公民对国家、民族的忠诚义务。对此说的批评：把犯罪本质过分精神化、伦理化，存在刑法过分干预社会生活的危险。

3. 规范。规范较平易的理解就是"规矩"。它是人们共处（社会生活）过程中形成的维持着人们和谐共处状态（秩序）且得到普遍认同的行为规则、准则、习惯等，比如尊重他人的生命、健康、财产、人格、名誉，不得偷盗，不得伤害人，不要欺骗，等等。人们认同并循此规矩共处，相安无事，井然有序。国家在既定社会秩序的基础上对既存的"规矩""秩序"通过立法程序认可，以国家强制力保障实施，这就形成法律。可见法律规定与社会规范是表里关系。犯罪表面（形式上）是违反刑法，本质是破坏刑法确认、保护的规矩。社会依赖规矩有序平稳运行（秩序状态）使人们从中获益，破坏规矩会破坏社会生活利益，包括法益或权利。规范违反说把犯罪的本质归结为破坏规范本身而不是破坏规范的结果，这是它与义务违反说的相似之处，与法益侵害说或权利侵害说的差异之处。没有学者赞同完全将犯罪本质归结为违反义务或违反规范本身的极端主张。通常是反对将犯罪本质完全归结为法益侵害，而是主张在法益侵害之外也应当考虑行为违反规范的情况。另外，如果把规范得到尊重、遵守也视为一种法益，则使法益侵害说与规范违反说相互兼容。

"法益侵害说的长处在于，通过将侵害或者威胁法益这种客观事态作为违法评价的基础，为违法判断提供客观内容和事实基础，另外'法益'以及'侵害''危险'概念，仅仅以事实为基础，和'违反道义'（社会伦理）的概念相比较，其内容在理论上比较容易分析检验。从刑法的首要任务在于保护法益的立场来看，法益侵害说值得支持。"[1]

三、我国学说关于犯罪本质的争议

1. 关于社会危害性和犯罪客体的共识。我国学说在犯罪概念的特征论和犯罪构成论的犯罪客体论两处涉及犯罪本质，对概念基本无争议：①关于"社会危害性"，

---

[1] [日] 曾根威彦著，黎宏译：《刑法学基础》，法律出版社2005年版，第94页。

一般认为:"犯罪的社会危害性,是一个内涵十分广泛的范畴,它既体现着主观内容又具有客观属性,从司法的角度来看,行为的社会危害性及其程度,除了通过行为所侵犯的社会关系表现出来外,还通过行为的性质、方法、手段或者其他有关情节,行为是否造成危害结果、危害结果的大小,行为人本身的情况,行为人主观方面的情况等表现出来。而犯罪客体及其要件,只是从一个方面说明和体现犯罪的社会危害性,而不能全面反映和体现某个行为具有社会危害性并达到应受刑罚处罚的程度。"〔1〕②关于犯罪客体,一般认为:犯罪客体是刑法所保护的、为犯罪行为所侵害的社会关系。〔2〕虽然另有法益说、权益说,但属于在犯罪客体范围内的细节争论,其中社会关系说是通说。

2. 争议的焦点。在犯罪本质方面争议的焦点是:《刑法》第13条规定的"社会危害性"的实质标准与罪刑法定原则是否冲突?有无必要用法益侵害说取代社会危害性说?有学者指出:"在犯罪定义中使用了'危害社会'的字样,突出了社会危害性,并用'危害不大'强调社会危害性程度大小对罪与非罪的决定意义。"〔3〕这样等于是在犯罪的(法律)形式标准之外又确立了一个实质标准。当两个标准发生冲突时,如采实质标准则有损罪刑法定原则;如采形式标准则社会危害性实质标准失去存在的意义。因此,有学者主张"将社会危害性概念逐出注释刑法学领域","引入一个具有实质意义的概念:法益及其法益侵害"。〔4〕但也有学者持不同见解,认为社会危害性标准与罪刑法定原则没有冲突,相反,它与《刑法》第13条"但书"结合,可以具有照应刑法各条规定、排除犯罪的功能,提出"善待社会危害性观念"。〔5〕也有学者主张:"从社会危害性说到法益侵害说是一种并不可取代的替代。"〔6〕甚至有学者直接提出:"在法律领域,社会危害性就是法益侵害性。"〔7〕

3. 对犯罪本质争议的评论。如果细心比较一下上述学界关于"社会危害性"和"客体"的解说不难发现,"社会危害性"的含义较广泛,不仅包含客观的行为、结果还包含主观的故意、动机,甚至于包含情节、社会背景,不仅包含"定性"还包含"定量",也就是说包含了一切评价犯罪的要素。相反,"犯罪客体"含义则较特

---

〔1〕 赵秉志:《刑法基本理论专题研究》,法律出版社2005年版,第238页。
〔2〕 参见高铭暄、马克昌主编:《刑法学》,北京大学出版社、高等教育出版社2017年版,第53页。
〔3〕 樊文:"罪刑法定与社会危害性的冲突——兼析《刑法》第13条关于犯罪的概念",载《法律科学》1998年第1期;陈兴良:"社会危害性理论——一个反思性检讨",载陈兴良:《当代中国刑法新境域》,中国政法大学出版社2002年版,第60页。
〔4〕 陈兴良:"社会危害性理论——一个反思性检讨",载陈兴良:《当代中国刑法新境域》,中国政法大学出版社2002年版,第65页。
〔5〕 储槐植、张永红:"善待社会危害性观念——从我国《刑法》第13条但书说起",载储槐植:《刑事一体化》,法律出版社2004年版,第468页。
〔6〕 韩永初:"犯罪本质论——一种重新解说的社会危害性理论",载法苑精粹编辑委员会编:《中国刑法学精粹》(2005年卷),高等教育出版社2005年版,第105页。
〔7〕 赵秉志、陈志军:"社会危害性理论之当代中国命运",载《法学家》2011年第6期。

定，或者是社会关系或者是法益、权益，总是集中在某一点上。另外，社会危害性与客体含义宽窄的差异又与犯罪论体系纠缠在一起，即所谓犯罪"特征"与犯罪"客体"的关系。社会危害性作为"犯罪概念"的实质特征是犯罪的法律特征（刑事违法性）的对称，所以含义要宽泛些；犯罪客体是犯罪构成要件之一，所以含义要狭窄特定一些。有学者认为，我国学说上的犯罪客体就是犯罪本质，犯罪客体应属于犯罪本质论范畴而不属于犯罪要件论范畴，[1] 这样一来，社会危害性说与法益侵害说由犯罪本质内容之争又转换为犯罪论体系之争。

其实，不论哪一说都承认评价犯罪应当有实质标准。因为不论"社会危害性"还是"法益侵害"抑或是"社会关系侵害"等，都属于评价犯罪的实质标准。这个实质标准的地位是必要条件而非充分条件，即犯罪的形式标准与实质标准二者必须同时具备，缺一不可。争议焦点在于实质标准的内容是什么？是社会危害性还是法益侵害性抑或是其他什么东西？对此不妨这样考虑：

第一，可以给犯罪的实质标准取一个"最大公约数"，即犯罪之所以应当被法律当作犯罪，在于它是"有害的"或在价值上"是负价值的"。

第二，有害或负价值的内容是什么？或许各人有不同认识，就社会危害说和法益侵害说之争而言，存在犯罪实质标准宽泛与简约的把握。通说的"社会危害性"概念包含了法益侵害在内的犯罪的"全体要素"（总和）；而法益侵害说只是选取了其中的一个要素（法益侵害）。从学术上讲，究竟是哪种犯罪本质观更可取呢？应该是简约的更可取。因为承认犯罪应该是有害的或负价值的，与承认犯罪应当有实质标准是一回事，学术上应当进一步探究"有害"或"负价值"在何处何点上？欧陆刑法学说力求精确到这一步，所以有法益侵害说、权利侵害说、义务违反说、规范违反说、折中说等，甚至进一步精确追问究竟是"结果"无价值还是"行为"无价值。社会危害性说构建了一个无所不包的犯罪本质观，从方法上讲繁而不要，而且该说的支持者将社会危害性概念的体系地位拔得很高，仿佛在刑法规定之外又构建了一个实质的"影子"标准，这就难怪有人担忧它可能被误解为充足条件而与罪刑法定冲突。即使使用社会危害性概念表述犯罪本质，恐怕还需要进一步探求社会危害性的"本质"，因为包含犯罪诸要素"总和"的东西自身就不本质。

---

[1] 张明楷：《法益初论》，中国政法大学出版社 2000 年版，第 261 页。"我主张犯罪客体不是犯罪的要件"，"重要的原因之一是犯罪客体对上述三个要件作出实质意义的解释"，并且认为法益该作为概念本质的东西，当作构成要件，是降低了犯罪客体的地位。

第三节 犯罪的分类

一、法定分类

(一) 国事犯罪与普通犯罪

我国《刑法》分则第一章"危害国家安全罪"可称为国事犯罪。与危害国家安全的犯罪相对称的其他犯罪,统称为普通犯罪。因为危害国家安全罪的性质严重,所以《刑法》对其法律效果有些特别的规定,如:①对危害国家安全的犯罪分子应当附加剥夺政治权利;②危害国家安全的犯罪分子在刑罚执行完毕或者赦免以后,在任何时候再犯危害国家安全罪的,都以累犯论处。

(二) 身份犯与非身份犯

根据是否以特定的身份为定罪量刑的条件,分为身份犯与非身份犯。

身份犯又可分为真正的身份犯和不真正的身份犯两种:①以特定身份为主体要件的犯罪,是真正的身份犯,如贪污罪、受贿罪以国家工作人员的身份为主体要件,就是真正的身份犯;②以特定身份为从轻、从重处罚法律条件的犯罪,是不真正的身份犯,如《刑法》第238条第5款规定,国家机关工作人员利用职务便利犯非法拘禁罪的,从重处罚,此处国家机关工作人员身份是法定从重处罚的条件,就是不真正的身份犯。

与身份犯相对应,其他不以身份为定罪量刑要件的犯罪,统称为"非身份犯"。因为刑法对大多数犯罪不规定以身份作为定罪量刑的条件,所以,刑法中的大多数犯罪属于非身份犯。

我国学说提到"身份犯"一般指真正的身份犯,即以身份为主体要件的犯罪。与这种狭义身份犯概念相对应的是"普通主体的犯罪"或"一般主体的犯罪",即不以特定身份为犯罪主体要件的犯罪。

(三) 亲告罪与非亲告罪

亲告罪是指法定的被害人控告才处理的犯罪。我国《刑法》中共有5个亲告罪:第246条之侮辱罪、诽谤罪;第257条之暴力干涉婚姻自由罪;第260条之虐待罪;第270条之侵占罪。这些罪的共同点是犯罪性质轻微,有的被害人与犯罪人之间还涉及亲友关系,所以交由被害人决定是否提出控告、追究刑事责任。与亲告罪相对应的是非亲告罪,即凡是刑法没有明文规定告诉才处理的,都是非亲告罪。因为犯罪被认为是对公共利益的侵害,所以通常是公诉,被害人对是否起诉通常没有处分权。可见,非亲告罪是常例,亲告罪是特例。

亲告罪与自诉案件有相似之处:亲告罪也采取自诉方式,自诉案件也由被害人决定是否控告。但是不能把二者混同,亲告罪是在刑法中规定的,限于上述5个罪,其根基是尊重被害人个人的处分权。自诉是为了减轻国家追诉机关的负担,同时方便公民诉讼而在刑事诉讼法中规定的一种诉讼程序。自诉案件的范围较宽，不限于刑法中的亲告罪。

亲告罪不是在任何情况下只能由被害人控告：①《刑法》第98条规定："本法所称告诉才处理，是指被害人告诉才处理。如果被害人因受强制、威吓无法告诉，人民检察院和被害人的近亲属也可以告诉。"②《刑法》第246条第2款规定，对侮辱罪、诽谤罪，"告诉的才处理，但是严重危害社会秩序和国家利益的除外"。③根据《刑法》第257条第3款，告诉才处理不适用于暴力干涉他人婚姻自由致使被害人死亡的结果加重犯。④根据《刑法》第260条第3款，告诉才处理不适用于虐待致使被害人重伤、死亡的结果加重犯。可见只有侵占罪一律由被害人告诉才处理。

（四）基本犯、减轻犯、加重犯

这是根据分则正条的量刑幅度的配置情况所作的分类。有些正条规定有数个量刑幅度，并且规定适用某量刑幅度的条件（或事由），如《刑法》第239条（绑架罪）规定："以勒索财物为目的绑架他人的，或者绑架他人作为人质的，处10年以上有期徒刑或者无期徒刑，并处罚金或者没收财产；情节较轻的，处5年以上10年以下有期徒刑，并处罚金。犯前款罪，杀害被绑架人的，或者故意伤害被绑架人，致人重伤、死亡的，处无期徒刑或者死刑，并处没收财产。……"

正条配置的首选法定刑幅度的犯罪，属于"基本犯"。以上述条文为例，"处10年以上……"是立法在正条中对绑架罪配置的标准刑罚，也是司法处罚绑架罪首选的量刑幅度。以首选的标配法定刑为基准（基本犯），因为有某种事由而配置较轻量刑幅度的，是"减轻犯"。以上述条文为例，"情节较轻的，处5年以上10年以下……"是绑架罪的减轻犯。以首选的标配法定刑为基准（基本犯），因为有某种事由而配置较重量刑幅度的，是"加重犯"。如上述条文第2款，"杀害被绑架人的，或者故意伤害被绑架人，致人重伤、死亡的……"是绑架罪的加重犯。在刑法中，往往根据情节、结果、数额、次数、罪数等事而广泛规定有加重犯，因此，加重犯是刑法分论的重要课题。

立法者对罪行轻重的评价反映在基本犯的法定刑中。比如，抢劫罪、强奸罪基本犯的法定刑是3年以上10年以下有期徒刑，而绑架罪是10年以上有期徒刑，可知立法将绑架当作比抢劫、强奸更严重的罪行。

犯罪既遂，通常是指基本犯既遂。因此，犯罪既遂不仅是犯罪的完成态，还是立法设置的处罚基准态。在量刑时，犯罪人若没有特别加重或减轻事由，法官应当首选基本犯的量刑幅度适用刑罚。

二、理论分类

（一）重罪与轻罪

这主要是根据法定刑的性质或轻重程度为标准对犯罪的分类。外国刑法中有这种分类，例如，《法国刑法典》中分重罪、轻罪、违警罪，应处法定最低刑10年以上的，是重罪；应处法定最高刑10年以下的，是轻罪；处罚金的，是违警罪。上述犯罪分类在实体和程序方面均有重要意义。比如在实体方面，依据法国刑法规定，重罪的未遂始终要受到处罚，轻罪未遂仅在法律有规定的情况下才会受到处罚，而违警罪则无犯罪未遂之处罚。在程序方面，预审仅对重罪案件具有强制性，对轻罪案件具有任择性，对违警罪案件原则上无需预审。

我国刑法没有这种分类，在最高人民法院的工作报告中，以判处5年以上有期徒刑至死刑作为一个统计标准，可以算作重罪的标志。在理论上有观点认为，法定最低刑为3年以上有期徒刑的，应属重罪；法定最高刑为3年以下的，应属轻罪。

(二) 自然犯与法定犯

自然犯一般是指明显违反人类基本（或天然）价值准则的犯罪，如盗窃、诈骗、抢劫、强奸、杀人、放火等罪行，也称"天然犯"，意思是有些行为违反人类天然的行为准则，天然地具有犯罪性，并非是因为法律禁止的缘故才成为罪恶；也称"伦理犯"，按照西方观念，违反"摩西十诫"的"不可杀人""不可奸淫""不可偷盗""不可做假见证陷害人"等行为的就是最典型的天然犯、伦理犯。与此相对，法定犯则是因为被刑法规定为犯罪而成其为犯罪，不具有天然性，如非法持有枪支罪，纯属刑法禁止未经许可持枪而规定的犯罪，就持枪行为本身而言未必具有邪恶性。法定犯往往因为是国家管理、控制社会的需要而在刑法中规定的犯罪，所以也称"行政犯"，其大多属于现代新型的犯罪，如走私罪、非法经营罪、违规制造枪支罪、非法狩猎罪、非法捕捞水产品罪等。

自然犯与法定犯分类的意义在于：①法定犯的犯罪性在于法律的禁止而不在于行为自身，非法性是法定犯的要件，如发行彩票的行为，如果获得国家许可则是合法行为，我国官方发行的福利彩票、体育彩票即为合法行为；如果没有获得许可则属于犯罪行为即非法经营罪。再如制造枪支、弹药，是否犯罪取决于是否经许可制造。而自然犯的罪恶性与法律是否禁止无关。②法定犯往往具有可变性，会随着法律规定的变化而变化，如果一旦取消枪支管制，就没有非法持有枪支罪。相反，自然犯被规定为犯罪较为恒定，即使法律发生变化，也不至于认为故意杀人不是犯罪。③罪过的认定标准有细微差异。因为自然犯明显违反伦理道德，其"罪恶性"人人皆知，所以不知该行为被法律禁止的辩解（发生违法性认识错误）是不可接受的。但是对于法定犯，则可能发生不知行为违法的情形。有观点认为，对法定犯，因发生违法性认识错误而缺乏违法意识，这种辩解可适当考虑。[1]

(三) 隔隙犯与非隔隙犯

这是根据犯罪结果与实行行为之间是否存在时空上的间隙所作的分类。结果与实行行为之间存在时空上间隙的，称隔隙犯。例如，甲从美国邮寄定时炸弹到身居我国的被害人乙手中将乙炸死，其杀人的实行行为（邮寄炸弹）与结果（乙死亡）之间存在时空间隔，属于隔隙犯。还可细分为：隔地犯和隔时犯，仅存在空间（或

---

[1] 参见陈兴良："违法性认识研究"，载《中国法学》2005年第4期。

场所）间隙的，称"隔地犯"；仅存在时间间隙的，称"隔时犯"。例如，甲玩忽职守对承包桥梁建设的工程队的资质不加审查，3年后，该桥梁垮塌造成严重后果，该案中玩忽职守行为与桥梁垮塌结果存在3年的间隔，属于隔时犯。与隔隙犯相对称，实行行为与结果不存时空间隙的，称"非隔隙犯"。这种区分对于确定刑法的空间效力、时间效力以及追诉时效的计算具有实际意义。例如，犯罪行为或结果有一项发生在我国的，认为是在我国的犯罪（适用属地原则）；对犯罪通常适用行为时的法律（从旧兼从轻原则）；玩忽职守罪、滥用职权罪的追诉时效从结果发生之日起计算。

第二章

犯罪构成概说

第一节 犯罪构成"三要件"论和"四要件"论

一、"三要件"犯罪构成论

（一）"三要件"论要点

欧陆较流行的犯罪构成论主张，犯罪是该当构成要件且违法、有责的行为。因此，行为成立犯罪必须具备"三要件"，进而被学界称为"三要件"论。根据该理论，被指控犯罪的行为必须具备以下三个要件：①符合构成要件，即认定该行为与某罪状描述之构成要件（如《刑法》第279条之"冒充国家机关工作人员招摇撞骗"）具有一致性，表明该行为触犯了刑罚法规。②具有违法性，即该行为侵犯刑法保护的法益，具有社会危害性。③具备"有责性"，即该人因其违法行为应受到谴责。达到刑事责任年龄、有辨认及控制自己行为能力的人故意或过失实施违法行为的，通常具备有责性。

（二）"三要件"论中犯罪构成（构成要件）的含义

1. 罪状中描述的某罪的特殊要件。"犯罪构成"一词渊源于欧陆刑法学说的"Tatbestand"一词（多译为"构成要件"），在欧陆的"三要件"犯罪构成论中，是指刑法正条罪状中规定的某种犯罪的特殊要件。例如，《刑法》第360条规定："明知自己患有梅毒、淋病等严重性病卖淫、嫖娼的，处5年以下有期徒刑、拘役或者管制，并处罚金。"该条之"明知自己患有梅毒、淋病等严重性病卖淫、嫖娼"就是该条之罪（传播性病罪）的"构成要件"。对该特殊构成要件内容最常用的分类是划分为客观要素和主观要素。

（1）客观要素：①主体患有严重性病；②行为卖淫或嫖娼；③侵害的法益公共卫生。

（2）主观要素：明知"自己患有严重性病卖淫、嫖娼"。

早先的观点还认为"Tatbestand"（构成要件）是指刑法正条罪状中规定的某种犯罪的"行为类型"。的确，《刑法》第360条确认有性病而卖淫嫖娼的行为是犯罪，此外的卖淫嫖娼行为不是犯罪。这为司法机关立案、追诉卖淫嫖娼中涉嫌犯罪的活动提供了"指引"，也为公民提供了识别卖淫嫖娼是否涉罪的"标准"。在这个意义上讲，我国《刑法》分则（含十个修正案）有四百余个正条确定了四百余种犯罪行为类型，即具有四百余种罪的特殊犯罪构成。

2. 其内容是犯罪成立的"特殊要件"。在"三要件"论中，认为无论构成何种犯罪都必须具备"违法性"和"有责性"两个"一般要件"。相对于"违法""有责"两个全体犯罪的共同要件而言，行为该当（或符合）某正条罪状之"构成要件"就成为成立某罪的特殊内容。

例如，甲女明知自己有严重性病却卖淫，该当（或符合）《刑法》第360条（传播性病罪）之"构成要件"。这是成立传播性病罪之特有要件。此外，认定甲女成立传播性病罪还需要认定具有违法性、有责性等一般要件，比如甲女辩称是被人强迫的，经查证乙、丙等人囚禁甲女并以杀害胁迫甲女卖淫。由此，甲女的行为不具备"有责性"，不构成犯罪。因为任何人只对自由意志行为承担刑事责任，或者说任何人只能在可期待守法的条件下犯罪才承担刑事责任，这是犯罪成立具有普遍意义或共性的要件。

再如，甲将乙所有的手提电脑砸碎。甲的行为符合《刑法》第275条"故意毁坏财物罪"的构成要件。甲辩解，这是征得乙本人合法有效同意的。若查证属实，甲的行为不具有违法性，不成立故意毁坏财物罪。经被损害人同意给其造成适度损害的，不违反法秩序，不成立犯罪。成立任何犯罪必须从根本上违反法秩序（具有违法性），这也是成立犯罪的共性要件。

3. 在"三要件"论中的地位、作用。

（1）在"三要件"论中，行为符合构成要件只是犯罪成立的三个必要条件之一。

（2）其作用在于表明：行为触犯分则正条（刑罚法规）是成立犯罪的首要条件，把犯罪认定纳入罪刑法定原则的轨道。

二、"四要件"犯罪构成论

（一）"四要件"论要点

犯罪构成"四要件"论主张："犯罪构成"，是指刑法规定的某种危害社会的行为依法应受刑罚处罚的客观要件和主观要件的总和。简言之，认定行为构成犯罪的法律要件的总和。任何行为构成犯罪必须具备以下四个要件（因此被称为"四要件"论）：

1. 犯罪客体要件，行为侵害了刑法所保护的社会利益或社会关系，具有侵害性，没有侵害性的行为不是犯罪。

2. 犯罪客观方面要件，行为人在客观上实施了法律所禁止的危害行为并造成危害结果，没有行为就没有犯罪。

3. 犯罪主观方面要件，行为人在主观上有罪过，即具有犯罪的故意或者过失。没有罪过就没有犯罪，或没有自由就没有刑事责任。

4. 犯罪主体要件，行为人达到了法定负刑事责任的年龄，具有辨认和控制能力，具有刑事责任能力。

(二) 犯罪成立要件的"总和"

四要件论中"犯罪构成"虽然源自"Tatbestand"（构成要件），但其内容被扩大，包含了犯罪成立的全部要件。三要件中"Tatbestand"（构成要件）只是犯罪成立要件之一，二者意义显然不同。为了避免歧义，"构成要件"一般指称客体、客观、主观、主体四要件之一，或专指三要件中的犯罪的"特殊构成要件"，即刑罚规范之罪状。"犯罪构成"被升格为"构成要件"的上位概念，在"犯罪成立的（全部）要件"意义上使用。

(三) 犯罪成立的"一般要件"

三要件论中有"构成要件""代表"正条罪状的特殊要件。在四要件论中，看不到（四要件中）有哪一个要件"代表"正条罪状的特殊要件。有学者指出：四要件论之犯罪构成是"没有（特殊）构成要件的犯罪构成"。[1] 评论相当犀利。四要件论中没有正条特殊要件的位置，这是个大问题。

三、基本取向：采两种体系之精华，保持兼容性

用"构成要件"概念对正条各罪特殊要件单独把握，使之与犯罪共通要件"违法、责任"分离，这是三要件论的突出之点，并且已经渗入四要件论中，如基本构成要件与修正构成要件的分类，目的犯、故意犯、过失犯、继续犯、结果加重犯等概念，再如事实认识错误与法定符合说就是在特殊构成要件上把握犯罪故意的。因此，本书在不打破通说四要件体系的前提下，借鉴三要件"构成要件"的观念，注重对分则正条特殊构成要件（罪状）的把握。

另外，跳出两种体系之争的藩篱，不妨换个角度考虑，能否依托《刑法》第13条的规定，把犯罪构成论纳入犯罪概念特征论之内展开，形成犯罪概念特征与犯罪构成合一的体系？[2]"三要件"论与我国通说的犯罪"三特征"在内容和结构上相近。根据《刑法》第13条的规定，犯罪是危害社会的依法应受刑罚处罚的行为，其三个特征为：刑事违法性；社会危害性；应受惩罚性，分别与"三要件"论的三个要件（构成要件符合；违法性；有责性）存在对应关系，体现出一种两阶层三要件递进式的司法定罪思路。

因此，一种兼容并蓄的方案是，以《刑法》第13条的规定为依托，吸收三要件论立体评价的思路，在行为符合罪状的形式判断的基础上，叠加一层"具体、实质"的危害性和应受惩罚性评价，形成阶层递进式评价模式。[3] 评价方案本身的合理性有助于使"我国刑法学者今后不再需要有'择边站队'的潜意识"，[4] 从而减少关

---

[1] 陈兴良："四要件：没有构成要件的犯罪构成"，载《法学家》2010年第1期。
[2] 关于这一见解，参见阮齐林："中国刑法学犯罪论体系之完善"，载《法学研究》2013年第1期。
[3] 关于欧陆刑法"三要件"论中罪责实质评价的本土化方案，参见阮齐林："刑事司法应坚持罪责实质评价"，载《中国法学》2017年第4期。
[4] 周光权："犯罪构成要件理论的论争及其长远影响"，载《政治与法律》2017年第3期。

于犯罪论体系的抽象争论，更重视具体问题的解释妥当性。

犯罪构成体系的比较以及有关争论

我国刑法学说的"犯罪构成"一词渊源于大陆刑法学说的"构成要件"（Tatbestand），而"构成要件"（Tatbestand）一词在大陆刑法学说中含义、地位的变化，几乎反映出其犯罪理论的演化过程。

（一）早期刑法学说中"构成要件"的含义

在19世纪的刑法学中，"构成要件"（Tatbestand）是指认定犯罪必备的法律或事实的条件（或要素、要件），没有特别的意义。"构成要件"可划分为"一般构成要件"和"特殊的构成要件"。所谓一般构成要件，是指犯罪的共通性要件，包括"人的行为""违法性""责任"。"属于普通构成要件的特征被同等对待，不需要在具体的刑法规定中每次强调此等一般之构成要件。"[1] 所谓特殊的构成要件，"则是各种犯罪所特有的要素"，[2] 与一般构成要件相对应，也就是分则各本条规定的具体犯罪特有的要件、要素。"构成要件"还可被划分为客观构成要件和主观构成要件。早期学说因循"违法是客观的、责任是主观的"[3] 思路，对一般构成要件分为：客观要件即违法性行为；主观要件即责任，如斯就别尔在《刑法概论的体系》（1795）中指出："首先犯罪的客观性内容，即不外是必须把违法性作为问题；其次犯罪的主观性内容，即必须是把不道德作为问题。确立犯罪与刑罚关系的决定性的基准，应当从这两方面寻求。"[4] 将特殊构成要件中的行为、结果等外部因素称为客观构成要件，将行为人的意图等内心方面因素称为主观构成要件。

如果行为具备了犯罪的一般构成要件和特殊构成要件的总和就构成犯罪；或者如果行为具备了犯罪的客观构成要件和主观构成要件的总和就构成犯罪。"在这个时期，虽然有构成要件的概念，但并没有考虑到它的特殊理论机能，所以还不是今天这种意义上的构成要件理论。"[5] 那么，大陆刑法学说今天意义上的构成要件概念是什么呢？是特定理论体系中具有特定理论机能的概念。

（二）"构成要件理论"中构成要件的含义和机能

1. 建立了一个"特殊的"构成要件概念，该"构成要件"特指刑法分则各条（刑罚法规）规定的具体犯罪的特定"行为类型"，如"杀人""放火""盗窃""抢劫"等，可以说刑法有多少条文规定了多少个罪名，就有多少个犯罪"行为定型"。

---

[1] [德] 李斯特著，徐久生译：《德国刑法教科书》，法律出版社2000年版，第205页。
[2] [日] 小野清一郎著，王泰译：《犯罪构成要件理论》，中国人民公安大学出版社1991年版，第3页。
[3] 洪福增：《刑法理论之基础》，三民书局1977年版，第3页。
[4] [德] 斯就别尔："刑法概论的体系"，载 [日] 西村克彦译：《近代刑法遗产》，信山社1999年版，第355页。
[5] [日] 小野清一郎著，王泰译：《犯罪构成要件理论》，中国人民公安大学出版社1991年版，第3页。

比如，"引诱卖淫"是一种犯罪行为定型，因为《刑法》第359条将其规定为犯罪即引诱卖淫罪，"卖淫"不是犯罪行为定型，因为刑法无明文规定。"构成要件"就特指刑法规定的这样一个个犯罪行为类型，行为符合构成要件，就特指符合这样的犯罪行为类型。这种构成要件：①用途特定化，不再用于泛指所有的犯罪要件或要素，专门指称分则本条规定的（通过罪状描述的）犯罪行为类型；②内容特殊化，即把"违法"和"责任"这两个属于犯罪一般要件的内容剥离出去，只留下分则各条规定的特有的要件要素作为"构成要件"的内容；③赋予其独立的犯罪要件地位，形成构成要件、违法、责任三要件并立的格局。当然，对于"构成要件"内容剥离到何种程度一直存在争议，贝林认为构成要件是纯客观的、价值中立的，把主观的、（实质）违法的内容全剥离出去，但因为剥离得太狠而遭到批评甚至遭到苏联学说的曲解，因而又有构成要件是违法有责的定型的见解。但不论剥离多少，犯罪的全部要件包括：构成要件、违法、责任；行为必须同时具备这三个要件，即行为被认定符合构成要件、具有违法性、具备有责性才构成犯罪。至此，"构成要件"概念特定化、狭义化，不是犯罪要件的"总和"，而只是犯罪要件之一。

2. 以这个特殊的构成要件概念为中心构建"整个犯罪理论"体系，从而产生了前所未有的理论机能。

（1）法制机能。构成犯罪以行为触犯分则各本条符合其犯罪行为类型为前提，把罪刑法定原则落到实处，使刑法学中的"犯罪概念"真正成为法律意义上的犯罪概念。

（2）锚定机能。贝林建立"构成要件"概念，其中一个重要的理论动机就是感到"犯罪理论中还有许多'不知所从、四处游荡'的因素，譬如结果、因果关系、行为对象、不作为的内容等，体系上没有着落。因此，……该有一个'在体系上能够概括某个具体犯罪所有特征以使它特定化'的概念"。[1] 从而把这些"四处游荡"的因素"锚定"在构成要件的概念上，围绕着构成要件来谈论违法、责任、作为、不作为、结果等。

（3）基准的机能。犯罪行为的开始（着手）、实行、实行终了，犯罪既遂、未遂，正犯与共犯，一罪与数罪等，均是以构成要件为基准衡量、界定的。比如：①人实施的符合构成要件的行为，是"实行行为"；②"开始"实施符合构成要件的行为，是犯罪的"着手"；③人实施的行为完整实现了构成要件内容的，是犯罪"既遂"，已着手但未能完整实现构成要件内容的，是犯罪"未遂"；④共同实施符合构成要件行为的，是共同正犯；参与共同犯罪但本人没有实施符合构成要件行为的，是共犯（帮助犯、教唆犯）；⑤行为符合一个构成要件的，是一罪，符合数个构成要件的，是数罪（构成要件说）。另外，具体犯罪故意的认识内容与意志内容均受制于构成要件。

---

[1] 李海东：《刑法原理入门：犯罪论基础》，法律出版社1998年版，第34页。

(4) 以此"构成要件"为核心使犯罪理论系统化。"特殊的构成要件"在早期的刑法学说中不过是偏于学说一隅的分则性概念（分则各条规定的特有的犯罪构成因素），它被"构成要件理论"升华为"整个犯罪理论"首要的中心的概念，"锚定""界定"所有犯罪论基本概念，且把刑法分论与总论连成一体，使整个刑法学说臻于圆满。

(5) 使刑法解释论和司法适用（认定犯罪）成为一体。从刑法的解释角度看，构成要件、违法、责任是犯罪的要件；从司法适用认定犯罪的角度（定罪论）看，人的行为符合构成要件、具有违法性、具备有责性，应当认定构成犯罪，并且使司法认定犯罪过程"立体化"，行为符合构成要件是认定犯罪的首要前提，尔后是违法性实质审查，此后是内心意思的审查判断，由"客观"形式审查（构成要件符合性）到实质审查（违法性），再深入到"主观"意思的审查，呈现出由表及里、由外到内逐层深入的审查步骤。

小野清一郎对此作过精辟的概括：构成要件理论由贝林（E. Beling）创始、经迈耶尔（M. E. Mayer）完成，"犯罪构成要件论，是指在刑法总论亦即刑法的一般理论中，重视'特殊'的构成要件的概念并试图以此为契机来构筑犯罪论体系的一种理论"。〔1〕"其重点在于必须把握住刑法分则中被特殊化（具体化）的构成要件。"〔2〕

(三) 苏联20世纪50年代的犯罪构成概念

我国犯罪构成论体系深受苏联20世纪50年代学说的影响。在当时东西方意识形态对立的背景下，对苏联学说的传习不仅具有学术意义而且具有政治意义，成为社会主义阵营意识形态一致性在刑法学界的象征。了解我国通说犯罪构成概念需从苏联学说开始。

犯罪全部要件的"总和"，是刑事责任的唯一的充足根据。苏联学说中"犯罪构成"一词与前述"构成要件理论"中"构成要件"（Tatbestand）一词最大的不同之处在于：它是"犯罪全部要件的总和"，而不是犯罪全部（三个）要件之一。例如：

1. 特拉伊宁在《犯罪构成的一般理论》中阐述道："犯罪构成乃是苏维埃法律认为决定具体的危害社会主义国家的作为（或不作为），为犯罪的一切客观要件和主观要件（要素）的总和。"〔3〕

2. 《苏维埃刑法总则》中关于犯罪构成概念和（四个）要件的划分是："依照苏维埃刑事立法，说明一切行为，即犯罪行为，也即危害苏维埃制度基础或社会主义法律秩序的危险行为的要件的总和，就叫做犯罪构成。""法学家们无论是为了表

---

〔1〕［日］小野清一郎著，王泰译：《犯罪构成要件理论》，中国人民公安大学出版社1991年版，第1页。

〔2〕［日］小野清一郎著，王泰译：《犯罪构成要件理论》，中国人民公安大学出版社1991年版，第4页。

〔3〕［苏］特拉伊宁著，薛秉忠等译：《犯罪构成的一般学说》，中国人民大学出版社1958年版，第48~49页。

明依刑事立法来说明一定的犯罪行为的要件总和,或者为了表明符合于这些要件的具体行为,都是利用犯罪构成的概念的。"[1]

"每一个犯罪构成都包含有以下特征:客体;客观方面;主体;主观方面。这四个特征,是每一个犯罪构成所固有的。……每一个犯罪行为都是一定的危害社会的行为的客观特征和主观特征的统一。"[2]

3.《俄罗斯联邦刑法典释义》认为:"犯罪构成——这是刑事法律规定的,说明危害社会的具体行为是犯罪的那些要件的总和。犯罪构成要件既包含在刑法典的分则中,又包含在刑法典的总则中。"[3] "要对实施危害行为的人追究刑事责任,必须具备全部犯罪构成要件,而具备全部犯罪构成要件,便足以对实施危害社会行为的人追究刑事责任。"[4] 在今日的俄罗斯学说中仍持犯罪构成是犯罪要件"总和"的观点。

(四) 比较

1. 两种理论体系在关键词"Tatbestand"的契合点。"构成要件(Tatbestand)是违法且有道义责任的行为的定型",[5] 现在这已是大陆学说的通说,这句话意思很明确:"构成要件"(Tatbestand)也包含违法和责任的内容,也是犯罪要件的"总和"。在这点上与苏联学说"犯罪构成"是犯罪法律要素的"总和"之说是一致的,二者可以比较和沟通。如果大陆学说把"构成要件(Tatbestand)是违法且有道义责任的行为的定型"的说法贯彻到底(苏联学说就是这样做的),势必使"违法""责任"要件因空洞化而在体系上消失,那么二者不仅在"Tatbestand"的内容上一致(总和说),而且在体系上也一致:即将包含全体犯罪要素的"犯罪构成"按照主观、客观两分的模式划分为:①犯罪客体;②犯罪客观方面;③犯罪主体;④犯罪主观方面。

2. 两种理论体系的差异。

(1) 一般要件的数量不同。苏联体系是"四要件":①犯罪客体;②犯罪客观方面;③犯罪主体;④犯罪主观方面。"犯罪构成"是这"四要件"的上位概念,包含着四个要件。欧陆体系是"三要件":①构成要件;②违法;③责任。"犯罪概念"是这三个要件的上位概念,犯罪概念包含这三个要件。这是两个理论体系最简单明了的差异,所以我国学说通常称苏联的是四要件说,欧陆的是三要件说。

---

[1] 苏联司法部全苏联法律科学研究所集体主编,中央人民政府法制委员会编译室、中国人民大学刑法教研室译:《苏维埃刑法总则》,法律出版社1955年版,第201页。

[2] 苏联司法部全苏联法律科学研究所集体主编,中央人民政府法制委员会编译室、中国人民大学刑法教研室译:《苏维埃刑法总则》,法律出版社1955年版,第206页。

[3] 黄道秀译:《俄罗斯联邦刑法典释义》,中国政法大学出版社2000年版,第8页。

[4] 黄道秀译:《俄罗斯联邦刑法典释义》,中国政法大学出版社2000年版,第8~9页。

[5] [日] 小野清一郎著,王泰译:《犯罪构成要件理论》,中国人民公安大学出版社1991年版,第16页。

（2）"Tatbestand"的含义不同。在四要件说中，"犯罪构成"（Tatbestand）一词是广义的，包含犯罪成立的全部要件。而三要件说中，"构成要件"（Tatbestand）一词是狭义的，仅仅是犯罪成立要件之一。

（3）就整个"犯罪理论"而言，四要件说所在的犯罪理论还有一个"犯罪概念、特征论"，即犯罪概念特征论和犯罪构成论。三要件说所在的犯罪理论基本没有单独的犯罪概念、特征论，而是在犯罪概念之下直接展开犯罪的三要件。所以，在三要件说中，内容和地位与四要件说中"犯罪构成"一词相称的是整个"犯罪理论"。

（4）结构不同。四要件说是"平面"的；三要件说是"立体"的。平面还是立体与犯罪内容（要素）划分的方式有关。关于犯罪应该具有哪些内容（要素），法律规定和学者的看法是一致的，即危害社会依照法律应当受刑罚处罚的行为。把它"拆分"为几个要件具体掌握？大体有两种模式：

第一，平面模式。划分为主观要件和客观要件，犯罪内容被一分为二：主观要件和客观要件，它们各自包含了犯罪的一部分内容，处在同一层面（平面），它们合在一起组成犯罪的全部内容（耦合），所以被称为"平面耦合式"。[1] 在适用这些主观、客观要件认定犯罪时，案件中的行为具备（或符合）这两个要件就构成犯罪，即所谓"齐合填充式"[2] 一次性综合评价。四要件论在主观、客观要件之外，还划分出犯罪客体和犯罪主体要件，这四要件也处在同一层面上，划分方式本质上一致，所以也属于同一结构。

第二，立体模式。大陆早期刑法学说遵循违法是客观的、责任是主观的思路，将犯罪一般要件划分为：客观面违法、主观面有责任（罪过），原本也是平面耦合模式。后来经构成要件理论在犯罪构成中引入"构成要件"的要件，前置于违法和责任要件之前，形成"三要件"体系，被认为是立体模式。其"立体"表现在何处呢？在于比平面模式多一层"表"与"里"的划分。"构成要件是违法且有责的定型"，这句话概括了三要件论的精要和微妙之处（或许也是令人困惑之处），构成要件与违法、责任既"包容"又"并列"，不合逻辑，而这恰恰是精妙之处。违法、有责的"定型"是什么？也就是刑法一个个的条文规定的一个个的犯罪（盗窃、杀人、拘禁……）"行为类型"，其内容通常被平面划分为客观要素、主观要素等。比如，非法拘禁罪的构成要件要素包括：①对象：他人；②客观要素：剥夺人身自由；③主观要素：故意剥夺他人自由。此外，构成非法拘禁罪还需要具备客观的"非法性"和主观的"非法性意识"。假如，警察甲为执行职务将乙逮捕（剥夺自由），不具备"非法性"；假如绑匪甲对公民乙声称是警察执行公务，需要乙协助逮捕丙，乙抓住

---

[1] 参见陈兴良：《刑法哲学》，中国人民大学出版社2015版，第714~716页。
[2] 赵秉志、肖中华："我国与大陆法系犯罪构成理论的宏观比较"，载《浙江社会科学》1999年第2期。

丙交给甲，乙的行为具有"非法性"，但主观没有"非法性的意识"；如甲为便衣警察，执行公务时不得不隐瞒身份花钱雇用丙绑架丁，丙的行为不具有非法性却具有非法性意识。《刑法》第238条规定（非法拘禁罪）的行为类型是"故意剥夺人身自由的行为"，这是非法拘禁罪的"构成要件"，仅仅包括法律规定该犯罪行为的表象的、事实的内容（拘禁）。而该犯罪行为内在的、价值性的内容，如拘禁的"非法性"和"非法性意识"，则分别放在"违法"和"责任"要件中掌握。因为多出这一重"表与里"的分层，所以就形成了立体的层次。行为符合"构成要件"（拘禁：故意剥夺人身自由）是第一层判断（主、客观表象判断），符合构成要件的（拘禁）行为确实有害（违法）、确实该受到谴责（有责）是第二层判断（主、客观内在本质的价值判断），即所谓立体"递进式"。[1] 如果缺乏构成要件符合性，不存在犯罪的基本前提，不必进行违法、责任判断就可排除构成犯罪；如果符合构成要件，但实质不违法（比如正当执行职务），也排除该符合构成要件行为的犯罪性；如果符合构成要件且违法但缺乏有责性（比如没有非法性意识），也排除犯罪性，即所谓"递进排除式"[2] 判断。

（五）评价

1. 差异点。是否对罪状的特殊要件单独把握[3]。"三要件"论用"构成要件"对罪状确定之特殊要件单独把握，认定犯罪突出分则正条符合性判断（构成要件该当性），并且与违法、责任一般要件分立，是其特点。四要件论没有这样的"构成要件"。由此特点派生出其他差异，如平面和立体的差异，即在四要件论中，主客观表象的评价与主客观实质评价在犯罪构成评价范围内一次完成。比如，对上述非法拘禁罪的主客观要件不仅认定"故意剥夺人身自由"，同时也认定"非法性"和"非法性意识"，是平面的。三要件论则把主客观（一般要件）的实质评价从构成要件评价范围拿出来，单独作为评价的步骤。比如，对上述非法拘禁罪的要素，认定"故意剥夺人身自由"属于构成要件符合性判断；认定"非法性"属于行为违法性判断；认定"非法性意识"属于有责性判断。

2. 共同点。

（1）共同的内容：都努力包含犯罪的所有要素，如行为、法定性、危害性（违法性）、罪过性（有责性）。

（2）都使用主观、客观两分的方法：①平面体系中，犯罪构成是主观要件和客观要件的总和。②立体体系中分两层：一是"构成要件"（Tatbestand）要素划分为

---

[1] 赵秉志、肖中华："我国与大陆法系犯罪构成理论的宏观比较"，载《浙江社会科学》1999年第2期。
[2] 陈兴良："犯罪构成的体系性思考"，载《法制与社会发展》2000年第3期。
[3] 关于这一见解参见阮齐林："应然犯罪之构成与法定犯罪之构成——兼论犯罪构成理论风格的多元发展"，载《法学研究》2003年第1期。

主观要素和客观要素；二是实质性评价要素被划分为客观违法和主观有责。

（3）都有实质评价的内容：①立体体系单独设立违法和责任要件对符合构成要件的行为进行主客观的实质评价；②在平面体系中，认定行为是否符合客观要件、主观要件时，不仅仅是从表象上判断，而且也要从实质上判断。

3. 优劣点。日本刑法学者大塚仁站在立体理论立场的评论是，像平面体系"仅仅这样平面地区分犯罪要素，并不能正确地把握犯罪的实体"。[1] 立体体系"着眼于其性质的不同区别犯罪构成要素，对它们进行重叠或并列的考虑，以推导出具体的犯罪概念，在这种意图上，可以说是更优秀的体系"。[2] 从这段评论看，立体理论有4个优点：

（1）根据犯罪要素的"性质"划分犯罪要件。对于既定的犯罪内容（要素）如何分割（划分要件）？既是方法问题也是认识问题，因为哪些要素之间存在本质性差别？哪些要素最重要并值得单独特别考虑？这与划分者的认识密切关联。立体理论既承认"构成要件"当然包含违法、有责的内容，又把"违法""责任"划分出来单独作为要件，显然认为它们是重要的且与"符合构成要件"性质不同的要素，有必要抽出来"重叠"考虑。因此立体理论较重视实质评价，在理论体系的设置上不愿意把这样重要的东西放在构成要件符合性中一并完成。

犯罪的根本点在于违法和有责任，因为一个行为之所以应当被当作犯罪处罚，根源在于该行为客观上"真正危害社会"（实质违法），主观上"确实"应当受到责难（有责）。刑法通过一个个的条文将它们"定型"为一个个的犯罪概念（构成要件）。在罪刑法定原则之下，只能处罚这些法律定型了的违法、有责行为。但是一方面，不能保证审查个案时符合法律定型（构成要件）就"真正"符合违法、有责的犯罪终极标准；另一方面，法律不可能穷尽规定（定型）不违法、无责任的情形，这也需要根据违法、有责的犯罪终极标准来权衡判断。可见，立体理论是重视违法、责任的犯罪本质要素并在体系上落实其地位的理论，与此相对，平面理论分割犯罪要素的方式可能忽略或落实不了这样重要的犯罪内容。

（2）抽象评价与具体评价相分离。刑法规定的各种犯罪概念如盗窃罪、非法拘禁罪、故意杀人罪等虽然已经是（各）个罪，但自法律规定的角度看依然是"抽象的"，如盗窃罪是"窃取他人财物"，故意杀人罪是"非法故意剥夺他人生命"，拿这样的抽象概念适用于"甲偷拿乙的东西"或"甲故意地致乙死亡"的案件，可能会只注意到事情的表象而忽略了事情的本质，还需要结合案情具体审查是否确实违法且该受责备。通常，这种"重叠"审查判断是多余的，因为"甲故意地致乙死亡"的案情符合故意杀人罪的构成要件，没有必要再审查是不是"确实"违法且该受责备。对这类经常发生的犯罪现象凭常识就可以作出正确判断。但是，也可能发生一

---

[1] [日] 大塚仁著，冯军译：《刑法概说：总论》，中国人民大学出版社2003年版，第104、107页。
[2] [日] 大塚仁著，冯军译：《刑法概说：总论》，中国人民大学出版社2003年版，第104、107页。

些特殊的情况,比如,甲驾驶汽车眼看要冲入人群,不得已转向另一边,眼睁睁地将乙撞死。故意杀人罪的构成要件是"故意剥夺他人生命",过失致人死亡罪的构成要件是"过失地造成他人死亡"。而本案中甲是"不得已"造成乙死亡,到底符合哪一个构成要件?这似乎就不是在故意杀人罪或过失致人死亡罪的构成要件范围内能够解决的。当然,有人可能说那就放在紧急避险内解决,提出这种解决方案本身就表明认定犯罪全靠构成要件符合性是不能解决问题的,需要在此之外另设标准、寻求解决方法。立体理论就把它纳入到"违法性"要件中解决。对这样的特殊事件,根据构成要件符合性的初步判断(致人死亡)才能进入到司法程序,在司法程序中需要进一步审查违法性(紧急避险)问题,这时的判断标准与构成要件的判断不同,构成要件判断是对造成乙死亡结果的行为和心态的认定,违法性判断是针对保全利益与损害利益的大小比较,同样是造成一人死亡,若保全了一群人的生命,则具备正当的事由排除违法性;若保全一群猪的生命,就不能排除违法性。另外,刑法规定的任何犯罪的构成要件总具有抽象性,而生活中发生的案件是各色各样的,因此个案的构成要件符合性判断多少带有模型化、一般化、表象化,因此需要结合个案进行更具体、深入的考虑。

(3) 递进判断和立体判断。递进判断不仅有判断的顺序,而且有判断逐渐深入的意味。构成要件符合性判断是违法、有责"法律定型"的判断,在此基础上叠加一层违法、有责的"具体、实质"判断,具有递进性。

(4) 体系性。立体理论把犯罪的全部内容考虑进去而形成一个体系,既是对犯罪特征(法律标准)的阐述,即犯罪是符合构成要件、违法、有责任的行为,也是(适用于案件)认定行为成立犯罪的理论,即(案件中)行为符合构成要件且违法、有责,成立犯罪。在这个体系中,有关犯罪成立与否的全部内容均被纳入考虑,包括各犯罪的要素和排除犯罪的要素(如正当化事由),排除犯罪的事由既可以是法定的,也可以是"超法规"的。立体理论认定犯罪只有一个规格,因为犯罪构成论与犯罪概念论是一体的。

我国学者大多对以三要件说为代表的立体理论持肯定态度。[1] 批评的意见主要是构成要件与违法、责任要件之间有所重复,比如,犯罪故意被分别在三个要件中论及,有构成要件的故意、故意的违法要素、故意的责任要素,有些重复和繁琐。[2] 过去还曾批评三要件说把构成要件的实质内容和主观内容抽走,使构成要件概念形式化、客观化。但是考虑到把主观的实质的内容抽出来单独考虑,整体上并未遗漏犯罪的全部要素。所以这种批评意见已没有人赞同。

---

[1] 参见车浩:《阶层犯罪论的构造》,法律出版社2017年版,第15~24页。
[2] 参见赵秉志、王志祥:"中国犯罪构成理论的发展历程与未来走向",载赵秉志主编:《刑法论丛》(总第19卷),法律出版社2009年版,第59页。

（六）争论之再起与延续

2009 年度《国家司法考试大纲》中采取"三要件"论，由此引起一波争论。其中一组文章刊载于赵秉志主编《刑法论丛》（第 19 卷，法律出版社 2009 年版）第 1～112 页：高铭暄："对主张以三阶层犯罪成立体系取代我国通行犯罪构成理论者的回应"；马克昌："简评三阶层犯罪论体系"；赵秉志、王志祥："中国犯罪构成理论的发展历程与未来走向"；欧锦雄："新中国犯罪构成理论的发展和展望"；陈家林："犯罪论体系之演变"；莫洪宪、彭文华："德、日犯罪论体系之利弊分析"。这组文章大体支持四要件说。另一组文章刊载于《中外法学》2010 年第 1 期第 5～80 页：[德] 克劳斯·罗克辛（蔡桂生译）："构建刑法体系的思考"；[日] 山口厚（付立庆译）："犯罪论体系的意义与机能"；张明楷："构建犯罪论体系的方法论"；陈兴良："犯罪构成论：从四要件到三阶层——一个学术史的考察"；付立庆："重构我国犯罪论体系的宣言与自省"。这组文章主要介绍或支持三要件说。

相关争论未曾消弭。关于四要件理论应当维持或改良的声音，最近在刑法学界仍然占有相当比重的话语权。除了高铭暄、马克昌主编的《刑法学》（北京大学出版社、高等教育出版社 2017 年版）之外，贾宇主编的《刑法学》（中国政法大学出版社 2017 年版）、冯军、肖中华主编的《刑法总论》（中国人民大学出版社 2016 年版）、刘宪权主编的《刑法学》（上海人民出版社 2016 年版）、齐文远主编的《刑法学》（北京大学出版社 2016 年版）等，也均采纳了四要件论。与之相对，陈兴良、张明楷、周光权、付立庆和车浩等学者，则完全站在了批判四要件理论、引入三要件论的立场上。通过以下文献读者可一窥我国当代三要件论者的基本观点：陈兴良、周光权、付立庆、车浩："对话：刑法阶层理论的中国司法前景"，载《中国应用法学》2017 年第 4 期；陈兴良："刑法阶层理论：三阶层与四要件的对比性考察"，载《清华法学》2017 年第 5 期；周光权："阶层犯罪论及其实践展开"，载《清华法学》2017 年第 5 期；车浩：《阶层犯罪论的构造》，法律出版社 2017 年版；等等。

第二节　犯罪构成要件·要素

一、犯罪构成的特殊要件·一般要件

这是从犯罪构成的特殊性与共性两个不同的层面认识犯罪构成所形成的划分。

犯罪构成的"特殊要件"，通常指称某种犯罪独有的犯罪构成内容，即本来意义的构成要件。刑法中规定了数百种犯罪，如抢劫罪、故意杀人罪、盗窃罪等；与此相应，每一种犯罪都有其特定（或特殊）的犯罪构成内容，如抢劫罪的"以暴力、胁迫或其他手段抢劫公私财物"，盗窃罪的"盗窃财物数额较大或者多次盗窃、入户盗窃、携带凶器盗窃、扒窃"，非法狩猎罪的在"禁猎区""禁猎期"，非法捕捞水产品罪的"使用禁用的工具方法捕捞水产品"等。这类具体犯罪独有的犯罪构成内

容，可称为犯罪构成的特殊要件（罪状）。

犯罪构成的一般要件，即犯罪客体、犯罪主体、犯罪客观方面、犯罪主观方面（四要件说），是学说根据刑法规定的一般犯罪概念、犯罪共通性条件概括、抽象出的各种犯罪构成的共性内容。它们与犯罪的特殊构成要件之间是共性与个性、一般与特殊的关系。

二、犯罪构成要件与犯罪构成要素

犯罪构成的要件·要素是按层次划分犯罪构成内容所形成的级次单元。在第一层次上可将犯罪构成划分为犯罪客体、犯罪客观方面、犯罪主观方面、犯罪主体（四要件说），称其为犯罪构成一般要件（共性要件）。在第二层次上，进一步将（特殊）犯罪构成要件划分为客观要素和主观要素，客观要素可划分出行为主体身份、行为、结果、时间、地点等要素；主观要素可划分出故意、过失、目的、动机等要素，统称其为构成要件要素。这些要件·要素组合成犯罪构成的内容，可以说，犯罪构成要件·要素是犯罪构成不同层次的组成单元。

犯罪构成的一般要件属于对犯罪构成内容第一层次划分的单元，通常称犯罪构成要件；而犯罪构成特殊构成要件属于第二层次划分的单元，通常称犯罪构成要素。

用"要件"与"要素"表示犯罪构成因素的层级差别，逐渐被我国学说重视。"要件"与"要素"在语义上本无差别，都可指称事物的组成单元。所以在犯罪构成论中，犯罪构成要件与犯罪构成要素往往可以通用，比如"足以造成严重食物中毒事故或者其他严重食源性疾病"，既可以称其为生产、销售不符合安全标准的食品罪的构成"要件"，也可以称其为生产、销售不符合安全标准的食品罪的构成"要素"。不过，在欧陆三要件论中往往将"构成要件符合性""违法性""有责性"称为犯罪构成的一般要件或犯罪成立的一般要件，将这三个一般要件"之下"（或次一级层次）的"因素"，称为"要素"，如构成要件要素、违法要素、责任要素，受其影响，我国学说渐渐也在犯罪构成一般要件的次级层面上使用犯罪构成要素的概念。另外，在三要件论中"构成要件符合性"是犯罪成立的一般要件之一，该"构成要件"（Tatbestand）主要是指分则各本条描述的犯罪类型，包含各种构成要素。我国学说渐渐重视对分则各本条罪状中描述的"构成要件"（内容）要素的分析、注释，为了避免与构成要件概念发生混同，也为了避免与犯罪构成一般要件发生层次上的混淆，清晰表明是对"具体犯罪构成"特殊构成因素的分析，往往使用犯罪构成要素的概念。比如，《刑法》第263条规定的抢劫罪构成要件："以暴力、胁迫或者其他方法抢劫公私财物的"，就包含：

1. 客观要素：①暴力、胁迫行为；②劫取行为；③对象：他人占有财物。
2. 主观要素：①故意；②以非法占有为目的。
3. 客观一般要素，侵犯他人财产、人身。
4. 主体一般要素，已满14周岁达到刑事责任年龄、具有辨认控制能力的人。

三、犯罪构成要件・要素的分类

（一）犯罪构成一般要件的分类

通过对各种具体犯罪构成的共同性内容的归纳和抽象，一般而言，任何一种犯罪构成都必须具有四个方面的共同内容或者基本内容：①犯罪客体；②犯罪客观方面要件；③犯罪主观方面要件；④犯罪主体要件。

概括犯罪构成的一般要件可突出表示犯罪构成的共同内容，相当于"犯罪观念"的共同因素。这些犯罪应具备的一般性实体内容具有原理意义，可以指导人们正确地把握犯罪的根本内容（最普遍要素），如犯罪客观面不可缺少"危害行为"，犯罪主观面不可缺少"故意・过失"（罪过），犯罪实质上必定侵害社会利益（犯罪客体）。正因为如此，在我国刑法曾经保留类推制度的时代，这样的犯罪构成一般要件被认为是定罪的"法律规格"，通过它可以使我们正确的适用类推定罪。即使是在罪刑法定主义时代，确认这些犯罪最普遍因素对于立法、司法仍具有指导意义。

在犯罪总论，犯罪的共同内容（因素）将按照犯罪四要件的划分展开。在犯罪各论部分，每一具体犯罪的犯罪构成内容（因素）也是按照犯罪四要件的划分展开。因此，四要件划分的模式就成为学说上阐述犯罪共同内容和各罪具体内容的理论体系。

（二）构成要件要素的分类

犯罪构成要素[1]是分则各本条对各罪规定的构成犯罪的特殊要件（因素），相对于犯罪一般要件，它属于第二层次划分的单元。在犯罪构成论中研究犯罪构成要素，对分则各本条犯罪构成的注释具有重要的意义。

1. 客观性要素和主观性要素。对刑法分则各条分析，可将"某一条文"犯罪构成要素分为客观性要素和主观性要素两类：

（1）客观性要素：（行为主体）身份、行为、对象、结果（数额、伤害程度等）、行为的情况等。

（2）主观性要素：故意、过失及特定的目的、动机等。

（3）综合性要素：情节严重、情节恶劣等。

例如，《刑法》第382条第1款规定："国家工作人员利用职务上的便利，侵吞、窃取、骗取或者以其他手段非法占有公共财物的，是贪污罪。"该条规定之贪污罪的构成要素就有：①客观性要素：其一，贪污行为手段：利用职务上的便利，侵吞、窃取、骗取或者以其他手段；其二，行为主体：国家工作人员；其三，行为对象：公共财物。②主观性要素：其一，贪污的故意；其二，非法占有的目的。这些是贪污罪特有的犯罪构成要素，这些要素组合的整体标示出特定犯罪类型（贪污罪），据此可把握该条之罪（贪污罪）与其他罪区别的特点。

这里所说的犯罪构成要素是在犯罪构成一般要件层次之下的各罪特殊之构成要

---

[1] "三要件"论称"构成要件（Tatbestand）要素"。

素。对此有两点说明：①作为犯罪构成要素的故意或过失主要是对该条之犯罪构成客观性要素的故意或过失，比如，盗窃罪的主观要素（故意内容）是对"窃取他人财物"这一盗窃客观要素的认知，盗窃枪支罪是对"窃取枪支"这一客观要素的认知；再比如，失火罪主观要素（过失内容）是对"自己行为引起火灾后果"的应预见而没预见。具有这种故意或过失通常足以认定具有罪过性（或可谴责性）。②作为犯罪构成要素的行为主体，是指主体的客观情况，如自然人、单位、身份、年龄、生理状态等。行为人达到刑事责任年龄具有辨认、控制能力，故意、过失地实施犯罪行为，应予责难，属于犯罪一般要件罪责任原则的内容。

2. 记叙性构成要件要素和规范性构成要件要素。犯罪构成要素除可以划分为客观性要素和主观性要素之外，还可以根据对其意义是否需作价值判断而划分为记叙性要素和规范性要素。记叙性要素是指对实际存在的各种人、事、物所作的事实性描述，如杀人罪中的"人"、盗窃罪中的"财物"等客观的、无需价值判断就可确定的事实因素。规范性要素是指那些需要进行价值判断才能明确其含意的犯罪构成要素，如传播淫秽物品罪的"淫秽"、放火罪的"公共安全"、非法持有枪支罪中的"枪支"、渎职犯罪中的"徇私舞弊"、强制猥亵、侮辱妇女罪中的"猥亵"等与价值判断有关的因素。

记叙性要素和规范性要素之间的界限并不是绝对的，因为有些记叙性要素，或多或少也需经过价值判断。也有学者认为犯罪构成要素都具有规范性，或者相反，所有的犯罪构成要素也都具有记叙性。只是有的记叙性程度高一些，有的规范性程度高一些。

记叙性要素与规范性要素的区分，在判断作为故意内容的认识程度方面，具有实际意义。例如，传播淫秽物品罪的故意，是否要求行为人认识到物品的"淫秽性"？如果将"淫秽性"作为记叙性要素，那么必须要求行为人认识到物品具有"淫秽性"才能认定故意成立；反之，如果将"淫秽性"作为规范性要素，那么是否有"淫秽性"就成为法官判断的问题，行为人即使没有认识到"淫秽性"也可以认定故意成立。

3. 成文的构成要件要素和不成文的构成要件要素。成文的构成要件要素，是指刑法条文中明文规定的犯罪构成要素。例如，《刑法》第192条（集资诈骗罪）规定："以非法占有为目的，使用诈骗方法非法集资……"该条明文规定集资诈骗罪的"非法占有的目的"，该"非法占有的目的"是集资诈骗罪的成文的犯罪构成要素。犯罪的构成要素是由法律规定的，在这个意义上讲犯罪构成要素一般应是成文的。不成文的构成要件要素，是指刑法条文中虽然没有明文表述出来但是应当认为是犯罪构成要素的要素。例如，《刑法》第382条第1款规定："国家工作人员利用职务上的便利，侵吞、窃取、骗取或者以其他手段非法占有公共财物的，是贪污罪。"该条款对贪污罪犯罪构成没有明文规定"以非法占有为目的"，但刑法理论和实务公认"以非法占有为目的"是贪污罪的犯罪构成要素。

由此可见，犯罪构成要素未必都是成文的。因为根据条文的表述和常识性理解，有的犯罪构成要素是"不言而喻的"，以至于没有必要特意表述。例如，《刑法》第382条第1款（贪污罪）使用"非法占有公共财物的"表述，再加上《刑法》第384条还单独规定了挪用公款罪，可推断出"以非法占有为目的"是贪污罪的犯罪构成要素。类似的情形如盗窃罪、诈骗罪、抢劫罪等，在法条中均没有明确规定"以非法占有为目的"，但是这些犯罪在生活中极为常见，人们根据生活常识认为这些犯罪构成不言而喻包含"以非法占有为目的"的要素。

不成文构成要件要素的发现、确认，往往是犯罪构成解释论的重要课题。如《刑法》第359条第1款规定："引诱、容留、介绍他人卖淫的，处……"是否应当认为"以营利为目的"是该条规定的不成文犯罪构成要素？不应当。因为1979年《刑法》第169条规定："以营利为目的，引诱、容留妇女卖淫的，处……"显然1997年修订后的《刑法》将"以营利为目的"的成文犯罪构成要素删除。这种法律修订的变化及其理由清楚地表明，1997年修订后的《刑法》第359条有意不把"以营利为目的"作为该罪的犯罪构成要素。在阐释不成文的犯罪构成要素时需注意，不能根据"犯罪现象"去推断不成文的构成要素。观察社会生活，虽然发现人们从事引诱、容留、介绍他人卖淫的活动通常都是为了牟利，但不能据此推断法律一定将"以营利为目的"作为该罪的不成文构成要素。

4. 必要要件·要素和选择要件·要素。在犯罪构成的一般要件层次上，达到刑事责任年龄具有辨认、控制能力的人有罪过地实施危害行为是成立任何犯罪不可或缺的条件。在这个意义上，行为主体、保护或被害客体、危害行为、故意或过失是"必要要件·要素"；与此相对应，时间、地点、目的、动机等因为不是一切犯罪不可或缺的条件，所以被称为"选择要件·要素"。

在犯罪构成要素的层次上，必要要素与选择要素具有不同的意义。所谓必要要素，是指构成该罪必须具备的要素，如《刑法》第143条（生产、销售不符合安全标准的食品罪）规定："生产、销售不符合食品安全标准的食品，足以造成严重食物中毒事故或者其他严重食源性疾病的，处……"其中"足以造成严重食物中毒事故或者其他严重食源性疾病"就是该条之罪的必要要素，行为人生产、销售不符合安全标准的食品但不具备此要素，不能构成该条之罪。所谓选择要素，则是具体犯罪构成中列出数个条件但只要求具备其一就可成立犯罪的要素，如《刑法》第158条（虚报注册资本罪）规定："申请公司登记使用虚假证明文件或者采取其他欺诈手段虚报注册资本，欺骗公司登记主管部门，取得公司登记，虚报注册资本数额巨大、后果严重或者有其他严重情节的，处……"其中，虚报注册资本数额巨大、后果严重或者有其他严重情节的，三个程度要素并列，只要具备其一，就认为具备了虚报注册资本罪的程度要素，不必要求全部具备。

四、犯罪构成的分类

（一）基本的犯罪构成和修正的犯罪构成

1. 基本的犯罪构成。基本的犯罪构成，是指刑法分则条文所规定的犯罪构成。例如，《刑法》第 232 条规定："故意杀人的，处死刑、无期徒刑或者 10 年以上有期徒刑；情节较轻的，处 3 年以上 10 年以下有期徒刑"。这就是故意杀人罪的基本构成，包括故意实行杀人行为和造成死亡结果。

称其为基本的犯罪构成，就是因为它是分则"罪·刑"条款设置之犯罪构成。刑法分则一个"罪·刑"条款开列的犯罪构成及其法律效果"清单"就是定罪处刑的基本依据，其犯罪构成是基本构成，其法定刑是基本的法律效果。行为具备该犯罪构成意味着：①该行为直接被该条之刑罚所禁止；②可直接适用该条之刑罚惩罚该行为。"直接"意味着某人的行为符合该条之犯罪构成即可认定该行为触犯刑法，直接适用其后的法律效果（法定刑）处罚，无需借助其他法律依据补足或修正。

一般而言，立法者在分则罪刑条款中尽量根据单独实行犯罪达于侵害客体（法益）的程度来设置犯罪构成及其法律效果，所以基本的构成通常是单独犯、既遂犯。

2. 修正的犯罪构成。修正的犯罪构成，是指以基本的犯罪构成为基础并对之进行补充、扩展所形成的犯罪构成。我国《刑法》在总则规定了共同犯罪，包括帮助、教唆、组织行为，还规定了未完成罪，包括犯罪预备、未遂、中止。单看基本的犯罪构成似乎没有完全涵盖这些情形，如上述《刑法》第 232 条规定的故意杀人罪的基本构成通常理解为"本人故意实行杀人行为且造成死亡结果"，预备杀人行为（尚未实行杀人行为）、杀人未遂行为（未造成死亡结果）、中止杀人行为（没有造成死亡结果）、杀人的帮助、教唆行为，总是不完全吻合基本的犯罪构成"本人故意实行杀人行为且造成死亡结果"。对这些行为适用《刑法》第 232 条定罪处罚时需要借助总则中有关共犯和未完成罪的规定。由此认为，这些规定对《刑法》第 232 条故意杀人罪的基本犯罪构成进行补足、修正，形成故意杀人罪之修正的犯罪构成。

在我国的法律结构下，这种划分显得格外有意义。我国刑法分则对各罪设置的刑事入罪"罪量"门槛甚高，比如，生产、销售伪劣产品罪需"销售额 5 万元"以上，销售侵权复制品罪需违法所得"数额巨大"，寻衅滋事罪需"情节严重""情节恶劣"，意味着行为严重到相当程度才认为成立犯罪"既遂"，而刑法总则却规定分则各条之罪未遂、预备一般可罚，二者之间的强烈反差使我们不得不采取审慎的态度。应当依据分则各本条的规定，审查未遂、预备的可罚性，审查教唆未遂的可罚性。出于这样的考虑，立足于分则各条的规定，将其视为"基本的犯罪构成"，将总则过于扩张的未遂、预备、教唆犯的规定视为"修正的犯罪构成"，强调二者的差别以及修正构成对基本构成的依附性，具有重要的理论与实践意义。也有学者认为，"我国刑法的犯罪论体系决定了这种分类并不适合于我国"。因为我国刑法总则规定未完成罪一般可罚，表明我国刑法分则规定的犯罪并非以既遂为模式，所以不赞成在我国刑法学说中作这种划分。[1] 本书不赞同这种观点。我国刑法在犯罪圈上分则各本条极度收缩与总则未完成罪、共犯的极度扩张之间存在严重冲突，需要学说正视并合理地化解这个矛盾而不是忽视这个矛盾。在学说上将确认犯罪的要件（积极的要件）划分为"基本的和修正的"，是正视并合理化解这矛盾的第一步，在此基础上，进一步确立分则各本条要件的基本性和总则修正要件的补充性、依附性，有助于合理解释、适用刑法。外国刑法对广义未遂"选择可罚"，采取在分则各条中逐一对应（既遂犯）的规定模式，尚且在学说上做出这种划分，我国刑法在总则笼统规定未遂一般可罚的情况下更应做出这种划分。这样至少有助于形成总则扩张规定与分则基本规定的区分意识，这种意识有助于在学说和司法上抑制立法的过分扩张。

（二）标准的犯罪构成和派生的犯罪构成

1. 标准的犯罪构成。标准的犯罪构成，又称普通的犯罪构成，[2] 是指刑法条文对具有通常法益侵害程度的行为所规定的犯罪构成。因为刑法通常以此为基准设置处罚，所以也可以理解为处罚的基准态。

2. 派生的犯罪构成。派生的犯罪构成，是指以标准的犯罪构成为基础，因为具有较轻或较重的法益侵害程度而从标准的犯罪构成中派生出来的犯罪构成。因为后者相对于标准犯罪构成的处罚基准态而言属于处罚减轻或加重的形态，因此也可称为"加减的构成"。例如，《刑法》第232条规定："故意杀人的，处死刑、无期徒刑或者10年以上有期徒刑；情节较轻的，处3年以上10年以下有期徒刑"。其中，适用"处死刑、无期徒刑或者10年以上有期徒刑"的法律效果的构成要件（故意杀人且致人死亡，侵害了生命法益），属于故意杀人罪标准的犯罪构成。而故意杀人"情节较轻的"，是适用"处3年以上10年以下有期徒刑"较轻法律效果的构成要件，属于故意杀人罪的派生的犯罪构成或减轻的构成。又如《刑法》第233条规定："过失致人死亡的，处3年以上7年以下有期徒刑；情节较轻的，处3年以下有期徒刑。"其中，过失致人死亡属于标准的犯罪构成，而过失致人死亡情节较轻的属于派生的犯罪构成。再如，《刑法》第239条第1、2款规定："以勒索财物为目的绑架他人的，或者绑架他人作为人质的，处10年以上有期徒刑或者无期徒刑，并处罚金或者没收财产；情节较轻的，处5年以上10年以下有期徒刑，并处罚金。犯前款罪，杀害被绑架人的，或者故意伤害被绑架人，致人重伤、死亡的，处无期徒刑或者死刑，并处没收财产。"其中，第1款表述的是绑架罪的标准的犯罪构成和派生的犯罪构成（减轻的构成），第2款即"杀害被绑架人的，或者故意伤害被绑架人，致人重伤、死亡的，处无期徒刑或者死刑，并处没收财产"，属于绑架罪派生的犯罪构成（加重的构成）。

这是对分则各条具体犯罪构成进一步依据其"处罚结构"的划分。在设置基本

---

[1] 刘艳红：《开放的犯罪构成要件理论研究》，中国政法大学出版社2002年版，第257页。
[2] 陈兴良：《陈兴良刑法学教科书之规范刑法学》，中国政法大学出版社2003年版，第58页。

的犯罪构成时，尽量使其具有"通常法益侵害程度"并配置相应的刑罚，在这个意义上，基本的犯罪构成、标准的犯罪构成、处罚基准态具有一致性，例如，上述第232条规定"故意杀人的，处死刑、无期徒刑或者10年以上有期徒刑"，既是该条之罪基本的犯罪构成，也是标准的犯罪构成，同时也是处罚的基准态。但是，为了限制司法裁量空间或出于其他考虑，分则条文往往设置多个"法定刑幅度"并规定相应的适用条件，如上述第232条（故意杀人罪）又规定"情节较轻的，处3年以上10年以下有期徒刑"，这"情节较轻"是选择处罚刑度的要件或构成。可见"标准与派生"的划分产生于立法设置了加重或减轻的刑度及其适用要件，在单一刑度的条款中，没有这种划分的基础，适用该刑度的前提（犯罪构成）既是基本的犯罪构成也是标准的犯罪构成同时也是处罚的基准态，但是在设置多个刑度的条文中则具有这种划分的基础和必要性。因为我国刑法分则规定有大量类似于上述第232条后半段的减轻犯和第239条第2款的加重犯，并且对这类加重犯、减轻犯规定特殊适用条件，这些条件对适用相关加重、减轻刑度具有要件意义。有学者甚至将其当作"特殊的犯罪构成"，因为具备第232条故意杀人罪的构成但不具备"情节较轻"的条件，不可以适用该条"3年以上10年以下有期徒刑"的刑度；具备第239条绑架罪的构成但不具备"杀害被绑架人的，或者故意伤害被绑架人，致人重伤、死亡的，处无期徒刑或者死刑，并处没收财产"的条件，不可以适用该条"无期徒刑或者死刑"的刑度，可见这种划分的意义。

（三）单一的犯罪构成与择一的犯罪构成[1]

这是根据犯罪构成中行为要素的情况做出的分类，因为犯罪的核心要素是行为，所以根据行为要素的情况作出的分类较有意义。

1. 单一的犯罪构成。单一的犯罪构成，是指行为要素单一的犯罪构成。例如，盗窃罪的犯罪构成只包含盗窃行为。犯罪构成是"行为类型"，一个犯罪构成通常只包含一种行为，所以大多数犯罪构成属于单一的犯罪构成。

2. 择一的犯罪构成。择一的犯罪构成，是指包含多种选择性行为、对象要素的犯罪构成。例如，《刑法》第347条规定的走私、贩卖、运输、制造毒品罪的犯罪构成包含"走私、贩卖、运输、制造"四种行为，这四种行为都是独立的犯罪行为要素，都可以单独成立犯罪。例如，甲走私毒品，构成走私毒品罪；如果实施其中的数行为，比如，甲既有走私毒品行为，又有贩卖、运输毒品行为，也仅成立一罪，罪名根据实际实施的行为情况确定，甲实际实施了走私、贩卖、运输毒品的行为，罪名就定走私、贩卖、运输毒品罪，毒品的数量累计计算，不实行数罪并罚。对这种情形，理论上一般称为选择的一罪。其实，相当于把走私、贩卖、运输、制造的

---

[1] 有学者根据犯罪构成的要件组成的繁简程度划分出"单纯的犯罪构成"与"混合的犯罪构成"，这种划分更为细致。参见赵秉志：《刑法基本理论专题研究》，法律出版社2005年版，第243~245页。本书为简明实用起见，采取较为粗略的划分。

行为，视为同一性质的犯罪行为，只不过罪名不同而已。刑法中规定的择一的犯罪构成相当多，如非法制造、运输、买卖枪支、弹药、爆炸物罪；制作、复制、出版、贩卖、传播淫秽物品牟利罪；出售、购买、运输假币罪；引诱、容留、介绍卖淫罪；等等。

构成要件理论的应用例释

《刑法》第239条（绑架罪）规定，（构成要件·基本构成·标准构成）以勒索财物为目的绑架他人的，或者绑架他人作为人质的，（法定刑）处10年以上有期徒刑或者无期徒刑，并处罚金或者没收财产；（派生的构成）情节较轻的，处5年以上10年以下有期徒刑，并处罚金。犯前款罪，杀害被绑架人的，或者故意伤害被绑架人，致人重伤、死亡的，处无期徒刑或者死刑，并处没收财产。以勒索财物为目的偷盗婴幼儿的，依照前两款的规定处罚。

1. 该条构成要件解析。

【客体】他人的人身权利和第三人自决权。

【客观要件（要素）】绑架他人或绑架他人作为人质。

【行为】绑架或绑架作为人质。

【对象】他人。

【主体】普通主体，年满16周岁的自然人，单位不是本罪的主体。

【主观要件（要素）】故意，且以勒索财物或其他不法利益为目的。

【加重犯】杀害被绑架人的，或者故意伤害被绑架人，致人重伤、死亡的。

2. 修正的构成（总则的补充或通用规定）。

（1）第22条：对于（第239条绑架罪）预备犯，可以比照既遂犯从轻、减轻处罚或者免除处罚。

（2）第23条：对于（第239条绑架罪）未遂犯，可以比照既遂犯从轻或者减轻处罚。

（3）第24条：对于（第239条绑架罪）中止犯，没有造成损害的，应当免除处罚；造成损害的，应当减轻处罚。

（4）第27条：对于从犯，应当从轻、减轻处罚或者免除处罚。

（5）第28条：对于胁从犯，应当按照他的犯罪情节减轻处罚或者免除处罚。

（6）第29条：教唆他人犯罪的，应当按照他在共同犯罪中所起的作用处罚。教唆不满18周岁的人犯罪的，应当从重处罚。如果被教唆的人没有犯被教唆的罪，对于教唆犯，可以从轻或者减轻处罚。

3. 从处罚轻重的角度：标准（基本）的构成与派生（加重、减轻）的构成。

"10年以上有期徒刑或者无期徒刑，并处罚金或者没收财产"，这是绑架罪既遂标准的法律效果，所以"以勒索财物为目的绑架他人的，或者绑架他人作为人质的"是适用基准的法律效果的条件，又称处罚基准的犯罪构成。"情节较轻的，处5年以上10年以下有期徒刑，并处罚金"属于"减轻的构成"，因为具备"情节较轻"是使用较轻法定刑"5年以上10年以下有期徒刑,并处罚金"的条件或要件。"杀害被绑架人的,或者故意伤害被绑架人,致人重伤、死亡的,处无期徒刑或者死刑,并处没收财产"属于"加重的构成"。因为具备"杀害被绑架人的,或者故意伤害被绑架人,致人重伤、死亡的"是适用较重法定刑"无期徒刑或者死刑,并处没收财产"的条件或要件。

第三章
犯罪客观方面

第一节　犯罪客观方面概述

一、犯罪客观要件的概念

犯罪客观要件，是指刑法所规定的，确立犯罪的必要的诸客观事实特征。

（一）犯罪客观要件是刑法规定的

在刑法分则中，通常对某一犯罪的客观要件做出具体、明确的规定。例如，《刑法》第256条规定："在选举各级人民代表大会代表和国家机关领导人员时，以暴力、威胁、欺骗、贿赂、伪造选举文件、虚报选举票数等手段破坏选举或者妨害选民和代表自由行使选举权和被选举权，情节严重的，处3年以下有期徒刑、拘役或者剥夺政治权利。"在这一条文中就包含了破坏选举罪的客观要件，它是刑事立法对现实生活中形形色色的破坏选举现象的高度抽象和概括，是认定行为人具备破坏选举罪客观要件的法律准绳。在刑法分则的四百余个条文中，以或繁或简的方式规定或者描述了各种具体犯罪的客观要件。此外，在刑法总则中，还对犯罪的特殊形态的客观要件做出统一规定，如《刑法》第22条对犯罪预备行为的规定，第27条对从犯辅助行为的规定，第29条关于教唆行为的规定。这些刑法规定的事实特征，都是犯罪客观要件。

（二）犯罪客观要件是确立犯罪的必要的客观事实特征

所谓客观事实特征，是指人在实践活动中形之于外的举止及其结果，以及与人的举止相关的时间、地点、环境、对象等实在的情况。人的实践活动的客观事实特征是相对于人的主观意识而言的，是人的主观意识的外在表现。例如，在上引《刑法》第256条中规定有这样的内容：①"在选举各级人民代表大会代表和国家机关领导人员时"，表示出时间或者行为的环境状况；②"以暴力、威胁、欺骗、贿赂、伪造选举文件、虚报选举票数等手段破坏选举或者妨害选民和代表自由行使选举权和被选举权"，表示出该罪的各种各样行为方式和行为对象。这些是确立破坏选举罪所必要的客观事实特征。这些规定（表述、描述）勾画出破坏选举罪是在什么情状下、以什么方式、对什么东西（对象）进行侵害。在现实生活中，如果行为人的行为及行为环境在客观上与法律规定的破坏选举的事实特征相符，就可以判定行为人具备了破坏选举罪的客观要件。

犯罪的客观要件是确立犯罪所必要的客观事实特征。不是确立犯罪所必要的客观事实特征，尽管是由刑法规定的，也不属于犯罪构成的客观要件。例如，刑法分则条文中还规定了许多量刑的情节，它们也是法律规定的客观事实特征，但是它们不是确立犯罪所必要的事实特征，而是量刑的事实特征，不属于犯罪构成的客观要件。

犯罪的客观要件在犯罪构成中具有极为重要的地位。犯罪的客观事实具有可观察、可描述的特性，因此刑事立法都是以描述客观要件的方式（罪状）来规定犯罪的；刑事司法也主要以客观的事实特征来认定犯罪、评价犯罪的危害性和犯罪人的人身危险性。我国刑法不承认"思想犯罪"，因为仅有思想而没有将思想表现为外部的客观活动或者见诸客观的活动，就不可能危害社会，因而不能成立犯罪。脱离人的主观见诸客观的事实及其对法益的侵害性，处罚人的信仰、思想观念、道德观念，这是愚昧、野蛮、专横的做法。

二、犯罪客观要件的内容

犯罪客观要件一般包括身份、危害行为、行为对象、行为的危害结果以及犯罪的时间、地点和其他环境要件。其中危害行为是一切犯罪构成客观方面的共同要件。行为对象等其他因素，刑法分则条文规定为某种犯罪的必要条件的，则是该种犯罪的构成要件。

第二节 危害行为

一、危害行为的概念

危害行为，是指行为人在意识支配之下的危害社会并被刑法所禁止的身体活动。

1. 危害行为是人的身体活动或动作，具有物质性，包括积极的活动与消极的活动。这种活动，是行为的客观因素，反映行为具有物质力量。它能够作用、影响外界，使外界发生变化，也就是能使外界发生某种结果。强调危害行为是一种人的活动：①表明它具有客观的物质力量，能够破坏法益；②排除单纯把人的思想观点当作刑法处罚的对象。仅有犯罪的思想，没有形之于外的活动，不能危害社会。

2. 危害行为是人的意识支配的产物和表现，具有有意性。所谓有意性，是指危害行为是在一定的意识支配下的身体活动，或者说是要强调危害行为总是人的身体活动，而不是单纯的自然力量、物理上的动静。关于支配行为的意识的具体内容，则属于主观方面要件的问题。

如果没有人的意识支配，不能认为是危害行为。因此人的无意识动作，身体受外力强制形成的动作，在不可抗力的情况下形成的动作等，都不是危害行为。

3. 危害行为是侵犯刑法所保护的社会利益而被刑法所禁止的行为。作为犯罪客观要件内容的危害行为是由刑法规定的。其中的主要部分规定于刑法分则的三百余个条文的罪状之中，被称为分则客观要件的行为，或者分则罪状的行为。另一部分规定于刑法总则中，具体而言有《刑法》第 22 条规定的"为了犯罪，准备工具、制造条件"的预备行为；第 27 条规定的在共同犯罪中起"辅助作用"的帮助行为；第 29 条规定的"教唆他人犯罪"的教唆行为。由于总则中的预备行为和教唆、帮助行为都与分则罪状行为有关，并且属于它们的补充形态（或者特殊形态），因此，严格意义上的作为犯罪构成要件的行为或者犯罪行为是指规定于分则各个条文中的行为。

4. 一般而言"有形性"也是行为的一个特征。不过"因忘却而不作为"，就难言"有意性"和"有形性"，比如，铁道道口值班员在值班时因为瞌睡而忘却放下道口栏杆，导致重大事故。所以说行为"一般而言"应具有有意性和有形性，但不能绝对化。人的有"社会重要性"的举止，即使没有有意性和有形性，也可以是犯罪行为。

二、危害行为的基本形式

（一）学说上的作为与不作为

作为，是指积极的行为，即行为人以积极的身体活动实施某种被刑法所禁止的危害行为。从表现形式看，作为是积极的身体动作；从违反法律规范的性质上看，作为直接违反了禁止性的罪刑规范。由于刑法绝大多数是禁止性规范，如不许杀人、强奸、抢劫、盗窃等，所以作为是最常见的犯罪行为形式。

不作为，是指消极的行为，即行为人消极地不履行法律义务而危害社会的行为。从表现形式看，不作为是消极的身体动作；从违反法律规范的性质看，不作为直接违反了某种命令性规范。如遗弃罪的行为，表现为不抚养无独立生活能力的人，没有按法律的要求尽抚养义务。

（二）自然观察下的作为和不作为

人们诉诸常识观察"生活中"人的行为是作为还是不作为，首先，需要相对于"事情"而言，发现某人以有形的身体动作去做某事情，那是作为。例如，甲破门进入某商场内偷走钱财。发现某人没有做某事情，那是不作为，如道口值班员甲没有放下栏杆。其次，这事情还得是"有害的"，因为对没有损害的事情，人们没有必要去纠问罪责。因此刑法意义的作为与不作为是针对"造成某个损害事实"而言的某人的行为是作为还是不作为。比如，甲破门进入某商场内偷钱财时，商场保安乙发现后却锁上值班室的门打开电视看，相对于"商场遭受财产损失"而言，甲是作为（盗窃），乙是不作为（失职），假如，乙是先与甲串通而佯作不知，其后共同分赃，则乙是不作为帮助（盗窃）。脱离"某个损害事实"的基准，谈论作为与不作为将会漫无边际，比如，甲到商场盗窃却没有在家看电视，对看电视是不作为；乙锁门看电视成了作为，这就失去了评价意义。这个损害事实应是刑法保护的法益，因为如果发生的损害事实不是在刑法保护范围内的，不存在犯罪与追究刑事责任的问题。

基本结论：观察人的行为是作为还是不作为必须针对"刑法意义的损害事实"

而言,即该人的身体态势是积极地去做还是消极地不去做。"照此发展原本不会发展至法益侵害之时,改变事态进程,使其指向侵害的,就是作为;已经指向法益侵害之时,不改变事态进程的,就是不作为。"[1] 比如,妇女甲的半岁大的女儿乙死了,原因是甲用枕头把乙故意捂死的,甲对乙之死是作为;假如甲离异的丈夫丙把幼子乙送到甲的住处,甲看丙把抚养乙的责任推到自己身上,在丙走后甲一气之下离开住处,几日后,乙因无人照看而活活饿死了,甲、丙对乙之死都是不作为。这种自然观察得到的作为和不作为的认识与常识基本一致。

对于上例中甲捂死乙的行为,认定甲构成故意杀人罪也是常识上容易理解的。但是认定甲、丙不照料乙而致其死亡的行为性质,则要复杂一些,尤其是甲、丙的不作为的性质是否相同、是否构成同一种罪,则更加复杂。下面着重解决这些较为复杂的问题。

(三)不作为构成犯罪的一般条件(或原理)

相对于作为行为,不作为一般不致危害社会。就如同人们喊冤叫屈,往往会说"我没有招谁惹谁",那意思是我什么都没有做自然不会妨害他人。因为针对人或事(或称法律保护的利益、客体)而言,如果人采取消极态度、静止身体状态,通常不会损害或妨害人或事。所以不作为侵害法律利益、构成犯罪相对于作为构成犯罪而言,需要具备以下的特定条件:

1. 行为人负有实施特定积极行为(作为)的义务。这种义务主要来自以下几个方面:

(1)法律上的明文规定。例如,《婚姻法》规定,夫妻之间、直系亲属之间在特定条件下的扶养、抚养和赡养的义务。

(2)行为人职务上、业务上的要求。例如,国家工作人员有履行相应职责的义务,值勤消防人员有扑灭火灾的义务。

(3)行为人的法律地位或法律行为所产生的义务。例如,对自己监护下的精神病人,在发生侵害法益的危险时,有防止其发生的义务;将弃婴抱回家中的人对该婴儿负有抚养义务。

(4)行为人自己先前行为具有发生一定危害结果的危险的,负有防止其发生的义务。例如,使他人跌落水中有溺死的危险,即负有救助义务。

2. 行为人能够履行特定义务。行为人有能力履行特定义务是不作为构成犯罪的前提。因为法律不能给人们强加力所不能及的义务,所以尽管行为人有防止结果发生的义务,但是由于缺乏必要的能力或其他原因而不可能防止危害结果发生的,也不成立不作为犯罪。

3. 行为人不履行特定义务,造成或可能造成危害结果。不作为是以不履行特定义务为内容的,其社会危害性就表现为不履行特定义务而造成或者可能造成危害结

---

[1] [日]松原芳博著,王昭武译:《刑法总论重要问题》,中国政法大学出版社2014年版,第69页。

果。行为人可能是因为去积极实施某种行为而没有履行特定的义务，对于不作为而言，行为人积极实施的行为只是不作为的原因，而不是刑法所关注的行为；行为人没有履行特定的义务，才是刑法意义的行为。例如，某铁路信号员的职责应当是在晚上 10 点钟打信号，以便火车安全通行。该信号员却去看电影，没有在规定的时间里打信号，结果两辆列车因此相撞。在这里，行为人看电影的行为虽然是一种积极的行为，但不具有刑法意义；具有刑法意义的行为是行为人没有在规定的时间履行打信号的义务，即没有实施某种行为（不作为），正是因为没有积极实施某种行为而导致危害结果发生。

4. 行为人履行义务（作为），有避免危害结果发生的可能性。例如，司机丁意外撞倒行人刘某后，将其带离事故现场隐藏于路边草丛中，刘某被路人发现时已死亡。事后查明，即使司机丁将刘某送往医院，也不可能挽救刘某的生命。丁不成立不作为犯罪。因为丁即使履行救助义务，也"不可能"阻止死亡结果，其没有避免死亡结果（危害结果）的可能性，不成立不作为故意杀人罪。

（四）科处"义务"的分寸

审查不作为的犯罪性最关键的点是"有义务"。没有义务，不作为行为绝对不可能构成犯罪，比如，路人甲看见匪徒拦路抢劫路人乙，急忙跑开，甲不因其不救助乙而获罪。再如，甲看见流浪者乙倒在路边奄奄一息，置流浪者的求助于不顾，冷漠地走开，甲不因其不救助行为而获罪。假如救助中心接到报告，委派中心工作人员甲、乙二人到现场救助流浪者，甲、乙二人到场后嫌脏怕麻烦不予救助而离去，因甲、乙有义务，可能因其不作为行为而获罪。对作为而言，没有这样的义务前提，如开枪射杀他人、拦路施暴强奸妇女，这样的行为不分有没有义务，都是不可以做的。

那么法律科处"义务"的分寸在哪里呢？"见死不救"是一种不作为行为，对见死不救的是一概处罚还是有限度的处罚抑或是一概不处罚？如何把握这个分寸一直困扰着人们。从人类自身的利益考虑，当然希望人人都能在他人危难之时伸出援助之手。不作为行为获罪应当以有义务为前提，但是"义务"是可以通过法律来规定的，纳税义务、抚养子女的义务、服兵役义务不就是法律规定的吗？可见，为不作为行为获罪设置义务前提并不难，难在如何合理设置义务前提。如果法律对人们科处的义务太多，会使人人自危、不堪负担，也难以实现，比如，法律若规定见死不救一律处罚，恐怕人人天天都担心遇到这种事，遇到了就跑，跑不了就装作没看见。另外，对违反义务规范的行为所科处的责任也应当合理，不能都是刑事责任。使用惩罚手段维护的义务规范应当是社会生活中至关重要的义务规范。

【案例】杨某某故意伤害案[1]

杨某某（犯罪时未满 18 岁）因与张某谈恋爱而产生矛盾，即购买两瓶硫酸并带

---

[1] 载《刑事审判参考》（总第 55 集），法律出版社 2007 年版，第 6 页。

至其就读的中学。2004年10月23日，杨某某在该校操场遇到张某，两人因恋爱之事再次发生激烈争执，杨某某手拿装有硫酸的水杯对张某说："真想泼到你脸上。"并欲拧开水杯盖子，但未能打开。张某某认为水杯中系清水，为稳定自己情绪，接过水杯，打开杯盖并将水杯中的硫酸倒在自己的头上，致使其头、面、颈、躯干及四肢等部位被硫酸烧伤。经法医鉴定其伤情为重伤，伤残程度为一级。案发后，杨某某的亲属已先行支付给张某某医疗费16 650元。法院认为，当被害人拿过水杯打开杯盖的时候，杨某某明知杯中盛有硫酸，有可能会发生伤人的危害后果，却故意不告知被害人，放任伤害结果的发生，致他人严重残疾，其行为已构成故意伤害罪，对杨某某判处有期徒刑10年。

本案要点：行为人明知其先行行为可能引发严重危害后果，能采取措施而不采取积极有效措施予以防止，其行为系不作为犯罪。

三、法定不作为之罪（不作为犯）与法定作为之罪（作为犯）

与学说上把行为划分作为与不作为两种形式相适应，可以根据"法定"的该种犯罪的行为形式把犯罪划分为法定不作为之罪与法定作为之罪两种类型。所谓法定不作为之罪，是指刑法分则条文明确规定该罪的行为形式是不作为的犯罪，换言之，就是刑法直接禁止、惩罚的犯罪行为本身就是不作为行为。例如，《刑法》第261条的遗弃罪，第416条的不解救被拐卖、绑架妇女、儿童罪，第444条的遗弃伤病军人罪，第445条的战时拒不救治伤病军人罪。这类犯罪法定的行为形式就是"不作为"，也称为（纯正）不作为犯。所谓法定作为之罪，是指刑法分则条文规定该种犯罪的行为形式是作为的犯罪，换言之，刑法直接禁止、惩罚的犯罪行为本身就是作为行为，这类犯罪法定的行为形式就是"作为"，也称为作为犯。例如，《刑法》第114条、第115条的放火罪、决水罪、爆炸罪，《刑法》第258条的重婚罪等。刑法规定的犯罪主要是作为犯，因为通常只有作为行为才会对刑法保护的利益造成严重侵害，如对人的生命、他人的财产，只有通过积极的杀害行为、盗窃、抢劫行为才能造成损害；不作为一般不会妨害他人生命、财产权利。只有在需要把实施某种行为作为刑事法律义务的场合，才规定法定的不作为之罪。而把不实施某种行为作为一项刑事义务，必须谨慎，过于宽泛会增加公民的负担。

四、区分作为犯与不作为犯的标准：禁止规范和义务规范

界分作为犯与不作为犯，得从"规范"说起，就是为人行事的标准。这"规范"其实与"规矩"的意思相同。人们熟悉的规范如"摩西十诫"中的"不可杀人""不可奸淫""不可偷盗""不可做假见证陷害人""当孝敬父母"等。刑法规定并非是立法者杜撰的，而是根植于或渊源于规范，目的是维护规范。俗话说"没有规矩不成方圆"，对社会而言没有规矩就没有了秩序，人们没有办法和睦相处，在这点上"家规国法"其实是相通的。规矩被国家强制推行，就是国法或法律了。规矩或规范被国家动用刑罚来维护，就是刑法规范。

刑法条文根基的规范有两种：①"不应当"做的事，如"摩西十诫"中的"不

可杀人""不可奸淫""不可偷盗""不可做假见证陷害人",这叫"禁止规范",其内容是禁止人做"不当为之事";②"应当"做的事,如"摩西十诫"中的"当孝敬父母",还如其他法规范确立的应当抚养子女、赡养老人、适龄青年有义务参军服兵役、应当纳税等,这叫"义务规范",其内容是要求人做"当为之事"。

根基于禁止规范的刑法条文中的犯罪行为,必是作为行为即作为犯。例如,《刑法》第232条规定:"故意杀人的,处死刑……"它根基于"不可杀人"的禁止规范,该条"故意杀人"是"作为"行为。因为对"不许做某事"的规范只有去"做"(作为)才能违反该规范。刑法通过惩罚该违反禁止规范的(作为)行为来维护该禁止规范。所以,《刑法》第232条规定的"故意杀人"行为,是"作为"行为。这种法定构成要件的行为是作为行为的犯罪被称为"作为犯"。

根基于义务规范的刑法条文中的犯罪行为,必是不作为行为即不作为犯。例如,《刑法》第376条第2款规定:"公民战时拒绝、逃避服役,情节严重的,处……"它根基于公民"有义务服兵役"的义务规范,该条"拒绝、逃避兵役"的行为势必是"不作为"行为。因为对"应做某事"的规范只有"不做"(不作为)才能违反该规范,刑法通过惩罚该违反义务规范的(不作为)行为来维护该义务规范。所以,《刑法》第376条第2款规定的"拒绝、逃避服役"行为,是"不作为"行为。这种法定构成要件的行为是不作为行为的犯罪被称为"不作为犯"。

结论是:其根基是禁止规范的刑法条款,该条款惩罚的犯罪行为必是"不当为而为之"的作为行为,即作为犯;其根基是义务规范的刑法条款,该条款惩罚的犯罪行为必是"当为而不为"的不作为行为,即不作为犯。如果刑法条款脱离了其根基规范种类的标准,将会使刑法中的作为犯和不作为犯无法清楚区分,即使区分了也没有任何意义。例如,《刑法》第201条(逃税罪)第1款规定:"纳税人采取欺骗、隐瞒手段进行虚假纳税申报或者不申报,逃避缴纳税款数额较大并且占应纳税额10%以上的,处……"该条之罪是作为犯还是不作为犯?若抛开规范种类的标准,该条中规定有"虚假纳税申报"等"积极行为",也有"不申报"的消极行为,难以确定是作为犯还是不作为犯。有人据此认为既是作为犯又是不作为犯,有人认为是需要以作为形式构成的不作为犯。其实,该条根基于义务规范(当为纳税行为),惩罚的是不履行纳税义务的不作为行为,只能是不作为犯。条文中规定的"虚假纳税申报"等"积极行为",不过是限制刑事处罚范围,区别刑事罚与行政罚的条件。同样道理,《刑法》第261条(遗弃罪)规定:"对于年老、年幼、患病或者其他没有独立生活能力的人,负有扶养义务而拒绝扶养,情节恶劣的,处……"该规定根植于"当孝敬父母"、当抚养子女的义务规范,是不作为犯,尽管该条之"情节恶劣"往往需通过被告人有种种拒绝抚养义务的积极行动表现出来,仍是不作为犯。《刑法》第270条(侵占罪)第1款规定:"将代为保管的他人财物非法占为己有,数额较大,拒不退还的,处……"该条根基于"不可"侵占他人财产的禁止规范,所以该条之侵占行为是作为犯。该条之"拒不退还"不过是表明非法占有意图,是限制处罚范围的要件。同理，非法持有毒品之行为，违反了不得拥有毒品的禁止规范，是作为犯。

五、"纯正不作为犯"与"不纯正不作为犯"

（一）纯正不作为犯

纯正不作为犯（或称真正不作为犯）是指行为人的行为构成法定的不作为之罪（不作为犯）的情形。常见的不作为犯如：①《刑法》第261条遗弃罪；②第313条拒不执行判决、裁定罪；③第376条第1款战时拒绝、逃避征召、军事训练罪；④第376条第2款战时拒绝、逃避服役罪；⑤第380条战时拒绝、故意延误军事订货罪；⑥第381条战时拒绝军事征收、征用罪；⑦第404条徇私舞弊不征、少征税款罪；⑧第429条拒不救援友邻部队罪；⑨第440条遗弃武器装备罪；⑩第441条遗失武器装备罪；⑪第444条遗弃伤病军人罪；⑫第445条战时拒不救治伤病军人罪；⑬其他渎职性犯罪，如私放在押人员罪、玩忽职守罪等。行为构成上述犯罪的是纯正不作为犯，因为法律规定的上述犯罪行为自身就是不作为，行为人也只能以不作为（或因不实施法律要求的行为）构成该类犯罪，人的行为与法定的行为在行为形式上（都是不作为）一致，故被称为纯正不作为犯。例如，甲在医院生下一女婴，见有残疾，就将女婴遗弃在医院。甲不履行对女婴抚养义务（不作为）的行为，构成了法定的不作为犯罪（遗弃罪），属于纯正的不作为犯。因为认定纯正不作为犯，犯罪人的行为形式与法定构成要件的行为形式都是不作为，行为形式上的一致性成为犯罪认定的常态问题。

（二）不纯正不作为犯

不纯正不作为犯（或称不真正不作为犯）是指行为人因不作为而构成了法定的作为之罪，或者说行为人因不作为行为构成了非法定的不作为之罪，如某人因不作为而构成故意杀人罪、抢劫罪等。例如，甲欲将3岁儿童乙拐带回家收养，在回家途中嫌乙吵闹而将其遗弃在荒树林中，径自离去。3天后，该儿童冻饿致死。法院认定甲构成故意杀人罪。甲以（将所带儿童遗弃不管的）不作为行为，构成了非法定不作为之罪故意杀人罪（因为故意杀人罪通常是作为才能构成的），属于不纯正的不作为犯。就构成故意杀人罪而言，甲对儿童弃置不管的行为相对于积极的杀害行为，是一种不作为的杀人行为。不纯正不作为犯的"不纯正性"在于：人的行为形式（不作为）与法定的犯罪行为形式（作为）不一致，是适用法律认定犯罪的非常态（或特殊）问题。

（三）区分纯正不作为犯与不纯正不作为犯的意义

纯正不作为犯是适用法律认定犯罪的常态问题。因为法律专门规定的不作为犯罪，其犯罪行为（或实行行为、构成要件行为）本身就是不作为，如遗弃行为的"拒不抚养"（自己的孩子），逃税行为的"不申报"纳税等，具体的人也只能以不作为行为构成该种犯罪。在这种情况下，人实施的行为与法律中规定的犯罪行为均是不作为，二者在行为形式上是一致的，因此适用法律定罪处罚在行为形式（是作为还是不作为）方面没有任何障碍或特别之处。

同理，如果行为人以作为行为构成作为犯，比如，以枪杀的作为方式杀死他人构成故意杀人罪，是纯正的作为犯。因为行为人以作为行为构成了刑法中的作为犯，适用刑法处罚在行为形式上没有任何障碍。

不纯正不作为犯在本质上是以不作为行为违反了禁止规范。禁止规范的内容是"不当为的行为"，比如"杀人"，按理只会有"不当为而为之"的作为行为才能构成。不作为何以触犯"不当为而为之"的刑法规定？这正是认定不纯正不作为犯的问题点。对此，有学说认为不作为行为不能构成作为犯；通说认为不作为行为可以构成作为犯，但需要格外地慎重。只有当该不作为行为与作为行为"相当"时，才能构成不纯正不作为犯。

所谓"相当性"，是指行为人以不作为行为而构成作为犯，该不作为行为与作为行为相当。例如，甲外出打工未婚怀孕，在出租屋内产下婴儿，怕人知道又不敢带回家乡，不知如何处置，就将自己租住的房门紧锁，到单位上班一直不回家。5天后才回家，婴儿因为无人照料喂养而死亡。甲的不作为行为与作为行为杀婴具有相当性，应认定为故意杀人罪。相反，如果不具有相当性的，不能构成故意杀人罪（作为犯）。假如甲把婴儿放到救助站门口离去，因为没有被人及时发现而死亡，其行为与作为杀人不具有相当性，不构成故意杀人罪，但不排除构成遗弃罪。不作为行为构成法定作为之罪应具有相当性，该"相当性"成为认定不纯正不作为犯的关键问题。

不作为行为在很多情况下是不能与作为行为等量齐观的。例如，交通肇事后逃逸（见死不救）致使被害人因得不到救助死亡，不能等同于故意杀人，只能以交通肇事罪的加重犯（逃逸致人死亡）处罚；警察在值勤中遇到凶犯杀人时或遇到被强奸妇女求救时，因害怕自己遭不测而见危不救，不能等同于杀人或强奸，即使应当负刑事责任，通常也只能以渎职犯罪予以追究。

【案例1】 赵立新遗弃案[1]

赵立新、何文月夫妇因所生的一对孪生早产女婴生命垂危而将她们送医院抢救，赵立新在预交了4000元医疗费后即离去。此后，经过一个多月的治疗该孪生婴儿病情好转可以出院。医院多次发电报、去信通知赵立新夫妻来医院办理女婴出院手续，均不见回音，致使女婴在医院置留长达10个月之久。法院判决赵立新身为婴儿的父亲将病危婴儿送医院后长期置之不顾，情节恶劣，构成遗弃罪，鉴于其家庭实际困难及其认罪悔罪表现酌情从轻处罚，处1年有期徒刑，缓刑1年。鉴于何文月产后身体虚弱并患肝炎，其当时的体能难以承担抚养双胞胎女婴的义务，宣告无罪。

---

[1] 最高人民法院中国应用法学研究所编：《人民法院案例选》（总第12辑），人民法院出版社1995年版，第55页。

【案例 2】彭某（间接）故意杀人案[1]

彭到贺家索要借款，贺不在家，贺妻态度甚为冷淡，离家上山去砍柴，家里只留下一个 3 岁的儿子。彭遂萌生将贺子带回原籍收养的念头，随即带贺子先后乘汽车、火车离开该县。后彭感到把贺子带回家不仅上户口困难、自己父母也不会同意，故产生将小孩抛弃的恶念。次日上午，彭带贺子离开留宿的饭店，沿铁路步行约一公里，将贺子放在距小路 70 米处的杉树林中，独自离去。贺子在林中（当时最低气温为 0℃）约 52 小时后被两个砍柴人发现，经抢救无效死亡。经法医鉴定：贺子系冻死。法院认为彭构成（间接）故意杀人罪。

六、实行行为与犯罪预备、教唆、帮助行为

所谓实行行为，是指行为人所实施的该当刑法分则某一条文规定的危害行为。例如，甲（男）在夜晚持刀拦住乙（女），将乙劫持到树林中奸淫。甲的所作所为如果该当《刑法》第 236 条规定的行为"以暴力、胁迫或者其他手段强奸妇女的"，那么甲的所作所为就是一种实行行为。行为人开始实施实行行为称作"着手"犯罪；行为人正在实施实行行为称作实行犯罪；行为人将实行行为实施完毕称作犯罪实行"终了"。

以实行行为为中心，行为人为了实行犯罪而"准备工具、制造条件"的称作犯罪预备；做了犯罪预备，但因为意志以外的原因未能开始实行行为的，称作预备犯。行为人教唆他人实行犯罪称作教唆犯罪，教唆他人实行犯罪而本人不参与实行犯罪的，称作教唆犯；辅助他人实行犯罪的是帮助行为，仅有帮助行为而没有参与实行犯罪的称作帮助犯。

预备犯、教唆犯、帮助犯的共同点都是没有实行行为的犯罪人，因而被当作犯罪的特殊行为形态。

第三节 行为对象

一、行为对象的概念和作用

行为对象，是指刑法规定的危害行为所侵犯或指向的体现法益的具体人、物或信息。作为危害行为对象中的具体人，通常有：故意杀人罪中有生命的自然人；强奸妇女罪中的妇女、幼女；等等。作为危害行为对象中的具体物，通常有：盗窃罪中的财物；有关毒品犯罪中的毒品；有关淫秽物品犯罪中的淫秽物品；故意损毁文物罪中的文物；等等。作为危害行为对象中的信息，常见的有：非法获取国家秘密

---

[1] 最高人民法院刑事审判第一庭案例编写组：《析疑断狱——刑事疑案选编》（上册），人民法院出版社 1989 年版。

罪中的国家秘密；侵犯商业秘密罪中的商业秘密；等等。行为对象在犯罪构成中具有重要的地位和作用：

1. 行为对象一般是犯罪构成客观要件之一，也就是说，凡是刑法条文中明确规定之行为对象的，它就是该条文规定的犯罪构成的要件。例如，《刑法》分则第六章第九节规定的淫秽物品的犯罪，其对象必须是"淫秽物品"，行为人制作、复制、出版、贩卖、传播的物品如果不是淫秽物品的，不构成该节之罪。《刑法》第261条规定的遗弃罪，其拒绝抚养行为的对象只能是年老、年幼、患病或者其他没有独立生活能力的人，对其他人不能构成遗弃罪。盗窃枪支、弹药罪的对象必须是枪支、弹药；走私、制造、贩卖、运输毒品罪的对象必须是毒品。

2. 行为对象在区别此罪与彼罪的界限上具有重要的作用，因为在很多情况下不同的行为对象构成不同性质的犯罪。例如，在涉及盗窃行为的场合，因为对象不同而可能构成不同的罪：盗窃普通的公私财物的是盗窃罪；盗窃枪支、弹药的，则是盗窃枪支、弹药罪；盗窃国家机关公文、证件、印章的，是盗窃国家机关公文、证件、印章罪；盗窃国家秘密的，是非法获取国家秘密罪；盗窃商业秘密的，是侵犯商业秘密罪；盗窃国有档案的，是窃取国有档案罪；盗窃尸体的，是盗窃尸体罪；盗伐林木的，是盗伐林木罪；盗掘古文化遗址、古墓葬并窃取文物的，是盗掘古文化遗址、古墓葬罪。又如，在涉及走私的场合，因为走私的对象不同竟可能涉及11种不同的罪，如走私毒品罪；走私武器、弹药罪；走私核材料罪；走私假币罪；走私文物罪；走私贵重金属罪；走私珍贵动物、珍贵动物制品罪；走私国家禁止进出口的货物、物品罪；走私淫秽物品罪；走私废物罪；走私普通货物、物品罪。

3. 行为对象对于揭示犯罪客体也具有一定的作用。刑法条文中一般都不指明犯罪的直接客体，但是一般都指明行为对象。由于行为对象是具体的、感性的，比较容易把握，所以具体的行为对象是把握抽象的犯罪客体的有效途径。例如，破坏交通工具、交通设施、电力设备等犯罪的客体是公共安全，具体把握这些犯罪客体的途径是把握其行为对象，即破坏的对象必须是正在使用中的交通工具、交通设施、电力设备。

在刑法分则中，对象的共同性还成为某些分则的分类根据。例如，毒品犯罪；淫秽物品犯罪；生产、销售伪劣商品的犯罪。

由于刑法中规定的绝大多数犯罪都有特定的行为对象，而且它们通常具有区别罪与非罪、此罪与彼罪界限的作用，所以正确确定行为对象，对于正确定罪量刑具有重要意义。在刑法的解释和适用上，一些重大的争论往往是围绕着行为对象进行的。例如，曾发生过电力、煤气、天然气是否属于盗窃罪对象的争论；燃烧瓶是否属于爆炸物的争论；至于对于什么是淫秽物品的争论，似乎将永无定论；对于虚拟财产是否属于盗窃罪的对象，学界和实务界也未达成一致意见。在我国，关于枪支、弹药、爆炸物的范围，毒品、淫秽物品、正在使用中的电力设备的含义等，也是刑法解释、适用中疑难而又引人注目的问题。

二、行为对象与犯罪客体[1]

行为对象与犯罪客体既有联系又有区别：

1. 二者是现象与本质的关系。行为对象是犯罪行为所侵犯或直接指向的具体事物（人、物、信息），而犯罪客体是法律所保护的、被犯罪所侵害的社会利益，二者是现象与本质的关系。例如，在盗窃罪中，被盗的物品（电视机、汽车等）是行为对象；财产的合法所有权是犯罪的客体。犯罪客体寓于行为对象之中，揭示犯罪的本质，而行为对象是它的载体。犯罪行为对犯罪客体的侵害，往往是通过侵犯或指向行为对象来实现的。

2. 犯罪客体是犯罪构成的共同要件之一，而行为对象不是。在犯罪构成中，犯罪客体是犯罪构成四个共同要件（犯罪客体、犯罪客观方面、犯罪主体、犯罪主观方面）之一，而行为对象仅是犯罪客观方面的要件之一，并且只有当刑法某一条文限定某一特定行为对象时，行为对象才是该条所规定的犯罪的客观要件。当然，因为绝大多数刑法条文所规定的犯罪是以特定行为对象为犯罪构成客观要件的，所以它是绝大多数犯罪的构成要件。但是，也有部分犯罪，如组织、领导、参加恐怖组织罪、脱逃罪等，因为犯罪本身就不涉及对象，所以行为对象不是其犯罪构成的要件。

3. 任何犯罪都必然侵害客体使其受到损害，但不一定都使行为对象受到损害。因为任何犯罪必定要侵害社会利益，所以必然侵害一定的客体使其遭受损害，但是行为对象不一定受到犯罪的侵害。以非法制造枪支、弹药罪为例，行为人非法制造枪支、弹药，必然使公共安全遭受损害，但是对其犯罪对象枪支、弹药则不构成损害。再如，盗窃他人财物，必使他人财产利益遭受损害，但不一定对所窃取的财物造成损害。

第四节 危害结果

一、危害结果的多义性

危害结果至少在三种意义上被使用：

（一）广义

行为对外界所生之影响或所造成之变动。例如，甲对众人竖起中指做出轻蔑侮辱众人的姿势（行为），令众人感到不悦，这举动"令众人感到不悦"就是甲行为之结果。这种广义结果常在犯罪概念（观念）层次上使用，犯罪的侵害性、危害性通常就是指这种意义的行为之结果的侵害性、危害性。传统学说认为犯罪是对权利的

---

[1] 在外国刑法中客体与对象往往同使用一个词"objection"，为了区别犯罪客体和犯罪对象，在理论上有称行为对象是犯罪侵害的客体，称犯罪客体是刑法保护的客体。

侵害，就是指行为对权利侵害之结果。没有行为就没有犯罪的命题，理由就是没有行为就不可能招致外界变动，当然不可能侵害社会生活利益，进而不可能有犯罪。这种意义的犯罪结果观，有效抵制了把犯罪道德化、信念化的倾向。在这个意义上，没有结果与没有危害性是同义的。这种意义的结果是犯罪的实体内容和必要要素。

（二）中义

行为对直接客体（社会关系或法益）的实际损害（实害）和可能的损害（危险）。因为刑法禁止的犯罪行为尤其是故意犯罪行为往往具有严重的反道义性和反规范性，也因为刑法保护的利益的重要性，所以不能都等到行为实际侵害了保护的利益时才发动刑罚，刑法对于一些具有严重恶劣性的行为或一些至关重要的利益，只要具有侵害可能性（危险性）时，即将该行为当作犯罪予以禁止、惩处。例如，《刑法》第116条破坏交通工具罪之"足以使火车、汽车、电车、船只、航空器发生颠覆、毁坏危险"的（危险）结果。

（三）狭义

实行行为对直接客体（社会关系或法益）造成的损害事实。这是作为犯罪客观要件的危害结果的概念，也是最狭义的危害结果的概念。例如，《刑法》第233条"过失致人死亡的"所指的"死亡"结果，《刑法》第232条故意杀人罪之人的"死亡"结果，《刑法》第142条生产、销售劣药罪之"对人体健康造成严重危害"的结果。

广义危害结果是自然观察到的结果，相当于行为的危害性。中义的危害结果，通常在总则犯罪概念层面使用，相当于犯罪的社会危害性。狭义的危害结果是指分则各条明文规定的具体犯罪结果。

在犯罪的"人·意思·行为·结果"四要素中，结果是犯罪诸要素的末端，但是对于犯罪案发、司法裁判而言，结果往往是刑事案件的前端、征兆。按照犯罪的自然进路，把握犯罪要件的顺序是主体、主观、客观、客体；按照司法审查进路，把握犯罪要件的顺序是客体、客观、主观、主体。上述广义的危害结果，往往是一种自然意义的结果，在犯罪观念论中使用。中义和狭义的危害结果往往是在法律意义上使用，中义的结果包含实际损害和危险，在这个意义上，危险也可被认为是结果；狭义的结果则只含实际损害结果，把危险排除在外。

在我国刑法上犯罪观念具有较高"罪量"要求的制度背景下，结果对犯罪成立和处罚具有重要的意义。对人身伤害造成轻伤结果，对财产侵犯造成占有或损失"数额较大"的结果，通常是启动刑事程序追究刑事责任的条件。关于这一点，看看司法解释中刑事立案标准或定罪罪量标准就非常清楚了。犯罪的本质是危害社会，体现于行为招致的外界变化（结果）。进一步追问"危害了什么"，回答是社会关系（客体、法益）。犯罪行为对客体的侵害表现为两种样态：①造成实际损害；②可能造成损害，也可分别称为结果犯（实害犯）和危险犯。在民事侵权构成中，发生损害事实是构成民事侵权行为的要件，只认可结果犯（实害犯）。在犯罪构成中，不一定都以发生侵害法益的实际损害事实作为犯罪构成要件,有时,具有侵害法益可能性的也可以构成犯罪,不仅仅认可结果犯(实害犯),还认可危险犯。因为刑法还需计较犯罪行为自身所具有的严重反规范性,不能把评价的标准完全落在结果上。但就我国刑法的制度特点而言,说评价犯罪的重心在结果上是恰如其分的。

二、危害结果的种类

1. 构成要件的结果与非构成要件的结果。这是根据结果是否属于构成要件要素为标准进行的分类。前者属于刑法某一具体犯罪构成要件要素的结果,如果不发生该结果则不构成该犯罪。例如,对过失致人死亡罪而言,没有发生死亡结果就不构成犯罪。对所有的过失犯罪而言,其法定的结果都是构成要件的要素,在这个意义上称它们为"结果犯"(实害犯)。"结果犯"(实害犯)的基本含义就是特定结果对构成该罪具有要件意义。与此相对,不是某一具体犯罪的构成要件结果的结果,属于非构成要件结果。

2. 物质性的结果与非物质性的结果。前者是指表现为物质性变化的结果,如人的伤亡、财产的损失等,较易认定、计量。后者是指表现为非物质性变化的结果,如人格、名誉的损害,政府威望的损害等,不易认定、计量。

3. 直接的结果与间接的结果。这是根据行为与结果的联系程度所作的分类。前者是指与行为存在直接因果关系的损害事实;后者是指由直接结果引起、派生的其他结果。

这一分类曾为2006年7月26日最高人民检察院《渎职侵权案立案标准》所采纳,"'直接经济损失',是指与行为有直接因果关系而造成的财产毁损、减少的实际价值;'间接经济损失',是指由直接经济损失引起和牵连的其他损失,包括失去的在正常情况下可以获得的利益和为恢复正常的管理活动或者挽回所造成的损失所支付的各种开支、费用等"。这里的"间接经济损失"属于一种间接结果,间接结果也可以作为定罪的结果。按照前述立案标准,滥用职权造成个人财产直接经济损失10万元以上,或者直接经济损失不满10万元,但间接经济损失50万元以上的,应予立案。但是,2012年12月7日最高人民法院、最高人民检察院联合发布的《办理渎职刑案解释》第1条取消了直接经济损失与间接经济损失的区分,理由主要在于,"区分直接经济损失和间接经济损失的做法有时影响损失计算的确定性"。[1]然而,该解释实质上仍在概念上延续了上述区分,"本解释规定的'经济损失',是指渎职犯罪或者与渎职犯罪相关联的犯罪立案时已经实际造成的财产损失,包括为挽回渎职犯罪所造成损失而支付的各种开支、费用等"(《办理渎职刑案解释》第8条第1款),只不过为两种结果(直接损失与间接损失)确立了统一的入罪标准(30万元以上)。

---

[1] 陈国庆等:"解读《关于办理渎职刑事案件适用法律若干问题的解释(一)》",载李少平主编:《解读最高人民法院司法解释、指导性案例》(刑事卷下),人民法院出版社2016年版,第1019页。

三、狭义的危害结果

（一）危害结果的特征

1. 危害结果是由刑法规定的。[1] 例如，《刑法》第 232 条规定的故意杀人罪的结果是人的死亡；《刑法》第 233 条规定的过失致人死亡罪的结果也是人的死亡；《刑法》第 234 条规定的故意伤害罪的结果是轻伤、重伤和死亡；《刑法》第 235 条规定的过失致人重伤罪的结果是重伤；《刑法》第 134 条规定的重大责任事故罪的结果是重大伤亡事故或者造成其他严重后果；等等。刑法分则条文中所规定的具体结果，均有其确切的含义和作用，是理解、适用该刑法条文必须掌握的内容。结合具体的刑法规定阐释结果的含义和作用应当是最基本的方法。

2. 行为的危害结果是使直接客体遭受损害的事实。例如，死亡是生命法益遭受损害的事实；轻伤、重伤是健康法益遭受损害的事实；已经窃取了他人的财物，是使财产占有遭受损害的事实；致使交通工具倾覆、毁坏造成人身伤亡或者重大财产损失，是使交通运输安全遭受损害的事实；等等。

3. 危害结果是由实行行为所造成的。作为犯罪客观要件的结果总是由实行行为造成的损害事实，也就是与实行行为具有关联性。例如，故意杀人罪、过失致人死亡罪的法定结果是死亡；故意伤害罪的法定结果是轻伤、重伤或者死亡；盗窃罪的法定结果是犯罪人已经实际控制、支配他人的财物。以甲当街佯装辱骂乙来转移乙的注意力，趁机窃得乙的手机为例，广义（自然意义）的结果包括两个：①甲取得对乙手机的控制和支配；②乙的名誉受到损害。但考虑到盗窃罪的危害结果须与本罪的实行行为有关，因此只能是①。

（二）危害结果的地位和作用

1. 以"死亡结果"为例，同一结果有四种不同意义：

（1）对过失致人死亡罪而言，死亡结果是构成要件的结果，因为没有死亡结果则不成立过失致人死亡罪（《刑法》第 233 条）。

（2）对故意杀人罪而言，发生死亡结果是"既遂"；没有发生死亡结果的可成立故意杀人罪的"未完成罪"，并非不构成犯罪（《刑法》第 232 条）。

（3）对故意伤害罪而言，致人死亡应处 10 年以上有期徒刑……，是结果加重犯（《刑法》第 234 条）。

（4）对爆炸罪而言，对不特定人存在造成"死亡结果的可能性"（现实危险），是构成该罪（危险犯）既遂的条件；对不特定人造成死亡结果的，属于结果加重犯。

这启示我们：结果必须与具体犯罪或构成要件相联系才能确定其种类和法律意义。同是"死亡结果"，对过失致人死亡罪是构成要件，对故意杀人罪是既遂的条

---

[1] 尽管对危害结果有不同的解释，但是，只要承认犯罪构成内容的法定性就应当确认作为其组成部分的危害结果具有同样的属性，即法定性。确认危害结果的法定性至少还能提供一个共同的基础，以便确定危害结果的含义、范围及其在犯罪构成中的地位、作用等。

件，对故意伤害罪是加重结果。脱离具体犯罪或犯罪构成，难以确定某种结果的种类或意义。构成要件的"基准"不同会产生不同说法。如果"构成要件"以具备分则各条基本构成（既遂罪）为基准，则既遂的结果也是（既遂罪的）构成要件的结果，如果以是否成立犯罪为基准，则既遂的结果不是构成要件结果，因为未完成罪（修正的构成）不以结果发生为要件。由此产生"结果犯"两种意义：①过失致人死亡罪是"结果犯"，没有死亡结果不构成犯罪；②故意杀人罪也是"结果犯"，没有死亡结果不具备该罪的基本构成（既遂罪），但仍具备该罪的修正构成（未完成罪）。外国学说多以分则条文确立的"基本构成"为基准（狭义的犯罪构成），所以认为死亡结果不仅是过失致人死亡罪构成要件的结果，也是故意杀人罪构成要件的结果。我国通说则以广义构成要件为基准（包括基本构成与修正构成），死亡结果对过失致人死亡罪是构成要件结果，但对故意杀人罪不属于构成要件结果而是"既遂"结果。对结果的不同理解也会产生不同说法。最狭义结果是对客体已经造成了实际的损害（实害犯）。对客体"可能的"损害（危险状态）是否属于结果？如果认为结果不仅包括对客体的实害，而且包括对客体的危险，则对不特定人存在造成"死亡结果的可能性"（现实危险）也是结果，这样爆炸罪就该称"结果犯"而非"危险犯"。这个意思上的"结果犯"与"危险犯"不是对立概念，与之相对的概念是"行为犯"，而与"危险犯"相对的概念是"实害犯"。

2. 对刑法分则中"结果"的意义、地位的归纳。

（1）把发生的某种危害结果作为犯罪构成的客观要件。这包括两种情况：①对于所有过失犯罪，必须造成法定的危害结果才构成犯罪。例如，造成死亡结果是过失致人死亡罪的客观要件；造成交通事故致人重伤、死亡或者致财产严重损失是交通肇事罪的客观要件。②对于少数故意犯罪，也只有发生了这种危害结果，才能构成犯罪。例如，《刑法》第273条规定，挪用用于救灾、抢险、防汛、优抚、扶贫、移民、救济款物的行为，必须致使国家和人民群众利益遭受重大损害，才构成犯罪。

（2）把发生某种危害结果作为加重刑罚的条件，即如果发生了某些特定的严重危害结果，则加重其法定刑。例如，《刑法》第234条规定，故意伤害致人重伤的，处3年以上10年以下有期徒刑；《刑法》第260条规定，虐待家庭成员，致使被害人重伤、死亡的，处2年以上7年以下有期徒刑；《刑法》第263条规定，抢劫致人重伤、死亡的，处10年以上有期徒刑、无期徒刑或者死刑。

在刑法理论上，对于法律规定为犯罪构成客观要件的结果，称为普通的结果。因为这样的结果具有犯罪构成必要条件或者说基本要件的作用。对于法律规定为加重法定刑的结果，称为加重的结果，因为它不是成立犯罪的要件，仅是加重刑罚的要件。

（3）把发生特定的危害结果或者把足以使某种特定的危害结果发生的危险，规定为犯罪既遂的必要条件。这也包括两种情况：①将发生特定的危害结果作为既遂的必要条件。例如，故意杀人罪，只有造成他人死亡，才是犯罪既遂；故意伤害罪，只有造成他人身体伤害的结果,才是犯罪既遂;盗窃罪,只有实际控制、支配财物,才是犯罪既遂。②将足以使某种特定的危害结果发生的危险作为犯罪既遂的必要条件。例如,《刑法》第116条规定,破坏交通工具,"足以使火车、汽车、电车、船只、航空器发生倾覆、毁坏危险"的,是犯罪既遂。

第五节 危害行为与危害结果之间的因果关系

一、概述

刑法上的因果关系,是指刑法规定的危害行为与危害结果之间存在的特定联系。查明存在因果关系,是让行为人因其行为而对该结果负刑事责任的客观性条件。

(一) 刑法上的因果关系是刑法条文所规定的危害行为与危害结果之间的关系

在我国刑法中,所有的过失犯罪都以过失行为造成法定结果为要件,也有一些故意犯罪以行为造成法定结果为要件。此外,很多的故意犯罪以犯罪行为造成法定结果为加重处罚的要件或者犯罪既遂的要件。从严格意义上讲,刑法上的因果关系就是指上述法定的危害行为与危害结果之间的关系。例如,《刑法》第133条规定的"违反交通运输管理法规"的行为与"发生重大事故"的结果之间的关系;《刑法》第128条第3款规定的"非法出租、出借枪支"的行为与"造成严重后果"之间的关系;《刑法》第233条规定的过失行为与死亡结果之间的关系;《刑法》第238条第2款规定的非法拘禁行为与重伤、死亡结果之间的关系;《刑法》第240条规定的拐卖妇女、儿童行为与"被拐卖的妇女、儿童或者其亲属重伤、死亡或者其他严重后果"之间的关系;《刑法》第257条规定的暴力干涉婚姻自由与被害人死亡之间的关系;《刑法》第263条规定的抢劫行为与重伤、死亡结果的关系;等等。

当然,有的刑法条文仅仅规定了犯罪的行为,没有明文规定把具体的物质性的危害结果作为构成要件、既遂的要件或者加重法定刑的要件。例如,《刑法》第246条的侮辱罪、诽谤罪,第254条的报复陷害罪,第285条第1款的非法侵入计算机信息系统罪,第294条的组织、领导、参加黑社会性质组织罪,第295条的传授犯罪方法罪,等等。因为立法对危害行为的结果没有特别的规定,在这种情况下,行为结果与危害行为的关系及其定罪量刑的意义主要是司法斟酌掌握的问题。

(二) 查明存在因果关系,是让行为人因其行为而对危害结果负刑事责任的客观性条件

确认危害行为与危害结果之间有因果关系,意味着犯罪构成客观要件中的两个因素即危害行为与危害结果之间具备了法律规定(要求)的客观性联系,或者基本构成要件的行为与加重结果之间具备了法律规定(要求)的客观性联系。但如果让行为人对该危害结果负刑事责任,至少还需要行为人在主观上对自己的危害行为及其结果具有故意或者过失。也就是说,即使行为与结果具有因果关系,如果不具备

构成犯罪的主观要件，也不能让行为人对该结果负刑事责任。例如，甲在驾驶汽车时违反交通运输管理法规，但由于不可预见的原因撞死了乙，甲的行为即使与乙死亡结果有因果关系，也不负刑事责任。

《意大利宪法》第 27 条第 1 款规定："刑事责任是个人的。"这一宪法原则被称为"个人责任原则"（责任主义）。关于个人责任原则（责任主义）的理解，最初，意大利学界和实务界均认为，该原则是指行为人只能因自己行为所导致的结果承担刑事责任，亦即，禁止为他人的行为事实承担刑事责任。这是因果关系要处理的问题。直到意大利宪法法院 1988 年第 364 号判决和同年第 1085 号判决，宪法中个人责任原则（责任主义）的内涵才得以丰富，在自己责任之外又引入了罪过责任的内容。宪法法院在 1988 年第 1085 号判决的说理部分指出，为了使刑事责任是个人的，必须要求每个体现了构成要件负价值的要素都主观地与行为人联系起来。事实上，古往今来的刑事责任形态大体有三种，依据其与责任主义的契合程度由高到低依次为：①标准（个人）刑事责任：行为人为自己故意或过失行为导致的结果负责；②客观责任：行为人的确在为自己行为导致的结果负责，但其对于结果的发生无罪过（故意或过失）③他人责任：行为人为他人行为导致的结果负责。

二、常态因果关系的认定

（一）事实和常识

正常情况下，查清案件事实、依常识足以认定因果关系。认定案件的因果关系，实际上是在事后，从案件中出现的危害结果出发判断哪一个（些）行为与其有因果关系。在一般情况下，只要查明案件事实，就能确定因果关系。因为案件的事实本身就包含现象（事实）之间的因果联系，并且这种联系的意义通常与刑法条文预先设定的联系具有一致性，与常识也具有一致性。例如，甲故意持枪朝乙开火，乙胸部中弹当场死亡。查清这样的事实，不需要特别的判断、评价规则，就能够断定甲开枪杀人的行为是乙死亡的原因，甲的行为及其结果该当《刑法》第 232 条故意杀人罪的构成要件。再如，甲因连续半个月头晕呕吐、全身无力而被抬到医院住院治疗，经医生对症治疗，次日早晨病情好转并能起床行走，但到下午 2 时，病情突然恶化，经全力抢救无效，于 3 时死亡。人们怀疑是医生打错针致死。后经尸检及调查证明，病人是由于其妻将农药注入输液瓶中而中毒身亡。在这个案件中，也是只要查明了案件事实，就能认定甲妻子的投毒行为是病人死亡的原因；医生的治疗与病人死亡之间并无因果关系。

（二）结合各正条之特点认定

在适用正条时，需要因循正条之实行行为与犯罪结果之间的"特定进程"认定因果关系，如认定诈骗罪之欺诈行为与他人交付财物结果之间的特有进程：被告人欺骗→被害人上当→基于误解交付财物→被告人得财→被害人失财结果发生。循此特定进程，诈骗行为与失财结果有因果关系，被告人对此负刑事责任成立诈骗罪既遂。反之，如果没有循特有进程的，则没有因果关系。例如，甲向乙骗借 5000 元，乙识破了甲的骗局，但出于怜悯给了甲5000元，甲有欺骗行为也得到欲骗取的财物，但不是因循"欺骗→交付"的进程，甲的欺骗行为与乙的失财结果没有因果关系，甲只成立诈骗未遂，不是既遂。类似如，美少女甲持仿真手枪拦路打劫乙，乙是身经百战的特战队员遂识破甲使用的是仿真手枪，觉得很滑稽，出于惜香怜玉给了甲200元，乙交付财物与甲暴力胁迫的抢劫行为没有因果关系，甲仅是抢劫罪未遂而不是既遂。再如，甲向乙敲诈3万元，乙报警。警察指使乙到甲约定的地点交给甲3万并当场将甲逮捕。乙并非因为惧怕而交付3万元，甲得到的3万元与其敲诈行为没有因果关系，甲只是敲诈勒索罪未遂而不是既遂。

各正条结果加重犯的认定，也需要因循犯罪行为与加重结果之间的特定联系，如强奸致人死亡，是指在强奸过程中暴力导致被害人死亡，因此，犯罪人暴力控制、逼迫被害人依从被害人不从因而自杀身亡的，属于强奸致人死亡；被害人被强奸回家后自杀身亡的，不属于强奸致人死亡。交通肇事后"因"逃逸"致"人死亡，是指肇事后因逃逸使被害人没有能够得到及时救助而死亡。其他如非法拘禁致人死亡，抢劫致人死亡，暴力干涉婚姻自由致人死亡，虐待家庭成员致其死亡，拐卖妇女、儿童致使被害人或被害人亲属重伤、死亡等，认定其因果关系需结合构成要件的特点。

其道理在于：①认定因果关系的目的就是判断行为人的行为是否符合构成要件的客观方面，包括认定构成要件行为与结果（或加重结果）的因果关系。②犯罪行为与构成要件结果、加重结果，是法律预先设定的因果关系，它是整个刑法条文内容的一个组成部分，正确地理解这些特定的内容，对于正确适用正条是必要的。而正确适用正条对于正确定罪（尤其是一罪、数罪）量刑具有重要意义。因此，应当结合正条特点认定因果关系。

三、非常态因果关系认定

相对于单一因素直接造成结果的情形，多因素作用形成一结果的情形（"多因一果"）比较复杂，需要特别讨论。法定的犯罪结果主要有两类：一是人身伤亡；二是财物的毁损或占有转移。其中以死亡结果的因果关系最常见。多因素作用形成一死亡结果，是复杂因果关系的主要话题。

（一）"条件说"：如果没有A就没有B，则A与B有因果关系

行为与结果之间有怎样的联系就可以认为有因果关系？理论上多采"条件说"，即行为与结果之间存在这样的条件关系："如果没有A就没有B"，那么A是B的原因。认为有此必要条件联系就有因果关系的观点，被称为"条件说"。

1. 行为人的行为与异常的背景条件如被害人特殊体质、恶劣气候、危险环境等遭遇，发生死亡结果的，不影响因果关系的成立。认定这类案件的因果关系，条件说的结论得到广泛认可。例如，甲与患有脑动脉瘤的乙因口角发生撕扯，甲把乙头部用力夹于腋下，乙用力挣扎几下后脑血管破裂出血死亡。甲的行为与乙死亡结果有条件关系（如果甲不夹持乙的脑袋，乙不会用力挣扎，当时也不至于脑血管破裂

死亡)。类似例子如：①甲持刀砍乙致伤不致命，但乙患有血液病，刀伤处流血不止而死；②甲开枪射乙击中腿部，乙却因受枪声惊吓和腿部疼痛致心脏病突发而死；③甲入室抢劫，在用黑布蒙事主面部的过程中，由于事主为一个70岁老人且患有严重心脏病，在遇抢劫遭蒙面的刺激下，心脏病发作死亡；④甲挥拳殴打一患严重心血管疾病的老人乙，致使乙发病死亡；⑤学生甲课间打闹玩耍致一脾脏严重肿大的同学乙脾破裂死亡；⑥甲开枪射杀乙，未中，乙受枪声惊吓失足坠崖摔死；⑦甲在深山将乙腿打断弃之而去，乙因气候寒冷而冻死；⑧甲在偏远地区将乙扎伤，人们用一天一夜的时间将乙抬到100公里远的乡村诊所救治，因路途耽误时间太久、诊所条件太差，乙不治身亡。上述异常的背景条件，让一个乍看不足以致命的行为造成了死亡结果。按照条件说，如果没有甲行为就不会发生乙死亡的结果，具有因果关系。

这些被害人自身的病态体质或外部的恶劣环境，是行为造成危害结果的"静态"环境，尽管异常，不影响因果关系成立。

2. 行为与结果虽然存在条件关系，但可能因其间介入因素而被中断。例如"救护车事件"：甲刺杀丙致伤，救护车将丙送医院途中遭遇严重车祸，车毁人亡。甲的刺杀与丙的死亡存在条件关系（如果甲不刺伤丙，丙就不会坐救护车并死于车祸），可是认定甲的行为与丙的死亡有因果关系明显不合情理，因此，有必要对条件即原因的结论进行修正。由此产生"因果关系中断"的说法：在因果进程中"介入"某因素独立造成结果的，认定"介入因素"是原因，且"中断"该因果进程。以"救护车事件"为例，在甲刺杀丙致伤的行为与可能发生丙死亡的因果进程中，介入了车祸，且独立造成了结果（丙死），介入因素（车祸）是原因，甲的行为尽管与丙死亡有条件关系但被介入因素（车祸）中断，没有因果关系。如果把甲的刺杀看作"远因"，车祸看作"近因"，则等于把独立造成结果的"近因"当作原因，不再越过"近因"溯及"远因"，也可以说成"不溯及原理"。类似例子如：①甲持刀追杀丙，丙负伤奔逃中，遇仇人乙，乙将丙射杀致死；②甲杀丙致伤，丙在住院治疗期间，乙在医院放火，丙因伤不能及时逃避而被烧死；③甲交通肇事致丙受伤住院，主治医生乙严重不负责任造成医疗事故，致使丙伤口感染死亡；等等。甲的行为对结果的作用中途被乙的行为或者其他事实、因素打断，甲对丙的死亡不负刑事责任，乙的行为应当被视为原因。

什么介入因素能产生"中断"危害行为与结果之因果关系的效果？必须是"独立"造成危害结果的因素，如甲投毒杀丙，丙中毒未死时，被乙开枪打死。乙独立造成丙死亡，所以甲行为与丙死亡的因果关系中断。"独立"导致结果有两层含义：

(1) 偶然的介入因素，即"不属于对先前不法行为人的行为作出反应所产生的一种外力"[1]，或者说"独立"于先前不法行为的因素，如甲抢劫乘客丙的钱财后，将丙赶下车，丙在路边行走时被乙醉酒驾车撞倒致死。乙的交通肇事与甲抢劫丙无关，既不依从于甲抢劫行为也不是对其的回应。

反之，由先前危害行为派生的回应、依从行为，因不具有"独立"特征，通常不产生中断作用。[2] 如甲持刀刺穿乙腹部，送医院救治时死亡，医院的救治行为是由伤害行为派生的回应行为，不中断因果进程。又如，甲持刀追杀丙，丙在甲持刀紧追下从高层建筑阳台摔下身亡；甲绑架丙并将丙囚禁于高楼一室中，丙爬窗逃离时摔死；甲等人在某酒店欲强奸丙女，丙女在酒店三层楼走廊遭甲等人追击下仓促翻窗跳出摔死；甲违章驾驶游艇导致翻船事故，乘客丙跳入河中逃生结果溺死；等等。由先前危害行为派生的反应、回应行为产生结果的，一般不中断因果进程。

（2）独立造成死亡结果，先前的危害行为并不足以致命的。例如，甲仅仅打伤了丙的胳膊，医生乙用错了药导致丙药物中毒死亡，这样，药物中毒独立造成丙死亡，医生乙的重大医疗事故中断因果进程。

另据美国学说，在危险明显消失时，自由和明知行为的介入中断因果关系。例如，甲在家中的行动威胁到妻子乙的生命，乙为免遭不测被迫离家前往父亲家。乙因为顾忌夜深打扰父亲而在野外过夜被冻死。乙离开家以后，甲对其生命危险消失，且乙在野外过夜是乙自己决定的，甲的行为与乙死亡没有因果关系。相反，不作为行为的介入不中断因果关系。如甲超速驾驶发生撞车，乘客乙未系安全带死于车祸。乙的不作为（不系安全带）不阻却甲行为与乙死亡的因果关系。[3]

（二）认定因果关系的其他学说

条件关系是事物之间最基础（最低限度）的联系。没有条件关系的，肯定没有因果关系；有条件关系的，至少表明二事物间存在某种联系。条件说虽然有扩大化的倾向，但经过因果关系中断的修正和刑事责任条件之一的限制，大体可以避免有悖情理的结论从而得出合理结论。同时，保持其简明的优点。这大约也是条件说能够在德国实务界保持旺盛生命力的原因之一。

其他认定因果关系的学说

1. "相当因果关系说"。其基本观点是：根据一般社会生活经验，在通常情况下，某种行为产生某种结果被认为是相当的场合，行为与结果之间就具有因果关系。相当因果关系说是以条件说为基础的，希望通过相当性修正条件即原因的标准，取

---

[1] [美] 约书亚·德雷斯勒著，王秀梅等译：《美国刑法精解》，北京大学出版社2009年版，第175页。

[2] [美] 约书亚·德雷斯勒著，王秀梅等译：《美国刑法精解》，北京大学出版社2009年版，第174页。

[3] [美] 约书亚·德雷斯勒著，王秀梅等译：《美国刑法精解》，北京大学出版社2009年版，第177页。需要注意，此处作者所称的"不作为"不同于行为论中的"不作为"，主要是指与"自由和明知行为"相对的"无认识行为"。

具有相当性的条件作为原因,适当限制因果关系的范围,避免条件说可能导致的苛刻结论。所以,相当因果关系说也可以称为相当条件说,或者条件说的补充理论。所谓相当性,是指在日常生活经验上是一般的事态,而不是异常、稀罕的事态。相当因果关系说的关键是对相当性的判断,而在此问题上有客观说、主观说和折中说三种主张。相当因果关系说引入了一个"相当性"概念,在操作上没有条件说简明。在司法实践中,与条件说的处理结论即行为人对某一结果是否承担刑事责任,往往是一致的。这是条件说在司法实践中占主流的原因。只是在结果加重犯的场合,采取条件说可能导致对行为人不利的甚至过于严厉的处理结论。这是条件说遭到学者批判的主要原因。

相当因果关系说虽然反对"条件说"条件即原因的结论,但仍以"条件关系"为基础,试图用"相当性"对"条件"进行筛选,缩小范围。这与条件说用"因果关系中断"作修正的方法一致。比如,在出现了介入因素的场合,对"相当性"的判断也是综合考虑以下三个因素,根据多数意见得出最终结论:

(1) 先前的实行行为导致结果发生的可能性大小,如果很大,表明危害结果是由先前行为相当程度地实现,二者间便有因果关系。

(2) 介入因素异常性的大小,应从先前的实行行为与介入因素的关系予以判断。具体包括:①有先前的实行行为就必然出现介入因素;②有先前的实行行为通常伴随介入因素;③有先前的实行行为很少导致介入因素的出现;④先前的实行行为与介入因素无丝毫关系。在后两种情况下,介入因素的出现可谓很异常。

(3) 介入因素本身对结果发生的作用大小。如果只起到催化作用而非独立的重要作用,则表明结果发生的主要原因是先前的实行行为。[1] 其实,这也是各学说通用的方法:以条件关系为基础,再作某种修正或筛选。比如,英美刑法中的因果关系学说就分事实因果和法律因果。存在事实因果相当于存在条件关系,然后经"法律因果"作进一步"筛选",最终确定因果关系。

2. 必然因果关系说与偶然因果关系说。这是我国学者讨论刑法因果关系形成的学说。必然因果关系说认为,因果关系是指危害行为与危害结果之间必然的、合乎规律的联系。即当某一现象必然地、合乎规律地引起另一现象时,二者才具有因果关系。只有这种必然的联系,才是刑法上的因果关系。

偶然因果关系说的基本观点是,必然的因果关系固然是刑法上的因果关系,但偶然的因果关系也是刑法上的因果关系。所谓偶然因果关系,是指当危害行为本身并不包含着产生危害结果的根据,但在其发展过程中,偶然介入其他因素,并由介入因素合乎规律地引起危害结果时,危害行为与危害结果之间就是偶然的因果关系。例如,甲持刀胁迫乙欲实行强奸,乙慌忙逃避,甲紧追,在此过程中,乙被一汽车撞死。在此案中,被车撞是乙死亡的必然的原因,强奸犯甲的追击就是乙死亡的偶

---

[1] [日]前田雅英著,曾文科译:《刑法总论讲义》,北京大学出版社2017年版,第122~124页。

然的原因。

必然因果关系说与偶然因果关系说的实质分歧在于是否承认偶然的或者间接的因果关系也是刑法上的因果关系。主流说法是：必然的联系是刑法因果关系的基本的、主要的表现形式，偶然的联系是刑法因果关系非主要的表现形式，通常对量刑具有一定的意义，有时对定罪也会发生一定的影响。[1] 所谓"偶然"的联系，其实就是非常态的因果关系的认定问题。

四、因果关系认定的其他问题

（一）不作为的因果关系

如果行为人履行了义务就可以阻止或避免危害结果，但是行为人没有履行义务，导致结果发生，该不作为行为与危害结果就有因果关系。例如，母亲不给孩子哺乳，孩子饿死了。如果母亲给孩子哺乳，孩子不至于饿死，则母亲的不作为（不哺乳）与孩子之死有因果关系。

（二）意外事件与因果关系

《刑法》第16条规定："行为在客观上虽然造成了损害结果，但是不是出于故意或者过失，而是由于不能抗拒或者不能预见的原因所引起的，不是犯罪。"

"行为客观上虽然造成了损害结果"，显然该行为与危害结果存在因果关系。但是，如果行为人主观上对该结果没有故意或者过失，则对该损害结果不负刑事责任。例如，乙因无钱住店，便翻墙进入车库睡觉，嫌热又挪到院内露天处堆放的塑料薄膜上，但因深夜下雨便钻入塑料薄膜下，结果被深夜倒车回库的甲轧死。甲的行为与乙的死亡在客观上有因果关系，但是甲对于上述事实没有预见可能性，所以属于"意外事件"，不能因此追究甲的刑事责任。此例再次印证，因果关系的判断只是刑事归责的第一步——客观方面的归责，有因果关系并一定不意味着刑事责任的承担，还需要再进行归责判断的第二步——主观方面的归责。行为人有罪过的，才负刑事责任；对于既无故意也非过失的意外事件，不负刑事责任。

（三）刑法意义的原因应是足以导致危害结果的行为

如果不足以导致危害结果，就没有因果关系。例如：①甲期望乙意外死亡，就鼓励乙外出旅行坐飞机或参加赛车、登山、拳击等危险性活动，结果乙因而遭遇意外死亡，因为甲的行为不具有导致结果的现实可能性，因此没有因果关系。②甲窃乙的钱包得手后逃跑，被害人乙追小偷甲过程中被车撞死，没有因果关系。③甲开枪打死乙，甲母生养甲的行为也与乙的死亡存在如若没有A则无B的条件关系，但认为生养甲也是原因显然违反常识。因此，刑法上的原因至少是可能促进危害结果的行为。正常、正当行为不是刑法意义的原因。

（四）因果关系的归责地位设定与各学说

具有因果关系是将结果归责于行为人的充足条件还是必要条件？这种设定的差

---

[1] 赵秉志主编：《新刑法教程》，中国人民大学出版社1997年版，第169~170页。

异是各学说在认定"因果关系"上标准不同却能共存的关键。如果设定有因果关系是将结果归责于行为人的充足条件,即认定具有因果关系就应当将该结果归责于行为人,令其对结果承担刑事责任,则不能不严格限制因果关系的认定标准,要求具有"相当性",对相当性的判断甚至引入了社会常人的认识。如果设定有因果关系是将结果归责于行为人的必要条件,即认定具有因果关系仅仅是将该结果归责于行为人的条件之一,即使有因果关系也不当然令其对结果负刑事责任,那么就可以较宽松地把握因果关系的标准,大体要求具有"条件"关系即可,把是否令行为人对结果负刑事责任的关键判断推后到主观罪过的认定。行为引起结果发生但不具有"相当性"的事情,往往也是常人、行为人所不可能预见到的,同样阻却将该结果归责于行为人。这就是二学说(条件说与相当因果关系说)在认定因果关系上存在差异却在归责结论上通常无差别的原因。我国通说把"客观性"设定为因果关系的特征之一,并且设定因果关系只是归责的条件之一,这样的设定就把归责的关键环节由因果关系判断推后到主观罪过的判断,与条件说的思路相同。基于这样的设定,不妨把因果关系的范围放宽些,所以通说认为"偶然的"因果现象也可认为具有因果关系。对"偶然的"因果现象在进行主观归责时(罪过判断),往往因为行为人不可能预见而排除罪责。从司法实务看,偶遇疑难案件能否将结果归责于行为人一时难以判明的,先根据存在简明的条件关系作出初步判断立案或受理,待日后进一步审查确认,这或许更符合实际。这大约也是条件说在理论上落下风却在实务中占上风的原因。学说上其实大可不必论证因果关系的必然性和自然科学、哲学的因果关系的指导意义,把研究重点放在偶然因果关系(非常态的因果关系)上才是要务。

(五)奇异案例的检验[1]

1. 甲正要枪击丙,突然闪电击中丙,丙死亡。结论:甲的行为与死亡没有因果关系。

2. 甲枪击丙的腹部并估计丙1小时后死亡,随后乙在丙没有死亡前独自枪击丙的脑部,丙当即死亡。本案推论与前案相同。乙的枪击是致命的且与丙死亡有因果关系,甲的行为则与丙的死亡没有因果关系。

3. 甲枪击丙脑部,同时"乙独自"枪击丙的心脏,丙当场死亡。结论:甲、乙的行为都独自足以瞬间致丙死亡,事实上也均致丙死亡(并发的充足原因)。本案不能用条件说验证,因为没有甲的行为也有丙死亡的结果,没有乙的行为也有丙死亡的结果,不符合没有A就没有B的条件关系。但是据此认为甲和乙的行为与丙的死亡都没有因果关系太过刻板和迂腐,不如诉诸常识。其判断要领是:在去掉全部因素时结果才不发生,那么即使去掉其中一个因素结果仍发生的,所有因素都是原因。"乙独自"意味甲、乙加害丙不存在共谋,若甲、乙是共犯则毫无悬念二人都应对丙

---

[1] [美]约书亚·德雷斯勒著,王秀梅等译:《美国刑法精解》,北京大学出版社2009年版,第166~167页。

的死亡结果负责。

4. 甲枪击丙的腹部，经法医鉴定丙约在1小时内死亡，随后乙独自枪击丙的腹部，经法医鉴定丙约在1小时内死亡，二伤势相加致丙5分钟死亡。如果就"5分钟"内发生的死亡结果而言，似乎甲、乙行为均有因果关系。

5. 甲枪击丙，同时乙"独自"枪击丙，各自造成的伤势本不致命，但加在一起致丙死亡。甲、乙的行为完全符合没有A就没有B的条件关系，所以与丙的死亡有因果关系。

【案例1】孙金根妨害婚姻家庭事件[1]

孙金根是某塑料电器厂业主，自1990年起与本厂雇工有夫之妇赖安兰长期通奸。1993年5月4日晚7时许，孙见车间内只有赖一人上班，即上前与赖调情，被妻子张发现。张上前责骂赖并抓破赖的脸部，扬言要将此事告诉赖的丈夫。赖自感羞愧，于次日凌晨1时许在厂内堆料间服农药自杀身亡。一审法院认为，孙与有夫之妇通奸，造成女方服毒自杀死亡的严重后果，严重地破坏了他人的婚姻家庭，影响极坏，其行为已构成犯罪，应依照刑法关于类推的规定，以妨害婚姻家庭罪予以惩处。最高人民法院审核认为，孙与赖通奸，赖在奸情败露的情况下自杀身亡，孙对赖死亡后果不负刑事责任。赖的自由且明知的自杀行为阻断孙、张行为与赖死亡的因果关系。

【案例2】高建生故意伤害案[2]

高建生将所骑的摩托车停放在某贸易中心门前的便道上。三轮车工人康桂泉（男，66岁）在该贸易中心拉货，蹬车到该贸易中心门前时，认为"碍事"，便将摩托车挪开。高建生不让动，在争执中，摩托车被碰倒，高建生即用右手打康的左胸一拳。康仰面摔倒在马路牙子下，当即"伸胳膊、蹬腿、张嘴"。在群众的协助下，高将康送医院，经抢救无效死亡。尸体检验报告：①死者康桂泉患有高度血管粥样硬化，形成夹层动脉瘤，因瘤破裂，引起大出血，心包填塞死亡；②死者胸部左侧有皮内出血，符合被拳击伤的情况，即拳击可使夹层动脉瘤破裂。认定高的行为与康的死亡有因果关系，成立故意伤害罪（致人死亡）。

【案例3】陈美娟投放危险物质案[3]

被告人陈美娟与被害人陆兰英两家相邻，常为琐事争执，积怨甚深。陈起意报复，用注射器将剧毒农药打入陆家门前瓜藤上所结的多条丝瓜中。次日晚，陆及其

---

[1] 最高人民法院中国应用法学研究所编：《人民法院案例选》（总第15辑），人民法院出版社1996年版，第51页。
[2] 全国法院干部业余法律大学刑法教研组编：《中国刑法教学案例选编》，人民法院出版社1989年版，第20页。
[3] 载《刑事审判参考》（总第36集），法律出版社2004年版，第1页。

外孙女黄某食用了被注射有农药的丝瓜后中毒。其中，黄某经抢救后脱险；陆因农药中毒引发糖尿病高渗性昏迷低钾血症，医院对此误诊，仅以糖尿病和高血压症进行救治，陆因抢救无效于次日早晨死亡。

本案要点：

（1）陆与其外孙女黄某几乎在同样的情形下中毒，黄某没死，陆因为年老有病加之医生误诊而死亡，这两个"介入因素"是否中断被告人投毒行为与陆死亡结果的因果关系？此指导案例结论：不中断。换言之，被告人投毒行为与陆死亡结果有刑法上的因果关系。

（2）被告人构成何罪？判决结果：被告人陈美娟构成投放危险物质罪，判处死刑，缓期二年执行，剥夺政治权利终身。

【案例4】 张校抢劫案[1]

2007年7月26日，张校看见赵彦君背挎包独自行走，遂持刀上前抢其挎包。因赵呼救、反抗，张校持刀连刺赵的前胸、腹部、背部等处十余刀，抢得挎包后逃离现场。赵后被家人送往医院抢救，次日12时许因左髂总静脉破裂致失血性休克，经抢救无效而死亡。张校辩护人提出：医院未发现赵彦君左髂总静脉破裂，造成赵左髂总静脉未缝合致失血性休克，虽不构成医疗事故，但不排除存在医疗过错或医疗过失，不能排除救治措施与赵彦君死亡之间有因果关系。法院认为，经法医鉴定，赵彦君系左髂总静脉破裂致失血性休克导致死亡，从该结论可以看出，赵的死因是因左髂总静脉破裂，而左髂总静脉破裂是由张校所捅刺。从尸体鉴定结论看，赵已被严重刺伤，所受损伤已严重危及其生命。在本案的因果关系中，张校实施的行为本身就具有足以造成危害结果产生的效果，至少是被害人死亡的主要原因；医院救治中的失误，并没有使抢劫行为的效果缓和或超越替代了抢劫行为而引起结果发生。在张校的行为引起赵的死亡结果发生的可能性较大而医院的抢救行为对结果发生的影响力并非主要的情况下，医院的抢救行为并不能中断张校的抢劫行为与赵彦君的死亡结果之间的因果关系，遂以抢劫罪（致人死亡的加重犯）对张校判处死刑。

本案要点：成立中断的因果关系，必须具备以下条件：其一，须有另一原因的介入；其二，介入原因须为异常原因，即通常情况下不会介入的某种行为或自然力；其三，中途介入的原因须合乎规律地引起最后结果的发生。其具体判断标准为：一是先前行为对结果发生所起的作用大小。作用大，则先前行为与结果有因果关系，反之则无。二是介入因素的异常性大小。过于异常，则先前行为与结果无因果关系，反之则有。三是介入因素本身对结果发生所起的作用大小。作用大，则先前行为与结果无因果关系，反之则有。

---

[1] 载《刑事审判参考》（总第79集），法律出版社2011年版，第40页。

第六节 危害行为的时间、地点、方法（工具）和状况

一、危害行为的时间、地点、方法

任何危害行为都是在一定的时间、地点，以一定的方式方法（工具）实施的。但是在一般情况下，刑法对犯罪的时间、地点、方法不作特别的限定，所以它们通常不是犯罪构成的客观要件。例如，无论在何时、何地，以何种方式放火、杀人、强奸、抢劫的，均与犯罪构成无关。

但是，如果刑法把时间、地点、方法明文规定为某种犯罪的构成要件时，它们就成为构成该罪不可缺少的条件。因此这些条件的有无也就成为罪与非罪的标准。例如，《刑法》第341条第2款就把"禁猎区"（地点）、"禁猎期"（时间）和"使用禁用的工具、方法"规定为非法狩猎罪的客观（择一）要件。只有在法律所规定的特定的时间、地点或者使用特定的狩猎工具、方法狩猎的，才构成犯罪。在刑法分则中类似条文还有：《刑法》第376、377、378、379、380、381、421、424、433、434、445、446条中规定的"战时"，等等。

此外，在分则有些条文中，特定的时间、地点、方法是法定的量刑情节。例如，《刑法》第425条第2款规定的"战时"；第236条规定的"在公共场所当众"；第263条规定的"入户""在公共交通工具上"；第292条规定的"在公共场所或者交通要道"；等等。

二、危害行为的状况

危害行为的状况是指危害行为发生的环境或者场合等客观性条件。通常，危害行为是在何种情况下发生的，对犯罪构成没有影响。但是如果刑法把某种状况规定为犯罪的构成要件时，它们就成为构成该罪不可缺少的条件。例如，《刑法》第277条第3款规定的"在自然灾害和突发事件中"，就是阻碍红十字会工作人员履行职责构成妨害公务罪的要件。

危害行为的状况往往包含着特定的时空因素或者特定的方式方法，因此也可以当作特定的时空条件掌握，但是它比特定的时空条件更具综合性。例如，《刑法》第109条规定的"在履行公务期间"；第224条规定的"在签订、履行合同过程中"；第299条规定的"在公众场合"；第305条、306条规定的"在刑事诉讼中"；第362条规定的"在公安机关查处卖淫、嫖娼活动时"；第399条规定的"在刑事审判活动中""在民事、行政审判活动中"；等等。

第四章 犯罪客体

第一节 犯罪客体概述

（一）犯罪客体的概念

犯罪客体是刑法所保护的被犯罪活动侵害的社会生活利益。

关于犯罪客体的定义有各种主张。其中影响最大、目前居于通说地位的是社会关系说，认为犯罪客体是刑法所保护的、为犯罪行为所侵害的社会关系。[1] 另有法益说，即"犯罪客体……是刑法所保护的法益，或者说是刑法条文的目的"。[2] 本书取社会利益说。[3]

第一，犯罪客体是某种社会生活利益。所谓社会生活利益，是指在人们共同的社会生活中能够满足人们生存和发展需要的东西。利益是极为广泛的、多层次的，如国家利益、社会利益和个人利益；政治利益、经济利益；国家安全、公共安全、个人的人身、名誉、自由、财产利益；等等。

第二，犯罪客体是刑法所保护的社会生活利益。刑法的目的和任务就是要保护社会生活利益，使其免受不法行为的侵害，从而维护社会生活秩序。各种各样的法律以多种方式维护社会生活利益，使社会生活处于良好的秩序状态，例如，宪法、行政法、民法、经济法等。由于刑法用刑罚作为制裁手段，极其严厉，所以它所保护的社会生活利益的性质、范围是有限度的。只有当至关重要的社会生活利益遭受到严重的侵害，例如，使国家安全、公共安全、公民生命、自由、尊严、财产等遭受侵害，以致危害或者威胁到社会生存的基本价值、秩序时，刑法才将其纳入保护范围。所以犯罪客体是受刑法所保护的那一部分涉及社会生存、发展的至关重要的利益。正是因为如此，侵害刑法所保护的利益的行为，即使是侵犯个人的生命、财产利益，也被认为是对社会整体利益的侵犯，通常由国家（公共机构）而不是由受害人追究刑事责任。换言之，刑法保护的社会生活利益即刑法法益，是一种公共利

---

[1] 参见高铭暄、马克昌主编：《刑法学》，北京大学出版社、高等教育出版社2017年版，第53页。
[2] 张明楷：《刑法学》，法律出版社2016年版，第101页。
[3] 何秉松主编：《刑法教科书》，中国法制出版社1997年版，第243~246页。

益而非私人利益。

应当注意，刑法保护的利益会随着社会生活的发展而变化。例如，夫妻间的忠贞曾普遍被刑法所保护，但现在一般不属于刑法保护的利益。在过去，环境、野生动植物资源并未普遍成为刑法保护的利益，排放污染物、猎杀野生动物也不是犯罪；但在当代，人们认识到自然资源、野生动植物资源的重要性，普遍将其作为刑法保护的利益，运用刑罚惩治污染环境、破坏物种多样性的犯罪。

第三，犯罪客体必须是主体的犯罪活动所侵害的社会生活利益。刑法所保护的利益作为单纯的客观存在，并不是犯罪客体。只有当这种利益既被刑法所保护又被犯罪所侵害时，才是犯罪客体。例如，《刑法》第264条规定处罚盗窃罪，该条所保护的社会利益是对财产的占有；犯罪人盗窃他人数额较大的财物便侵害了刑法保护的财产权，该财产之占有利益就成为犯罪客体。

刑法保护的社会生活利益与该种利益遭受侵害的样态、程度具有密切的联系。《刑法》第13条在列举犯罪对刑法法益侵害的同时，还特别指出，违法行为必须达到了"依照法律应当受刑罚处罚"的严重程度才构成犯罪。如果侵害利益的程度不够严重，"情节显著轻微，危害不大的"，不构成犯罪。

（二）犯罪客体的法律表现

犯罪客体在刑法条文中体现。犯罪总是要侵犯一定的客体。刑法对各种犯罪的犯罪客体的规定方式是多种多样的。其中，对犯罪同类客体的规定最为直接明了，绝大多数章节都明确揭示了犯罪的同类客体，如危害国家安全、危害公共安全、破坏社会主义市场经济秩序等。对于犯罪的直接客体，则表现出多种形式：①有的条文明确表述出犯罪客体，如《刑法》第103条表述出分裂国家罪的客体是"国家的统一"；《刑法》第225条表述出非法经营罪的客体是"市场秩序"；第293条表述出寻衅滋事罪的客体是"社会秩序"。②有的条文通过对犯罪客观方面的表述反映出犯罪客体，如《刑法》第170条规定"伪造货币的"的行为，反映该罪的客体是金融管理秩序；第236条规定"强奸妇女的"，表明该罪侵犯的是妇女的性权利；第355条第1款规定："依法从事生产、运输、管理、使用国家管制的麻醉药品、精神药品的人员，违反国家规定，向吸食、注射毒品的人提供国家规定管制的能够使人形成瘾癖的麻醉药品、精神药品的，处……"表明该罪的犯罪客体是国家关于麻醉药品、精神药品的管理制度。

（三）犯罪客体的意义、作用

1. 研究犯罪客体有助于正确理解、适用法律。因为犯罪的客体是刑法保护的社会利益，它能反映或者揭示出某一刑法条文的目的或者宗旨，这对于正确理解、适用该条文具有指导作用。以《刑法》第245条规定的非法侵入住宅罪为例，如果认为该条的客体（即该条保护的社会利益）是住宅权（侵犯财产权），则侵入他人住宅即侵害了该条所保护的利益，应当构成犯罪；如果认为该条的客体是公民的居住安宁（人身权利），则还需要带有犯罪意图或者其他令人不安、恐惧的举动才能构成犯罪，一般侵入不足以构成对居住安宁的侵犯，不构成犯罪。再以《刑法》第 256 条的破坏选举罪为例，因为该条限于保护公民行使宪法赋予的选举权利，所以该条规定的破坏选举的犯罪行为只限于破坏"各级人民代表大会和国家机关领导人员"的选举，不包括此外的诸如公司、企业厂长、经理、村长、村委会的选举。因为这类"选举"没有被纳入该罪保护的范围。

2. 研究犯罪客体有助于认识犯罪的本质特征、掌握犯罪既遂的实质标准。犯罪的本质特征是社会危害性，如果进一步追问犯罪危害什么，则回答是危害了刑法保护的利益（法益）即犯罪客体。可见，犯罪本质具体表现为侵害刑法各条保护的利益（客体），犯罪客体一方面揭示了刑法条文保护的社会利益，另一方面体现出犯罪的本质特征。正因为如此，有学者主张侵害法益就是犯罪的本质。犯罪既遂，是侵害法律保护利益的既遂，因此犯罪客体是确认犯罪既遂的实质标准。例如，非法拘禁罪的客体是人身自由，因此非法扣押了他人，侵犯人身自由就构成犯罪既遂；抢劫罪的客体是财产权和人身权，因此实施抢劫行为发生"取财"或"轻伤"两个结果之一的，为抢劫既遂。犯罪行为侵犯客体既遂通常表现为造成已然的损害结果（实害犯、结果犯），或者可能造成损害（危险犯、行为犯）。行为不可能损害客体（法益）的，则是"不能犯"。所以"不能犯"范围有多大？这就成为犯罪本质论的试金石。若坚持犯罪的危害性只包含对法益"实际"侵害和"具体"危险两种情形，则不能犯通常不可罚；若认为对犯罪的危害性还可包含对法益的"抽象"危险，则不能犯一般可罚，只把迷信犯、愚昧犯排除在犯罪圈以外。

可见，犯罪本质观念的变化反过来对客体的地位、内容也会产生重要影响。法益侵害说和结果无价值说这种犯罪本质观在犯罪人之行为→造成外界变动（结果）的两极中，重视（行为造成之）法益侵害结果。据此，侵害法保护之利益是评价犯罪、违法性的关键因素。义务违反说和规范违反说这种犯罪本质观在犯罪人之行为→造成外界变动（结果）的两极中，评价犯罪、违法性的关键因素由"终端"向前推移至"起点"，重视"人·意思·行为"所表现出之反规范的人格态度和反规范的行为方式。

3. 研究犯罪客体有助于准确把握犯罪对象、危害结果。相对于犯罪人（犯罪主体）和犯罪行为，犯罪客体·对象·结果属于犯罪诸要素（人·意思·行为→对象·结果·客体）的另一极，即它们都是"犯罪人之行为"对外界产生之影响。犯罪人实施的犯罪行为作用或指向犯罪对象、发生犯罪结果从而破坏刑法保护的利益（客体）。例如，甲（犯罪主体）杀害（犯罪行为）乙（犯罪对象），造成乙死亡（犯罪结果），侵害生命权（客体）；又如，甲（犯罪主体）盗窃（犯罪行为）乙的汽车（犯罪对象），造成乙失去汽车（犯罪结果），侵害他人财产权（客体）。可见，犯罪对象是犯罪人之行为指向或作用的人、物、信息，犯罪结果是犯罪行为作用于犯罪对象所生之具体影响，客体遭受侵害则是犯罪结果的抽象、实质的表达。

4. 研究犯罪客体有助于理解广义的犯罪结果。自然意义的结果是指行为对外界所造成之影响或变化，包括有形的结果，如人的伤亡、财产的损失；也包括无形的结果，如对他人的信誉、情感的伤害等。犯罪结果则被套上了刑法的框架，特指刑法分则各条中规定的犯罪行为之结果，如《刑法》第233条（过失致人死亡罪）规定之"死亡"，第143条（生产、销售不符合安全标准的食品罪）规定之"足以造成严重食物中毒事故或者其他严重食源性疾病"，其抽象表达就是对刑法保护的客体（生命、健康等）造成的实际损害和可能的损害。所以，"犯罪"结果往往被定义为对客体的"实际"损害（实害犯）和"可能"的损害（危险犯）。

第二节　犯罪客体的种类

对犯罪客体可按其范围大小划分为三种：直接客体、同类客体和一般客体。

一、犯罪的直接客体

犯罪的直接客体，是指某一犯罪所直接侵害的某种特定的法益（刑法所保护的社会利益）。例如，重婚罪直接侵害的客体是一夫一妻制；暴力干涉婚姻自由罪直接侵害的客体是他人的婚姻自由。犯罪的直接客体是某种犯罪构成的组成部分，它直接反映该种犯罪行为所侵害的利益的社会性质。

根据犯罪行为侵害的直接客体的数量，可以把直接客体分为简单客体和复杂客体。凡是某一犯罪只侵害一个法益的，属于简单客体；凡是某一犯罪侵害两个以上法益的，属于复杂客体。例如，窃取他人财物的（盗窃罪），只侵害财产权，属于简单客体的犯罪；以暴力、胁迫方式强行抢取他人财物的（抢劫罪），不仅侵害财产权，还侵害人身权，就属于复杂客体的犯罪。区分简单客体与复杂客体对正确评价犯罪和定罪量刑有重要意义。例如，因为抢劫罪的客体既包括财产权还包括人身权，所以抢劫使用暴力致人重伤、死亡的，并没有超出《刑法》第263条（抢劫罪）的客体范围，以抢劫罪（加重犯）一罪定罪处罚就足以全面评价该抢劫行为及其伤亡后果，不需对致人伤亡的情况另行定罪处罚。再如，刑讯逼供罪的客体是复杂客体，既包括人身权利也包括司法机关的正常工作秩序，因此它既可以归入侵犯人身权利的犯罪，也可以归入妨害司法的犯罪，我国《刑法》将它作为侵犯人身权利的犯罪，表明立法者认为它主要侵犯人身权利的价值倾向。刑讯逼供致人伤残或者死亡的，应当依照故意伤害罪或者故意杀人罪从重处罚。法律为何规定从重处罚，因为刑讯逼供罪不仅侵犯人身权利，还妨害司法秩序，所以应当比普通的伤害、杀人罪受更为严厉的处罚。

二、犯罪的同类客体

犯罪的同类客体，是指某一类犯罪共同侵害的法益。同类客体是一类犯罪的共同属性，如公民的人身权利就是故意杀人罪、故意伤害罪、强奸罪、刑讯逼供罪、虐待罪等几种犯罪（或一类犯罪）侵犯的共同法益。显而易见，公民的人身权利包含着上列几种犯罪直接客体的共同属性，它是建立在上列几种犯罪直接客体之上的"类"概念。再如，《刑法》分则第七章所称的"国防利益"，就是该章规定的阻碍军人执行职务罪，破坏武器装备、军事设施、军事通信罪，聚众冲击军事禁区罪，冒充军人招摇撞骗罪等 21 种犯罪的同类客体；《刑法》第 420 条所称的"军事利益"，就是分则第十章所规定的 30 余种军人违反职责罪的同类客体。

犯罪的同类客体概括一类犯罪的共同属性，是犯罪分类的基础。我国刑法典分则按照同类客体把所有的犯罪分为 10 大类，并以此为基础构筑刑法典分则体系。刑法典分则的章节名称，既是一类犯罪的名称，一般也反映出一类犯罪侵犯的共同客体即同类客体。例如，分则第一章危害国家安全罪的"国家安全"；第二章危害公共安全罪的"公共安全"；第三章破坏社会主义市场经济秩序罪的"社会主义市场经济秩序"；第四章侵犯公民人身权利、民主权利罪的"人身权利、民主权利"；等等。由此可见，同类客体既是建立也是理解刑法分则体系的重要概念。欧陆刑法如法国、德国刑法也是根据犯罪侵害法益的种类对犯罪进行分类，构建分则体系的，它们的法典将犯罪分为对个人法益侵害的犯罪、对社会法益侵害的犯罪、对国家法益侵害的犯罪。这种构建分则体系的方式表现出传统学说将"法益侵害"作为犯罪本质，且根据法益侵害的种类分类、根据法益侵害的重要性排序的思想。我国构建刑法典分则体系也是采取大体相同的思路、方法。

同类客体对于区别此罪与彼罪的界限也具有重要的意义。例如，《刑法》第 114、115 条规定的投放危险物质罪和第 232 条的故意杀人罪，二罪的主要区别就在于客体不同。投放危险物质罪的客体是公共安全；故意杀人罪客体是他人的生命。假如行为人投毒于公共食堂，危害公共安全的，是投放危险物质罪；假如行为人投毒于某个人的食物、饮料中，仅危害特定人生命的，是故意杀人罪。《刑法》分则第二章规定的一些危害公共安全的犯罪，在行为及其结果上与有些侵犯人身权利、财产权利的犯罪极为近似，如放火、爆炸、投放危险物质罪与故意杀人罪；破坏交通工具罪、破坏交通设施罪、破坏电力设备罪、破坏易燃易爆设备罪等与故意毁坏财物罪、破坏生产经营罪；等等。必须掌握该章之罪的同类客体才能正确地定罪量刑。

三、犯罪的一般客体

犯罪的一般客体，是指一切犯罪所共同侵害的法益，即社会利益的总体。任何犯罪都是对一定利益的侵害。它既可能侵害个人利益或集体利益，也可能侵害国家利益或者整个社会的利益。它既可能侵害人身权利，也可能侵犯财产权利。但是，无论它侵害的是何种利益，归根结底，都是对社会利益的侵害。因此一般客体既是一切犯罪侵害法益的总体，又是一切犯罪的共同本质。它的意义在于揭示出犯罪所具有的普遍属性，即对社会利益的侵害，从而进一步说明犯罪的社会危害性的根源。

直接客体、同类客体都是社会利益总体一般客体的组成部分，三者之间是个别、局部与整体的关系。通过分类，使我们能够从不同的角度认识、把握犯罪客体。

第三节 关于犯罪客体的其他观点

因为我国犯罪客体的概念、体系地位、主流观点（即社会关系说）均来源于苏联学说，所以自20世纪90年代起，受欧陆学说影响，我国学界渐渐对传统的犯罪客体理论提出质疑。在欧陆学说中，犯罪客体通常区分为"保护客体"和"行为客体"。"保护客体"指刑法保护的法益，"行为客体"指主体的犯罪行为侵犯或指向、影响的客体，苏联和我国通说称之为"行为对象"。在欧陆学说中，"保护客体"即刑法保护的法益在犯罪总论中属于犯罪本质论范畴，在分论中属于分则各条构成要件的解释范畴，一般称为"法益"，用于说明犯罪的本质或某刑法条款保护的利益，比如，犯罪的本质是对（刑法保护）法益的侵害（法益侵害说），犯罪分为对个人法益的犯罪、对社会法益的犯罪、对国家法益的犯罪等。"行为客体"或"客体"，属于狭义构成要件论的范畴，是构成要件要素之一，关于"法益"与"行为客体"的含义及其区分不妨看一下日本学说的解说："很多构成要件规定着行为的客体，即构成要件性行为指向的对象。杀人罪中的'人'（《日本刑法典》第199条）、盗窃罪中的'他人的财物'（《日本刑法典》第325条）等即属其例……"[1]"行为的客体并非与某构成要件中保护客体，即法益相一致。例如，妨害公务执行罪（《日本刑法典》第95条）中的行为客体是公务员，但是，保护的客体是公务本身。不存在缺乏保护客体的犯罪，但是，存在没有行为客体的犯罪。例如，逃走罪（《日本刑法典》第97条）、多众不解散罪（《日本刑法典》第107条）、重婚罪（《日本刑法典》第184条）等"。[2]这段解说文字表明欧陆学说中的"客体"分为"保护客体"（即法益）和"行为客体"（即我国学说所称的犯罪对象）。法益与行为客体不仅含义不同，理论体系的位置也不同，其中"法益"属于犯罪本质问题，行为客体属于构成要件要素，二者不在同一层次上。受此观念的启发，关于犯罪客体有以下不同观点：

一、犯罪客体的内容（法益）应当作为犯罪的本质属性，不应当作为犯罪构成要件

这一观点为张明楷教授所强烈主张，他指出："人们公认犯罪客体是犯罪的构成要件，并认为它是刑法所保护并为犯罪所侵犯的（社会主义）社会关系，但由于'社会关系'概念的不确定性，导致犯罪客体在理论上没有发挥指导构成要件解释论的功能，在实践中成为可有可无的概念，又由于行为对社会关系的侵犯与社会危害

---

[1] [日]大塚仁著，冯军译：《刑法概说：总论》，中国人民大学出版社2003年版，第129页。引文中刑法条文为日本刑法条文。

[2] [日]大塚仁著，冯军译：《刑法概说：总论》，中国人民大学出版社2003年版，第129页。引文中刑法条文为日本刑法条文。

性概念并无实质的差异,故我们不得不怀疑:犯罪客体究竟是犯罪的构成要件还是犯罪概念的内容?"[1] "法益(犯罪客体)不是犯罪构成要件,而是犯罪概念的内容,是具有诸多重要机能的概念"[2],比如,社会危害性就是对法益的侵害或威胁,对构成要件的解释必须以法益的侵害与威胁为核心;相反,如果"将犯罪客体作为要件可能只是引起单纯的评价作用,但将一个没有要素的要件交由法官评价,会有损犯罪构成的罪刑法定主义机能;如果认为犯罪客体是事实要素,则与构成要件相重复"[3]。因为张教授给"法益"安排了更重要的位置和任务,所以在他编写的教材中犯罪构成一般要件早先只有三个:犯罪客观要件、犯罪主观要件和犯罪主体要件。而后逐渐归并为二个:不法和责任要件。法益侵害成为其客观违法要件的本质内容。[4]

二、"客体"应为行为客体

"客体是相对于主体而言的,是指主体作用的一定对象",[5] 对此说法,陈兴良教授的解释是:"在我看来,这些难题都是因为将犯罪客体作为犯罪构成要件而造成的,只有将犯罪客体还原为法益,将法益侵害作为犯罪概念的内容,从而将犯罪对象改为行为客体,一切理论上的难题都迎刃而解了。"[6] 他与前述张教授的观点是一致的,即将犯罪客体的(法益)内容作为犯罪本质(内容),而不再作为犯罪构成要件。但他提出了术语转换的建议,将"犯罪对象改为行为客体",即"客体"的含义相当于通说中的"犯罪对象",使用"行为客体"的表述。[7]

三、通说

我国通说一般将犯罪客体与犯罪对象(或行为对象)相区别。犯罪客体是犯罪构成的一般要件之一,其内容是刑法所保护的、被犯罪侵害的社会关系(社会关系说)。犯罪对象是犯罪构成选择性要素之一。

本书基本采取通说,将犯罪客体作为犯罪构成的一般要件之一;将犯罪对象(或行为对象)作为犯罪构成要素之一。但与通说有两点细微差异:①在犯罪客体概念上,不采社会关系说而是采社会利益说;②通说在体系上把犯罪对象并将其放在犯罪客体部分介绍。对犯罪对象着重从它与犯罪客体的关联性上把握,着重解说犯罪对象是犯罪客体(社会关系)的具体表现,"犯罪分子的行为作用于犯罪对象,就

---

[1] 张明楷:《法益初论》,中国政法大学出版社2000年版,第2页。
[2] 张明楷:《法益初论》,中国政法大学出版社2000年版,第2页。
[3] 张明楷:《刑法学》,法律出版社2016年版,第101页。
[4] 张明楷:《刑法学》,法律出版社2016年版,第103~104页。
[5] 陈兴良:《本体刑法学》,商务印书馆2001年版,第265页。
[6] 陈兴良:《本体刑法学》,商务印书馆2001年版,第267页。
[7] 类似观点另参见李洁:"论犯罪客体与犯罪对象的统一——兼论犯罪客体与行为客体的分立",载陈兴良主编:《刑事法评论》(第1卷),中国政法大学出版社1997年版。

是通过犯罪对象及具体的物或者具体的人来侵害一定的社会关系"。[1] 犯罪对象被当作犯罪的具象的、非本质的因素，好像它的全部价值就只是被用来说明犯罪客体的重要性。这种重实质、轻现象的体系安排显现出苏联学说的痕迹。本书则将犯罪对象作为犯罪客观方面的构成要素，在犯罪客观方面作为犯罪行为之对象解说。

---

[1] 高铭暄、马克昌主编：《刑法学》，北京大学出版社、高等教育出版社2017年版，第59页。

第五章
犯罪主观方面

第一节 犯罪主观方面概述

一、犯罪主观方面的概念

犯罪的主观方面，指刑法规定的犯罪主体对自己的行为及其危害结果所持的心理态度。它包括犯罪故意、犯罪过失、犯罪目的、犯罪动机等主观要素。

1. 犯罪的主观要件以故意或者过失的心理形式揭示出犯罪主体对其造成的损害应受谴责，为惩罚犯罪行为提供了道义上的根据。公民应当遵守法律和社会生活规则，不得侵害社会和他人的利益，这样社会才能生存，并健康有序地发展。如果有人竟然无视法律和社会生活规则，故意损害他人利益、破坏社会秩序，或者因过失而造成灾难性的后果，理所当然要受到社会的谴责和国家的惩罚。刑法使用刑罚方法谴责、惩罚犯罪人，不仅仅是因为行为在客观上对法律秩序造成了破坏，而且是因为行为人主观上"明知不可为而为之"或者"极端疏忽轻率"的罪过心态。如果没有这种罪过心态，则不成立犯罪。所以故意或者过失是犯罪主观方面的共同要件，被称为罪过形式。

2. 犯罪主观要件是犯罪主体实施犯罪行为时的罪过心理，罪过的心理（故意或者过失）与犯罪行为必须具有同时性。[1] 缺少这个特征，就不属于犯罪构成的主观要件。例如，甲意图在次日的集体狩猎活动中伪造意外事件杀害其妻，但是，在当天擦枪时，却因为走火而击毙其妻。甲虽早有杀妻之故意，但是此故意与走火致人死亡的行为及其结果并无同时性。因此，只能认定甲在预备过程中有犯罪故意，不能认定甲对走火致人死亡的行为及其结果具有故意。甲对死亡结果只能成立过失犯罪或者意外事件。

3. 犯罪主观要件是刑法规定的成立犯罪必须具备的要件。《刑法》第16条规定：

---

[1] 罪过心理与犯罪行为同时性原理有一个例外，就是行为人使自己陷于无责任状态的情况。例如，甲大量饮酒致醉，在癫狂状态中将自己的妻子杀害。甲在实施杀人行为之时或许在事实上完全丧失辨认和控制能力，没有犯罪心理。对于这样的情况，不必要求罪过心理与犯罪行为同时。只要行为人在自陷无责任能力状态之前具有罪过心理，就能认定行为人有罪过。这在外国刑法理论中称为"原因自由行为"或"可控制的原因行为"。

"行为在客观上虽然造成了损害结果,但是不是出于故意或者过失,而是由于不能抗拒或者不能预见的原因所引起的,不是犯罪。"《刑法》总则第14、15条规定了故意和过失两种心理态度,刑法分则对每一种犯罪都规定有具体的主观要件。行为人具有故意或者过失以及具有分则对犯罪心理的特定要求,是成立犯罪的要件。

二、罪过责任原则

没有罪过就没有犯罪和刑事责任,这是刑法的重要原则。大陆学说称其为(狭义的)责任主义或者主观责任原则。主观责任原则是在否定"客观归罪""结果责任"基础上确立的。在古代,行为人在客观上造成了损害结果,主观上即使没有罪过也可能要承担刑事责任,这叫做"客观归罪"或者"结果责任"。这种惩罚缺乏道义根据和教育意义,因此近现代刑法主张主客观统一,反对客观归罪。我国《刑法》第14、15条的第2款规定,故意犯罪的,应当负刑事责任;过失犯罪的,法律有规定的负刑事责任。这在立法上从正面确立了罪责原则。《刑法》第16条规定,由于不可抗力或者不可预见的原因而造成损害结果的,不是犯罪。这在立法上从反面确立了罪责原则。

关于责任,大陆传统学说认为,人出于故意、过失的心理意思而实施行为侵害法益,就应当对自己的行为及其结果承担责任。在"人·意思·行为·结果"的要素中,"意思"是将损害结果归责于行为人的主观根据(心理责任论)。人须遵循道德规则,"本人必须接受自己对别人做的事情",对自己行为及其后果承担责任(道义责任论)。刑罚的目的是让罪行受到应得惩罚(报应主义),把罪犯给别人的东西(侵害)还给罪犯(以其人之道还治其人之身)。罪刑相适应主要是刑罚的轻重与"意思·行为·结果"的轻重相称。学说的倾向是"对事不对人",忽略"人"的因素,只是把人假定为"理性人"(自由意志)。当研究犯罪人,发现他们千差万别,甚至有的还异于常人时,这种观念受到冲击。刑罚的正当性根据由报应转向预防,责任评价的中心发生了改变。"刑罚的对象不是行为而是行为人",既是对现状的批评也是转变罪责评价重心的呼吁。

新学说认为,责任的本质在于人违反规范的意识。"规范"就是规则、规矩,主要在两方面发挥作用:①为"事"提供了评判对错的标准(评价规范),衡量"某事"合不合规矩。②对"人"发出指令,请循规蹈矩(命令规范);当某人做不合规矩之事时,针对该"人"责问为何不守规矩;若该人可能认识到所为之事不合规矩(有违法性认识的可能性),且明明能守规矩(有期待可能性)而不守,则应当对自己的犯规行为承担责任(规范责任说)。按照规范说,罪责的评价重心略有变化:①偏重"结果"的观念被改变,认为刑法对犯罪的否定不单集中在结果上,也应体现在行为上(行为无价值),转向重视行为自身的反规范性;②故意、过失心理是责任根据的说法被改变,强调人拒不服从规范的态度是归责根据,故意、过失心理事实只是认定人不服从、抗拒规范态度的根据;③与传统观念相比较,在"人·意思·行为·结果"的要素中,规范说对罪责的评价重心略微前移,违法评价推及行为、责任评价推及人的（拒绝服从规范的）态度，甚至推及人格（人格责任），重视评价人的不合规矩的"行为"和人的不守规矩的"态度"。这既动摇了"事后问责"的传统观念，也为刑法干预人的活动往前推移提供了理论依据。

第二节　故意

一、故意的概念

《刑法》第14条第1款规定："明知自己的行为会发生危害社会的结果，并且希望或者放任这种结果发生，因而构成犯罪的，是故意犯罪。"根据这个规定可知：所谓犯罪的故意，是指明知自己的行为会发生危害社会的结果，并且希望或者放任这种结果发生的心理态度。

犯罪故意由认识因素和意志因素两个心理要素组成。

（一）认识因素

认识因素，就是行为人明知自己的行为会发生危害社会的结果。"明知"（认识）的范围包括：

1. 对行为、结果以及它们之间的因果关系这样的客观事实的明确认识，具体而言，是对犯罪构成事实所属情况的认识。例如，贩卖毒品罪的故意，必须具有贩卖毒品的意思。行为人怀有贩卖毒品的意思，因为认识错误贩卖了不是毒品的物质的，也认为具有贩卖毒品的故意。如果行为人没有贩卖毒品的意思，也不知道所贩卖的物质是毒品，不能成立该种犯罪的故意。再如《刑法》第236条规定，奸淫幼女的以强奸罪定罪处罚，在得到幼女"同意"发生性行为的场合，其故意的内容是"奸淫幼女"，即认识到自己与幼女发生性行为。因为经成年女子同意发生性行为的不是犯罪行为，所以在奸淫幼女成立强奸罪的场合必须有与幼女发生性行为的认识。

2. 对行为及其结果具有社会危害性的认识。这是对犯罪故意进行否定评价的根据。故意的显著特征是明知不可为而为之，因此故意的认识内容应包括行为人知道自己的所作所为是损害社会或者他人利益的，是"坏事"，有此认识，意味着行为人"知其不可为"。如果行为人明知其不可为而为之，是应当受到国家的谴责和惩罚的。行为人对社会危害性的认识与对自己行为违法的认识通常是一致的。因为在现代社会，辨别是非善恶的标准最终要看是否为法律所禁止或者允许。

"明知"认识的程度，通常是对整个犯罪活动情况有一般性的认识。从犯罪构成来说，应当对自己实施的犯罪构成事实有一般性的认识，或者说"知道"；从是非善恶的价值来说，应当对自己的行为具有社会危害性有一般性的认识，通常应当知道其行为是"有害的"或者是"恶的""坏的"；从是否认识违法而言，通常只需意识到自己的行为是为法律所不允许的或者为法律所禁止的，不必要求认识到违反的刑法具体规定。

"明知"认识的判断标准,学理上的观点主要有:①纯粹的客观说,认为应根据事实的客观存在来判断行为人的事实性认识,没有必要考虑行为人的主观状况;②纯粹的主观说,坚持以行为人的主张作为认定行为人事实性认识存在与否的唯一依据;③合理的客观说,强调如果合理的人能预见产生的结果是其行为的自然的、盖然的结果时,就应该认定行为人也能够预见;④合理的主观说,认为事实性认识的判断以行为人自身的认识为基础,同时参考一般人的认识。本书认为,前三种标准或轻视甚至完全排除行为人的主观实际,或过分依赖行为人的主观实际而忽略一般人的情况,因而欠妥,相比之下合理的主观说是可取的,因为事实性认识是认定行为人主观故意的基础,当然不能脱离行为人的主观认识,否则就有可能与行为人的实际情况不符,但是,行为人的主观故意最终是由法官来认定的,法官必然要考虑一般人(合理的人)的情况,以一般人(合理的人)能否认识为标准作出基础性的判断,然后根据行为人的具体情况进行修正。

如果刑法分则条文对具体犯罪故意的认识范围和程度有特定要求,应当按照规定具体把握。例如,《刑法》第214条规定的"销售明知是假冒注册商标的商品";第258条规定"明知他人有配偶";第259条规定"明知是现役军人的配偶";第312条规定的"明知是犯罪所得及其产生的收益";第360条规定的"明知自己患有梅毒、淋病等严重性病";第363条规定的"明知他人用于出版淫秽书刊";第399条规定的"明知是无罪的人""明知是有罪的人";等等,都要求主体对特定的事物有明确的认识。至于什么是"明知",需要根据各个条文规定的具体内容和审判实践经验来确定。例如,对于掩饰、隐瞒犯罪所得罪中赃物的"明知",根据司法经验,是指被告人知道或者应当知道是犯罪所得的赃物。

《刑法》第129条规定"依法配备公务用枪的人员,丢失枪支不及时报告,造成严重后果的,处……"该丢失枪支不报罪以"造成严重后果"为客观要件。问题是:该"造成严重后果"是否属于该罪故意认识的内容?不是。行为人只要明知枪支丢失且故意隐瞒不报,就具备丢失枪支不报罪的故意,不需要明知行为会"造成严重后果"。也就是说,"造成严重后果"是该罪的客观构成要件却不是主观故意认识的内容。类似的情形如《刑法》第128条第3款规定,"依法配置枪支的人员,非法出租、出借枪支,造成严重后果的",依照非法出租、出借枪支罪处罚。该条中的"造成严重后果"同样是客观构成要件却不是该罪主观故意认识的内容。那么,"造成严重后果"应如何理解呢?有学者认为它属于"客观超过要素",是法律为缩小惩罚范围而设置的客观要件,这样特殊的构成要件事实被置于构成要件故意内容之外,算是故意对构成要件事实的认识的一个例外。

与之相似,在德日理论中,"客观处罚条件"的性质与地位问题存在争议,有以下四种观点[1]:①客观处罚条件与行为人的故意无关,不是构成要件要素,也不影

---

[1] 参见张明楷:"'客观的超过要素'概念之提倡",载《法学研究》1999年第3期。

响行为的违法性与有责性，只是基于刑事政策的考虑而设立的发动刑罚权的条件；②影响违法性的客观处罚条件应属于违法性要素，因而应是构成要件要素，只有不影响违法性的要素才是客观处罚条件；③所有的客观处罚条件都是构成要件，不承认客观处罚条件；④客观处罚条件也是犯罪成立的外部条件，于是犯罪成立条件便是构成要件符合性、违法性、有责性与客观处罚条件。

（二）意志因素

意志因素，就是行为人希望或者放任这种危害结果发生。所谓希望危害结果发生，表现为行为人对这种结果的积极追求，把它作为自己行为的目的，并采取积极的行动以达到这个目的而努力。所谓放任危害结果发生，就是听其自然，纵容危害结果的发生，对危害结果的发生虽然不积极追求也不设法避免。

根据行为人的意志因素是希望危害结果发生还是放任危害结果发生，可以将犯罪故意分为直接故意和间接故意。

（三）认识因素与意志因素的关系

二者是组成犯罪故意的必备要素，都体现了行为人的主观恶性，但对构成犯罪故意的作用不同。一方面，认识因素是意志因素存在的前提与基础，行为人对危害结果的希望和放任的心理态度，是建立在对行为及其结果的危害性具有明确认识的基础之上的；另一方面，意志因素又是认识因素的发展，如果仅有认识因素而没有意志因素，即主观上既不希望也没有放任危害结果的发生，从理论上而言也不存在犯罪故意。

二、故意的种类

故意可以分为直接故意与间接故意两种。直接故意，是指明知自己的行为会发生危害社会的结果并且希望这种结果发生的心理态度。间接故意，是指明知自己的行为会发生危害社会的结果并且放任这种危害结果发生的心理态度。

直接故意与间接故意的区别在于：①从认识因素来说，虽然都是"明知自己的行为会发生危害社会的结果"，但是行为人对行为趋势的认识有所不同。在直接故意的情况下，行为人认识到危害结果发生的可能性或者必然性；在间接故意的情况下，行为人认识到危害结果发生的可能性。②从意志因素上说，直接故意的意志因素，是希望这种危害社会的结果发生，间接故意则是放任这种危害社会的结果发生。例如，甲与秘书通奸，继而向妻子乙提出离婚，遭到乙的拒绝。甲急于和情妇结婚，便产生了毒杀乙的恶念。某日，甲、乙一同赴宴，席间，甲乘机在乙的酒杯中投放了毒药。乙饮酒中毒死亡。本案中，甲明知自己的行为会造成乙的死亡，并且希望乙死亡，甲对乙的死亡结果就是直接故意。假如投放毒药的酒杯被朋友丙错拿，结果丙饮酒中毒死亡。甲明知自己的行为也可能造成宴会上其他人死亡的结果，并且放任其发生，甲对丙的死亡结果是间接故意。

直接故意犯罪是故意犯罪的主要表现形式或者典型的形式，因为人通常都是在意欲支配下故意实施犯罪追求犯罪结果的。因为对犯罪结果存在意欲，该犯罪故意明确而坚定,容易认定。间接故意犯罪是故意犯罪的特殊表现形式。虽然分则条文中规定的故意犯罪,一般都包括直接故意和间接故意,但是,实际发生的故意犯罪大多数是直接故意犯罪,间接故意为数不多,因为犯罪人通常是为了追求某一个犯罪结果、实现特定犯罪目的而故意犯罪的。把故意划分为直接故意与间接故意,是根据《刑法》第14条的规定所做的理论上的概括,在刑法条文上统称为故意犯罪。在其他方面的情况相同的条件下,直接故意比间接故意的主观恶性程度要严重,因此,在直接故意的支配下实施犯罪行为的社会危害性也较为严重。这是在量刑时必须要考虑的,但是也不能把这种区别绝对化。

间接故意通常发生在为实现某个意图或目的,而放任另一犯罪结果发生的特定场合。例如,前例中甲投毒杀害其妻乙,而对同场合的丙被毒死这种危害结果采取放任的态度,结果毒死了丙。再如,为了打鸟、打野猪等而对可能打死、打伤附近的行人这种危害结果采取放任的态度,结果把行人打死或打伤。

此外,还有在突发的情绪冲动之下,不计后果实施危害行为、放任危害结果发生的情况。例如,青年甲与乙素不相识,甲只因为乙碰撞了他一下还出言不逊,便拔出携带的刀子朝乙胸部刺了一刀,刺破心脏导致乙死亡。在这类"突发性"的案件中,行为人使用致命的工具、打击身体致命的部位造成死亡结果的,司法实践一般认定行为人对结果具有间接故意。其理由是:对于这类案件,虽然不能断定行为人对死亡结果持希望的态度,但是可以断定行为人认识到自己的行为可能造成死亡结果,并且不考虑或者不顾忌该行为的结果。如果其行为实际导致的结果是死亡的,应当认定对该结果具有间接故意。

【案例】郑海艳(间接)故意杀人案[1]

郑海艳之父与王瑞霞之夫勇新杰因摊位占用问题发生争吵,经他人调解,勇让出所占位置。被害人王瑞霞、勇新杰见状产生不满,与郑海艳发生争执,并推拉郑家摆摊所用冰柜,致郑海艳之母刘倒地。郑海艳见状遂抄起王摊位上的水果刀,刺王背部一刀,致王左肺动脉破裂、心脏左侧缘伤,造成大出血死亡。勇新杰见状上前夺刀,被郑海艳刺伤右腿及左肩部,造成轻伤。法院认定郑海艳持刀行凶,造成一人死亡,一人轻伤,其行为已分别构成故意杀人罪、故意伤害罪。郑海艳犯故意杀人罪,判处死刑缓期二年执行,剥夺政治权利终身;犯故意伤害罪,判处有期徒刑3年,决定执行死刑缓期二年执行,剥夺政治权利终身。

本案要点:在行为人明知行为之结果但又没有表现出希望该结果发生的场合,通常认为对该结果具有间接故意。本案被告人使用致命工具打击致命部位足以认定明知死亡结果且任其发生,但不能证明其"希望"该死亡结果发生,认定为对死亡结果具有间接故意。因为不能证实被告人"希望"死亡结果发生,故对另一人造成

---

[1] 最高人民法院(2001)刑复字第218号刑事判决。

的伤害结果，成立故意伤害罪，不成立故意杀人罪未遂。

关于故意的种类，在刑法理论上还可以有其他的划分方法。例如，根据故意形成的时间，可以划分为临时（或者突发）故意与预谋故意；根据故意是否附加条件，可以划分有条件故意和无条件故意；等等。这些分类有助于深化对犯罪故意的认识。

三、故意的认定和推定

法官认定犯罪故意，实际是对他人（犯罪人）心理的猜测、揣度（以法官之心度罪犯之腹）。通常情况下根据常理、常识进行这种揣度没有什么困难。例如，甲婚后另结新欢乙，与乙共谋在妻子丙的饮料中投毒，致丙中毒死亡。有喜新厌旧杀妻的动机，有投毒致丙死亡的事实，有甲、乙共谋的口供，据此认定甲、乙具有杀人故意没有问题。

但是，犯罪故意毕竟是犯罪人的心理，法官或其他司法人员不过是依据常理、事实推断，有时难免会发生分歧和困难。为了方便司法操作、减少争议分歧，司法实践逐渐总结经验，根据一定的客观事实推定犯罪人的心理，并逐渐规则化，除非有证据表明被告人确属被蒙骗足以否定犯罪故意。这种司法推定方式认定故意在实践中的例证逐渐增多，如：

1.《立案追诉标准规定（三）》（2012年5月16日起施行）第1条指出："走私、贩卖、运输毒品主观故意中的'明知'，是指行为人知道或者应当知道所实施的是走私、贩卖、运输毒品行为。"具有下列情形之一，结合行为人的供述和其他证据综合审查判断，可以认定其"应当知道"，但有证据证明确属被蒙骗的除外：①执法人员在口岸、机场、车站、港口、邮局和其他检查站点检查时，要求行为人申报携带、运输、寄递的物品和其他疑似毒品物，并告知其法律责任，而行为人未如实申报，在其携带、运输、寄递的物品中查获毒品的；②以伪报、藏匿、伪装等蒙蔽手段逃避海关、边防等检查，在其携带、运输、寄递的物品中查获毒品的；③执法人员检查时，有逃跑、丢弃携带物品或者逃避、抗拒检查等行为，在其携带、藏匿或者丢弃的物品中查获毒品的；④体内或者贴身隐秘处藏匿毒品的；⑤为获取不同寻常的高额或者不等值的报酬为他人携带、运输、寄递、收取物品，从中查获毒品的；⑥采用高度隐蔽的方式携带、运输物品，从中查获毒品的；⑦采用高度隐蔽的方式交接物品，明显违背合法物品惯常交接方式，从中查获毒品的；⑧行程路线故意绕开检查站点，在其携带、运输的物品中查获毒品的；⑨以虚假身份、地址或者其他虚假方式办理托运、寄递手续，在托运、寄递的物品中查获毒品的；⑩有其他证据足以证明行为人应当知道的。

2.《办理知识产权刑案解释》（2004年12月22日起施行）第9条规定，具有下列情形之一的，应当认定为属于《刑法》第214条（销售假冒注册商标的商品罪）规定的"明知"：①知道自己销售的商品上的注册商标被涂改、调换或者覆盖的；②因销售假冒注册商标的商品受到过行政处罚或者承担过民事责任，又销售同一种假冒注册商标的商品的；③伪造、涂改商标注册人授权文件或者知道该文件被伪造、涂改的；④其他知道或者应当知道是假冒注册商标的商品的情形。

其他司法解释对以下几项也采取了这样推定的方法：①掩饰、隐瞒犯罪所得、犯罪所得收益罪中的"明知是犯罪所得及其产生的收益"；②收购、运输盗伐、滥伐林木罪中的"明知是盗伐、滥伐的林木"；③窝藏、包庇罪中的"明知是犯罪分子"；④强奸罪（奸淫幼女）、引诱幼女卖淫罪中的"明知是幼女"；等等。

这种推定与"严格责任（或绝对责任）""客观归罪"的效果可能相同，但法理不同。这种推定，在实体上还承认构成强奸罪（奸淫幼女）、引诱幼女卖淫罪以及掩饰、隐瞒犯罪所得、犯罪所得收益罪等需要明知，即需要有罪过。只是在认定上，根据行为人实施了法律禁止的犯罪行为，如掩饰、隐瞒犯罪所得、犯罪所得收益，收购盗伐、滥伐的林木，包庇罪犯，与幼女发生性行为，等等，就认为具有该罪的故意。如果有相反的事实证据足以证明其无辜的，可推翻这种推定。而客观归罪则在实体上就排除了对特定犯罪考虑主观罪过的问题，认为主观罪过原则存在例外，只要发生了违法事实（如与幼女发生性行为等）就予以定罪，对犯罪人主观是否有故意、过失在所不问。这种认识与现代刑法的精神之一责任主义（罪责原则）相悖，不利于公民权利的保障。

四、刑法上的认识错误

（一）概念和分类

1. 概念。刑法上的认识错误，是指行为人的主观认识与客观实际不相符合。

认定故意须认定行为人具有故意的认识要素：一是构成要件事实认识；二是行为价值（是非善恶）的认识。行为人主观认识与客观实际相一致，自然可根据实际情况确认具有犯罪故意。比如，甲看见情敌乙，开枪将乙击毙。甲是正常的成年人，应知道杀人违法（不可为）而为之，具有违法（不遵守法律）的意志，应受到谴责。甲的主观认识"杀死乙"与实际情况"乙被杀"是一致的，自然就认定甲具有杀人的故意。前面所讲的故意认定均是针对这种普通（常态）情况而言的，但有时会偶然地出现一些特殊情况，即行为人主观认识与法律或事实不一致的情况，使犯罪故意认定复杂化，此时需要特别研究。例如，甲谋杀乙，结果把丙误认为乙而加以杀害。甲预想杀害乙，实际没能杀害乙却杀害了丙，这样就产生了一个问题：甲对丙的死亡是否成立犯罪故意？将此例之疑难抽象提炼，便是认识错误理论旨在解决的核心问题：行为人主观认识与客观实际不一致的，在何种情形下影响犯罪故意的成立？

2. 分类。犯罪故意包含两项认识内容：①对自己行为及其结果的明知，具体来说，就是对自己实施的该当（客观）构成要件行为及其结果的事实有明知；②对自己行为及其结果具有危害性或为法律所禁止有认识，也就是有"犯法"的意识。与故意的上述两项认识内容相对应，刑法上的认识错误分为两种：①事实认识错误，即行为人在故意的第一项认识内容上发生异常情况；②法律认识错误，即行为人在故意的第二项认识内容上发生异常情况。

(二) 事实认识错误与法定符合说

事实认识错误,是指行为人在犯罪时预想的情况与实际发生的情况不一致。例如,甲为杀害仇人乙,在夜晚携枪潜伏于乙宅院附近,伺机开火。当乙的弟弟开门出院时,甲误认乙的弟弟为乙而开枪将其击毙。甲因为认错对象而杀错对象,以致实际发生的情况与他预想的情况不一致,属于事实认识的错误。类似的情况还有:把无毒物质误作砒霜投毒杀人的(手段错误),把男人误认为女人而实施强奸或者把甲女误认为乙女而强奸了甲女(对象错误),等等。

对事实认识错误,通说采取法定符合说来认定行为人的罪责。按照法定符合说,行为人预想事实与实际发生的事实属于同一法定犯罪构成范围内的,认定其法律性质相同,不阻却行为人对因错误而发生的危害结果承担故意的责任;反之,若属于不同犯罪构成之间的,认定其法律性质不同,则阻却行为人对因错误而发生的危害结果承担故意的责任。可见,按照法定符合说认定犯罪故意,将主客观一致控制在法定构成要件的范围内,不一定要求行为人主观认识与客观实际具体一致。采取法定符合说,通常根据是否是同一法定构成要件范围内的认识错误来划分认识错误的种类。

事实认识错误从不同的角度可以划分出不同的种类,其中主要是因误认对象发生的错误,此外还有手段(工具)错误、行为性质错误、因果关系进程的错误等。

1. 对象错误。对象错误是指行为人预想侵犯的对象与实际侵犯的对象不一致。根据误认的对象是否属于同一法定犯罪构成范围内,对象错误可分为同一犯罪构成要件范围内的对象错误和不同犯罪构成要件之间的对象错误。

(1) 同一构成要件内的对象错误,是指行为人预想侵犯的对象与实际侵犯的对象属于同一法定构成要件范围内的对象。例如,甲欲杀张三,却误认李四为张三而杀死了李四,如同俗话说的"张冠李戴"。甲预想侵犯的对象是张三,实际侵犯的对象是李四。由于张三和李四都是"人",同属于《刑法》第232条故意杀人罪的对象,甲无论是杀了李四还是杀了张三,都是剥夺他人的生命,都没有超出故意杀人罪对象的范围。

(2) 不同构成要件之间的对象错误,指行为人预想侵犯的对象与实际侵犯的对象不属于同一法定犯罪构成要件范围内的对象。例如,甲进入火车站以"拎包"方式盗窃作案,其目的是窃取财物。窃取旅客一提包之后匆匆回到住处,打开检点包中之物,发现里面除钱财之外,还有一支手枪。甲本欲窃取财物,包中财物属于盗窃的对象,但是包中的"枪支"属于《刑法》第127条盗窃枪支罪的对象。若甲本无窃取枪支的故意,则甲盗窃时偶然窃得的"枪支"不在盗窃罪构成要件范围内,"枪支"与其本欲偷盗的"财物"属于不同构成要件的对象,就意外地窃取了"枪支"而言,甲属于不同构成要件的对象认识错误。再如,甲本想猎杀大熊猫却错把乙的身影误认做大熊猫射杀了乙。熊猫属于《刑法》第341条之非法猎捕、杀害珍贵、濒危野生动物罪的对象,而人属于《刑法》第232条故意杀人罪和第233条过失致人死亡罪的对象，这属于不同构成要件之间对象的错误。

（3）对象错误的评价：具体符合说与法定符合说。认定犯罪故意需坚持主客观相一致，当犯罪人在犯罪过程中发生了主观认识到的情况与实际发生的情况不一致时，就产生了如何评价该"认识错误"的问题，或者说该认识错误对犯罪人的故意罪责会产生何等的影响、是否能阻却故意。对此形成了两种学说：

第一，具体符合说的评价。此说坚持认定犯罪故意必须是犯罪人的主观认识与客观实际达到具体一致的程度。按照此说，犯罪人在犯罪过程中预想侵犯的对象与实际侵犯的对象不一致时，阻却对错误加害对象的故意罪责。按照此说，甲欲杀张三，却误认李四为张三而杀死了李四的，也阻却甲对李四之死的故意。按照此说对本案的评价是：甲怀有杀害张三的故意，但故意杀人（张三）未遂；在此过程中，因为误认对象（张冠李戴）过失致李四死亡，对李四的死亡结果成立过失。结论是：甲对张三成立故意杀人罪（未遂），对李四成立过失致人死亡罪，甲一个杀人行为犯数罪（故意杀人罪未遂、过失致人死亡罪），属想象竞合犯，择一重罪处罚，即以故意杀人罪未遂对甲定罪处罚。具体符合说对成立犯罪故意的主客观一致性要求过高，且过于讲究法律适用技巧，背离普通人的公平感，所以现在不具有通说地位。

第二，法定符合说的评价。该说主张，在发生了对象认识错误的场合，若行为人预定对象与实际对象属于同一法定构成要件范围内的，不能阻却行为人对因错误而发生的危害结果成立故意。按照此说，甲欲杀张三，却误认李四为张三而杀死了李四的，因为不管张三还是李四，虽然具体人不同，但是同属于甲所犯之故意杀人罪之对象（人），二人在"法定"故意杀人罪对象上仍然一致，不阻却甲对李四之死的故意。甲对李四的死亡结果也成立故意，甲构成故意杀人罪既遂。再如，甲本以为乙的提包中装满现金，窃取了乙的提包，结果发现里面没有现金，但有大量的其他财物。因为这种错误没有超出盗窃罪窃取他人财物的范围，故不影响甲对窃取的提包内的财物承担盗窃罪责。反之，行为人预定对象与实际对象不属于同一法定构成要件范围的，则阻却行为人对因错误而发生的危害结果成立故意。例如，上述甲拎包盗窃（财物）意外窃得"枪支"，枪支与财物分属于不同构成要件的对象，阻却对窃得枪支的结果成立故意，甲只成立盗窃罪不成立盗窃枪支罪。再如，甲本想猎杀大熊猫却错把乙的身影误认为大熊猫而射杀了乙，这属于不同犯罪构成之间的对象认识错误，不能把甲猎杀熊猫的故意转移到致乙死亡的结果上，甲成立非法猎捕、杀害珍贵、濒危野生动物罪的未遂，对造成乙死亡如果存在过失的，成立过失致人死亡罪，一行为触犯数罪，属于想象竞合犯，择一重罪处罚。类似例子如：甲欲谋杀乙，了解乙每日傍晚有在自家院子中树下乘凉的习惯，某日傍晚携枪来到乙家院外，隐约见树下有一黑影，以为是乙在乘凉，朝黑影开数枪并听到有物体中弹倒下的声响后离去。第二日听说乙家的驴在院中被人射杀。本案甲本欲杀害乙（人）却因为误认对象而杀死了驴（牲畜），二者分属于不同构成要件范围，甲在此故意杀人犯罪过程中发生了不同构成要件范围的对象认识错误。在这种场合，甲原本就有杀人的故意和行为，只是由于发生对象认识错误，而未能造成人死亡的结果，成立故意杀人罪未遂。驴不属于故意杀人罪的对象，故甲对造成"驴死亡"的结果不承担故意责任，也不因为造成"驴死亡"的结果而承担故意杀人既遂的责任。类似的情况还有：行为人把根本不含毒品的物质误认为毒品进行贩卖，只能构成贩卖毒品罪未遂。如果行为人预想侵犯的对象与实际侵犯的对象在法律性质上部分相同部分不同的，行为人只就相同的部分承担故意罪责，对不同的部分不承担故意罪责。例如，甲在盗窃提包（普通财物）时，把提包连同装在其中的枪支弹药一并窃取。如果甲不知提包中有枪弹，那么，只在盗窃普通财物的限度内承担故意罪责；对盗窃枪弹因缺乏犯罪故意，不承担故意罪责。

法定符合说在我国是通说，这方面的判例如：甲、乙等人夜晚在女工宿舍寻衅滋事，遭到该厂工人追赶。甲在奔逃中感觉背后有人追赶上来，此人其实是同伙乙，甲误认为是对方的人，拔刀向身后的身影刺去，结果刺死了同伙乙。法院判决甲构成故意杀人罪既遂。对本案甲的行为认定为既遂，意味着认定甲对同伙乙死亡结果成立故意（承担故意罪责）。[1] 再如：甲雇用乙、丙二人杀害丁，并且带领乙、丙到丁家附近给乙、丙指认了丁的居所和丁，乙、丙作案时走错家门认错人，将丁的邻居张某杀害。对于此案，法院对甲、乙、丙以故意杀人罪既遂定罪处刑。从定案结论看，与没有发生认识错误一样。因为按照法定符合说，发生的认识错误若在同一法定犯罪构成范围内一致则不影响故意的罪责。

（4）我国学说一般将因对象误认而导致认识错误分为两种：

第一，对象错误，指行为人预想侵犯的对象与实际侵犯的对象在法律性质上是相同的。属于同一法定犯罪构成要件范围内的对象是法律性质相同的对象，故"对象错误"的概念等于同一法定犯罪构成要件范围内的对象错误。

第二，客体错误，指行为人预想侵犯的对象与实际侵犯的对象在法律性质上不同。分属于不同的犯罪构成要件范围的对象是法律性质不同的对象，故"客体错误"概念等于不同犯罪构成要件范围的对象错误。因为分属不同犯罪构成的对象体现不同的客体，如枪支、弹药体现公共安全，金钱等财物体现财产权，为窃取财物而误窃取了枪支的，就属于客体错误。

对这两种错误的评价是：对象错误不阻却对错误结果成立故意或承担故意罪责；客体错误则阻却对错误的结果成立故意。其结论与法定符合说一致。

外国学说中对于事实认识错误通常分为"具体事实错误"和"抽象事实错误"。同一构成要件范围内的对象错误属于"具体事实错误"；不同构成要件范围内的对象错误属于"抽象事实错误"。

（5）打击错误。与对象认识错误有关的一个问题是对象打击的错误。所谓对象

---

[1] 真实案例见最高人民法院中国应用法学研究所编：《人民法院案例选》（总第12辑），人民法院出版社1995年版，第19页。

打击的错误,是指行为人对对象的辨认无误,但是在实施侵害行为时,行为出现误差以致实际侵害的对象与预想侵害的对象不一致。例如,甲、乙并肩而行,丙欲射杀甲并且瞄准甲射击,结果却击中了乙。对象打击错误又称行为误差或者目标打击错误。对象打击错误与对象认识错误的相同点是实际侵害的对象与预想侵害的对象不一致;不同点是前者产生于行为误差,后者产生于辨认误差。在处理对象打击错误案件时,我国学说和司法实践也以法定符合说为通说。例如,吴某酒后因与其叔父口角,怒而抄起木棒朝其叔父猛击过去,未打中其叔父却打在自己父亲的头部(他父亲当时正在与其叔父说话),致其父亲死亡。法院认定吴某构成故意杀人罪既遂。理由是:吴某故意实行杀人行为,并且也杀死了一个人,构成故意杀人罪的既遂。至于死亡结果实际发生在他叔父身上还是他父亲身上,不影响吴某对该结果承担故意罪责。

2. 行为方式、方法的错误,是指行为人在实施犯罪行为时,对自己所采取的手段或者使用的工具发生认识错误。例如,在投毒杀人时,误把白糖当作砒霜;在爆炸工厂时,误把食盐当作炸药;等等。行为人在犯罪过程中发生这种错误不影响犯罪故意的成立,关键是行为人在客观上采取了错误的方式、方法,因而没有甚至不可能造成犯罪结果的,是否具有可罚性?在我国刑法理论和司法实践中,对因为行为方式、方法的错误而导致犯罪未得逞的,通常认为具有可罚性,成立故意犯罪的未遂或者预备。但是,对于使用迷信或者极端愚昧的方法"犯罪"的,例如使用念咒的方法或者使用糖精水煮鸡蛋的方法"杀人",虽然主观上有犯意,但是在客观上无论如何都不可能产生犯罪结果的,不认为是犯罪。

3. 因果关系的认识错误,是指行为人最终造成了犯罪结果,但是导致犯罪结果的实际过程与预想的进程不一致。例如,甲猛掐乙的脖子致乙昏迷,为隐匿"尸体"将乙沉入河底,使处在昏迷中的乙淹死。甲以为乙是被掐死的,实际是被淹死的。这种误认不影响甲对死亡结果负故意杀人的罪责。再如,甲故意开枪射杀正在驾驶摩托车的乙,没有命中乙却命中车轮,致乙摔死。甲以为乙是被射杀的,实际乙是摔死的。因为甲的枪击行为与乙的摔死有因果关系,所以甲对乙摔死的结果应负故意杀人罪责。这类因果关系的认识错误属于同一犯罪构成范围内的事实错误,按照法定符合说不影响行为人的故意罪责。

4. 非故意犯罪过程中的认识错误。人们在日常生活或者工作中,可能因为误认了对象或者用错了方法而造成损害后果。例如,在狩猎旅游的活动中,甲把另一游客乙误认为是动物而击毙,或者把一种珍稀野生动物误认为是普通的动物而击毙。再如,医务人员因为打错针、发错药致患者死亡的。对于这些生活、工作中发生的对象、方法错误,解决的要点是:因为行为人本来就没有犯罪的故意,所以不成立故意犯罪,因此只需要认定有无犯罪过失,行为人有过失的,对损害对象产生的结果承担过失罪责;没有过失的,属于意外事件。

另外,人们在日常生活中发生对自己行为性质的误解。例如,甲路遇便衣警察盘查，误以为对方抢劫，从而奋起自卫。甲自以为自己的行为性质是正当防卫，实际是假想防卫。这种行为性质的认识错误是因为误认了"遭受到不法侵害"的事实而产生的，也具有事实错误的性质。对于这种认识错误，一般认为行为人只有防卫的意识没有犯罪的意识，不成立故意犯罪。如果行为人有过失，则成立过失犯罪，无过失则不负刑事责任。

狭义的事实认识错误，通常只包括故意犯罪中发生的认识错误，因为它属于故意认定的特殊情况。而非故意犯罪过程中的认识错误，属于过失认定的普通情况，只需判断因该认识错误造成危害结果是否存在过失，而不涉及犯罪故意的认定。广义的事实认识错误，也包括非故意犯罪过程中的认识错误。

（三）法律认识错误

法律认识错误，是指行为人对自己行为的法律性质或意义发生误解。具体包括三种情况：

1. 行为人误认为自己的行为不犯法而实际上该行为是刑法规定的犯罪（假想无罪）。例如，甲是国家机关工作人员，在对外交往中收到某外宾作为礼品赠送的价值10万元的名贵金表，据为己有。甲认为金表是外宾送给他个人的礼物，自然归自己所有，不存在违法犯罪的问题。而实际情况是：《刑法》第394条规定，国家工作人员在国内公务活动或者对外交往中接受礼物，依照国家规定应当交公而不交公，数额较大的，是贪污罪。在这种情况下，甲并没有意识到自己收受礼品不交公的行为是贪污罪，所以才据为己有的。这种情形的认识错误，通常简称为"假想的无罪"。再如，甲未经许可收购、贩卖人工驯养的珍贵品种鹦鹉，没有意识到该行为属于《刑法》第341条规定的非法收购、出售珍贵、濒危野生动物罪。

"假想的无罪"是否影响犯罪故意的成立？一般认为公民应当知法守法，不知法律不是辩解无罪的理由，所以这种误解原则上不妨碍犯罪故意的成立。对假想无罪原则上不排除罪责，但是可以酌情减轻罪责，因为在发生假想无罪的场合，行为人毕竟不是明知不可为而为之，主观恶性较小。例如，甲男明知乙女只有13周岁，误以为法律并不禁止征得幼女同意后的性交行为，于是在征得乙女的同意后与乙女发生了性交。甲误认为与幼女性交不犯法，其实法律规定无论采取何种方式、无论幼女是否同意都犯法。甲显然是误解法律或者是"法盲"而无意间触犯了刑律。甲误解法律不排除罪责，所以照样构成强奸罪。但是，甲毕竟是认为其行为不违法才实施的，暗含着"如果知道违法就不实施"的意思，比起"明知不可为而为之"的人，恶性还是小些，可以酌情从宽处理。本例还涉及一个微妙的问题，就是法律认识错误与事实错误的区别。如果甲虽然知道与幼女性交违法，但误认为乙的年龄已满14周岁，不是幼女，则属于事实认识错误，具体说是事实错误中不同犯罪构成事实之间的错误，其效果大不一样，可能对罪责发生影响。

（1）法律认识错误与故意的认识内容。故意的认识内容之一是知道其犯罪行为的"社会危害性"，其实也就是意识到行为"犯法"。照此理解，行为人不知其行为犯法即发生法律认识错误，意味着欠缺故意的认识内容不成立故意。问题在于正常人从小受到道德教化、法制教育，当然能够认识到犯罪行为（比如盗窃、强奸、故意杀人）的危害性或违法性，因此只要行为人有此犯罪行为事实的认识，不言而喻，其能够认识到该行为的危害性、违法性，刑法对刑事责任年龄、刑事责任能力的规定就等于推定人们具有这种辨认、控制能力，不需加以证明。并且证明行为人知其行为犯法，也缺乏可操作性。

可尽管如此，还是应当注意法定犯的犯罪故意有其特殊性。由于一般人只有借助于行政法规，才能认定法定犯的危害性，所以，相对于自然犯而言，对法定犯之犯罪故意的认定应当做特别严格的把握。在行为人没有认识到自己行为的危害性时，不能认定行为人具有犯罪故意。[1] 有学者正是考虑到法定犯与自然犯之犯罪故意的重大差别，主张扩大法定犯事实认识错误的范围，将行为人"因为误解行政管理法规，导致对行为的社会意义与法益侵害结果缺乏认识的"情形，排除出法律认识错误，转而认定为事实认识错误。[2] 如此一来，既维持了我国对"假想无罪"的评价原则，又能阻却这类案件中故意的成立，保证评价结论之妥当。

（2）罪责本质与法律错误。罪责的本质可归结为：行为人对自己的犯罪行为在主观上应受责备或谴责，表现为故意或过失。假如行为人因为对法律误解以至于令人感到十分无辜、缺乏这种应受责备或谴责性时，从罪责的根本标准衡量，不是绝对不考虑免责的。所以，关于法律错误的处理原则，通说是"原则上"不免除罪责，这意味着还是允许有例外的。西方刑法学说认为，承认法律错误例外可免责是刑法人性化的一个重要标志，并在一些立法例中有所体现，如法国现行刑法典。但是，鉴于我国刑法中的犯罪危害程度均较高，出现这种例外的可能性极小，即使出现，也多见于法定犯的场合。

2. 行为人将在法律上不属于犯罪的行为误认为是犯罪。例如，甲复制含有色情内容的有艺术价值的文学作品，本来不构成犯罪，但他却误认为是犯罪。这种认识错误，通常被简称为"假想的犯罪"。因为判断行为性质的根据是法律，而不是行为人对法律的误解，所以行为人"假想犯罪"并不改变其行为的法律性质，不成立犯罪。

3. 行为人对自己行为的罪名和刑罚轻重有误解。行为人已经知道自己的行为是为法律所禁止或者不允许的，即已经意识到自己行为的非法性，对自己行为的非法性并没有发生误解，只是对自己行为在刑法上具体属于何种犯罪以及应受何等的处罚不了解或者有误解。例如，甲盗割正在使用的电线，自以为是盗窃罪，而实际上依法应处以破坏电力设备罪；甲自以为该罪没有死刑，而实际上其法定最高刑有死刑。这种对法律的误认不涉及行为人有无非法性意识（或者危害性意识），因此不影

---

[1] 参见阮齐林：《刑事司法应坚持罪责实质评价》，载《中国法学》2017年第4期。
[2] 参见张明楷：《刑法学》，法律出版社2016年版，第326页。

响罪过的有无及大小,也就不影响定罪判刑。

综上所述,在刑法理论和实践中,法律认识错误主要是"假想的无罪"的问题。行为人对法律的误解原则上不能成为免除故意罪责的理由,因此一般不影响犯罪故意的成立,但在法定犯的场合尚有讨论的余地。

【练习】甲误盗枪支案

甲常在某市火车站候车室盗窃乘客的提包,某晚,甲趁一军人睡熟之际,将其提包偷走。甲携提包出站时被查获。提包内有"五四"式手枪1支、子弹10发、人民币500元以及衣物等。在审讯中甲说:没想到提包里有枪弹。

提示:
1. 甲是否成立盗窃枪支罪?
2. 盗窃罪既遂还是未遂?
3. 枪弹的价值是否计入盗窃财物数额?

答:不同构成要件的事实错误,或不足以认定甲明知包中有枪支,不成立盗窃枪支罪。行为属于扒窃,盗窃既遂。枪弹价值应计入盗窃数额。

第三节 过失

一、过失的概念和特征

《刑法》第15条第1款规定:"应当预见自己的行为可能发生危害社会的结果,因为疏忽大意而没有预见,或者已经预见而轻信能够避免,以致发生这种结果的,是过失犯罪。"

犯罪过失,是指行为人应当预见自己的行为可能发生危害社会的结果,因为疏忽大意而没有预见,或者已经预见而轻信能够避免的心理态度。犯罪的过失具有以下两个特征:①没有犯罪故意。对特定的危害结果成立犯罪过失是以对该结果不具有犯罪故意为前提的。具体而言,行为人对危害结果的发生既不具有希望的态度也不具有放任的态度。如果具有犯罪故意,则成立故意犯罪,排斥成立过失犯罪。②没有保持必要的小心谨慎的态度。表现为没有履行法律、规章、社会生活准则所要求的注意义务,极端马虎草率、疏忽大意,以至于对应当预见并且能够预见的危害结果没有预见;或者极端轻率、过于自信,以至于对已经预见的危害结果,在应当积极避免并且能够避免的情况下,竟然没有能够避免。在社会生活中,尤其是在广泛使用电力、煤气、锅炉等易燃易爆设备,广泛使用火车、汽车、飞机等高速交通工具的现代社会生活中,人们必须保持必要的谨慎的态度,才能够维持社会生活的正常运行。如果行为人采取极端草率、不负责任的态度,造成灾害性后果的,如火灾、车祸等,就应当依法对其行为的后果承担刑事责任。

因为犯罪过失与犯罪故意在主观恶性程度上具有本质的差别,所以刑法规定犯罪过失的罪责与犯罪故意的罪责具有明显不同。具体表现为:

1. 对于过失犯罪,只有法律有规定的才负刑事责任。这意味着刑法分则各条规定的犯罪,在没有特别说明的情况下,其主观罪过形式一般是故意,并且不能理解为当然包括过失。只有当法律条文明示该条之罪的罪过形式是过失或者包括过失时,过失才可能构成犯罪,承担刑事责任。这充分显示了刑法是以惩罚故意犯罪为原则,以惩罚过失犯罪为例外。

2. 只有造成严重后果的过失行为才负刑事责任。刑法中所规定的过失犯罪有一个明显的共同点,那就是都以造成法定的严重后果为构成要件。与此形成鲜明对比的是,刑法不仅处罚故意犯罪的既遂形态,而且处罚其未完成形态(预备、未遂、中止)。

3. 过失犯罪的法定刑明显轻于故意犯罪。例如,同是致人死亡,《刑法》第232条规定的故意杀人罪的法定最高刑是死刑,而《刑法》第233条规定的过失致人死亡罪的法定最高刑是7年有期徒刑。又如,同是造成火灾,《刑法》第115条第1款规定的放火罪的法定刑是"10年以上有期徒刑、无期徒刑或者死刑",而《刑法》第115条第2款规定失火罪的法定刑是"3年以上7年以下有期徒刑;情节较轻的,处3年以下有期徒刑或者拘役"。

二、过失的种类

过失可以分为疏忽大意的过失和过于自信的过失。

(一)疏忽大意的过失

疏忽大意的过失,又称无认识的过失,是指行为人应当预见自己的行为可能发生危害社会的结果,由于疏忽大意而没有预见,以致发生这种结果的心理态度。

疏忽大意的过失有以下两个特征:

1. 行为人应当预见自己的行为可能发生危害社会的结果。所谓应当预见,有两层含义:①指行为人有预见的义务。这种预见义务或者来自法律和各种规章制度所规定的共同生活规则,或者来自多年积累形成的习惯法。例如,从楼上投重物应当预见可能砸死、砸伤行人,酒后驾驶应当预见可能发生事故。②指行为人当时具有预见的能力。如何判断行为人是否具有预见能力,要根据当时行为人的主客观条件综合加以判断,即根据行为人本人的身心状况、知识经验、水平和能力等主观条件和当时当地的气候、地理、环境等客观条件全面考虑,实事求是地作出判断。预见的义务和预见的能力二者必须同时具备,否则,就不能认为行为人应当预见。

2. 行为人因疏忽大意而没有预见自己的行为可能发生危害结果。所谓疏忽大意,就是粗心大意,马马虎虎,不认真负责。它表明行为人缺乏社会责任感,违背了社会共同生活规则要求的注意义务。例如,护士甲在给病人输液时,仅凭印象随手从床头拿起一瓶液体就给病人使用,她把针管扎进病人的静脉之后,便离去。不久,病人就死亡了。原因是护士甲错拿了盐水瓶旁边的煤油瓶,结果给病人实际输入的是煤油。又因为她当即离去,以致未能及时发现并补救失误。显然,甲应当预见到自己可能错拿药品而造成危害结果,但因为疏忽大意而没有预见,以致造成严重后果。甲犯罪时的这种心理状态就是疏忽大意的过失。

应当预见或者没有预见都是针对行为可能发生的危害结果而言的,而不是针对行为本身而言的。例如,司机甲在给汽车加油时用打火机照明,结果引起火灾,造成重大财产损失。甲有意打火照明,其行为本身谈不上是过失的,但是他对自己打火照明的行为可能引起火灾的结果应当预见,事实上却未能预见,所以具有犯罪过失。可见过失是针对行为所导致的危害结果而言的。

(二) 过于自信的过失

过于自信的过失,又称有认识的过失,是指行为人已经预见到自己的行为可能发生危害社会的结果,但轻信能够避免,以致发生这种结果的心理态度。

过于自信的过失有以下两个特征:

1. 行为人已经预见到可能发生危害社会的结果。对危害结果的预见,包括预见到危害结果发生的可能性和可能产生什么样的危害结果。

2. 行为人轻信自己能够避免危害结果的发生。所谓轻信能够避免,是指一方面行为人希望和相信能够避免危害结果发生,另一方面行为人没有确实可靠的客观根据而轻率相信可以避免。譬如,过高地估计了自己的能力或者不当地估计了有利的条件,自以为可以避免危害结果的发生,而实际上却未能避免。例如,在开春时节,司机甲开车载两名水文测量员行驶于松花江冰面上,其中一位提醒说:"听说江面开始化冻,前几日有车掉入江中。"甲闻言停车,下车对冰面的坚固程度查看了一番,然后说:"没有问题,我每年这个时候要开车过来,从未出过事,我把车开慢一点,大家再给看着点。"说罢继续前进。结果没行使多远,就遇上冰面塌陷,车掉入江中,致两名水文测量员死亡。本案中甲已经预见到车子可能掉入江中,但是以为根据自己的经验、判断和能力,不会发生,实际上恰恰发生了,说明甲过于自信或者草率。

两种过失的区别是:疏忽大意的过失事先对危害结果的发生没有预见,所以又称无认识的过失;过于自信的过失事先对危害结果的发生有所预见,所以又称有认识的过失。

关于过失的种类,理论上常见的其他分类还有:根据是否违反业务上的注意义务,分为普通过失与业务过失;根据疏忽或者轻率的程度,分为轻过失与重过失。

三、过失的认定

(一) 疏忽大意的过失与意外事件

疏忽大意的过失与意外事件既有相似之处又有区别。二者的相似之处是:都没有预见到危害结果可能发生。二者的区别是:疏忽大意的过失是应当预见自己的行为可能发生危害结果而没有预见;而意外事件中,行为人是不应当预见、不能够预见危害结果的发生。因此,二者区分的关键便在于判断行为人是否应当预见、能够预见。[1]

【案例1】朱家平过失致人死亡案[2]

朱家平为了拆迁，从拆迁市场购买回来旧砖头、旧钢筋、旧楼板交给无建筑资质的于全门建两层楼房，并吩咐于全门为其节省资金。2004年5月28日，于全门带领王顶玉、王顶宝、王玉喜、王桂莲等人进行施工，未采取安全防范措施。当朱家平经于全门同意将两桶烂泥浆调到二楼廊檐顶部不久，在楼板自重和施工操作等负荷作用下，挑梁断落并导致王顶玉被砸当场死亡；王顶宝被砸伤后抢救无效死亡；王玉喜、王桂莲被砸成轻微伤。经鉴定，该房建造标准很低，泥浆强度为0，主要承重构件构造连接和整体性很差，挑梁不符合现行建筑结构设计规范的有关要求。法院认为，客观上，朱家平的行为与两死两伤的后果有因果关系，主观上具有疏忽大意的过失，构成过失致人死亡罪。因其在事故中起次要作用，犯罪情节轻微，遂免于刑事处罚。

本案要点：①在司法实践中，判断疏忽大意的过失，不是判断行为人是否疏忽大意，而是判断行为人是否应当预见、能够预见，如果应当预见、能够预见而没有预见就表明行为人疏忽大意了。②疏忽大意过失中的注意义务是为一般人所设定的，不需要考虑具体情况。③注意义务不仅来源于法律、法令、职务和业务方面的规章制度所确定的义务，而且包括日常生活准则所提出的义务，即"社会生活上必要的注意"。④预见能力因人而异，有高低大小之分，需要进行具体的判断。首先，考察行为人所属的一般人能否预见结果的发生。其次，再考虑行为人的智能水平是高于一般人还是低于一般人。如果一般人能够预见，但行为人智能水平低，则不宜认定过失；如果行为人的智能水平不低于一般人，则可以认定过失；如果一般人不能预见，而行为人的智能水平明显高于一般人，则可以认定过失。

（二）过于自信的过失与间接故意

过于自信的过失与间接故意既有相似之处又有重要区别。二者的相似之处是：①都预见到危害结果可能发生；②都不是希望危害结果发生。二者的区别是：①对危害结果发生的认识程度有所不同。根据刑法的规定，过于自信的过失是已经预见自己的行为可能发生危害结果；而间接故意是明知自己的行为会发生危害结果。可见间接故意的认识程度较高。②对危害结果所持的态度不同。过于自信的过失对危害结果的发生持否定态度，危害结果的发生，是违背行为人意愿的。因此，行为人对避免危害结果往往采取积极的态度和措施，并且也有避免危害结果的客观根据。而间接故意的行为人对危害结果的发生持放任态度，即危害结果发生也罢，不发生

---

[1] 关于我国新近学说对过失犯中预见可能性理论的重构，参见劳东燕："过失犯中预见可能性理论的反思与重构"，载《中外法学》2018年第2期。
[2] 载《刑事审判参考》（总第44集），法律出版社2005年版，第49页。

也罢,都不在乎,甚至纵容危害结果的发生。因此,行为人对避免危害结果往往持消极的态度,并且没有避免危害结果的措施和根据,纯凭侥幸。

【案例 2】李宁、王昌兵过失致人死亡案[1]

1999 年 3 月 26 日晚,李宁、王昌兵与吐逊江(在逃)在一歌舞厅饮酒时,被害人阎世平进入李、王的包间与之攀谈,其间阎提出与李、王合伙挣钱,李等人再三追问如何挣钱,阎称准备绑架一市长的儿子。后李、王乘坐吐逊江驾驶的轿车将阎拉至一茶园处,李、王等人追问绑架何人,阎不说,李、王等遂对阎拳打脚踢。后李、王又将其强行拉上车带至西湖后湖堤处。李、王等人将阎拉下车,拳打脚踢逼问其欲绑架的具体对象,并以此敲诈其钱财。后被害人为摆脱李、王等人的殴打,趁其不注意跳入西湖中。李、王等劝其上岸,并调转车头用车灯照射水面,见阎仍蹚水前行不肯返回,王让李下水拉阎一把,李称其水性也不好,三人为消除阎之顾虑促其上岸,遂开车离开湖堤。后阎的尸体在西湖后湖堤附近被发现,法医尸体检验报告证实,阎世平肺气肿、肺水肿,全身体表无明显损伤,结论为溺水死亡,排除暴力致死。一审法院认为,王、李二人的行为构成(间接)故意杀人罪。经上诉,二审法院改判为过失致人死亡罪。

本案要点:二审法院认为,王、李二人预见到其行为可能产生的后果,却自以为是地认为在其离开后被害人会返回上岸,最终导致被害人溺水死亡。王、李二人的行为已经表现出不希望被害人死亡的明确意愿,不具有既不追求也不反对的主观心态,不属于不作为的间接故意犯罪。

【练习】甲是某搬运场司机,在搬运场驾车作业时违反操作规程,不慎将另一职工轧死。对甲的行为应当如何处理?

答:应当按重大责任事故罪处理。

(1)过失的认定。本题中"违反操作规程"的事实是认定过失的主要依据。罪责的本质是对自己行为所造成的损害存在应受责备的心态。具体到个案还是相当难把握。业务过失判断,主要看有没有"违规、违章",这既是业务过失的客观行为表现,也是判断业务过失的主要依据,即所谓过失判断客观化。至于普通过失判断,即在日常生活中发生问题,通常根据行为有没有违法、违反社会生活基本准则判断。

(2)对过失致人死亡的法律适用。《刑法》第 134 条重大责任事故罪、第 133 条交通肇事罪、第 233 条过失致人死亡罪均包含过失致人死亡的内容。甲"在搬运场驾车作业时违反操作规程"造成事故,符合第 134 条重大责任事故罪的要件,业务过失优先适用,排斥第 233 条(过失致人死亡罪)和第 133 条(交通肇事罪)的适用。

---

[1] 载《刑事审判参考》(总第 47 集),法律出版社 2005 年版,第 12 页。

第四节 犯罪的目的和动机

一、犯罪目的

犯罪目的，是指犯罪人希望通过实施某种犯罪行为实现某种犯罪结果的心理态度。根据法律对犯罪目的的表述和法律意义的差别，可分为"目的犯"和作为直接故意核心内容的犯罪目的。

（一）目的犯

有的分则条文对犯罪故意的内容或主观要件有特别的目的要求，并明文规定或予以提示，如《刑法》第240条第2款（拐卖妇女、儿童罪）规定须具有"以出卖为目的"，根据分则条文对这类犯罪主观要件在目的上有特别要求，称其为"目的犯"。"目的犯"属于分则条文对主观要件的特别规定，将某种特定目的作为构成该罪的主观要件。缺乏该特定目的，意味着不具备该罪的主观要件。《刑法》中常见的目的犯有：

1. "以营利为目的"：①《刑法》第217条侵犯著作权罪；②第218条销售侵权复制品罪；③第303条赌博罪。

2. "以牟利或者传播为目的"：《刑法》第152条走私淫秽物品罪。

3. "以牟利为目的"：①《刑法》第228条非法转让、倒卖土地使用权罪；②第265条盗接、盗用他人通信线路构成盗窃罪；③第326条倒卖文物罪；④第363条制作、复制、出版、贩卖、传播淫秽物品牟利罪。

4. "以非法占有为目的"：①《刑法》第192条集资诈骗罪；②第193条贷款诈骗罪；③第224条合同诈骗罪；等等。

5. "为谋取不正当利益"：①《刑法》第389条行贿罪；②第390条之一对有影响力的人行贿罪；③第391条对单位行贿罪；④第393条单位行贿罪；⑤第164条对非国家工作人员行贿罪。

其他还有《刑法》第239条绑架罪"以勒索财物"或其他不法利益为目的，第175条高利转贷罪的"以转贷牟利为目的"，第191条洗钱罪的"为掩饰、隐瞒其来源和性质"，第243条诬告陷害罪"意图使他人受刑事追究"，第269条抢劫罪"为窝藏赃物、抗拒抓捕或者毁灭罪证"，第276条破坏生产经营罪"由于泄愤报复或其他个人目的"，第305条伪证罪"意图陷害他人或者隐匿罪证的"，第319条骗取出境证件罪"为组织他人偷越国（边）境使用的"，等等。在上述场合，具备法律指明的特定目的是构成该罪的必要的主观要素。这类情形通常被称为"目的犯"，即仅证明有某种故意还不足以认定具备该罪主观要件，还必须证明具有该特定目的才能认定具备该罪的主观要件。

（二）作为直接故意内容的犯罪目的

由于犯罪目的是对危害结果的追求，而追求某种危害结果是某种犯罪直接故意的基本内容，故一般意义的犯罪目的可作为特定犯罪直接故意的基本内容掌握。比如，故意杀人罪直接故意的基本内容就是希望造成死亡结果，这希望他人死亡的犯罪目的同时也是直接故意杀人的基本内容。认定行为人具有希望他人死亡的目的，也就是认定行为人具有杀人的直接故意。

1. 对于某些只能惩罚直接故意的犯罪而言，具备某种目的是具备该罪直接故意的必要内容。如盗窃罪、抢劫罪、抢夺罪、敲诈勒索罪、诈骗罪以及某些金融诈骗罪等，其故意的内容通常当然包含"非法占有的目的"。在这些非法占有性质的侵犯财产罪只能由直接故意构成的场合，尽管在分则条文中没有明示"非法占有为目的"，但在学说和司法实务中，通常也解释为构成犯罪需具有该特定目的。因为在仅仅惩罚这些直接故意犯罪的场合，具备"非法占有目的"，是具备该犯罪直接故意的必要内容。所以，法律"明示"须具有某种目的的"目的犯"，具备该目的是构成要件，法律"没有明示"须具有某种特定目的的犯罪，未必该目的不是构成要件。在只惩罚该直接故意犯罪的场合，因为该目的是该罪直接故意的必要内容，会因为缺乏该特定目的而不具备该罪的故意而不构成犯罪。

2. 对于某些还应惩罚该罪间接故意犯罪的场合，则是否具有该罪特定目的不一定是构成要件。如故意杀人罪，行为人在放任而并非是希望造成死亡结果的场合，也可构成故意杀人罪。此时，行为人是否具有杀人的目的就不是故意的必要内容。

3. 犯罪目的只存在于直接故意犯罪中，间接故意和过失犯罪不存在犯罪目的，但可以有其他目的。

二、犯罪动机

（一）犯罪动机的一般意义

犯罪动机，是指推动犯罪人实施犯罪行为的内心起因。它说明犯罪人基于何种心理原因实施犯罪行为。同一犯罪行为可能出于各种不同的犯罪动机，如杀人可能出于奸情、仇恨、图财、激愤等不同的动机；同一犯罪动机也可能实施各种不同的犯罪，如仇视社会的心理可能推动人实施杀人、放火、爆炸等不同的犯罪。犯罪动机虽然一般不是犯罪构成的主观要素，但它反映了犯罪人的主观恶性，对量刑具有重要的意义。

（二）分则中犯罪动机的特殊意义

1. 作为构成要件要素。《刑法》第399条规定之徇私枉法罪"司法工作人员徇私枉法、徇情枉法"，具备这"徇私、徇情"动机显然是徇私枉法罪的要件，并且罪名中也通过"徇私"反映出来。《刑法》中其他法定以"徇私"作为构成要件的犯罪有：①第401条徇私舞弊减刑、假释、暂予监外执行罪；②第402条徇私舞弊不移交刑事案件罪；③第403条滥用管理公司、证券职权罪；④第404条徇私舞弊不征、少征税款罪；⑤第405条徇私舞弊发售发票、抵扣税款、出口退税罪和违法提供出口退税证罪；⑥第410条非法批准征收、征用、占用土地罪和非法低价出让国有土地使用权罪；⑦第411条放纵走私罪；⑧第412条商检徇私舞弊罪；⑨第413条动植物检疫徇私舞弊罪；⑩第414条放纵制售伪劣商品犯罪行为罪；⑪第418条招收公务员、学生徇私舞弊罪；⑫第169条徇私舞弊低价折股、出售国有资产罪。

2. 作为法定量刑情节。《刑法》第397条第2款规定"国家机关工作人员徇私舞弊，犯前款罪的，处……"第168条第3款规定"国有公司、企业、事业单位的工作人员，徇私舞弊，犯前两款罪的，依照第1款的规定从重处罚"。

（三）犯罪动机与犯罪目的的关系

从概念上而言，犯罪动机是推动行为人追求某种犯罪目的的原因，犯罪目的是行为人希望通过实施某种行为实现某种结果的心理态度。

1. 二者的联系在于：二者都是行为人实施危害行为过程中的主观心理活动，反映了行为人的主观恶性、人身危险性程度；犯罪目的以犯罪动机为前提和基础，犯罪动机促使犯罪目的形成，有时它们之间反映的需要是完全一致的。刑法注重行为人对犯罪结果的态度，因此，当行为人把某一犯罪结果作为其追求目标时，该心理内容就是犯罪目的。例如，甲为骗取保险金而杀害被保险人乙。对故意杀人罪而言，其犯罪目的是乙的死亡结果，骗取保险金是动机。但是对于保险诈骗罪而言，其骗取保险金是犯罪目的。脱离对犯罪结果的态度，难以确定犯罪的目的或动机。

2. 二者的区别在于：①从内容、性质、作用来看，犯罪动机比较抽象，是更为内在的发动犯罪的力量，起着推动犯罪实施的作用；犯罪目的则比较具体，起着为犯罪定向、确定目标和侵害程度的引导、指挥作用。②同一犯罪行为可能出于各种不同的犯罪动机，如杀人可能出于奸情、仇恨、图财、激愤等不同的动机；同一犯罪动机也可能实施各种不同的犯罪，如仇视社会的心理可能推动人实施杀人、放火、爆炸等不同的犯罪。③刑法关注的是犯罪目的，即行为人对危害结果的心理态度，因此犯罪目的能够反映行为人的整个犯罪进程，从而判断出行为人的行为形态，而犯罪动机一般不具有这种作用。

第五节 无罪过事件

一、法定的无罪过事件

法定的无罪过事件，是指《刑法》第16条规定的情况："行为在客观上虽然造成了损害结果，但是不是出于故意或者过失，而是由于不能抗拒或者不能预见的原因所引起的，不是犯罪。"法定的无罪过事件可以分为两种情况：意外事件和不可抗力。

刑法规定，如果无罪过（故意和过失），即使客观上造成损害也不认为是犯罪。这意味着我国刑法确定了主观（罪过）责任原则，实现了主客观相统一；摒弃了愚昧的结果责任制度，禁止客观归罪。所谓结果责任，是指只要造成损害结果，无论行为人有无罪过（故意和过失），都必须追究刑事责任。结果责任仅根据客观损害就能够定罪处罚，不考虑罪过有无，往往会作出不合情理的处罚，不仅苛刻而且缺乏道义的根据。

（一）刑法上的意外事件

刑法上的意外事件，是指行为在客观上虽然造成了损害结果，但不是出于行为人的故意或者过失，而是由于不能预见的原因所引起的，不是犯罪。

意外事件具有三个特征：①行为在客观上造成了损害结果；②行为人对自己行为所造成的结果既无故意也无过失；③这种损害结果的发生是由于不能预见的原因引起的。

所谓不能预见的原因，是指行为人没有预见，而且根据当时的客观情况和行为人的主观认识能力，也不可能预见的原因。例如，甲驾驶南京 130 型、载重量为 25 吨的货车以一档时速与其他车辆会车时，由于前、后轮所处的右边路基垮塌，导致所驾驶的货车翻于路外 9 米深的乱石之中，致 2 人死亡、1 人重伤。法院认为甲对该交通事故的发生，既不具有故意也不是出于过失，而是由于路基垮塌这一不能预见的原因所致，为此宣告被告人无罪。

意外事件与疏忽大意的过失既有相似之处，又有本质的区别。[1]

（二）刑法上的不可抗力

刑法上的不可抗力，是指行为在客观上虽然造成了损害结果，但不是出于行为人的故意或者过失，而是由于不能抗拒的原因所引起的，不是犯罪。

所谓"不能抗拒"，包含两方面的意思：一方面，行为人主观上已经认识到自己的行为可能造成损害结果；另一方面，行为人遭遇到集全部智慧和力量都无法抗衡的力量，以致不可能阻止它所引起的损害结果。这种不可抗力的来源是多方面的，可以来自大自然，如地震、火山爆发、洪水泛滥、江河决堤等；也可以来自他人，如遇到土匪袭击等；也可以来自牲畜，如惊马冲撞等；也可以来自行为人本人生理或心理的障碍，如心脏病发作、幻听幻觉、出现精神失常等。

二、学理上的无罪过事件

（一）欠缺期待可能性

1. 期待可能性的概念。期待可能性，是指行为人在行为时存在履行守法义务并避免实施犯罪行为的可能性。如果存在这种可能性，则应当负刑事责任；如果不存在这种可能性，则可成为排除责任的事由，免除或减轻刑事责任。其道理是：法不仅仅是人们"应当"（或被期待）遵从的东西，而且是人们"能够"（或有被期待可能性）遵从的东西。法设定了人们应当做什么和不应当做什么的准则，如果某项法律规定是常人在常态下都没有能力或条件遵从的，则该项规定的要求过高，该法规

---

[1] 关于意外事件与疏忽大意的过失间的联系与区别，详见本章第三节第三部分"过失的认定"。

范自身缺乏期待可能性，属于苛刻的立法；如果个案中出现了非正常的事态，以至于该案的行为人没有能力遵从法规范，则对该案中的行为人缺乏期待可能性，判决行为人承担刑事责任属于苛刻的司法。其基本精神是法不应该要求人们做办不到的事情。其效果是当人在实施犯罪行为面前没有守法或避免违法的能力或条件时，尽管存在故意或过失的心理，也可考虑免除或减轻责任。

2. 期待可能性理论的缘起。期待可能性理论源于德国，其产生、演变涉及西方刑法学的责任本质、责任论结构、责任要素乃至犯罪论体系。对此，不妨看看日本学者的概括：期待可能性"在诞生史上，是站在古典学派的立场上，意图修正与道义责任论相结合的心理责任论的缺陷而提倡规范责任论"[1] 而形成的责任要素、责任观念。通过这句话可知，深入了解期待可能性理论需要具备西方刑法学的基础。为了简明起见，先从引发这个理论的个案说起。

期待可能性的思想，源于德国的"癖马案"判例：[2]

被告人是马车店的车夫。该马车店有一匹马常常因为尾巴缠住缰绳而受惊狂奔，极易发生事故。被告人了解该马的危险习性，当老板安排他驾驭该马前往街区运营时，就要求老板换用其他马匹。老板拒绝了被告人的换马要求，并以解雇相威胁。被告人只好服从老板的安排。当他驾驭该"癖马"到街头运营，该马果然恶癖发作无法控制，将人撞伤。检察官指控被告人犯过失伤害罪，原审法院宣告被告无罪，帝国法院维持原审无罪判决。其理由是：被告人拒绝老板的安排就会失去工作。如果认为被告人即使丢掉饭碗也应当拒绝老板的安排，（国家、社会）对被告人在这种场合作这样的（守法义务）要求显属过分，故认为被告人无罪。

"癖马案"的法律要点主要有以下两方面：

（1）本案被告人主观对客观损害结果（车祸）有没有"已经预见但轻信能避免"的（过失）心理？有！传统的责任观念（心理责任论），把责任归结为行为人主观认识与外界客观事物（主要是损害结果）的心理关系。过失是一种心理现象，即应当预见自己的行为可能发生危害社会的结果，因为疏忽大意而没有预见，或者已经预见而轻信能够避免，以致发生这种结果的心理状态。行为人对行为及其结果有这样的心理认识就应承担过失罪责（心理责任论）。本案被告人已经预见到驾驭该"癖马"可能发生事故（危害结果），仍然驾驭该马并造成危害结果，就其内在心理状态与外部事实（车祸）之间的对应关系而言，完全符合"过于自信过失"的法律标准。按照传统的责任观念（心理责任论）足以认定被告人对车祸具备过失心理。

---

[1] ［日］大塚仁著，冯军译：《刑法概说：总论》，中国人民大学出版社2003年版，第380页。
[2] "癖马案"是1897年3月23日德意志帝国法院第四刑事部的判例，关于此案的述评见：［德］克劳斯·罗克辛著，王世洲译：《德国刑法学总论——犯罪原理的基础构造》（第1卷），法律出版社2005年版，第741页；［日］大塚仁著，冯军译：《刑法概说：总论》，中国人民大学出版社2003年版，第380页。此处对本案的介绍源于前述二书。

假如读者也认为本案被告人有过失,应负刑事责任,并没有错,因为按照期待可能性理论产生前的责任观念就是可以认定具备过失(心态)的。这恰恰是本判例成为著名判例、带来观念革新之处。传统观念把行为人对行为及其结果的心理作为主观归责的唯一根据,本判例一反传统观念,不是根据被告人对"车祸"结果有所谓的"已经预见但轻信能避免"的心理就简单认定其应承担过失罪责,而是认为被告人在面临"丢饭碗"与"冒险驾车作业"之间的选择时,要求被告人宁可选择丢饭碗也不选择冒险驾车实属过分,故认为被告人无罪。后来,学者对此案进一步演绎、发挥,形成规范责任论。

(2) 本案被告人是否应受到谴责(非难、责备)?很微弱!"癖马案"被告人有传统责任观念意义上的轻信过失,但处罚他又令人感到于心不忍,二者的冲突触发了反思传统责任观念、进一步探索责任本质的灵感:责任不单纯是行为人对自己的行为及其危害结果的故意、过失心理,仅凭这种心理事实不能完全满足"合理归责"的要求。责任的本质应当是行为人对自己的行为及其危害结果应受谴责(非难、责备)性。本案被告人具备过失心理事实却令人感到不应受到责备,暴露了传统(心理)责任论的缺陷,本案被告人无罪不是因为他没有传统意义的过失心理,而是因为他不应当受到非难。

基于上述分析可知,"癖马案"对责任论的影响主要有以下两方面:

影响之一:区分了"心理事实"和对心理事实的"规范评价"。

(1) 心理责任论。"心理责任论认为责任的实体是行为人的心理关系,基于其心理关系的不同,把责任的形式分为以对犯罪事实的现实认识乃至意欲为内容的故意和以其可能性为要素的过失,除了责任能力之外,具备这种故意或者过失时,就可以追究行为人的责任。"[1]

按照心理责任论,责任包括二要素:①责任能力,即辨认、控制自己行为的能力;②责任心理,即故意或过失。有责任能力者对违法事实具备故意或者过失就具备责任,这是心理责任论的要点,它从19世纪至20世纪初即在规范责任论产生之前一直居于支配地位。

(2) 可谴责性与"第三"责任要素:"期待可能性"。学者们发现,心理责任论把责任归结为故意·过失心理,还只是停留在心理现象层面上,不足以充分、合理地解决责任问题。因此进一步寻求责任的本质和要素。弗兰克(Reinrhad Frank)在1907年提出"责任是应受谴责性",[2] 取得了突破性进展。与此相应,他提出责任要素应当是三个,即:责任能力;责任心理;期待可能性。因为仅凭故意·过失心理未必能确定行为人就其违法行为应受谴责,"癖马案"就证实了这一点,该案要点是被告人有责任能力、过失心理但缺乏可谴责性。缺乏可谴责性的原因在于:被告

---

[1] [日] 大塚仁著,冯军译:《刑法概说:总论》,中国人民大学出版社2003年版,第378页。
[2] 李海东:《刑法原理入门:犯罪论基础》,法律出版社1998年版,第103页。

人在当时处境下实施违法行为实属无奈，为此给予责难过于苛刻。因此"责任的实体是行为人应该并且能够采取其他态度，却竟然做出违反该期待的行为"[1]。

（3）期待可能性与规范责任论。期待可能性理论最初是因"情理"与"法理"冲突而产生的修正法理（心理责任论）的理论。这一修正把"规范"引进了责任论。所谓"规范"，通俗说就是规矩、准则。社会有序运行依赖该准则在两方面发挥作用：一方面，对社会而言，树立了客观的评判是非对错的标准（评价规范），用以评判人的外部行为是否适当；另一方面，对个人而言，提出了按照该标准正确行事的命令或要求（命令规范），使个人有义务遵循（义务规范）。期待可能性理论把责任评价的重点转移到是否能够满足"守法要求"上，这一重点的转移，相对于心理责任论产生了三种说法：

第一，"把责任概念移到了对于心理现象以规范命令为基础价值评价上来，这种责任认识被称为规范责任论"[2]。因为守规矩的"要求"不是事实而是价值，有没有满足某种要求，需要依据一定的价值准则进行评价才能得出结论。期待可能性理论正是在这个意义上把规范引入责任论。关于期待可能性，虽然存在诸多争议，但学说普遍认同规范责任论的基本点，即责任的本质是从规范角度对心理事实加以非难的可能性。"罪责概念存在于涉及人类行为（评价目的）的规范范围内……只是违法行为招致法制社会对自己的责难，也即构成法秩序意义上的责任。"[3] 彻底的规范责任论，将故意中的构成要件事实认识和过失中违反客观注意义务等主观内容从责任论中剥离归入构成要件论，使（构成要件故意·过失）"心理事实"成为规范评价对象，应受谴责性（有责性）的成立要素"变成了责任能力、不法意识的可能性与正当行为的期待可能性三个方面，从而使规范责任论成为理论逻辑上连贯一致的纯粹的规范责任学说"[4]。

第二，既然是"要求"，就有要求"是否合理"的问题。如果要求过高，强人所难，就会与公众情感发生冲突，甚至丧失公众对法的信任和服从。期待可能性正是从这个角度对人不得已而为之的行为提供救济的渠道。"期待可能性指的是，刑法不应处罚根据行为时具体情况行为人不可避免的行为。换言之，刑法只应处罚可以期待行为人这样做而不那样做的行为，即期待可能的行为。"[5]

第三，把"随附事情的正常性"这样的客观内容引入责任认定中。规范是按照一般情形设定并要求公民一体遵循的。传统的责任论认为故意·过失地违法就应当负责任，忽视人作出违法决定的特定处境，以至于不能合理解决"癖马案"的责任

---

[1] [日] 大塚仁著，冯军译：《刑法概说：总论》，中国人民大学出版社 2003 年版，第 379 页。
[2] 李海东：《刑法原理入门：犯罪论基础》，法律出版社 1998 年版，第 103 页。
[3] [德] 李斯特著，徐久生译：《德国刑法教科书》，法律出版社 2000 年版，第 252 页。
[4] 李海东：《刑法原理入门：犯罪论基础》，法律出版社 1998 年版，第 103 页。
[5] 李海东：《刑法原理入门：犯罪论基础》，法律出版社 1998 年版，第 153 页。

问题。为此，期待可能性理论提出仅有故意·过失的心理未必能合理解决责任，还须考虑"随附事情的正常性"。所谓随附事情，是指行为人作出违法行为意思决定时的处境。该处境正常，表明能够期待行为人选择适法行为；若该处境异常，则可能不能期待行为人选择适法行为。这种作决定的特定"处境"是行为时的外部情况，是对具体环境如何影响行为人心理的评价。公民没有按照规范的命令行事的，承担责任时须以"随附事情的正常性"为前提，这正是期待可能性理论的创新。

影响之二：引起了责任论乃至犯罪论体系的变革。

欧陆传统的犯罪论体系遵循"违法是客观的、责任是主观的"思路，把客观要素统统归入构成要件符合性和违法性要件中，而把主观要素故意·过失统统归入责任要件中。一方面，规范责任论将故意·过失视为心理事实，从而把它们从专属责任要素的成见中解脱出来，使其也可以成为构成要件、违法要素，打破了"违法是客观的"传统观念；另一方面，规范责任论提出违反守法义务（有期待的可能性）当作责任的客观基础，使责任评价由心理评价转为规范评价，评价的标准具有客观性，从而打破了"责任是主观的"传统见解。不仅在责任论中谈论故意·过失，而且在构成要件论和违法性论中谈论故意·过失，比如有"构成要件故意·过失""主观的违法要素""责任故意·过失"等概念。在责任论中，责任由故意·过失的心理事实认定逐步转向"违法意识"和产生"违法意识的可能性"。

3. 期待可能性的适用。

（1）期待可能性的判断标准。"关于判断是否存在适法行为的期待可能性的标准，从来存在对立的见解"：[1]

第一，国家标准说，主张应当以期待行为人实施适法行为一方的国家或国法秩序为标准，考虑其具体要求。其理由是：国家是期待的主体，公民是期待的对象，国家对公民抱有守法的期待，应当根据行为人在特定处境下应当采取的态度确定。

第二，平均人标准说，主张把平均人放到行为人的处境，看是否能够期待他们实施适法行为，根据平均人是否会实施与行为者同样的行为来确定。在日本，通说和判例采平均人标准说。

第三，行为人标准说，主张以行为人自身的具体情况为标准，根据此人在此情此景之下是否能够实施适法行为来确定。其理由是：期待可能性理论产生的动因或初衷就是体恤行为人在特定处境下缺乏选择适法行为的可能性，自然应当以行为人个人的情况为标准确定是否具备可谴责性。行为人虽然不能满足国家的期待或不能达到常人的水平，但确实情有可原，可在司法上通过期待可能性理论予以救济。不过对此说也存在批评的意见，认为这一标准似乎过于迁就行为人，可能导致司法软弱。

---

[1] [日]大塚仁著，冯军译：《刑法概说：总论》，中国人民大学出版社2003年版，第378页。

(2) 期待可能性的适用范围：

第一，主要适用于过失行为和不作为行为。"今天，人们完全承认非过分性要求是过失构成行为中排除罪责的情况。"[1] 此外，执行命令的行为、受暴力强制的行为、紧急避险行为也可能涉及期待可能性的观念。

第二，通常不适用于故意行为。正常行为的期待不可能作为过失行为责任的阻却事由，这在理论与判例中得到了广泛承认；但是作为对故意行为阻却或减轻责任的事由，"为目前的刑法理论界所基本否定"。"因为在故意行为中，无论行为人处于多么强的压力下，除非法律允许的例外情况，服从法律都是绝对的要求。"[2]

第三，期待不可能既可以是阻却责任的事由也可以是减轻责任的事由。通常认为期待不可能应属于法规范围内的阻却责任事由，不宜作为超法规的责任阻却事由。

4. 期待可能性在责任论中的体系地位。期待可能性是责任要素，学者对于期待可能性在责任论中的位置有三种不同安排：

(1) 将它作为与责任能力、故意·过失并列的第三种责任要素。

(2) 将期待可能性纳入故意·过失之中，作为故意·过失的构成要素。

(3) 将期待可能性作为责任的例外要素，具有故意·过失通常认为有责任，如果没有期待可能性可作为特殊的阻却责任事由。此为通说。

5. 期待可能性理论的借鉴意义。期待可能性理论在中国的制度背景中，也有一定的局限性。中国严格区分刑事犯罪与行政违法的二元法律结构，导致"刑事门槛"很高，挤压了期待可能性观念适用的空间。《刑法》第13条但书规定"情节显著轻微危害不大的，不认为是犯罪"，与此相应，盗窃、诈骗、敲诈勒索、侵占、故意毁损财物不够数额较大的，故意伤害致人轻微伤的，侮辱、诽谤、枉法裁判情节不够严重的，虐待、遗弃、寻衅滋事情节不够恶劣的，等等，均做"非罪化"处理。行政处罚挤压了刑事处罚的空间，需要适用期待可能性排除罪责的案件大多早已被高耸的刑事门槛提前阻却在刑事责任范围之外，几乎轮不到刑法来给国民的脆弱人性倾注同情之泪。相反，大量与犯罪行为同质的治安违法行为，比如盗窃、诈骗、伤害，仅仅因为罪量程度较低而不被认为是犯罪，使罪犯没有受到严肃认真的非难、谴责，败坏了社会的规范意识。我国刑法当前突出的问题是在这方面谦抑有余而计较不足。

我国学说需要加强责任的规范评价意识。中国犯罪论体系（通说）尚停留在心理责任论阶段。我国学说存在"罪过"观念，与可谴责性或可非难性的责任本质观念一致，但对故意·过失心理事实作罪过性终局评价，导致所谓"罪过"在理论体系上没有具体位置，认定故意·过失心理，基本等同于认定"罪过"。这导致责任评

---

[1] [德] 克劳斯·罗克辛著，王世洲译：《德国刑法学总论——犯罪原理的基础构造》（第1卷），法律出版社2005年版，第741页。

[2] 李海东：《刑法原理入门：犯罪论基础》，法律出版社1998年版，第154页。

价意识的淡薄，有必要在体系上确立罪责本质、罪责评价的地位。

(二) 欠缺违法性认识可能性

1. 欠缺违法性认识可能性的法律效果。如前所述，根据我国通说"假想的无罪"原则上不能成为免除故意罪责的理由，这意味着还是允许有例外存在的。这种例外一般是指行为人欠缺违法性认识的可能性，即"假想的无罪"不可避免。行为人"不具有违法性认识的可能性时，不能对其进行法的非难。具有违法性认识的可能性时，才能产生反对动机（遵从法的动机），对行为人而言才具有他行为可能性，法律才能要求他放弃实施构成要件行为，进而才具有非难可能性；不可能知道自己的行为被法律禁止的人，不能产生反对动机，不能从法律上要求他放弃该行为，因而不能追究其责任。唯有如此，才能保障行为人的行动自由"[1]。

关于欠缺违法性认识的法律效果，欧陆刑法理论大体经历了一个由"直接阻却故意"到"虽不阻却故意但阻却罪责"的变迁过程。早期理论将违法性认识与事实性认识一样作为故意的构成性要素。从这一立场出发，一旦发生"假想的无罪"（法律认识错误），即阻却犯罪故意的成立。后来人们逐渐认识到，违法性认识是独立于故意的另一罪责要素。从这一立场出发，法律认识错误被区分为"可避免"的错误与"不可避免"的错误，在法律认识错误不可避免（欠缺违法性认识的可能性）时，可以阻却罪责，进而影响犯罪的成立。

2. 违法性认识可能性的判断。对于违法性认识可能性的判断，在自然犯和法定犯的场合应当分别掌握。在自然犯的场合，一般人凭借常识、常理、常情在绝大多数情况下能够察觉到自然犯的违法性（有违法性认识的可能性），但在法定犯的场合，由于"法定犯在政治社会的要求下，体现了超常性的一面"，所以，它"不似自然犯那样贴近人们的常识、常理、常情"，通常"需要以一次行政法规范调整为基础"[2]。如果行为人不了解相应的行政法规，一般就不可能了解法定犯的违法性。此时若还对行为人予以谴责，就显得过于苛刻，也无道义根据。

有学者针对法定犯违法性认识的特点，提出判断违法性认识可能性的两个标准：一是行为人有没有认识的机会，具体审查三点：①行为人对于行为的法律性质是否存在怀疑；②是否知道或应当知道自己的行业可能受到某些特殊的法律规范调整；③行为人是否认识到自己行为的社会危害性。二是行为人有没有努力去查明法律以避免错误。[3]

3. 违法性认识可能性理论的实践意义。1997年《刑法》修订之后，随着中国社会各个领域改革进程的深入，大量超出中心领域的、仅凭普通人的生活常识、常理、

---

[1] 张明楷：《刑法学》，法律出版社2016年版，第322页。
[2] 胡业勋、郑浩文："自然犯与法定犯的区别：法定犯的超常性"，载《中国刑事法杂志》2013年第12期。
[3] 车浩："法定犯时代的违法性认识错误"，载《清华法学》2015年第4期。

常情难以轻易而知的法定犯规定不断涌现，修法频率日益加快，价值观逐渐多元，法秩序边界的不稳定程度也日益加深，未能认识或根本就难以及时认识法律的普通人数量剧增。此时若再坚持绝对的违法性认识不要说的观念，认为"假想的无罪"无论如何不可能排除罪责，就必然会与现代法制要求的责任主义原则相悖。当这种冲突广泛存在时，就有可能严重危及整个法秩序的正当性基础。

近几年来，我国社会中出现了多起轰动性的刑事案件，如赵春华摆射击游艺摊被判非法持有枪支案，王力军无证收购玉米被判非法经营案，河南秦某采摘兰草被判非法采伐国家重点保护植物案，王鹏养售鹦鹉被判非法收购、出售珍贵、濒危野生动物案，等等。上述案件的共性是：被告人辩称"根本没想到自己的行为是犯罪"的说法得到舆论广泛同情。公众普遍感觉到自己与这些被告人一样，对于涉案行为的违法性问题并不知晓也不可能知晓。而法院罔顾被告人从自身实际情况出发所做的辩解而直接得出有罪结论，与普通民众的正义直觉产生了明显冲突。大家对被告人的行为构成犯罪感到错愕，由此对司法判决的定罪结论产生强烈的质疑和抵触。

诚然，实务部门担心一旦开了口子，"不知法"会成为供被告人脱罪的"万金油"。但怀有这种担忧并不意味着必须全面压制违法性认识理论的生存空间。限制性地肯定"不能知法"在排除或减轻罪责方面的作用，既有助于维护普通人的正义直觉（基本的法秩序），又能照顾到刑法的规制效果。

第六章
犯罪主体

第一节 犯罪主体概述

一、犯罪主体的概念

犯罪主体是指实施犯罪行为，并且应当对自己的罪行依法负刑事责任的人。

（一）犯罪主体必须是人

动物或者其他的物体不能成为犯罪主体。在历史上，虽然有惩罚动物甚至惩罚植物、物品、自然现象的事例，但是在现代社会中已经抛弃了这种愚昧的做法。动物侵袭人身或者毁坏财物造成损害的，动物本身依法不能承担刑事责任；人利用动物犯罪的，人是犯罪的主体，动物不是犯罪主体。

这里所说的"人"，既包括自然人也包括单位。在经典的刑法理论中，极端崇尚个人责任原则，反对团体责任或者集体责任。因此犯罪主体只能是自然人，不能包括法人或者单位。我国1979年《刑法》中规定的犯罪主体只有自然人，就反映了这样的观念。但是，因为单位犯罪特别是在经济领域内以单位面目出现的犯罪现象极为严重，只处罚单位中的特定自然人不能有效打击犯罪，还需要同时处罚单位。相应地，在刑法学说和制度上，逐渐承认了单位犯罪的观念、确立了对单位犯罪的惩罚。我国现行刑法典规定的犯罪主体既包括自然人也包括单位。

（二）犯罪主体是实施了犯罪行为的人

没有实行犯罪行为的人，不能成为犯罪主体。无论是自然人还是单位，都是社会活动的主体，有资格从事各种各样的活动。如果人从事合法、正当的活动，就不是犯罪的主体。只有当人实行了犯罪活动，违反了刑事法律，才有可能成为犯罪主体。在单位（法人）犯罪中，单位通过其直接负责的主管人员和直接责任人员实行犯罪行为。

（三）犯罪主体是依法应当对自己的罪行负刑事责任的人

犯罪主体同时还是负刑事责任的主体。即使实行了犯罪行为的人，如果缺乏承担刑事责任的能力，也不能成为犯罪主体。没有达到刑事责任年龄的少年儿童，完全丧失辨认或控制能力的精神病人，因为没有承担刑事责任的能力，即使侵害了刑法所保护的社会利益，也不能被认为是犯罪主体。另外，在单位犯罪的场合，该单位中对单位犯罪没有责任的自然人（成员），不负刑事责任，不是犯罪主体。

二、刑事责任能力与罪过责任原则

刑事责任能力，是指认识自己行为的社会性质及其意义并控制和支配自己行为的能力。简言之，就是辨认和控制自己行为的能力。所谓辨认能力，是指一个人认识自己特定行为的社会性质、意义和后果的能力，包括对事实真相本身的认识能力和对事实是非善恶评价的认识能力。所谓控制能力，是指一个人按照自己的意志控制和支配自己行为的能力。辨认和控制能力必须同时具备，才认为具备了刑事责任能力。辨认能力或控制能力完全丧失其一的，认为没有刑事责任能力。

罪过责任原则要求犯罪主体必须具有刑事责任能力，这与刑法的罪责观念和制度有关。刑法制度走向文明的重要标志之一是产生了罪责的观念并建立起相应的制度，其中包括刑事责任能力制度。所谓罪责的观念，是指要求行为人对自己的不法行为及其结果负刑事责任，必须要求行为人在主观上有罪过，即具有可责备之处。比如，对违法犯罪"知其不可为而为之"（故意），或者"知其应避免却没有避免"（过失），这种不服从法律、不遵守规矩的态度应当受到谴责和否定。如果行为造成了损害却没有任何可责备的，则不能令行为人对其不法行为及其结果负刑事责任。人明白事理并控制自己选择合法行为、避免违法行为的能力是具备这样的可谴责心理的前提。现代刑法日渐重视保护社会、预防犯罪，刑事责任能力还被理解为行为人能够接受刑罚的教育改造作用的能力。

人需要经过一个成长过程才能逐渐成熟"懂事"，逐渐具有这种能力。年幼的人心智尚未成熟，不懂事理，缺乏对违法犯罪行为"知其不可为"或者"知其应避免"的认识能力，或者虽然能够认识但缺乏自控能力，他们的所作所为即使损害了社会也没有必要适用刑法处罚。只有当人随着年龄的增长心智成熟起来，具备辨认、控制能力时，知其不可为而为之或者知其应避免却不避免以至于危害社会的，才有所谓的罪过，才有应予谴责性可言。所以，行为人必须达到具备辨认、控制自己行为的年龄才对刑事不法行为及其结果负刑事责任。

另外，有些人可能因为精神病等缘故，即使达到一定的年龄仍然缺乏正常的辨认、控制能力。因此，人生长到一定的年龄且具有正常的辨认、控制能力，是具备罪过心理的生理条件。行为人只有在具有这种辨认和控制自己行为的能力的情况下，有意识地实施危害社会的行为，才能成立犯罪，并对自己的行为负刑事责任。在我国刑法上，刑事责任能力既是犯罪能力又是负刑事责任的能力。

第二节　自然人

自然人犯罪主体，是指达到法定刑事责任年龄、具有刑事责任能力、实施了犯罪行为的自然人。自然人犯罪主体的一般要件是由刑法总则规定的：①必须达到法定的刑事责任年龄（《刑法》第17条）；②必须具有刑事责任能力即具有辨认和控制自己行为的能力（《刑法》第18条）。这两个要件既是行为人承担刑事责任的必要条件，也是行为人成为犯罪主体的必要条件。

一、刑事责任年龄

（一）刑事责任年龄的概念

刑事责任年龄是指法律所规定的行为人（自然人）对自己的犯罪行为负刑事责任必须达到的年龄。

（二）我国刑法关于刑事责任年龄的规定

人成长到何时才具有刑事责任能力？这是立法设置问题。我国现行刑法规定刑事责任年龄的主要根据是：①我国青少年心智成熟的情况；②国家对待青少年应采取的刑事政策。我国对青少年的一贯刑事政策是：重视保护少年儿童的身心健康的全面发展，对违法犯罪的失足少年，采取"教育为主、惩罚为辅"的方针。刑事责任年龄制度的理念根据是罪责观念，即懂规矩的人却不守规矩应当受到非难，年幼无知不懂规矩，所以即使违反规矩也不应该受到非难。问题在于达到一定年龄的人，比如十二三岁的人，对刑法中的许多犯罪行为事实上具有辨认、控制能力，如对盗窃、抢劫行为，即使如此，因为他没有达到法律规定的刑事责任年龄也不负刑事责任。因为立法不仅仅根据心智成熟状况确定刑事责任年龄，还要根据国家的青少年刑事政策确定。

我国《刑法》第17条对刑事责任年龄作了如下的具体规定：

1. 已满16周岁的人犯罪，应当负刑事责任。这是完全负刑事责任年龄阶段。已满16周岁的人，体力和智力已基本成熟，也具有相当的社会知识、经验以及守法意识，完全能够认识到违法犯罪行为在道义上应受谴责，在法律上被禁止，并且能够约束自己遵守法律规范，不去违法犯罪。因此，法律规定已满16周岁的人应当对自己实施的刑法中规定的任何犯罪负刑事责任。

2. 已满14周岁不满16周岁的人，犯故意杀人、故意伤害致人重伤或者死亡、强奸、抢劫、贩卖毒品、放火、爆炸、投毒罪[1]的，应当负刑事责任。这是相对负刑事责任年龄阶段。处在此年龄阶段的人只对法律明文列举的上述几种犯罪负刑事责任，而对其他犯罪不负刑事责任。已满14周岁不满16周岁的人，已经具有一定的辨认和控制能力。他们对于刑法中规定的性质极其严重且恶性极其明显的犯罪，应当足以认识其犯罪性并约束自己不实施这样的行为。刑法中还有一些罪行也很严重，如劫持航空器罪，武装叛乱、暴乱罪，等等，刑法没有规定进去。可见，刑法列举上述几种犯罪，除考虑犯罪的严重性外，还考虑了犯罪的常发性。关于相对刑事责任年龄应注意以下几点：

---

[1] 这里的"投毒罪"经《刑法修正案（三）》修订后，增加了投放放射性、传染病病原体等危险物质的内容，因而司法解释将罪名相应地修改为"投放危险物质罪"。

(1) 已满 14 周岁不满 16 周岁的人应负刑事责任的范围。全国人大常委会法工委曾给最高人民检察院答复：《刑法》第 17 条第 2 款规定的 8 种犯罪，是指具体犯罪行为而不是具体罪名。对于《刑法》第 17 条中规定的"犯故意杀人、故意伤害致人重伤或者死亡"，是指只要故意实施了杀人、伤害行为并且造成了致人重伤、死亡后果的，都应负刑事责任，而不是指只有犯故意杀人罪、故意伤害罪的才负刑事责任，绑架中撕票（杀人）的就不负刑事责任。对司法实践中出现的已满 14 周岁不满 16 周岁的人绑架人质后杀害被绑架人，拐卖妇女、儿童而故意造成被拐卖妇女、儿童重伤或死亡的行为，依据刑法是应当追究其刑事责任的。[1] 该答复明确第 17 条第 2 款规定的是 8 种行为而非 8 个罪名，对此，有学者评论：这"不能不说是一种扩大解释"。[2] 对于第 17 条第 2 款规定的"抢劫"，通常理解为《刑法》第 263 条之抢劫（财物）罪，自该答复明确是 8 种"行为"后，应该也能包括《刑法》第 127 条第 2 款之抢劫枪支、弹药、爆炸物罪。

(2) "罪名"根据第 17 条列举的 8 种行为确定。已满 14 周岁不满 16 周岁的人实施《刑法》第 17 条第 2 款规定以外的行为，如果同时触犯了《刑法》第 17 条第 2 款规定的，应当依照《刑法》第 17 条第 2 款的规定确定罪名，定罪处罚。[3] 据此，已满 14 周岁不满 16 周岁的人如在绑架中杀伤人质的，拐卖妇女、儿童而故意造成被拐卖妇女、儿童重伤或死亡的，定故意杀人罪或故意伤害罪；拐卖妇女又强奸妇女的，定强奸罪。

(3) 已满 14 周岁不满 16 周岁的人对绑架行为不负刑事责任；对涉及"毒品"的犯罪，仅对"贩卖"毒品行为负刑事责任，对其他涉毒罪行不负刑事责任。

(4) 不适用《刑法》第 269 条的规定。根据司法解释，已满 14 周岁不满 16 周岁的人盗窃、诈骗、抢夺他人财物，为窝藏赃物、抗拒抓捕或者毁灭罪证，当场使用暴力，故意伤害致人重伤或者死亡，或者故意杀人的，应当分别以故意伤害罪或者故意杀人罪定罪处罚。[4] 其理由大概是，不满 16 周岁的人对盗窃、诈骗、抢夺行为不负刑事责任，不符合《刑法》第 269 条之"犯盗窃、诈骗、抢夺罪"的前提条件，故不能"转化"为抢劫罪。已满 16 周岁不满 18 周岁的人犯盗窃、诈骗、抢夺罪，为窝藏赃物、抗拒抓捕或者毁灭罪证而当场使用暴力或者以暴力相威胁的，应当依照《刑法》第 269 条的规定定罪处罚；情节轻微的，可不以抢劫罪定罪处罚。

对已满 14 周岁不满 16 周岁的人是否适用《刑法》第 267 条第 2 款之"携带凶器抢夺的"以抢劫罪论处的规定？尚无定说。如果把第 17 条第 2 款列举的犯罪理解为"行为"，对他们不应当适用第 267 条第 2 款的规定。因为第 267 条第 2 款属于拟制规

---

[1] 2002 年 7 月 24 日全国人民代表大会常务委员会法制工作委员会《相对刑事责任范围的意见》。
[2] 陈兴良：《陈兴良刑法学教科书之规范刑法学》，中国政法大学出版社 2003 年版，第 79 页。
[3] 2006 年 1 月 11 日最高人民法院《审理未成年人刑案解释》第 5 条。
[4] 2006 年 1 月 11 日最高人民法院《审理未成年人刑案解释》第 10 条第 1 款。

定,把不是抢劫行为的"携带凶器抢夺的"行为依照抢劫罪定罪处罚。若抢劫行为当然包含"携带凶器抢夺",或"携带凶器抢夺"当然属于抢劫行为,则刑法没有作此特别规定的必要。

(5)酌情不追究刑事责任的情形。根据司法解释,已满14周岁不满16周岁的人偶尔与幼女发生性行为,情节轻微、未造成严重后果的,不认为是犯罪。[1]

已满14周岁不满16周岁的人使用轻微暴力或者威胁,强行索要其他未成年人随身携带的生活、学习用品或者钱财数量不大,且未造成被害人轻微伤以上或者不敢正常到校学习、生活等危害后果的,不认为是犯罪。已满16周岁不满18周岁的人具有上述情形的,一般也不认为是犯罪。[2]

3. 不满14周岁的人,不负刑事责任。这是完全不负刑事责任年龄阶段。

4. 已满14周岁不满18周岁的人犯罪,应当从轻或者减轻处罚。这是减轻刑事责任年龄阶段。按照2017年3月9日最高人民法院发布的《关于常见犯罪的量刑指导意见》,其中,14~16周岁的可减少基准刑30%~60%;16~18周岁的可以减少基准刑的10%~50%。不满18周岁的人尚未成年,一方面,他们的辨认、控制能力较弱,主观恶性和人身危险性较成年人要小一些;另一方面,国家对未成年人采取"教育改造为主、惩罚为辅"的刑事政策。所以,对未成年的犯罪人应当从轻、减轻处罚。

5. 因不满16周岁不予刑事处罚的,责令他的家长或者监护人加以管教,在必要时也可以由政府收容教养。这项规定表明,对于未达到刑事责任年龄而危害社会的人,虽然不能追究刑事责任、予以刑罚处罚,但是可以采取其他的措施予以监管、约束、教养。通过非刑事处理方法来预防他们再次危害社会,教育他们改过从善。这项规定同时也在刑法中确立了对未成年人采取家庭管教、政府教养等预防、教育措施的法律根据。

6. 刑事责任年龄的计算。《刑法》第17条规定的刑事责任年龄,是指实足年龄,应以日计算。所谓已满14、16、18周岁,是指过了14、16、18周岁生日的第二天起。例如,被告人1976年5月1日生,至1990年5月2日才认为已满14周岁。刑事责任年龄一律按公历的年、月、日计算。

7. 应当严格遵守刑法关于刑事责任年龄的规定。刑事责任年龄的规定是从年龄角度上划分出罪与非罪的界限,严格遵守这些界限是严格执行罪刑法定原则的一个重要内容,否则就会破坏社会主义法制的严肃性和统一性。严格遵守刑事责任年龄的规定,主要体现在三个方面:①无论行为人的年龄如何接近法定的年龄界限,即使只因差一天而未达到法定年龄,也不得追究其刑事责任;②只要未达到刑事责任年龄,无论行为人的行为性质如何严重,也无论行为人是否在事实上对自己的罪恶

---

[1] 2006年1月11日最高人民法院《审理未成年人刑案解释》第6条。
[2] 2006年1月11日最高人民法院《审理未成年人刑案解释》第7条。

行为有辨认和控制能力，都不得追究其刑事责任；③对于行为人未达刑事责任年龄时所实施的危害社会的行为，不得在行为人达到刑事责任年龄之后追究该行为的刑事责任，也不得在追究行为人其他同种或者非同种罪行时，一并追究该行为的刑事责任。

8.《刑法修正案（八）》增设《刑法》第17条之一：已满75周岁的人故意犯罪的，可以从轻或者减轻处罚；过失犯罪的，应当从轻或者减轻处罚。

（三）司法解释、指导案例中对未成年人刑事责任的其他规定

1. 已满16周岁不满18周岁的人出于以大欺小、以强凌弱或者寻求精神刺激，随意殴打其他未成年人、多次对其他未成年人强拿硬要或者任意损毁公私财物，扰乱学校及其他公共场所秩序，情节严重的，以寻衅滋事罪定罪处罚。

2. 已满16周岁不满18周岁的人实施盗窃行为未超过3次，盗窃数额虽已达到"数额较大"标准，但案发后能如实供述全部盗窃事实并积极退赃，且具有下列情形之一的，可以认定为"情节显著轻微危害不大"，不认为是犯罪：①系又聋又哑的人或者盲人；②在共同盗窃中起次要或者辅助作用，或者被胁迫；③具有其他轻微情节的。

已满16周岁不满18周岁的人盗窃未遂或者中止的，可不认为是犯罪。

已满16周岁不满18周岁的人盗窃自己家庭或者近亲属财物，或者盗窃其他亲属财物但其他亲属要求不予追究的，可不按犯罪处理。

3. 对未成年罪犯适用刑罚，应当充分考虑是否有利于未成年罪犯的教育和矫正。对未成年罪犯量刑应当依照《刑法》第61条的规定，并充分考虑未成年人实施犯罪行为的动机和目的、犯罪时的年龄、是否初次犯罪、犯罪后的悔罪表现、个人成长经历和一贯表现等因素。对符合管制、缓刑、单处罚金或者免予刑事处罚适用条件的未成年罪犯，应当依法适用管制、缓刑、单处罚金或者免予刑事处罚。

未成年人犯罪只有罪行极其严重的，才可以适用无期徒刑。对已满14周岁不满16周岁的人犯罪一般不判处无期徒刑。除刑法规定"应当"附加剥夺政治权利外，对未成年罪犯一般不判处附加剥夺政治权利。如果对未成年罪犯判处附加剥夺政治权利的，应当依法从轻判处。对未成年罪犯实施《刑法》规定的"并处"没收财产或者罚金的犯罪，应当依法判处相应的财产刑；对未成年罪犯实施《刑法》规定的"可以并处"没收财产或者罚金的犯罪，一般不判处财产刑。对未成年罪犯判处罚金刑时，应当依法从轻或者减轻判处，并根据犯罪情节，综合考虑其缴纳罚金的能力，确定罚金数额，但罚金的最低数额不得少于500元人民币。其监护人或者其他人自愿代为垫付罚金的，人民法院应当允许，但不得强制其代为缴纳。

4. 司法实践中，当被告人提出的出生时间与户籍证明载明的时间不一致时，应根据具体情况分析：①当出生时间涉及是否追究刑事责任时，户籍证明证实被告人作案时已经达到指控罪名的刑事责任年龄，被告人如提出相反意见则应当承担举证责任，只有所提交证据足以证明户籍证明确实存在疑问时，才能认定被告人未达到

相应刑事责任年龄;②当出生时间涉及是否适用死刑时,对被告人的举证责任要求可从宽把握,如果被告人辩解其作案时不满18周岁并提出了一定的证据,即使控方已经提出了户籍证明或其他相关证据,但只要其中某项证据存在疑问,或者在被告人提出的相反证据不能被完全否定的情况下,法庭应当尽最大努力仔细核查(包括请专家鉴定等),如果仍不能达到排除一切合理怀疑的证明标准,则不应适用死刑立即执行;③当出生时间不影响定罪、量刑时,一般情况下采用控方提交的户籍证明等书面法定证据,当被告人提出的否定证据足以推翻前述证据,且控方在质证中对这些证据的合法性、真实性、关联性不持异议时,可以采信被告人提供的证据。[1]

二、刑事责任能力

(一) 刑事责任能力与刑事责任年龄

刑事责任能力,是指认识到自己行为的社会性质及其意义并控制和支配自己行为的能力。简言之,就是辨认和控制自己行为的能力。

刑法对刑事责任年龄的规定,实际是对刑事责任能力的正面规定。刑法规定承担刑事责任必须达到一定的年龄,意味着法律认为正常人达到了规定的年龄就具有了辨认和控制自己行为的能力,也就是具有了对相应犯罪负刑事责任的能力。因此,刑法关于刑事责任年龄的规定实际上表示:法律认为自然人年满16周岁的,推定其对刑法中规定的所有犯罪具有承担刑事责任的能力;年满14周岁不满16周岁的,推定其对法律明文规定的几种犯罪行为具有承担刑事责任的能力。当然,它还表示:自然人不满14周岁的,推定其没有必要的辨认和控制能力,尚不具备承担刑事责任的能力;已满14周岁不满16周岁的,推定其对法律规定的其他犯罪不具备承担刑事责任的能力。正因为如此,广义的刑事责任能力包括刑事责任年龄,刑事责任年龄是具有刑事责任能力的前提。

(二) 刑法关于心神障碍者刑事责任能力的规定

在通常情况下,达到刑事责任年龄的人也就具备了刑法意义上的辨认和控制自己行为的能力,或者说被法律推定为具备这种能力,即具有刑事责任能力。但是有些人由于精神或生理上的缺陷而丧失或减弱了辨认或控制自己行为的能力。法律对此特殊情况需要作出规定。

1. 精神病人。

(1) 精神病人刑事责任能力的具体规定。

第一,精神病人在不能辨认或者不能控制自己行为的时候造成危害结果,经法定程序鉴定确认的,不负刑事责任;但是应当责令他的家属或者监护人严加看管和医疗;在必要的时候,由政府强制医疗。

第二,间歇性精神病人,在精神正常的时候犯罪,应当负刑事责任。有些精神病人是间歇发病的,不发病时则无精神病症状,与正常人一样。在精神正常的时候

---

[1] "伍金洪、黄南燕绑架案",载《刑事审判参考》(总第77集),法律出版社2011年版,第51页。

实施的危害社会的行为，当然要负刑事责任。

第三，尚未完全丧失辨认或者控制自己行为能力的精神病人犯罪的，应当负刑事责任，但是可以从轻或者减轻处罚。

（2）确定精神病人无刑事责任能力的标准。

第一，医学标准（或者称生理学标准），即行为人在实施危害社会的行为时患有某种真正的精神病。所谓精神病，一般是指精神分裂症、情感性精神病、器质性或症状性精神病、妄想性精神病、反应性精神病、病理性酒精中毒、白痴与痴呆状态等。应当把精神病与非精神病性精神障碍加以区分。后者包括各类型的神经（官能）症、变态人格、性变态、轻度或者中度低能（或称精神发育不全）、情绪反应、药瘾、慢性酒癖（或称慢性酒精中毒）、一般性醉酒（或称一般急性酒精中毒）等。

第二，心理学标准，即行为人在行为时由于精神病而不能辨认或控制自己的行为。为什么有了医学标准还要有心理学标准呢？这是因为精神病人不一定在精神结构的所有方面都是错乱的，而其中还可能有某些方面是正常的。因此必须确定精神病人实施的危害社会的行为是在精神错乱状态下实施的，还是在正常状态支配下实施的。如果行为人实施的是自己能够辨认和控制的某种危害行为，就不能认定他行为时完全无刑事责任能力。

第三，确定精神病人有无刑事责任能力，还须"经法定程序鉴定确认"。应当由省级以上的人民政府指定的医疗机构依法作出技术（专家）鉴定，然后经人民法院根据鉴定意见结合案情等作出有无刑事责任能力的判断，或者作出限制责任能力的判断。从学理上讲，刑事责任能力是法律概念，因此有无刑事责任能力的判断应当是法律判断。经授权的医疗机构所作的精神病鉴定，是法院判断有无刑事责任能力的重要证据，有无刑事责任能力最终应当由法院判断。

应当注意，刑事责任能力是指行为人实行犯罪行为时的生理和心理状态。在实践中，有些人在犯罪时精神正常，而在犯罪后患了精神病。因为刑事责任能力以犯罪时的精神状况为准，所以此类人属于有刑事责任能力人，应当对犯罪行为承担刑事责任。但是，对罪行的追诉应在行为人精神病愈后进行。反之，行为人在犯罪时精神错乱而在犯罪后恢复正常的，仍然属于无刑事责任能力人。不过，对精神病人刑事责任能力的判断往往是在事后进行的，这种情况是很难证实的。

2. 醉酒的人犯罪，应当负刑事责任。醉酒是酒精中毒的俗称，分为生理性醉酒和病理性醉酒。生理性醉酒，又称一般性醉酒，是指因饮酒过量而致精神过度兴奋甚至神志不清的情况。生理性醉酒属于非精神病症精神障碍，醉酒的人有刑事责任能力。在生理性醉酒的场合，醉酒的人可能在事实上辨认和控制能力有所减弱，但是鉴于酗酒是一种陋习，且屡屡发生借酒滋事或者借酒壮胆犯罪的情况，因此刑法实际是从刑事政策上考虑，将醉酒的人视为有完全刑事责任能力人，不因为醉酒在事实上减弱辨认或控制能力而减轻其罪责。

至于病理性酒精中毒，则属于一种疾病。如果这种病人因饮酒而致完全丧失辨认或者控制能力的，应视为无责任能力的人，不负刑事责任。但是这种病人如果故意或者过失导致自己陷于醉态，丧失辨认或者控制能力即刑事责任能力的，应当根据行为人醉酒前的状况确定其是否具有刑事责任能力，确定其是否有罪过以及罪过的形式（故意还是过失）。

行为人可能因为醉酒，事实上在实施犯罪行为时完全丧失辨认或控制能力，但仍然应当负刑事责任。这是否存在违反主客观相统一原理（罪过责任原则）的嫌疑？对此的解释是：行为人因醉酒在行为时可能是丧失辨认或控制能力的，但是，只要在醉酒实施犯罪行为之前是正常的，就可以认为应当负刑事责任。在特殊情况下，不以犯罪时的醉酒精神状态为准而以犯罪之前的精神状态为准，这就是所谓"原因自由行为"学说。它是精神状态与犯罪行为"同时性"原理的一个例外情况，即不要求精神状态与犯罪行为完全同步，可追溯到犯罪行为前的精神状态。例如，甲因醉酒而疯狂将妻子杀害，法庭不考虑甲醉酒加害妻子之际的精神状态，而是考虑甲醉酒加害妻子之前瞬间的精神状态，假如此时是正常人，则认为甲应当负刑事责任。

3. 又聋又哑的人或者盲人犯罪，可以从轻、减轻或者免除处罚。又聋又哑的人或者盲人属于有刑事责任能力人，但鉴于他们的感觉器官存在生理缺陷，致使他们的辨认或者控制能力通常会低于普通的人们，故给予适当的宽恕。法律规定可以从轻或者减轻处罚以减轻其刑事责任，还可以免除处罚以免除其刑事责任。应注意，又聋又哑的人是指既聋且哑的人；盲人是指双目失明的人，其认定应参考通行医学标准。司法实践中，对盲人犯罪是否从宽处罚，要依据视力残疾与犯罪的关系而定：如果被告人实施犯罪行为与其盲人身份有直接联系的，应当依法从宽处罚；如果其视力残疾既不是促成他犯罪的原因，又对其实施犯罪未构成实质影响，则不宜从宽处罚。[1]

三、身份

（一）特殊犯罪主体

特殊犯罪主体，是指刑法规定以特殊身份作为要件的犯罪主体。特殊主体是相对于一般主体而言的，是在具备刑事责任年龄、刑事责任能力这两个主体一般要件的基础上，还需要具有某种身份作为其构成要件的主体。

特殊犯罪主体的身份要件是由刑法分则规定的。刑法分则各条规定的犯罪，其主体条件当然遵从总则的一般规定，即遵从总则关于刑事责任年龄和刑事责任能力的规定，不必重复规定。但是刑法对该种具体犯罪的主体条件有特殊要求时，则需要在规定该种罪的分则条文中就该罪主体的特殊条件加以规定，例如，《刑法》第382条对贪污罪的主体规定必须是"国家工作人员"；第397条对滥用职权罪、玩忽职守罪的主体规定必须是"国家机关工作人员"；等等。这种在刑法分则中对某种具体犯罪主体的特殊要求的规定就是犯罪主体的要件，或者称特殊身份。

---

[1] "苏同强、王男敲诈勒索案"，载《刑事审判参考》（总第59集），法律出版社2008年版。

(二) 身份的概念

身份是指行为人在身份上的特殊资格，以及其他与一定的犯罪行为有关的、行为人在社会关系上的特殊地位或者状态，如国家工作人员、司法工作人员、证人、男女性别、亲属关系、国籍等。

特殊犯罪主体所要求的身份通常是以特定公职或者职业为内容的。例如，国家机关工作人员（滥用职权罪，玩忽职守罪，等等）；司法工作人员（徇私枉法罪，民事、行政枉法裁判罪，等等）；国家工作人员（贪污罪，受贿罪，等等）；监狱、看守所等机构的监管人员（虐待被监管人罪）；现役军人（军人违反职责罪这一类犯罪）；从事生产作业的人员（重大责任事故罪）；医务人员（医疗事故罪）；公司、企业或者其他单位的人员（非国家工作人员受贿罪，职务侵占罪，挪用资金罪，等等）；依法从事生产、运输、管理、使用国家管制的麻醉药品、精神药品的人员（非法提供麻醉药品、精神药品罪）；等等。

此外，特殊犯罪主体所要求的身份还包括其他一切与犯罪行为有关的行为人在社会关系上的特殊地位或者状态。例如，纳税人、扣缴义务人（逃税罪，抗税罪，逃避追缴欠税罪）；对于没有独立生活能力的人负有扶养义务的人（遗弃罪）；证人、鉴定人、记录人、翻译人（伪证罪）；辩护人、诉讼代理人（辩护人、诉讼代理人毁灭证据、伪造证据、妨害作证罪）；判决、裁定的执行义务人（拒不执行判决、裁定罪）；依法被关押的罪犯（破坏监管秩序罪）；依法被关押的罪犯、被告人、犯罪嫌疑人（脱逃罪）；依法配备公务用枪的人员、依法配置枪支的人员（非法出租、出借枪支罪）；生产者、销售者（生产、销售伪劣产品罪等）；投标人（串通投标罪）；公司发起人、股东（虚假出资、抽逃出资罪）；严重性病患者（传播性病罪）；中国公民（背叛国家罪）；境外的黑社会组织的人员（入境发展黑社会组织罪）；等等。

在理解、掌握特殊犯罪主体的身份时应当注意以下几点：

1. 作为特殊犯罪主体的身份总是与一定的犯罪行为密切联系的，与犯罪行为没有联系的资格等情况不是特殊身份。例如，在贪污罪中，国家工作人员身份与犯罪行为有密切联系，属于特殊身份；但在故意杀人罪中，国家工作人员身份与犯罪行为没有密切联系，因而不是特殊身份。

2. 作为特殊犯罪主体所要求的身份既可能是终身具有的身份，也可能是一定时期或临时具有的身份。男女属于终身具有的身份；国家机关工作人员、司法工作人员等属于一定时期具有的身份；证人、鉴定人、翻译人、记录人等属于临时具有的身份。

3. 作为特殊犯罪主体所要求的身份必须是在行为人开始实施犯罪行为时就已经具有的。例如，渎职罪要求主体是"国家机关工作人员"，该特殊身份是行为人在犯罪之前、之际就具有的。特殊身份不包括通过犯罪行为获得的（共犯）地位或身份，如：①共同犯罪中的主犯、从犯、胁从犯、教唆犯、帮助犯，是通过犯罪行为或在犯罪中形成的犯罪地位，不是身份；②有组织犯罪中的首要分子、骨干成员、积极参加者、参加者等,也是共同犯罪中的地位或作用,不是身份;③聚众犯罪的首要分子、其他参加者不是身份;④赌博罪中赌头、赌棍以及常业犯中的非法经营者等,也不是身份。其道理是:任何人(普通人)都可以因为实施有组织犯罪(如组织、领导恐怖活动)而构成犯罪,并因其起主要作用而成为主犯或首要分子,说明普通人都可构成该罪,成为首要分子,在主体上并无特别的限制,属于一般主体。相反,特殊主体的犯罪,如贪污罪,普通人不能构成,只有国家工作人员才能构成,说明该罪的主体有特别限制,属于特殊主体的犯罪。

4. 作为特殊犯罪主体的身份,只是针对该犯罪的单独实行犯而言的。教唆犯与帮助犯则不受特殊身份的限制。因为犯罪主体的特殊身份与刑法分则中规定的犯罪行为相关联,而刑法分则规定的犯罪行为都是实行行为。只有具有特定身份的人,才能实行相应条款规定的犯罪行为。教唆犯和帮助犯是因为教唆或者帮助实行犯而构成犯罪的,他们本人没有实行行为,自然不受特殊身份的约束。例如,强奸罪的主体限于男人,这是针对强奸的单独实行犯而言的,但是,如果妇女教唆或者帮助男人强奸的,可以作为共犯而构成强奸罪。当然,妇女无论如何是不能单独实行强奸罪的。再如,贪污罪的主体是国家工作人员,非国家工作人员伙同国家工作人员贪污的,以共犯论处。但是非国家工作人员无论如何是不能单独实行贪污罪的,因为他没有国家工作人员的身份,也就谈不上利用职务上的便利实行贪污。公司、企业或者其他单位中,不具有国家工作人员身份的人与国家工作人员勾结,分别利用各自的职务便利,共同将本单位财物非法占为己有的,按照主犯的犯罪性质定罪。[1] 又如,挪用公款给他人使用,使用人与挪用人共谋,指使或者参与策划取得挪用款的,以挪用公款罪的共犯定罪处罚。[2]

(三) 身份的作用

刑法分则中规定的特殊身份有两种不同的作用或者意义:

1. 具有构成要件的作用,即以某种特殊身份作为该罪的主体要件。如果行为人不具有该种特殊身份,就不成立犯罪。例如,根据《刑法》第385条规定,受贿罪的主体必须是国家工作人员,如果行为人不是国家工作人员,其行为就不可能成立受贿罪。《刑法》分则第九章规定的三十余种渎职罪,其主体均需具有国家机关工作人员的身份或司法工作人员的身份;《刑法》分则第十章规定的三十余种军人违反职责罪,其主体都必须是现役军人。可以说,以上刑法分则的两章就是依据主体的特殊要件规定的两类犯罪。在刑法分则条文中起这种构成要件作用的特殊身份,可称之为作为构成要件的身份。

2. 只具有量刑情节的作用,即特殊身份不具有构成要件的意义只具有量刑情节的意义。行为人是否具有某种特殊身份,不影响犯罪成立与否;但是如果具有这种

---

[1] 2000年6月30日最高人民法院《审理贪污、职务侵占案共同犯罪解释》第3条。
[2] 1998年4月29日最高人民法院《审理挪用公款案解释》第8条。

身份,则从重处罚或者从宽处罚。例如,《刑法》第243条规定的诬告陷害罪,对犯罪主体并无特别限制,普通的人诬告陷害就可以构成该罪。但该条第2款规定:"国家机关工作人员犯前款罪的,从重处罚。"这里国家机关工作人员这一特殊身份并不是构成诬告陷害罪的主体要件,只是从重处罚的根据。类似的情况还有:《刑法》第245条第2款规定:"司法工作人员滥用职权,犯前款罪的,从重处罚。"第307条第3款规定:"司法工作人员犯前两款罪的,从重处罚。"第349条第2款规定:"缉毒人员或者国家机关工作人员掩护、包庇走私、贩卖、运输、制造毒品的犯罪分子的,依照前款的规定从重处罚。"在刑法分则条文中只起这种量刑作用的特殊身份,可称之为作为量刑情节的身份。

犯罪主体部分着重于犯罪主体的特殊要件,因此本节所说的身份,是指具有犯罪主体要件意义的特殊身份,即作为构成要件的特殊身份。另外,作为量刑情节的身份,属于量刑问题,且涉及的范围有限。所以,说到犯罪主体的身份通常是指作为犯罪构成要件的特殊身份。

身份属于犯罪主体的特殊要件。特殊身份不是自然人犯罪主体的一般要件,只是某种犯罪的自然人主体必须具备的要件。与此相应,刑事责任年龄和刑事责任能力这两个任何犯罪主体都必须具备的要件属于犯罪主体的一般要件或者基本要件。

第三节 单位

一、单位犯罪的概念和特征

所谓单位犯罪,是指公司、企业、事业单位、机关、团体实施的危害社会的、依照法律规定应受刑罚处罚的行为。这个概念表明,单位犯罪具有以下三个特征:

1. 它是危害社会的行为,即具有社会危害性。这是单位犯罪的社会属性。
2. 它是法律规定应受刑罚处罚的行为,即具有依法应受惩罚性。这是单位犯罪的法律属性。在这一点上,它与自然人犯罪略有不同。《刑法》第30条规定:"……法律规定为单位犯罪的,应当负刑事责任。"这表明刑法中规定的犯罪主体是以自然人为常态、以单位为例外的。刑法分则中规定的犯罪,凡是法律没有明文规定其主体包括单位的,意味着该条规定之罪的犯罪主体只包括自然人,不包括单位。因此,所谓依法应受惩罚性,对单位犯罪来说,必须是刑法分则明确规定为单位犯罪的行为。这也是罪刑法定原则在单位犯罪方面的体现。

刑法中规定的单位犯罪主要是经济方面的犯罪以及一些妨害文物、环境、自然资源保护的犯罪,如走私罪,非法经营罪,生产、销售伪劣商品罪,危害税收征管罪,妨害文物管理罪,破坏环境资源保护罪,等等,具体罪种有一百二十余个。至于那些天然就具有反伦理道义性质的犯罪,如杀人、伤害、强奸、抢劫、盗窃、诈骗、放火、投放危险物质之类的犯罪,依然只能是自然人主体的犯罪。

但是，法律未指明该罪的主体包括单位的，如果单位实施了该罪是否应当追究有关责任人员的刑事责任？比如，"单位实施盗窃"是否追究该单位盗窃责任人员的刑事责任？对此存在对立的观点。一种观点认为不能追究，主要理由是：不能把单位犯罪混同于共同犯罪，如果将刑法没有明文规定的单位盗窃行为认定为犯罪，等于把它当作共同故意犯罪的一种形式，如此适用法律，那么几乎所有刑法没有明文规定为单位犯罪的行为，都可以对其直接负责的主管人员和其他直接责任人员追究刑事责任，结果很可能导致《刑法》第 30 条 "法律规定为单位犯罪的，应当负刑事责任"的规定失去意义。因此对单位有关人员为牟取本单位利益组织实施盗窃行为，以自然人犯罪追究直接责任人员刑事责任的做法违反法律规定。[1] 另一种观点认为，对单位当然不能追究刑事责任，但不排除追究有关责任人员的刑事责任。[2]

为了定分止争，2014 年 4 月 24 日全国人大常委会通过了《刑法第 30 条的解释》："……单位实施刑法规定的危害社会的行为，刑法分则和其他法律未规定追究单位的刑事责任的，对组织、策划、实施该危害社会行为的人依法追究刑事责任。"立法解释确认了"不追究单位但追究有关责任人员"的基本立场，但需要注意，有关责任人员应限于有组织、策划、实施犯罪行为之人，不能追究单位无辜成员的刑事责任。这种观点是值得赞同的，因为单位等组织体成员的刑事责任并不依赖于单位本身的刑事责任。比如，我国政府在国际社会表明不承认国家罪行和国家刑事责任概念的立场，但仍然认可个人对国家行为承担刑事责任。"从国际社会的实践看，第二次世界大战后的纽伦堡军事法庭和东京军事法庭，都是针对个人的，即对从事危害和平和人类活动责任者进行审判和惩罚。这些责任者作为国家领导人，对于这些罪行负有不可推卸的、直接指挥和策划的领导责任。因此这种国际罪行应由个人而不是国家来承担，但是同时也不免除国家为上述人员所造成的损害进行赔偿的责任。"[3]

3. 犯罪的主体必须是单位。包括公司、企业、事业单位、机关、团体等依法成立的组织。这是单位犯罪的主体属性，也是单位犯罪与自然人犯罪的区别所在。

应当注意，这里所称的单位，不仅指单位（机关、团体等）自身，还包括其分

---

[1] 周道鸾等："刑法实务若干问题研究"，载中华人民共和国最高人民法院刑事审判第一庭、第二庭编：《刑事审判参考（总第 36 集）》，法律出版社 2004 年版，第 135 页。

[2] 在这种基本观点下，最高人民检察院的立场曾发生细微的变化，由追究有关责任人员作为"普通自然人"的刑事责任到追究他们作为"单位成员"的刑事责任。2002 年最高人民检察院《单位组织盗窃批复》指出："单位有关人员为谋取单位利益组织实施盗窃行为，情节严重的，应当依照刑法第 264 条的规定以盗窃罪追究直接责任人员的刑事责任。"而 2012 年最高人民检察院《单位实施诈骗行为答复》则要求根据案件的具体情况分析处理，在定罪量刑标准的把握上应有别于自然人实施的诈骗犯罪。

[3] 新华社联合国 1995 年 10 月 17 日电："中国代表贺其志 17 日在联合国大会第六委员会的发言"，载《法制日报》1995 年 10 月 19 日。

支机构或所属部门,例如卫生服务中心下属的卫生服务站、一些公司在各地的办事处或者是分公司;既包括有法人资格的单位,也包括没有法人资格的单位;这里所称的"公司、企业、事业单位",不限其单位的所有制性质,既包括国有的,也包括集体所有的,以及合资或独资、私人所有的公司、企业、事业单位;这里所称的机关,主要是指国家机关,包括中央和地方各级国家权力机关、国家行政机关、国家军事机关、国家审判机关和国家检察、监察机关,执政党的机关也可视为国家机关;这里所称的团体,即社会团体,是指为了一定的宗旨自愿组成的进行某种社会活动的合法组织,有影响的社会团体如中华全国总工会、共青团、全国妇联、文学艺术界联合会、科学技术协会、华侨联合会、贸易促进委员会、作家协会、法学会、对外友好协会、残疾人联合会、宋庆龄基金会、外交协会、中华全国台湾同胞联谊会、黄埔军校同学会、职工思想政治工作研究会、欧美同学会等。

二、单位犯罪的认定

（一）以单位的名义实施犯罪

1. 适格的单位,即上述范围内的单位。无法人资格的独资、合伙企业犯罪的,以个人犯罪论处。

2. 该单位主要以从事合法经营活动为宗旨。个人为进行违法犯罪活动而设立单位实施犯罪的或者单位设立后以实施犯罪为主要活动的,一律以个人犯罪论处。

3. 以单位的分支机构或者内设机构、部门的名义实施犯罪,违法所得亦归分支机构或者内设机构、部门所有的,应认定为单位犯罪。不能因为单位的分支机构或者内设机构、部门没有可供执行罚金的财产,就不将其认定为单位犯罪,而按照个人犯罪处理。[1]

（二）为单位谋取不正当利益或者违法所得大部分归单位所有

1. 为单位谋取不正当利益。违法所得大部分归单位所有通常足以证明是为了单位谋利,在没有违法所得的场合,如决策和实行的过程表明的确是为单位谋利,也认为具备此要件。

2. 违法所得大部分归单位所有。无论初衷是否为单位谋利,违法所得大部分事实上归单位所有的,也认为具备此要件。单位负责人以单位名义实施犯罪,违法所得归个人,以自然人犯罪论处。例如,甲是某教育书店的负责人,以该店名义盗印《现代汉语词典》《新华字典》19万册,以单位名义销售,经营额230万元,非法所得归个人所有。甲的行为旨在谋取个人利益而非单位利益,不能以单位犯罪论处,只能以个人犯罪论处。

（三）单位集体研究决定或负责人决定实施犯罪

单位犯罪体现的必须是单位的意志,通常由单位集体研究决定,或者由单位的负责人或者被授权的其他人员决定、同意,实践中应注意,单位负责人的意志不得

---

[1] 2001年1月21日最高人民法院《审理金融犯罪案座谈会纪要》。

重复进行评价。盗用、冒用单位名义实施的犯罪行为，或者单位内部成员未经单位决策机构批准、同意或者认可而实施的犯罪行为，或者单位内部成员实施的与其职务活动无关的犯罪行为，不是单位犯罪而是个人犯罪。

关于我国单位犯罪的成立条件，由于缺少法律上的明文规定，所以历来有争议：①违法所得归属说。如1988年全国人民代表大会常务委员会《关于惩治走私罪的补充规定》（已失效）第5条第3款："企业事业单位、机关、团体走私，违法所得归私人所有的，或者以企业事业单位、机关、团体的名义进行走私，共同分取违法所得，依照本规定对个人犯走私罪的规定处罚。"②单位名义和违法所得并重说。如2001年1月21日最高人民法院《审理金融犯罪案座谈会纪要》规定："以单位名义实施犯罪，违法所得归单位所有的，是单位犯罪。"③"为单位利益"和"单位集体决定或负责人决定"并重说。一般认为，第三种方案是我国通说。该观点的影响力很大程度上来自于1996年以后《刑法修订草案》第三稿至第七稿，在这一时期，立法者主要使用"为单位谋取利益"和"经单位的决策机构或负责人决定"这两个存在论上的要素来界定单位犯罪。

要求"单位集体决定或负责人决定"就意味着单位必须直接主动控制违法事实的发生，但以《刑法》第338条污染环境罪为例，单位集体研究决定或负责人决定排污的情况不多，即使有也很难证明单位对非法排污行为存在意志上的直接主动控制，如此一来，便很难追究单位污染环境的刑事责任。此外，如果单位自身备有一套组织管理体制，其章程也设定了本单位的目标、宗旨，那么，当单位集体决定或负责人决定实施犯罪行为，但此决定与单位自身固有的管理模式、宗旨、目标完全背离时，若还要求单位承担责任，恐怕相当于让单位为其成员的意思和行为负责，与责任主义的第一层含义——自己责任原则相悖。由此可见，过分强调单位意志的存在论维度（单位集体决定或负责人决定），一方面使得单位犯罪制度的司法效能小于实定法效能（分则部分犯罪单位责任条款被架空），另一方面，在实定法能够涵摄到的司法效能范围内，对单位的处罚却又有不当扩大、与自己责任原则相悖之虞。面对传统单位犯罪理论的种种弊端，新世纪以来有学者提出借鉴国外企业组织体责任论的新方案，[1] 最近也不乏将企业刑事责任与企业合规管理结合起来的新主张，[2] 但这些看法在我国尚属少数意见，仍处于理论倡导阶段。

三、对单位犯罪的处罚

对单位犯罪一般采取"两罚"制，亦称"双罚"制，即单位犯罪的，对单位判处罚金，并对其直接负责的主管人员和其他直接责任人员判处刑罚。例如，《刑法》第153条（走私普通货物、物品罪）第2款规定："单位犯前款罪的，对单位判处罚

---

[1] 参见黎宏：《单位刑事责任论》，清华大学出版社2001年版。
[2] 参见孙国祥："刑事合规的理念、机能和中国的构建"，载《中国刑事法杂志》2019年第2期；周振杰："企业刑事责任二元模式研究"，载《环球法律评论》2015年第6期。

金，并对其直接负责的主管人员和其他直接责任人员，处 3 年以下有期徒刑或者拘役；情节严重的，处 3 年以上 10 年以下有期徒刑；情节特别严重的，处 10 年以上有期徒刑。"在通常情况下，刑事立法和司法对单位犯罪定罪量刑的标准要比自然人宽松，这主要体现在：①在量刑幅度方面，自然人犯罪与单位犯罪设定了不同的刑罚幅度，例如行贿罪对自然人行贿规定了 5 年以下有期徒刑、5 年到 10 年有期徒刑、10 年以上有期徒刑或者无期徒刑 3 个量刑幅度；而单位行贿只有 5 年以下有期徒刑一个量刑幅度。②在数量标准方面也有所不同，比如，在集资诈骗罪中，自然人集资诈骗数额 10 万元以上认为是数额较大，30 万元以上的是数额巨大，100 万元以上的是数额特别巨大；而单位的相应标准是 50 万元、150 万元和 500 万元。因此，区别是单位犯罪还是个人假借单位的名义犯罪就有实际意义。不过，在有些场合，单位犯罪的定罪量刑标准与自然人的没有差别。例如，《刑法》第 151 条（走私武器、弹药罪等罪）第 4 款规定："单位犯本条规定之罪的，对单位判处罚金，并对其直接负责的主管人员和其他直接责任人员，依照本条各款的规定处罚。"

此外，刑法分则有特别规定只实行"单罚"的，依照规定。从刑法现有的规定看，在单罚的场合一般只罚单位犯罪的责任人。例如，《刑法》第 162 条规定："公司、企业进行清算时，隐匿财产，对资产负债表或者财产清单作虚伪记载或者在未清偿债务前分配公司、企业财产，严重损害债权人或者其他人利益的，对其直接负责的主管人员和其他直接责任人员，处 5 年以下有期徒刑或者拘役，并处……"这条规定的妨害清算罪的主体是单位，但是就只处罚待清算单位的直接责任人员，没有规定对单位处以罚金。《刑法》分则特别规定只单罚的单位犯罪还有：《刑法》第 137 条的工程重大安全事故罪；第 161 条的违规披露、不披露重要信息罪；第 396 条的私分国有资产罪、私分罚没财物罪等十余种单位犯罪。立法上"单罚"相关责任人员的特别规定逐渐减少，例如，《刑法》第 244 条强迫劳动罪原本只处罚用人单位的直接责任人员，而经《刑法修正案（八）》修订后的强迫劳动罪，对单位犯本罪的，双罚单位和相关责任人员。

四、司法实务中处理单位犯罪的经验

（一）一人公司的单位犯罪主体资格认定

司法实务中原则上承认，依法成立的一人公司，若能证明其具有独立人格，可以成为单位犯罪的主体。判断具体犯罪行为中的一人公司是否具有独立人格，可根据以下几项标准：①是否具有独立的财产利益。一人有限责任公司的股东不能证明公司财产独立于股东自己的财产的，应当对公司债务承担连带责任，此时公司不具有独立的财产利益。②是否具有独立的意志。③是否具有公司法所要求的法人治理结构。④是否依照章程规定的宗旨运转。⑤是否依照法定的条件和程序成立。[1]

---

[1] "周敏合同诈骗案"，载《刑事审判参考》（总第 82 集），法律出版社 2012 年版，第 15 页。

(二) 涉嫌犯罪的单位主体资格变动后的责任承担

涉嫌犯罪的单位主体资格变动，主要是指合并或分立，或者被取消主体资格（撤销、注销、吊销营业执照或宣告破产）。

人民检察院起诉时该犯罪企业已被合并的，仍应依法追究原犯罪企业及其直接负责的主管人员和其他直接责任人员的刑事责任。人民法院审判时，对被告单位应列原犯罪企业名称，但注明已被并入新的企业，对被告单位所判处的罚金数额以其并入新的企业的财产及收益为限。[1] 例如，某国有企业索要回扣23万元，入小金库后以奖金形式分给职工，构成单位受贿罪。该公司后来被有偿转让给某工程局并更名，则仍应追究该单位犯罪的刑事责任，但既不处罚原国有企业，也不处罚合并更名后的新工程局，仅处罚原国有企业的直接责任人。仍以原国有企业名称作为被告单位，承受原国有企业权利义务的单位法定代表人或者负责人为诉讼代表人，对被告单位所判处的罚金数额以其并入工程局的财产及收益为限。

涉嫌犯罪的单位被撤销、注销、吊销营业执照或者宣告破产的，应当根据刑法关于单位犯罪的相关规定，对实施犯罪行为的该单位直接负责的主管人员和其他直接责任人员追究刑事责任，对该单位不再追诉。[2]

(三) 直接负责的主管人员和其他直接责任人员的认定

直接负责的主管人员，是在单位实施的犯罪中起决定、批准、授意、纵容、指挥等作用的人员，一般是单位的主管负责人，包括法定代表人。[3] 但在实际掌握时应注意以下两个问题：①应是在单位中实际行使管理职权的负责人员；②对单位具体犯罪行为负有主管责任，未参与策划、组织、实施单位犯罪行为的单位法定代表人，不能因单位犯罪而追究其刑事责任。[4] 其他直接责任人员，是在单位犯罪中具体实施犯罪并起较大作用的人员，既可以是单位的经营管理人员，也可以是单位的职工，包括聘任、雇佣的人员。应当注意的是，在单位犯罪中，对于受单位领导指派或奉命而参与实施了一定犯罪行为的人员，一般不宜作为直接责任人员追究刑事责任。[5]

对单位犯罪中的直接负责的主管人员和其他直接责任人员，应根据其在单位犯罪中的地位、作用和犯罪情节，分别处以相应的刑罚。主管人员与直接责任人员在个案中不是当然的主、从犯关系。有的案件中，主管人员与直接责任人员在实施犯罪行为中的主从关系不明显的，可不分主、从犯。但具体案件可以分清主、从犯，且如果不分清主、从犯，在同一法定刑档次、幅度内量刑无法做到罪刑相适应的，

---

[1] 1998年11月18日最高人民法院研究室《企业犯罪后被合并答复》。
[2] 2002年7月9日最高人民检察院《涉嫌犯罪单位被撤销、注销、吊销营业执照批复》。
[3] 2001年1月21日最高人民法院《审理金融犯罪案座谈会纪要》。
[4] "北京匡达制药厂偷税案"，载《刑事审判参考》(总第33集)，法律出版社2003年版，第1页。
[5] 2001年1月21日最高人民法院《审理金融犯罪案座谈会纪要》。

应当分清主、从犯,依法处罚。[1] 如果单位责任人员在实施单位犯罪的同时,其个人又犯与单位犯罪相同之罪的,应数罪并罚。[2]

【案例】陈德福走私普通货物、物品案[3]

被告单位厦门鹭京海台轮物资供应有限公司在从事对我国台湾地区轮船供油的业务活动中,公司总经理陈德福与分公司负责人王建杜商议,由王建杜与加油台轮的船长串通,在"供油凭证"上多报加油的数量共8000余吨,经台轮船长签字盖章认可,然后骗取海关核销。王建杜将虚报海关核销的8000余吨供油数报给陈德福,陈向境内公司售油并利用虚报海关核销的8000余吨供油数偷逃关税380余万元,为公司谋取非法利益。法院认定被告单位将免税燃油擅自在境内销售牟利、逃避关税,构成走私普通货物、物品罪,被告人陈德福是被告单位犯罪行为的直接负责的主管人员且系主犯,王建杜是直接责任人员,且系从犯,依法对被告单位判处100万元罚金,对二被告人分别判处刑罚。

(四)单位共同犯罪的处理

1. 两个以上单位以共同故意实施的犯罪,应根据各单位在共同犯罪中的地位、作用大小,确定犯罪单位的主、从犯。[4]

2. 单位和个人(不包括单位直接负责的主管人员和其他直接责任人员)共同犯罪的,单位和个人均应对共同犯罪结果负刑事责任。单位和个人共同犯罪且能区分主、从犯的,应当按照刑法关于主、从犯的有关规定,对从犯从轻、减轻处罚或者免除处罚。

(五)单位走私犯罪案件自首的认定

在办理单位走私犯罪案件中,对单位集体决定自首的,或者单位直接负责的主管人员自首的,应当认定单位自首。认定单位自首后,如实交代主要犯罪事实的单位负责的其他主管人员和其他直接责任人员,可视为自首,但对拒不交代主要犯罪事实或逃避法律追究的人员,不以自首论。例如,甲为A炼油厂副厂长,以每吨106.81美元的价格进口9万吨燃料油,隐瞒了真实买卖价格,签订了每吨67美元的虚假成品油买卖合同,偷逃税款人民币714万元,全部为公司所有。甲听说有关机关在查问此事,立即到有关机关主动交代问题,经查证属实。[5] 对该单位犯罪,能否认定为自首?可以认定为自首。因为甲作为该单位的主要负责人和该单位犯罪的主

---

[1] 2001年1月21日最高人民法院《审理金融犯罪案座谈会纪要》。
[2] "张俊等走私普通货物案",载《刑事审判参考》(总第58集),法律出版社2008年版,第1页。
[3] 载《刑事审判参考》(总第24辑),法律出版社2002年版,第9页。
[4] 2001年1月21日最高人民法院《审理金融犯罪案座谈会纪要》。
[5] 赵东辉、李晓燕:"全国最大成品油走私案终审判决",载《人民日报》2000年1月4日。

要责任人之一，可以代表单位和本人自首。在处罚时，考虑自首情节，可以从轻或减轻处罚。需要注意，如果单位集体决定自首，但是有关责任人员拒不投案或拒不如实交代的，对单位（犯罪）按自首宽大处理（判处单位罚金时），但对不符合自首条件的责任人，不得认定为自首。

第七章 排除犯罪性事由

第一节 概述

一、排除犯罪性事由与犯罪本质特征、犯罪构成

犯罪的本质是社会危害性,具体说是对法益的侵害。行为具备犯罪构成当然具备法益侵害性、社会危害性。但是在特殊情况下,同一行为侵害了一个法益却保全了另一个法益,在保全的法益优于被侵害的法益的情况下,经权衡利弊可将该行为整体评价为没有社会危害性的行为,如紧急避险行为。另外,属于个人的法益,"在法益的主体不要求保护自己的法益之时,刑法就没有必要介入",[1] 如被害人同意的行为。上述情形不构成犯罪,不违反刑法保护法益的目的。在外国学说中,通常称之为"排除违法性事由"或者"正当化事由"。我国学说通常称这种情况是"排除危害性(有害)事由"或"排除犯罪性事由"。

称"排除危害性(有害)事由"还是"排除犯罪性事由",没有实质差异,仅仅涉及对社会危害性和犯罪构成的概念及二者关系的理解。有人担心称,"排除危害性(有害)事由"会使人误解正当防卫等正当行为仅仅是不符合犯罪本质特征,但符合犯罪构成,称"排除犯罪性事由"则可以避免这种误解。

二、排除犯罪性事由的分类和原理

(一)分类

1. 刑法典规定的排除犯罪性事由与其他排除犯罪性事由。刑法典规定的排除犯罪性事由有两种:一是正当防卫;二是紧急避险。其他法律、法规或学说认可的事由包括:依据法律的行为、正当业务行为、被害人同意的行为、自损行为、自救行为、义务冲突等。这种分类的益处是同我国刑法的规定相一致的。

2. 紧急行为与普通行为。紧急行为包括正当防卫、紧急避险、自救行为;普通行为包括依据法律的行为、正当业务行为、被害人同意的行为、自损行为、义务冲突等。这种分类的益处是能突出紧急行为的特殊性,在紧急情况下,人们会因为缺

---

[1] [日]西田典之著,刘明祥、王昭武译:《日本刑法总论》,中国人民大学出版社2007年版,第103页。

乏思想准备、紧张、惊恐、激动等而容易发生认识错误或举止失措，与常态下认定罪责有所差异。

（二）原理

刑法的目的之一是保护法益，从这个目的中寻求排除犯罪性事由的根据，欧陆刑法通常将其简明概括为两个：①保护优越利益原则，这是紧急避险正当化的依据；②个人保护原则，这是正当防卫、被害人同意等正当化的依据。[1] 此外，这两个原则的结合成为法令行为、医疗行为、业务行为等正当化的依据。[2] 这两个原则可统一说明全体正当化事由的法理根据。

第二节　正当防卫

一、正当防卫的概念和成立条件

（一）正当防卫的概念

《刑法》第20条第1款规定："为了使国家、公共利益、本人或者他人的人身、财产和其他权利免受正在进行的不法侵害，而采取的制止不法侵害的行为，对不法侵害人造成损害的，属于正当防卫，不负刑事责任。"例如，甲男酒后于深夜破门闯入乙女的单身宿舍，持刀威胁乙女欲行强奸，乙女乘其不备拿起桌上的水果刀将甲男刺伤的情形，属于正当防卫。尽管造成他人（甲男）受伤害的结果，然而乙女依法不认为构成故意伤害罪。

法律规定正当防卫行为不为罪的根据是什么？防卫方有自卫的权利加上侵害方丧失要求保护的权利，构成了正当防卫合法的依据。对遭受侵害人（防卫人）而言，人天然就拥有自我保护的权利；对实施侵害方而言，与其侵害性相应的权利不应当受法律保护。行使权利行为自身正当以及遭受损害方利益不受保护，排除了正当防卫行为的犯罪性。可见，正当防卫的核心原理没有脱离利益的衡量，即与不法侵害相比，强调正当防卫所具有的本质的优越性。虽是个人保护原则，但只不过我国传统社会治理观念认为，在国家权力为公民提供了日渐周全的保护、救济措施的时代，

---

[1] 关于正当防卫的正当化根据，欧陆刑法向来有个人保护原则与维护法秩序原则之争：前者的核心在于，"个人可以捍卫其拥有的法益"；后者的核心在于，"正者不用向不正者低头"。相关梳理参见林钰雄：《新刑法总则》，中国人民大学出版社2009年版，第184~185页。张明楷教授则主张保护优越利益也是正当防卫的原理。与不法侵害相比，正当防卫具有本质的优越性，正当防卫中的利益衡量，必须充分考虑防卫人所处的本质的优越地位。相关意见参见张明楷："正当防卫的原理及其运用——对二元论的批判性考察"，载《环球法律评论》2018年第2期。

[2] [日] 西田典之著，刘明祥、王昭武译：《日本刑法总论》，中国人民大学出版社2007年版，第104~105页；[日] 大塚仁著，冯军译：《刑法概说：总论》，中国人民大学出版社2003年版，第319~320页。

宜提倡公民尽量通过国家权力获得保护和救济，严格限制公民使用暴力自我救济；只有在来不及请求国家权力保护的紧急情况下，才允许公民使用暴力自卫，并且要求将这种用于自卫的暴力控制在合理的限度内。在正当防卫问题上的整体性的价值观念，往往决定了司法者选择什么样的具体标准和规则。在将公民使用暴力自卫当作例外的价值体系中，司法者往往倾向于将防卫人和侵害人放在完全对等的位置上，根据事后查明的所有情况进行认定，并且唯结果论。如此一来，对防卫人设置了堪称苛刻的要求，正当防卫制度沦为"僵尸条款"就不难理解了。

（二）正当防卫成立的条件

1. 存在不法侵害（前提条件），指对合法利益的非法侵犯，既包括犯罪性质的侵害，也包括对人身、财产、社会秩序等一般违法性质的侵害。正当防卫、依法执行公务、依法扭送犯罪嫌疑人等正当行为不具有不法性质，不能对其实施正当防卫。只要求客观上具有不法侵害性质，因此对于来自精神病人、未成年人以及没有故意、过失的侵害行为，也可以实施正当防卫。不法侵害通常是指来自"人"的侵害，人利用物品、动物作为不法侵害的工具，对物品或动物能实施正当防卫。对于动物自发的侵袭进行自卫，通常属于紧急避险性质。不过，从被动物侵袭的人的角度考虑，往往难以判明动物的侵袭是自发的还是人为的。我国通说根据客观情形认定，不考虑被侵袭人的认识。不法侵害不限于对本人权益的侵害，也包括对国家、公共利益以及他人合法权益的侵害。对于不法侵害的程度一般没有必要限制。

2. 不法侵害正在进行，具有紧迫性（时间条件）。这包括两层含义：

（1）不法侵害真实发生了，而不是主观想象推测的。如果实际没有发生不法侵害，行为人误以为发生了不法侵害而采取自认为的防卫行为的，是"假想防卫"，不成立正当防卫。对此按照事实认识错误处理（关于假想防卫的性质，参见认识错误），一般为过失犯罪，确实是由于不可预见的原因引起的，认为是意外事件。例如，甲腰缠数十万元，遭到便衣警察的盘查误以为遭到抢劫，拔刀"自卫"，将警察扎成重伤，被认定为过失致人重伤罪。再如，某主妇夜晚回家发现家中一片狼藉，意识到家中被盗，便到派出所报警。派出所派甲、乙二位便衣警察迅速到现场查看。恰逢男主人丙在此之前到家，见到家中被盗的景象，又闻门外有脚步声，以为是窃贼返回，举棒便打。甲遭到棒击后，以为是窃贼袭击，拔枪射击，致丙重伤；甲也因为遭棒击受轻伤。甲、丙的行为性质如何？就丙的行为而言，属于典型的"假想防卫"。就甲的行为而言，也可以简明地认定为"假想防卫"。换言之，本例中的甲、丙二人，均不能认为是不法侵害。相互误会，一个重伤一个轻伤，或许双方都有过错，可不作为刑事案件处理。不过有两点需要注意：①如果从甲的角度考虑，他事实上遭到丙的袭击，主观上也有防卫的意识，说他的行为具有防卫性质也未尝不可。但从丙的角度讲，在自己家里有合理根据相信遇到盗贼而打击，被说成是不法侵害未免过分。更重要的是，甲对丙的损害具有何种性质，直接涉及丙的利益。假如认为丙的行为是不法侵害，甲的行为是防卫性质，这对丙不公平。如果考虑到甲、丙双方都无恶意，都是无辜的，其实，按照两个合法利益发生冲突来平衡可能更合理。如果把本例视为两个合法利益（善良人）之间的冲突，那么就应当放到避险框架中来解决。如果适用避险制度，甲造成的伤害程度超过了危险的程度，属于避险过当。这样掌握过当的分寸，对甲又显失公平。因为甲在主观上确实以为是遭遇不法侵害，没有认识到对方是男主人。②假如甲枪击致丙死亡，过错和后果都很严重，需要追究刑事责任，该如何定性？因为是执行公务过程中发生的问题，因此通常按照职务过失来认定处理，比如，会认定为玩忽职守罪，而不认定为过失致人死亡罪。在判断行为是否适当时，可能也要适当参照有关警察执行任务、使用枪械的常规，与判断普通人过失的标准、依据可能有所不同。

（2）不法侵害正在进行，即已经开始尚未结束。如果不法侵害尚未开始或者已经结束而实行"防卫"的，是"防卫的不适时"（事先防卫或事后防卫），不能成立正当防卫。

第一，事先防卫。例如：甲与乙激烈争吵之后回家，发现乙肩扛锄头朝自己家方向走来，认为乙前来打架，便持斧头埋伏在路旁，乙经过时，突然袭击乙。甲的行为属于事先防卫，不成立正当防卫。私自使用电网、炸弹等危险方法防范犯罪侵害（如防盗），造成损害结果的，一般也属于事先防卫，不成立正当防卫。在我国，有大量的判例把私设电网致人伤亡的行为认定为过失以危险方法危害公共安全罪或过失致人死亡罪，另外根据具体情形，也有认定为故意犯罪的。

第二，事后防卫。例如：甲在家中遭到乙持刀行凶的袭击，奋起自卫，在将乙打倒昏睡于地后，害怕将来遭到乙报复，然后用绳子将乙勒死。再如，甲等人到某歌厅无端遭到乙等人的殴打，头破血流。甲随即从自己汽车后备厢中取出双管猎枪一支返回，开枪将乙右下腹、右大腿处击伤。甲的行为属于事后报复行为，不成立正当防卫。防卫不适时，构成故意犯罪。例如，宋某持三角刮刀抢劫王某财物，王某夺下宋某的三角刮刀，并将宋某推倒在水泥地上，宋某头部着地，当即昏迷。王某随后持三角刮刀将宋某杀死。结论是：王某前面的行为是正当防卫，后面的行为是故意杀人。[1] 因为起因于遭到不法侵害，对于该故意犯罪可以酌情宽大处理，但既不成立正当防卫也不成立防卫过当。

防卫的时间条件或紧迫性，是正当防卫的生命线。因为现代社会秩序就是在禁止并不断打压依靠个人实力救济的"私斗"过程中逐渐确立起来的。对于人们之间的纠纷，提倡依靠国家权力救济。只有在遭到不法侵害来不及寻求公力救济的紧迫情况下，才例外允许个人使用暴力自卫。权益正遭受侵害且来不及获取公力救助，是正当防卫时间性的实质条件。防卫的时间条件也是司法实践中最为重要的要件，人们认定该要件极易发生分歧。在认定时应当注意以下几点：

（1）应当以权益遭受侵害的状况为基准认定不法侵害是否正在进行中，而不能

---

[1] 2000年国家司法考试试题。

教条地根据不法侵害人是否完成犯罪构成要件为基准。例如：甲男把乙女挟持到偏僻山坡强奸后正穿衣服时，乙女乘其不备用石头将甲男砸昏（致重伤）后匆忙逃离现场。按照强奸罪的犯罪构成，甲男已经实施完毕达成既遂，但是双方仍在现场，且乙女仍在甲男的暴力控制之下，难以预料是否会发生进一步的侵害（比如杀人灭口、绑架、继续挟持乙女满足其性欲等），应当认为乙女的权益仍正在遭受不法侵害，不能认为甲男的不法侵害已经结束。因此，不能认为本例中乙女的行为是事后防卫。再如，陈某抢劫出租车司机甲，用匕首刺甲一刀，强行抢走财物后下车逃跑。甲发动汽车追赶，在陈某往前跑了40米将其撞成重伤并夺回财物。甲的行为性质是正当防卫。[1] 本例中陈某抢劫尽管已经既遂，但在脱离作案现场之前尚未确立对财物的完全占有，对甲财产权益的侵害仍具有紧迫性，甲追赶上去夺回财物的行为可以构成正当防卫。

如果不法侵害已经结束，对合法权益没有继续加害的紧迫性，不能实施正当防卫。例如：

【案例】张广良故意伤害案[2]

张广良与丁某在牵牛收工回家路上相遇，丁因为张怀疑其有偷盗行为而辱骂张。张不理并让路于田内，丁趁张背对自己时用扛在肩上的锄头敲了张头顶一下，张昏倒在地。丁一边讲"让你困在这里"，一边拾拿掉落在地上的凉帽和牛绳。刚要直起身时，张突然站起，上前两步，用携带的铁头农具猛敲了丁头部一下，丁倒地因脑损伤而死亡。

本案要点：丁对张的不法侵害已经结束。所以法院认定张构成故意伤害罪。

（2）对不法侵害有所预见、有所防备不妨害具备正当防卫的紧迫性条件。因为公民面对不法侵害没有回避的义务。例如，甲、乙打工时发生争执，乙扬言找人打甲，并提前离厂。甲得知后用钢筋条打磨成锐器藏在身上。乙纠集丙、丁携钢管于厂门口将甲拦住，丁把甲往路边拉，甲不从，丁打甲耳光。甲遭打后即掏出钢筋条朝丁胸部刺去，丁死亡。法院认可甲的行为具有防卫性质，但属于防卫过当，成立过失致人死亡罪。

3. 防卫行为必须具有防卫的效果。防卫效果体现在针对不法侵害人实施防卫行为，产生反击、遏制不法侵害的作用。通过挟持、损害第三人（如不法侵害人亲友）的方式起到遏制不法侵害效果的，针对不法侵害而言也可成立正当防卫，但因此而损害第三人合法利益的，对第三人造成的损害不能适用正当防卫排除其犯罪性，但不排除适用紧急避险。在正当防卫中因为认识错误而打击了不法侵害人以外的第三

---

[1] 2007年国家司法考试试题。
[2] 阮齐林主编：《刑法总则案例教程》，中国政法大学出版社1999年版，第98页。

人的，可以按照认识错误或假想防卫认定处理。

例如，钱某开枪误击警察案。数人在钱某家隔壁准备枪支、凶器等预谋到钱某家行凶敲诈，钱某获悉后持猎枪在家严阵以待。对方发现此情况后打电话报警。警察甲接到报警到现场，着便衣持枪拍打钱家前门，对方数人直奔后门。钱某误以为对方前后夹击，开枪将拍打前门的警察甲击毙。法院判决：钱某为免遭正在临近的不法侵害，对持枪敲诈的不法侵害人进行防卫，误将执行职务的警察打死，属于防卫对象错误的假想防卫。法院判决钱某构成故意杀人罪。判决理由十分准确地抓住了本案的要点：①钱某是在遭到不法侵害时实施的防卫行为；②误杀警察。但判决结论为过失致人死亡罪似乎合适。因为钱某只有防卫的意思，没有故意杀人的意思，属于在实施防卫过程中（本无犯罪故意）因为认识错误而造成损害结果的情况，应认定为过失。

4. 防卫的目的（主观条件）：为了保护国家、公共利益、本人或者他人的人身、财产和其他权利。目的的正当性既是正当防卫成立的首要条件，也是正当防卫不负刑事责任的重要根据。缺乏防卫正当目的的行为，不成立正当防卫。据此，怀有犯罪的意图实施犯罪行为过程中意外产生防卫效果的情形，不成立正当防卫。"防卫挑拨"也不成立正当防卫。所谓防卫挑拨，是指行为人本有加害对方的意图，有意挑逗对方首先实行侵害行为，然后借口遭到不法侵害，实施加害对方的行为。另外，在"互相斗殴"的场合，因双方都有主动加害对方的意图，所以原则上都不能成立正当防卫。但是，互殴停止后又为制止他方突然袭击而防卫的行为，系被侵害人出于防卫目的而依法实施的制止不法侵害的行为，具有防卫性质。此外，单方聚众斗殴的，属于不法侵害，没有斗殴故意的一方可以进行正当防卫。[1]

5. 没有明显超过必要限度造成重大损害（适度性要件）。对适度性可分为"行为适度"和"结果适度"两方面把握。

（1）行为适度，是指"没有明显超过必要限度"；必要限度，是指足以制止不法侵害、保护合法权益所需要的强烈程度。"明显超过"，表明立法强调对防卫人所采取的防卫措施不必过于苛求。对于明显没有立即危及人身安全或者国家和人民重大利益的不法侵害，不允许用重伤、杀害的手段防卫；明显能用较缓和的手段制止不法侵害时，不允许采用激烈手段，更不允许为保护微小利益而采用激烈的防卫手段，因为行使防卫权需要适当保持各种利益的平衡，不能把轻易地动用激烈暴力维权、轻易地杀伤他人作为合法行为。比如，小偷偷自行车后骑上逃跑，被害人紧追不上就举枪射击，就不能认为是适度的防卫行为。

（2）结果适度，是指"没有造成重大损害"；重大损害，一般是指致人重伤、死亡或者造成重大财产损失。鉴于我国司法把"轻伤"结果作为伤害罪的立案起点，"重大损害"似乎不应包括轻伤。有关的指导案例亦指出，所谓重大损害，应当把握

---

〔1〕 最高人民检察院指导性案例第48号"侯雨秋正当防卫案"。

在没有造成不法侵害人人身重大损害，包括重伤以上这一限度内。[1] 但在实务中有认定造成轻伤的防卫过当的情形。

行为或者结果二者有一项适度的，就认为符合适度性条件，不过当。换言之，成立防卫过当需要两个条件同时具备：明显超过必要限度且造成重大损害。防卫行为虽然不适度，但没有造成重大损害的，不认为过当。如枪击正在作案的小偷，尽管防卫行为不适度，但没有发生严重后果，不认为过当。防卫行为虽然造成了重大损害的客观后果，但防卫措施并未明显超过必要限度的，也不认为过当。如最高人民检察院指导性案例第45号"陈某正当防卫案"，陈某为了保护自己的人身安全而持刀反击，就所要保护的权利性质以及与侵害方的手段强度比较来看，不能认为防卫措施明显超过了必要限度，所以即使防卫结果在客观上造成了重大损害，也不属于防卫过当。

判断个案有没有明显超过必要限度，往往有见仁见智的情形。例如：

【案例】牛津龙正当防卫案[2]

牛津龙在市场替妻子看摊位时因琐事与李某发生争执，为避免事态扩大，其离开直至下午5时许才返回收摊。从上午就一直等候的李追上去拳击牛脸部，将牛的眼镜打碎，碎片划破眼睛。牛没还手。接着李用臂夹住牛的颈部，继续殴打。李强壮高大牛瘦小，牛挣脱不开便掏出水果刀朝着李乱刺，同时李也继续殴打。李直至腹部被捅伤（重伤）松手，牛即停手。一审判决牛成立故意伤害罪。案件被发回重审后，重审认为牛属于防卫过当仍构成故意伤害罪。二审认定牛防卫行为与不法侵害行为的性质和程度基本相适应，没有超过必要限度，成立正当防卫，不负刑事责任。

这样简明的案件经三次审理，得出三种结论，足见认定防卫案件容易发生分歧。本案的要点在于：侵害方赤手空拳通常不至于致人重伤，防卫方使用刀具致人重伤，仅根据双方手段、预期结果的不对称性是否足以认定防卫过当？本判决显示法院在正当防卫与防卫过当判断方面，不要求双方手段、结果严格相称，着重考虑制止不法侵害、保护权益的实际需要。但是，2017年引起广泛关注的"于欢故意伤害案"二审判决[3]，在认定防卫限度时便没有以"对不法侵害人造成的人身损害是否为解除拘禁所必需"为审查重点，而是更关注双方手段相称与否，反复强调不法侵害人"未携带、使用任何器械""并未实施强烈的攻击行为"，而于欢却持利刃连续捅刺4

---

[1] "赵泉华被控故意伤害案"，载《刑事审判参考》（总第38集），法律出版社2004年版，第101页。
[2] 最高人民法院中国应用法学研究所编：《人民法院案例选》（总第60辑），人民法院出版社2007年版。
[3] 山东省高级人民法院刑事附带民事判决书（2017）鲁刑终151号。

人,并据此认定于欢的防卫行为明显超过必要限度。

二、防卫过当及其刑事责任

(一) 防卫过当的概念

防卫过当,是指正当防卫明显超过了必要限度造成重大损害的行为。其具有两个特征:

1. 具有"防卫"的性质,防卫过当符合针对正在进行的不法侵害实施防卫的前提条件。因此,不完全具备正当防卫前提条件的行为,如假想防卫、事先防卫、事后防卫、偶然防卫、防卫挑拨、互相斗殴等情形,既不成立正当防卫也不成立防卫过当。

2. 缺乏"适度性"条件,防卫行为明显超过了必要限度造成重大损害。防卫过当与"事后防卫"的关键差别在于是否符合时间条件(有没有紧迫性)。防卫过当虽然造成了过分的损害,但是是在不法侵害正在进行中造成的过分损害;事后防卫,是防卫行为不适时,是在不法侵害过去之后造成的损害。简言之,防卫过当缺乏"适度性";事后防卫缺乏"适时性"。这导致二者罪过形式、责任存在显著的差异:因防卫过当造成的损害一般是过失犯,因事后防卫造成的损害一般是故意犯;防卫过当是法定情节,事后防卫只是酌定情节。

(二) 防卫过当的罪过形式和罪名

学说上认为:防卫过当的罪过形式一般是过失,但不排除故意。理由是防卫人实施正当防卫,只有防卫的故意(保护合法权益)并无犯罪故意,只是因为对防卫的分寸把握不当才造成了不应有的危害结果。所以对于超出合理限度的结果,通常不是故意的,不能把防卫的故意视为犯罪的故意。从犯罪故意原理上讲,防卫人虽然有杀伤不法侵害人的事实性故意(构成要件故意),但没有违法性(或危害社会)的意识,不成立犯罪故意。但是鉴于防卫案件的复杂性,也没有断然排除防卫过当成立故意犯罪的可能性。

司法实务上对防卫过当致人重伤、死亡的,通常认定为故意伤害罪。即使造成死亡结果的,一般也只认定为故意伤害(致死)罪,在这点上与学说中认为防卫过当罪过形式通常是过失的观点一致。因为这等于肯定了防卫人对死亡结果是过失的。但是通常认定成立故意伤害罪,还是广泛认可了防卫过当的罪过形式是故意的。例如2017年引起社会热议的"于欢故意伤害案",二审法院纠正了原判认定该案中"不存在正当防卫意义上的不法侵害"的结论,承认于欢的行为具有防卫性质,但属于防卫过当,对于1人死亡、2人重伤、1人轻伤的损害后果,追究其故意伤害罪的刑事责任。

因防卫过当而构成犯罪的,依照刑法分则的有关规定确定罪名和适用法定刑。致人重伤、死亡的,依法定过失致人重伤罪或过失致人死亡罪;如有犯罪故意,依法定故意伤害罪或者故意杀人罪。防卫过当本身不是罪名,不能定防卫过当罪,它实际是法定减轻或免除处罚的情节。

(三) 防卫过当的刑事责任

《刑法》第 20 条第 2 款规定："正当防卫明显超过必要限度造成重大损害的，应当负刑事责任，但是应当减轻或者免除处罚。"

防卫过当在客观上超过必要限度，造成了不应有的重大损害，具有社会危害性；主观上对造成过分损害存在过失甚至故意，具有罪过性，应当负刑事责任。但因其防卫性质的存在，应当对其显著从宽处罚。

【案例】范尚秀故意伤害案[1]

范尚秀与范尚雨系同胞兄弟。某日上午 8 时许，范尚雨先追打其侄女范莹辉，又手持木棒、砖头在公路上追撵其兄范尚秀。范尚秀在跑了几圈之后，因无力跑动，便停了下来，转身抓住范尚雨的头发将其按倒在地，并夺下木棒朝持砖欲起身的范尚雨头部打了两棒，致范尚雨当即倒在地上。后范尚秀把木棒、砖头捡回家。约一个小时后，范尚秀见范尚雨未回家，即到打架现场用板车将范尚雨拉到范尚雨的住处。范尚雨于上午 11 时许死亡。

下午 3 时许，范尚秀向村治保主任唐田富投案。经查证，范尚雨近十年因精神病不能辨认和控制自己的行为，经常无故殴打他人。湖北省襄樊市中级人民法院认为，被告人范尚秀属明显超过必要限度造成他人损害，其行为已构成故意伤害罪。被告人作案后投案自首，依法应从轻处罚。故判决被告人范尚秀犯故意伤害罪，判处有期徒刑 3 年，缓刑 3 年。

本案要点：①本判决认可对精神病人侵害行为的防卫。②防卫过当的认定：在遇到无刑事责任能力人的侵害时，如果明知侵害者是无刑事责任能力人并有条件用逃跑等其他方法避免侵害时，则不得实施正当防卫；如果不知道侵害者是无刑事责任能力人，或者不能用逃跑等其他方法避免侵害时，才可以实行正当防卫。③在防卫过当罪过形式上的分歧：学说一般认为是过失，而实务中则多认为是故意，所以本案定故意伤害罪。

三、特殊防卫

(一) 特殊防卫的概念

《刑法》第 20 条第 3 款规定："对正在进行行凶、杀人、抢劫、强奸、绑架以及其他严重危及人身安全的暴力犯罪，采取防卫行为，造成不法侵害人伤亡的，不属于防卫过当，不负刑事责任。"

该条款表明，对严重危及人身安全的暴力犯罪实施防卫的场合，不存在防卫过当。该条款的要旨是：①鼓励公民对严重危及人身安全的暴力犯罪果敢地防卫，消除防卫人的顾虑；②针对司法实务中认定正当防卫摇摆不定的态度（这点在牛津龙案中不难看出），提供一个简明的认定依据——对于严重危及人身安全的暴力犯罪实

---

[1] 载《刑事审判参考》（总第 45 集），法律出版社 2006 年版，第 10 页。

施防卫，不需结果适度性要件。这对于纠正司法裁决不利于防卫人的偏差具有重要意义。

(二) 特殊防卫的条件

1. 针对"严重危及人身安全的暴力犯罪"实施防卫。"严重危及人身安全的暴力犯罪"应当指具体情境下（起因、方式、态势等）足以致人重伤、死亡的暴力攻击。刑法列举出行凶、杀人、抢劫、强奸、绑架等暴力犯罪。需注意：①实施杀人、抢劫、强奸、绑架未必都采取严重的暴力方式，比如，投毒杀人或者以麻醉方式抢劫，未必都当然符合"严重危及人身安全的暴力犯罪"的实质条件。②实施其他犯罪，如武装叛乱暴乱罪、拐卖妇女儿童罪、以危险方法危害公共安全罪、爆炸罪，同样可能符合"严重危及人身安全的暴力犯罪"的条件，对其同样可实施特殊防卫。③"行凶"不是一般的拳脚相加之类的暴力侵害，必须是一种已着手的暴力侵害行为，且足以严重危及他人的重大人身安全，例如持有足以严重危及他人重大人身安全的凶器、器械伤人的行为。[1] 但对"行凶"也不能限制得太严。只要造成严重危及人身安全的紧迫危险，即使没有发生严重的实害后果，也不影响正当防卫的成立。比如，在具体案件中，有些暴力行为的主观故意尚未通过客观行为明确表现出来，或者行为人本身就是持概括故意予以实施，这类行为的故意内容虽不确定，但已表现出多种故意的可能，其中只要有现实可能造成他人重伤或死亡的，均应当认定为"行凶"。[2]

2. 具备成立正当防卫除"结果适度性"条件之外的所有要件。如果符合特殊防卫的条件，即使造成不法侵害人伤亡的，也不认定为过当。这方面的案例如：

【案例1】叶某正当防卫案[3]

叶某在自己经营的饭店见到王某等人路过，便向其催讨几天前所欠饭款。王某认为有损其声誉，便纠集多人到叶某的饭店滋事，以言语威胁，要叶某请客。叶某不从，王某用东洋刀往叶某的左臂及头部各砍一刀。叶某拔出自备的尖刀还击，在店门口刺中王某胸部一刀后，冲出门外侧身将王某抱住，两人互相扭打砍刺。在旁的郑某见状即拿起旁边的一张方凳砸向叶某的头部，叶某转身还击一刀，刺中郑某的胸部后又继续与王某扭打，将王某压在地上并夺下王某手中的东洋刀。王某和郑某经送医院抢救无效死亡，叶某也多处受伤，属轻伤。对本案，法院适用《刑法》第20条第3款的规定，宣告叶某无罪。

---

[1] "李小龙等被控故意杀人案"，载《刑事审判参考》（总第34辑），法律出版社2004年版，第13页。
[2] 最高人民检察院指导性案例第47号"于海明正当防卫案"。
[3] 载《刑事审判参考》（总第6辑），法律出版社2000年版。

【案例 2】厉某正当防卫案[1]

员工陆某（女）与厂长厉某因管理问题发生口角，随后叫来丈夫甲和兄弟乙。甲、乙携铁棍、木棍到工厂，声称要废了厉某。甲、乙持棍棒砸打办公室和预算室的门窗玻璃，并欲闯进预算室殴打厉某。此时，厉某持铁管从背后击打甲、乙，致一人重伤、一人轻伤。厉某被认定为特殊防卫，不构成犯罪。

但是，如果行为不符合除"结果适度性"条件之外的其他要件，如"适时性要件"等，即使针对"严重危及人身安全的暴力犯罪"实施，但也因行为本身即不具防卫性质，不能成立正当防卫。换言之，在任何情况下都不允许在时间上不当，即使是遇到严重危及人身安全的暴力犯罪，也不允许在不法侵害结束后继续打击不法侵害人（事后防卫不是正当防卫）。

四、疑似正当防卫案件的司法认定策略

（一）认定的步骤

司法实践中，面对疑似正当防卫的案件，可以按照以下步骤进行具体认定：

首先判断行为有无防卫性质（正当防卫的前四项成立条件）。若不具有防卫性质，则肯定不能成立正当防卫；若具有防卫性质，则需开启第二步的判断——案件是否属于特殊防卫的情形。若属于特殊防卫，则基本可以肯定正当防卫之成立；若不属于特殊防卫，则还需进行第三步防卫限度的判断。防卫行为明显超过必要限度且造成重大损害的，属于防卫过当，应当负刑事责任，但应当减轻或者免除处罚；防卫行为没有超过必要限度或者未造成重大损害的，成立正当防卫。

"于欢故意伤害案"二审判决[2]基本遵循了前述认定策略。首先，纠正一审法院对防卫性质的否定，认为于欢的行为具有防卫性质，因为"实施正当防卫所要求的不法侵害客观存在并正在进行"且"于欢的行为是为了制止不法侵害"。其次，确认本案不存在适用特殊防卫的前提条件。最后，对防卫限度进行考察，得出结论："于欢的防卫行为明显超过必要限度造成重大损害"，属于防卫过当。

采取这种认定思路的案例还有：

【案例】韩霖故意伤害案[3]

2003年8月30日19时许，王某见韩霖同丁某在"豪迈"网吧上网，王某认出丁某是自己的女友，即对韩霖产生不满，纠集宋某、贾某等四人到网吧找韩霖。王某先让其中二人进网吧叫韩霖出来，因韩霖不愿出来，王某又自己到网吧中拖扯韩霖，二人发生争执，后被网吧老板拉开。王某等人到网吧外等候韩霖，当韩霖、丁

---

[1] 刘家琛主编：《刑法新罪与疑难案例评析》，中国民主法制出版社1999年版，第23页。
[2] 山东省高级人民法院刑事附带民事判决书（2017）鲁刑终151号。
[3] 载《刑事审判参考》（总第69集），法律出版社2009年版，第40页。

某二人走出网吧时，王某即将韩霖拖到一旁，并朝韩霖踢了一脚。韩霖挣脱后向南跑，王某在后追赶，宋某、贾某等人也随后追赶。韩霖见王某追上，即持随身携带的匕首朝王某挥舞，其中一刀刺中王某左颈部，致王某左侧颈动脉、静脉断裂，急性大失血性休克死亡。案发后，韩霖于9月2日到公安机关投案自首。韩霖父母自愿代韩霖向王某父母赔偿3万元。

一审认为，韩霖面对赤手空拳追赶其的王某等人，在尚未遭到再次殴打的情况下，手持匕首刺中王某，其行为系防卫不适时，已超出防卫的范畴，关于韩霖的行为属防卫过当的辩护意见不当，不予支持。据此判决故意伤害罪，判处有期徒刑11年。

二审认为，王某等人的不法侵害行为从围攻韩霖时已经开始，且已达到有必要进行防卫的程度；王某等人追赶韩霖的行为，是不法侵害的持续而非中止，此时韩霖所面临的不法侵害的威胁并未消除或减弱，即不法侵害行为正在进行。韩霖……对不法侵害人实施防卫行为是适时的、必要的。但……该防卫行为已明显超过了有效制止不法侵害行为的必要限度。判决故意伤害罪，判处有期徒刑7年。

这种三步走的司法认定策略有助于提高实务工作者甄别正当防卫案件的能力，避免将防卫性质与防卫限度的认定混为一谈，出现不利于防卫人的偏差。

（二）司法观念的更新

受传统社会治理观念的影响，公民使用暴力自卫被理解为"走投无路"的最后手段。据此，我国实务部门对于正当防卫的成立条件把握非常严格，使得《刑法》第20条沦为"僵尸条款"，成为"一纸空谈"。在司法实践中，很多案例不被认定为正当防卫，背后的支配性观念是，提倡公民尽量通过国家权力获得保护和救济，严格限制公民使用暴力自我救济。最近这种价值取向正在发生转变。司法机关开始接受，正当防卫的本质理解是"正对不正""合法没有必要向不法让步"。在正当防卫的成立条件之弹性判断中，开始考虑防卫人相对于不法侵害人而言本质上的优越地位。

例如，最高人民检察院指导性案例第47号"于海明正当防卫案"[1]在防卫适时性的认定中强调，判断侵害行为是否已经结束，应看侵害人是否已经实质性脱离现场以及是否还有继续攻击或再次发动攻击的可能。于海明抢到砍刀后，刘某立刻上前争夺，侵害行为没有停止，刘某受伤后又立刻跑向之前藏匿砍刀的汽车，于海

---

[1] 基本案情：刘某的朋友刘某某因交通纠纷下车与于海明发生争执，经同行人员劝解返回车辆时，刘某突然下车，上前推搡、踢打于海明。虽经劝架，刘某仍持续追打，后返回宝马轿车取出一把砍刀（经鉴定系管制刀具），连续用刀击打于海明的颈、腰、腿部。击打中砍刀甩脱，于海明抢到砍刀，并在争夺中捅刺刘某的腹、臀部，砍击右胸、左肩、左肘，刺砍过程持续7秒。刘某受伤后跑向宝马轿车，于海明继续追砍2刀均未砍中，其中1刀砍中汽车。刘某逃离后，倒在距宝马轿车东北侧30余米处的绿化带内，后经送医抢救无效于当日死亡。

明此时做不间断的追击也符合防卫的需要。于海明追砍两刀均未砍中,刘某从汽车旁边跑开后,于海明也未再追击。因此,在于海明抢得砍刀顺势反击时,刘某既未放弃攻击行为也未实质性脱离现场,不能认为侵害行为已经停止;在特殊防卫的认定中强调,对行凶的认定,应当以"严重危及人身安全的暴力犯罪"作为把握的标准。刘某从持砍刀击打后,行为性质已经升级为暴力犯罪。刘某攻击行为凶狠,所持凶器可轻易致人死伤,随着事态发展,接下来会造成什么样的损害后果难以预料,于海明的人身安全处于现实的、急迫的和严重的危险之下。刘某具体抱持杀人的故意还是伤害的故意不确定,正是许多行凶行为的特征,而不是认定的障碍。因此,刘某的行为符合"行凶"的认定标准。

再如,最高人民检察院指导性案例第45号"陈某正当防卫案"一反过去司法实务在认定防卫限度时的"唯结果论",明确指出:"在被人殴打、人身权利受到不法侵害的情况下,防卫行为虽然造成了重大损害的客观后果,但是防卫措施并未明显超过必要限度的,不属于防卫过当,依法不负刑事责任。"该案中,陈某的防卫行为致实施不法侵害的3人重伤,客观上造成了重大损害,但防卫措施并没有明显超过必要限度。陈某被9人围住殴打,其中有人使用了钢管、石块等工具,双方实力相差悬殊,陈某借助水果刀增强防卫能力,在手段强度上合情合理。并且,对方在陈某逃脱时仍持续追打,共同侵害行为没有停止,所以就制止整体不法侵害的实际需要来看,陈某持刀挥刺也没有不相适应之处。综合来看,陈某的防卫行为虽有致多人重伤的客观后果,但防卫措施没有明显超过必要限度,依法不属于防卫过当。

实践中,许多不法侵害是突然、急促的,防卫者在仓促、紧张状态下往往难以准确地判断侵害行为的性质和强度,难以周全、慎重地选择相应的防卫手段、防卫强度。在事实认定和法律适用上,司法机关应充分考虑防卫者面临的紧急情况,依法准确适用正当防卫规定,保护防卫者的合法权益,从而树立良好的社会价值导向。"人身安全是每个公民最基本的要求,面对来自不法行为的严重紧急危害,法律应当引导鼓励公民勇于自我救济,坚持同不法侵害作斗争。"[1]

第三节 紧急避险

一、紧急避险的概念和成立条件

(一)紧急避险的概念和特征

《刑法》第21条第1款规定:"为了使国家、公共利益、本人或者他人的人身、财产和其他权利免受正在发生的危险,不得已采取的紧急避险行为,造成损害的,

---

[1] 申琳、姚雪青:"江苏省人民检察院详解——'昆山砍人案',为何属于正当防卫",载《人民日报》2018年9月3日,第23版。

不负刑事责任。"

紧急避险的特征是：在紧急情况下两种合法利益发生了冲突，顾此失彼，而不得不采取损害其中较小的利益、保全较大利益的行为。紧急避险排除社会犯罪性的根据是保全了较大的利益。

(二) 紧急避险的成立条件

1. 起因条件：发生了危险，就是出现了足以使合法权益遭受严重损害的危险情况，如自然灾害、动物侵袭、人的行为等使合法利益面临着紧急的危险。

2. 时间条件：危险正在发生。也就是说：①危险是客观存在的，而不是主观想象、推测的；②这种危险是正在发生的，十分紧迫。

3. 行为对象条件：避险行为针对的对象是第三人的合法权益。因为紧急避险是为了保全一个较大的合法利益而不得不损害一个较小的合法权益。如果是针对不法侵害或不法利益造成的损害，则应适用正当防卫制度解决。

4. 主观条件：为了使合法利益免受正在发生的危险。这是避险目的正当性的条件，法律不认可为保护非法利益而采取避险行为。

5. 限制条件：避险行为在迫不得已的情况下实施。所谓迫不得已，是指采取紧急避险是唯一的途径，别无选择。因为紧急避险是以牺牲较小利益的方式保全较大利益，只要有其他办法能避免危险，就不必采取牺牲某种利益的方法。

6. 限度条件：避险行为不能超过必要限度造成不应有的危害。紧急避险的必要限度，应是避险行为所造成的损害必须小于所保护的权益，而不能等于或大于所保护的权益。换言之，"丢卒保车"是必要的，而"丢卒保卒"或"丢车保卒"就超过了必要限度。这是由紧急避险的目的和性质所决定的。因为紧急避险是损害一个法益保全另一个法益，只有在保全的法益较大或较优的情况下，才有必要性。因此如果损害的法益等于或略大于保全的法益，应认为是超过了必要限度的避险过当，而非是紧急避险。至于损害的法益等于或略大于保全的法益即避险过当是否都应当追究刑事责任，这需要根据案情斟酌，如果情节显著轻微、危害不大的，不认为是犯罪。

紧急避险排除犯罪性的根据是保护优越利益的原理。如何权衡利益的轻重？一般而言，生命的法益重于身体的法益，身体的法益重于财产的法益。同是财产法益的，价值大的优越。就个案而言，应当根据社会观念结合具体的情形进行判断，比如，为了保护轻微的人身权益而损害他人价值巨大的财产，就很难说是合理的。

在紧迫且不得已的情况下，为了保全生命而牺牲他人生命，能否被认定为一种"避险行为"？这是一个难题，因为人的生命是人格的基本要素，人格是不可比较轻重大小的。基于这样的观念，自然排斥把人的生命法益作为避险的对象。但是，"人的生命在法律上被看成是等价值的，这种场合，也可以承认是紧急避险"。[1] 具体

---

[1] [日] 大塚仁著，冯军译：《刑法概说：总论》，中国人民大学出版社2003年版，第345页。

而言，可以考虑以下几方面的因素：①作为避险对象的人是否具有牺牲其生命的承诺或同意，这具有降低生命的要保护性的效果；②被作为避险对象的人是否具有生存的可能，这主要体现在如果牺牲部分人，剩下的人就能得救的场合；③是否为了拯救多数人的生命而牺牲少数人的生命；④避险行为人是否因自己招致危险状态而牺牲他人生命；⑤避险行为人的个人情况，例如辨认、控制能力的强弱。[1]

例如，一艘救生船只能承载50人，但却载了60人，随时都有倾覆的危险，如任其倾覆60人同归于尽还不如抛下10人，保全50人。这是危难之中的明智选择，至少不能不承认这是一种避险行为，与常态下的故意杀人存在显著差别。又如，一个新兵不慎使一个拉着的手榴弹落到甲脚下，周围还有许多人，甲捡起扔到另一边，把另外两个人炸死。只要危险本身不是甲的过错行为造成的，没有超过必要限度，可排除罪责。在紧急且不得已的情况下，为保全自己一人的生命而牺牲另一个人的生命能不能被认为是"避险行为"？例如，甲、乙同时落海共同抓住一块木板，该木板不能同时承受二人的重量，如果二人都抓住木板可能同归于尽，甲于是将乙推入海中，一人生还。实际上该怎么考虑呢？首先可以承认这是一种避险行为。其次是避险行为有没有过当的判断。因为人的生命价值是相等的，避险行为造成价值相等的损害依我国通说可判定为过当。避险过当意味着：①承认行为具有避险的性质；②因为避险过当，按照紧急避险制度，属于法定宽大处理情节，应当减轻或免除处罚。与正当防卫的司法认定策略相似，也是先认定行为性质，再看是否过当，即先有避险行为的成立而后才有是否过当的判断。

7. 特别例外限制：关于避免本人危险的规定，不适用于职务上、业务上负有特定责任的人。

二、避险过当及其刑事责任

（一）避险过当的概念

避险过当是指避险行为超过必要限度造成不应有的危害的行为。紧急避险的意义在于在不得已的情况下损害较小的利益以保全较大的利益。如果避险行为造成的损害大于或等于所保全利益，就失去了正当的根据。因此，刑法规定避险过当的应当负刑事责任。

（二）避险过当的基本特征

避险过当的基本特征是在客观上造成了不应有的损害，即避险行为造成了大于或等于所保全利益的损害。这里存在一个过当损害的程度问题。鉴于行为人是在紧急避险的过程中具备避险前提条件的情况下造成的不适当的损害，所以只有在造成较为严重的、不应有的损害时，才有必要认定为避险过当，追究刑事责任。避险行为虽然造成了大于或等于所保全利益的损害，如果综合全案的情形看，情节显著轻微、危害不大的，也不认为是犯罪。

---

[1] 黎宏："紧急避险法律性质研究"，载《清华法学》2007年第1期。

(三)避险过当的刑事责任

《刑法》第 21 条第 2 款规定:"紧急避险超过必要限度造成不应有的损害的,应当负刑事责任,但是应当减轻或者免除处罚。"

避险过当不是独立的罪名,避险过当意味着:不能排除行为人对造成的不应有损害的非法性,在追究刑事责任时应当根据具体情况确定触犯的罪名,依法减轻或免除处罚。

(四)避险行为·紧急避险·避险过当

1. 为了保护合法权益免受正在发生的危险,不得已损害另一法益的行为,是"避险行为"。

2. 避险行为造成的损害没有超过必要限度的,是"紧急避险",排除犯罪性,不负刑事责任。

3. 避险行为超过必要限度造成不应有的危害的,是"避险过当",应当负刑事责任,但应当减轻或者免除处罚。

【案例】王仁兴破坏交通设施案[1]

被告人王仁兴驾驶的渔船靠近长江"H航标船"时,其渔船的螺旋桨被该航标船的固定钢缆绳缠住。王仁兴为使渔船及本人摆脱困境,登上该航标船将钢缆绳解开后驾船驶离现场,致使"H航标船"因脱离钢缆绳的固定而顺江漂流。航道管理部门接群众报案后在下游 2 公里处找到"H航标船",并于 2 小时后将航标船复位。直接经济损失 1555.50 元。航标船系保障航行安全的交通设施。

法院一审判决:"王仁兴为自身利益,竟不顾公共航行安全,故意破坏交通设施航标船,致其漂离原定位置,其行为已构成破坏交通设施罪。……判处有期徒刑 3 年。"一审宣判后,王仁兴以其行为属紧急避险,不负刑事责任为由,提出上诉。

法院二审判决:上诉人王仁兴驾驶的机动渔船上共有 3 人,"在其渔船存在翻沉的现实危险下,不得已解开航标船钢缆绳来保护其与他人人身及渔船财产的行为,虽系紧急避险,但在危险消除后,明知航标船漂离会造成船舶发生倾覆、毁坏危险,应负有采取相应积极救济措施消除危险状态的义务,王仁兴能够履行该义务而未履行,属不作为,其行为构成了破坏交通设施罪,应负刑事责任"。据此,判决王仁兴犯破坏交通设施罪,判处有期徒刑 3 年,宣告缓刑 3 年。

本判决表明,王仁兴解开航标船钢缆绳致其漂离原定位置的行为是紧急避险,不负刑事责任。王仁兴之所以构成犯罪,是因为其后不作为行为即没有采取"积极救济措施消除危险状态"。

---

[1] 载《刑事审判参考》(总第 38 集),法律出版社 2004 年版,第 82~84 页。

三、紧急避险与正当防卫的异同

（一）紧急避险与正当防卫的相同点

1. 目的相同。都是为了保护公共利益、本人或者他人的人身、财产或其他合法权利。

2. 前提相同。都必须是在合法权益正在受到紧迫危险时才能实施。

3. 责任相同。都可以在合理限度内给某种利益造成一定的损害，不负刑事责任；如果超出法定限度造成损害结果的，都应当负刑事责任，但应当减轻或免除处罚。

（二）紧急避险与正当防卫的区别

1. 危害的来源不同。紧急避险的危害来源非常广泛，既可以是人的不法侵害，也可以是自然灾害、动物侵袭等；而正当防卫的危害来源只能是不法侵害。

2. 行为所损害的对象不同。紧急避险损害的对象是第三者的合法权益；正当防卫损害的对象只能是不法侵害者。

3. 行为的限制条件不同。紧急避险的行为只能在迫不得已时即在没有其他方法可以避免危险的情况下才能实行；而正当防卫的行为则无此限制。

4. 对损害程度的要求不同。紧急避险损害的合法利益必须小于所保护的合法利益；而正当防卫所造成的损害可以大于不法侵害者可能造成的损害。

5. 主体的限定不同。正当防卫是每一个公民的权利；而紧急避险不适用于职务上、业务上负有特定责任的人。

二者主要区别是危险来源、损害的对象不同。正当防卫的危险来源是人的不法侵害，防卫造成损害的对象是不法侵害人。而紧急避险的危险来源可以是自然灾害、动物侵袭，也可以是人的不法侵害。但是，在来自人的不法侵害场合，如果为躲避不法侵害而损害第三人利益的，可以适用紧急避险制度解决对第三人造成的损害。比如，甲遭到乙等三人的无端殴打，并被乙用刮刀刺伤。甲急忙夺路跑走，此时，乙等人高呼："抓小偷！"路人丙不明真相，上前抓住甲。甲一时难以挣脱，不得已刺伤丙，得以脱身。事后查明，甲被乙刺成重伤，甲给丙造成轻伤。就本案而言，甲针对乙一伙的反击并造成损害的行为，无疑属于适用正当防卫制度的范畴。但是甲对丙造成的损害，则不能适用正当防卫制度。甲对于丙的损害，有两种可能：①误认为丙是乙同伙，即认为他是共同不法侵害人之一，但实际上丙不是不法侵害人而是见义勇为的群众，甲对丙的损害，具有假想防卫的性质，按照假想防卫处理。②甲知道丙不是乙同伙，为了急于摆脱丙，免遭乙等人的不法侵害，不得已扎伤丙，这属于避险的性质，可以紧急避险制度处理。如果没有超过必要限度，是紧急避险，不负刑事责任；如果超过了必要限度，对丙的伤害属于避险过当，应当负刑事责任，但是应当减轻或免除处罚。

区别正当防卫、紧急避险的实际意义在于衡量是否过当的标准不同。因为正当防卫涉及合法与不法的冲突，其衡量是否过当的标准明显有利于防卫方，即使防卫人对不法侵害人造成的损害大于不法侵害人可能造成的损害，也可能被认为是必要的;而紧急避险涉及两个合法利益在紧迫情况下发生冲突,不得已舍弃一个保全另一个,其衡量是否过当的标准是平等的,甚至略微偏向被避险一方,即使避险行为损害的利益与保全的利益相等,也可认定为过当。

第四节 其他排除犯罪性的事由

除刑法典明确规定的正当防卫、紧急避险以外,其他法律和学说认为下列情况也可以作为排除犯罪性的事由:

一、依据法律的行为

依据法律的行为,是指根据法律、法规的规定,作为权利或义务实施的行为。如职务行为,警察逮捕嫌疑犯、纠正交通违章的行为,公务员执行上级指示的行为,等等。职务行为排除犯罪性不是绝对的,如果行为人明知命令、职务明显违反法律和道德,不能排除其罪责。执行职务行为与正当防卫行为是不同的。例如,军警人员奉命抓捕逃犯,并受命必要时予以击毙,那么,在人身并未受到紧迫的不法侵害的情况下击毙罪犯,就属于执行职务的行为,而不属于正当防卫行为。其他如公民根据法律规定,抓捕、扭送现行犯罪人、逃犯等,因为这些是法律、法规认可的行使权利、承担义务的行为,即属于合法行为。

另外,有些行为因为经法律特别许可或满足法律规定的特别条件,而成为合法行为。如经许可发行体育、福利彩票,为了科研、动物保护的需要经批准可以猎捕珍稀、濒危野生动物。但是,擅自发行彩票、擅自猎捕珍稀濒危野生动物,属于违法行为。

二、正当业务行为

业务,是指在社会生活上反复继续进行的工作,如医疗、新闻报道、体育竞技等。业务活动遵循常理常规,被认为是正当的,不具有犯罪性。正当业务行为排除犯罪性的范围,一方面应以现存的、有关该业务行为的行动基准为标准进行判断,另一方面应考虑是否违背了被害人的现实同意或推定同意。比如,在医疗活动中遵循医疗常规,给癌症患者实施放疗、化疗,给患者施行截肢、开颅等外科手术,即使存在失败的风险,也不认为是犯罪。其法理依据是:一方面,医疗活动给人们生命健康带来的福利远远超出失败的风险,人们能够接受这种风险;另一方面,医疗及其风险被告之患者且得到患者同意。因此,符合医疗常规的医疗行为即使造成了某种损害,也不具有犯罪性。同理,在体育竞技(如拳击)中,只要遵守竞技规则,即使造成他人伤害也不认为构成故意伤害罪。不正当的业务行为造成损害的,不能排除犯罪性。

三、被害人同意的行为

经被害人同意可以排除犯罪性,因为被害人既然不要求保护,刑法也就不必强行介入提供保护。但是，因被害人同意而排除行为的犯罪性，必须受诸多条件限制，如应当是具有同意能力的人事先作出的真实的、自愿的同意。其中主要是被害人有权处理的权益，不得侵犯公共利益。如果不是被害人有权处理的权益，损害公共利益，不排除犯罪性。如经儿童的父母、监护人同意出卖儿童的；经幼女父母同意与幼女发生性关系或结婚的；经自杀人请求帮助其自杀的；等等。

得他人同意或应他人请求结束他人生命的行为，被认为是不可以接受的，不排除犯罪性。人们主要议论"安乐死"和"尊严死"能不能排除犯罪性。所谓安乐死，是指对于濒临死亡且极其痛苦的患者，按照患者的意愿提早其死期的情形。所谓尊严死，是指对完全依靠维持生命的医疗装置、医疗措施维持生命的患者，停止维持生命的医疗措施，结束患者不尊严的存活状态。广义的安乐死包括尊严死。我国法律目前没有规定安乐死合法，因此对普通人而言，为他人实施"安乐死"在法律上属于故意杀人行为。对医疗机构医务人员而言，施行安乐死也是非法的。不过，医务人员出于无奈，对于濒临死亡且极其痛苦的患者，放弃积极的治疗，仅给予镇痛剂减缓痛苦，或者不得已停止使用维持生命的措施，似乎没有必要纠问。

得他人同意或应他人请求实施伤害的行为，是否排除犯罪性，主要是伤害的程度问题。致人严重程度的伤害，被害人同意显然不能作为排除犯罪性的根据。考虑到人自我保护的本能，很难认可这种同意出自真实的意愿。我国司法实务把轻伤作为伤害罪的立案标准，按照轻伤鉴定标准，轻伤是相当严重的伤害。

经被害人同意摘取其器官的，不具有侵害健康的违法性，阻却故意伤害罪。但若违反禁止器官买卖规定的，仍具有违法性，不阻却成立组织出卖人体器官罪。

四、自损行为

自己损害自己利益的行为，如自杀、自伤、自己损毁自己的财物等，自损行为本身一般不是犯罪。但是下列情况例外：①自损行为不得损害公共利益或他人利益，如军人战时自伤，就属于法定的犯罪行为；放火烧毁自己的财物危害公共安全的，则可以成立放火罪。②通过自损行为实施其他犯罪的，如诈骗、敲诈勒索的，可成立诈骗罪、敲诈勒索罪。③欺骗、逼迫他人实施自杀、自伤、自毁财物等自损行为的，不排除欺骗、逼迫者的罪责。

五、自救行为

自救行为，是指被害人若按照法律程序通过国家机关救济就难以恢复自己的权益，使用自己的力量恢复自己权益的行为。现代国家要求人们在利益受到侵害后尽量通过法律程序获得救济，禁止自力救济。只有在等待公力救济会丧失时机的紧急情况下，才允许私力救济。例如，甲发现乙开着自己丢失的汽车，即阻拦乙将车开走（侵犯乙的自由）甚至夺取汽车。这种情形不构成非法拘禁罪或抢夺罪、抢劫罪。如果方式方法本身过当，通常也仅就过当的方式方法论罪，比如致人伤亡的，仅就故意杀人、伤害追究责任。还如，饭店主人对于食宿后不买单的客人，可以将其暂时留置，在合理的限度内排除妨碍他人自由的非法性。

自救行为与正当防卫都属于紧急行为，不同点在于是保护正在遭受侵害的法益还是恢复已经遭受了侵害的法益。正当防卫针对正在进行的不法侵害，在来不及获取公权力保护的紧急情况下，保护正在受侵害的法益；自救行为是法益已经受侵害的人在来不及通过正常法律程序救济的情况下，运用自己的力量恢复其权益的行为。

六、义务冲突

义务冲突，是指存在两个不能兼顾的义务，履行其中的一个义务而不得已不履行其他义务的情形。如律师为了维护被告人权益而不得已泄露他人的隐私。面临两个利益不能两全的紧急情况，义务冲突与紧急避险相似，其差别在于，作为还是不作为。在紧急情况下，因作为行为造成损害的，适用紧急避险排除犯罪性；因不作为行为造成损害的，适用义务冲突排除犯罪性。

任何排除犯罪性的事由，不论是法定的还是其他的，其正当性都必须具备两个要件：①发生了可排除犯罪性的事由，如面临紧急的不法侵害或危险，或得到被害人的同意。②适度，即没有超出合理的限度。如果发生了可排除犯罪性的事由，但处置超出合理限度的，不能排除犯罪性。是否适度是一种合理性判断，需兼顾当事人双方的利益和公共利益。

第 八 章
故意犯罪进程的形态

第一节 概述

一、犯罪形态

犯罪形态是刑法预设的犯罪进程中停顿或结局的状态。其中，刑法分则各条规定了各罪及其法定刑的基准程度，称完成形态或既遂犯；《刑法》总则第22~24条规定了各罪的未完成态，称预备犯、未遂犯、中止。刑法规定的犯罪形态是处理案件中犯罪不同进展情况的法律标准。例如，甲绑架案，从萌生绑架意图到预备、实行直至实行终了。法官认定，甲等人的绑架行为进展情况（结局）完全符合（或达到）《刑法》第239条规定之绑架罪及其处罚的基准程度，构成该条之绑架罪的既遂，适用该条之法定刑处罚。但是，如果甲在准备中因被丙举报而案发，甲绑架案在预备阶段就结束了，没能继续进行下去，此时法官认定甲的行为尚未着手实行（绑架），更没有达于《刑法》第239条规定之绑架罪完成程度，仅仅符合《刑法》第22条规定之犯罪预备形态，认定甲构成绑架罪的预备犯。

二、完成形态与未完成形态

故意犯罪过程中的犯罪形态，分为完成形态和未完成形态。完成形态是刑法分则各条确立的罪·刑基准形态，人犯罪达到刑法设定的犯罪完成形态，是犯罪既遂。未完成形态是刑法总则中确立的修正形态，包括犯罪预备、未遂、中止。未完成形态含有对罪·刑基准形态（完成态）补充、扩张的意味，是故意犯罪的特殊形态。

因为刑法只对各故意犯罪作了扩张处罚未完成罪的规定，没有对过失犯罪作出扩张处罚未完成罪的规定，所以只有故意犯罪可以成立未完成罪，不存在过失的未完成罪。其实质在于：对过失行为，只有在对法益造成已然损害的程度才追究刑事责任；而对故意犯罪，则扩张到对法益可能造成损害（危险）的程度就追究刑事责任。因为故意地侵害法益重于过失地损害法益，刑法以处罚故意犯罪为原则，处罚过失犯罪为例外。对过失行为的处罚最大限度地向后推延至损害"结果"发生，完全采取"事后问责"的态度。

三、完成罪与未完成罪

人故意犯罪的结局（因案发被交付审判）不一定都能达到刑法设置的定罪处罚

的标准程度（完成态）。例如，《刑法》第 232 条规定的故意杀人罪的标准程度是：故意杀人且造成死亡结果的，处死刑、无期徒刑或者 10 年以上有期徒刑。例如，张三故意杀害李四且将李四杀死，则张三的犯罪进度达于《刑法》第 232 条设置的罪·刑基准程度，是犯罪程度上的完整罪，被称为完成态或犯罪既遂，直接适用第 232 条定罪处罚。若张三由于某种原因而未能将李四杀死，甚至未能着手实行杀害李四就案发，并被交付法庭审判，则张三杀害李四案的结局未能达于《刑法》第 232 条设置的罪·刑基准程度，则发生未完成罪或犯罪没有既遂的情形，在处罚上需要区别对待。

四、犯罪的阶段与犯罪形态

人实施刑法分则某条规定的犯罪行为，是实行行为；人为实行犯罪行为而进行的准备活动，属于预备行为。以是否开始实行行为为基点，实施犯罪准备行为的过程是预备阶段；开始实行行为以后的犯罪过程是实行阶段。犯罪的实行阶段又可细分为：着手，即开始实行行为；实行；实行终了，即实行行为实施完毕。犯罪阶段只表示犯罪的自然进度。例如，甲绑架案：①因为赌博负债百万元，甲萌生绑架富豪乙勒索百万的念头；②然后甲雇用丙、丁二人做帮手，购买麻醉药、刀具、绳索，调查乙的活动规律，并于某日守候在乙回家途中；③甲等人将乙截住，劫持到某饭店客房扣押，然后向乙妻子索要百万元赎金，在得到赎金后将乙释放。这是人们观察甲绑架案的全过程，若分析该过程，可划分为几个阶段：情形①：萌生犯意，或犯罪的起因；情形②：（为实行绑架罪进行）预备阶段，此时案发属于预备犯；情形③：（绑架）实行阶段。实行阶段还可细分为：a. 开始绑架行为之际："着手"，此时若未控制住乙，属于未遂犯，若幡然悔悟放弃犯罪，属于中止犯；b. 绑架乙索要赎金直至释放乙的过程："实行"；c. 释放乙之后："实行终了"。

五、犯罪形态的适用范围与刑法介入的时机

（一）刑法介入的时机

刑法是为了保护法益不受侵害，可以说，刑法分则各条惩处各种具体犯罪就是刑法介入对各种具体法益的保护。比如，惩罚杀人是保护生命，惩罚绑架是保护自由和第三人自决权，惩罚盗窃是保护财产权。问题是，对法益侵害到何种程度，刑法才应该介入保护呢？这是一个非常重大的问题，涉及国家刑罚权的界限。介入过早，担心侵犯公民自由、窒息社会生活的活力；介入过晚，又担心保护法益不充分。为了说明这个问题，可以把法益遭受侵害的程度依次划分为：①可能遭受损害；②实际遭受损害。也可以把人侵害法益的程度依次划分为：①想侵害；②预备进行侵害；③着手实施侵害；④实施的行为使法益受到已然的侵害。

以刑法对故意伤害罪的规定为例，如果只规定惩罚已经造成人身伤害的情形，即只惩罚既遂犯，表明刑法在保护人身健康上介入的时机靠后。如果还规定惩罚伤害罪未遂犯，即有伤害行为存在损害健康的可能也处罚，表明刑法干预有所提前；如果还规定惩罚伤害罪预备犯，即惩罚对健康法益只有间接威胁的行为，表明刑法介入的时机进一步提前;如果提前到惩罚"想伤害"的行为,则干预到人的想法,似乎太粗暴了。

(二) 最后手段与介入的时机

保护法益的法律手段有多种,比如民法、行政法,刑法是最严厉、最极端的法律手段,也应当是最后考虑动用的手段(最后手段)。刑法的最后手段性导致刑法介入时机被尽量推后,所以待到法益遭到已然侵害或者人侵害法益达到已然的程度,才是刑法介入的普遍(或标准)时机。这就是为什么刑法分则各条往往以法益被实际损害作为设置罪·刑的标准态(实害犯),这也是为什么说既遂的实质是对法益造成已然的侵害。不过,对于一些重大的法益,比如公共安全,刑法介入的时机被推前到可能造成法益损害(危险犯),例如,《刑法》第116条规定,破坏交通工具足以发生倾覆、毁坏危险,尚未造成严重后果的,处3年以上……对于特别重大的法益,刑法介入的时机甚至被推前到预备阶段,如《刑法》第103条第1款规定,组织、策划、实施分裂国家、破坏国家统一的……其中"组织、策划"相对于"实施"而言显然是预备行为,但也被直接规定为分裂国家罪的犯罪行为。另外,我国《刑法》还通过第22~24条一般性地规定了未遂犯、预备犯、中止犯可以比照既遂犯处罚,意味着将刑法介入的时机普遍地推前到全体故意罪的预备态。尽管如此,把刑法视为保护法益的最后手段,尽量推迟刑法介入的时机,仍是重要的法治理念;法益遭到已然侵害是刑法介入时机的基点,并循此基点小心翼翼地往前推移(扩张)处罚的范围,仍是重要的思路。

(三) 比较

欧陆刑法学说和制度往前推移的程度:①预备行为原则不罚;②未遂行为选择可罚。例如,《德国刑法典》第23条规定:"重罪的未遂一律处罚,轻罪的未遂的处罚以法律有明文规定为限。"重罪是指最低刑为1年以上自由刑的违法行为;轻罪指最低刑为1年以下自由刑或罚金的违法行为。例如,《德国刑法典》第242条的盗窃罪是轻罪,该条第3款规定"犯本罪未遂可罚",表明盗窃未遂可罚。另外,总则没有关于预备一般可罚的规定,该条也没有指明盗窃罪预备可罚,意味着盗窃罪预备犯不处罚。再如,《德国刑法典》第234条规定的绑架罪是重罪,根据总则一般规定重罪未遂可罚,该条第3款规定"本罪的预备犯处5年以下自由刑或罚金",表明绑架罪的预备犯处罚。我国《刑法》总则通过第22~24条一般性地规定未遂犯、预备犯、中止犯可罚。从法律拟制上讲,将全体故意罪可罚范围往前推移到未遂、预备及中止。

德国刑法虽然规定轻罪未遂选择可罚(以法律有明文规定为限),但是在分则中对常见轻罪如盗窃、敲诈勒索甚至侵占,都指明未遂可罚。所以,在法定未遂处罚范围上,与我国没有显著差别,只是在法定预备犯处罚范围上有较明显的差别。

就司法情况而言,可能是完全不同的情形。以盗窃为例,我国《刑法》规定盗窃"数额较大"才成立犯罪,根据司法解释,盗窃未遂情节严重的才定罪处罚,实际比德国刑法中规定的盗窃未遂的处罚范围小。再以故意伤害为例，我国司法实务要求致人"轻伤"才予立案，实际按照"法益遭到已然侵害"才定罪来掌握，伤害未遂只是在情节极为严重的情况下，才可能被追诉。德国刑法虽然没有规定伤害未遂可罚，但规定使用枪支、刀具等危险的伤害未遂可罚。我国对故意伤害罪实际操作的处罚范围可能较小。

我国刑法与德国刑法的差异主要在态度和思路方面。我国刑法的态度似乎是：不论是否实际处罚，先在法律中肯定可罚，表现出国家强势，并把未遂、预备可罚性委诸司法裁量。从明确性上讲，我国刑法犯罪行为类型是明确的，但是对于预备、未遂的可罚性范围尚不甚明确。

（四）未完成形态的适用范围

1. 相对于分则各条规定的基本犯罪构成而言，总则规定的未完成形态属于对刑法分则各种犯罪行为扩张处罚的情况，属于犯罪构成的修正形态。

2. 未完成形态只适用于直接故意犯罪。对于间接故意行为，只有在行为人"放任"的损害结果成既成事实即已然发生的场合才追究刑事责任，"放任"的损害结果没有发生的，通常不认为是犯罪。在这点上，损害结果对于过失行为和间接故意行为的法律意义相同。有关指导案例也指出：间接故意犯罪不存在未遂形态，行为人如果出于间接故意而实施危害行为，没有造成法定后果的，不构成相应犯罪的未遂。[1] 过失、间接故意，通常只有犯罪成立与否的问题，也即在既遂场合才成立犯罪，未完成的，通常不认为是犯罪。只有在直接故意场合，才惩罚未完成罪。

第二节 犯罪既遂

一、概念

犯罪既遂，是指行为完整地实现了分则法条规定的基本犯罪构成事实。例如，张三要杀李四且将李四杀死，就完全实现了《刑法》第232条规定之"故意杀人的"犯罪构成事实，把张三杀死李四的事实与法定故意杀人罪构成要件"对号入座"，完全吻合，应判定张三故意杀人罪既遂，直接适用被触犯分则正条（第232条故意杀人罪）规定的法定刑处罚。可见，犯罪既遂是刑法分则所规定的某种犯罪被人的行为完全实现的情形，也是依照分则条文规定的法定刑（法律后果）适用刑罚的标准情形。

---

[1] "曹成金故意杀人案"，载《刑事审判参考》（总第10辑），法律出版社2000年版。但学界反对观点认为，否定间接故意犯罪有成立未遂的空间，过分强调犯罪主观因素，显失合理。参见黎宏：《刑法学总论》，法律出版社2016年版，第224页。

二、刑法条文结构及其适用规则

（一）刑法条文结构

1. 刑法典分"总则"和"分则"两部分。其中，总则主要是犯罪、刑罚的"一般"（或通用性、共同性）规定；分则是关于罪与罚的"具体"规定。各种犯罪及其刑罚主要是由分则各条确立的。因此，认定犯罪进度形态的法律标准也是分则各条的规定。

2. 分则条文的内容也可分为两部分：罪状+法定刑。适用分则各条处理刑事案件的最简单道理是：行为人的行为实现了条文的前半部分"罪状"的内容（即罪状描述的法律要件），就应当适用该条文的后半部分"法定刑"进行处罚。对于"罪状"的内容，也可以称之为"犯罪构成""构成要件"，即适用（罪状之后的）刑罚效果的"法律要件"。[1] 对于"法定刑"可称之为法律效果（后果）。若某人之行为完整地实现了条文前部（罪状），就应完整地适用后部（法定刑）处罚，这是刑法设置的犯罪及其处罚（程度）的基准态，某人的犯罪行为进展达于这种基准态的情形被称为既遂。

（二）既遂的本质和法律的设置

1. 既遂与犯罪本质。犯罪本质是（行为）侵害法益（客体），侵害法益的程度有两种情况：①实际损害（结果）；②可能的损害（危险）。犯罪既遂表示犯罪行为侵害法益达到了已然的程度。对于侵害法益造成"实际损害"才成立的犯罪而言，使该法益遭到实际损害是既遂；对于侵害法益造成"可能的损害"就成立的犯罪而言，使该法益遭到可能的损害是既遂。可见犯罪既遂的实质是侵害法益的既遂，是表示犯罪侵害法益达于终结（既遂）程度的概念。

2. 法律设置。刑法的目的是保护法益免遭侵害，因此，立法者把种种侵害法益的行为用法条逐个规定为犯罪时，一般以该犯罪侵害法益达于"已然"状态设为基准程度并配置相应的处罚。因此：①既遂的"形与实"通常是一致的，既遂在形式上是行为"完整"实现了某条规定的基本犯罪构成事实；在实质上侵害法益达到造成实际损害或者可能损害的程度。②犯罪的基准与法定处罚的基准是一致的，因为标准的法律后果（法定刑）是按照犯罪的标准程度（既遂）配置的。所以犯罪既遂的，直接适用条文的法定刑处罚。

三、既遂的一般类型

刑法分则规定了四百余种的犯罪，它们的犯罪构成的既遂形态也呈现出不同的情况，概括起来有以下几种类型：

（一）实害犯·（狭义的）结果犯

实害犯以法益遭到实际损害为既遂。法益遭到实际损害往往体现为发生特定犯

---

[1] 注意：这里为了解说方便，对罪状作广义理解，对构成要件作狭义理解，关于罪状与犯罪构成的关系请按通说掌握。

罪结果，从这个角度把握也可称为（狭义的）结果犯。例如，《刑法》第 232 条规定的故意杀人罪，仅有杀人的行为尚不足以成立该罪的既遂，必须有杀人行为且致人死亡才能成立该罪的既遂。故意伤害罪以及盗窃罪、抢劫罪、故意毁坏财物罪等侵犯财产罪属于实害犯或（狭义的）结果犯。

（二）危险犯

危险犯以法益遭到可能的损害为既遂。法益遭到可能的损害通常表现为足以造成某种严重后果发生的危险，所以称危险犯。例如，《刑法》第 116 条规定的破坏交通工具罪，只要破坏行为足以使交通工具有发生倾覆、毁坏危险的，即使尚未造成"倾覆、毁坏"的严重后果，也成立该条之罪的既遂。放火罪、爆炸罪、投放危险物质罪、破坏电力设备罪等也是危险犯。

（三）形式犯·行为犯

该种犯罪以法律禁止的行为被实施完毕为既遂。因为不以法益遭到实际或可能的损害为必要，被称为形式犯；又因为只要将法律禁止的行为实施完毕就是既遂，从这个角度把握也可称为行为犯。例如，《刑法》第 125 条第 1 款非法制造、买卖、运输、邮寄、储存枪支、弹药、爆炸物罪，第 126 条违规制造、销售枪支罪，仅仅非法买卖或违规销售枪支的行为就构成犯罪（既遂），对公共安全（众人伤亡、重大财产损失）而言，既没有实害结果也没有现实危险，只是从经验上讲，若对枪支不加管制则存在不安全因素，至多属抽象危险。

关于形式犯、行为犯概念的争议。按照法益侵害说，犯罪必须具备侵害法益的本质，对法益造成实际侵害（结果犯、实害犯）或可能造成损害（危险犯），因此不具有侵害性的纯粹的行为，不能认为是犯罪，故认为形式犯、行为犯概念与犯罪本质观念不符。认为既遂是对法益造成侵害或危险，因而只有危险犯与实害犯·结果犯，没有行为犯。所谓行为犯，只是危险或结果不明显的危险犯或结果犯而已。

这还涉及对结果、危险的理解，若把结果理解为行为导致之"外界变动"，则这种广义结果等于犯罪对法益的侵害性，不仅包含"结果"也包含"危险"。因为危险也是行为导致之"外界变动"的一种情形，也是对法益侵害的样态之一。另外，"危险"可分为抽象危险和具体危险，抽象危险是人们根据经验推测的损害法益的可能性，比如，对枪支不加管制任其流散于民间，会增加人们利用这类大杀伤力工具的概率，从而增加危害公共安全事件的发生概率。就个案中的非法买卖行为而言，不需证明危害公共安全的结果发生了，也不需证实现实的危险发生了。

这还涉及犯罪本质的观念。按照结果无价值说，评价犯罪的重点在行为导致之"外界变动"上，有没有"外界变动"以及发生何种"变动"是认定犯罪既遂的根据。"外界变动"体现为实害、危险。按照行为无价值说，评价犯罪的重点部分或全部集中在"行为"上，有些犯规行为自身就是认定犯罪性或犯罪程度的根据，不必进一步探求（犯规行为导致之）"外界变动"，这样一来，危险、实害变得无足轻重了。

二百余年累积的诸多犯罪论概念、价值体系，在一些基本概念的使用上都存在差异，如果事先没有掌握好一家之说，就猛然接触诸家之说，还真有点困惑。

现实的考虑是依托本国刑法体制解决刑法注释的基本问题。我国《刑法》分则各条非常看重行为导致之"外部变动"，即结果。因此，仍着重从行为造成之"实害""危险"把握既遂。另外，对于行为导致之"外界变动"难以把握的罪名，只好前推至行为自身来把握。相对于（狭义的）结果犯、危险犯，姑且称之为"行为犯"。

因为各罪各有其既遂的特点，属于分则问题，所以认定既遂主要还是根据分则条文的具体规定，应当分别掌握。以上三种类型只是方便初学者掌握作出的粗略划分。例如，故意杀人罪是实害犯，只有在杀人行为实际造成死亡结果的场合，才能认定该罪既遂。再如，诬告陷害罪是行为犯，在行为人实行了诬告陷害行为的场合，即成立该罪的既遂，至于被诬陷人是否受到了刑事处分不是成立该罪既遂所必需的。

一般推断：①行为犯、危险犯的既遂，往往不以犯罪人实现犯罪目的或者造成特定的损害结果为必要，所以，以犯罪人是否实现犯罪目的或者是否造成特定损害结果作为认定既遂标准，是片面、错误的；②目的犯，如绑架罪以勒索财物等为目的，拐卖妇女、儿童罪以出卖为目的，这类目的是主观要件，且属于主观的超过要素，构成这类目的犯不以实现该目的为客观要件或既遂条件。

第三节　犯罪预备

一、概念和要件

《刑法》第22条第1款规定："为了犯罪，准备工具、制造条件的，是犯罪预备。"进行犯罪预备，因意志以外的原因而未能着手实行的，是预备犯。预备犯是犯罪的未完成形态之一。根据这一概念，成立预备犯需要有以下三个要件：

1. "为了犯罪"，是指具有实现某种犯罪的意图。例如，为了犯绑架罪、抢劫罪、票据诈骗罪的意思。只有在犯罪意图支配下实施的准备行为，才能成立犯罪预备。在犯罪预备阶段认定犯罪意图是相当困难的事，因为刑法只规定了犯罪的"行为类型"，如放火、破坏交通工具、抢夺、盗窃等，有此种实行行为可直接表现出犯罪意图，但是刑法对预备行为可没有这样类型化的规定，预备行为与合法行为在外观上没有差异，自身不能直接反映犯罪意图。比如，甲买绳索、胶带、刀具、汽车等，从这些行为的外观不能直接看出他有没有犯罪的意图。只有根据具体情形证实甲有绑架意图时，才能认定看似平常的活动是犯罪预备活动；相反，不能认定犯罪意图的，不成立犯罪预备。例如，甲是某县人大副主任，不满县委对自己的职务安排，认为是书记乙挟嫌报复，就拿上砍柴刀到县委门口，声称要砍死乙，并将门口的一棵树砍了数道很深的刀痕。当天从早到晚，乙上、下班均经过县委大门，甲也看到乙经过，只是朝乙挥舞柴刀、叫骂，没有冲上前进行攻击。事情的整个过程表明，甲其实没有杀伤乙的意思，不成立故意杀人罪的预备。

因为在预备阶段还没有开始实施实行行为，认定故意的具体内容也是相当困难的。例如，甲男与妇女主任乙女同村，曾多次向乙示爱求婚。某日晚乙独自在家中，发现甲突然从客厅沙发后面出现，从表情姿态上看似欲求与乙发生性关系，乙见状惊怒交加，怒斥甲并迅速从厨房取出菜刀，甲见状狼狈逃离乙宅。就本案而言，甲潜入乙住宅并欲与乙发生性行为大体可以认定，但是究竟是要"求奸"还是"强奸"则很难判断。因为甲毕竟没有暴力、胁迫的表现，很难确认他有违背乙意志强行发生性行为的意思（强奸故意），恐怕不能认定甲构成强奸罪预备。如果根据甲有非法侵入住宅的行为，认定其构成非法侵入住宅罪较为确实。

2. 进行了准备工具、制造条件等犯罪的预备活动。所谓准备工具，是指准备为实行犯罪使用的各种物品，如为杀人而购买刀、枪、毒药。所谓制造条件，是指为犯罪实行直接制造机会或创造条件的行为，包括实行犯罪的客观条件、主体条件、现实作案条件等，如：①进行犯罪前的调查；②排除实行犯罪的障碍；③前往犯罪现场或者诱骗被害人赴犯罪地点；④跟踪或者守候被害人；⑤勾引共同犯罪人；⑥商议或者拟定实施犯罪的计划；等等。从某种意义上讲，准备工具也可属于制造条件的一种方式。如果行为对将来实行犯罪不具有制造直接便利的性质，不认为是犯罪预备行为。比如，甲萌生杀害乙的念头之后，写遗嘱、与妻子离婚分割财产、清理自己的债权债务、把孩子托付大人收养等处理"后事"的行为，对将来杀人犯罪的实行没有直接的作用，不是犯罪预备行为。

3. 预备行为由于犯罪分子意志以外的原因被阻止在犯罪准备阶段，未能进展到着手实行犯罪。例如，张三为杀人而购买了大量毒药，尚未投放即被告发，其为杀人而"买毒药"的行为构成故意杀人罪（预备犯）。"买毒药"不是故意杀人的行为，只是为将来实施的杀人行为准备工具的行为。再如，李四埋伏在路旁伺机拦路抢劫，未遇到被劫者即被警察抓获，构成抢劫罪（预备犯）。怀有抢劫意图在路边"埋伏"，该"埋伏"行为不是抢劫行为，只是为抢劫实行创造便利的行为。如果张三"买毒药"未遇到障碍进展到"投放"，或者李四的"埋伏"未被抓获进展到抢劫，则作案过程已经经过了预备阶段进入实行阶段，不复存在成立预备犯的可能。

【案例】张正权、张文普抢劫案[1]

张正权、张文普二人共谋在偏僻处抢单身女性钱财，为此购买了尖刀、透明胶带等作案工具，并多次于晚上在某工业园区伺机作案，还商定如果遇到漂亮女性，就先抢劫后强奸，并采用手机游戏定输赢的方式确定张正权先实施强奸行为。某晚，他们在寻找作案目标时被公安巡逻队员抓获。

---

[1] 载《刑事审判参考》（总第59集），法律出版社2008年版，第26页。

本案要点：①寻找抢劫目标时被抓获，因抢劫尚未着手，成立抢劫罪预备犯；②虽同时还有强奸意图，但只有一个预备行为，只成立抢劫罪（预备犯），不成立强奸罪（预备犯）。意图实施多项犯罪但只实施了一个犯罪预备行为的，只能构成一罪，否则有违重复评价原则。

二、预备犯的认定

（一）预备犯与犯意表示的区别

犯意表示，是指人以某种形式流露出犯罪的意思但没有相应的准备行为。其特征是：①单纯将犯罪意图表现于外部；②对以后可能实施的犯罪是否易于实行、便于完成尚不能起到制造条件的作用。没有犯罪预备行为仅有单纯的犯罪思想流露，不认为是犯罪，例如，在日记中骂人、日常的不服气、泄愤等；单纯的犯罪承诺也属于犯意表示的范围，不认为是犯罪，例如，甲接到乙的电话，邀请其参加犯罪，甲承诺参加，但实际未参加犯罪实行也没有任何鼓动、帮助行为，不是共犯或预备犯。但是，如果通过言语进行犯罪预备或者实行，就超出了犯意流露的范围，如勾引共犯、打听情况，具有预备的性质；或者威胁他人索取钱财，就具有实行敲诈的性质。

（二）分则直接规定处罚的"预备"行为

分则条文的设置通常"以行为完整地实现了罪状"为基准态，但在有些犯罪中例外地以"预备行为"为基准态设置条文。下列行为便是如此，它们单独来看属于预备行为，但由于分则条文直接将其规定为犯罪行为，故实施下列行为的，属于实行行为，此即"预备行为实行化"。分则的特殊规定意味着对于下列行为直接适用分则各正条，不再适用《刑法》总则第22条预备犯的规定。

1. 《刑法》第102条。为了危害国家的主权、领土完整和安全而：①"勾结外国"的行为；②"与境外机构、组织、个人相勾结"的行为（背叛国家罪的实行行为）。

2. 《刑法》第103条。"组织、策划"、实施分裂国家、破坏国家统一的行为（分裂国家罪的实行行为）；煽动分裂国家、破坏国家统一的行为（煽动分裂国家罪的实行行为）。

3. 《刑法》第104条。"组织、策划"、实施武装叛乱或者武装暴乱的行为；"策动、胁迫、勾引、收买"国家机关工作人员、武装部队人员、人民警察、民兵进行武装叛乱或者武装暴乱的行为（武装叛乱、暴乱罪的实行行为）。

4. 《刑法》第105条。"组织、策划"、实施颠覆国家政权、推翻社会主义制度的行为（颠覆国家政权罪的实行行为）；以造谣、诽谤或者其他方式煽动颠覆国家政权、推翻社会主义制度的行为（煽动颠覆国家政权罪的实行行为）。

5. 《刑法》第120条。组织、领导、参加恐怖活动组织的行为（组织、领导、参加恐怖组织罪的实行行为）。

根据实行行为的认定标准："行为人实施的被分则条文规定的犯罪行为均属实行行为"，上列行为因为是分则条文直接规定为犯罪予以刑罚处罚的犯罪行为，所以如果行为人实施上列行为的，属于实行行为。换言之，仅根据分则条文就能直接定罪判刑而不需要适用预备犯规定。

三、预备犯的刑事责任

《刑法》第22条第2款规定："对于预备犯，可以比照既遂犯从轻、减轻处罚或者免除处罚。"对该条的"可以"通说理解为（成立犯罪）"可以"从宽处罚，也就是说该条一般性地确立了分则各故意罪预备犯的可罚性。而在司法实务中，对预备行为往往酌情不定罪处罚。

第四节　犯罪未遂

一、概念和要件

《刑法》第23条第1款规定："已经着手实行犯罪，由于犯罪分子意志以外的原因而未得逞的，是犯罪未遂。"根据这一概念，成立犯罪未遂的要件是：

1. 已着手实行犯罪。已着手实行，是指人已经开始实行分则某条规定的犯罪行为。例如，《刑法》第263条规定："以暴力、胁迫或者其他方法抢劫公私财物的，处……"当人开始实施该条暴力、胁迫劫取财物之行为时，就认为"已着手实行犯罪"。再如，《刑法》第232条规定："故意杀人的，处……"当人开始实施"故意杀人"即非法剥夺他人生命之行为时，就是已着手实行故意杀人罪。

"分则各条规定的行为"，如诈骗、盗窃、侵占、绑架、抢劫等，可称为被禁止或被惩罚的犯罪行为，也可称为"构成要件行为"、犯罪行为类型。人实施的该当"构成要件行为"之行为，被称为"实行行为"或"犯罪行为"。因此已经着手实行犯罪也可说成是开始了实行行为。

2. 犯罪未得逞。所谓犯罪未得逞，是指犯罪没有既遂，即犯罪行为尚未完整地实现分则某条的基本犯罪构成事实。例如，张三在李四茶杯中投下毒药杀李四（已着手实行杀人），李四喝下有毒茶水后并未中毒死亡（没有既遂）；又如，王五越狱脱逃，未能逃脱该监狱监管人员的控制范围即被抓获。

犯罪未得逞的实质标准是对该条保护的法益没有造成实际损害或具体危险。

犯罪未得逞是犯罪未遂与既遂区别的标志。倘若犯罪已得逞，即已完成，不复有成立犯罪未完成形态的可能性。

3. 犯罪未得逞是由于犯罪分子意志以外的原因。所谓意志以外的原因，是指违背犯罪分子本意、阻碍犯罪得逞的原因。犯罪未得逞并不是犯罪分子自愿的，而是因为遭遇没有预见或难以克服的困难、障碍造成的。所以，犯罪未遂可称为障碍未遂。犯罪分子意志以外的原因主要有：①被害人的反抗；②第三者的阻止；③自然力的阻碍；④物质的阻碍；⑤犯罪人能力不足；⑥认识发生错误；等等。例如，张三意图强奸而使用暴力将被害妇女按倒，未能性交即被赶来的警察抓获，就属于因第三者的阻止而犯罪（强奸）未得逞；再如，李四进入银行却打不开保险柜以致一无所获，就属于物质障碍及自身能力不足的原因而未得逞。

二、未遂犯的处罚

《刑法》第 23 条第 2 款规定："对于未遂犯，可以比照既遂犯从轻或者减轻处罚。"根据最高人民法院《常见犯罪量刑指导意见》（2017），可以减少基准刑 50% 以下。

（一）法定量刑情节

1. "比照既遂犯"，是指比照既遂犯的法定刑。如前所述，分则各条设置的犯罪和处罚被默认为既遂。因此比照既遂犯处罚，首先是以既遂犯的法定刑为基准适用刑法。例如，甲偷拍到乙的裸体照后，以在网络上公布该照片相威胁，向乙索要 20 万元。但未能得到敲诈的钱财即被侦破、抓获归案。甲构成敲诈勒索罪未遂。《刑法》第 274 条规定："敲诈勒索公私财物，数额较大或者多次敲诈勒索的，处 3 年以下有期徒刑、拘役或者管制，并处或单处罚金；数额巨大或者有其他严重情节的，处 3 年以上 10 年以下有期徒刑，并处罚金；数额特别巨大或者有其他特别严重情节的，处 10 年以上有期徒刑，并处罚金。"这是敲诈勒索罪"既遂犯"的法定刑，对甲比照该条之法定刑处罚。因为甲敲诈 20 万，属于该条之"数额巨大"的情形，因此适用"3 年以上 10 年以下有期徒刑"作为处罚的基准刑。

2. "从轻或者减轻处罚"。对甲的敲诈勒索未遂罪行，适用"3 年以上 10 年以下有期徒刑"，可以从轻处罚或减轻处罚。如果法官选择从轻处罚，则在该幅度内判处较轻的刑罚；如果法官选择减轻处罚，则在该幅度法定最低刑（3 年）之下判处刑罚。

3. "可以"从轻或者减轻处罚。是"应当"还是"可以"，反映一国立法对未遂犯的态度。规定"应当"从轻、减轻的，被称为"必减主义"，表明主张对未遂犯和既遂犯给予较大的差别处罚。规定"可以"从轻、减轻的，被称为"得减主义"，表明不主张对未遂犯和既遂犯给予较大的差别处罚。得减主义比必减主义对未遂犯采取较严厉的立场。这立场背后，涉及评价犯罪重视客观还是主观、重视行为还是结果、重视报应还是预防等基本的立场。

（二）对犯罪构成的修正

《刑法》第 274 条规定之敲诈勒索罪设定的犯罪程度是既遂（使被害人失去财物），并配置了相应的法定刑。上述案件中，甲勒索 20 万未得逞，被害人乙没有受到失去财物程度的损害，按理讲是不完全符合该条的全部构成要件的，缺少敲诈人得到、被敲诈人失去的结果条件。这是需借助《刑法》第 23 条未遂犯的规定予以补足，使第 274 条可适用于未遂的情形。所以可认为，《刑法》第 23 条未遂犯的规定具有一般性补足分则各本条未遂犯罪要件的作用，被称为修正的犯罪构成。这从判决引用的条款也可以看出，对甲敲诈勒索未遂的判决须同时引用两个条文：一是基本的构成即第 274 条；二是修正的构成即第 23 条。两个条文组成对本案甲行为定罪处罚的法律根据。

与此同理，预备犯、中止犯以及后面将会讲到的帮助犯、教唆犯，均可以理解为对分则各本条犯罪要件的修正或扩张。不过，这是以分则各本条为中心的一种解说。假如把《刑法》总则与分则条文联系成一个整体解说，则基本的构成与修正的构成的分类就是多余的。比较而言，本书宁愿选择区分说，因为强化分则中心、实行行为中心的意识，有利于体现罪刑法定原则。

（三）未遂犯是选择可罚还是普遍可罚

"对于未遂犯，可以比照既遂犯从轻或者减轻处罚"，是否包含未遂犯可以处罚也可以不处罚的意味？就字面上很难确认。就法律结构而言，刑法分则构成要件对诸多犯罪设置实害甚至严重实害的门槛，对许多实害犯的"既遂"都不认为是犯罪。例如，盗窃需数额较大（1000 元至 3000 元以上）才成立犯罪，如果盗窃既遂但数额不够较大，不认为是犯罪。再如，故意伤害罪，通常要造成"轻伤"结果才能进入刑事程序、追究刑事责任。因此盗窃、伤害未遂一般不认为是犯罪，不处罚，只有"情节严重"才定罪处罚。在犯罪未遂可罚性上，分则对罪量的较高要求决定了未遂犯实际上相当普遍地只是选择可罚。

通说在不能犯可罚性上与分则结构和司法实务明显不协调。通说主张对除愚昧犯、迷信犯之外的不能犯均按照未遂犯处罚。学说对未遂犯尤其是不能犯可罚性采取极端扩张倾向，实务适用分则各本条时采取极端限制态势，二者明显失衡。这种不均衡，使得未遂犯的可罚范围变得模糊不清，不符合罪刑法定原则的明确性要求。

三、未遂犯与预备犯的区别

是否"着手"实行犯罪，即是否开始实施属于分则条文规定的某种犯罪行为，这是未遂犯与预备犯区别的根本标志。预备犯是"准备实行犯罪"，由于遭到意志以外原因的阻止，未能开始实行犯罪。而未遂犯是"已经着手实行犯罪"，由于意志以外的原因而没有既遂。例如，张三、李四共谋抢劫出租车，二人携刀搭乘一辆出租车，伺车驶到僻静处动手抢劫。不料被司机识破，径直将张三、李四载至公安局。在此案件中，张三、李四是抢劫罪的预备犯。他们虽有种种活动，但都是实施抢劫的准备活动，而并未开始实行抢劫行为。如果他们的企图未被司机识破，待车驶到僻静处，二人为劫取该车而开始对司机施加暴力或以暴力相威胁时，就属于已着手实行抢劫罪。此时犯罪已超越预备阶段进入了实行阶段，不再有成立预备犯的余地。倘若由于意志以外的原因而未得逞的，是未遂犯而不是预备犯。由此可见，正确区别是"准备实行犯罪"还是"开始实行犯罪"，是正确认定是预备犯还是未遂犯的要点。

如果行为人实行了分则某条规定的犯罪行为，即使是为实行另一犯罪作准备的，该行为自身也是实行行为。例如，为实施杀人犯罪而准备工具，预先制造枪支或者偷窃枪支的，该准备工具行为本身就属于非法制造枪支罪或者盗窃枪支罪的实行行为。如果行为人盗枪之后又使用该枪支杀人的，有两个实行行为（盗窃枪支和故意杀人）构成两个罪：①盗窃枪支罪；②故意杀人罪。如果盗窃了枪支未及着手实施杀人行为就案发的，则一个盗窃枪支的行为既是故意杀人罪的预备行为，又是盗窃枪支罪的实行行为，属于想象竞合犯，通常择一高度行为（实行行为）以盗窃枪支罪处罚。相反，如果行为人为实施杀人而买刀，然后又使用该刀杀人的，只一个实行行为成立一罪。因为刑法中没有规定"买刀罪"，"买刀"不是实行行为只能评价为（杀人的）预备行为。

四、犯罪未遂与犯罪既遂的区别

二者的区别在于是否完全实现了分则某条文规定的基本犯罪构成事实。如果完全实现了是既遂，如果着手后由于意志以外的原因未能完全实现的，是未遂。因为刑法分则规定了几百种犯罪，它们的既遂形态也呈现出不同的情况，因此要具体分析。

1. 有的条文要求发生法定的后果为既遂的，如果没有发生该结果的为未遂。例如，《刑法》第232条规定的故意杀人罪，仅有杀人的行为尚不足以成立该罪的既遂，必须有杀人行为且致人死亡才能成立该罪的既遂。故意杀人罪、故意伤害罪、故意毁坏财物罪等属于结果犯。其他常见结果犯既遂、未遂的界限如下：

（1）抢劫罪。实行行为：暴力、胁迫抢取财物。着手：为取得财物而开始对他人施加暴力或者发出威胁。以取财为既遂，着手抢劫而因意志以外的原因未能取得财物的，是未遂。但致人轻伤以上后果的，无论是否取得财物，均按既遂处罚。例如，张某抢劫出租摩托车案：以锤击打摩托车主，车主逃，张某骑车发动，未能发动，被抓。起诉未遂；法院判既遂。再如，甲抢夺他人自行车筐中的手提包，以铁锤抗拒群众抓捕，当场被抓，抢劫罪既遂。

（2）盗窃罪。实行行为：窃取。着手：入户、入室盗窃的，开始扭门撬锁为着手；在开放性的场所，正要拿取财物时或者手伸进他人衣袋、提包内侧为着手。既遂标准通常采用控制说。①特定控制区域，如居所、仓库，以把财物盗出控制区域为既遂。②自由出入的场所，如商店、饭店等，盗窃轻便物品，移离原位、隐藏于身，即构成既遂；大件物品，需盗出店外、室外或者物主的有效控制区域为既遂。③在公共场所，财产移离原处为既遂；在有人监控的公共场所，财物脱离监控为既遂。④在交通工具如火车、汽车上，使财物脱离运输部门控制为既遂，如货物脱离车辆，或转移到另一车厢；移离原位，造成管理人脱离对该物监管的；或者将衣、鞋已经穿上、包上，只等到站下车的。例如，徐某盗工厂配件9个（价值2500元），扔出墙外4个，5个在墙内。骑在墙头吸烟，被厂卫队抓获，未遂。因为盗窃大件物品未能完全出工厂的控制范围（院墙）。

（3）抢夺罪。实行行为：对物暴力夺取财物。着手：抓住他人财物为着手。财物脱离被害人控制为既遂。

(4) 诈骗罪。实行行为：虚构骗局，使他人作出错误的财产处分行为。着手：开始虚构骗局。既遂：被害人受骗做出错误的财产处分，犯罪人获得财物。

2. 有的条文要求行为足以造成某种严重后果发生的危险为既遂的（危险犯），没有发生危险，是未遂。例如，《刑法》第116条规定的破坏交通工具罪，只要破坏行为足以使交通工具有发生倾覆、毁坏危险的，即使尚未造成"倾覆、毁坏"的严重后果，也成立该条之罪的既遂。放火罪、爆炸罪、投毒罪、破坏电力设备罪等均是危险犯。常见危险犯的着手和既遂：

(1) 放火罪。一般采取"独立燃烧"说，即引火物离开目的物，目的物的火焰达到能独自燃烧的程度，认为现实危险发生，为第114条危险犯既遂。造成严重结果的，是第115条放火罪结果加重犯。

(2) 投放危险物质罪。着手：开始投放危险物质。既遂：危险物质投放完毕、发生公共危险状态。

(3) 破坏交通工具罪、破坏交通设施罪。着手：开始破坏行为。既遂：足以使交通工具发生倾覆、毁坏。"足以"，指具体、现实的危险。

3. 有些分则条文只要求实行了某种犯罪行为，就是该罪的既遂的（行为犯），如果没有将行为实行完毕的，是未遂。例如，《刑法》第243条规定的诬告陷害罪，只要有捏造事实诬告陷害他人的行为，就是该罪的既遂，被诬告的人是否有受刑事追究的风险或是否受到了刑事追究，在所不问。刑讯逼供罪、煽动分裂国家罪、伪证罪等也是行为犯。《刑法》分则规定的组织性犯罪大多是行为犯，比如组织恐怖集团、黑社会，以组织行为的完成为既遂。但并不尽然，比如组织卖淫罪就是结果犯。白某、陈某预谋开一饭馆招募女孩三陪，按30%、20%、50%分成。陈某招募到5个中学生，并开会说明有关三陪分成事项。但未及卖淫即被查获。认为未遂，理由是对该罪而言组织行为是着手，安排卖淫并实际发生卖淫为既遂。[1]此外，贩卖毒品罪、非法持有毒品罪，通常很难出现未遂的情况。贩卖毒品只有在自认为是毒品而实际是假毒品的认识错误情况下，才出现犯罪未遂。贪污罪、职务侵占罪，也很难出现犯罪未遂，因为财物往往原本就在行为人的占有之下。但是偶尔也会出现未遂的情况，例如，行为人利用职务上的便利，将公款打往自己的账户，由于意志以外的原因，未能入账即案发的，构成未遂。当然，如果入了账户，构成既遂。

五、犯罪未遂的种类

(一) 根据犯罪是否实行终了为标准划分

1. 实行终了的未遂，指把自认为实现犯罪意图必要的行为实施完毕的未遂。如杀人后以为被害人已死而离去，被害人实际未死的情形；在投毒杀人时，毒药已经投放完毕、被害人已经服下毒药未死的情形；窃取赝品的；打开保险柜，柜中空无一物的；抢劫时，搜遍被害人全身却身无分文的；等等。

---

[1] 刘家琛主编：《刑法新罪与疑难案例评析》，中国民主法制出版社1999年版，第45页。

2. 未实行终了的未遂，指没有能够把自认为实现犯罪意图必要的行为实施完毕的未遂。如杀人时被害人逃脱的；以保险柜中的财物为目标盗窃，未能打开保险柜的；抢夺、盗窃刚刚着手未获取财物即当场被抓获的；强奸遭反抗未逞的；实行诈骗被识破，未能获取财物的；等等。

（二）根据是否能够实现犯罪（达于既遂状态）为标准划分

1. 能犯的未遂，指在具体场合有实现犯罪可能性的未遂。例如，甲开枪射击乙未中，乙逃脱的。击中乙能够将乙杀死，这种情形存在实现（故意杀人罪）的可能性，但因为意志以外的原因没有既遂，是能犯的未遂。类似情况如，投放毒药被识破而未遂的；因投放毒药未达到致死量而未遂的；偷窃财物时因被发现而未遂的。因为前述情形存在实现犯罪的可能性，如果不是偶然遭遇"被识破""不够致死量""被发现"之类的意志以外的原因，则能够实现犯罪（既遂）。

2. 不能犯的未遂，指因事实认识错误，在具体场合不可能达到既遂的情形。根据表现形式不同，又可分为：

（1）工具（手段、方法）不能犯的未遂，如使用失效的农药或者假农药（本人不知是假的）投毒杀人的；误用哑弹炸人的；在铁道上放不足以颠覆列车的障碍物破坏交通工具、交通设施的；等等。

（2）对象不能犯的未遂，如盗开保险柜内中空无一物的；误把赝品认做真品窃取的；误把尸体当作活人杀害的；误把男人当作女人实施强奸行为的；误把动物当人枪杀的；等等。不能犯的未遂，从主观方面讲，往往是由于事实认识错误造成的，从犯罪形态上讲，行为人因为认识错误使用了错误的方法或侵犯了错误的对象等意志以外的原因而未能得逞，属于犯罪未遂。

3. 区别能犯与不能犯的意义。"能犯""不能犯"实质是指对法益有没有侵害的可能性。犯罪本质是侵害法益，只有实际侵害或可能侵害法益的行为才可被认为是犯罪。在这个意义上，能犯的未遂具有犯罪性，而不能犯既然不可能侵害法益就不应该认为是犯罪。在外国学说中，"不能犯没有处罚的必要，不能成为未遂犯"，"不能犯的本质是缺乏实现犯罪危险性的行为"。[1] 不能犯与未遂犯是罪与非罪的差别。重视客观危害的古典主义观念，或者把评价犯罪的重点放到行为之侵害法益之结果上的观点，倾向于扩大不能犯的范围，缩小未遂犯的范围。相反，重视主观恶性、人身危险性的新派学说，或者把评价犯罪的重点放到行为自身的方式、样态上的观点，则倾向于缩小不能犯的范围，扩大未遂犯的范围。不能犯的含义或范围，一直是各国学说和司法实务争论的罪与非罪的焦点之一，也是考验学者犯罪本质观的试金石。

关于不能犯与未遂犯的区分，外国学说有以下观点：

（1）绝对的不能说·相对的不能说。绝对不能，是指一般不能实现犯罪的情形，

---

[1] [日] 大塚仁著，冯军译：《刑法概说：总论》，中国人民大学出版社 2003 年版，第 225 页。

属于不能犯，不处罚，如误把稻草人当某个真人杀害的，误把死人当作活人杀害的，属于对象绝对不能犯。相对不能，是指只是在某种具体场合的特别情况下不能实现犯罪的，如为了杀害被害人而向其住所投掷炸弹，恰好被害人不在该住所内，或者朝被害人开枪欲射杀被害人，偶然的子弹"哑火"的情形，属于手段相对不能犯，应按照未遂犯处罚。

（2）主观说。认为"行为人以犯罪的意思实施了行为时就总是未遂犯，而不是不能犯"[1]。按这种观点，几乎不承认不能犯，只是对"迷信犯""愚昧犯"不处罚。另外还有抽象危险说、具体危险说等，抽象危险说根据行为人主观认识到的情况有没有实现犯罪的可能性为标准，区分未遂犯和不能犯，其结论与主观说相近，例如，行为人"以杀人的目的使他人吃了砂糖，以为砂糖是氰化物时，是杀人罪的未遂，但是，如果认为砂糖具有杀伤力，就是不能犯"[2]。具体危险说则不单考虑行为人的认识，还结合一般人能认识到的情况有没有实现犯罪的可能性为标准，区分未遂犯和不能犯，例如，"行为人认为尸体是活人而用刀刺它，行为人以外的一般人也会认为该尸体是活人时，就是杀人罪的未遂，但是，一般人认为明显是尸体时，就是不能犯"[3]。

4. 我国通说。我国通说自始就把"不能犯"当作一种可罚的未遂犯看待，可理解为是近似于主观说不承认不能犯的观念，向来不把不能犯与未遂犯的区别当作罪与非罪的问题，而把它当作未遂犯的分类问题。就其结论而言，近似于抽象危险说。我国通说认为对不能犯按照未遂犯处罚，所以能犯与不能犯的区别仅仅是罪行轻重的问题。因为不能犯实际上没有既遂的可能，因此侵害法益的危险性就小得多。从客观上讲，不能犯罪行较轻。相关的指导案例亦指出，相对不能犯属于犯罪未遂，应予处罚，并区分下列情况具体处理：①如果行为的社会危害性小于欲犯之罪的，一般应从轻或减轻处罚；②如果行为的客观危害性虽比欲犯之罪较小，但也具有较为严重社会危害性的（例如严重妨害了刑事侦查活动），可以适当予以从轻处罚；③如果行为的社会危害性大于欲犯之罪的，不应从轻、减轻处罚。[4]

我国学说当作罪与非罪讨论的问题是相对不能犯未遂与绝对不能犯（例如迷信犯、愚昧犯）的区别。"迷信犯"或者"愚昧犯"，是指使用迷信或愚昧的方式犯罪，按照科学的观念根本不可能对法律利益造成损害的情况。如用诅咒方法杀人，给仇人捏个小面人，然后扎了许多针，又念咒又下油锅，希望仇人死亡。行为人恶意是相当深的，但显然不会对人身造成实际损害。

---

[1]［日］大塚仁著，冯军译：《刑法概说：总论》，中国人民大学出版社2003年版，第227页。
[2]［日］大塚仁著，冯军译：《刑法概说：总论》，中国人民大学出版社2003年版，第228页。
[3]［日］大塚仁著，冯军译：《刑法概说：总论》，中国人民大学出版社2003年版，第228页。
[4]"胡斌、张筠筠等故意杀人、运输毒品（未遂）案"，载《刑事审判参考》（总第5辑），法律出版社1999年版。

区别的要点是：①迷信犯、愚昧犯是行为人犯了常识错误，如认为能把人咒死、发气功弄死，这种认识从常识上讲是错误的。而不能犯未遂没有犯常识错误，如毒药能毒死人、炸弹能炸死人，这种认识从常识上讲，并没有错误。②迷信犯、愚昧犯预定实施的行为与实际实施的行为是一致的，如想用诅咒的方法"杀人"，实际使用的也是诅咒的方法。不能杀死人，不是因为实际使用的方法与预定的方法不一致，而是犯了常识错误，诅咒方法根本就不能致人死亡。相反，在不能犯未遂的场合，行为人实际使用的犯罪方法与预想使用的犯罪方法不一致，以致犯罪不能既遂，如本想用氰化物之类毒药杀人，因为认错了药物，拿了一种没有毒性的物质去投放。

区别的意义是罪与非罪的判断。对于不能犯的未遂，认为是构成犯罪，按照未遂犯处罚的。而对于"迷信犯"或者"愚昧犯"，即使按照现代观念也认为是不为罪不可罚。

在我国也有学者坚持不能犯不应按照未遂犯处罚的观点。但是，讨论不能犯可罚性问题须分清"不能犯无罪"和"不能犯有罪"两种不同的语境。在不能犯无罪的语境中，认定不能犯是罪与非罪的问题，必须审慎、清晰地界定，同时也必须适当地控制其范围。在不能犯有罪的语境中，不能犯仅是酌定量刑情节，利害关系变轻，学说和实务的把握难免简略。

第五节 犯罪中止

一、概念和要件

《刑法》第 24 条第 1 款规定："在犯罪过程中，自动放弃犯罪或者自动有效地防止犯罪结果发生的，是犯罪中止。"犯罪中止的要件是：

（一）中止的时间性：发生在犯罪过程中

所谓犯罪过程，就是从犯罪预备开始到犯罪既遂以前的全过程。这是犯罪中止的时间性条件。如果犯罪已经既遂，则不存在犯罪中止的时机。

1. 在犯罪既遂后返还原物、赔偿损失的，不能成立犯罪中止。例如，学生甲把学校电脑偷回家后感到后悔，又主动将电脑放回原处，属于犯罪既遂后的悔罪表现，不成立中止。再如，甲盗窃他人钱财后，感到悔罪，又将被盗钱财、物品寄回给事主的。

2. 犯罪过程明显告一段落归于未遂后，有某种补救行为或者放弃新一轮加害行为的，不是中止。例如，甲正在用菜刀砍杀妻子乙时，被邻居阻止，并夺下刀子。事后，在邻居的批评、指责下，随同邻居一起将乙送医院抢救，乙没有死亡。因为甲故意杀人罪已经未遂，所以事后的参与抢救行为不认为是中止。

3. 在犯罪过程中，自动放弃可重复加害行为的，可以成立中止。这种情形与上述情形有些相似，但有本质的区别：①犯罪的自然过程，尤其是犯罪人预想的犯罪过程并没有结束；②没有遇到意志以外的原因；③放弃可重复加害的行为。如甲把乙骗进山洞，打算用石头把他砸死，砸了几石头未中，乙哀求，甲放弃继续加害。甲预定加害乙的犯罪过程没有明显告一段落，认为自动放弃行为发生在犯罪过程中，可成立犯罪中止。

4. 危险犯·短缩的二行为犯中止的时机。放火，投放危险物质，爆炸，破坏交通工具、交通设施、电力设备、易燃易爆设备等危险犯，通常造成危害公共安全的"具体危险"，就认为该种危险犯既遂。因此在发生具体危险后、严重后果前自动防止严重结果发生的，不成立该种犯罪"危险犯"的中止，但似乎有成立该种犯罪结果加重犯中止的余地。例如，甲听说某一车间的工人说她"手脚不干净"，便在送去的茶水中投毒报复。投毒后发现搞错了，不是这一车间工人说的，赶紧跑去把有毒茶水倒掉，显然已经发生具体危险，但未造成人身伤亡结果。因为已经造成具体危险，该投放危险物质罪的危险犯既遂，无成立危险犯中止的余地，但不排除有成立结果加重犯中止的余地。绑架罪以及拐卖妇女、儿童罪等短缩的二行为犯，出于勒索财物或者出卖目的，一旦控制住被害人就既遂，其后主动释放被害人的，通说认为不成立中止而是犯罪既遂后的悔罪表现。

（二）中止的自动性

自动停止犯罪或者自动防止犯罪结果的发生。所谓自动停止犯罪，是指犯罪分子在自认为能够完成犯罪的情况下，由本人自主地决定停止犯罪或防止犯罪结果的发生。

中止的自动性要求彻底放弃继续实施该罪的意图。如果行为人仅仅因为出现没有预料到的情况使犯罪变得困难起来，而暂时停止犯罪行动，待时机、条件成熟后再实施的，不是自动放弃犯罪。例如，甲、乙二人预谋盗窃某银行，在白天"踩点"之后，晚上前来行动。发现银行有很多人在加班，不便下手，便撤走打算改日再来行窃。这属于犯罪撤退，不是犯罪中止。因为犯罪人并未放弃犯罪意图，继续犯罪的危险性依然存在，不能成立犯罪中止，应当认定为犯罪预备。这里所说的放弃犯罪意图，仅指行为人放弃正在准备或者实行的那个犯罪的意图。犯罪人将来是否又萌生其他的犯罪意图，不影响此次犯罪成立中止。

中止的自动性是犯罪中止的本质特征，也是它与预备犯、未遂犯区别的标志。常见的自动中止犯罪的原因如：①出于真诚的悔悟；②对被害人的怜悯；③受到他人的规劝；④害怕受到刑法的惩罚；等等。但是，不管出于何种原因，只要是犯罪分子认为自己能够把犯罪进行到底而自动停止犯罪行为，或者自动有效地防止犯罪结果的发生，都可以成立犯罪中止。认定自动性时需注意：

1. 不以罪犯有悔悟动机为必要，例如，甲男拦路截住乙女欲行强奸，乙女说，"正来例假不方便，身上有500元钱你拿去找小姐吧"，甲男拿走钱，放过乙女。[1]

---

[1] 甲男取500元另构成抢劫罪既遂。

就放弃强奸而言，虽说甲男并无悔过之心，但仍可认为出于本人的意志放弃的。

2. 从行为人"主观认识"角度把握"能犯而不欲"和"欲犯而不能"。①在犯罪实际上不可能进行到底而行为人自认为能够把犯罪进行到底的情况下，行为人自动停止犯罪，或者自动防止犯罪结果发生的，可以成立犯罪中止。例如，甲把过期失效的农药（本人不知过期失效）投放到乙杯中，意图杀乙。后改主意，在乙喝水之前将杯中水倒掉。虽然因为农药已经失效，客观上不可能完成犯罪（杀害乙），但甲并不知道，在自认为能完成犯罪的情况下放弃犯罪，可成立犯罪中止。②在犯罪实际上能够进行到底而犯罪人自认为遭遇客观障碍不可能进行到底的情况下，犯罪人撤离犯罪，不成立犯罪中止。例如，因为认识错误、发生错觉、幻觉而使犯罪没有进行下去的，通常认为不具有自动性。③在有特定预期目标的场合一般以该目标为内容。例如，乙久闻甲有一个价值连城的古董花瓶，于夜晚潜入甲家却遍寻不着，甲家另有冰箱、电视、衣物等财物，乙不感兴趣，悻悻离去。针对该目标而言，乙"欲犯而不能"，成立犯罪未遂。

3. 担心、害怕因犯罪被抓捕、被惩罚而停止犯罪。在犯罪时因为有"要想人不知，除非己莫为""犯罪将来要受报应"一类害怕的心情而停止犯罪的，认为是自动放弃。这也被称为"抽象"或一般性的害怕被抓、被惩罚。在犯罪时因为遭遇具体的不利情况，比如，夜晚小偷潜入办公室正在翻找财物时，忽然听到急促的脚步声或钥匙开门的响动声，害怕被发现或偶然遭遇来人被抓获而逃离，不是自动放弃。即使事实上是风吹草动根本没有来人，不过是错觉、幻觉，仍属于"欲犯而不能"，不是自动放弃。这种行为人在作案现场遭遇的会被发现、被抓获的具体情况，被称为具体害怕。在作案时遇到同一情况究竟是抽象害怕还是具体害怕，需视情形而定，比如，甲正在对妇女乙施暴欲行强奸，忽然听到附近响起了警车鸣警笛的声音。假如声音越来越近、似乎是向着甲作案的地点而来，甲因害怕被抓而松手离开，大约是具体害怕，不是自动放弃。假如作案地点是在住宅中或客房里，警车似乎是偶然路过，甲因警笛声而警醒到犯罪要受惩罚，感到害怕而停止的，属于抽象害怕，成立中止。

4. 担心、害怕事后被告发而停止犯罪的，是否具有自动性需视情形而定。如果实施抢劫、强奸、故意伤害、绑架等暴力犯罪，因遭到被害人斥责、受到被害人要告发的警告而停止犯罪的，应属自动放弃，因为这类暴力犯本身就具有公然性，不避讳被害人告发。如果是盗窃、诈骗、职务侵占一类的犯罪，则被害人的发现、识破、告发，可能成为阻碍犯罪进行的意志以外的原因。

5. 停止犯罪既有自动性又有被迫性。如果行为人不是完全自动地放弃犯罪，而是既有自动性，也有被迫性，就应当客观地分析、判断究竟是自动性为主，还是被迫性为主，如果有足够依据判定行为人停止犯罪是以被迫性为主，则可认定为未遂。以放弃重复侵害行为为例，其特征主要有两点：①客观上，已经实施的侵害行为未能发生预期的危害结果，而且同时存在着继续实施犯罪行为的可能性；②主观上，认识到可以重复继续实施自己的犯罪行为而放弃重复实施，并且行为人预期的法定结果始终没有发生。对这种行为原则上应认定为犯罪中止，但不排除将其认定为犯罪未遂的可能性。[1]

6. 我国学说与司法实务的倾向。其实，认定"没有既遂"的案件，是在中止与未遂、预备之间的选择。相对于对预备犯、未遂犯的"意志以外的原因"的把握，我国的司法实务和学说似乎更倾向于扩大自动性的认定，即在犯罪过程中没有遭遇严重障碍或难以克服的困难的情况下，犯罪人停止犯罪的，认定为自动放弃的较普遍。

（三）中止的客观性

1. 成立犯罪中止应有放弃犯罪的客观表现。犯罪中止不单是一种良好的愿望，而且具有一定的放弃犯罪或防止犯罪结果发生的行为。如果犯罪中仅有后悔之意，并无放弃犯罪或阻止危害结果发生的行为，不是犯罪中止，如甲毒杀女友乙，见乙中毒后痛苦挣扎心生悔意而离去，结果因为毒药分量不够乙没有死亡。甲知道后也暗自庆幸，但甲缺乏中止行动不成立犯罪中止。

2. 放弃犯罪的表现往往能证明行为人具有放弃犯罪的主观愿望。行为人放弃正在准备或者实行的那个犯罪，就足以认定具有放弃犯罪的表现。犯罪人将来是否又萌生其他的犯罪意图或实施其他犯罪，不影响此次犯罪成立中止。

（四）中止的有效性

中止的有效性，是指在犯罪行为实行终了、犯罪结果尚未发生的特定场合，行为人自动采取积极行动实际有效地阻止了犯罪结果的发生。例如，张三投毒杀害其妻，其妻服毒后痛苦万状，张三心生怜悯之情，速将其妻送往医院救治，其妻未死。张三的中止行为具有有效性，因此成立犯罪中止。如果行为人虽有意停止犯罪并采取了防止犯罪结果发生的措施，但未能有效地阻止犯罪结果发生的，不成立犯罪中止。假设张三虽将其妻送医院救治，但因抢救无效而死亡，张三的行为未能阻止危害结果的发生，即缺乏中止的有效性，不能成立犯罪中止。再如，药店营业员李某与王某有仇。某日王某之妻到药店买药为王某治病，李某将一包砒霜混在药中交给王妻。后李某后悔，于第二天到王家欲取回砒霜，而王某谎称已服完。李某见王某没有什么异常，就没有将真相告诉王某。几天后，王某因服用李某提供的砒霜而死亡。答案是李某的行为属于犯罪既遂。李某虽有中止的客观行为，但因为缺乏真诚的努力且没有实际防止犯罪结果的发生，不具备犯罪中止"有效性"的要件，故不成立犯罪中止。其杀人行为事实上造成了死亡结果，具备了故意杀人罪既遂的全部条件，成立犯罪既遂。

---

[1] "李官容抢劫、故意杀人案"，载《刑事审判参考》（总第73集），法律出版社2010年版。

二、犯罪中止的分类

（一）预备阶段的中止和实行阶段的中止

犯罪中止既可能发生于犯罪预备阶段，也可能发生于犯罪实行阶段。据此对犯罪中止从时间上可划分为：

1. 预备阶段的中止，即发生在预备阶段、着手实行犯罪之前的犯罪中止。例如，甲准备了毒药杀害其夫，因为害怕而没有敢下毒，后来放弃杀人念头，把毒药扔掉。因为进行了犯罪准备，但自动放弃了着手实行，成立中止犯，属于预备阶段的中止。

2. 实行阶段的中止，即发生在着手实行以后的犯罪中止。又可细分为：①未实行终了的中止，即发生在着手实行犯罪以后、犯罪行为实行终了之前的犯罪中止；②实行终了的中止，即在犯罪行为实行终了、行为人自动有效防止犯罪结果发生的犯罪中止。

这种分类的意义：①不同时间的中止，犯罪进度存在差异，有助于合理评价不同进度的犯罪中止；②不同时间的中止，对成立中止的要求可能存在差别，如犯罪行为实行终了、犯罪结果的发生之前，行为人需要采取积极有效的措施防止犯罪结果的发生（积极中止）。而在其他情况下，通常自动停止（继续）犯罪，就能成立中止（消极中止）。

德国、日本刑法中，"未遂"是相对于既遂而言的概念，其含义的重点是"非既遂"，包括"障碍未遂"和"中止未遂"，其思路是：分则确立各罪既遂态及其法律效果，总则规定对各罪未遂态及其处罚原则。总则对未遂态再根据未遂的原因细分为障碍未遂和中止未遂。因此其"未遂"相当于我国学说上的"未完成形态"的概念。加之德国刑法对"非既遂"的情形，中止不罚、预备一般不罚，谈及"未遂犯"一般也就是指障碍未遂。在我国刑法中，与"既遂"对称的概念是"未完成形态"即"非既遂"的形态，其中包括犯罪的"预备""未遂""中止"。"未遂"仅指障碍未遂，其含义的重点是与"中止""预备"并列的一种未完成形态。

（二）消极中止和积极中止

根据对中止犯中止行为的要求，分消极中止和积极中止。

1. 消极中止：在犯罪未实行终了的情况下，自动停止继续犯罪，即能有效成立中止。

2. 积极中止：在实行终了的情况下，积极有效地防止结果的发生，才能成立中止。

三、犯罪中止与犯罪未遂的区别

未能完成犯罪的原因，即犯罪未得逞是由于行为人意志以外的原因还是由于其自动放弃，是犯罪中止与犯罪未遂区别的根本标志。在犯罪未遂中，犯罪未能得逞是由于行为人意志以外的原因，犯罪的实际结果违背行为人的本意，即欲为而不能为。在犯罪中止中，行为人出于自己的意志而主动放弃当时可以继续实施和完成的犯罪，即能为而不为。

当然，在我国刑法语境下，犯罪中止与犯罪未遂发生的时间也有差别。犯罪未遂发生在已经着手实施犯罪以后，犯罪预备阶段不存在犯罪未遂；犯罪中止可以既可以发生在犯罪实行阶段，也可以发生在犯罪预备阶段。

四、中止犯的刑事责任

《刑法》第24条第2款规定："对于中止犯，没有造成损害的，应当免除处罚；造成损害的，应当减轻处罚。"例如，甲实施强奸过程中自动中止犯罪且无特殊的加重情节，根据《刑法》第236条，其法定刑范围是3年以上10年以下有期徒刑。假如甲没有造成损害结果，应当免除处罚，即宣告有罪但实际不判处刑罚；假如造成损害结果，则应当减轻处罚，实际判处的刑罚最高不超过3年有期徒刑。前述"损害"是建立在犯罪成立评价前提下的，不能等同于一般意义上的损伤。从质的方面来说，这是指犯罪行为对犯罪对象造成的破坏，根据犯罪对象不同可以分为物质性损害和非物质性损害。物质性损害，如人体机能损伤、物体毁损；非物质性损害，如名誉的毁损、人格的损害。从量的方面来说，损害是为刑法所评价的达到一定严重社会危害程度的后果，而不是一般意义上的损伤，否则就存在刑法对中止犯的评价比既遂犯还要严苛的可能，违背中止犯的设置初衷。因此，如果犯罪行为的危害结果尚未达到刑法惩处的严重程度，则不能认定其犯罪中止造成了损害，应免除处罚。[1]

比较《刑法》第24条和第22、23条可发现，对中止犯的处罚明显轻于对未遂犯、预备犯的处罚。其根据是，从行为的侵害性讲，犯罪行为止步于对法益造成已然侵害之前，危害程度较低；从行为人的主观恶性上讲，本人自动放弃犯罪，对其危害行为应受到的责难程度降低，所以应当受到更为宽大的对待。另外，从刑罚的目的方面讲，行为人自动放弃犯罪，表明再次犯该罪行的意念消失，基于特殊预防的目的适用刑罚的必要性消失；如果没有造成损害结果的，则基于报应目的适用刑罚的必要性也消失，所以"应当免除处罚"；如果造成损害的，则基于报应观念仍有惩罚的必要性，所以"应当减轻处罚"。这完全符合《刑法》第5条规定的罪刑相适应原则。从一般预防的角度讲，对自动放弃犯罪的情形予以特别宽大的对待，有利于对其他人产生良好的示范效果，具有鼓励他人"悬崖勒马"的作用。

---

[1] "朱高伟强奸、故意杀人案"，载《刑事审判参考》（总第72集），法律出版社2010年版，第32页。

第九章
共同犯罪

第一节 概述

一、共同犯罪制度解决的核心问题

刑法以单独犯罪为基础设定罪责。相对于单独犯罪，共同犯罪是因为犯罪主体数量增加而导致罪责复杂化的特殊形态。甲持刀杀害乙，甲的行为符合《刑法》第232条故意杀人罪的罪状，因此应追究甲故意杀人罪的刑事责任；倘若前述案件中，丙得知甲欲杀乙，便向甲提供匕首一把，甲持该匕首将乙刺死，单看丙提供刀具的行为，并不属于刑法分则规定的"杀害"，那么，能否以故意杀人罪追究丙的刑事责任？如果认为可以，那么，倘若在前述案件中，路人丁目睹甲持刀攻击乙，虽一直在现场但并未劝阻，此时又能否以故意杀人罪追究丁的刑事责任？可见，刑法总则规定共同犯罪制度，主要是为了解决没有直接实施刑法分则规定的犯罪行为的人的刑事责任问题。

欲使共同犯罪制度能够更有针对性地回应上述问题，需要准确识别共同犯罪罪责的复杂化根源。近来我国比较有力的学说认为，共同犯罪罪责之复杂主要体现在"罪"上，主张共同犯罪是一种特殊的违法形态。[1] 在单独犯罪的场合，危害结果的归属以条件说为基础，若无行为同样会发生结果，则该结果在客观上无法归属于该行为；但在共同犯罪的场合，如前例，即使丙不提供匕首，甲仍可以杀死乙，此时能否将乙的死亡结果也分配给丙？这是共同犯罪制度要回答的核心问题，即应将违法事实归属于谁。此问题的解决分为两个层次：①根据什么条件；②按照什么方式。[2] 我国刑法是如何解决这两个问题的呢？

二、中国刑法的共同犯罪规定

共犯领域学说林立，各国制度差异甚大，如同丛林沼泽令初学者找不到方向。立足于本国的共犯制度才是一条简捷的路径。我国《刑法》第25~29条确立的共犯

---

[1] 张明楷：《刑法学》，法律出版社2016年版，第381页。
[2] 参见 [意] Antonio Fiorella, *Le strutture del diritto penale. Questioni fondamentali di parte generale*, Torino, 2018, 525；储槐植：《美国刑法》，北京大学出版社2005年版，第117页。

制度如下：

第 25 条　共同犯罪是指二人以上共同故意犯罪。

二人以上共同过失犯罪，不以共同犯罪论处；应当负刑事责任的，按照他们所犯的罪分别处罚。

第 26 条　组织、领导犯罪集团进行犯罪活动的或者在共同犯罪中起主要作用的，是主犯。

三人以上为共同实施犯罪而组成的较为固定的犯罪组织，是犯罪集团。

对组织、领导犯罪集团的首要分子，按照集团所犯的全部罪行处罚。

对于第 3 款规定以外的主犯，应当按照其所参与的或者组织、指挥的全部犯罪处罚。

第 27 条　在共同犯罪中起次要或者辅助作用的，是从犯。

对于从犯，应当从轻、减轻处罚或者免除处罚。

第 28 条　对于被胁迫参加犯罪的，应当按照他的犯罪情节减轻处罚或者免除处罚。

第 29 条　教唆他人犯罪的，应当按照他在共同犯罪中所起的作用处罚。教唆不满 18 周岁的人犯罪的，应当从重处罚。

如果被教唆的人没有犯被教唆的罪，对于教唆犯，可以从轻或者减轻处罚。

1. 我国刑法只对共同故意犯罪以共犯论处；二人以上共同过失犯罪，不以共同犯罪论处。"不以共同犯罪论处"是不适用刑法针对共同故意犯罪特点设置的共犯制度。共同过失犯罪，不过是单人犯罪的偶合。各人没有实现犯罪的意志，没有共同的犯罪意志把各人的能量有意识聚合成更大的犯罪能量，所以刑法像对待单人犯罪一样规定他们各负其责、根据各人罪责轻重分别处罚。例如：

甲、乙二人系某厂锅炉工。一天，甲的朋友多次打电话催其赴约，但离交班时间还有 15 分钟。甲心想，乙一直以来都是提前 15 分钟左右来接班，今天也快来了。于是，在乙到来之前，甲就离开了岗位。恰巧乙这天也有要事。乙心想，平时都是我去后甲才离开，今天迟去 15 分钟左右，甲不会有什么意见的。于是，乙过了正常交接班时间 15 分钟左右才赶到岗位。结果，由于无人看管，致使锅炉发生爆炸，损失惨重。甲、乙的行为属共同过失犯罪，应按照甲、乙所犯的罪分别处罚。[1]

例外情况：根据司法解释，在司机交通肇事后，车主、乘客等指使肇事司机逃逸，致被害人死亡的，以交通肇事罪共犯论处。

2. 总则共犯制度因与分则特别规定竞合会被部分地排斥适用。第一种情况是：某种犯罪的帮助、教唆行为因为已经被分则单独规定为犯罪的，其犯罪性无须再依据总则共犯规定确定。例如，《刑法》第 104 条第 2 款规定："策动、胁迫、勾引、收买"军警人员等进行武装叛乱或者武装暴乱的，以武装叛乱、暴乱罪从重处罚；

---

[1]　2004 年国家司法考试试题卷二第 87 题。

《刑法》第307条第1款规定"指使"他人作伪证的,是妨害作证罪。这种武装叛乱、暴乱罪或者伪证罪的教唆行为,已经被分则规定为犯罪。再如,《刑法》第358条第4款规定"协助"组织卖淫的,以协助组织卖淫罪论处。这种组织卖淫罪的帮助行为,也已经被分则规定为犯罪。对上述教唆行为、帮助行为在分则已经有了定罪处罚的依据,不需要适用总则共犯规定确定其犯罪性。

第二种情况是:分则条文对某些犯罪的构成要件作较为扩大的规定,把一些"教唆""帮助"性的行为直接规定为犯罪。例如,《刑法》第240条第2款规定:"拐卖妇女、儿童是指以出卖为目的,有拐骗、绑架、收买、贩卖、接送、中转妇女、儿童的行为之一的。"其中的"接送""中转"行为一般是帮助性的,但也被直接规定为拐卖行为之一。再如,《刑法》第205条第3款规定虚开增值税专用发票罪的"虚开",是指"有为他人虚开、为自己虚开、让他人为自己虚开、介绍他人虚开行为之一的"。其中的"让他人为自己虚开""介绍"他人虚开,具有教唆、帮助特征,但也被直接规定为虚开行为之一,不需要适用总则共犯规定确定其犯罪性。

第三种情况是:刑法分则规定了特别共犯类型并且已经根据其特点规定了区别对待的法定刑,通常排斥总则共犯规定的适用。例如,《刑法》第317条第1款(组织越狱罪)规定:"组织越狱的首要分子和积极参加的,处5年以上有期徒刑;其他参加的,处5年以下有期徒刑或者拘役。"该条已经根据组织越狱中各犯罪人的作用划分出"首要分子""积极参加的""其他参加的",并配置了相应的法定刑,显然不需要再适用总则主犯、从犯的处罚规定。这类分则规定的特别共犯类型,也被称为"必要的共犯";与此相应,这类分则规定的特别共犯类型之外的共同犯罪,被称为"任意的共犯"。刑法总则的共犯制度主要是用于任意的共犯。

三、中国共同犯罪制度的实质内容

以单独犯罪为参照系,共犯制度对于构成共同犯罪的共犯人会产生何种利害效果?这就是共犯制度的实质内容。分析《刑法》第25~29条的规定,大体有三大利害效果:

(一)确认了犯罪实行行为之外的犯罪参与行为的罪责

单人犯罪,需预备、实行分则各条确立之罪。数人共同作案,不一定都实施了分则条文规定的犯罪行为。比如,甲花20万雇用乙杀害张三,并派丙给乙送去酬劳、刀子和有关张三的资料,乙择日潜入张三家中将其杀害。本案中,乙实施了《刑法》第232条规定的故意杀人行为,而甲、丙都没有亲自实施杀人行为。刑法分则规定了"杀人"如何处罚,处罚实行犯乙于法有据;但是分则没有规定"教唆"杀人、"帮助"杀人之类参与杀人行为如何处罚,这意味着在分则中没有规定处罚甲、丙这种没有亲自实行杀人行为的依据。

处罚这类参与行为的依据规定在哪里呢?就规定在共犯制度中。《刑法》第29条规定,"教唆他人犯罪的,应当按照他在共同犯罪中所起的作用处罚","如果被教唆的人没有犯被教唆的罪,对于教唆犯,可以从轻或者减轻处罚"。第27条规定,

"在共同犯罪中起……辅助作用的"是从犯。有了这样的规定，意味着确立了分则各条规定的犯罪行为之帮助、教唆等参与行为也是犯罪行为，依法也应当受刑罚处罚。在处罚上例中乙的行为时，适用《刑法》第 232 条定罪处罚；在处罚甲、丙的行为时，除适用第 232 条之外，还要分别适用第 29 条或第 27 条，才算提供了充分的法律依据。

对此，《俄罗斯联邦刑法典》规定得非常清楚，其中第 33 条："组织犯、教唆犯、帮助犯与实行犯一样，都是共同犯罪人。"第 34 条："组织犯、教唆犯、帮助犯的刑事责任按照所实施犯罪相应条款规定的刑罚并援引本法典第 33 条的规定而确定，当他们同时又是实行犯的，不得援引第 33 条。"该规定表明：实行犯的罪与罚，直接由分则各条确定，而其他参与行为，即组织、教唆、帮助等行为的犯罪性由（俄罗斯联邦刑法典）总则第 33 条确定。

（二）确认了"按照全部罪行处罚"的共犯责任原则

1. 共犯是比单人犯罪危害性更大的犯罪方式。共同故意犯罪相对于单人犯罪，表面上是一种因为主体数量增加而产生的特殊犯罪形态；其实，它比单人犯罪更危险、更严重：①数人协力实现一个犯罪目标，能形成较大的犯罪能量，对社会、对被害人产生更大的威胁。有时，还能够实施单人难以实施的某些犯罪，如绑架、黑社会、某些危害国家安全的犯罪。②共犯之间相互激励，能够坚定、强化其犯罪意志，使犯罪人犯下单人不敢犯、不能犯的罪恶，其极端的形式就是有组织犯罪。

2. "按照全部罪行处罚"的原则。因为共犯并非是单人犯罪的简单相加，而是比单人犯罪危害性更大的犯罪方式，所以刑法需加重共犯的责任，这个责任原则就是对各共犯人"按照全部罪行处罚"，即对组织、领导犯罪集团的首要分子，按照集团所犯的全部罪行处罚；对于其他主犯，应当按照其所参与的或者组织、指挥的全部犯罪处罚。各共犯人的行为只是该共犯罪行的一部分，但是却要对该共同犯罪的全部危害结果承担刑事责任、受到刑罚处罚，所以又被称为"部分行为，全部责任"原理。相对于单人犯罪"一人做事一人当"、罪责自负的原理，共犯制度显然加重了共犯的责任，不仅令共犯人对自己的行为负刑事责任，还要对其他共犯人的行为后果负刑事责任。

"部分行为，全部责任"通常体现为对共同的行为结果承担全部责任，比如，甲、乙共谋杀害丙并同时朝丙开枪射击，甲击中丙造成丙死亡，乙没有击中，乙也应当对丙死亡结果负责，甲、乙均成立故意杀人罪既遂。在犯罪后果可计量的情况下，表现为各共犯人都对犯罪总额、总量负刑事责任，例如，某贩毒集团十余名成员共贩卖 10 万克海洛因，对该集团的首要分子应当按照贩卖 10 万克海洛因处罚，而对一般的集团成员仅按照本人参与贩卖的毒品数量处罚。再如，甲、乙二人盗窃汽车一辆，价值 20 万元，销赃得款 10 万元，甲分得 9 万元，乙分得 1 万元，甲、乙均应按照犯罪总额 20 万元处罚。

（三）根据作用大小具体裁量各共犯人的刑罚

共犯制度一方面确认对各共犯人"按照全部罪行处罚"；另一方面，根据各共犯人在共同犯罪中作用大小，划分主犯、从犯、胁从犯，分别规定相应的处罚原则：

1. 对主犯，适用所触犯的分则条文规定的法定刑处罚。

2. 对从犯，适用所触犯的分则条文规定的法定刑，从轻、减轻处罚或者免除处罚。

3. 对胁从犯，适用所触犯的分则条文规定的法定刑，按照他的犯罪情节减轻处罚或者免除处罚。

四、域外共犯制度和学说

共犯制度是极为重要的刑法制度。因为各国刑法规定的共犯制度存在差异，加之对其解说的立场不同，较难把握。有必要了解共犯制度的类型以及对其解说的基本思路。

（一）"区分"与"统一"的共犯制度、观念

1. 区分共犯制的立法例。

《德国刑法典》

第25条（正犯）　自己实施犯罪的，或通过他人实施犯罪的，依正犯论处。

数人共同实施犯罪的，均依正犯论处。

第26条（教唆犯）　故意教唆他人实施违法行为的是教唆犯。对教唆犯的处罚与正犯相同。

第27条（帮助犯）　对他人故意实施的违法行为故意予以帮助的，是帮助犯。

对帮助犯的处罚比照正犯的处罚，并依第49条第1款减轻其刑罚。

2. 统一共犯制的立法例。

《意大利刑法典》第110条（对共同犯罪人的处罚）　当数人共同实施同一犯罪时，对于他们当中的每一个人，均处以法律为该犯罪规定的刑罚，以下各条另有规定者除外。

3. 比较两种共犯制不难发现以下差异：

(1) "区分制"把共犯分为两类：实行犯（正犯）和狭义的共犯（教唆犯、帮助犯）。"统一制"则对共犯不加分类，共同实施同一犯罪的数人都是共同犯罪人。[1]

(2) 在定罪上，"区分制"以正犯为中心，正犯实施犯罪，狭义的共犯才可能成

---

[1] 需要澄清，统一共犯制并不意味着"扩张的正犯"概念。我国学者通常认为，统一制对共犯不加分类，全体共同犯罪人（实行、教唆、帮助）都是正犯，但这种认识其实有所偏差。以统一制的代表意大利刑法为例，学界和判例通说均更加认可"限制的正犯"概念，只有那些实施了符合分则构成要件的行为者，才是正犯，其他共犯人成立犯罪是因为该当了偶然的多主体构成要件（分则构成要件与总则共同犯罪规定结合而成的修正构成要件）。

立。"统一制"则同等地考察各参与行为对违法事实的贡献,"教唆""帮助"行为成立犯罪不依赖"正犯"行为。

(3) 在处罚上,"区分制"一次性解决定罪与量刑两个问题,将共同犯罪的行为类型与处罚原则直接挂钩,正犯按照分则法定刑处罚,教唆犯比照正犯处罚,帮助犯比照正犯减等处罚。"统一制"则分别解决定罪与量刑两个问题,共犯行为方式并不能决定对共犯人的处罚,量刑时可考虑行为在共同犯罪中的作用大小。

(二) 两种共犯制在理论上的实质差异

1. 如何体现教唆、帮助行为与实行行为之间的差异程度。区分制坚守二者之间具有性质上的差异(异质性),重视分则各条确立的犯罪类型,在罪责上尽量体现区别对待;统一制则不看重二者之间的差异,认为它们不过是在共同犯罪中分工不同,不刻意在罪责上体现区别对待。具体表现在教唆、帮助等非实行行为是否具有独立的可罚性(犯罪性)。

2. 区分制严守共犯从属性说,给教唆、帮助行为构成犯罪设置了一个前提,即存在正犯。如果没有正犯,则教唆、帮助不成其为共犯,或者教唆、帮助未遂不罚[1]。统一制则不存在这样的前提。

3. 区分制认定正犯的根据原则上是分则构成要件,只有实行犯才是正犯。根据这种共犯制度,把实行犯的幕后主谋者认定为正犯有时会存在障碍,再加上区分制将处罚原则与共犯类型一一对应,狭义的共犯处罚较正犯要轻,由此导致有时罪责评价与实际作用不符。统一制则不存在这样的法律障碍。

(三) 区分制向统一制的靠拢:以罪刑相适应为导向的"正犯主犯化"

如果严守形式客观意义上的正犯与共犯的划分,那么,区分制可能出现对幕后主谋无法评价为正犯从而处罚过轻的问题。基于罪刑相适应的基本需要,在正犯的判断上,德、日学界及判例不得不逐渐突破(分则构成要件的)实行行为的传统边界而加以实质的解释:纵使没有参与构成要件行为的实行,但如果对共同犯罪的违法事实具有支配力或者发挥了重要作用,亦能成为正犯,在整体上体现出"正犯主犯化"的倾向。

德国学者虽然宣称"共犯理论是构成要件理论的一部分",但实施了该当(分则)构成要件的行为者却不一定是正犯。判例在认定正犯时基本采纳主观说,学界则以犯罪支配理论为通说。以"史塔辛斯基案"为例,史塔辛斯基受苏联情报机构委托,亲手用一把毒素手枪杀死了两位流亡在联邦德国的俄国政客。德国联邦最高法院认为,杀手史塔辛斯基只能是谋杀的帮助犯,因为"他的委托人在两次谋杀中都支配了是否和如何开展行为,是他们(而非史塔辛斯基)形成的行为决意,确定的被害人,选择和试验的武器、毒药,并将被告人(史塔辛斯基)作为犯罪工具加

---

[1] 在区分制下,即使认可教唆、帮助行为自身具有可罚性,也会从刑法注释角度肯定教唆、帮助未遂不罚:分则各条仅规定处罚犯罪(实行)未遂,没有规定处罚教唆、帮助行为(自身)的未遂。

以命令……当然，被告人是在其委托人的权力范围之外实施的两次犯罪，但这也不能使其成为正犯"。[1] 日本的共谋共同正犯理论，将客观上没有分担实行行为但参与了共谋的人认定为共同正犯。以"练马案"为例，X为某团体军事组织地区委员会的领导，X与组织成员Y共谋袭击东京练马区警察局警官A，由Y具体指导，在Y的指导下，Z等人对A实施伤害致A死亡。法院认为："由于能够认定参与了共谋这一事实，所以即便没有直接参与实行行为的人，也是将他人的行为作为所谓自己的手段来实施犯罪；在此意义上，没有理由认为共谋者与实行者之间在刑事责任上应该有所差异。"[2]

鉴于区分制向统一制的实质靠拢，就实际效果而言，目前两种体制的差异并不像理论上的分歧那样大。在区分制之下，将教唆犯单独规定为共犯种类，适用正犯之刑处罚；司法实务还创立"共谋共同正犯"概念，吸收"犯罪支配"理论，对教唆犯、主谋者、隐于幕后者可按正犯处罚，同样试图谋求罪责与作用的合理评价。在统一制之下，也很重视实行犯的存在，一般也把实施、实现构成要件事实作为共犯成立的前提，教唆、帮助行为没有导致实施、实现构成要件事实发生的，一般也不具有刑事可罚性。例如，根据《意大利刑法典》第115条第3、4款的规定，教唆他人实施犯罪，如果教唆已被接受，但犯罪没有实施，不得处罚教唆人；如果教唆内容是实施某一重罪，对教唆人可予以保安处分。

我国的共犯制度属于哪一种类型的共犯体制呢？大体属于"统一共犯制"。我国犯罪理论受苏联学说影响，向来重总则轻分则，分则构成要件和实行行为观念淡薄，不看重实行行为与教唆、帮助行为在性质上的差异（异质性）。这表现在共犯制度上：①没有一个明确的实行行为概念和地位，共犯人分类的根据是"作用"而不是行为方式，《刑法》第25~29条的规定以罪刑相适应为目标导向，各条款的配置更侧重于解决、也更能有效处理各共同犯罪人处罚方面的问题。②教唆犯独立可罚，被教唆人没有犯被教唆的罪即教唆未遂也处罚。③主犯与从犯的划分对刑事责任而言仅具有量上的意义，而无质上的差别，虽有"从犯"的概念，但不是"狭义的共犯"意义上的从犯。从犯的本来意义是帮助犯、教唆犯，可罚性从属于实行犯或正犯，而我国共犯制度中的"从犯"包括起次要作用的实行犯，核心是在共同犯罪中"作用较小"，是一种处理共同犯罪案件的量刑情节。

在德、日区分制下，对幕后主谋可能无法评价为正犯从而处罚过轻，为弥补罪刑失衡的缺陷，在正犯的判断上，德、日学界及判例不得不逐渐突破实行行为的传统边界而加以实质的解释，呈现出"正犯主犯化、共犯从犯化"的局面。相反，我国的共同犯罪制度原本就能妥善处理上述问题，因为我国刑法并不是依据参与形式

---

[1] [德] 克劳斯·罗克辛著，何庆仁、蔡桂生译：《德国最高法院判例·刑法总论》，中国人民大学出版社2012年版，第202~205页。

[2] [日] 前田雅英著，曾文科译：《刑法总论讲义》，北京大学出版社2017年版，第311页。

的不同，而是根据行为人在共同犯罪中所起的作用大小，给予轻重不同的处罚。不论有没有实行行为，只要实际起到主要作用的，均可以主犯处罚，如此一来就没有区分制罪刑失衡的烦恼和争议。在司法实践中，教唆犯（狭义共犯）一般都作为主犯来处罚，被教唆的实行犯（正犯）处于从属地位因而作为从犯处罚的现象十分常见，甚至还可能出现帮助犯（狭义共犯）被认定为主犯的情况。

德国犯罪支配理论和日本共谋共同正犯理论的提出，恰恰反映出区分制的劣势，体现了区分制向统一制靠拢的倾向，同时也印证了我国共犯制度在罪刑评价方面的优势。因此，脱离我国刑法规定，盲目移植德、日区分共犯制，属于"扬他方之短、灭己方之长"，使简单问题复杂化，应特别谨慎。不过，受德、日区分制及其学说的影响，我国学者经常会借鉴来自区分制背景的概念、学说对共犯制度进行解说。对于初学者来说，了解不同的共犯制立法和学说有助于对问题的理解。

五、共同犯罪的种类

对共同犯罪根据不同的标准可以作出各种分类。我国学说多称其为共同犯罪的"形式"。在我国统一共犯制下，数人为实现某一犯罪而共同谋划、实行、参与即可成立共同犯罪。为了对这样广义的共同犯罪概念进行更为细致的把握，需要借助多种标准进行分类，从多种角度进行分析。

（一）必要的共犯和任意的共犯

这是根据各罪构成要件特点作出的划分。所谓"必要的共犯"，是指分则条文特别规定的共同犯罪类型，只有共犯形式才能构成该罪，单人不可能构成该罪。必要的共犯大体可细分为以下三类：①聚众性犯罪，需聚集3人以上共同实施才能成立的犯罪，并且其组织、指挥、策划行为（首要分子）和参加（或积极参加）行为均可罚，如《刑法》第268条之聚众哄抢罪，第292条之聚众斗殴罪。如果只有其组织、指挥、策划行为（首要分子）是犯罪，参加（或积极参加）行为不可罚，不属于必要的共犯。②对向性犯罪，需2人以上彼此实施对应的行为才能成立犯罪，并且双方行为均可罚，如《刑法》第223条之串通投标罪，第125条之非法买卖枪支、弹药、爆炸物罪，串通或买卖双方的行为均是犯罪行为。③分则将组织、参加某种犯罪集团的行为特别规定为犯罪的，如《刑法》第120条之组织、领导、参加恐怖组织罪，第294条第1款之组织、领导、参加黑社会性质组织罪。上述犯罪因为分则条文的特别规定，只有2人甚至3人以上实施特定的共犯行为才能符合其构成要件成立该罪，所以被称为必要的共犯。

既然是必要的共犯，当然是以聚众犯罪、组织犯罪的参加行为或对向双方的行为在法律上皆可罚为前提，否则就不能称其为必要的共犯。必要的共犯是分则特别规定的共犯类型，因此各方皆可罚是指在法律意义上皆可罚，比如重婚罪，重婚双方的行为在法律上均被认为是犯罪行为。但是在个案中，不排除对一方的行为因为不具备构成要件而不成立犯罪，如重婚一方（无配偶者）因为不知对方已经有配偶而与之结婚，不知情的无配偶一方不构成重婚罪；也不排除对参加行为酌情不定罪处罚,如聚众犯罪或集团犯罪中某人的参加行为因为情节显著轻微危害不大而不认为是犯罪。行为具有对向性,但是一方的行为在法律上自始就不是犯罪的,不是必要的共犯,比如甲将毒品出售给乙吸食的,乙购买毒品自用行为在刑法上不认为是犯罪,甲、乙二人不是对向犯也不是必要共犯。同理,甲聚众阻碍解救被拐卖妇女的,根据《刑法》第242条第2款的规定,只有该聚众案的首要分子可罚,参加行为不可罚,因此聚众阻碍解救被拐卖妇女罪不是必要的共犯。据此,"一方行为是犯罪,其对向行为也当然是犯罪"的说法是错误的;"凡聚众犯罪的参加行为都是犯罪"的说法也是错误的。

"任意的共犯"是相对于"必要的共犯"而言的分类,其构成要件的特点不限定于是否采取共犯形式构成该罪,即成立该罪不必采取共犯形式,如《刑法》第232条之故意杀人罪、第264条之盗窃罪等。假如2人以上共同犯罪构成了盗窃罪(不必采取共犯方式的犯罪),属于任意的共犯。

就分则各条对各罪要件的设置来讲,其主要内容是行为,即以刑罚惩罚来禁止某种危害行为如盗窃行为,因此往往是以单人的行为作为常态情况设置的。所以刑法分则规定的绝大多数犯罪的构成要件,不论是单人实行还是数人共同实行,都可以成立该罪。另外,分则中还有专条把某种共同犯罪行为特别规定为一种犯罪的情形,这意味成立该罪只能采取数人共犯的形式。所以这种分类是由分则各条规定的构成要件行为特点决定的。相对于任意的共犯,必要的共犯是分则条文确立的共同犯罪的特别类型。

划分必要共犯与任意共犯的意义在于:必要共犯是分则特别规定的共犯类型,其认定和处罚必须根据分则各条的特别规定。例如,《刑法》第317条第2款规定:"暴动越狱或者聚众持械劫狱的首要分子和积极参加的,处10年以上有期徒刑或者无期徒刑;情节特别严重的,处死刑;其他参加的,处3年以上10年以下有期徒刑。"这是一个典型的必要共犯条款,导致适用该条认定处罚暴动越狱罪或聚众持械劫狱罪具有以下特殊性:①必须符合该条规定的特有的共犯行为,比如,聚众持械劫狱必须3人以上共同实施,单人实施不可能符合该罪之构成要件。实务中有这样的判例,甲持械单人潜入某看守所将被羁押的涉嫌杀人的女友搭救出来。一审判决成立聚众持械劫狱罪,二审撤销一审判决,改判窝藏罪。理由就是甲没有采取3人以上聚众方式实施该劫狱行为,不成立聚众持械劫狱罪。这不是总则共犯制度所能解决的问题。②若该条已经根据该必要共犯的特点作出了专门的处罚规定,则按照法条竞合原理排斥适用总则的共犯规定,如上述第317条区分出"首要分子""积极参加者""其他参加者"并规定相应的法定刑,将在一定程度上排斥总则"主犯、从犯"规定的适用。总则共犯规定只能适用于该条没有特别规定的事项。

任意共犯正好相反,它恰恰是总则共犯制度主要的适用范围。因为分则各条规定的"罪行、罪责"通常以"单人"为基点,若"数人共同实行",其罪责需要另行规定;若实行行为之外还有"参与"行为(帮助、教唆),其罪责也需另行规定,这就形成了总则的共同犯罪制度的内容。所以说，总则共犯制度主要适用对象是任意共犯。当然，立法者在共犯制度中表达的处理共同犯罪的政策导向，学者们在共犯制度中提出的处理共同犯罪的原理，对解决任何共同犯罪案件都具有指导意义。同时，分则中对必要共犯的种种特别规定也是刑法广义共犯制度的组成部分。

必要共犯的识别

分则某条之罪是否必要共犯，通常可根据条文的表述识别，如条文使用"聚众""串通""买卖""组织"等词语描述其构成要件，一般属于必要共犯；也可以通过类型识别，如聚众性、对向性、组织性犯罪通常是必要共犯；或者根据是否必须2人以上同向或对向实行该罪作简单判断。同向者如聚众劫狱中犯罪人均实施劫狱行为；对向者如出售行为与贩卖行为。

但需注意：①"聚众"性犯罪未必都是必要共犯。如《刑法》第291条之聚众扰乱公共场所秩序、交通秩序罪，条文虽然使用"聚众"字眼，但是因为该"聚众"活动的参加行为不可罚，只有首要行为成立犯罪，首要分子与参加者不是共犯关系。单人实施该聚众行为也可成立犯罪，所以不是必要共犯。②必要共犯未必都以共犯论处，例如，甲非法卖给乙3吨爆炸物，甲（卖）、乙（买），是典型的对向犯，属于必要共犯，但不以共犯论处。这里的"不以共犯论处"是指不适用总则共犯罪责和处罚的规定。

（二）集团犯罪和一般共同犯罪

以共同犯罪人之间有无组织形式为标准，可分为集团犯罪和一般共同犯罪。

犯罪集团，是指3人以上为共同实施犯罪而组成的较为固定的犯罪组织。犯罪集团具有以下特征：

1. 参加的人数较多，至少应在3人以上。

2. 目的是共同实施犯罪。即参加的人员结成团体形式，目的是在较长时期内反复多次进行犯罪。

3. 固定性。即团体的成员相对稳定，尤其是首要分子和主要成员比较稳定，即使在实施多次犯罪后，犯罪人之间的相互联系和组织形式仍然存在。这不同于犯罪人临时或偶然纠集到一起结伙犯罪。

4. 组织性。首先，成员之间存在等级和分工，首领、骨干成员、一般成员之间存在指挥与被指挥关系；其次，这种等级和分工在成员之间有一定程度的认同；最后，往往有"规矩"维系这种等级和分工，甚至约束集团成员的行动。有组织性是犯罪集团最突出的特征，也是区别于一般共同犯罪的主要特征，表现为主要成员及其地位、分工较为稳定，反复多次从事一种或多种犯罪。

5. 严重性。即有预谋地实行犯罪活动，不论作案次数多少，对社会造成的危害或其具有的危险性都很严重。犯罪集团一般是因为已有多次犯罪的事实而案发，才在事后被认定为组织犯罪的。

集团犯罪中有两种情形：①以集团犯罪的方式构成任意的共犯，如盗窃集团，数人共犯盗窃罪是任意共犯，共犯人即使结成集团从事盗窃犯罪活动，所犯之罪仍是盗窃，不过是采取了有组织的犯罪形式。集团盗窃和非集团盗窃，其犯罪性质仍是盗窃，只不过是共犯盗窃罪的方式有所不同。②分则专门规定的犯罪集团：一是组织、领导、参加恐怖组织罪；二是组织、领导、参加黑社会性质组织罪。这是必要的共犯，其结成该种组织的行为自身就是刑法中的独立犯罪，并且成立该种犯罪需具备更为特殊的要件。如组织、领导、参加黑社会性质组织罪，除具备一般犯罪集团特征外，还需具备经济实力、暴力性、欺压群众、控制性等特征，人数需10人以上，等等。

在全面开展"扫黑除恶"专项斗争的背景下，有必要辨析一个概念——"恶势力"。根据最高人民法院、最高人民检察院、公安部、司法部联合印发的《办理黑恶势力案意见》（2018），它是指经常纠集在一起，以暴力、威胁或者其他手段，在一定区域或者行业内多次实施违法犯罪活动，为非作恶，欺压百姓，扰乱经济、社会生活秩序，造成较为恶劣的社会影响，但尚未形成黑社会性质组织的违法犯罪组织。可见，恶势力团伙介于一般犯罪集团与黑社会性质组织之间。

一般共同犯罪，是指共同犯罪人之间无特殊组织形式的共同犯罪。这种共同犯罪的犯罪人之间只是为了实施某一具体犯罪而临时纠合在一起，当该种犯罪完成以后，这种共同犯罪形式就不复存在。

一般共同犯罪或者非有组织犯罪中，聚众犯罪属于分则特别规定的共犯形式。分则中规定十余种聚众犯罪，因为行为性质差异追究刑事责任的范围也有很大差异，大体有三种情形：①首要分子、积极参加者、参加行为者皆可罚；②首要分子、积极参加者可罚；③只有首要分子可罚。

从法律的角度，共同犯罪可分为三类：①集团犯罪；②聚众犯罪；③其他共同犯罪。也有学者认为从法律的角度可分为四类：①结伙犯罪；②聚众犯罪；③团伙犯罪；④集团犯罪。[1]

（三）简单共犯和复杂共犯

以共同犯罪人有无分工为标准，可分为简单共犯和复杂共犯。前者指各共同犯罪人均参与实行某一犯罪构成要件的行为，即每一共同犯罪人都是实行犯的共犯形态；后者指各共同犯罪人在共同犯罪中有所分工，存在着教唆犯、帮助犯和实行犯区别的共犯形态。简单共犯与共同实行犯（共同正犯）概念相同。

---

[1] 陈兴良：《共同犯罪论》，中国人民大学出版社2006年版，第171页。

第二节 共同犯罪成立的条件

一、概说

数人共谋犯罪,各共犯人的行为"在哪点上共同"才能成立共同犯罪?这在欧陆学说中是所谓共同犯罪的本质问题,其实就是共同犯罪成立的根本标准问题。区分制分别讨论共同正犯和狭义共犯的成立条件,就共同正犯的本质,形成了犯罪共同说[1]、部分犯罪共同说[2]和行为共同说[3]之争;就狭义共犯的本质,形成了共犯从属性说与共犯独立性说之争。

我国采取统一共犯制,讨论广义共犯(含教唆、帮助犯)的成立条件,需要一并涵盖实行犯、帮助犯、教唆犯的认定,没有专门在共同实行犯成立条件上形成争论。而且,共同犯罪只是一种特殊的违法形态,各共犯人的责任认定与单人犯罪的责任认定没有区别,所以,根本没有必要将讨论的重点落在"谁和谁究竟共同犯什么罪"上。此外,我国《刑法》第29条确认了教唆未遂可罚,因而也没有在狭义共犯(教唆犯、帮助犯)上形成独立性与从属性的对立争论。共犯的本质论之争只是作为外国学说借鉴、议论。对于共犯的成立,我国主要在共同犯罪成立条件层面上谈论共同犯罪成立的标准。

我国共犯制的特点是以"各共犯人对整体结果的共同责任为中心"。如前所述,对各共犯人"按照全部犯罪处罚"是我国共犯制度的实体内容之一。这意味着被认定成立共犯,各人要对共犯的整个犯罪结果负责,亦即,各共犯人不仅对自己行为的结果负责,还要对他人行为的结果负责,责任被加重。成立共犯意味着各共犯人承担"按照全部犯罪处罚"的责任,这制约着共同犯罪的成立条件。换言之,明确共同犯罪的成立条件,核心旨趣在于合理划定各共犯人对违法结果承担罪责的范围。

成立共犯,需要2人以上客观上实施了对犯罪结果的发生起到作用的行为。当然,行为人相互之间的意思联络也是必要的,我国刑法规定共同犯罪是"共同故意犯罪",正是要求各共犯人对互相协作犯罪亦持故意心态。

至于各共犯人故意的具体内容是否一致,则不在共同犯罪制度的调整范围。例如,张三以杀人故意,李四以伤害故意,共同持刀将王五砍死时,张三与李四基于协同作案的意思联络,客观上实施了共同犯罪行为,并都对王五的死亡起到一定作

---

[1] 成立共同正犯,各犯罪人必须共同实行符合同一犯罪构成要件的行为,成立同一种犯罪。共同正犯的本质应是共同行为在构成"犯罪"的法律性质上具有共同性。
[2] 承袭犯罪共同说的基本立场,接受犯罪性质不共同不成立共同正犯的观点,但主张数人共同作案若有部分犯罪性质共同、部分犯罪性质不共同的,就该共同的部分成立共同正犯。
[3] 数人共同"作案"就可以成立共同犯罪。

用，因此，二人成立共同犯罪，王五的死亡结果应归属于二人。至于张三和李四各自以什么罪名追究刑事责任，根据单独犯中主客观相一致的原理分别认定即可：张三有杀人的故意，构成故意杀人罪；李四只有伤害的故意，只能构成（加重的）故意伤害罪。

若认为共犯制度不仅能够划定各共犯人对违法结果承担罪责的范围，还可以终局性地解决其承担罪责的法律性质，则还需追问，上例中张三与李四是否在故意伤害罪的范围内成立共同犯罪？如果认可二人成立故意伤害罪的共犯，其结论实际上与部分犯罪共同说一致；如果不认可，其结论实际上与犯罪共同说一致。[1]

截至 2018 年，我国法律职业资格考试倾向于采纳部分犯罪共同说。司法实务的态度摇摆不定。我国司法实务偏好对共同作案的案件"分案处理"，因为这样统计案件数量较多，对工作业绩考评有益。比如，上述案件若分案移送，起诉张三（故意杀人罪）、李四（故意伤害罪），算办理两个案件；若以一个共犯案件处理，只算办理一个案件。对数共犯人犯罪（故意）部分一致、部分不一致的案件采取分案审理的偏好，导致在部分一致的范围内是否共犯不甚清晰。不过按照法院对共同犯罪应当全案审理的要求，法院"分案审理"意味着不是共同犯罪案件，似乎暗合了传统共犯成立理论对"同一性质的犯罪故意"的要求。

其实，无论采纳哪种共犯本质说，对于在共同作案时，有犯罪人实施了超出共同犯罪故意范围的犯罪行为这类"过限"案件，都应严守责任主义的底线，"由实行的人对过限行为单独承担刑事责任，其他共犯人对过限行为不负刑事责任"。[2] 例如，甲、乙共谋伤害丙，在对丙共同进行殴打时，甲突生杀意，于是暗施杀手将丙杀害。甲实施的杀人行为超出二人共犯伤害罪故意的范围，属于共同犯罪的过限行为，乙对此不负刑事责任。甲构成故意杀人罪，乙构成故意伤害罪，甲、乙二人在故意杀人罪上不成立共同犯罪。又如，甲给乙 10 万元，唆使乙割下丙一只耳朵（损害健康的故意即伤害的故意），乙找到丙后欲割丙耳时遭到丙的强烈反抗，乙一怒之下持匕首朝丙胸腹连刺数刀，当即致丙死亡（形成杀人的故意）。在此例中，甲明显只有损害健康（伤害）的故意，乙不仅有损害健康（伤害）的故意，后来还临时形成剥夺生命（杀人）的故意，甲、乙二人故意的性质有一致的部分（伤害），也有不一致的部分（杀人），甲、乙二人最多可以在一致的部分内成立共同犯罪，即甲、乙成立故意伤害罪的共犯；但是在不一致的部分（故意杀人罪）上断然不成立共犯。

---

[1] 持行为共同说者根本就不会追问此问题，参见张明楷：《刑法学》，法律出版社 2016 年版，第 393～394 页；[日] 前田雅英著，曾文科译：《刑法总论讲义》，北京大学出版社 2017 年版，第 305～306 页。

[2] 高铭暄、马克昌主编：《刑法学》，北京大学出版社、高等教育出版社 2017 年版，第 170 页；陈兴良：《共同犯罪论》，中国人民大学出版社 2006 年版，第 344～355 页；赵秉志认为，"超出共同故意范围的犯罪，不构成共同犯罪"，载赵秉志主编：《刑罚总论问题探索》，法律出版社 2003 年版，第 493 页。

除实行过限之外，另需关注一种情况，即数人共同实行犯罪但犯罪性质不同的情形。如以下案例：

【案例】王敏被章浩利用扣押人质仅成立非法拘禁罪案[1]

章浩因承租酒店亏损，起意绑架W之子X（7岁）向W勒索财物，并开始对X进行跟踪等预备活动。某日，章浩向酒店服务员王敏提出：有人欠债不还，去把其子带来，逼其还债。王敏表示同意。二人一同将X从学校带至酒店，将X捆绑扣押于酒店贮藏室。之后，章浩将此情况告之外甥女章娟并指使其给W打勒索电话。章娟共3次打电话给W，提出了索要50万元等条件。

法院认为，章浩、章娟以勒索财物为目的绑架他人，构成绑架罪，系共犯。其中，章浩系主犯；章娟系从犯，可依法予以减轻处罚。据此判处章浩无期徒刑，剥夺政治权利终身，并处没收财产；章娟判处有期徒刑3年，并处罚金5000元。王敏在扣押人质而索债的认识支配下非法拘禁儿童，构成非法拘禁罪，判处有期徒刑3年。

本案中，章浩与王敏共同作案（扣人质），但犯罪性质不同，章浩是绑架罪，王敏是非法拘禁罪，故二人不成立绑架罪共犯。首先，本案的情形不宜适用"过限行为"的观念。因为过限行为应以"共犯一罪"为前提，在本案中，章浩的行为自始就是绑架性质，王敏的行为自始就是非法拘禁性质，不存在"共犯一罪"的前提。既然不存在共犯一罪的前提，也就无所谓过限。其次，本案的情形无需适用间接正犯的观念。本案例的解说"王敏被章浩利用扣押人质仅成立非法拘禁罪"，不成立绑架罪共犯，显然认为章浩利用王敏（不知情）作为其绑架犯罪的工具，不成立共犯，类似于间接正犯。但本案中利用人参与了犯罪的"直接实行"，因为利用人有直接的实行行为，无需适用间接正犯观念，只是从被利用人角度考虑，他不是利用人的共犯。尽管法院对本案同案审理，但对二被告人是否成立非法拘禁罪共犯没有提及，显然不在意部分犯罪共同的说法。这代表了司法实务的通常做法。最后，按照部分犯罪共同说，二人在非法拘禁部分具有共同性，可成立非法拘禁罪共犯。这是部分犯罪共同说的普通说法，也是国家法律职业资格考试的通说。但需注意用部分犯罪共同说解说此案并非圆满。本案的部分共同纯粹是依据法条竞合关系得出的结论：绑架罪是非法拘禁罪和敲诈勒索罪的结合犯，因此二人共同作案，一人是绑架罪，另一人是非法拘禁罪，二人在非法拘禁上具有共同性，在这部分成立共犯。就本案二被告人的行为性质而言，章浩的行为自始就是绑架性质，王敏的行为自始就是非法拘禁性质，并无共同点。所以，判决根本不提及在非法拘禁部分共同的问题，采取不以为然的态度是有道理的。

---

[1] 载《刑事审判参考》（总第24辑），法律出版社2002年版，第40页。

二、共同犯罪的成立条件之一：主观上有意思联络

各共犯人相互之间有意思联络，对互相协作犯罪持故意心态。因为存在意思联络才能有意识地使各共犯人的行为形成合力，促成犯罪结果发生。形成意思联络的方式可以是明示的，也可以是暗示的，比如一个手势、一个眼神，只要足以沟通彼此犯罪故意的内容即可。

彼此有性质相同的故意但缺乏意思联络的，不成立共犯，比如，甲、乙偶然地（不约而同）来到某建筑工地盗窃钢筋，各自往自己的三轮车上装钢筋而后离去。甲、乙的盗窃行为是各自独立的，之间没有协作关系，不成立共犯。这种数人同时同地作案侵害同一被害人却没有意思联络的情形，被称为"同时犯"。同时犯因为缺乏意思联络，在行为上也缺乏相互利用、相互补充的协同性，不是共犯。例如：

【案例】吕卫军、曾鹏龙运输毒品案[1]

在昆明开往北京西的T62次旅客列车上，乘警从吕卫军所穿的皮鞋内和所系的皮带内查出了海洛因46.6克；从曾鹏龙所穿的皮鞋内查出了海洛因41.2克。经进一步查证，二被告人相互认识，乘车的起始地（云南曲靖）与目的地（湖南娄底）相同，在列车上一直坐在一起，毒品系吕卫军出资购买，二人约定毒品归各自所有，曾鹏龙承诺回娄底后即将吕卫军为其垫资购买毒品的钱予以归还。

检察机关以吕卫军、曾鹏龙犯运输毒品罪且系共同犯罪提起公诉。二被告人对被指控的罪名无异议，但均辩称：系分别运输毒品，不是共同犯罪。法院认定：公诉机关指控运输毒品罪成立，"但关于二被告人系共同犯罪的指控，经查，公诉机关提供的证据只能证实二被告人分别携带毒品乘坐旅客列车进行长途运输，在途中被查获的事实，并不能证实二被告人有共同运输毒品的主观故意和客观行为，因此该项（共同犯罪）指控不能成立。"据此判决二被告人分别犯运输毒品罪，各处有期徒刑10年，剥夺政治权利3年，并处罚金5000元。

该案例对运输毒品罪的共犯条件显然作了极为严格的掌握。结伴而行运输毒品，主观上彼此知情且有点相互鼓励（壮胆）作用，也不成立共犯。理由是：首先，二被告人各自携带毒品回家，犯罪目标不具有同一性。其次，没有证据证实二被告人在运毒过程中实施了相互掩护、协作等配合行为，车费及路上的其他花费也是各自负责。所以，二被告人的行为缺乏内在的联系，没有形成统一的犯罪活动整体，各被告人的犯罪行为对社会造成的危害结果与对方的行为并不存在因果关系。[2]

该案例反映出司法实务认定运输毒品罪共犯的尺度。这个认定共同故意和行为的尺度显然较为严格。其原因应该从运输毒品罪的特点和按全部罪行处罚的原则中

---

[1] 载《刑事审判参考》（总第47集），法律出版社2006年版，第47页。
[2] 载《刑事审判参考》（总第47集），法律出版社2006年版，第50页。

寻求。首先，运输毒品罪是一种营利性犯罪，非法利益的共同性是决定犯罪行为共同性的重要因素，在非法利益不共同、各自运输毒品归属清晰的前提下，加上相互之间没有明显的犯意联络与协作性，不认为是共同犯罪。其次，若认定为共犯则按全部罪行处罚，二被告人运输海洛因相加为 80 余克，依《刑法》第 347 条规定，50 克以上法定刑为 15 年有期徒刑、无期徒刑或死刑；若分别计算则在 50 克以下，依《刑法》第 347 条规定，10 克以上不满 50 克的，处 7 年以上有期徒刑。罪责轻重悬殊。大概是鉴于以上两点，左右了司法实务认定运输毒品共犯的尺度。

形成共犯故意的时间一般应当在犯罪既遂之前。大致分为两种情况：

1. 在着手实行犯罪之前就已经形成共同犯罪的故意，这种有预谋的情形被称为"事先通谋的共犯"。例如，甲起意盗窃某金饰店，找乙做帮手，二人在晚上撬开店门，从中窃取大量金饰品。甲、乙"事先"就形成盗窃金饰店的共同故意，是事先通谋的共犯。事先通谋，在事后提供帮助行为的，成立所通谋之罪的共犯。例如，甲在盗窃汽车之前，与乙商定由乙负责隐藏、销售，然后盗窃来汽车交给乙，乙销售给他人，乙是甲盗窃罪共犯，不另成立赃物类犯罪。

如果在他人犯罪既遂以后提供帮助行为的，不成立共犯。例如，甲盗窃汽车以后，交给乙出售，乙不是甲的共犯，乙单独成立掩饰、隐瞒犯罪所得罪。再如，甲抢劫银行后被警方通缉，逃亡到乙家，乙将甲隐匿，乙不是甲抢劫罪的共犯，乙单独成立窝藏罪。但如果乙与甲事先通谋，在甲抢劫银行后为其提供隐匿帮助，乙成立甲抢劫罪的共犯。

2. 在着手实行犯罪的过程中临时形成共同犯罪的故意，这种情形被称为"事先无通谋的共犯"。例如，甲、乙二人在饭店吃饭时与邻桌客人丙、丁发生争执，随即二人对丙、丁大打出手造成轻、重伤，二人事先没有预谋临时才形成伤害他人的共同故意，是事先无通谋的共犯。

在他人实行犯罪过程中"中途加入"共同实行犯罪的，也能成立共犯，被称为"承继的共犯"，可归入事先无通谋的共同犯罪的情形。例如，周某为抢劫财物在某昏暗场所将王某打昏。周某的朋友高某碰巧经过此地，高某得知真相后应周某的要求提供照明，使周某顺利地将王某钱包拿走，二人构成抢劫罪的共同犯罪。

"承继的共犯"包括三种情况：①承继的共同正犯，即后行行为人以共同实行的故意中途参与先行犯罪；②承继的帮助，即后行行为人以帮助的故意中途参与先行犯罪；③教唆的承继，即先行教唆人教唆了部分内容后，后行教唆人又教唆部分内容。但是，在先行教唆行为已经使被教唆人产生犯意时，后行教唆人不可能使被教唆人产生同一种犯意，因此承继的教唆是不成立的。一般而言，对于复行为犯（一个犯罪由两个以上的行为结合而成），后行行为人不论是从最初还是中途参与实行的，都应对先行行为的行为和结果承担责任；对于其他类型犯罪，后行行为人只能就自己介入以后的行为部分承担责任。

【案例】侯吉辉、匡家荣、何德权抢劫案[1]

三人给肉铺老板周某打工并同住在周某家同居一室。侯、匡二人预谋抢劫周某家财物,并多次拉何入伙,何均回避未作明确回应。某日,乘老板娘俞某一人在家时,侯、匡二人持刀威逼俞某交出钱财,俞某反抗并呼救,侯、匡在制服俞某过程中将俞某杀害。何在三人同住的居室内听到客厅的搏斗声,等声音渐小后走出房门问侯、匡二人:你们把老板娘搞死了?匡随即叫何一起到俞某房间去找钱。三人在俞某家中共找出 1000 余元。匡还叫何一起拖拽俞某尸体、翻找钱财。之后三人携赃款逃离。

本案焦点:何在侯、匡暴力结束后,参与共同搜取被害人财物的,成立抢劫罪(承继的共犯)还是盗窃罪?法院认为,何明知侯、匡二人为抢劫而暴力致被害人死亡,应匡的要求参与共同非法占有被害人财物的行为,系在抢劫犯罪过程中的帮助行为,亦构成抢劫罪。

如前所述,传统观点要求各共犯人持同一犯罪性质的故意内容。比如,都具有故意杀人罪或者抢劫罪的故意内容。例如,甲男、乙女通奸,共谋杀害乙女的丈夫丙,某日乘丙熟睡,共同协力将丙勒死。甲、乙都具有"非法剥夺他人生命的意思"(杀人的故意),甲、乙成立故意杀人罪的共同犯罪。如果数人共谋犯罪,故意的内容(或性质)有部分属于同一种罪的,也可就共同的部分成立共同犯罪。但根据本书观点,共同犯罪只是一种共同违法形态,各共犯人相互之间有意思联络,对互相协作犯罪持故意心态即可。至于每个人故意的具体内容是什么,因故意内容的差异各犯罪人会分别构成哪些罪,不属于共犯制度处理的问题,与单独犯罪一样依托犯罪的主观要件分别进行认定即可。

三、共同犯罪的成立条件之二:客观上实施了参与共同犯罪的行为,并且对犯罪结果的发生起到一定作用

(一)参与共同犯罪的行为

参与共同犯罪的行为,即在共同犯罪故意支配下,各共犯人的行为都是指向同一犯罪目标,彼此联系、互相配合,协力促使犯罪结果发生。

从行为形式讲,共犯行为包括作为和不作为。数共犯人以作为和不作为行为可成立共同犯罪,例如,甲与某库房保管员乙共谋窃取该库房中的笔记本电脑,乙于夜晚在库房值班时,甲前去盗窃,乙佯装不知,任其盗走 10 台笔记本电脑。数共犯人均不作为也可成立共同犯罪,例如,甲男乙女夫妻二人生育有一女丙,见丙有先天性疾患,二人将丙弃置于医院逃离,甲、乙成立遗弃罪共犯。

参与共犯行为可包括:①实行行为;②教唆行为;③帮助行为;④组织行为;⑤共谋行为。因为我国刑法采取统一共犯制,不刻意区分实行行为与非实行行为或

---

[1] 载《刑事审判参考》(总第 62 集),法律出版社 2008 年版,第 31 页。

主行为与从行为，实施上述参与共同犯罪的行为之一就认为具有共同犯罪行为。例如，甲、乙、丙三人共谋走私毒品，共同集资100万元，由丙某购买毒品走私。甲、乙虽然没有亲自实行走私行为，也成立共犯。

共谋实行犯罪，在现场没有直接实行犯罪行为，但在一旁站脚助威的，也认为是共犯。但他在共同犯罪中的作用应区分情形予以认定：对于首倡犯意并策划犯罪方法而未实行者，一般应认定为主犯；对于只是一般参与共谋而未实行者，一般应认定为从犯；对于参与共谋作用轻微又没有实行者，可以认定为"情节显著轻微危害不大"，不构成犯罪。[1] 例如：

甲、乙二人见3名学生在用扑克牌赌博，赌资放在地上，遂生抢劫之心。二被告人约定以吹口哨、打手势为暗号一起动手实施抢劫，并佯装看赌牌靠近学生。期间，甲多次暗示，但乙迟迟不敢动手。甲找机会抢了放在地上的赌资320元，并对一名反抗的学生拳打脚踢。甲抢得钱后与乙扬长而去。事后，甲、乙分别分得赃款180元和140元。

法院认定，甲、乙二人均构成抢劫罪，且系共同犯罪。在共同犯罪中，甲起主要作用，系主犯；乙起次要作用，系从犯。

作为学说"舶来品"的"共谋行为"

"共谋"是否属于共同犯罪行为之一，要看对"共谋"概念作何种理解。我国学说向来不怎么使用共谋一词，外国学说对其使用较多。日本学说中的共谋，指数人出于实现同一犯罪的目的，而组织、策划、安排实施犯罪，共谋者中参与犯罪实行的是正犯（实行犯）；没有参与犯罪实行的，属于共谋者。因此该共谋含义十分广泛，几乎可涵盖实行行为之外的所有对实现共谋的犯罪起到重要作用的行为，包括组织、指挥、策划、教唆、指使等行为。当在这种意义上使用共谋一词时，有共谋行为，不言而喻具有共同犯罪行为，成立共犯，比如，甲与乙、丙、丁等人共谋抢劫银行，虽然甲没有亲自参与犯罪实行（抢劫银行的行动），但照样成立共犯。因为我国学说不常用"共谋"一词，所以对共谋没有清晰的界定。初学者往往望文生义，容易把共谋理解为犯意流露，这不符合学说上的普通理解。无论如何共谋犯罪均已超出犯意流露的范围，可认为有共犯行为。

因为我国刑法根据在共同犯罪中所起的作用大小确定共犯人的罪责，不受本人有没有实行行为的约束。采用这样的实质标准能有效适应处理共谋行为，所以不深究共谋行为的性质、地位。按照我国的共犯体制，对共谋者可分不同情况定性和适用法律：

（1）在集团犯罪中起组织、指挥、策划作用的共谋者，属于集团犯罪的首要分子，也是主犯；

---

[1] 高憬宏、杨万明主编：《基层人民法院法官培训教材（实务卷·刑事审判篇）》，人民法院出版社2005年版。

（2）在一般共同犯罪中，有组织、指挥、策划行为但没有亲自实行犯罪的，适用教唆犯的规定按照其在共同犯罪中所起的作用处罚；

（3）在单位犯罪中的共谋者，符合直接负责的主管人员或直接责任人员条件的，适用单位犯罪的规定，以单位犯罪的责任人追究刑事责任。

（二）对犯罪结果的发生有贡献

参与共同犯罪的行为，从实质上讲应当是对犯罪结果的发生起到作用的行为。在实行、教唆、帮助、组织、共谋等共犯行为中，对造成犯罪结果而言，实行行为最关键，只有它能够直接导致犯罪结果。例如，甲教唆乙杀害丁，丙给乙提供一把锋利的匕首，乙持匕首将丁杀害于丁家门口。本例中，乙实施的非法剥夺生命的行为（故意杀人罪的实行行为）直接造成丁死亡的结果。甲的教唆引起乙杀丁的行为，丙提供工具方便了乙杀丁的行为。在共同杀害丁的犯意支配下，甲、乙、丙的行为共同促成了丁被害结果的发生，甲、乙、丙成立故意杀人罪的共同犯罪。

学说上对共同犯罪中实施实行行为的，称实行犯；实施帮助行为的，称帮助犯；实施教唆行为的，称教唆犯；对实施组织行为的，称组织犯。在共同犯罪中各共犯人行为分工的差异对认定共犯成立以及确定罪名没有影响。

作为统一共犯制的代表，意大利刑法在认定共犯行为时，特别重视贡献在客观上的"有效性"。学说和判例均认为，单纯的消极参与，如仅出现在犯罪现场或者纯粹的纵容，不是可罚的共犯行为。所谓"有效"贡献，通常要求便利了犯罪的实现。部分学者提出，应在立法上规定何为"有效的因果性贡献"，以符合罪刑法定原则明确性的要求。在统一共犯制的语境下，以罪刑法定为导向的明确化不是指将共犯行为根据分工予以类型化，而是如"1991年刑法修订草案"所规定的那样，"只有使得危害结果更可能发生、更快发生或者更严重的贡献"，才能说"便利了犯罪的实现"。[1]

四、共同犯罪的成立条件之三：主体为2人以上

成立共同犯罪，主体须为2人以上，包括自然人和单位。

（一）单位与共犯

单位也可作为共犯主体之一成立共同犯罪，可能有两种情形：①数单位共同故意犯罪；②单位与个人（自然人）共同故意犯罪。关于这一点，在司法实践已经得到广泛认可。"两个以上单位以共同故意实施的犯罪，应根据各单位在共同犯罪中的地位、作用大小，确定犯罪单位的主、从犯。"[2]对于单位与个人组合的共同犯罪，根据共同犯罪的一般原理，应当以共犯论处。

但是，单位犯罪的直接责任人员与该犯罪单位之间不是共犯关系，因为在单位

---

[1] 参见［意］Antonio Fiorella，*Le strutture del diritto penale. Questioni fondamentali di parte generale*，Torino，2018，528~529。

[2] 2001年1月21日最高人民法院《全国法院审理金融犯罪案件工作座谈会纪要》。

犯罪场合，此二者仍被视为一个犯罪主体。

(二) 刑事责任能力与共犯

我国通说：作为共同犯罪人之一，必须具备责任能力、达到责任年龄；未达到责任年龄人参与共同犯罪的，不认为是共同犯罪人。只有二人共同作案，其中一人未达到刑事责任年龄的，实际只有一人具有犯罪主体资格，不认为是共同犯罪。对其中已满刑事责任年龄的那个犯罪人，以单独犯论处。

如前所述，共同犯罪是一种共同违法形态。按照"三要件"说的思维方式，只要构成要件该当性、违法性二要件共同，即可成立共同犯罪，不必要求有责性也共同。所以本书认为，成立共犯只要二人以上共同故意实施符合客观构成要件的违法行为即可，主体不必达到刑事责任年龄。采取此说较为自然，因为16周岁的人（已达刑事责任年龄）与15周岁的人（未达到盗窃罪的刑事责任年龄）共同盗窃，与2个均满16周岁的人共同盗窃，并无差异。对这样的情形只是因法律拟制的缘故对不满16周岁的人不追究刑事责任而已，没有必要否认是共同犯罪。对于教唆、帮助没有达到刑事责任年龄的人实行犯罪，也可以同样把握，把教唆者、帮助者同样认定为共犯，例如，甲（成年人）教唆乙（行为时年龄15周岁）盗窃，乙实施了盗窃，乙不负刑事责任，但不妨把甲按照乙盗窃（罪）的教唆犯（共犯）定罪处罚。这种主张不仅较为自然而且也能较好解决处罚问题，如李某与13周岁的人共同奸淫幼女被判轮奸案。被告人李某（行为时年龄15周岁）伙同申某（行为时年龄13周岁）将幼女王某（行为时年龄8周岁）领到玉米地先后对王某实施轮流奸淫。法院认为，李某同他人轮奸幼女，其行为已构成强奸罪，且系轮奸。[1] 对此案，如果不视同共同犯罪，很难解释对李某为何可以适用（强奸罪的）"轮奸"加重情节处罚。

不过，如果参与者因年幼对所犯罪行无知的，则无论如何不能认为是共同犯罪，应当视同其他人的工具，如成年人甲指使或带领8周岁的乙盗窃，就不能认为甲、乙二人构成共同犯罪，应当认为甲是（间接）正犯。

(三) 身份与共犯

不同身份的人可以构成共同犯罪。在涉及身份犯的场合，非身份者虽然单独不能构成身份犯（特殊主体犯罪），但可以构成身份犯的共犯，例如，非国家工作人员甲帮助、教唆国家工作人员乙贪污的，可以构成乙贪污罪的共犯。这在刑法中得到确认，如《刑法》第382条第3款规定，非国家工作人员与国家工作人员勾结，"伙同贪污的，以共犯论处"。此处"以共犯论处"应是以贪污罪的共犯论处。

不同身份者各自利用自己的职务便利构成身份犯的共犯的，以主犯的身份确定该案的性质，例如：

公司经理甲（非国家工作人员）与公司董事乙（国家工作人员）共同利用职务便利侵吞国有公司财产的，依甲的身份可构成职务侵占罪，依乙的身份可构成贪污

---

[1] 载《刑事审判参考》（总第36集），法律出版社2004年版，第27页。

罪，对此案以主犯的身份确定该案的性质，即如果甲起主要作用（主犯），按照甲的身份全案定职务侵占罪；如果乙起主要作用（主犯），按照乙的身份全案定贪污罪。[1] 如果共犯人作用相当，难分主从的，以贪污罪论处[2]。

第三节 共同犯罪人的刑事责任、种类及其处罚原则

对数人共同作案的案件，符合共同犯罪条件、成立共同犯罪后，就应当依据刑法共同犯罪的规定追究各参与共犯人的刑事责任。因为即使是共同犯罪案件，最终也是对各共犯人分别判处刑罚。根据《刑法》第25~29条的规定，各共犯人的刑事责任包含两项内容：①按照全部罪行处罚；②按照个人在共犯中所起的作用大小，区分主犯、从犯、胁从犯，适用相应的处罚原则。

一、按照全部罪行处罚

（一）对各个共同犯罪人，以参与的整个共同犯罪的行为及其结果作为处罚的事实根据

1. 根据《刑法》第26条第3款的规定，对组织、领导犯罪集团的首要分子，按照集团所犯的全部罪行处罚。例如，某贩毒集团各成员在集团安排下共同贩卖10万克海洛因，对该集团的首要分子应当按照贩卖10万克海洛因处罚。而一般的集团成员通常仅对本人参与贩卖的毒品数量处罚。"集团所犯"罪行是指集团组织、策划下的罪行，不能等同于"集团成员"所犯罪行。犯罪集团成员独自实施的犯罪不属于集团所犯罪行，只能由实施者本人承担罪责，集团的首要分子不承担罪责。例如，某毒品犯罪集团的成员甲、乙在贩运毒品的过程中，临时起意实施盗窃犯罪，对该起盗窃罪行，该集团首要分子不承担罪责。假如甲、乙二人除贩运属于集团的1000克海洛因外，还私自夹带200克海洛因贩运，集团首要分子对该200克海洛因不承担罪责。

2. 对于其他主犯，应当按照其所参与的或者组织、指挥的全部犯罪处罚。例如，甲、乙二人盗窃汽车一辆，价值20万元，销赃得款10万元，甲分得9万元，乙分得1万元。甲应当按照总额20万元处罚；乙也应当按照犯罪总额20万元适用刑罚。对于共同犯罪超出共同故意范围的罪行（过限行为），由实施者本人单独承担罪责，其他共犯人不承担罪责。这里所称的"参与"包括实行、教唆、帮助行为。

3. 各共同犯罪人应当按照共同犯罪实施的最高程度（形态）处罚。例如，甲教

---

[1] 2000年6月30日最高人民法院《审理贪污、职务侵占案共同犯罪解释》。
[2] "司法实践中，如果根据案件的实际情况，各共同犯罪人在共同犯罪中的地位、作用相当，难以区分主从犯的，可以贪污罪定罪处罚。"见2003年11月13日最高人民法院《审理经济犯罪案座谈会纪要》。

唆乙、丙杀害丁，乙、丙二人持枪朝丁射击数枪后逃离现场。事后经法医鉴定证明，只有乙射击的子弹击中了丁致丁死亡，丙未击中。本案中，乙的杀人实行行为造成丁死亡结果，使共同故意杀人犯罪达于犯罪既遂，甲、乙、丙都应当按照犯罪既遂处罚。不能认为丙未击中丁单独成立犯罪未遂。再如，甲预谋绑架丙并向乙告知自己的计划，向乙借用汽车，乙将车借给甲用于绑架。若甲实施绑架罪既遂，乙作为其共犯，应当按照既遂犯处罚；若甲已经着手实施绑架罪未遂，乙作为其共犯，应当按照未遂犯处罚。不能因为乙只是在甲准备过程中提供犯罪工具（汽车），仅仅成立绑架罪预备犯。

（二）根据整个共同犯罪行为及其结果确定对各个共犯人适用的基准法定刑

以敲诈勒索罪为例。《刑法》第274条规定："敲诈勒索公私财物，数额较大或者多次敲诈勒索的，处3年以下有期徒刑、拘役或者管制；数额巨大或者有其他严重情节的，处3年以上10年以下有期徒刑，并处罚金；数额特别巨大或者有其他特别严重情节的，处10年以上有期徒刑，并处罚金。"甲、乙二人冒充联防队员"抓赌"，敲诈丙、丁等四赌徒共10万元，属于第274条之"数额巨大"，对甲、乙都应当以"3年以上10年以下"的法定刑幅度作为量刑的基准幅度。

各共同犯罪人的参与行为只是共犯行为的组成部分，但却要对整个共同犯罪的全部罪行负刑事责任，这被称为"部分行为全部责任"。通过这一原则，相对于单独犯罪责任自负的原则，共犯人实际上被加重了罪责。

二、区分主犯、从犯、胁从犯，适用相应的处罚原则

我国刑法以在共同犯罪中所起的作用大小为标准，将共同犯罪人分为主犯、从犯、胁从犯三种。另外，还单独规定了教唆犯的罪责。

区分共犯制下，只有实行犯是正犯，教唆犯、帮助犯是狭义共犯，其成立犯罪从属于正犯，帮助犯在处罚上还要比照正犯减等，实行犯、教唆犯与帮助犯的区分具有重大实益。在我国统一共犯制下，教唆未遂可罚。并且更重要的是，实行犯作用较小的，可以认定为从犯；没有参与实行的组织犯，可以认定为主犯；教唆犯根据其在共同犯罪中所起作用，既可以是主犯也可以是从犯。这导致实行犯与作为狭义共犯的教唆犯、帮助犯在类型上的区分实益不大。比如，对盗窃的放哨望风行为，认为是实行行为还是帮助行为对认定主犯还是从犯不具有决定性意义，因为认定主犯从犯的标准是作用大小，即使认为该放哨望风行为是盗窃的实行行为，也可以认定为从犯。而对于共犯人最终的处罚而言，有意义的内容仅限于他是主犯还是从犯。正因为如此，在我国共犯领域可不精确计较实行犯与帮助犯的界分。

不过，教唆犯与帮助犯区分具有实际价值。从法律适用讲，对教唆犯必须适用《刑法》第29条，对于帮助犯，则不需要适用第29条。从罪责轻重讲，我国司法实务多倾向于认为教唆犯起较大作用，通常按主犯处罚；而对于帮助行为则通常按照从犯处罚。另外，教唆未遂（被教唆人没有犯被教唆的罪）的，刑法明文规定具有可罚性；而帮助未遂的（被帮助人没有犯被帮助的罪），刑法没有明文规定具有可罚

性，学说一般也认为不应当具有可罚性。

区分的基本点是：教唆行为是引起被教唆人犯罪的意图，使本来没有犯罪意图的人产生犯罪意图、实行被教唆的犯罪。帮助行为则是为他人犯罪提供犯罪工具、资金、信息、犯罪方法、包庇、窝藏等便利犯罪实行或者便利犯罪人、犯罪所得隐匿、转移。区分的困难点是：在他人已经存在犯罪意图的情况下，为犯罪人提供精神鼓励的，属于教唆犯还是帮助犯？日本学说认为是帮助犯，称其为"无形从犯"，相对于提供物质性帮助的"有形从犯"。[1] 我国学者一般也将这种精神鼓励归为帮助行为。[2] 但司法实务中有将这种"火上浇油"型的犯意强化行为评价为教唆的案例。[3]

（一）主犯

1. 主犯概念和种类。主犯，是指组织、领导犯罪集团进行犯罪活动的或者在共同犯罪中起主要作用的犯罪分子。主犯应包括以下两类：①组织、领导犯罪集团进行犯罪活动的首要分子，即组织犯。三人以上为共同实施犯罪而组成的较为固定的犯罪组织，是犯罪集团。②在犯罪集团或者一般共同犯罪中起主要作用的犯罪分子，即组织犯之外的主犯。

与主犯的概念、分类有关的是首要分子的概念、分类。《刑法》第97条规定："本法所称首要分子，是指在犯罪集团或者聚众犯罪中起组织、策划、指挥作用的犯罪分子。"据此"首要分子"分为两种：集团犯罪的首要分子和聚众犯罪的首要分子。对照主犯概念，其中"集团首要分子"都属主犯不成问题，但是"聚众犯罪的首要分子"是否都是主犯则存在分歧。否定说认为聚众犯罪的首要分子未必都是主犯；肯定说认为都是主犯。两种观点之争涉及分则"聚众性犯罪"是否都是共同犯罪的认识。[4] 否定说的结论和思路较为妥当。

不过在现行刑法把共犯中的主犯作为处罚的基准型（或普通型），向单独犯看齐的立法模式下，"首要分子是否都是主犯"命题不如"首要分子是否有适用总则从犯规定余地"命题讨论起来有实益。解释的进路是总则共犯规定如何合理适用于分则"聚众犯罪的首要分子"，解释的依据是《刑法》第101条解决法条竞合的规定。分则中规定有十余种"聚众性犯罪"，大体可分为两类：一类是参加（或积极参加）行为也具有可罚性的，如《刑法》第301条第1款（聚众淫乱罪）规定，"聚众进行淫乱活动的，对首要分子或者多次参加的，处5年以下有期徒刑、拘役或者管制"，这属于必要的共犯，占聚众犯罪的多数；另一类是参加（或积极参加）行为不具有可

---

[1] 参见［日］前田雅英著，曾文科译：《刑法总论讲义》，北京大学出版社2017年版，第336页。
[2] 陈兴良：《共同犯罪论》，中国人民大学出版社2006年版，第90页。
[3] 甘肃省高级人民法院2011年第17号裁定："甲多次怂恿、煽动乙对丙实施报复，坚定了乙行凶报复的犯意，其行为构成故意杀人罪，是教唆犯。在共同犯罪中，甲是在乙已有行凶报复的犯意下，通过教唆坚定了乙的犯意，认定为从犯，可以从轻处罚。"
[4] 陈兴良：《共同犯罪论》，中国人民大学出版社2006年版，第136、172页。

罚性的。例如，《刑法》第 291 条（聚众扰乱公共场所秩序、交通秩序罪）规定"……对首要分子，处 5 年以下有期徒刑、拘役或者管制"，这属于任意的共犯。任意的共犯，在二人以上实施组织、指挥、策划（简称"首要行为"）众人实施某种活动，首要分子与参加人虽然不存在成立共犯问题，但是实施首要行为的人之间还是可能成立共犯的，他们之间可不可以区分主从？"如果有人起主要作用，有人起次要作用，则应分别认定为主犯与从犯。"[1] 必要的共犯中，对参加（或积极参加）行为的处罚有两种情形：①单独规定法定刑，因为分则有特别规定所以排斥适用总则从犯的规定；②没有单独规定法定刑，如上述《刑法》第 301 条第 1 款规定聚众淫乱罪处罚的情形，为了显示区别对待，不应排除适用总则从犯的规定。据此，如果聚众性犯罪属于任意共犯，那么，对其中的首要分子不应排斥适用总则从犯的规定。如果必要共犯中的参加者分则没有特别规定较轻法定刑的，同理。既然对某些聚众犯罪的首要分子仍存在适用从犯规定的余地，自然首要分子不一定都是主犯。司法考试官方答案的说法是："聚众首要分子"未必都是主犯。[2] 其理由大概是："在聚众犯罪构成共同犯罪的情况下，原则上可以认定其中的首要分子是主犯。但在聚众犯罪并不构成共同犯罪的情况下（如刑法规定只处罚首要分子，而首要分子只有一人时），不存在主犯、从犯之分，其中的首要分子当然无所谓主犯。"该结论虽然没有问题，但是理由并不好。因为现行刑法中取消了对主犯"从重处罚"的规定，主犯成为处罚的基本型，与单独犯在处罚基点上一致，聚众犯罪只有一人成立犯罪的视同主犯处罚，符合法律设定的处罚基点，并无不妥。只有说明是否有适用从犯规定的可能，才有实益。

虽然聚众犯罪首要分子未必都是主犯的命题成立，但是将其作为主犯一种，从而使主犯分类进一步细化还是很有吸引力的，因此也可将主犯分为三类：①集团首要分子；②聚众犯罪首要分子；③其他起主要作用者。[3] 有学者也支持这种分类，认为联系《刑法》第 97 条对首要分子的规定，以及刑法分则条文的有关规定，这种分类更加确切一点。[4]

2. 主犯的处罚原则。根据《刑法》第 26 条，按照全部罪行处罚：①对组织、领导犯罪集团的首要分子，按照集团所犯的全部罪行处罚；②对于其他主犯，应当按照其所参与的或者组织、指挥的全部犯罪处罚。

（二）从犯

1. 从犯的概念和种类。从犯，是指在共同犯罪中起次要或者辅助作用的犯罪分

---

[1] 张明楷：《刑法学》，法律出版社 2016 年版，第 451 页。
[2] 2005 年国家司法考试卷二单选第 8 题："根据我国刑法规定，下列关于首要分子的表述哪一项是正确的?"其中选项 C "首要分子都是主犯"不是正解。
[3] 何秉松主编：《刑法教科书》（上卷），中国法制出版社 2000 年版，第 456 页。
[4] 陈兴良：《共同犯罪论》，中国人民大学出版社 2006 年版，第 171 页。

子。从犯包括两种情况的犯罪分子：

（1）在共同犯罪中起次要作用的犯罪分子。通说把此种从犯解说为起次要作用的实行犯，即本人参与了共同犯罪的实行，但在实行过程中仅仅起到次要作用

（2）在共同犯罪中起辅助作用的犯罪分子。通说把此种从犯解说为起辅助作用的非实行犯，即本人没有亲自实行犯罪，而仅仅对他人犯罪提供帮助，如提供犯罪工具、被害人的信息等。实际上就是所谓区分制下的"帮助犯"。[1]

帮助犯是为他人犯罪提供方便的人。其成立需具有以下三个要件：

第一，客观上实施了对他人犯罪进行物质或精神性帮助的行为。物质性帮助如为他人犯罪提供工具、场所、资金、信息、方法；精神性帮助如对犯罪人进行鼓励、助威等。此外，我国刑法规定，事先通谋窝藏、包庇犯罪人的，以共犯论；司法实务对于事先通谋为他人掩饰、隐瞒犯罪所得的，也以共犯论处。如果行为人除帮助行为外另有教唆或共同实行，则依据竞合的原理按照教唆犯或实行犯处罚即可。例如，甲花20万元雇用凶手乙杀害丙，并给乙办理好护照、签证等出境手续以便乙到达丙所在国家。甲既有教唆又有帮助，对甲只需依据教唆行为处罚。

应注意区分资助型犯罪中的"资助"与某罪帮助犯的"帮助"。《刑法》规定有资助恐怖活动的（第120条之一）、资助危害国家安全犯罪活动罪（第107条）等资助型犯罪。这种资助一般是对"人或组织"的物质帮助，例如，甲知道某人或某组织从事恐怖活动，向其捐钱，被该组织或个人用于恐怖犯罪，属于资助行为。这种资助行为因为已经被分则特别规定为犯罪，如同其他被分则专门规定为犯罪的帮助行为一样，排斥刑法总则共犯规定的适用，对资助人不应按照被资助人的共犯（帮助犯）论处。但是，对"资助"与"帮助"应有所区别。刑法中资助型犯罪不包括对具体恐怖犯罪行动的直接帮助。如果事先通谋，对某项具体恐怖犯罪行动进行直接的人力、财力的帮助，应当按照该项罪行的共犯论处。例如，甲明知乙是恐怖组织人员，正策划在某广场进行爆炸活动，为乙提供一辆汽车用于制造汽车炸弹并在该次爆炸中实际使用。对甲的行为应当以该爆炸案的共犯论处。

第二，主观上有帮助他人犯罪的故意。故意的内容要求认识到他人实行犯罪，包括直接故意和间接故意。帮助犯的罪责以其认识到的范围为限，如果被帮助人实行了超出帮助人认识范围的犯罪，属于实行过限，对超过部分帮助犯不承担共犯的故意罪责。通说的观点，行为人有帮助他人犯罪的故意即具备主观要件，不以与被帮助人互有意思联络为必要，亦即，承认片面帮助犯。

"片面共犯"问题

"片面共犯"概念来源于欧陆刑法学说，其"共犯"一词在狭义上使用，只包括

---

[1] 统一共犯制忽视共犯行为分工不同所形成的差异，但犯罪包括共同犯罪，其核心毕竟是行为，参与共犯的行为方式不同，尤其是仅为他人行为提供方便的行为，容易与日常行为混淆，因此明确帮助犯的概念和要件，有助于深入细致把握共犯的认定和处罚。

帮助犯、教唆犯，不包括实行犯。片面的教唆犯实际上很难存在，所以片面共犯实际上只限于帮助犯。片面帮助犯一般是对他人犯罪"暗中相助"的行为。既然是暗中，被帮助的犯罪人自然不知有人相助，只有提供帮助方明白。既然是相助，通常是提供帮助行为。对被帮助者（实行犯）而言，不能以共犯论，仍属单独犯；对暗中相助者而言，一般主张可按从犯处理。

在我国，似乎缺少承认片面共同实行犯的空间。首先，我国通说对共同实行犯要求具备共同犯罪的意思联络，没有意思联络的不成立共犯，属于所谓同时犯。其次，从生活的逻辑讲，在共同实行犯罪的场合，一方正实行犯罪，另一方以实行行为在现场相助，彼此还不知情、无沟通的情况十分罕见。假设甲偶然（不期而遇）发现乙正在追杀仇人丙，上前将丙抱住或拦住，让乙能将丙刺死。这样的情形足以认定二人临时形成共犯故意，不是片面的共同实行犯，而是事先无通谋的事中共犯。假设更罕见的情形发生，甲偶然发现乙正在追杀仇人丙，上前将丙一拳打翻或一腿绊倒，让乙能及时追上丙将丙刺死。这样的情形就难说甲的行为是与乙共同实行，可能视为帮助行为更合情理。

不承认片面共同实行犯可成立共同犯罪，但承认片面帮助犯可成立共同犯罪，其实际意义在于：在片面共同实行的场合，因为实行行为自身具有可罚性，各人的行为都能够单独成立犯罪，即使不认定为共同犯罪也能追究各人的刑事责任。比如，甲投毒杀害乙但药物没有达到致死量，丙得知后又添加一些毒药达到致死量。甲、丙二人都实行了杀人行为，可分别以故意杀人罪追究甲、丙的刑事责任，没有必要按共同犯罪论处。在片面帮助犯的场合，帮助行为自身不具有可罚性，认定为共犯是追究其刑事责任的唯一途径，所以，不得不把片面帮助犯纳入共犯范围。比如，甲得知乙正在追杀对自己不利的证人丙，甲假装无意将丙的藏身之处透漏给乙，乙因此而找到丙并将其杀害。单独处罚甲的"透漏他人行踪"的行为于法无据，只有作为乙故意杀人罪共犯才能获得法律依据。

第三，在共同犯罪中起到辅助作用。鉴于我国刑法规定在共同犯罪中起"辅助作用"的是从犯，帮助犯的实质标准是在犯罪中起到辅助作用。

如果提供帮助但没有起到任何作用的，对帮助行为应如何评价？可能有这样几种情形：①帮助没有到达犯罪人，如给犯罪人发送短信提供被害人行踪的信息，犯罪人没有收到；②帮助在犯罪中没有发挥作用，比如，提供汽车给他人作绑架工具使用，但在犯罪中没有使用该汽车；③被帮助人接受了帮助但在着手实行犯罪以前自动放弃犯罪，即被帮助人（在预备中）犯罪中止；④被帮助人接受了帮助但因为意志以外的原因未能着手实行犯罪的，即被帮助人成立预备犯的。

上述帮助未成中，情形①、②、③的帮助在犯罪中均没有起到作用，不应当追究其帮助行为的刑事责任。情形④虽然在理论上可以认为帮助人与被帮助人属于犯罪预备的共犯，但鉴于被帮助人没有着手实行犯罪，对犯罪的"辅助作用"无从谈起，即使被帮助的预备犯具有可罚性，帮助行为一般认为也不构成犯罪。

需特别注意，物质性与精神性帮助有时很难截然分开。比如，事先通谋承诺为犯罪人提供隐匿处所或窝藏赃物帮助的，这样的承诺往往对犯罪人的犯罪意志具有鼓励作用。因此判断帮助行为在犯罪中是否起作用不能仅仅考虑物质性层面，还需要考虑精神性层面。例如，事先通谋承诺为犯罪人提供隐匿处所或窝藏赃物帮助，但因犯罪人实行犯罪时被当场抓获归案，尽管该帮助没有能够实现，不过客观上这样的承诺往往对犯罪人的犯罪意志具有鼓励作用，一般认为帮助行为具有可罚性。

2. 从犯的处罚原则。《刑法》第27条第2款规定："对于从犯，应当从轻、减轻处罚或者免除处罚。"

根据2017年最高人民法院《关于常见犯罪的量刑指导意见》，可以减少基准刑的20%~50%，犯罪较轻的可以减少50%以上或免除处罚。

（三）胁从犯

1. 胁从犯的概念。胁从犯，是指被胁迫参加犯罪的犯罪分子，即犯罪人是在他人的暴力强制或者精神威逼之下被迫参加犯罪的。犯罪人虽有一定程度选择的余地，但并非自愿。被诱骗参加犯罪的人，不是胁从犯。如果知情的，一般属于共犯中的从犯；如果不知情的，因为缺乏共同犯罪故意，不成立共同犯罪。

2. 胁从犯与从犯的同异点。共同点：都只起到了较小的作用。不同点：胁从犯是因为受到暴力胁迫，不自愿或不完全自愿参加犯罪的，具有一定的被动性；而从犯是自愿、主动参加犯罪的。

3. 胁从犯的处罚原则。《刑法》第28条规定："对于被胁迫参加犯罪的，应当按照他的犯罪情节减轻处罚或者免除处罚。"

胁从犯与意志自由·紧急避险·期待可能性

1. 犯罪行为应是行为人意志支配的举止，若人受到暴力强制达到完全丧失按照自己意志行事的自由，该不自由的行为不能成为犯罪行为，不应当负刑事责任，不能成立胁从犯。

2. 为了避免本人或他人面临的紧急危险而不得已合理损害他人权益的，是紧急避险，不负刑事责任，也不成立胁从犯。

3. 在他人暴力胁迫之下不得已实施了犯罪行为，且国家、社会期待该人在该种情境下不实施该犯罪行为显属苛刻，也不宜认定为胁从犯。

比如，抢劫犯持枪劫持出租车司机，令司机将其送往某银行实施抢劫行为。按照普通人的公平感，追究该司机抢劫罪胁从犯罪责显属过分。但是，排除该司机胁从犯罪责的根据应该是哪一个呢？其实三者皆可。司机为了避免本人的生命危险，而不得已"帮助"劫匪，符合紧急情况下保全优势利益的要求，可以根据紧急避险排除其行为的犯罪性。国家对在该种情形下提供帮助的行为以犯罪论处，显属过于苛责，不应该也不可能期待该司机拒绝提供协助行为，可以根据缺乏期待可能性排除罪责。问题在于，假如劫匪持枪逼迫司机开车冲向阻截的警察能不能排除犯罪性呢？恐怕不能一概而论。要看当时情况的紧急程度和造成危害结果的大小。如果撞死了10个警察，恐怕没人为他求情免责了。但是他受到胁迫，仍然且永远是可宽恕的事由，仍可根据上述的原理，减轻他的罪责。可见，对人的"不得已而为之"的行为，适用意志自由·紧急避险·期待可能性存在一个"分寸"或"尺度"的问题。

【案例】谭、罗、赖三人强制猥亵妇女案[1]

某日晚8时许，谭、罗、赖三人持刀抢劫在水库边谈恋爱的M（男）和Z（女）后，反绑M双手并脱下M的上衣，然后威逼Z女脱光衣服、脱去M的内裤，强迫M和Z性交供其观看。M因害怕无法进行，谭等人又令Z口含M的生殖器。对本案被告人强迫他人性交、猥亵行为，法院终审判决成立强制猥亵妇女罪，判处有期徒刑3年。

本案要点：①谭、罗、赖是强制猥亵妇女罪的间接正犯；②M的行为不为罪。理由可以是三者之一：①被强制的非自愿举动，不是行为，不符合强制猥亵妇女罪的构成要件；②紧急避险，没有违法性；③没有期待可能性，没有责任。你喜欢哪个理由？

（四）主犯、从犯、胁从犯的认定

1. 主犯是共犯人处罚的基准型。依现行刑法规定，主犯应当是共犯人处罚的基本型（或普通型·常态）。分则各条对各罪规定的法定刑是以单独实行既遂犯为基准的，处罚各共犯人也是适用同样的基准。即共犯中的主犯，直接适用分则各条规定的相应的法定刑处罚。例如，《刑法》第234条（故意伤害罪）规定："故意伤害他人身体的，处3年以下有期徒刑、拘役或者管制。犯前款罪，致人重伤的，处3年以上10年以下有期徒刑……"假如甲、乙共同故意伤害丙致丙"重伤"，甲、乙二人均是主犯，则对甲、乙二人都适用"3年以上10年以下有期徒刑"的法定刑幅度（范围）处罚。这与单独犯故意伤害致人重伤适用的法定刑一致。若其中一人比如乙作用较小是从犯，则对乙适用"3年以上10年以下有期徒刑"的幅度，同时适用从犯处罚原则，"应当从轻、减轻或者免除处罚"。若乙是胁从犯，则适用胁从犯处罚原则"应当按照他的犯罪情节减轻处罚或者免除处罚"。可见，对共犯人处罚，主犯是其处罚的基准样态，从犯、胁从犯是基准态的从轻、减轻样态。

对照1979年《刑法》的规定，现行刑法中主犯是共犯处罚的基准态就体现地更为明显。1979年《刑法》第23条第2款规定："对于主犯，除本法分则已有规定的以外，应当从重处罚。"对主犯"应当从重处罚"，这表明在旧刑法中主犯不是共犯处罚的基准态而是"从重态"。这样旧刑法中，对共犯实际有三层处罚样态：①主犯，从重态；②从犯、胁从犯，从轻、减轻、免除态；③非主犯、从犯、胁从犯，处罚的基准态或普通态。修订后的现行刑法取消主犯"应当从重处罚"的规定，意

---

[1] 载《刑事审判参考》（总第63集），法律出版社2008年版，第1页。

味着将主犯的地位降到处罚的普通形态。这一变动产生两种影响：

（1）对共犯的处罚样态变为两层：①主犯，处罚的普通态；②从犯、胁从犯，从轻、减轻、免除态。

（2）对于共犯中主犯的认定产生极为重要的影响。依现行刑法，非从犯、胁从犯的，实际都按照主犯看待处罚。也就是说，现行刑法中的主犯范围，指从犯、胁从犯之外的共犯人，这等于是扩大了"主犯"的范围。认定为主犯意味着不是从犯、胁从犯，不适用它们的法定量刑情节；反过来没有被适用从犯、胁从犯的情节量刑的，实际都是按照主犯对待和处罚的。主犯被降格为共犯中的普通犯导致共犯案件中主犯范围的扩大和从犯范围的缩小。所以，在1979年《刑法》的背景下，司法人员重视主犯的识别；而在现行刑法背景下，司法人员重视从犯、胁从犯的认定。

2. 主犯、从犯、胁从犯认定的实质标准。在共同犯罪中所起作用的大小，是认定主犯、从犯、胁从犯的实质标准。作用大小是相对而言的，即"同一共犯案件"中各共犯人之间相比较而言的作用大小，相对起主要作用的是主犯，相对起次要或辅助作用的是从犯。

因为主犯是处罚的基准型，所以，各共同犯罪人作用不相上下，难以区分的，可以均按主犯处罚。但是，不能都是从犯。

3. 认定作用大小的基本依据。作用大小的标准毕竟太笼统了，自身具有弹性，存在很大的斟酌空间，需借助形式的标准把握。这标准就是共犯分工行为，因为犯罪毕竟是一种行为。一般而言，可根据行为方式对作用大小作简单的判断。

（1）集团犯罪的首要分子，即在集团犯罪中实施组织、指挥、策划行为的，应当是主犯。在集团犯罪中实施组织、指挥、策划行为的，往往在集团中具有领导或较高"地位"，表明其在集团犯罪中起较大作用。

（2）聚众犯罪的首要分子，即在聚众共同犯罪中实施组织、指挥、策划行为的，一般是主犯，但是其中明显起次要作用的，可以是从犯。如前所述，分则中规定的十余种聚众性犯罪可分为"必要共犯"与"任意共犯"，其中，必要共犯的"参加"行为也可罚，相对于"参加"行为而言，首要分子当然是主犯。任意共犯则只有首要分子行为可罚，参加行为不为罪，故若只有一个首要分子构成犯罪的，是单独犯；若有两个以上首要分子的，成立共犯并可从中区分主犯和从犯。

（3）实行犯一般是主犯，尤其是犯罪后果的主要造成者一般应当认定为主犯。但是作用明显较小的实行犯可以是从犯。在现行刑法把主犯设定为共犯处罚普通型的情况下，把实行犯作为认定主犯主要依据的倾向将会越来越明显。

（4）教唆犯一般是主犯，但作用明显小的可以是从犯。

（5）既没有参与犯罪实行也没有实施教唆行为，只实施帮助行为的帮助犯一般是从犯。

（6）在共同犯罪中起的作用较小并且被暴力胁迫参加犯罪的是胁从犯。

共犯分工与实质标准的关系

因为中国刑法对主犯、从犯、胁从犯的分类标准是作用大小,所以共犯分工只是判断作用大小的外在依据,二者不能等同。因此,"所有的实行犯或所有的教唆犯都是主犯"的说法是错误的。实行犯或教唆犯只有在作用较大的情况下,才是主犯;如果仅起到次要作用的,也可以是从犯。帮助犯一般在共犯中只起到辅助作用,只成立从犯。不论是实行犯还是教唆犯、帮助犯,具备受暴力胁迫、起较小作用两个条件的,都可能成为胁从犯。

在有关考试中,认为"所有的帮助犯都是从犯"的说法是错误的,这不是针对帮助犯的"辅助"作用而言的,而是针对总则帮助犯规定"适用范围"而言的。有些帮助行为被分则条文单独规定为犯罪行为之后,排斥适用总则帮助犯的规定。比如,"协助"组织卖淫被分则单独规定法定刑,单独成罪,就不认为是"组织卖淫罪"的帮助犯了,其实是没有适用总则帮助犯规定的必要性了。不仅帮助行为如此,教唆行为也如此。当某种教唆行为被分则条文单独规定为犯罪行为之后,排斥适用总则教唆犯的规定,比如"指使"他人作伪证,被单独规定为妨害作证罪了,就不按照伪证罪教唆犯处罚。

有关考试中,认为"首要分子都是主犯"的说法也是错误的,其原因是分则个别聚众性犯罪只处罚首要分子不处罚参加行为,这样聚众性犯罪的首要分子,可能是单独犯罪,也可能是共同犯罪。若是单独犯,无所谓主犯;若有数首要分子共同犯罪的,不排除对其中作用较小的首要分子认定为从犯。

三、教唆犯及其处罚原则

(一)教唆犯的认定

1. 教唆犯的概念。教唆犯,是指教唆他人实行犯罪的人。教唆犯的基本特点是,唆使他人实行犯罪而自己并不参与犯罪的实行。如果教唆者不仅唆使他人犯罪,还与被教唆人一同实行犯罪,则该教唆者同时也是共同实行犯,应当依据其参与的共同实行行为定罪处罚,其教唆行为只是判断其在共同实行犯罪中作用大小的依据。

对法律而言,教唆是一条十分危险并且非常难以适用的规则。"英美刑法学者虽然提出了大量的词汇用于描绘教唆的行为模式,但是在实践中,对于哪些具体举动可以认定为是教唆,仍然存在很大问题。比如,就教唆通奸犯罪而言,有判例就明确指出,'是脸上的表情,还是吐两下舌头,可以作为教唆犯罪定案的根据?什么样的行为模式可以构成这种犯罪?是不是某个淫荡的女人对人行道上其所遇到的已婚男性点点头或是抛个媚眼就是通奸的教唆?法律可能安全地区分在街道上的行为哪些是追求,哪些是淫荡吗?对法律而言,教唆是一条十分危险并且非常难以适用的规则。'"[1]

教唆又是被法律科以重责的行为。教唆者诱使他人犯罪,给社会制造出新的犯

---

[1] 陈雄飞:"英美法系教唆犯罪论要",载《中国刑事法杂志》2006年第2期。

罪，既危害了被教唆人又危害了社会，在主观主义和预防主义观念影响下，重视加强对教唆犯的惩治。现代社会中，有组织的恐怖犯罪、智能犯罪越来越令人感到不安全，其幕后组织、指挥、策划者往往起到重大作用，从惩治犯罪的效率考虑，也需要加强对教唆犯的惩处。

2. 教唆犯的成立条件。[1]

(1) 在客观上，实施了教唆他人犯罪的行为。因为被教唆人即使没有犯被教唆的罪，教唆行为也可罚，所以被教唆人是否接受了教唆，是否实行了犯罪，均不影响教唆犯的成立。

第一，对他人实施教唆行为，通常表现为指使、指挥、怂恿、诱骗、劝说、请求、收买、强迫、威胁等方式。教唆行为，可以通过言语完成，也可以通过文字或是身体动作完成；既可以是明示，也可以是暗示。教唆行为通常在私下针对特定的个人进行，但是，在特定场合下对众人进行煽动，也可以认为是教唆行为。比如，因为纠纷，某工地的众多民工与附近众多村民发生对峙的场合，民工头到场后高喊："给我打！"从而触发械斗，足以认定为是教唆行为。通过网络以电子信件、互动聊天的方式唆使特定的个人犯罪的，实质是通过语言文字方式的教唆行为。但是通过出版物、网络对不特定人进行煽动的，不应当认为是教唆行为。这类煽动行为如果已经被法律专门规定为犯罪的，适用有关条款处罚，如《刑法》第103条第2款之煽动分裂国家罪，第105条第2款之煽动颠覆国家政权罪，第278条之煽动暴力抗拒法律实施罪，第249条之煽动民族仇恨、民族歧视罪。另外，这类煽动行为如果作为聚众手段、产生聚众作用的，也可按照有关聚众犯罪的规定处罚，如第290条之聚众扰乱社会秩序罪、聚众冲击国家机关罪，第291条之聚众扰乱公共场所秩序、交通秩序罪。

第二，教唆他人实施犯罪。教唆应包含使他人实施某种犯罪的内容，比如，丁唆使甲强奸妇女乙（强奸），唆使丙炸铁路（破坏交通设施）。如果教唆的内容不具有犯罪的性质，不成立教唆犯，如在与他人交往中宣扬不良的人生观、生活方式，对他人产生不良影响，使他人堕落走向犯罪道路的，不认为是教唆犯罪。但是观念、生活方式的诱导触犯法律专门规定的犯罪的，适用有关条款处罚。如《刑法》第359条之引诱、容留、介绍卖淫罪，引诱幼女卖淫罪；第353条之引诱、教唆、欺骗他人吸毒罪；等等。

教唆他人去教唆其他人犯罪的，也认为是教唆他人犯罪，如甲指使乙雇人杀害甲的情敌丙，第一教唆人甲和第二教唆人乙都是教唆他人犯罪。第一教唆人是否指定实行犯不影响教唆犯成立。另外教唆他人犯罪，被教唆人自行转而教唆第三人去实行犯罪的，也成立教唆犯。比如，甲教唆乙放火烧毁丁的房屋，乙自行决定教唆

---

[1] 本书在教唆犯要件部分参考了陈雄飞"英美法系教唆犯罪论要"（《中国刑事法杂志》2006年第2期）的解析构架和部分要点，特此声明并向作者致谢。

丙去烧毁丁的房屋，甲、乙均成立教唆犯。

教唆他人实施（犯罪的）帮助行为，不是教唆他人犯罪，只能作为共同帮助行为适用法律。比如，甲欲借乙的汽车做盗窃运输工具，请丙说服乙将车借给甲使用。丙说服乙将车借给甲，丙与乙地位相同，都是帮助犯；如果甲直接请求乙将车借给自己盗窃之用，甲也不是教唆犯，如果甲借用该车实行了盗窃，甲仍是实行犯，乙是帮助犯；如果甲没有着手实行盗窃即案发，理论上讲可成立盗窃罪预备犯。理由是：①刑法规定教唆他人"犯罪"，应当是分则各条规定的犯罪，不包括教唆他人实施帮助犯罪的行为；②我国刑法对教唆犯科处的罪责明显重于帮助犯，不能把教唆犯罪与教唆帮助（犯）等量齐观。

（2）在主观上具有教唆他人犯罪的故意。故意的内容，首先是教唆人希望引起被教唆人产生实施"目标犯罪"（即被教唆犯罪）的决意，如甲唆使乙诽谤丙，希望乙产生诽谤丙的意思；其次是教唆人明知自己对他人实施了教唆犯罪的行为；最后，上述故意的内容应是明确的，即他知道自己在教唆什么人犯罪和犯什么罪。没有明确的故意内容，不能成立教唆犯；无意引起他人产生犯罪意图的，更不能成立教唆犯。对此应当严格掌握，因为我国刑法规定教唆未遂的也可罚，所以无论教唆行为是否实际引起被教唆人的犯罪意图和决心，被教唆人是否实行了被教唆的犯罪，均可成立教唆犯。

3. 教唆未遂、未遂教唆、"犯罪"未遂。

（1）教唆未遂（教唆失败）。对教唆未遂学说上虽然有多种理解，[1] 但考虑实用价值，应当结合我国的教唆犯制度，以《刑法》第29条第2款的规定为基点。也就是说，本书把"教唆未遂"定位于第29条第2款规定的"被教唆的人没有犯被教唆的罪"，或者说用"教唆未遂"的概念指称该规定的情形。"教唆未遂"即被教唆人没有犯被教唆的罪，包括以下几种情况：

第一，教唆没有传达到被教唆人，如发短信或电子邮件教唆他人犯罪，他人没有收到；再如，甲把雇乙杀人的信件和20万元酬金托丙转交给乙，丙不知情，偷拆信件后方知真相，向公安机关举报。

第二，教唆没有被接受或者被假装接受的。

第三，他人接受了教唆但没有着手实行犯罪。这有三种可能：①被教唆人成立预备犯，即被教唆人为了犯罪进行了准备工具、制造条件的预备活动，因为意志以外的原因而未能着手实行的；②被教唆人成立中止犯，即被教唆人虽然进行了犯罪准备，但在着手实行以前自动放弃犯罪着手实行的；③被教唆人没有任何犯罪行为包括预备行为的，被教唆人不构成犯罪。如果被教唆人已有预备行为但没有着手实

---

[1] 郝守才："论未遂教唆与教唆未遂"，载《法商研究》2000年第1期；郭园园："论教唆未遂与未遂教唆：以我国《刑法》第29条第2款的解读为中心"，载《现代法学》2003年第6期；杨金彪："未遂教唆可罚性理论新动向"，载《浙江社会科学》2007年第5期。

行的，是否是教唆未遂，存在争议。

争议的缘起：《刑法》对教唆未遂的处罚重于预备犯，第 29 条第 2 款（教唆未遂）"可以从轻、减轻处罚"；第 22 条第 2 款（预备犯）"可以比照既遂犯从轻、减轻或者免除处罚"。假设 A、B 两种情况：A. 甲教唆乙犯罪，乙进行了犯罪准备；B. 丙教唆丁犯罪，丁当即拒绝（连犯罪准备都没有）。A 例中的教唆效果（程度）显然比 B 例中的严重，如果认为 A 是被教唆人犯了被教唆罪（教唆既遂），则依据甲乙共犯成立"犯罪预备"，按预备犯处罚（第 22 条第 2 款），显然轻于教唆未遂的处罚。A 例教唆效果严重却反倒被适用（预备犯）较轻的处罚，B 例教唆效果较轻却遭到（教唆未遂）较为严厉的处罚，这种罪责"倒挂"现象不能容忍。通说主张："教唆未遂"应包括被教唆人已有预备行为但没有着手实行的情况，这样才能有效避免上述罪责倒挂现象。支持通说理由则又存在分歧：理由 1 是："在这种情况下的教唆犯是犯罪未遂而不是预备。因为教唆犯着手实施教唆行为，就应视为已经着手实行犯罪。"[1] 理由 2 是："在被教唆人只是实施了犯罪预备行为情况下"，教唆人与被教唆人虽然构成共同犯罪，但是对教唆人不宜适用教唆既遂的规定而应适用教唆未遂的规定。[2] 需注意理由 1 与理由 2 存在差别，理由 1 把教唆视同分则规定的一种犯罪行为有其独立的着手实行和既遂；理由 2 则认为事实上形成共犯关系是教唆既遂（被教唆人犯了被教唆的罪），只是为了避免上述明显不合情理的罪责倒挂现象，应适用第 29 条第 2 款教唆未遂规定处罚。

第四，被教唆人所犯的罪与教唆的罪在性质上根本不同。比如，甲教唆乙盗窃丙女家，乙却将丙女强奸，没有实施盗窃行为。

但若被教唆人犯了被教唆的罪，只是"实行过限"的，则不属于教唆未遂。例如，丁教唆 17 岁的肖某抢夺他人手机，肖某在抢夺得手后，为抗拒抓捕将追赶来的被害人打成重伤。关于本案正确结论是二人构成共同犯罪，丁是抢夺罪教唆既遂，肖某是转化型抢劫，丁教唆不满 18 周岁的人犯罪应当从重处罚。与被教唆人"实行过限"相反的情况是"实行不足"。例如，甲以 10 万元雇用（教唆）乙杀害丙，乙表面接受、其实只有伤害丙的意思，仅仅割下丙一只耳朵。对此，应当认为被教唆人没有犯被教唆的罪，甲成立故意杀人罪（教唆未遂），乙成立故意伤害罪。

第五，教唆人对被教唆人进行教唆时，被教唆人已有实施该种犯罪的故意，即被教唆人实施犯罪不是教唆人的教唆所引起的。

（2）未遂教唆。"未遂教唆"一词也存在多种理解。一般"指在使被教唆人一开始就终于未遂的意思下实施教唆的情况"。[3] 比如，甲贪污了本单位数十万元巨款，为了嫁祸于人，向乙谎称单位财务室保险柜中有数十万元巨款，并唆使乙去盗

---

[1] 陈兴良：《共同犯罪论》，中国人民大学出版社 2006 年版，第 358 页。
[2] 张明楷：《刑法学》，法律出版社 2016 年版，第 410 页。
[3] 杨金彪："未遂教唆可罚性理论新动向"，载《浙江社会科学》2007 年第 5 期。

窃该笔不存在的"巨款"。乙前去盗窃却空手而归。本例中，甲教唆乙实施一次注定未遂的盗窃，是所谓"未遂教唆"，注意此处的"未遂"，不是指教唆自身的失败，而是指欺骗被教唆人使其犯罪。

未遂教唆中突出的情形是所谓"陷阱教唆"（或陷害教唆），"一般是指想使他人成为犯人受到处罚而教唆他人实施一定犯罪"。有时发生于警察侦查、取证活动中，例如，警方"线人"甲怀疑吸毒者乙有贩卖毒品嫌疑，但苦于没有证据或者就是为了获取工作"业绩"，甲就不断向乙提出高价购买海洛因的要求，乙经不住诱惑就在当地购买一些海洛因转卖给甲，交接时被埋伏的警察抓获。

在外国学说中，如何对待未遂教唆主要涉及如何把握教唆犯的主观要件，这涉及教唆犯故意是否包含希望发生所教唆之罪"结果"的内容（或具有教唆之罪的罪过）。具体说就是，甲教唆他人盗窃，除了要求甲具有"唆使他人盗窃"的故意，是否还要求甲自己也具备"盗窃罪"的故意。如果要求包含，则教唆人在明知该犯罪结果不可能发生的情况下教唆他人去实施，因为主观上没有希望所教唆之罪结果发生的内容，不成立教唆犯；如果不要求包含，则可成立教唆犯。对此，美国《模范刑法典》认为无须教唆人具有目标犯罪的罪过即可成立教唆犯。[1] 日本刑法理论曾将之与共犯从属性·独立性的立场联系在一起，但近期的学说动向是脱离共犯本质论或共犯处罚根据论，主张既然教唆人确实能够阻止被教唆人行为的结果，就表明他没有认识和意欲结果发生的危险，因而不可罚。[2] 而我国几乎所有学者对于未遂教唆可罚性都得出肯定说结论。[3]

根据我国的体制，应肯定未遂教唆具有可罚性。未遂教唆是否可罚需考虑本国的学说、制度和司法习惯。我国制度对单独犯罪未遂一般可罚（《刑法》第23条）；通说和实务认为不能犯未遂也可罚；我国教唆犯制度（《刑法》第29条）有两点：①（被教唆人犯被教唆罪的）对教唆犯按照在共同犯罪中起的作用处罚；②被教唆人没有犯被教唆罪的，教唆犯也可罚。根据这样的制度、习惯、通说，应当肯定未遂教唆可罚。理由是：在未遂教唆的场合，虽然教唆人意在使他人实施一次注定失败的犯罪（不会既遂），但在我国体制下，首先，被教唆人不论是能犯未遂还是不能犯未遂，被教唆人均具有可罚性，既然被教唆人犯了被教唆的罪，根据《刑法》第29条第1款，没有理由不处罚教唆人。因为《刑法》第29条第1款处罚教唆犯的根据就是通过教唆使他人犯罪。其次，《刑法》第29条第2款确认即使被教唆人没有犯被教唆的罪，教唆犯也可罚，这是不是确立了"教唆犯独立性"并不重要，重要的是表明中国刑法对教唆犯的严惩姿态，（被教唆人的）不能犯未遂可罚、教唆未遂

---

[1] 陈雄飞："英美法系教唆犯罪论要"，载《中国刑事法杂志》2002年第2期。
[2] ［日］前田雅英著，曾文科译：《刑法总论讲义》，北京大学出版社2017年版，第332页；张明楷：《刑法学》，法律出版社2016年版，第417~418页。
[3] 杨金彪："未遂教唆可罚性理论新动向"，载《浙江社会科学》2007年第5期。

可罚，单认为未遂教唆不可罚，会与通说和制度产生体系性冲突。这不是单单根据一个教唆犯须具有实现被教唆罪危害结果的意思所能解决的。

我国刑法一方面确认对共犯（包括教唆犯）按照全部罪行处罚，另一方面确认教唆未遂也可罚，合理的解释是，我国刑法确认教唆犯可罚性的根据是多元的而不是单一的。教唆犯具有独立的可罚性就应当从教唆行为自身寻求其可罚的根据，这种方法或思路当然正确，但是如何从教唆行为中寻求呢？就此问题可能存在分歧观点。使他人走上犯罪道路实施刑法禁止的行为，也是处罚教唆犯站得住脚的根据。自这种观点看教唆未遂的可罚性，不必实际发生实现构成要件、侵害法益的行为；看未遂教唆的可罚性，本人传达给被教唆人实现构成要件危害结果的故意，并使其实施犯罪行为，不必本人具有实现构成要件危害结果的故意。

未遂教唆的场合，被教唆人实行犯罪未遂，该未遂既包括能犯未遂也包括不能犯未遂。对被教唆人而言，因为受到教唆人欺骗而发生（工具或对象）认识错误，以至于犯罪几乎不可能既遂；对教唆人而言，被教唆人犯罪不能既遂是他预计和设计的，不存在认识错误问题。在教唆未遂、不能犯未遂不可罚的体制下，只考虑未遂教唆发生能犯未遂场合的可罚性；在我国不能犯未遂、教唆未遂皆可罚的体制下，则不排除未遂教唆不能犯的可罚性。

需注意，德国、日本现在倾向于未遂教唆不可罚的背景：①不能犯未遂不可罚；②教唆未遂不可罚。在这种背景下，主张未遂教唆不可罚至少在体系和政策导向上是协调的。在我国制度背景下，只可以接受未遂教唆且未遂教唆可罚。

（3）被教唆人"犯罪"未遂（以下简称被教唆人"实行未遂"）。教唆他人犯罪，他人实行被教唆的犯罪未遂。如甲教唆乙杀害丙，乙实行了杀丙的行为但因为意志以外的原因未能将丙杀死。这种情形已经成立共犯，是共同犯罪犯罪实行的未遂。对"实行未遂"适用第29条第1款对教唆犯按照其在共犯中起的作用处罚，并对教唆犯和实行犯适用《刑法》第23条犯罪未遂规定处罚。当然排斥适用第29条第2款教唆未遂的规定。

"实行未遂"与教唆未遂的差别十分明显，教唆未遂是教唆自身的失败（被教唆人没有犯被教唆的罪）；而"实行未遂"的场合，教唆自身是成功的（被教唆人犯了被教唆的罪），只是被教唆人实行犯罪的未遂。"实行未遂"与"未遂教唆"在被教唆人一方相近，被教唆人均实行了犯罪且实行犯罪未遂，但在教唆人一方存在明显差别，"实行未遂"的教唆人有实现所教唆之犯罪的危害结果的故意，未遂的源头来自（被教唆的）实行犯；"未遂教唆"的教唆人自始就没有实现所教唆之犯罪的危害结果的故意，却设计一个不能成功的犯罪情境唆使他人去实施，被教唆人犯罪未遂是教唆人设计的，犯罪未遂的源头来自教唆人。

4. 间接正犯不以教唆犯论处。间接正犯，又可称为间接实行犯，是指把他人的行为当工具利用去实行犯罪的情况。利用者与被利用者不成立共同犯罪。间接正犯应包含一个前提，即利用人自己没有实施实行行为。因为如果利用人也实行了构成要件行为，那就是直接实行了。间接正犯主要包括两种情况：

(1) 利用无责任能力人犯罪。例如：

甲教唆11周岁的乙盗窃，因为乙未达到刑事责任年龄，对此，认为属于甲把乙（无责任能力者）当犯罪工具来实行盗窃罪的情况，甲是间接正犯而不是教唆犯，甲、乙不构成共犯。甲只不过不是直接实行，而是间接实行，故称为间接正犯。

再如：

甲唆使不满14周岁的女儿杀人属于间接正犯案：甲因为与丈夫乙不和，离家出走。甲的女儿丙（1986年5月6日出生）在2000年5月1日到甲的暂住处，甲唆使丙用家中的老鼠药拌入饭中毒死乙。丙于同年5月6日回到家中，在其父亲乙的饭中拌入灭鼠药，将乙毒死。法院判决甲构成故意杀人罪。[1]

(2) 利用他人过失或不知情的行为犯罪。例如：

甲医生欲杀害病人丙，将一支毒针交给乙护士，谎称是治病的药物，让乙护士给丙注射。乙护士不知是毒药，给丙注射，致丙死亡。甲医生与乙护士不是共犯。甲医生是间接实行犯。乙护士因为不知情，实为被利用实行杀人犯罪的工具。如果有过失的，可以成立过失犯罪，如医疗事故罪。

再如：

甲将头痛粉冒充海洛因欺骗乙，让乙出卖"海洛因"，然后二人均分所得款项。乙出卖后获款4000元，但在未来得及分赃时，被公安机关查获。关于本案的结论是：甲的行为构成诈骗罪，属于间接正犯。甲、乙不是共犯。[2]

对间接正犯不以教唆犯论处，也可以从教唆犯的成立要件来解说。教唆故意的基本含义是"意在"使他人产生犯罪意图（实施被教唆罪的故意），教唆人没有出于这个意思传递犯罪意图以至于被教唆人也没有产生被传递的犯罪意思，二人之间没有意思联络，不成立共犯。

5. 教唆他人实施犯罪，他人是否实行过限的判断。应分析教唆人的教唆内容，这主要有两种情形：

(1) 在教唆人的教唆内容明确、特定的情况下，被教唆人实施了超出教唆内容范围以外的行为，即属于实行过限。对此，按照传统共同犯罪理论的讨论进路，需要明确就过限的部分不成立共犯。例如：

【案例】陈卫国、余建华故意杀人案

甲因怀疑同宿舍工友丁偷其洗涤用品而与丁发生纠纷，遂打电话给朋友乙，要乙前来"教训"丁。次日晚上8时许，乙携带尖刀伙同同乡丙（另案处理）来到甲务工的公司门口与甲会合，此时丁与A、B正从门口经过，经甲指认，乙即上前责问

---

[1] 载《刑事审判参考》（总第17辑），法律出版社2001年版，第74页。
[2] 2002年国家司法考试试题卷二第38题。

并殴打A，甲、丙也上前分别与B、丁对打。其间，乙持尖刀朝A的胸部、大腿等处连刺三刀，致A左肺破裂、左股动静脉离断，急性失血性休克死亡。

一审判决乙、甲二人构成故意杀人罪，判处乙死刑、甲有期徒刑15年。乙、甲二人均以没有杀人的故意、定性不准，量刑过重为由提出上诉。

二审认为，乙事先携带尖刀，在与A争吵中，连刺A三刀，其中左胸部、左大腿的两处创伤均为致命伤，足以证明乙对A的死亡后果持放任心态，原审据此对乙定故意杀人罪并无不当。上诉人甲、乙均供述甲仅要求乙前去"教训"丙，没有要求乙携带凶器；在现场斗殴时，甲没有与乙作商谋，且没有证据证明其知道乙带着凶器前往；甲也没有直接协助乙殴打A。原判认定甲有杀人故意的依据不足，应对其以故意伤害罪判处（量刑部分不变）。[1]

本案例类型是"教唆——实行过限"。甲既教唆也亲赴现场实行犯罪，实行的情形是双方各三人"捉对"厮打（甲对B，丙对丁，乙对A），乙、甲二人实行时加害的对象不是同一人，且本人的伤害行为没有造成（轻伤）后果不足以成立犯罪。所以，对甲主要追究其教唆乙伤害、乙致A死亡的责任。

本案例最实质的部分应当是，甲对乙造成A死亡的结果是否承担刑事责任？不论采取何种学说定性，这是最关键问题。其要点是：①甲应当承担刑事责任；②一审认定甲成立乙故意杀人罪的共犯，意味令甲对A死亡结果承担了故意的罪责，即故意杀人既遂；③二审认定甲不成立乙故意杀人罪的共犯，意味令甲对A死亡结果承担过失罪责，即故意伤害（过失）致人死亡。本案例耐人寻味之处在于：二审纠正一审判决甲成立乙故意杀人罪共犯的定罪部分，却维持一审对甲的量刑部分。表明采取何种学说定性（犯罪共同说、部分犯罪共同说、行为共同说）有时对案件的处理不发生实质的影响。学说之争一旦缺乏实益，往往会使初学者感到难以理解。

（2）在教唆人的教唆内容不明确或不特定的情况下（盖然性教唆），只要是由于教唆人的教唆行为使被教唆人产生了犯意并实施的，就应当视为没有超出教唆内容范围，不属于实行过限。例如：

【案例】王兴佰、韩涛、王永央故意伤害案

W与J各自承包了本村沙地售沙。W因J卖沙价格较低影响自己沙地的经营，即预谋找人教训J。某日下午4时许，W得知J与妻子在地里干活，即纠集了H、Y、C、X、F等人。在地头树林内，W将准备好的4根铁管分给被告人Y等人，并指认了被害人J。H、Y、C、X、F等人即冲入田地殴打J。其间，H掏出随身携带的尖刀捅刺J腿部数刀，致其双下肢多处锐器创伤致失血性休克死亡。Y看到H捅刺被害人并未制止，后与H等人一起逃离现场。

---

[1] 载《刑事审判参考》（总第52集），法律出版社2007年版，第1~4页。

判决认为，W 因行业竞争，雇用纠集人员伤害他人；H、Y 积极实施伤害行为，致被害人死亡，其行为均构成故意伤害罪。虽有证据证实，H 持刀捅刺的行为是导致 J 死亡的主要原因，但证据同时证实，W 事先未向参与实施伤害者明示不得使用尖刀等锐器，Y 实施伤害行为时，发现 H 持刀捅刺被害人也未予以制止，故 H 的持刀捅刺行为并非实行过限的个人行为，W、H、Y 应共同对 J 的死亡后果负责。W、H 在犯罪中起主要作用，系主犯。Y 在犯罪中起次要作用，系从犯，依法予以减轻处罚。W 有立功表现且积极赔偿被害人的经济损失，依法予以从轻处罚；H 犯罪时不满 18 周岁且确有自首情节，依法予以从轻处罚。判处 W 有期徒刑 10 年，剥夺政治权利 3 年，H 有期徒刑 12 年，Y 有期徒刑 3 年，缓刑 4 年。[1]

因为故意伤害罪包容过失致人死亡的结果加重情形，所以，共同伤害中一人致人死亡的，原则上不能认为存在过限的问题。

（二）教唆犯的处罚原则

1. 应当按照他在共同犯罪中所起的作用处罚。被教唆人实施了被教唆的罪，成立共同犯罪，对教唆犯按照他在共同犯罪中所起的作用处罚。如果起主要作用的，按主犯处罚；如果仅起到次要作用的，按从犯处罚。但司法实践中教唆犯一般起主要作用，按主犯处罚。由此引发了教唆犯法律地位的争议。通说是，刑法根据"作用兼顾分工"把共犯人分为主犯、从犯、胁从犯、教唆犯，教唆犯被当然地作为法定分类的共犯人一种。

根据《刑法》第 29 条的规定，在教唆人与被教唆人成立共同犯罪的场合，对教唆犯要么按主犯处罚，要么按从犯、胁从犯处罚，由此引发了对通说的质疑：教唆犯在法律上不是与主犯、从犯、胁从犯并列的分类。其核心理由在于：法律根据教唆犯在共同犯罪中所起作用大小将教唆犯分别归入主犯与从犯，既然如此，教唆犯不是与主犯、从犯、胁从犯并列的共犯人。[2] 这种质疑很有道理。即便单从分类的规则看，"每一种分类只能根据同一标准，绝不能同时采取两种以上的标准"。把根据"作用"标准分类的主犯、从犯、胁从犯与根据"分工"标准分类的教唆犯，视同并列关系的种类，违反分类的基本规则。据此，把教唆犯看作是根据"作用"分类之外的一种特别规定的共犯人较为妥当。此外，从立法角度，共犯的处罚原则是根据"作用"大小确立的，从法律适用的角度认定成立教唆犯不能确定其法律效果（处罚原则），还必须确定该教唆犯是主犯还是从犯抑或是胁从犯，并需引用相应法条才能最终确定其法律效果。即使考虑这一点，把教唆犯"另类"看待也是有实益的。

2. 教唆不满 18 周岁的人犯罪的，应当从重处罚。如果被教唆人没有达到刑事责

---

[1] 载《刑事审判参考》（总第 52 集），法律出版社 2007 年版，第 5 页。
[2] 张明楷：《刑法学》，法律出版社 2016 年版，第 450 页。

任年龄的,是否同样适用此从重处罚情节?学说上存在分歧。否定说认为,这种情形的教唆犯属于间接正犯,不属于教唆犯,不适用此从重处罚;肯定说认为,教唆较小未成年人犯罪危害性更大,应当同样适用此从重处罚情节。

新近的司法实务倾向于肯定说。例如:被告人艾某唆使未满14周岁的李某窃得路人张某的移动电话机1部(价值902元),艾某在一旁望风。李某窃得电话后交给艾某。对此案,"我们认为,'教唆不满18周岁的人实施犯罪'应当理解为教唆不满18周岁的人实施犯罪行为,既包括被教唆者达到刑事责任年龄的情形,也包括被教唆者未达到刑事责任年龄的情形;既包括教唆人与被教唆者构成共同犯罪的情形,也包括教唆人与被教唆者不构成共同犯罪的情形。只要被教唆者不满18周岁,不论教唆人与被教唆的未成年人是否构成共同犯罪,对于教唆人都应当适用《刑法》第29条第1款的规定从重处罚"。[1] 如果将共同犯罪理解为一种特殊的违法形态,那么也可以认为,艾某与李某成立共同犯罪,对艾某(教唆人)自然应当适用《刑法》第29条第1款从重处罚。在案件的最终处理上与司法实务的立场一致。

如果被教唆人没有犯被教唆的罪(教唆未遂),是否同样"从重处罚"?鉴于刑法对此从重处罚情节与被教唆人犯被教唆的罪同款规定,对"教唆未遂"另款规定,应当理解为不包括教唆未遂的情形。

3. 被教唆的人没有犯被教唆的罪,对于教唆犯,可以从轻或者减轻处罚。这种教唆失败的情形就是前述"教唆未遂"。从我国刑法关于教唆犯的规定来看,教唆犯承担较重的刑事责任。原因是:一方面,我国刑法的传统历来重视惩治教唆犯,把犯意的挑起者、犯罪的首倡者视为主犯;另一方面,也反映出我国刑法受现代主观主义和社会防卫思想的影响。在司法实践中,一旦有确凿证据检控教唆犯,通常按主犯处罚。实践中比较常见的是唆使他人实施伤害、杀人的案件,尤其是以重金雇用打手、杀手的情况较多,且通常被认为在共同犯罪中起主要作用,受到与实行犯相同的甚至更重的处罚。

4. 教唆犯的罪名和法律适用。

(1)我国刑法中没有"教唆罪"这样的罪名。刑法分则中对一般意义的"教唆"没有单独规定为一种犯罪,也没有配置独立的法定刑,这意味着"教唆犯"不是独立的罪名。教唆(他人犯罪的)行为的犯罪性是由刑法总则共犯制度确认的。如果被教唆人犯了被教唆的罪,被教唆人触犯的法条和罪名也就成为教唆犯定罪处罚的基本依据。比如,甲教唆乙犯《刑法》第263条之抢劫罪,如果乙犯了抢劫罪,则对甲、乙都适用第263条定罪(抢劫罪)处罚。甲、乙的罪名相同即都是"抢劫罪",有时为了显示出教唆犯的特点,也写成"抢劫罪(教唆)"。如果被教唆人乙没有犯被教唆的抢劫罪的,对于教唆犯甲也同样地适用第263条定罪(抢劫罪)处

---

[1] 最高人民法院刑事审判庭:"审判实务释疑",载《刑事审判参考》(总第54集),法律出版社2007年版,第143页。

罚。不论被教唆人乙是否犯了被教唆的抢劫罪，因为甲（教唆犯）毕竟没有亲自实行《刑法》第263条禁止的抢劫行为，所以对甲以抢劫罪定罪处罚还须引用第29条作为确认其罪责的依据。

（2）总则与分则的竞合。法律专门把某种具有教唆形式的行为直接规定为犯罪的，按照分则有关规定定罪处罚，不适用总则第29条教唆犯的规定，例如：①《刑法》第104条第2款规定："策动、胁迫、勾引、收买国家机关工作人员、武装部队人员、人民警察、民兵进行武装叛乱或者武装暴乱的，依照前款的规定从重处罚。"②《刑法》第307条第1款规定，"以暴力、威胁、贿买等方法阻止证人作证或者指使他人作伪证的"，是妨害作证罪的行为；③《刑法》第353条第1款规定，"引诱、教唆、欺骗他人吸食、注射毒品的"，构成引诱、教唆、欺骗他人吸毒罪；④《刑法》第359条第1款规定，"引诱、容留、介绍他人卖淫的"，构成引诱、容留、介绍卖淫罪。

四、处理共同犯罪案件的实用要领

1. 一部行为全部责任，即按照全部罪行处罚，确定适用的法定刑幅度。
2. 区分主犯、从犯、胁从犯，对从犯依法从轻、减轻处罚或免除处罚，对胁从犯依法减轻或免除处罚。
3. 根据各共犯人在共同犯罪中的地位、作用酌情裁量刑罚。

以上三要领体现在司法机关处理共犯案件的以下司法解释中：

2008年12月1日《部分法院审理毒品案座谈会纪要》第9条规定，毒品犯罪中，部分共同犯罪人未到案，如现有证据能够认定已到案被告人为共同犯罪，或者能够认定为主犯或者从犯的，应当依法认定。没有实施毒品犯罪的共同故意，仅在客观上为相互关联的毒品犯罪上下家，不构成共同犯罪，但为了诉讼便利可并案审理。审理毒品共同犯罪案件应当注意以下几个方面的问题：

（1）要正确区分主犯和从犯。区分主犯和从犯，应当以各共同犯罪人在毒品共同犯罪中的地位和作用为根据。要从犯意提起、具体行为分工、出资和实际分得毒赃多少以及共犯之间相互关系等方面，比较各个共同犯罪人在共同犯罪中的地位和作用。在毒品共同犯罪中，为主出资者、毒品所有者或者起意、策划、纠集、组织、雇佣、指使他人参与犯罪以及其他起主要作用的是主犯；起次要或者辅助作用的是从犯。受雇佣、受指使实施毒品犯罪的，应根据其在犯罪中实际发挥的作用具体认定为主犯或者从犯。对于确有证据证明在共同犯罪中起次要或者辅助作用的，不能因为其他共同犯罪人未到案而不认定为从犯，甚至将其认定为主犯或者按主犯处罚。只要认定为从犯，无论主犯是否到案，均应依照刑法关于从犯的规定从轻、减轻或者免除处罚。

（2）要正确认定共同犯罪案件中主犯和从犯的毒品犯罪数量。对于毒品犯罪集团的首要分子，应按集团毒品犯罪的总数量处罚；对一般共同犯罪的主犯，应按其所参与的或者组织、指挥的毒品犯罪数量处罚；对于从犯，应当按照其所参与的毒品犯罪的数量处罚。

（3）要根据行为人在共同犯罪中的作用和罪责大小确定刑罚。不同案件不能简单类比，一个案件的从犯参与犯罪的毒品数量可能比另一案件的主犯参与犯罪的毒品数量大，但对这一案件从犯的处罚不是必然重于另一案件的主犯。共同犯罪中能分清主从犯的，不能因为涉案的毒品数量特别巨大，就不分主从犯而一律将被告人认定为主犯或者实际上都按主犯处罚，一律判处重刑甚至死刑。对于共同犯罪中有多个主犯或者共同犯罪人的，处罚上也应做到区别对待。应当全面考察各主犯或者共同犯罪人在共同犯罪中实际发挥作用的差别，主观恶性和人身危险性方面的差异，对罪责或者人身危险性更大的主犯或者共同犯罪人依法判处更重的刑罚。

上述纪要之（1）体现了区别主犯、从犯，对从犯法定从宽处罚；之（2）体现了按照全部罪行处罚；之（3）根据地位、作用进一步酌情确定处罚。

第四节　共同犯罪的特殊问题

一、共犯行为的竞合

在共同犯罪中，同一人可能既有实行行为也有教唆、帮助行为。比如，甲拉拢乙、丙绑架人质（教唆），还将自己的汽车作为绑架工具使用（帮助），然后亲自带领乙、丙绑架人质丁（实行犯罪），这种情形被称为共犯行为的竞合。对此，应当以实行行为作为处罚的依据，对其教唆、帮助行为当作在共同犯罪（绑架）中所起的作用的因素考虑，不需要另行定罪处罚。换言之，参与共同犯罪一旦有实行行为的，就具有充足的定罪处罚依据，只有在参与者没有实行行为的前提下，才考虑依据教唆、帮助行为（修正的犯罪构成）定罪处罚。这也意味着，实行行为（即该当犯罪构成要件的行为）决定犯罪的个数。

不过，如果一个教唆、帮助行为触犯了其他罪的，因为该行为是另一罪的实行行为，应当单独定罪处罚。例如，甲拉拢乙、丙绑架人质，为了顺利实施绑架，还特意非法购置了三把手枪提供给乙、丙作为绑架犯罪的工具，甲提供犯罪工具的帮助行为另外构成非法买卖枪支罪，应当与绑架罪数罪并罚。

二、共犯的认识错误

（一）同样适用法定符合说的评价标准

在发生共犯认识错误的场合，各共犯人仅在与本人故意同质的范围内承担故意罪责。

共犯的认识错误，指在共谋或共同作案时，共犯人之间认知的犯罪事实不一致。对此，认识错误评价标准即法定符合说同样适用，共犯人发生同一犯罪构成要件范围内的认识错误（同质错误），不阻却承担故意罪责；共犯人发生不同犯罪构成要件的认识错误（不同质错误），阻却承担故意罪责。例如，甲、乙共谋杀害丙，两人同时向"丙"各开一枪，甲误认丁是丙，击中丁并致丁死亡。甲、乙误造成丁死亡结果是同质错误，不阻却甲、乙在故意杀人罪上成立共犯、承担故意杀人既遂的罪责。甲以杀人的故意、乙以伤害的故意用刀砍丙致丙死亡的，属于不同质的错误，阻却乙在故意杀人罪上成立共犯。甲单独承担故意杀人罪既遂的责任，乙仅在故意伤害（致人死亡）限度内承担罪责。

对于教唆犯也适用同样的标准，例如，甲教唆乙杀害丙，乙因为认错人而把丁误认作丙杀害；再如，甲教唆乙盗窃丙家的财物，乙到丙家却窃取了数支手枪。根据法定符合说，第一个例子属于同质错误，既不阻却乙也不阻却甲对丁死亡结果的故意；第二个例子中甲教唆盗窃财物，乙却实施盗窃枪支，是不同质错误，阻却甲成立盗窃枪支罪的共犯，甲仅在盗窃罪范围内承担故意罪责。

在帮助他人犯罪的场合，帮助犯也同样在同一构成要件范围内承担共犯罪责。比如，甲、乙共谋盗窃丙家，甲在门外望风，乙入户后实行了抢劫，甲只承担盗窃的故意罪责。

（二）认识错误对加重犯的影响

1. 结果加重犯。数人共同实行犯罪，有人造成了加重结果的，如数人共同实行伤害，有共犯人造成死亡结果的，或者数人共同抢劫，有共犯人造成重伤或死亡结果的，其他共犯人不论对加重的结果有没有认知，都应当承担结果加重犯的罪责。因为刑法规定的加重结果与基本犯通常存在密切联系，比如伤害行为与死亡结果，抢劫行为与致人重伤死亡的结果。对于加重的结果只要有过失就足以成立结果加重犯，不必要求具有故意。在共同犯罪的场合，各共犯人在具备了基本犯故意的情况下，对其他共犯人可能造成加重结果是应当预见且可能预见的，因此即使没有确切认知，也不妨碍成立结果加重犯的共犯。在教唆或帮助他人实行犯罪的场合，只要具有教唆、帮助他人实行基本犯的故意，教唆犯、帮助犯也应当对实行犯造成的加重结果承担共犯罪责，比如，甲教唆乙伤害丙，乙伤害丙致死，甲、乙均成立故意伤害罪致人死亡的共犯。

2. 数额加重犯。单独犯对于犯罪数额的误认通常属于同一构成要件范围内的认识错误，不阻却对该犯罪数额承担故意罪责。对于共同犯罪可同样掌握。在具备基本犯共同故意的前提下，其中某一共犯人实行的犯罪数额，其他共犯人均应当承担共犯罪责。比如，甲、乙共同盗窃，甲放哨，乙入户实行，窃得一提包中有百万巨款，虽然出乎甲的预料，但不阻却甲对盗窃的百万元承担共犯罪责。另外，假如乙谎称仅窃得少量财物，独吞百万赃款，也不阻却甲对盗窃百万巨款承担共犯罪责。对此种情况，可适用从犯规定获取对甲处罚的平衡。

（三）教唆人对被教唆人状况的误认

1. 对对方年龄的误认，如甲以为乙不满16周岁（未达到刑事责任年龄）而唆使乙盗窃，而乙实际已满16周岁的；或者相反，甲以为乙已满16周岁（达到刑事责任年龄）而唆使乙盗窃，而乙实际未满16周岁的。

2. 刑事责任能力的误认，如甲以为乙是无刑事责任能力人而唆使乙犯罪，乙实际具有刑事责任能力；或者相反，甲以为乙是有刑事责任能力人而唆使乙犯罪，乙实际不具有刑事责任能力。

3. 对对方心理的误认，如甲教唆乙杀害乙的仇人丙，乙早有此心并正在积极准备；或者相反，甲教唆乙杀害乙的仇人丙，乙佯装答应而实际上并没有萌生杀丙的意思。

鉴于我国共犯制度中教唆未遂可罚，其他共犯人的情况对认定处罚教唆犯没有什么羁绊；且教唆犯的罪责也较为灵活，可以按照主犯处罚也可以按照从犯处罚，可根据教唆人在犯罪中的作用裁量合理的刑罚。认定教唆犯不必受细枝末节的认识错误的影响。教唆者对被教唆人刑事责任年龄、能力的误认，可忽略不计，仍然按照教唆犯定性处罚，这样既简明又自然。至于被教唆人，没有达到刑事责任年龄或没有刑事责任能力的，不追究刑事责任；已经达到刑事责任年龄或具有刑事责任能力的，与教唆者按照共犯处理。没有必要曲折地借用间接正犯理论作依据。教唆者对被教唆人心理发生误认的，如果被教唆人没有犯被教唆的罪，对教唆犯按照教唆未遂处罚；如果被教唆人犯了被教唆罪的，因为教唆行为与被教唆人萌生犯意、实施犯罪没有因果关系，也可按照教唆未遂处罚。

三、共同犯罪的形态

（一）整体把握共同犯罪的形态

共同犯罪同样存在既遂、未遂、预备、中止的犯罪停顿的进度形态。应当把共同犯罪视为一个整体来认定其形态，比如，甲教唆乙、丙、丁杀害张三，乙负责准备车辆并将丙、丁送到作案地点，丙、丁共同持刀刺杀张三，丙刺张三腿部一刀，丁刺中张三心脏致死。本案中甲、乙、丙、丁四人协力完整地实现了故意杀人罪的犯罪构成，该共同犯罪达于既遂。这时认定既遂的标准即完整实现犯罪构成的基本事实，与单独犯并无差别。只不过需要把甲、乙、丙、丁四人协力行为视同一人的行为来判断其犯罪形态，如同一个人萌生杀害张三的犯意、驾车到作案地点、刺死张三，完整实现故意杀人罪的犯罪构成，达于既遂。对各共犯人均按照既遂犯处罚。此时不需要分别考虑各共犯人（甲、乙、丙、丁）各自的行为方式、程度，比如不能认为丙仅扎腿部一刀不是致死原因成立犯罪未遂，只有丁是犯罪既遂；更不能认为乙仅仅开车送人是预备犯。这些不过是评价各共犯人所起作用大小、罪责轻重的依据。根据"部分实行全部责任"的原理，整个犯罪既遂，各共犯人都要承担既遂的罪责。各个共犯人在该起共同犯罪案件中的分工（如教唆、帮助、实行）和作用大小，是下一步分清罪责的处罚问题。比如，甲教唆起到主要作用按主犯处罚；乙提供帮助起辅助作用按从犯处罚；在实行中，丁对造成张三死亡结果起主要作用按主犯处罚；丙起次要作用按从犯处罚。各自的犯罪形态则都以整个共犯的为准。按照整体把握共同犯罪形态的原理，试图考虑各共犯人形态的思维方式就是错误的。即使甲、乙、丁在逃，只有丙一人在案受审，对丙也应当以整个共犯的形态为其犯罪形态，按既遂犯处罚。

共同犯罪的形态，应当以各共犯人中实行进度最高者为准。比如，上述甲、乙、丙、丁四人共谋杀害张三案，丁造成了死亡结果构成故意杀人罪既遂，决定整个共同犯罪既遂。其实，这是"部分实行全部责任"派生的结论，因为这意味着共犯人应当对其他共犯人的行为及其后果承担罪责，就犯罪进程形态而言，当然以其中的犯罪进程最高者为准。据此，共同犯罪中，任一共犯人实行犯罪既遂的，整个共同犯罪既遂；任一共犯人已经着手实行犯罪因为意志以外的原因未得逞，且为该共同犯罪实行进程最高度者，整个共同犯罪未遂；在共谋犯罪尚未着手实行时，整个共犯处在预备过程中，因犯罪预谋、准备败露而受审的，是预备态；自动放弃的，是中止态。教唆犯、帮助犯不可能引领犯罪进程，所以从属于实行犯罪的进程。

（二）共犯的退出·中止·脱离

1. 部分共犯人中途退出。在共同犯罪过程中，有时会发生部分共犯人中途退出犯罪的现象，如：

【例1】甲、乙共谋到某建筑工地盗窃钢筋，甲借来一辆手推车交给乙，约好晚上一同去。甲回家后感到害怕、后悔，晚上没有去，乙独自盗窃了价值万元的钢筋。

【例2】甲、乙、丙、丁酒桌上闲聊觉得应该想办法弄点钱花，甲提出他曾到过李四家发现他家很有钱，四人遂商定去李四家抢钱。鉴于李四认得甲，商定甲负责带路、在门外望风。四人到达李四家门口，在乙、丙、丁前去破门入户抢劫之际，甲因害怕跑回家了。

这里的"中途退出"，指在共同犯罪过程中包括预谋、策划、预备、实行犯罪之后犯罪既遂之前退出。上述例1、例2中的甲就是中途退出了共同犯罪。

部分共犯人退出犯罪，会对退出者本人的犯罪形态、共犯的罪责产生何等的影响呢？这是关键点。

（1）部分共犯人中途退出的，不成立犯罪中止。因为不具备犯罪中止的有效性要件，即不具备自动有效防止犯罪结果发生的要件。在共同犯罪中，各共犯人的作用并非止于己身而是及于其他共犯人，因此还应当以其他共犯人之结果为自己犯罪行为之结果，中止有效性要件中的自动防止犯罪结果发生，应包括其他共犯人之行为结果。上述例1、例2中的甲虽然自己中途退出了犯罪，但是没有阻止其他共犯人继续进行犯罪造成犯罪结果，不具备有效防止犯罪结果发生的要件，所以不成立犯罪中止。

【案例】韩江维等抢劫、强奸案[1]

2008年10月，韩江维与张立、孙磊共谋抢劫，并准备了尖刀、胶带等作案工

---

[1] 由于此处只涉及本案抢劫罪部分内容，故本书略去与强奸有关的案件事实与裁判说理。案例载《刑事审判参考》（总第84集），法律出版社2012年版，第38页。

具。孙磊将租住在邯郸市农林路的贾某家指认给韩江维和张立,因该住户家中有人而抢劫未果。后孙磊又将居住在武安市阳光小区的刘某家指认给韩江维和张立,因三人未能弄开楼道口的防盗门而抢劫未果。法院认为:在共同犯罪中如果孙磊要构成犯罪中止,就必须消除其提供的帮助,使其帮助行为与犯罪结果之间断绝因果关系。但孙磊仅是自己单纯放弃继续犯罪,而未采取措施防止共同犯罪结果的发生,其帮助行为与韩江维、张立后续的抢劫犯罪结果之间具有因果关系,故应认定构成犯罪既遂。

裁判要旨:行为人与他人共谋抢劫,指认被害人住址并多次参与蹲守,虽然此后未参与实施抢劫,亦不属于犯罪中止。

(2)部分共犯人中途退出的,仍应对其先前行为作用所及的其他共犯人的行为及其结果负责。这表现为:上述例1和例2中的甲,不仅不成立犯罪中止,而且甲(中途退出者)的犯罪形态仍然取决于整个共犯的形态,其他共犯人继续犯罪达于既遂(造成犯罪结果)的,甲(中途退出者)仍应对该既遂结果负责;其他共犯人继续犯罪,但因为其他意志以外的原因而犯罪未遂的,甲(中途退出者)也属于犯罪未遂。例如,甲、乙二人议论到丙,越说越气愤,遂将丙绑到乙的住处共同殴打丙约1小时。后来甲说我走了,离开了乙的住处。乙接着又对丙殴打,几小时后丙死在乙住处。本例中的甲是中途退出共同犯罪,不成立犯罪中止,并且对乙在其退出后单独将丙殴打致死的死亡结果也应承担罪责。甲与乙一样都是故意伤害罪(致人死亡)。因为没有甲与乙的议论,乙未必会单独萌生伤害丙的决意;没有甲的协力,乙未必有能力独自将丙绑到家中殴打;甲退出前的行为加强了乙的犯罪意思和能量,并使被害人丙处在乙的实力支配下。甲虽然退出犯罪,但并未解消自己先前行为对丙造成的被害的态势,而乙正是利用这种态势继续加害丙致死,甲的行为对乙继续加害丙并造成丙死亡的结果仍起到重要作用,所以应当令其承担罪责。

(3)部分共犯人退出犯罪的事实,会影响到其在共犯中的作用大小。部分共犯人退出大概有两种情形:①在共同犯罪着手实行前退出犯罪实行的,如上述例1中甲、乙共谋盗窃钢筋甲退出实行的。甲与乙共谋盗窃并提供了犯罪工具(手推车),但没有参与盗窃的实行。甲实际上没有犯罪的实行行为,比同时也参与了实行的情形显然作用要小。通常可认为甲在共犯中起辅助作用(帮助行为),是从犯。假如甲参与了犯罪实行且与乙的作用相当,则是主犯。②在共同犯罪着手实行以后犯罪既遂之前退出犯罪实行的,比如,甲、乙、丙、丁共同杀害王五,动手后甲感到害怕离开,此后乙、丙、丁将王五杀害。相比参与实行全过程直至造成犯罪结果的,作用较小。

另外,如果退出者告之其他共犯人自己退出,或者劝说其他共犯人放弃犯罪,表明已有悔罪之心,对其他共犯人的犯罪意志也能起到削弱作用,存在值得肯定、鼓励的因素。

2. 部分共犯人犯罪中止。

（1）部分共犯人成立犯罪中止的要件：有效防止共犯结果的发生。部分共犯人自动放弃犯罪有效防止共同犯罪结果发生的，可以独立于其他共犯人成立犯罪中止。相对于单独犯成立犯罪中止，其特点是中止的有效性要件的把握。这个有效性包括有效地阻止共同犯罪的结果发生。例如，甲、乙、丙共同潜入一座写字楼盗窃，甲害怕，不仅自己放弃犯罪，还打电话报警，警察及时赶到将乙、丙当场抓获。甲的行为有效地防止了共犯结果的发生（中止奏效），成立犯罪中止。反之，部分共犯人采取了放弃犯罪、防止共同犯罪结果发生的行动，但最终没有能够有效地阻止共同犯罪结果发生的（即"中止不奏效"），不能成立犯罪中止。比如，上例中的甲如果仅仅是消极的退出盗窃，他不能成立犯罪中止；甲如果报警作出了积极的阻止共同犯罪结果的努力，但警察赶到时乙、丙已经盗窃既遂携赃物离去，甲中止未奏效，也不能成立犯罪中止。

（2）部分共犯人中止的效力不及于其他共犯人。如上例甲、乙、丙在写字楼盗窃，甲成立犯罪中止，其中止的效力不及于乙、丙，乙、丙盗窃未遂。因为对其他共犯人而言，犯罪没有既遂是因为意志以外的原因。如果在预备阶段，部分共犯人单独成立中止的，其效力不及于其他共犯人，其他共犯人成立预备犯。例如，甲、乙共谋劫机，购买了刀子、仿真手枪、机票，甚至还进行了携带刀具、仿真手枪通过机场安检的演练。次日将要实施劫机行动，甲感到害怕到公安机关自首，并带领公安人员将乙抓获。甲的行为符合共犯中止的条件，成立劫持航空器罪（预备过程中）犯罪中止；其中止的效力不及于乙，乙构成劫持航空器罪的预备犯。

【案例】甲、乙抢取丙（女）驾驶的轿车后谋划活埋丙灭口。甲、乙开车将丙载至郊外，甲为找铁锹短暂离开时，丙哀求乙放其逃走。乙同意但担心甲不答应，就与丙商定先浅埋骗过甲后，丙乘机逃生。甲拿把铁锹返回，乙向甲称其一人挖坑掩埋即可，让甲到车上休息。乙将丙浅浅掩埋，丙在甲、乙离开后爬出土坑逃生。判决认定甲、乙构成抢劫罪和故意杀人罪，乙故意杀人罪成立犯罪中止；甲故意杀人罪未遂。[1]

3. 共犯关系的脱离及其法律效果。在部分共犯人中止犯罪不奏效的场合，即在不具备有效阻止共犯结果发生条件不成立中止犯的场合，一概令其对采取中止行动后其他共犯人造成的犯罪结果承担罪责是否合理？日本学者考虑这样的问题，创立了"共犯关系脱离"的观念，主张对脱离共犯者"准用"（或者说酌情参照适用）犯罪未遂的规定。[2] 比如，甲、乙、丙共同杀害丁，甲中途悔悟，不仅本人放弃加

---

[1] 陈兴良：《共同犯罪论》，中国人民大学出版社2006年版，第361页。
[2] [日] 大塚仁著，冯军译：《刑法概说：总论》，中国人民大学出版社2003年版，第295页。

害丁的行为，而且认真尽力地阻止乙、丙继续加害丁，但未能奏效，乙、丙还是将丁杀害。对于这种情形下的甲，因缺乏阻止共犯结果发生的条件，依法断然不能成立犯罪中止。若仍然以既遂犯论，则意味着甲即使极力阻止乙、丙杀害丁，却依然要对丁死亡结果负责，过于苛刻，也不利于鼓励犯罪人迷途知返。于是学说提出共犯关系脱离的概念，主张对甲这类脱离共犯关系的情形"准用"未遂犯规定。

按照日本学说，从共犯关系中脱离包括三种情形：①从共同正犯关系脱离，"是指在共同正犯的实行着手后，还未达于既遂的阶段，共同正犯者中的一部分人切断与其他共犯者的相互利用、补充的共同关系，从其共同正犯关系中离去。"[1] 对于在共同犯罪中处于被动、消极地位的正犯（实行犯），若本人放弃犯罪且让其他共犯人知悉就足以消除本人对其他共犯人影响的，也可认为从共犯关系脱离。②教唆者从教唆犯关系脱离，是指"教唆者虽然为了防止达于正犯的既遂尽了全力，但是，正犯达于既遂"。[2] ③从犯（即帮助犯）关系的脱离，是指帮助者"为阻止正犯者的实行行为进行了认真的努力"或者帮助者放弃了帮助的故意，"完全消除了由自己的帮助行为给正犯者的实行创造的有利状态"，[3] 但正犯仍将犯罪实行达于既遂的场合。

从共犯关系脱离的效果，学者主张应该"准用"（障碍）未遂的规定。

需注意日本学说和判例对共犯脱离的认定是相当严格的，其尺度从日本著名的"我走了"一案不成立共犯脱离可见一斑。"我走了"案大致案情是：甲、乙对深夜一起在酒吧饮酒的丙的态度感到愤慨，遂把丙拖到乙的房屋，共同殴打丙约一小时后，甲说"我走了"，就离开了乙的房屋，既没有说不要打也没有说接着打。乙在甲走后又对丙的言行感到激愤，又对乙进行了殴打，几小时后丙死在乙的房间里。对本案，判决认定甲既不成立犯罪中止也不成立共犯脱离，甲与乙同样承担故意伤害致人死亡的罪责。

受日本共犯脱离学说的影响，我国学者开始介绍、倡导树立共犯脱离的观念，并期望在司法中有所体现，在未来的立法完善时有所考虑。[4]

本书认为，共犯脱离的观念无所谓正确与否，关键在于赋予其何种法律效果。如果确立了共犯脱离的观念，仅仅赋予其酌定情节的效果，意思不大。因为法官审理共同犯罪案件，自然要考虑各共犯人在共同犯罪中的地位、作用以及悔罪表现等情况，酌情裁量刑罚。不论有没有共犯脱离的观念，对共犯人退出、放弃犯罪的表现或阻止共犯结果发生的努力，即使不成立犯罪中止，也会酌情考虑的。因为仅仅

---

[1] [日] 大塚仁著，冯军译：《刑法概说：总论》，中国人民大学出版社2003年版，第295~296页。
[2] [日] 大塚仁著，冯军译：《刑法概说：总论》，中国人民大学出版社2003年版，第297页。
[3] [日] 大塚仁著，冯军译：《刑法概说：总论》，中国人民大学出版社2003年版，第297页。
[4] 参见王霖："共犯责任退出机制的反思性检讨：修正因果关系遮断说的构建"，载《政治与法律》2017年第6期；金泽刚："论共犯关系之脱离"，载《法学研究》2006年第2期。

是酌定情节，这酌定情节的弹性或柔性会反过来削弱严格界定共犯脱离的必要性。换言之，既然法律效果是酌情的，那么认定适用该酌情效果的前提（共犯脱离）也只能会是酌情的，严格界定没有实益。所以，对共犯脱离的观念只有赋予共犯脱离法定情节的效果时，才有实益。日本学者主张准用未遂犯规定，即主张奖励脱离共犯关系者一个法定情节，这才使共犯脱离值得认真研究。

那么，我国司法实务或者刑事立法是否有必要把共犯脱离专门确立为一个法定情节呢？本书认为完全没有必要。因为我国的共犯制度具有灵活处罚共犯的机制，我国刑法规定对于从犯应当从轻、减轻或者免除处罚。不论是实行犯还是教唆犯抑或是帮助犯，只要在共同犯罪中起较小作用的，都可以被认定为从犯，即都可以获取一个法定的量刑情节，并且可以享受直至免除处罚的宽厚待遇。若共犯人因脱离共犯关系的表现而在共同犯罪中起次要作用的，完全可以适用从犯规定予以从宽处罚直至免除处罚，足以充分体现区别对待的刑事政策，也足以奖励罪犯迷途知返的行动。没有必要通过司法特别考虑适用未遂犯或中止犯的规定；在现有共犯体制不改变的情况下，也没有必要通过新的立法把共犯脱离规定为法定量刑情节。会不会出现共犯脱离者只能被认定为主犯不可能被认定为从犯的情形呢？本书认为，若按照日本学说中共犯脱离的标准认定，对共犯脱离者不可能排除认定为主犯。换言之，若按照我国刑法的主犯从犯认定标准，只能认定为主犯不能认定为从犯的，肯定也不符合共犯脱离的条件。

相反，在我国现有共犯体制下，如果对共犯脱离单独考虑法定量刑情节，则可能发生与从犯评价的冲突，使共犯人脱离共犯的事实接受双重的评价。

日本的共犯制度缺乏我国共犯制度的灵活机制，所以对"中止不奏效"的，才不得不准用未遂犯规定。日本刑法规定：共同实行犯罪的，是共同正犯；教唆他人犯罪的，比照正犯处罚。这意味着实行犯和教唆犯在共同犯罪中所起的作用即使再小，也不可能从共犯制度中得到法定情节。因此对"中止不奏效"的情形只有借用未遂犯制度兑现从宽政策。我国刑法完全可以通过从犯制度给"中止不奏效"者兑现政策，所以没有必要效仿日本学说。对于帮助犯，日本刑法规定帮助犯是从犯，"比照正犯减等处罚"，对帮助犯"中止不奏效"者也只有借用未遂犯制度兑现政策。我国刑法对从犯处罚中包括"免除处罚"的内容，不通过未遂犯制度照样可以对"中止不奏效"的帮助犯兑现政策，所以也没有必要效仿日本学说。所以，在我国的共犯体制下，对"中止不奏效"的情形放着现成的从犯制度不用，而尝试另外寻求解决之道，给人以舍近求远之感。

（三）整体把握共同犯罪的形态有没有例外的情形

在共同犯罪中，任一共犯人将犯罪实行到完成态（既遂），其他共犯人有没有单独成立未完成态（未遂犯、中止犯）的余地？

对此，我国学说似乎尚未形成通说的立场。第一种观点根据共犯"部分行为全部责任"的原理，只要共犯人中没人中止或脱离，在任一共犯实行既遂的场合，全体共犯同样承担既遂罪责。[1] 第二种观点认为："共同实行犯中的一人得逞，不能认为其他共同犯罪人皆为既遂而不存在未遂问题",[2]"由犯罪构成特点决定，每个人的行为存在不可替代的性质"[3] 时，如强奸罪、脱逃罪，会出现这种例外的情形。日本通说与第一种观点相同，即认为其他共犯人不复再有单独成立未遂犯、中止犯的可能性。例如："即使共同者中的一部分人的行为没有使结果发生，但是，有其他人的行为使结果发生时，共同正犯就成立既遂";[4]"即使是共同者中的一部分人任意地中止了犯罪行为，但是，其他人实现了犯罪时，也不能认为中止者是中止犯。"[5] 只是在"共犯脱离"的场合，例外准用未遂。

我国新近司法实务的处理渐取第一种观点，例如：

【案例1】唐胜海、杨勇强奸案[6]

唐胜海在他人强奸既遂后因为醉酒而未能奸入，法院判决中似乎没有认定唐胜海未遂，但判词仍指出"同时考虑到其个人奸淫目的未得逞"并引用《刑法》第23条（未遂）作为对唐判决的依据之一。该判例的评述人立场十分明确地指出：本案中二人轮奸，其中一人既遂一人未遂，"从共同犯罪的形态看，对两人均应以强奸既遂论"。

【案例2】张某等强奸、强制猥亵妇女案[7]

冯某（在逃）纠集张某、施某等人强行将被害人曹某（女，21岁）带至以施某名义租用的客房。张某对曹某实施了奸淫行为，在发现曹某有月经后停止奸淫；施某见曹某有月经在身，放弃奸淫仅实施猥亵。本案焦点是施某是否成立强奸中止，一审判决成立中止，二审改判既遂，同时认定是强奸罪从犯，维持原判量刑。该案例十分明确肯定数人轮奸，其他人强奸既遂，一人自动放弃强奸的，终审判决认定不单独成立犯罪中止。

新近的持第一种观点的判决以编号指导案例的形式登载于《刑事审判参考》，可以认为代表了司法实务的立场。

事实上，早先存在着支持第二种观点的案例，如姜某参与轮奸妇女未逞案[8]：

---

[1] 张明楷：《刑法学》，法律出版社2016年版，第447页。
[2] 陈兴良：《共同犯罪论》，中国人民大学出版社2006年版，第361页。
[3] 陈兴良：《共同犯罪论》，中国人民大学出版社2006年版，第362页。
[4] [日]大塚仁著，冯军译：《刑法概说：总论》，中国人民大学出版社2003年版，第293页。
[5] [日]大塚仁著，冯军译：《刑法概说：总论》，中国人民大学出版社2003年版，第294页。
[6] 载《刑事审判参考》（总第36集），法律出版社2004年版，第35页。
[7] 载《刑事审判参考》（总第20辑），法律出版社2001年版，第14页。
[8] 最高人民法院中国应用法学研究所编：《人民法院案例选》（总第5辑），人民法院出版社1993年版，第38页。

姜某伙同另二人将被害妇女劫持到家中轮奸，同伙轮奸之后，轮到姜某，姜某趴在被害妇女身上只是因为饮酒过量未能奸入。法院判决强奸未遂。其理由就是强奸罪犯罪构成的特点决定该罪具有人身不可替代性，"只有本人完成了法定行为才是既遂，如果本人因意志以外的原因而未完成法定行为，即使他人完成了该行为，对未完成的共同犯罪人来说，仍然是犯罪未遂"。[1] 持同样观点的判决，如 A 某等共同强奸案[2]：A 伙同另四人驾车用暴力将被害妇女劫持到旅馆客房，A 将被害人强奸后，在被害人请求下对在客房外等候的同伙称与被害人"处朋友"，其四同伙放弃强奸。A 在逃，法院判决该四个同伙强奸未遂。

　　本书认为：在我国共犯体制下，任一共犯人将犯罪实行到完成态（既遂），对其他共犯人不应当也不必要单独论以未遂犯或中止犯。首先，我国处罚共犯的基本原则是"按照全部罪行处罚"，对共同造成的侵害法益结果承担罪责是其中最基本的内容，不应接受例外。其次，中国共犯制根据作用大小区分共犯人种类确立处罚原则，其特点（相比于区分共犯制）就是能充分考虑各共犯人的罪责。因此在刚性"按照全部罪行处罚"的大前提下，可以通过区分主犯、从犯解决各共犯人的罪责。即使对于强奸、脱逃这样的具有不可替代性的犯罪，也没有必要接受例外。如上述张某等强奸、强制猥亵妇女案中的施某，一审认定强奸中止，二审改判强奸既遂，但通过适用从犯规定，仍然维持一审量刑部分，就充分验证了我国共犯制处理各共犯人罪责的灵活机制。在区分共犯制下，实行犯都是正犯处正犯之刑，只有帮助犯才可减等处罚，不利于区别对待；我国的共犯制不论实行犯、教唆犯、帮助犯皆可以认定为从犯，有利于区别对待，所以不必通过犯罪形态方面的未遂、中止情节来体现区别对待。

　　另外，不接受例外也有利于共犯中实行犯、帮助犯犯罪形态的统一把握。比如，甲女帮助乙、丙强奸，乙强奸既遂、丙未遂，甲、乙、丙的犯罪形态该如何确认？按照第一种观点，甲、乙、丙都是既遂；如果按照第二种观点，则会认为甲、乙既遂，丙未遂，甲与丙的形态不一样，这显失合理。因为丙比甲参与的犯罪程度深（甲仅帮助而丙既实行且帮助），犯罪形态却比甲低，明显不合情理。与其这样还不如认为都是犯罪既遂，同时利用我国共犯制的特点，根据甲帮助犯起辅助作用，丙实行犯起次要作用，认定二者为从犯，体现甲、丙与乙的区别对待。在共犯制已经提供了根据共犯人作用大小区别对待的路径，何必再从犯罪形态方面寻求呢？区分共犯制则不能提供这种路径，比如上例，甲女是帮助犯，即从犯，减等处罚。而丙是实行犯，不论作用大小、是否既遂，都不能被认定为从犯，因为在区分共犯制下丙与乙"同质"都是正犯，处正犯之刑。在这种不能提供区别对待途径的共犯制下，或许有必要从其他方面寻求救济途径。日本学说对"中止不奏效"的情形准用未遂

---

[1] 陈兴良：《共同犯罪论》，中国人民大学出版社 2006 年版，第 362 页。
[2] 参见阮齐林主编：《刑法总则案例教程》，中国政法大学出版社 1999 年版，第 318 页。

大约就是这种不得已的选择。除"中止不奏效"的情形外，在共同犯罪既遂的情况下日本通说不承认个别共犯人能成立未遂犯、中止犯。

四、共同犯罪中实行犯实行"不足"（或"减量"）的问题

在共同犯罪中有共同犯罪人可能实施了低于或小于共同故意的犯罪行为，那么对其他共同犯罪人会发生何种影响？与共犯人实行过剩相对应，这种情形大约可称为共犯的"实行不足"或"实行减量"问题。部分共同犯罪人实行减量有两种可能：

1. 因为实行犯中止犯罪而减量。根据共同犯罪中部分共同犯罪人中止的原理，其中止效力不及于其他共同犯罪人。因为部分人中止而致使犯罪没有既遂或没有着手的，这一效果不及于其他共同犯罪人，其他共同犯罪人成立未遂犯或预备犯。

2. 因为实行犯中止以外的原因而减量。如甲、乙共谋到丙家抢劫，甲入户，乙在外放哨。甲入户后发现丙家无人，顺利窃取财物。对甲、乙以盗窃罪共犯论处的结论比较合理，不必对乙论以抢劫罪（预备犯）。这个结论需要根据罪数论和共犯论结合起来解说：①从罪数论上讲，甲、乙构成抢劫罪预备犯，甲另外单独构成盗窃罪。甲针对同一对象预备实施一个重罪（抢劫），实际实施了一个轻罪（盗窃），按照我国的司法习惯不会对甲以抢劫罪和盗窃罪数罪并罚，只会以高度行为盗窃定罪。那么对于乙论以抢劫罪似乎不自然也不合情理，还是以甲盗窃罪的共犯论处较为合理。②从共犯论上讲，乙的望风行为对于甲完成盗窃有贡献，对甲以盗窃论罪，对乙以甲盗窃罪的共犯论处也说得过去。实行不足或减量，显然以共谋的犯罪与实际实行的犯罪存在竞合部分为前提，如抢劫与盗窃、抢夺、诈骗、故意杀人与故意伤害，等等。如果共谋的犯罪与实际实行的犯罪不存在竞合部分，则实行犯另外实行的部分不能作为共犯的内容，比如，甲、乙预谋杀害丙女，乙放哨，甲入户仅仅对丙女实行了强奸行为。只能认为甲、乙就故意杀人的部分成立共犯，甲故意杀人罪成立犯罪中止，乙成立故意杀人罪未遂犯或预备犯。乙是预备犯还是未遂犯，取决于甲放弃杀人犯罪的时机在着手以前还是着手以后。甲另外单独成立强奸罪。

五、共同犯罪中的其他特殊问题

在共谋犯罪但故意内容不确定的情况下，通常以实际发生的情形定罪处罚。如甲、乙共谋抢从银行提款的客户，甲负责在营业厅中观察、确定目标，并通知在外守候的乙行抢。但是乙使用暴力强抢还是乘其不备夺取并不明确。这得根据实际情形确定，如果乙实际实施抢夺的，甲、乙二人以抢夺罪论处；如果实际使用暴力抢劫的，甲、乙二人以抢劫论处。

在附条件的情况下，通常也以实际发生的情况定罪处罚。如甲对手下的乙、丙吩咐，你们到丁处取钱，如果丁不给，就把丁干掉。这是一种附条件的故意，通常以实际发生的情况定。假如乙、丙因为从丁处没有拿到钱就把丁杀了，甲是该故意杀人罪的共犯（教唆犯）；假如乙、丙从丁处顺利拿到钱，没有加害丁，甲、乙、丙均不构成犯罪。比较困难的是，假如乙、丙从丁处没有拿到钱，但也没有执行甲杀害丁的吩咐，对甲、乙、丙如何认定？首先，乙、丙没有杀人行为。乙、丙接受甲

有条件的盼咐，尚存不确定因素，不能认为是共谋或犯罪预备行为。其次，按照共犯从属性说，既然被教唆人乙、丙没有犯被教唆罪，乙、丙不构成犯罪，甲也不可能构成乙、丙的教唆犯。最后，如果按照我国对教唆犯采取的独立性说的规定（《刑法》第29条第2款），似乎不排除单独处罚甲的可能性。如果考虑甲对乙、丙的盼咐含有不确定因素，不认为是犯罪较为合理。

六、学说·法律·实务

本章讨论的很多问题，如教唆未遂与未遂教唆、共谋、部分共犯人中止、部分共犯人退出等，很大程度上是在学理层面上的演绎，在具体适用法律处罚共犯时则要考虑刑法规定的罪量、司法实务中证实的可能性等情况。

以教唆他人盗窃为例，可能因为罪量的缘故在法律上就不认为是犯罪，比如，甲教唆乙盗窃一辆价值300元的自行车，学说上看这是典型的共犯关系，但是因为一般要求盗窃数额较大才能成立犯罪，这样的情形依法是不成立犯罪的，即使是被教唆人实施了被教唆的违法行为，也不认为是犯罪，而是交由公安机关作治安处罚。所以在法律上讲，只有"教唆他人盗窃数额较大"的财物，才能称为教唆他人犯罪，才具有可罚性。教唆未遂的情况处理起来就更为复杂，比如，甲教唆乙盗窃丙的数额较大的财物，乙没有犯甲教唆的罪，甲是否就构成犯罪呢？假设乙犯了甲教唆的罪盗窃未遂，因为盗窃未遂情节严重的才定罪处罚，乙的盗窃可能因为不够情节严重而不受处罚，因此，对教唆盗窃未遂者其实要求教唆他人盗窃数额巨大的财物或珍贵文物才能定罪。在司法实务中处理就更复杂了，被教唆人没有犯被教唆的盗窃罪，可能因为教唆盗窃的数额难以确认，而没有被追诉；也可能因为教唆行为可能不足以引起他人实施被教唆的罪而不能追诉。

在部分共犯人中止或退出的场合也存在这类问题。比如，甲、乙共谋盗窃建筑工地的建材，甲事先将手推车送到乙处，约好晚上一起盗窃。到晚上甲没有去，乙盗窃钢筋的价值刚刚达到数额较大，公安机关可能仅仅把乙移送起诉，对甲仅仅作治安管理处罚。这种场合从学说和法律上讲，甲构成了乙盗窃的共犯，公安机关可能认为主犯乙刚达到构成盗窃罪的罪量标准，对从犯甲没有必要定罪。甲没有被起诉，不是因为他不是乙的共犯，也不是因为他能成立犯罪中止，而仅仅是因为他的行为危害性没有达到应受刑罚处罚的程度。

第十章 罪　数

第一节　概述

一、确定罪数的意义

一个人多次作案可能犯下多个罪行，如甲在 2007 年 3 月 5 日盗窃一辆摩托车，又在 4 月 8 日抢劫一辆汽车，就犯下了两个罪；有时一次作案也可能犯下多起罪行，如乙持刀闯入一户人家，洗劫了该户人家的财物，将女主人强奸，并为灭口而将女主人杀害。处理这样的案件就需要确认被告人犯有哪几个罪，并且实行数罪并罚。因此，正确认定犯罪的个数是正确处理案件的基本要求，也是确定国家刑罚权个数的前提。

罪数论是刑法学难点之一，因为确认犯罪个数几乎包含了合理评价、处罚刑事案件的全部问题，如甲为了贪财而割下一段正在使用中的军事通信光缆，然后卖给收废品的，得款 2000 元。这样一个简单的盗割光缆卖钱的案例，如果依据《刑法》（以法律为准绳）评价甲触犯《刑法》哪几条（犯罪构成），就不那么简单了。甲涉嫌：①偷割军用通信光缆，触犯破坏军事通信罪；②偷割的光缆价值较大，触犯盗窃罪；③出售赃物，触犯掩饰犯罪所得罪，且实质上也危害了军事利益、财产权以及司法查处和赃物追索等数个法益。从犯罪人甲的角度考虑，他只有一个意思即偷东西卖钱，也只做了一件犯法的事就是偷割一段光缆卖得 2000 元。用法律准绳来衡量，甲确实触犯了三个罪。甲做的这件事到底该判几个罪？张法官认为，甲只有"一个行为"，即使触犯了数个罪名也只能判处一个罪。李法官认为，甲不是一个行为而是"数个行为"，甲明知是军事光缆而毁之，有个破坏行为；明知光缆是他人财物而非法占有之，有盗窃行为；将赃物销售，有销赃行为。可见法律专家对甲的行为数量的认识可能发生分歧。另外，法律专家还可能对"法律准绳"的理解发生纷争，如刘法官认为，《刑法》规定的破坏军事通信罪，并不限定犯罪人出于何种动机（是为了占有光缆还是单纯破坏），也不在意其将赃物非法占有还是毁弃抑或去销售，一个破坏军事通信罪完全能涵盖甲的"偷割一段军用光缆并卖掉"的事实，就只犯了一个罪，说甲犯数罪，不过是观念上的而不是实际上的。这争论的背后，可能还隐含着法律专家把握罪数的偏好，有的偏好精细、有的偏好粗放。从比较法的角度看，这背后还隐含着一国刑法制度和司法习惯把握罪数的偏好。如果读者你加入本案的处理，会有怎样的见解呢？

二、评价罪数标准的选择：以事实为依据、以法律为准绳

(一) 关于评价罪数的标准的学说

从常识上讲，人做了一件坏事大体就算一个罪。对"犯罪现象"进行分析大体包括四个要素：人、意思、行为、结果。那么犯罪的个数应该根据哪个要素来确定呢？是意思的个数还是行为的个数抑或是结果的个数？

1. 行为说。该说认为行为是犯罪的核心要素，主张按照行为个数判断犯罪的个数，即行为人实施一行为的，只能构成一罪；实施数行为的，才能构成数罪。因此当一行为造成数结果、触犯数罪名时，也认为是一罪。

2. 法益说（或结果说）。该说认为犯罪的本质是对法益的侵害，主张以犯罪行为侵害的法益个数作为判断罪数的标准。法益说把法益分为专属法益（如生命、自由等）与非专属法益（如财产等）。前者根据法益的主体来确定法益的个数，因此，一枪射杀数人是数罪；后者根据法益的归属确定法益的个数，如从甲家偷冰箱、彩电、洗衣机，是一罪；从甲、乙、丙三家偷财物，是数罪。

3. 意思说（犯意说）。该说认为犯罪是行为人主观犯罪意思的外部表现，行为只是行为人犯罪意思或主观恶性的表征，因此认为应当以行为人犯罪意思的个数作为判断犯罪个数的标准。只要出于单一的意思，不管造成什么样的结果，都是一罪。

4. 构成要件说。该说以构成要件为标准，主张行为人实施的行为事实实现一个构成要件的，是一罪；实现数个构成要件的，是数罪。

采取不同的标准判断罪数，往往会得出不同的结论。例如，对想象竞合犯，按照行为说是实质的一罪（评价的一罪）、想象的数罪。按照结果说、法益说或构成要件说，则被认为是实质的数罪（评价的数罪）、科刑的一罪。对于连续犯、牵连犯，按照犯意说是实质的一罪（评价的一罪），而按照行为说或构成要件说，则被认为是实质的数罪（评价的数罪）、科刑的一罪。

本书确定罪数的标准以行为说为基础，但在判断行为个数时兼采"构成要件的一行为"概念。以事实（行为事实的个数）为依据，以法律（所触犯的法规罪状个数）为准绳，确认罪数的单复。

(二) "行为单数"的认定

1. 自然意义的一行为（纯粹的一行为）。受一个犯意支配的一个举止，如放一枪、打一拳、扎一刀、偷一个手机、伪造一个公章，均是自然意义的一行为。

2. 经验意义的一行为。除了自然意义的"一个意思、一个举止"之外，有时行为人虽有数个举止，但依社会一般常识经验来看，仍属于一行为。如数枪打死一人、对某人拳打脚踢教训一顿、入户一人家拿走3万元现金和2个笔记本电脑，均是经验意义的一行为。

3. 构成要件（罪状）意义的一行为。一个犯罪构成要件本身可能包容数个或数

次自然意义或经验意义的行为,这是构成要件(罪状)意义的一行为。该概念具有两层含义:

(1)"简单一罪",包括:①继续犯,如非法拘禁罪、绑架罪;②结果加重犯,如非法拘禁致人重伤、死亡;③接续犯,如虐待罪;④集合犯,包括职业犯和营业犯,如非法吸收公众存款罪,组织、领导传销活动罪,组织、领导、参加黑社会性质组织罪,赌博罪,非法行医罪,非法经营罪。

(2)"(广义的)包容一罪",包括:①我国刑法中的加重犯,既可以是次数加重,如拐卖多人、多次强奸、多次抢劫,也可以是数额累计加重,如盗窃数额巨大、特别巨大;②结合犯,如《刑法》第239条"绑架后杀害被绑架人"、第240条"奸淫被拐卖的妇女"和"强迫被拐卖的妇女卖淫";③法定的转化犯,如非法拘禁他人故意使用暴力殴打致被拘禁人伤残、死亡的,转化为故意伤害罪或故意杀人罪一罪;④选择的一罪,如走私、贩卖、运输、制造毒品罪,某人既走私毒品又贩卖毒品的,根据《刑法》第347条,只评价为一个"走私、贩卖毒品"行为,数额累计计算。

法律源于生活,立法者制定《刑法》规定一个一个的罪(罪状)当然是源于生活中发生的种种犯罪现象,并将其规定于《刑法》条款中予以惩罚、禁止。当种种犯罪现象被立法者规定于《刑法》之中(禁止),形成一个个法律上的构成要件,我们又以此为准绳(评价标准)去认定人的行为是不是法律禁止的犯罪。那么,什么是犯罪?一行为还是数行为?犯一罪还是犯数罪?就在行为事实→法律标准(罪状)→行为事实这样的循环中不断形成、强化,使法律的专门知识成为经验、常识,以至于人们很难搞清楚哪个是本源了,或者说应该以哪个为本源了。所以,有时经验上的一行为与构成要件意义的一行为是重合的,比如,三拳四脚五棍杀死一人,无论根据经验还是根据构成要件,解释结论都是"一行为"(行为单数),在这种情况下,在标签术语上做文章就显得意义不大,质言之,没有必要过分纠结此时究竟是经验一行为还是构成要件一行为。

德国刑法中的"行为单数"

德国刑法的竞合论以行为单数与行为复数的区分为核心。行为单数包括:①自然意义上的一行为;②自然的行为单数;③构成要件上的行为单数;④连续行为。如果不成立这四者中的任一者,那么便是行为复数。

德国刑法有着精细化的传统,重视人身法益的专属性,同种数罪可并罚,因此,在行为单数的认定上与我国有着较大差异。例如,德国刑法只承认A从保险柜中窃取B和C的财物为"自然的行为单数",因为"损害的是可转让法益,损害的量可以相加",而在T用一个词同时侮辱了O和P两人的场合,因为"构成要件的实现针对的是数个法益主体的高度人身性法益",故认为T有两次侮辱行为。[1] 又如,出于

---

[1] [德]乌尔斯·金德霍伊泽尔著,蔡桂生译:《刑法总论教科书》,北京大学出版社2015年版,第477页。

量刑和诉讼经济的考虑，为回避对具有连续关系的数行为适用并罚，德国判例创设了连续行为（连续犯）的概念。承认连续行为的效果是评价上的"行为单数"的条件是：①数个具体的动作必须针对同一法益；②采取的作为方式本质上是同种类的；③具备空间和时间上的联系；④基于整体的故意或连续的故意。[1]

把握域外罪数理论时，要注意一些概念的产生背景，这些概念往往具有"专属性"，盲目移植到我国刑法中可能"水土不服"，使得简单问题复杂化。比如，由于德国刑法中对行为复数无论同种数罪还是异种数罪都要并罚，所以，具有连续关系的数行为原本属于需要并罚的情形，为了回避并罚的适用，判例才尝试将其解释为行为单数；但由于我国有同种数罪不并罚的司法习惯，所以，这种以连续数行为触犯同一罪名的情况，在我国原本就不会产生处断难题，直接以被触犯的罪名一罪处理即可，无需再费力将其纳入"行为单数"之中。

三、基本概念的约定

罪数论产生诸多纷争的重要原因之一，在于学说上对罪数的概念理解不一致。比如，实质的一罪、处断的一罪、包容的一罪、法定的一罪、实质竞合、想象竞合等，因此，界定或约定一些基本概念可有效减少不必要的纷争。

（一）同种数罪与不同种数罪

1. 同种数罪，是指性质相同的两个以上的犯罪。例如，甲3月4日盗窃张三一块价值1万元的金表；4月5日盗窃李四一辆价值6万元的汽车，犯了两个盗窃罪。

2. 不同种数罪，是指性质不同的两个以上的犯罪。例如，乙3月4日盗窃张三的汽车一辆；4月5日杀死了李四，犯了一个盗窃罪和一个故意杀人罪。不同种数罪也称"异种数罪"。

区分同种数罪与异种数罪的意义在于：我国司法习惯仅对异种数罪实行并罚，而对一并审理的同种数罪不实行并罚。例如，上例中的甲虽然犯了两个盗窃罪，在一并起诉审判时，司法习惯是将金表和汽车的金额相加，以一个盗窃罪（盗窃金额7万元）判处刑罚，不实行数罪并罚。而对上例中的乙，法院可能判决乙构成盗窃罪，处5年有期徒刑，且构成故意杀人罪，处无期徒刑，即应当对乙犯的两个罪分别科处刑罚。

3. 个人犯罪和单位犯罪虽然同罪名，但视为不同种数罪，实行数罪并罚。如《刑法》第217条规定的，侵犯著作权罪的主体既包括个人也包括单位。例如，甲是K图书公司经理，甲一次以K公司名义盗版某教材10万册，为公司获利100万元，K公司构成侵犯著作权罪，甲是责任人；甲另一次以K公司的名义盗版某小说30万册，获利80万元全部归个人所得，甲构成侵犯著作权罪。甲无论作为单位（K公

---

[1] 由于1994年德国联邦最高法院大刑事审判庭的决议，连续行为这一法律概念在相当程度上被抛弃。参见［德］乌尔斯·金德霍伊泽尔著，蔡桂生译：《刑法总论教科书》，北京大学出版社2015年版，第479页。

司）犯罪的责任人还是个人犯罪，其罪名都是侵犯著作权罪。新近判例将之视为不同种罪、实行数罪并罚。[1]

(二) 典型的一罪、数罪与不典型的一罪

在罪数的确认上，最标准的状态是，一行为触犯一构成要件（罪状）为一罪，数行为触犯数构成要件（罪状）为数罪。这种"行为数"与所触犯"法规数"一致的情形，是法律评价上的标准一罪（二者均为单数）与标准数罪（二者均为复数）。

按理来说，评价上的一罪应科处一刑，评价上的数罪应适用并罚，这时可以说是典型的一罪或典型的数罪。说它"典型"无非是因为行为数=触犯法规数=科刑的罪数。它不仅典型而且最常见，因为科刑的根据是法律对行为事实的否定性评价，而法律评价行为事实应以脱胎于经验生活的构成要件（罪状）为准绳，所以，经验的行为数与构成要件的行为数两者通常一致，行为数、触犯法规数与科刑数三者通常一致。如果不一致的情形太多倒成问题，需要检讨法律是不是脱离了社会生活，立法中犯罪构成的设置与法律效果是不是严重不协调。但是立法有人定的因素、司法适用刑法有酌情的因素、犯罪案件千差万别，三者难免出现不一致的情形，这大概可称为不典型的一罪或数罪，主要体现为科刑时对评价罪数的修正。准确来说，罪数理论中真正有意义的是"不典型的一罪"，其核心旨趣在于将可能科处数刑的情形科处一刑，包括：①行为单数——法规复数——科刑单数（想象竞合犯）；②行为复数——法规复数——科刑单数（牵连犯、吸收犯）。这种不典型的情形恰恰是理论解释的重点。

这种"不典型"看似荒唐：既然触犯数个或数次法规了，就应当都科刑，认定触犯数罪却不科刑这种认定有何实际意义？反过来说，只科一刑，却认定数个或数次法规违反，有这个必要吗？这恰恰是罪数论复杂又精妙的地方。专家们为了给科刑的数罪（数罪并罚）提供坚实的基础，追求对犯罪个数（行为单复、法规单复）的精确评价；对精确评价出来的数罪，为了追求合情理的处罚结果，有时又认为不一定都适合数罪并罚。评价罪数，讲究精确甚至于有些刻板，它是科刑罪数的基础；科刑时则偶尔需要对评价罪数适当修正。这样的设置把罪数评价与科刑数评价分开，让它们分担不同的功能。在我国不喜好数罪并罚的体制下，建立科刑数罪的评价环节很有必要。行为复数或法规复数，都是评价的数罪；评价为数罪的是否需要科处数刑应当斟酌案情而定。

(三) 法定的科刑一罪与酌定的科刑一罪

1. 法定的科刑一罪概念的缘起。法定的科刑一罪以"行为单数"理论为核心，主要用于处理社会生活经验或常识上认知的犯罪现象的个数与刑法设置的"犯罪构成·刑罚效果"的个数不一致的情形，例如，《刑法》第239条第1、2款规定："以勒索财物为目的绑架他人的，或者绑架他人作为人质的，处10年以上有期徒刑或者

---

[1] "张俊等走私普通货物案"，载《刑事审判参考》（总第58集），法律出版社2008年版，第1页。

无期徒刑,并处罚金或者没收财产;……犯前款罪,杀害被绑架人的,或者故意伤害被绑架人,致人重伤、死亡的,处无期徒刑或者死刑,并处没收财产。"其中,"绑架他人作为人质的"是一个行为(绑架),是绑架罪的基本犯;"杀害被绑架人的"或者"故意伤害被绑架人,致人重伤、死亡的"也是一个行为(故意杀人或者故意伤害),被称为绑架罪的加重犯(结合犯),罪名仍为一个即绑架罪、刑罚效果也是一个即无期徒刑或者死刑。比如,甲绑架乙作人质,勒索到 30 万元赎金后为了灭口将乙扔到大海淹死。甲显然有绑架勒索和故意杀人两项罪行,但依照《刑法》第 239 条第 2 款的规定,绑架又杀害被绑架人的,处无期徒刑或死刑。对这样的情形无论称其为评价的一罪还是数罪,反正只有一个构成要件行为(行为单数),只能科处一刑,或者说法定只能仿佛一罪那样定罪处罚,姑且称之为法定的科刑一罪。

法定科刑的罪数与行为数是否完全一致?这涉及对行为单数的标准之一即"犯罪构成"范围的"约定"。如果限定于基本的犯罪构成(基本犯),则上述"绑架又杀害被绑架人的"属于行为复数、评价的数罪、法定的科刑一罪。如果犯罪构成既包括基本构成也包括加重构成(加重犯),则仍认为是行为单数、评价的一罪。本书在这里对犯罪构成取广义,包括结果加重犯、罪行加重犯、次数加重犯等,凡被刑法规定了一个刑罚效果的事由,均视为一个犯罪构成,所以,上述"绑架又杀害被绑架人的"不仅是法定科刑的一罪,也是行为单数、评价的一罪。

2. 酌定的科刑一罪概念的缘起。酌定的科刑一罪以"法规复数"为起点,主要用于处理行为触犯的法规个数与科处刑罚的个数不一致的情形。行为数、触犯法规数与科刑数三者通常是一致的:一行为触犯一构成要件(罪状)为一罪,这里的"一罪"既是评价的一罪也是科刑的一罪;数行为触犯数构成要件(罪状)为数罪,这里的"数罪"既是评价的数罪也是科刑的数罪。比如,甲犯有一个盗窃罪(行为单数、评价为一罪),当然也是科刑的一罪;如果甲分别犯有盗窃罪和抢劫罪(行为复数、评价为数罪),就应当数罪并罚(科刑的数罪)。但偶尔会有不一致的情形,如前述甲偷割一段光缆卖得 2000 元案,自犯罪构成上评价甲的行为,的确触犯了三个"犯罪构成、刑罚效果"条款且具有数个危害性,应接受三个刑罚效果的评价;自生活情理上讲,甲就做了那么"一档子事",对其数罪并罚有悖常理过于苛刻,酌情不数罪并罚,此即"行为单数——法规复数——科刑单数",姑且称之为酌定的科刑一罪。

这种评价为数罪但斟酌按照一罪科刑的范围有多大?学说上一般认为:一行为同时触犯数罪,或者犯某罪作为某罪的方法行为、结果行为又犯其他罪的,酌情择一重罪处罚。这种酌情的余地有多大?这涉及一国的立法特点、司法习惯乃至于概念的界定。比如,甲为了杀害乙从军队枪械库盗窃了一支手枪、数百发子弹,而后用该枪弹作工具将乙击毙。有学说主张数罪并罚(科刑数罪);有学说主张是手段行为的牵连犯,择一重罪处罚(酌情科刑一罪)。再如同种数罪,有国家实行数罪并罚,而我国的司法实务不数罪并罚。

第二节 行为单数与法定的科刑一罪

行为单数包括自然意义的一行为、经验意义的一行为与构成要件的一行为。面对社会生活经验或常识上认知的行为数与刑法设置的"犯罪构成·刑罚效果"的个数不一致的情况,理论上发展出"构成要件的一行为"概念。通过构成要件的不法类型化,可以将数个个别的动作综合理解为一个构成要件行为,此即"法定的科刑一罪"中"法定"之由来。

一、简单一罪

(一)继续犯

继续犯,又称持续犯,是指犯罪行为可对法益进行持续侵害的犯罪。最典型的就是非法拘禁罪。如果非法将他人拘禁,在解除拘禁之前犯罪行为始终对他人自由(法益)进行不间断的侵害。相对于状态犯、即成犯,继续犯对法益侵害具有持续性,即使在犯罪既遂、造成对法益侵害的不法状态后,犯罪行为仍继续侵害法益(客体)。

1. 特征。继续犯的特征有:①一个犯罪故意;②侵犯同一客体(法益或社会关系);③犯罪行为能够对客体形成持续、不间断的侵害;④犯罪既遂、造成不法状态后,行为人仍能继续影响不法状态使客体遭受持续侵害。例如,甲非法拘禁乙,其拘禁行为侵害了乙的人身自由、产生侵害乙的人身自由的非法状态。即使犯罪既遂,甲仍能影响不法状态,因为若甲一直拘禁着乙,甲的非法拘禁行为一直持续地侵害着乙的人身自由。只有当甲释放乙(解除了侵犯乙自由的不法状态),甲的侵犯人身自由的犯罪行为(非法拘禁行为)才真正结束。

2. 类型。常见的继续犯有:①持有型犯罪,如非法持有毒品罪,非法持有枪支、弹药、爆炸物罪,持有假币罪。另外,也有人认为掩饰、隐瞒犯罪所得、犯罪所得收益罪,窝藏毒品、毒赃罪等属于继续犯。②不作为的犯罪往往具有继续犯的特点,如遗弃罪,拒不执行判决、裁定罪,战时拒绝、逃避服役罪等。③侵犯人身自由的犯罪,如非法拘禁罪,绑架罪,拐卖妇女、儿童罪,拐骗儿童罪也都是继续犯。关于重婚罪是否为继续犯存在分歧,我国的通说认为是继续犯。

继续犯的特点是相对于状态犯和即成犯而言的。根据犯罪成立的时间与发生构成要件结果乃至侵害法益的状态的关系,有即成犯、状态犯和继续犯之分。所谓即成犯,是指犯罪行为造成构成要件结果,同时犯罪既遂并同时发生侵害法益结果或危险状态(犯罪结果、既遂、法益侵害三者同时出现),该不法状态虽继续存在却不再受行为人影响。例如,故意杀人罪,行为一旦造成死亡结果,犯罪既遂,该行为造成之不法状态存续(某人生命权遭侵害)已经不再受行为人干预。所谓状态犯,是指发生侵害法益事实后犯罪已经结束,其后侵害法益的状态可能因行为人的影响而依然存在,但这种存续的侵害法益的状态不另成立犯罪,如盗窃罪、诈骗罪、抢劫罪等就是如此。行为人犯盗窃罪窃取财物后,犯罪已经结束,此后行为人实施占有、运输、销售该赃物的行为意味着侵害他人财产权益的不法状态继续存在。但这种行为及不法状态的继续存在不另成立掩饰、隐瞒犯罪所得罪,这也是事后不可罚的行为。而继续犯则不同,在侵害法益事实已经发生、犯罪既遂后,行为人仍然可以继续影响犯罪行为造成的不法状态,其行为仍可继续侵害法益。如甲绑架了乙,其犯罪既遂,但此后若甲继续扣押乙,则甲仍在继续侵害乙的自由(法益)、甲绑架行为仍在继续,直到乙被释放或解救,甲的绑架犯罪行为才结束,对法益的侵害才停止。

3. 意义。继续犯的特点产生以下效果:

(1) 追诉时效的起算时间推后,不是从犯罪成立之日起计算,而是从犯罪行为终了之日起计算。一般的犯罪,不法状态持续到何时与追诉时效的计算无关,如盗窃罪,犯罪人持有赃物到 10 年以后,其追诉时效仍然自犯罪成立之日起计算。而继续犯则不同,因为不法状态存在的同时犯罪行为也存在,所以其追诉时效要从不法状态结束也即犯罪行为终了之日起计算,如行为人 1990 年非法拘禁他人,到 2000 年才释放被拘禁人,则追诉时效从 2000 年开始起算。

(2) 对正当防卫的时机产生影响。在犯罪既遂以后,如果犯罪行为继续侵害客体,属于正在进行的不法侵害,允许进行正当防卫。例如,甲绑架乙,犯罪既遂,但在绑架既遂后继续扣押人质期间,人质乙对甲可实行正当防卫。

(3) 犯罪继续期间,其他人加入的可以成立共犯。例如,甲为出卖而拐走乙女,甲犯罪既遂,丙帮甲转移、运送、出卖乙女,丙构成甲的共犯。与此相对,甲盗窃乙汽车后(盗窃既遂),丙在没有与甲事先通谋的情况下帮甲销赃,丙不构成甲盗窃罪的共犯。

(4) 对于继续犯,只要是出于一个故意侵犯同一客体,不论行为对客体持续侵害多久,都不认为成立数罪。即使在犯罪既遂之后,犯罪行为仍在继续侵害客体,也只认为是一罪。

注意:挪用公款罪、挪用资金罪不是继续犯。挪用公款归个人使用,数额较大超过 3 个月未还构成犯罪的,其追诉时效从犯罪成立之日起计算。脱逃罪也不是继续犯,行为人在不满 16 周岁时脱逃,在已满 16 周岁以后被抓获归案的,认为脱逃时未达刑事责任年龄,从而对该脱逃行为不负刑事责任。

(二) 结果加重犯

1. 概念和类型。所谓结果加重犯,是指行为人的行为具备了基本的犯罪构成,或者说实施了一个基本的犯罪行为,该行为同时又造成一个作为加重法定刑的结果。例如,《刑法》第 263 条规定,以暴力、胁迫或者其他方法抢劫公私财物的,处 3 年以上 10 年以下有期徒刑,并处罚金;抢劫致人重伤、死亡的,处 10 年以上有期徒刑、无期徒刑或者死刑,并处罚金或者没收财产。根据《刑法》第 263 条的规定,抢劫一般处3年以上10年以下有期徒刑，但是抢劫的暴力行为造成重伤、死亡结果的处10年以上有期徒刑、无期徒刑或者死刑。这个重伤、死亡的结果是抢劫行为造成的，不成立数罪，而是作为法定刑升格的根据，这就是结果加重犯。结果加重犯通常是依据《刑法》分则条文的规定确定的。

常见的结果加重犯有：①抢劫致人重伤、死亡的；②强奸致人重伤、死亡的；③非法行医致人重伤、死亡的；④非法拘禁致人重伤、死亡的；⑤虐待家庭成员致人重伤、死亡的；⑥暴力干涉婚姻自由致人死亡的；⑦拐卖妇女、儿童造成被拐卖的妇女、儿童或者其亲属重伤、死亡或者其他严重后果的；⑧放火、爆炸、投放危险物质、破坏交通工具、破坏交通设施、破坏电力设备等造成人身伤亡或者重大财产损失的；⑨生产、销售假药严重危害人体健康的；生产、销售劣药后果特别严重的；⑩生产、销售不符合卫生标准的食品对人体健康造成严重危害的；⑪生产、销售有毒、有害食品造成严重食物中毒事故或者其他严重食源性疾患的；⑫组织、运送他人偷越国（边）境造成被组织人重伤、死亡的；⑬劫持航空器致人重伤、死亡或者使航空器遭受严重破坏的；劫持船只、汽车造成严重后果的；⑭暴力危及飞行安全造成严重后果的；⑮煽动群众暴力抗拒国家法律、法规实施造成严重后果的。这些都是典型的结果加重犯。从表面上看，结果加重犯构成了伤害、杀人或者强奸、抢劫几个罪，但是法律上认为是其基本罪行导致的结果，而且这种结果不作为一种犯罪来评价，而是作为基本罪行的加重刑罚的后果评价。因此这种结果不作为数罪并罚的情况来看，而仅仅作为加重某一罪法定刑的情况来处理，这是结果加重犯。

2. 结果加重犯是分则规定的，属于法定的情形，如果没有分则的规定，不是结果加重犯。如甲抢夺国有档案致保管人员伤亡的，认为是想象竞合犯，而不是结果加重犯，因为分则对抢夺国有档案罪没有作这样的结果加重的规定。此外，结果加重犯是一行为，如果不是一行为，则不是结果加重犯，甲欲强奸某妇女遭到激烈反抗，一怒之下卡住该妇女喉咙致其死亡。这表明甲在原先强奸的心理和行为之外，心理发生变化萌生了杀意，并在杀意支配下卡死被害人，已经不是一行为而是二行为，应认为成立强奸罪（未遂）和故意杀人罪，不是强奸罪的结果加重犯。

3. 结果加重犯与未遂。

（1）结果加重犯（本身）无未遂。如果没有发生法定加重的结果，不成立结果加重犯。如甲、乙预谋杀害丙后抢取丙随身携带的财物，但甲、乙在犯罪过程中未能实际造成丙重伤、死亡的结果，甲、乙不构成抢劫罪结果加重犯。不能因为甲、乙曾预谋使用造成丙死亡（加重结果）的方式抢劫而认为甲、乙构成抢劫罪结果加重犯的未遂。如果甲、乙造成了丙死亡的结果（抢劫罪的加重结果既成事实），则甲、乙当然构成抢劫罪的结果加重犯，应当适用抢劫罪结果加重的规定处罚。也就是只有在加重结果既成事实时，才有所谓的结果加重犯，在这个意义上讲，结果加重犯（本身）无未遂。

（2）基本罪（如抢劫罪）的既遂、未遂与结果加重的关系。①如果基本罪既遂，无论是否造成加重结果,均认为既遂。比如,甲、乙抢取了丙的财物,无论是否造成丙重伤、死亡结果,均是抢劫罪既遂。②如果基本罪未遂,却造成加重结果的情况下,究竟该认定为既遂还是未遂?比如,甲、乙没有实际抢到丙的财物(基本罪未遂)但却造成丙死亡(发生加重结果),甲、乙的抢劫罪是既遂还是未遂?学说上存在分歧。一种观点认为是抢劫罪未遂,理由是,抢劫罪主要客体是财产权,侵犯人身权是次要客体,所以通常以是否抢取财物为抢劫罪既遂、未遂的标准。另一种观点认为,只要事实上发生了加重结果,符合该罪结果加重犯的条件,不论基本罪是既遂还是未遂,一律按既遂犯处罚,不适用未遂犯的处罚规定,即所谓"(如果已经成立)结果加重犯,没有适用未遂规定的余地(按既遂处罚)"。司法实务上,采取后一种观点,最高人民法院《审理抢劫抢夺刑案意见》(2005)指出,"具备劫取财物或者造成他人轻伤以上后果之一的,均属抢劫既遂;……据此,……除'抢劫致人重伤、死亡'这一加重情节之外",均存在既遂、未遂的问题。典型案例如鹿宪州、郭松等在知春里营业所前抢劫运钞车案,被告人等持枪抢劫运钞车并开枪致死伤多人(造成加重结果),但未获分文(抢劫基本犯未得逞),法院判决构成抢劫罪,且未适用未遂规定从宽处罚。针对抢劫罪结果加重犯,学说上也以此观点为通说。但是,对于其他罪的结果加重犯如强奸罪的,能否依此类推,尚存疑问。因为抢劫罪的结果加重犯范围较宽,包括为了抢劫预谋杀人后劫财的情形,而其他罪的结果加重犯如强奸罪的,未必能包容此种情形。很难想象行为人会为了强奸预谋杀人后强奸的,且杀死被害人后对其"强奸"是否还具有强奸性质也存在疑问;这种情形还不如直接认定为故意杀人罪和侮辱尸体罪。

4. 结果加重犯与罪过形式。

(1) 基本犯的罪过形式。结果加重犯的基本犯,有故意罪也有过失罪,如《刑法》第131条规定:"航空人员违反规章制度,致使发生重大飞行事故,造成严重后果的,处3年以下有期徒刑或者拘役;造成飞机坠毁或者人员死亡的,处3年以上7年以下有期徒刑。"该条规定的重大飞行事故罪是过失罪,也有结果加重犯。

(2) 对加重结果的罪过。基本犯是过失罪的,对加重结果的心态当然也是过失的。基本犯是故意罪的,对加重结果的心态,既可以是故意也可以是过失。

(三) 集合犯

集合犯,是指犯罪构成预定了数个同种类行为的犯罪,即法律规定把数个同类行为规定为一个罪(一个犯罪构成)。包括三种情况:常习犯、职业犯和营业犯。我国现行《刑法》中没有规定常习犯,"1979年刑法"规定的惯窃、惯骗罪(惯犯)属于常习犯。职业犯是指将某种犯罪作为职业反复实施的犯罪(构成),如非法行医罪。营业犯是指以营利为目的反复实施的犯罪(构成),如赌博罪、非法经营罪。职业犯与营业犯共同点在于都具有反复从事的特点,区别在于:营业犯要求具有营利目的,而职业犯无此特定目的的要求。应注意的是:是否间断、是作为主业还是副业,不影响职业犯、营业犯的成立。

集合犯在罪数问题上的特殊性在于：刑法把某些具有经常反复性的行为规定为一种犯罪（一个犯罪构成）。尽管从自然意义或从经验意义来讲，该罪包含了数个行为或数次行为，但由于法律规定为一个罪（一个构成）的缘故，按照"构成要件的一行为"概念，仍然是行为单数，是一罪。相对于"自然意义的一行为"或"经验意义的一行为"被规定为一罪的标准情况（如故意杀人罪）有些特殊。

二、（广义的）包容一罪

（一）中国刑法的加重犯

1. 次数加重犯，是指刑法明文规定将多次犯同种罪作为加重事由的情况。例如，《刑法》第263条第4项规定"多次抢劫的"，依法只以抢劫一罪论，类似的情况还有，多次强奸的、多次拐卖妇女、儿童的，作为适用较重法定刑的条件，因为有关犯罪构成包容了多次实现的内容。

2. 数额累计加重犯，是指刑法明文规定将同种数罪的累计数额达到"数额巨大""数额特别巨大"作为加重事由的情况。我国《刑法》在涉财产的犯罪中普遍设置数额累计的加重犯，例如，《刑法》第264条的盗窃"数额巨大""数额特别巨大"，第266条的诈骗"数额巨大""数额特别巨大"，都是作为法定刑升格的条件。所以，张三4月5日盗窃李四2万元，5月6日又盗窃王五8万元，在司法处理上不数罪并罚，而是将两次盗窃的数额累计（2万+8万=10万），评价为一个盗窃罪，数额为10万元，属于"数额巨大"，适用3年以上10年以下的加重法定刑。类似的情况还有，多次走私、贩卖、运输、制造毒品的，多次逃税未经处理的，数量（数额）均累计计算。

（二）结合犯

结合犯，是指刑法把两个独立的犯罪结合规定为一罪的情况。《日本刑法典》第241条规定"犯强盗罪，而又强奸妇女者"，构成强盗强奸罪，就是结合犯。在日本刑法中，本来就规定有强盗罪和强奸罪，在这两个罪之外，还规定了一个"强盗强奸罪"，该罪就是"强盗罪"和"强奸罪"两罪结合而成的一罪。因此，就结合犯的构成要件而言，强盗强奸行为是行为单数，是评价的一罪、科刑的一罪。

如果坚持结合犯须数个独立的犯罪根据刑法明文规定结合成一个独立的新罪，那么，我国刑法中没有典型的结合犯。[1]但是，有些犯罪类型如绑架后故意杀害、故意伤害被绑架人的绑架罪，其罪数评价、犯罪停止形态、承继共犯等问题，还需要借鉴结合犯的基本原理进行分析。因此，可以姑且将这类"罪行加重犯"纳入我国结合犯理论中予以讨论。

例如，《刑法》第239条第2款规定，"犯前款罪，杀害被绑架人的，或者故意伤害被绑架人，致人重伤、死亡的"，仍然只按照绑架罪一罪处理，只不过适用"无期徒刑或死刑，并处没收财产"的加重法定刑。绑架罪与故意杀人罪、故意伤害罪

---

[1] 高铭暄、马克昌主编：《刑法学》，北京大学出版社、高等教育出版社2017年版，第190页。

原本是刑法上各自独立的犯罪，但依《刑法》第 239 条的规定，只成立绑架一罪，适用最重的刑罚。在这种场合，故意杀人罪、故意伤害罪实际成为绑架罪的法定加重处罚的罪行条件，不再单独成立一罪。就第 239 条第 2 款的罪行加重犯（结合犯）而言，绑架并杀害人质的行为，是行为单数、评价的一罪、科刑的一罪。类似的情况还有：

1. 拐卖妇女又奸淫被拐卖的妇女的，以拐卖妇女罪定罪处罚（第 240 条第 3 项）。

2. 拐卖妇女又强迫、诱骗被拐卖的妇女卖淫的，以拐卖妇女罪定罪处罚（第 240 条第 4 项）。

3. 组织他人偷越国（边）境又非法拘禁被组织者的，以组织他人偷越国（边）境罪定罪处罚（第 318 条第 4 项）。

4. 组织、运送他人偷越国（边）境使用暴力抗拒缉查的，以组织他人偷越国（边）境罪定罪处罚（第 318 条第 5 项）。

（三）法定的转化犯

法定的转化犯，是指实施一个轻罪，由于具备法定条件，刑法明文规定以转化后的重罪论处的情况。例如，《刑法》第 238 条第 2 款规定，非法拘禁时使用暴力殴打致被拘禁人伤残、死亡的，以故意伤害罪、故意杀人罪定罪处罚。尽管非法拘禁行为和故意伤害（或故意杀人）行为属于独立的罪行，但是由于法律规定，因此仅以重罪（故意伤害或故意杀人）论处。[1] 类似的情形还有：

1. 刑讯逼供、暴力取证致人伤残、死亡的，以故意杀人罪、故意伤害罪从重处罚（第 247 条）。

2. 虐待被监管人致人伤残、死亡的，以故意杀人罪、故意伤害罪从重处罚（第 248 条）。

3. 邮政工作人员私自开拆、隐匿、毁弃邮件、电报，窃取财物的，转化为盗窃罪（第 253 条）。

4. 聚众斗殴造成重伤、死亡的，对直接责任人以故意杀人罪、故意伤害罪论处（第 292 条）。

5. 非法组织卖血、强迫卖血，对他人造成伤害的，以故意伤害罪论处（第 333 条）。

---

[1] 关于法定转化犯的理论根据，有学者认为是合并犯，参见孙国祥：“合并犯综论”，载《江海学科》2004 年第 2 期。本书认为，对被拘禁人的杀伤已经独立成立故意杀人罪或故意伤害罪，法律规定以故意杀人罪或故意伤害罪定罪处罚，并且行为人非法拘禁行为从法律规定看，未对刑事责任带来其他影响，实际已被重罪吸收。注意，这里使用的"吸收"一词，不同于其在德国法中的含义，特指法定只处罚重罪，其关联的轻罪既不单独定罪处罚、也不作为法定从重、加重事由的情形。法定对该罪的不处罚，解释为轻罪被处罚的重罪所吸收。此处"吸收"的用法，类似于数罪并罚吸收原则中吸收一词的用法。

6. 犯盗窃、诈骗、抢夺罪，为了抗拒抓捕、毁灭罪证或窝藏赃物，当场使用暴力或以暴力相威胁的，转化为抢劫罪（第269条）。

7. 携带凶器抢夺的，以抢劫罪论处（第267条第2款，是否属于转化罪尚无定论）。

（四）选择的一罪

选择的一罪，是指同一刑法条文规定了若干独立的犯罪构成，既可以由一个犯罪构成成立一罪，也可以由数个犯罪构成成立一罪。[1] 刑法分则对于很多犯罪都规定了多种手段行为，例如，走私、贩卖、运输、制造毒品都只触犯《刑法》第347条；使用伪造的信用卡、冒用他人信用卡、恶意透支，都只构成一个信用卡诈骗罪。在这种实行行为具有选择性的犯罪中，行为人实施其中一种行为的，是行为单数；同时实施其中多种行为的，在构成要件的意义上也认为是行为单数。例如，张三既走私毒品又贩卖毒品，只构成一个走私、贩卖毒品罪。[2]

三、法条竞合犯

（一）法条竞合现象

法条竞合关系，指刑法条文之间在罪状（构成要件内容）上存在相容（真包含或交叉）关系。例如，《刑法》第266条规定有诈骗罪；同时《刑法》第192～198条还规定有金融诈骗罪，包括集资诈骗罪、信用卡诈骗罪、信用证诈骗罪、保险诈骗罪等。显而易见，《刑法》第266条诈骗罪在内容上能包容各金融诈骗罪，因为各金融诈骗罪不过是诈骗罪的一种特殊的类型，表明《刑法》第266条与各金融诈骗法条之间存在包容与被包容的关系，如同桌子与方桌子、圆桌子、长桌子之间的关系，桌子包容各种形状的桌子。其他常见的存在竞合关系的法条如：

1. 《刑法》第224条的合同诈骗罪与第266条的诈骗罪，在"诈骗数额较大财物"上重叠。

2. 《刑法》第397条的滥用职权罪、玩忽职守罪与第400条第2款的失职致使在押人员脱逃罪、第412条第2款的商检失职罪等渎职罪在"滥用职权、玩忽职守"上重叠。

3. 《刑法》第233条的过失致人死亡罪与第115条的失火罪、第133条的交通肇事罪、第134条的重大责任事故罪、第335条医疗事故罪等在"过失致人死亡"上重叠。也可认为第115条的失火罪、第133条的交通肇事罪、第134条的重大责任事故罪、第335条医疗事故罪等包括了"过失致人死亡"的内容。

---

[1] 何秉松主编：《刑法教科书》，中国法制出版社2000年版，第491页。
[2] 若行为人在不同场合分别实施了选择罪名中的数个行为，如甲在2004年3月8日实行一次走私毒品行为，在2004年6月5日实施一次运输毒品行为，一般认为成立数罪，只是按照我国的司法习惯这如同同种数罪一样不实行数罪并罚。就行为特征和罪名看，近似于异种数罪；就可累计数量以一罪处罚看，又近似于同种数罪；就科刑的情况看，只科走私、运输毒品罪一罪之刑罚。

4.《刑法》第 234 条故意伤害罪与寻衅滋事、聚众斗殴、强奸、抢劫、非法拘禁、刑讯逼供、虐待被监管人、绑架等侵犯人身的犯罪，在造成"轻伤后果"上重叠。也可认为寻衅滋事、聚众斗殴、强奸、抢劫、非法拘禁、刑讯逼供、虐待被监管人、绑架等侵犯人身的犯罪可包容故意伤害致人"轻伤的结果"。

5.《刑法》第 234 条故意伤害罪、第 232 条故意杀人罪与放火、决水、爆炸、投放危险物质、以危险方法危害公共安全罪，破坏交通工具罪，破坏交通设施罪等故意危害公共安全的犯罪在"故意致人伤亡"上重叠。也可认为放火、决水、爆炸、投放危险物质、以危险方法危害公共安全罪、破坏交通工具、破坏交通设施等故意危害公共安全罪包容了"故意致人伤亡"的内容。

6.《刑法》第 264 条盗窃罪与盗窃枪支、弹药、爆炸物罪，盗伐林木罪，窃取国有档案罪，非法获取国家秘密罪，侵犯商业秘密罪等在"窃取"行为方式上重叠。

7. 重婚罪与破坏军婚罪在"重婚"上重叠。

不仅《刑法》分则条文之间存在法条竞合关系，而且《刑法》总则与分则也存在一些法条竞合关系。在犯罪形态、共犯、罪数、自首等重要问题上，分则往往有一些特别规定，二者的关系是，在没有特别规定的情况下，遵从总则规定，但是，有时分则条文对这些问题有特别规定，根据特别法优先适用的原理，排斥总则规定的适用。例如，"指使他人作伪证的"行为，乍看似乎是伪证的"教唆犯"，其实，该行为属于《刑法》第 306 条规定的辩护人、诉讼代理人妨害作证罪或第 307 条第 1 款规定的妨害作证罪的行为，直接按照辩护人、诉讼代理人妨害作证罪或妨害作证罪定罪处罚，不适用共犯的规定。再如，协助组织卖淫罪，乍看是组织卖淫罪的共犯（帮助犯），但《刑法》第 358 条第 3 款专门把它规定为独立的罪名，也只需要直接按照协助组织卖淫罪定罪处罚，不再以组织卖淫罪共犯论处。因此，掌握这些特别规定相当重要，掌握的方法就是直截了当地记住条文的规定。

（二）法条竞合现象的成因

形成法条竞合现象的主要原因是刑法对保护客体（法益）的多元划分和对犯罪行为类型的设定。比如，刑法保护的最基本元素是"人"和"财"，如果仅仅规定侵犯人身权利和侵犯财产两类犯罪，基本不存在条文内容的重叠现象。可是刑法还规定了危害公共安全的犯罪，如放火、爆炸等。公共安全是指众人或社会的"人和财"的安全，对"人和财"划分出"个人的"与"公共的"分别设置法律保护，势必使危害公共安全的犯罪与侵犯（个人）人身、财产的犯罪在"人和财"上发生重叠。比如，放火可能造成毁财伤人的结果，这与故意杀人、故意伤害、故意毁坏财物罪发生重叠。因为公共安全不过是个人人身与财产安全的集合。如何对个人与公共的法益进行分割？分割的细密程度则涉及立法上的政策和技术考虑。比如，"珍贵文物"也是财物，为了特别予以保护，在故意毁坏财物罪之外又特别规定故意损毁文物罪，使二者形成包容与被包容的竞合关系。再如，枪支、弹药、爆炸物也是一种财物，国家考虑这些物品对公共安全的危险性，在盗窃、抢夺、抢劫罪之外还单独规定盗窃、抢夺、抢劫枪支、弹药、爆炸物罪，使法条产生竞合。这种分割越细密，产生的法条竞合现象就越严重。广义讲，加重犯、结合犯也是因特殊的刑事政策和立法技术考虑所造成的法条竞合现象。我国《刑法》将犯罪分为十大类，交叉分割较为细密，因此法条之间的重叠现象也较为突出。

此外还有其他一些原因：①社会生活本身的需要，如招摇撞骗就是生活中常见的一种犯罪现象，有必要在法律上单独作为一种犯罪类型惩罚。②刑事政策需要，如绑架并杀害人质（故意杀人）十分凶残，有必要给予比故意杀人罪还重的惩罚（无期徒刑或者死刑）；同时也警示绑匪，杀死人质将会招致最严厉惩罚。③立法观念和技术问题，如根据主体的特殊性分列出军人违反职责罪一章，根据法益的特殊性分列出危害公共安全罪和危害国防利益罪等，这样造成手段、结果、对象、客体的多标准分割，形成大量法条竞合。如盗窃与盗窃枪支（公共安全）、盗窃公文（社会秩序）、盗窃武装部队公文（军事利益）、盗窃商业秘密（知识产权）、盗窃国有档案、盗掘古文化遗址、古墓葬（文化遗产）的竞合。同时把侵犯秘密细分为非法获取国家秘密，为境外窃取、刺探、收买、非法提供国家秘密，间谍，非法获取军事秘密等。④立法运作程序中非逻辑的因素。比如，危害国防利益罪一章主要由军方起草，军方的立场自然希望相关罪名多多益善，对具体负责的人员而言，这关系到工作业绩，所以，在招摇撞骗罪之外，还有冒充军人招摇撞骗罪，在破坏广播电视设施、公用电信设施罪之外还有破坏军事通信罪。又如，渎职罪一章本有滥用职权罪、玩忽职守罪的规定（《刑法》第397条），可满足惩处渎职的基本需要，但各部门争相建议把本部门渎职行为写入法律，于是就有了商检、海关、司法、检疫、税务、林业、土地、招生、文物等人员特殊的渎职罪。

尽管在立法上形成法条竞合的原因是多种多样的，但法条竞合现象对于法律职业人员而言将会导致一个不争的事实，那就是法律条文、罪名增加，掌握、适用起来也更加困难、复杂。

(三) 法条竞合现象的分类

从逻辑上分析法条竞合关系，大体有两类：

1. 一个条文可被包容于另一条文的外延之中，如合同诈骗罪与诈骗罪。这是由于对某一条之罪（诈骗罪）添加了特别的限制条件"合同"（诈骗罪）而发生的，因而形成两个条文之间的一般性规定（诈骗罪）与特殊规定（合同诈骗罪）的关系，也是一种种属关系。

2. 数条文的包容存在部分重叠，外延存在交叉，如医疗事故罪与过失致人死亡罪。医疗事故罪包括致就诊人死亡或伤残两种结果，其中致就诊人死亡与过失致人死亡重叠。但是致就诊人伤残的，不在过失致人死亡范围内。

对于法条竞合关系大体分为两类就可以了，虽然还有更细致的划分，但意义不大。

(四) 法条竞合犯的概念及其处理原则

1. 概念。法条竞合犯，是指一个犯罪行为同时触犯两个以上内容有包容或交叉关系的法律条文的情形，即一行为触犯数法条竞合部分的情况。例如，甲以非法占有为目的在签订合同过程中骗取对方当事人乙50万元定金后逃匿。甲的行为既符合《刑法》第224条合同诈骗罪的构成要件，也符合《刑法》第266条诈骗罪的构成要件，因为前者的内容可包容于后者之中，触犯合同诈骗罪法条势必也触犯诈骗罪法条。甲实施一行为因为法条内容重叠的缘故而貌似触犯数法条，是法条竞合犯。法条竞合犯，是行为单数、法规单数，属于一罪而不是数罪。

2. 处理原则。法条竞合犯是因为法律规定的外延有重叠、交叉而产生的；换言之，同一事实之所以触犯数法条是因为法条之间存在内容的重复，根源在立法结构而不在犯罪事实。对法条竞合犯只需依据法律适用规则在触犯的数法条之中选择其一适用即可。适用的基本规则是：

（1）特殊法优于一般法，适用特别法条排斥一般法条。例如，上述甲诈骗案既触犯诈骗罪条文（《刑法》第266条），也触犯合同诈骗罪条文（《刑法》第224条），因此，适用较为特殊的《刑法》第224条，排斥《刑法》第266条一般性条款的适用。

（2）在依据特别法优先适用明显导致不合理结论的情况下，例外地允许优先适用重法。例如，《刑法》第266条（诈骗罪）规定："诈骗公私财物，数额较大的，处3年以下有期徒刑、拘役或者管制，并处或者单处罚金；数额巨大或者有其他严重情节的，处3年以上10年以下有期徒刑，并处罚金；数额特别巨大或者有其他特别严重情节的，处10年以上有期徒刑或者无期徒刑，并处罚金或者没收财产。本法另有规定的，依照规定。"《刑法》第279条（招摇撞骗罪）规定："冒充国家机关工作人员招摇撞骗的，处3年以下有期徒刑、拘役、管制或者剥夺政治权利；情节严重的，处3年以上10年以下有期徒刑。冒充人民警察招摇撞骗的，依照前款的规定从重处罚。"比较第266条（诈骗罪）和第279条（招摇撞骗罪）不难发现，第266条（诈骗罪）的法定最高刑为无期徒刑，而第279条（招摇撞骗罪）的法定最高刑为10年有期徒刑，一般规定（诈骗罪）可能重于特别规定（招摇撞骗罪）。按理冒充国家机关工作人员招摇撞骗的危害性大于一般的诈骗财物，但却可能受到轻于一般诈骗的处罚，明显不合情理，所以通说认为，当招摇撞骗骗取的财物"数额特别巨大"的，从罚当其罪的角度考虑，应例外地择一重法条定罪处罚，即以诈骗罪定罪处罚。[1] 但应注意，在重法条优先于轻法条适用的场合，法条竞合犯与想象竞合犯在处罚原则上相同，导致二者的区分变得无趣和模糊。所以，也有学者认为应属于想象竞合犯，但这不是通说。通说认为是法条竞合犯，只是适用规则上例外。这种例外有日渐缩小的趋势，例如，《刑法》第149条第2款规定："生产、销售本

---

[1] 高铭暄、马克昌主编：《刑法学》，北京大学出版社、高等教育出版社2017年版，第530页。

节第 141 条至第 148 条所列产品,构成各该条规定的犯罪,同时又构成本节第 140 条规定之罪的,依照处罚较重的规定定罪处罚。"对这种情形,过去多认为是法条竞合犯例外适用重法,现在多认为是想象竞合犯法定择一重罪处罚。

(五)法条竞合犯中"特殊法"的确认规则

法条之间的竞合关系可以有多种多样的解说,但是对法条竞合犯适用法律的规则其实只应有一个,即特殊法优先适用排斥一般法适用。因此解决法条竞合犯法条适用问题的路径也只需要一个,就是确认触犯的数法条中哪个是一般法哪个是特殊法。

如何确认一般法与特殊法?对主体、行为方式、对象、结果等构成要件要素的限定条件较少因而外延较广者为一般条款;限定条件较多因而外延较小者为特殊法。以最常见的涉及人身、财产的犯罪为例,刑法保护、犯罪侵害的基本元素是"人和财",其中最基本的应是"个人的人和财",基本的就是普通的、一般的,因此犯罪构成中限定条件较少的侵犯人和财的犯罪条款是普通法或一般法。具体而言,对人的侵犯的一般法就是故意杀人罪、故意伤害罪、过失致人死亡罪、过失致人重伤罪、非法拘禁罪等;对财产的侵犯的一般法就是盗窃罪、诈骗罪、抢劫罪、敲诈勒索罪、侵占罪等。与此相对,对主体、行为方式、对象、结果添加限制条件而形成的条款是特殊条款。特殊法优先适用,排斥基本法即一般法的适用。

在法条之间存在包容关系的场合,特殊法的确认非常简单,向来不会发生争议,因为二者种属关系十分明确。比如,同一事实触犯诈骗罪和合同诈骗罪时,选择适用合同诈骗罪,排斥适用诈骗罪。但是,遇到交叉竞合关系时,确认哪个是特别规定就存在一些分歧,并且因为多标准划分导致问题复杂化。但其实采取上述的简易标准也可予以确认。例如,甲在公共场所设置爆炸故意致多人伤亡,同时触犯《刑法》第 232 条(故意杀人罪)、第 234 条(故意伤害罪)和第 115 条(爆炸罪),其中故意杀人罪、第 234 条故意伤害罪是对侵害人生命、健康限定条件最少因而外延最广的条款,属于一般条款,被排斥适用;而以爆炸且危害公共安全的方式致人伤亡的属于特别条款。学说上对这种情形多从完整法或全体法优于局部法来解说,意思是第 115 条能完整(或全部)包容该案故意致人伤亡和爆炸危害公共安全的内容,属于完整法或全体法,优先适用,以爆炸罪定罪处罚。而故意杀人法条和故意伤害法条都只能涵盖该案的局部危害结果,所以被排斥适用。这种解说虽然能够说明这类场合优先适用爆炸罪条的道理,但是没有必要。因为若能用一个标准统一解说或确认法条竞合犯的特殊法适用规则,就没有必要再立标准。

上述简单的规则大体可以统一解说法条竞合犯的"特殊法"的确认。这种确认法条竞合犯的规则还有两个优点:①与刑法的规定相契合,刑法条文中都是在侵犯人身、财产、渎职等犯罪最基本条款之后规定"本法另有规定的依照规定",如《刑法》第 232 条(故意杀人罪)、第 233 条(过失致人死亡罪)、第 234 条(故意伤害罪)、第 266 条(诈骗罪)、第 397 条(滥用职权罪、玩忽职守罪);②与法条竞合犯特殊法优先适用排斥一般法适用的普遍规则相一致。

全部法和局部法的划分不符合解决法条竞合犯适用法律规则的思路。因为对法条竞合犯该选择适用哪个条文，其关键点是触犯的数条中哪个更特殊，并非哪个内容更完整涵盖案情。比如，若甲交通肇事致3人重伤、4人死亡，对该案应当适用交通肇事法条定罪处罚，排斥适用过失致人重伤、死亡法条，其理由应该是什么呢？还是因为交通肇事罪法条更特殊，由此决定了对该甲的行为触犯数法条的法律适用，不在于哪个更完整涵盖案情。那不过是交通肇事罪构成要件的包容性问题，与法条的选择适用无关。假如甲交通肇事仅仅因为造成严重的财产损失而构成犯罪，那么该案与过失致人死亡、重伤罪法条根本不发生任何关系，也就不产生法条竞合犯的问题。

从纯粹的法条逻辑关系分析，根据完整性来确认应适用的法条会导致混乱。比如，过失致人死亡与交通肇事罪哪个是"完整法"哪个是"局部法"，根据不同标准会有不同结论。以不拘何种方式过失致人死亡为标准，过失致人死亡是完整法，因为它可以涵盖一切过失致人死亡的情形包括医疗事故致人死亡、失火致人死亡、重大责任事故致人死亡等。如果以包含的内容多样性为标准，交通肇事罪包含交通肇事特有方式致人死亡、重伤、财产损失，种类多于过失致人死亡，它似乎是完整法。但是这种完整性对触犯数法条行为的法律选择没有意义。对法条竞合犯选择适用法条有意义的是哪个是一般法哪个是特别法，侵人毁财的最基本条款是一般法，被排斥适用；侵人毁财最基本条款之外的法律另有规定的情形，属于特殊条款，应优先适用。

第三节　法规复数与酌定的科刑一罪

刑法分则的刑罚法规（罪刑条文）按照"罪状·法定刑"的结构设置，因此，当行为触犯数个不同的刑罚法规时，按理来说应当分别科刑，再依数罪并罚的规定决定最终的处罚效果。但是，在一些情况下，例如，数法规被同一行为事实所触犯，或者触犯数法规的数行为之间有特定关联，不宜数罪并罚，法官可酌情按一罪科刑，此即"酌定的科刑一罪"中"酌定"之由来。

一、想象竞合犯

（一）概念、特征和处断原则

想象竞合犯，是指行为人实施的同一行为同时触犯数个法规罪状，择一重罪处断的情况。其特征是：①行为人只实施了一个行为；[1] ②同时触犯了数个罪刑条文，符合数个犯罪构成（罪状）。例如，甲为自己装修歌厅使用而偷盗机场的照明灯，价值数额较大且危及公共安全，甲的同一偷盗事实同时触犯《刑法》第264条和第117条，符合盗窃罪和破坏交通设施罪的犯罪构成。

想象竞合犯因为实现了数个犯罪构成，是法规复数，将其视为评价的数罪似乎理所应当。鉴于对经验观念上的同一行为事实实行数罪并罚不近情理，所以是酌定的科刑一罪。我国通说向来重视行为在确认罪数方面的地位，认为以一行为而犯数罪，不是实质的数罪而是观念上的数罪或者想象的数罪，所以把想象竞合犯归入实质的一罪。[2] 这里不采通说，原因是，通说一方面主张确认罪数的标准是"犯罪构成"，另一方面在想象竞合犯上又采取行为标准，存在体系上的矛盾。其实，无论是将想象竞合犯理解为实质一罪，还是评价数罪、科刑一罪，它之所以值得被罪数论关注，核心要义在于，想象竞合犯既不是标准的一罪（行为单数、法规单数、科刑单数），也不是标准的数罪（行为复数、法规复数、科刑复数），所以跳脱出概念之争，我们需要把握其作为不典型的一罪的内核：行为单数、法规复数、科刑单数。可见，将想象竞合犯纳入酌定的科刑一罪是比较合理的。

对想象竞合犯采取"择一重罪处罚"的原则，也就是在犯罪人同时触犯的数个罪名中，选择较重的罪名定罪处罚。例如，上述甲的同一偷盗事实同时符合盗窃罪和破坏交通设施罪的犯罪构成，如果按破坏交通设施罪处罚较重，就按破坏交通设施罪定罪处罚。

成立想象竞合犯是否需要同时触犯的罪名都达到构成犯罪的程度？在我国，一般认为想象竞合犯触犯的数罪名需要达到足以构成犯罪的程度。例如，盗割动力电线的，只有在盗窃的电线达到数额较大并且行为足以危害公共安全的同时构成盗窃罪和破坏电力设备罪的场合，才认为是想象竞合犯。假如行为人盗割电线，但盗窃的电线数额不够较大不成立盗窃罪，只成立破坏电力设备罪的，不认为是想象竞合犯。

（二）司法实务中的常见类型

1. 同一偷盗行为同时触犯了其他罪名，如盗窃交通工具、交通设施、易燃易爆设备、广播电视公用电信设施等，同时触犯了相关罪名。

---

[1] 如前所述，行为单数包括自然意义的一行为、经验意义的一行为和构成要件的一行为。其实行为单数的判断标准可以分为两个层次：事实阶层的判断和规范阶层的评价，对于想象竞合犯而言，规范的判断结论显而易见，行为符合数个构成要件。说想象竞合犯是行为单数，属于事实判断的结果，主要是依据自然的观察和经验观念的判断。因此，想象竞合犯的"一行为"，指的是在经验观念上行为作为事物的自然状态是一个，亦即，"原则上是在脱离法的评价、不考虑构成要件性的自然观念之下，根据社会的见解将行为人的身体动静评价为单数"。参见陈兴良主编：《刑法总论精释》（下），人民法院出版社2016年版，第671页。

[2] 高铭暄、马克昌主编：《刑法学》，北京大学出版社、高等教育出版社2017年版，第186~188页。

（1）2013 年 4 月 2 日最高人民法院、最高人民检察院《办理盗窃案解释》第 11 条规定，盗窃公私财物并造成财物损毁的，按照下列规定处理：采用破坏性手段盗窃公私财物，造成其他财物损毁的，以盗窃罪从重处罚；同时构成盗窃罪和其他犯罪的，择一重罪从重处罚。实施盗窃犯罪后，为掩盖罪行或者报复等，故意毁坏其他财物构成犯罪的，以盗窃罪和构成的其他犯罪数罪并罚。盗窃行为未构成犯罪，但损毁财物构成其他犯罪的，以其他犯罪定罪处罚。

（2）2018 年 9 月 28 日最高人民法院、最高人民检察院、公安部《关于办理盗窃油气、破坏油气设备刑案意见》第 4 条规定："行为人与油气企业人员勾结共同盗窃油气，没有利用油气企业人员职务便利，仅仅是利用其易于接近油气设备、熟悉环境等方便条件的，以盗窃罪的共同犯罪论处。实施上述行为，同时构成破坏易燃易爆设备罪的，依照处罚较重的规定定罪处罚。"

（3）2007 年 6 月 26 日最高人民法院《审理军事通信刑案解释》第 6 条规定，破坏、过失损坏军事通信，并造成公用电信设施损毁，危害公共安全，同时构成《刑法》第 124 条（破坏广播电视设施、公用电信设施罪——著者注）和第 369 条第 1 款规定的（破坏军事通信罪——著者注）犯罪的，依照处罚较重的规定定罪处罚。盗窃军事通信线路、设备，不构成盗窃罪，但破坏军事通信的，依照《刑法》第 369 条第 1 款的（破坏军事通信罪——著者注）规定定罪处罚；同时构成《刑法》第 124 条（破坏广播电视设施、公用电信设施罪——著者注）、第 264 条（盗窃罪——著者注）和第 369 条第 1 款规定的（破坏军事通信罪——著者注）犯罪的，依照处罚较重的规定定罪处罚。违反国家规定，侵入国防建设、尖端科学技术领域的军事通信计算机信息系统，尚未对军事通信造成破坏的，依照《刑法》第 285 条的（非法侵入计算机信息系统罪——著者注）规定定罪处罚；对军事通信造成破坏，同时构成《刑法》第 285 条（非法侵入计算机信息系统罪——著者注）、第 286 条（破坏计算机信息系统罪——著者注）、第 369 条第 1 款规定的（破坏军事通信罪——著者注）犯罪的，依照处罚较重的规定定罪处罚。违反国家规定，擅自设置、使用无线电台、站，或者擅自占用频率，经责令停止使用后拒不停止使用，干扰无线电通讯正常进行，构成犯罪的，依照《刑法》第 288 条（扰乱无线电通讯管理秩序罪——著者注）的规定定罪处罚；造成军事通信中断或者严重障碍，同时构成《刑法》第 288 条、第 369 条第 1 款规定的犯罪的，依照处罚较重的规定定罪处罚。

（4）2000 年 11 月 22 日最高人民法院《审理森林资源刑案解释》第 8 条规定，盗伐、滥伐珍贵树木，同时触犯《刑法》第 344 条（非法采伐、毁坏国家重点保护植物罪——著者注）、第 345 条（盗伐林木罪、滥伐林木罪——著者注）规定的，依照处罚较重的规定定罪处罚。该解释第 15 条规定，非法实施采种、采脂、挖笋、掘根、剥树皮等行为，牟取经济利益数额较大的，依照《刑法》第 264 条的规定，以盗窃罪定罪处罚。同时构成其他犯罪的，依照处罚较重的规定定罪处罚。

2. 在经济犯罪中，常见类型是制售伪劣商品同时触犯其他罪的情形，如：

（1）《刑法》第 149 条第 2 款规定，生产、销售第 141 条至第 148 条所列商品，构成各该条规定的犯罪，同时又构成第 140 条规定之罪的，依照处罚较重的规定定罪处罚。

（2）2014 年 11 月 3 日最高人民法院、最高人民检察院《办理危害药品安全刑案解释》第 10 条规定，实施生产、销售假药、劣药犯罪，同时构成生产、销售伪劣产品、侵犯知识产权、非法经营、非法行医、非法采供血等犯罪的，依照处罚较重的规定定罪处罚。

（3）2002 年 9 月 4 日最高人民检察院《办理非法经营食盐刑案解释》第 4 条规定，以非碘盐充当碘盐或者以工业用盐等非食盐充当食盐进行非法经营，同时构成非法经营罪和生产、销售伪劣产品罪、生产、销售不符合卫生标准的食品罪、生产、销售有毒、有害食品罪等其他犯罪的，依照处罚较重的规定追究刑事责任。例如，丙用工业用盐冒充食用盐出售，销售额达到 50 万元，触犯生产、销售伪劣产品罪，生产、销售有毒、有害食品罪，若无食盐专卖许可，还触犯非法经营罪，属于想象竞合犯，择一重罪处罚。

（4）2001 年 4 月 9 日最高人民法院、最高人民检察院《办理伪劣商品刑案解释》第 10 条规定，实施生产、销售伪劣商品犯罪，同时构成侵犯知识产权、非法经营等其他犯罪的，依照处罚较重的规定定罪处罚。例如，甲没有专卖许可而销售冒牌伪劣的中华牌香烟，此行为同时触犯非法经营罪（擅自经营专卖品香烟）、销售假冒注册商标的商品罪、销售伪劣产品罪。

3. 实施暴力犯罪过程中，同时触犯其他罪的，比如：一般认为，妨害公务过程中因为使用暴力造成公务人员伤亡结果的，同时触犯故意伤害罪、故意杀人罪和妨害公务罪的，属于想象竞合犯。

（三）想象竞合犯与科刑数罪的区别

想象竞合犯是指以经验观念上的同一行为事实同时触犯数罪的情形。因此，行为事实个数是想象竞合犯与科刑数罪区别的要点，以数个行为事实触犯数个不同种罪的，是科刑数罪。鉴于一行为与数行为的界分并非易事，所以司法解释中一般使用"同时触犯"的表述，呼应同一行为事实。将二者结合起来，大体可以区分想象竞合犯与科刑数罪。

可是有一种情形需特别考虑，我国司法实务极为重视"计额"论罪，如果行为人以同一行为事实同时触犯数个不同种罪，且犯罪金额需分别计算处罚的，通常应当适用数罪并罚。例如，2014 年 8 月 12 日最高人民法院、最高人民检察院《办理走私刑案解释》第 22 条规定，对在走私的货物、物品中藏匿《刑法》第 151 条（枪弹等）、第 152 条（淫秽物品、废物）、第 347 条（毒品）、第 350 条（制毒物品）规定的货物、物品，构成犯罪的，以实际走私的货物、物品定罪处罚；构成数罪的，实行数罪并罚。这种情形，经验观念上是同一行为事实且"同时"触犯数罪，但触犯了数个不同种罪且数额应分别计算处罚，则成为科刑上的数罪。道理很简单，我国

《刑法》根据走私物品的差别分别规定有走私普通货物、物品罪，走私武器弹药罪，走私毒品罪，走私淫秽物品罪等，其处罚也存在差异。因此，一起走私案中涉及多种物品的，分别触犯多罪，以任何一罪计额处罚均有不妥之处，只有区别物品的性质、分别计额处罚。数罪并罚成为最合理的处理方式，其合理的根源在于既不遗漏罪行也不重复评价。类似情形如，在一起假报出口骗税500万元的案件中，若行为人对其中部分货物缴纳过增值税如200万元，则骗取出口退税额为300万元，另200万元属于将已缴纳税款骗回，是逃税性质以逃税罪论处。这样一起假报出口骗取出口退税的行为事实，触犯骗取出口退税罪（300万元）和逃税罪（200万元），其犯罪金额应分别定性处罚，故不得不数罪并罚，成为科刑上的数罪。

这种一行为事实同时触犯数罪却应当数罪并罚的情形，究竟是想象竞合犯的例外，还是不能称之为想象竞合犯？这是说法问题。想象竞合犯只是酌定的科刑一罪，在我国计较处罚金额的体制下，若犯罪金额必须区分性质分别计算，只有数罪并罚才能实现恰如其分的评价处罚。这种外来的概念没有任何约束力。经验观念上的一行为事实自身就缺乏确定性，同时触犯数罪，若能分清不同性质金额的，也不是酌情不数罪并罚的理由。剩下的问题仅仅在于究竟是改变想象竞合犯的概念还是松动想象竞合犯的处断原则。

（四）想象竞合犯与结果加重犯的区别

二者区别的要点在于是否法定。想象竞合犯与结果加重犯均属于经验观念上的一行为事实，均属于科刑的一罪，区别在于一行为事实造成的额外结果触犯其他罪名的，若法定作为该罪行适用较重法定刑的条件，是结果加重犯，为法定的科刑一罪，如抢劫致人重伤、死亡的；若没有法定，则酌情作为科刑的一罪即想象竞合犯。比如，抢夺致人重伤、死亡的，按照已废止的2002年7月20日最高人民法院《审理抢夺刑案解释》第5条的规定，构成抢夺罪，同时构成过失致人重伤罪、过失致人死亡罪等犯罪的，依照处罚较重的规定定罪处罚，这是想象竞合犯的典型表述；但依据2013年11月11日最高人民法院、最高人民检察院《办理抢夺刑案解释》第3条的规定，抢夺公私财物致他人重伤的，应认定为第267条的"其他严重情节"，致他人死亡的，为第267条的"其他特别严重情节"，即抢夺致人重伤、死亡，是抢夺罪的结果加重犯，仍是抢夺一罪，重伤、死亡结果是该罪法定刑升格的条件。在学理上，结果加重犯其实是想象竞合犯的一种类型，即同一行为事实触犯一犯罪构成同时其结果又触犯另一犯罪构成的，因为法律对该结果专门设置了较重的法定刑，所以是结果加重犯，成为法定科刑的一罪，没有再行斟酌的必要。

（五）想象竞合犯与法条竞合犯的区别

1. 二者区别的价值在于处罚原则不同。想象竞合犯是适用择一重罪定罪处罚；法条竞合犯则是适用特殊规定排斥一般规定。这一点在盗窃罪与破坏广播电视设施、公用电信设施罪发生想象竞合时表现得尤为明显。因为破坏广播电视设施、公用电信设施罪的法定最高刑为15年有期徒刑，盗窃罪的法定最高刑为无期徒刑。所以，在发生想象竞合时，择一重罪处罚就会出现这样的情况：如果盗窃财物（通信设施）价值较大时，以破坏广播电视设施、公用电信设施罪处理较重，按破坏广播电视设施、公用电信设施罪定罪处罚；如果盗窃的财物数额特别巨大，以盗窃罪该判无期徒刑的，以盗窃罪定罪处罚。法条竞合犯则不是"唯重是从"，而是明确地适用特殊规定不考虑轻重。

2. 二者的区别向来是纷争不断，尤其是在接受法条竞合犯例外可以择一重罪处罚的情况下，又使这种纷争成为无意义的问题。因为反正都是一行为、都是科刑的一罪、都可择一重罪处罚，还有什么好争论的？所以，二者界分的必要性是以适用的法律规则不同为前提的。根据我国刑法的特点，应当坚守对法条竞合犯特殊法优先适用的唯一规则。在这个前提下，谈论想象竞合犯与法条竞合犯的区别，同时不得不缩小法条竞合犯的范围。二者的区别是：

（1）想象竞合犯虽然是经验观念上的一行为事实，但其造成了数危害结果、侵害了数法益，如盗割动力电线的，既破坏了电力设备，危害了公共安全，又窃取了财产（电线等），危害了财产利益。正因为如此，站在法益说的立场上，认为想象竞合犯是实际的数罪，只是按行为个数认为是一罪。反过来，常识上认为的"一行为"一定可靠吗？不一定！如毁损石油设施从中窃取油品的，毁损石油设施和窃取石油未必不可以认为是数行为，因为毕竟存在仅仅从中窃取石油不毁损石油设施的情形。只是因为我国的司法不喜好数罪并罚，借用想象竞合犯的概念作为其不数罪并罚的依据而已。所以，想象竞合犯"唯重是从"的实际内容是存在实际的数个危害性，不仅仅在于触犯数犯罪构成，还在于它也真真实实地产生了数危害结果。

法条竞合犯虽然触犯数法条，却没有造成数结果、侵犯数法益。因此没有"唯重是从"的实体内容，仅仅是因为法律结构上形成的法条重叠的产物。所以仅仅是适用法律规则的问题，应以特殊规定优先，而不问其轻重。

（2）想象竞合犯虽然也涉及数法条，但是数法条之间没有重合关系，如盗窃罪与破坏电力设备罪在法条上没有关联。而法条竞合犯触犯的数法条之间存在内容上的重合，如诈骗罪与金融诈骗罪在骗取财物上就有重合关系。

基于此原理，对二者区分还有一个简单的办法，就是当一行为触犯数法条时，看其中的一个法条是否能够完全评价或者包容该犯罪行为，如果能够就是法条竞合犯（空竞合），如果不能就是想象竞合犯（实竞合）。想象竞合犯因为具有数危害，所以触犯数法条且不能被其中的一个法条完整包容，总有危害内容"溢出"；而法条竞合犯则能被其中的一法条完整包容，没有危害内容"溢出"。如甲盗窃枪支，虽然同时触犯盗窃罪条和盗窃枪支罪条，但其中之一盗窃枪支罪条能够完全评价（包括）甲的该项罪行，显然是法条竞合犯。另如，乙盗割动力电线将数额较大的电线非法占有的，如果适用盗窃罪条，乙对电力设备的破坏性没有被评价进去；如果适用破坏电力设备罪条，则乙非法占有财物的危害没有被评价进去，这属于想象竞合犯。正因为想象竞合犯有这样造成多结果、危害多法益的特点，所以要择一重罪定罪处罚,甚至司法解释还有规定要择一重罪从重处罚。如使用破坏性手段盗窃财物数额较大,同时又毁坏财物数量较大的,应择一重罪从重处罚。

二、牵连犯

(一) 牵连犯概念、特征和处断原则

牵连犯,是指实施某个犯罪,作为该犯罪的手段行为或结果行为又触犯其他罪的情况。其特征是:①只有一个最终的犯罪目的;②有两个以上的犯罪行为;③触犯了两个以上不同的罪名;④所触犯的两个以上犯罪之间有牵连关系,即一罪是他罪的手段行为或结果行为。例如,甲为了方便冒充国家工作人员招摇撞骗(一个最终目的诈骗),而伪造公文自用于诈骗活动(招摇撞骗罪或诈骗罪的手段行为),作为诈骗手段的伪造公文行为又触犯了《刑法》第280条的伪造国家机关公文罪,这是犯罪的手段行为触犯其他罪名。又如,乙在某矿山盗窃300公斤炸药,驾车运载炸药途中被抓获,分别构成盗窃爆炸物罪和非法运输爆炸物罪;非法运输爆炸物是其远距离盗窃爆炸物的结果行为,这就是犯罪的结果行为触犯其他罪名。上述两种情况都存在牵连关系,前者是招摇撞骗罪或诈骗罪的牵连犯,后者是盗窃爆炸物罪的牵连犯。

有学者认为,牵连犯除了具有目的上的关联性之外,在客观上数行为间还应具有直接的内在联系。[1] 例如,甲在外地打工时盗窃21只雷管,打算回家盖房子炸石头使用。春节回家时随身携带这些雷管在某公共汽车站欲乘坐长途汽车时被抓获。从主观上分析,甲盗窃后并携带回家使用,出于一个犯意和目的,客观上属于盗窃爆炸物的结果行为,所以属于牵连犯。仅有主观联系没有客观联系,不是牵连犯,如为杀人而盗窃枪支,抢劫后为灭口而杀人等,虽有目的上的联系,但缺乏客观性内在联系。从生活常识上看,窃取枪支并非是杀人的必要手段,所以不认为是犯罪的手段行为的牵连犯。又如,甲到原打过工的H公司财会室窃取一张空白现金支票。之后私刻H公司经理和会计的名章盖于支票上并填写40 000元金额,持该票到银行取款被识破。甲涉嫌盗窃、伪造公司印章、伪造金融票证、票据诈骗(未遂)。数行为存在牵连关系,择一重罪即票据诈骗罪处断。其中,盗窃空白支票价值微不足道,不单独成罪,若盗窃印鉴齐全的现金支票,视同现金,成立盗窃罪。再如,甲、乙、丙在丁女开门进屋的瞬间闯入,当场抢取丁女钱财若干并拍摄丁女裸照20张。此后多次以电话、信件方式要丁女以每张2000元的价格赎回裸照,在取赎金时被抓获。本案被告人等构成抢劫罪和敲诈勒索罪(未遂),不是牵连犯,应当二罪并罚。

---

[1] 也有学者将这种"直接的内在联系"表述为"类型化的牵连关系""抽象的牵连性"。但是,如果过度强调两行为之间牵连关系的通常性、当然性、伴随性和不可分离性,那么,牵连犯和吸收犯的概念边界就会变得模糊。比如入户盗窃,最终以盗窃罪一罪定处,究竟是因为非法侵入住宅被盗窃吸收,还是非法侵入住宅与盗窃之间具有牵连关系,就难有定论。当然,与域外法不同,我国刑法中的牵连犯和吸收犯,都是行为复数、法规复数、科刑单数,区分二者的实益原本就不大。

牵连犯的处断原则：择一重罪处罚。牵连犯实际上是数行为犯数罪，但鉴于该数行为间存在牵连关系，数罪并罚显得过重，所以择一重罪处罚。

牵连犯的关键在于处罚原则有没有例外？通说认为牵连犯择一重罪处罚的原则存在例外，即牵连犯存在酌情数罪并罚的余地。有关指导案例亦指出："对牵连犯，刑法分则有特别规定的，应当适用特别规定定罪处罚；没有特别规定的，择一重罪从重处罚。"[1] 具体而言，例外的情况有二：①刑法有特别规定的，如《刑法》第198条（保险诈骗罪）规定，投保人、被保险人故意造成财产损失的保险事故，骗取保险金；投保人、受益人故意造成被保险人死亡、伤残或者疾病，骗取保险金，同时构成其他犯罪的，依照数罪并罚的规定处罚。②司法解释有规定的，如因挪用公款索取、收受贿赂构成犯罪的，挪用公款进行非法活动构成其他犯罪的，依照数罪并罚的规定处罚。

其实从科刑后果来看，牵连犯本身就是犯罪评价的例外，尽管行为复数、法规复数，但由于数行为间存在牵连关系，例外地只科处一刑罚。因此，对牵连犯的适用（牵连关系的认定）"应当尽量避免、慎之又慎"[2]。与其将上述情形解释为牵连犯从一重罪处断原则的例外，莫不如直接否认牵连关系的存在和牵连犯的成立，毕竟区分牵连犯与典型数罪的价值和必要性主要在于前者的处断原则不同。

（二）司法实务中常见类型

常见的牵连犯是行为人出于诈骗的目的而伪造公文证件等，并用于诈骗犯罪的情形。典型例子如：伪造国家机关证件在招摇撞骗中使用的。其他例子如：盗窃信用卡又使用的；为擅自设立金融机构而伪造公文的；窃得存折又去骗领的。在经济犯罪中常见类型是假冒注册商标包装其制售的伪劣商品。例如：乙用工业用酒精配制食用酒，并大量印制茅台、五粮液、古井贡等名牌酒的商标、包装，冒充茅台、五粮液、古井贡等名牌酒出售。乙使用工业酒精（非食品有毒物质）配制食用酒，构成生产、销售有毒食品罪；另外，乙还印制大量名酒的商标、包装，用于包装毒酒，又构成假冒注册商标罪，二者存在手段行为与目的行为的牵连关系。

（三）牵连犯与想象竞合犯的区别

区别要点是行为个数不同，想象竞合犯是"一行为"，而牵连犯是"数行为"。判断一行为还是数行为关键要看是否同时触犯数个构成要件。同时触犯数罪的，大体是一行为；不是同时触犯数罪，而是明显有间隔的，大多是数行为。二者的区分并不是很分明，因为"一行为"概念不甚分明，如毁损油气设备盗油的，未必不能理解为破坏设备和盗窃两个行为，如果理解为两个行为，则应是牵连犯而不是想象竞合犯了。不过，如果择一重以破坏易燃易爆设备罪定罪处罚，考虑到盗窃油气数

---

[1] "王昌和变造金融票证案"，载《刑事审判参考》（总第10集），法律出版社2000年版。

[2] 陈兴良主编：《刑法总论精释》（下），人民法院出版社2016年版，第711页。我国也有学者主张直接废弃牵连犯理论，参见周光权：《刑法总论》，中国人民大学出版社2016年版，第386页。

额较大的事实,未必不可以适用盗窃罪的附加刑罚金。再如,最高人民法院《审理出口退税刑案解释》第9条规定:"实施骗取出口退税犯罪,同时构成虚开增值税专用发票罪等其他犯罪的,依照刑法处罚较重的规定定罪处罚。"虚开增值税专用发票究竟是骗取出口退税的行为组成部分还是其手段行为?从构成要件上分析,应是两个犯罪行为,从关联性上讲,骗取出口退税除虚构出口的事实外还必须虚构纳税事实,二者合在一起才能构成完整的骗取出口退税罪行。该司法解释使用"同时构成",似乎是想象竞合犯的表述。可见二者区分相当困难且不统一,能够容忍这种现状,大约是择一重罪处断的结论一致的缘故。鉴于我国学说与实务对牵连犯认定不够成熟,所以,应重点关注法律的特别规定和司法习惯。

三、吸收犯

(一) 吸收犯的概念、特征和处断原则

吸收犯,指一个犯罪行为因为是另一个犯罪行为的必经阶段、组成部分、当然结果,而被另一个犯罪行为吸收的情况。

吸收犯的特征类似于牵连犯,即①有数危害行为;②犯数罪(触犯数个不同刑罚法规);③其中的一行为吸收其他行为;④属于行为复数、法规复数、科刑单数。

吸收犯包括以下几种形式:

1. 吸收必经阶段的行为。例如,行为人入室抢劫的场合,往往有非法侵入他人住宅的行为。这个非法侵入他人住宅的行为是行为人预定入室抢劫行为的一个必经阶段,被抢劫行为吸收,只需要以抢劫一罪论处。

2. 吸收组成部分的行为。例如,行为人伪造增值税发票,同时又有伪造发票上印章的行为。这个伪造印章的行为是行为人伪造发票行为的一个组成部分,被伪造发票行为吸收,只需要以伪造增值税专用发票罪论处。

3. 吸收当然结果的行为。例如,行为人非法制造枪支然后又持有该非法制造的枪支。这个非法持有枪支的行为是行为人非法制造枪支行为的当然结果,被非法制造枪支行为所吸收,只需要以非法制造枪支罪一罪论处。在经济犯罪中,常见吸收犯是侵犯著作权(盗版)而后又销售侵权复制品的,或者假冒注册商标而后又销售假冒注册商标的商品的。例如,甲盗版中学英语教材,构成侵犯著作权罪,随后甲又销售该盗版的英语教材,构成销售侵权复制品罪,二罪之间属于吸收犯,根据司法解释,以侵犯著作权罪定罪处罚,而销售侵权复制品罪则认为被吸收。

此外,对下列情形也有认为是吸收犯的:①重行为吸收轻行为,如抢劫时实施暴力殴打他人致轻伤的,抢劫罪吸收故意伤害行为。②正犯行为吸收共犯行为,例如,行为人在同一案件中既有教唆行为、帮助行为,又参与了犯罪的实行,一般按照正犯行为定罪处罚。对于教唆、帮助行为,作为在共同犯罪中的作用考虑。③高度行为吸收低度行为,如行为人进行犯罪预备之后,转入实行,以实行行为作为根据定罪处罚。不过,在我国对数罪并罚极端粗放的司法习惯背景下,这种精细的理论区分似乎意义不大。

吸收犯的处断原则：对吸收犯仅按吸收之罪处断，不数罪并罚。

（二）吸收犯与牵连犯的区别

首先，应承认二者难以区别。因为牵连犯与吸收犯，都是数行为犯数罪，都是行为复数、法规复数、科刑单数。况且，牵连犯是数罪按一罪处罚也可以说一罪被另一罪"吸收"；而吸收犯的一行为之所以能被另一行为吸收，肯定是二行为之间有"牵连"。吸收是牵连的结果、牵连是吸收的根据，怎能区别开？就是区别开来，意义何在呢？其次，有的学者喜欢使用牵连犯的概念，有的学者喜欢使用吸收犯的概念。因为学者的偏好不同，所以对二者的范围掌握得也不同。喜欢使用牵连犯概念的学者，往往扩大牵连犯的范围；喜欢使用吸收犯概念的学者，往往扩大吸收犯的范围，以至于同样的情况在不同的著述中有不同的理解，有的说是牵连犯，有的说是吸收犯，加剧了概念的混乱状况。

问题的根源在于学说上虽然使用了吸收犯和牵连犯两个概念，但二者解决的问题是相同的，即数行为犯数罪但酌情不并罚。两个概念的作用相同，难免在使用中发生冲突。所以有人主张把牵连犯或者吸收犯废除一个，只保留一个，免去这层自找的麻烦。但是，目前在学说上仍然同时保留着这两个概念，所以，还是不得不加以区分。区分的要领是掌握牵连犯和吸收犯的具体类型和典型例子。牵连犯的类型主要是两个：①手段行为与目的行为的牵连，典型例子是伪造公文用于诈骗犯罪的；②原因行为与结果行为的牵连，典型的例子是为了走私而骗购外汇的。吸收犯的类型主要有三个：①必经阶段，典型例子是入室抢劫时，抢劫行为吸收入室行为（非法侵入住宅）的情况；②组成部分，典型例子是伪造发票又伪造其上印章时，伪造发票行为吸收伪造印章行为的情况；③当然结果，典型例子是非法制造枪支又持有该枪支的，非法制造行为吸收非法持有行为的情况。

通说认为区别二者的价值在于，牵连犯触犯的数罪是相对独立的；而吸收犯则是一罪被另一罪吸收，被吸收之罪没有独立性。对吸收犯的这种认识主要受德国刑法的影响，其实混淆了我国刑法语境下的吸收犯（行为复数作为酌定科刑单数的吸收）和德国刑法语境下的吸收关系（行为单数法条竞合意义上的吸收）。因此，经常将既遂吸收未遂、预备这类"行为形态的吸收"和正犯行为吸收共犯行为这类"参与行为的吸收"纳入吸收犯当中，导致我国吸收犯概念包容的异质内容过多，处于非常混乱的境地。其实，作为酌定的科刑一罪，所谓"吸收犯"真正需要处理的问题，应集中于不可罚的事前行为和不可罚的事后行为。但如前所述，这种意义上的吸收犯与牵连犯的区分又变得非常困难，且缺乏实益。

德国刑法中的"吸收关系"[1]

德国刑法一般区分三种法条竞合：特别关系、补充关系、吸收关系。其中，吸

---

[1] 参见［德］乌尔斯·金德霍伊泽尔著，蔡桂生译：《刑法总论教科书》，北京大学出版社2015年版，第482~483页。

收关系的法条竞合,是指某个犯罪的不法通常都为另一个犯罪的不法所包含的情形。在对更严重的不法施加惩罚之时,该伴随的不法也就一同处理了。具体包括:①不纯正的一罪。典型的伴随行为是要被吸收的,如入室盗窃吸收侵入住宅(《德国刑法典》第123条)和损坏财物(《德国刑法典》第303条)。②不纯正的数罪。典型的预备行为和销赃、利用行为乃是"与罚的事前行为和事后行为",也是要被吸收的,如为了盗窃汽车,事先侵占车钥匙(与罚的事前行为),又如销赃、利用、保全行为,行为人将偷来的香肠吃掉即为典型例子(与罚的事后行为)。③不可罚的伴随行为。如果主行为由于无罪责能力、未受刑事追诉、超过时效等原因不可罚,那么就没有理由处罚伴随行为。

(三)司法实务中的常见类型

2004年12月8日《最高人民法院、最高人民检察院关于办理知识产权刑事案件具体应用法律若干问题的解释》第13条第1款规定,实施《刑法》第213条规定的假冒注册商标犯罪,又销售该假冒注册商标的商品,构成犯罪的,应当依照《刑法》第213条的规定,以假冒注册商标罪定罪处罚。第14条第1款规定,实施《刑法》第217条规定的侵犯著作权犯罪,又销售该侵权复制品,构成犯罪的,应当依照《刑法》第217条的规定,以侵犯著作权罪定罪处罚。这种情形可理解为结果行为的牵连,但是根据该解释只成立一罪,被认为是吸收犯。

四、连续犯

连续犯,是指行为人基于同一或者概括的犯罪故意,连续多次实施犯罪行为,触犯相同罪名的犯罪。事实上,由于我国司法习惯同种数罪不并罚,因此,只要是同种数罪,无论是否连续往往均直接认定为一罪(数额累计)。所以,在连续犯的场合原本就不存在并罚的问题,大费周章地在"酌定的科刑一罪"项下专门讨论,实益不大。但鉴于我国学界通说仍将其与牵连犯、吸收犯一起并列为"处断的一罪",[1] 本书对其作简要介绍。

连续犯的特征是:①实施数个犯罪行为;②数个犯罪行为具有连续性;③数个犯罪行为出于同一或概括的故意;④数个犯罪行为触犯相同罪名。例如,甲基于行凶报复的意思,到乙家一连杀死乙家5口人。又如,甲基于盗窃的意思,一夜连续撬窃13户人家。假如不是出于同一的故意,不是连续犯,如甲杀死乙家5口人后,出门时遇到丙,为灭口将丙杀害,其杀丙的行为与杀乙家5口人的行为之间就不是连续犯。

在我国刑法中连续犯的实际意义,主要有三点:①追诉时效起算。犯罪行为有连续状态的,追诉时效从行为终了之日起计算,但是,鉴于我国规定有追诉时效中断制度,效果可能是一致的;②在刑法的溯及力方面,根据司法解释,犯罪行为由刑法(1997年刑法)生效前连续到刑法生效后,如果新旧刑法均认为是犯罪的,即

---

[1] 高铭暄、马克昌主编:《刑法学》,北京大学出版社、高等教育出版社2017年版,第192~194页。

使现行刑法规定的处罚较重也适用现行刑法,但是在量刑时可以适当从宽处罚;③对于"次数加重犯"多次的认定,具有一定意义。例如,《刑法》第263条规定,多次抢劫的属于抢劫加重犯。根据《审理抢劫抢夺刑案意见》,对于行为人基于一个犯意实施犯罪的,如在同一地点同时对在场的多人实施抢劫的;或基于同一犯意在同一地点实施连续抢劫犯罪的,如在同一地点连续地对途经此地的多人进行抢劫的;或在一次犯罪中对一栋居民楼房中的几户居民连续实施入户抢劫的,一般应认定为一次犯罪。在此运用连续犯概念缩小了多次抢劫加重犯成立的范围。

连续犯的处断原则:对连续犯按一罪处断,不实行数罪并罚。连续犯实际上是数行为犯同种数罪,鉴于连续犯只有一个概括或同一的犯罪故意,实施的数行为又具有连续性,在我国一般按一罪处罚。但如前所述,因为我国司法实务对判决宣告前一并审理的同种数罪不论是否具有连续性均不实行数罪并罚,所以,连续犯(具有连续性之同种数罪)在解决数罪并罚问题上实益不大。

连续犯与牵连犯、吸收犯的区别要点在于是否同种数罪。连续犯所犯数罪是同种的;而牵连犯、吸收犯所犯数罪是不同种的。

第四节 罪数论的困惑与检讨

一、我国限缩数罪并罚的制度特点和司法习惯

对同种数罪不实行数罪并罚的司法习惯、广泛存在的加重犯立法例和较高的追究刑事责任门槛,造成我国司法实务不计较数罪并罚的现状。

1. 司法习惯对同种数罪不实行数罪并罚,而是累计以一罪处罚。这可能与我国的刑法结构有关,因为我国刑法中的常见罪几乎都有加重犯的规定,并且加重的法律后果不乏无期徒刑甚至死刑[1]可以满足对同种数罪不并罚的需要;这也可能与有利于重惩犯罪的刑事政策思想有关,因为这样可以将数个具备基本构成的同种罪行,累加成为具备加重构成的罪行,从而使处罚可以升格为无期徒刑甚至死刑;也可能与较为简便有关。在司法实践中遇到的数罪案件中,同种数罪较多,在判决宣告前一并审理的均不实行数罪并罚,如多次盗窃、诈骗、抢夺未经处理的,累计数额处罚。这种习惯与刑事立法中广泛的数额、数量、情节加重规定相配套,产生了对同种数罪一般无须并罚的模式。

2. 刑法分则广泛规定加重犯。其中,有的明确规定对多次犯同一罪作为加重犯

---

[1] "我国刑法(此处指1997年修订前《刑法》,即1979年《刑法》——引者注)中规定罪刑单位的条文中约75%有加重构成,法定最高刑为死刑的50余种……"基本上可以满足同种数罪按一罪处理的需要。参见姜伟:《犯罪形态通论》,法律出版社1994年版,第477页。1997年修订后的《刑法》在这方面延续了相同的体例。

或累计数量处罚,如《刑法》第236条第3款第2项"强奸妇女、奸淫幼女多人的",第263条第4项"多次抢劫的",第383条第2款"对多次贪污未经处理的,按照累计贪污数额处罚",第347条第7款"对多次走私、贩卖、运输、制造毒品,未经处理的,毒品数量累计计算"。由于有了这样的规定,同种数罪不并罚不仅是一个司法习惯而且具有立法上的依据。另外,还有异种罪行加重犯,如拐卖妇女中奸淫(强奸)被拐卖妇女的,绑架后杀害被绑架人(故意杀人)的,这导致对某些异种数罪法定不实行数罪并罚。

3. 我国刑法设定的刑事责任门槛较高,导致对异种数罪的数罪并罚也较为粗放。因为对单个的危害程度较低的行为不追究刑事责任,久而久之也会对异种数罪的处罚发生影响。比如,对单独发生的非法侵入住宅或者伪造一张公文的行为,可能因达不到追究刑事责任的程度而不作为犯罪处罚;当这样的行为成为其他罪行的过程或手段行为时,一般也不会考虑进行数罪并罚;再如,刑法中规定有大量的选择一罪,在数罪并罚方面,几乎被当作同种罪对待,行为人实施贩卖毒品和运输毒品行为,即使两个行为完全独立也是累计数量按照一个贩卖、运输毒品罪处罚。

二、构建适应我国刑法体制的罪数论体系的方向

(一)法定的科刑一罪·酌定的科刑一罪的二分体系

以行为数作为评价罪数的基础,同时接受"构成要件的一行为"概念,意味着在罪数论上把经验常识意义上的行为数和分则各条犯罪构成的解释及法定刑配置放在前提基础的位置上。在罪数的确认上,最标准的状态是,一行为触犯一构成要件(罪状)为一罪,数行为触犯数构成要件(罪状)为数罪。这种"行为数"与所触犯"法规数"一致的情形,是法律评价上的标准一罪(二者均为单数)与标准数罪(二者均为复数)。按理来说,评价上的一罪应科处一刑,评价上的数罪应适用并罚,这时可以说是典型的一罪或典型的数罪,或称为单纯的一罪或数罪。它们是简单的(或单纯的、典型的、标准的)分则各条"犯罪构成、刑罚效果"适用问题,在罪数上不需要特别讨论。

需要特别论及的是常识上的罪数(自然意义的行为数和经验意义的行为数)、评价的罪数(法规数)、科刑的罪数(科刑数)三者不尽一致的情形:

1. 因为分则条文"犯罪构成、刑罚效果"的设置的特殊性而产生的不一致情形,其中突出的是结合犯如"绑架又杀害被绑架人的……处无期徒刑或者死刑"。这样的立法设置,产生出两个不一致:①与常识的罪数不一致,绑架他人作人质又杀害人质的,在常识上看应当是做了两件坏事而不是一件坏事,在经验意义上应该是行为复数;②与其他条文的设置不一致(冲突),刑法单独规定有故意杀人罪,绑架罪的基本犯就不包括故意杀人行为,若以故意杀人罪和绑架罪基本犯来评价,应是实现两个犯罪构成(法规复数)、承担两个法律效果(科刑复数),但刑法却特别规定只评价为绑架罪一罪,只科处一个刑罚效果。这种情形可称之为因为法律规定的缘故而生出的罪数不典型(或不纯粹、不标准)情形,学说上回应这种情形,只有依据一定的理由作出选择,鉴于我国刑法中设置大量的"加重犯""转化犯"等,与常识经验和基本犯设置差距甚大,脱离了特定条文对"犯罪构成、刑罚效果"的特别设置,难以解说清楚。就是解说清楚了,实益也不大。因此学说上应当适应这样的立法体制,建立法定的科刑一罪分类,把诸多因为法定的缘故所产生的罪数问题委诸分则构成要件解释论,既简明又能契合数罪并罚制度,具有实益。

2. 因为案情的特殊性而产生的不一致情形,其中突出的是常识经验上的一个行为事实实现了数个犯罪构成,被评价为数罪(法规复数),却不宜并罚的情形,如偷割一段使用中的动力电缆卖得2000元,至少可认为触犯了盗窃罪和破坏电力设备罪,这是司法根据个案的特殊性斟酌决定以一罪定罪处罚。因此设置酌定科刑的一罪正好与法定科刑的一罪相对应,分别解说罪数论中的问题。

这种分类的无奈之处是:①在犯罪个数上,常识上的一罪观念与法律设置的一个犯罪构成其实是相互影响的,争论哪一个是本原没有意义。学说上所能做的,只是选取其中一个较明确的作标准。但即便以行为数作为认定罪数的基础,行为单数的情形也不仅限于自然的一行为和经验意义的一行为,构成要件的一行为也被包括在内,且占据重要地位。②我国分则各条"犯罪构成、刑罚效果"的设置极为复杂多样,由此导致罪数的难题,只好尽量把它当作分则各条的解释、适用论问题,即当作法律拟制问题解决,不谋求在罪数论中具体解决。③引进外国学说建立的罪数论概念、体系不尽适合我国体制。我国限缩数罪并罚(科刑数罪)的立法体制和司法习惯,使酌定的科刑一罪不得不相应有所扩张。

(二)酌定的科刑一罪理论发展方向

1. 难以企求的确定性。"行为单数"概念的弹性,足以模糊想象竞合犯与牵连犯的界限。罪状规范内容的弹性,也足以模糊法条竞合犯、想象竞合犯、牵连犯相互间的界限。寻求这些概念之间的确切界限本来就相当困难,如果处断原则(效果)没有实质差别,界分它们的实益也丧失了。在这种状况下摆弄这些概念简直就是文字游戏。

2. 企求确定性的先决条件。应当降低不确定性的选择:摒弃例外中的例外、酌情中的酌情。也就是说,接受法条竞合犯例外可以择一重罪处断,将永无可能也无必要区别法条竞合犯与想象竞合犯。同理,如果我们看不出牵连犯与吸收犯处罚原则有何实质差异,足以抹煞牵连犯、吸收犯界分的必要性。

因此应当坚持特殊法排斥一般法是法条竞合犯唯一适用规则,以此为前提讨论法条竞合犯与想象竞合犯的界分,并相应收缩法条竞合犯的范围。对同一行为事实若因危害性超出特别法范围而触犯存在竞合关系的一般法的,应当视为想象竞合犯。比如,《刑法》第149条规定的情形,生产、销售第141~148条(特殊规定)所列产品,不以销售金额在5万元以上为要件,若生产、销售第141~148条(特殊规定)所列产品,因销售额达到5万元以上同时触犯第140条规定的,视为想象竞合犯较妥。《刑法》第329条第3款规定,抢夺、窃取国家所有的档案,同时又构成《刑法》规定的其他犯罪的，依照处罚较重的规定定罪处罚。此处"其他犯罪"如非法获取国家秘密罪，也超出了抢夺、窃取国有档案的构成要件评价范围，应当解释为想象竞合犯。

三、简明把握罪数的要领

在罪数论纷争尚未尘埃落定之前，这里给初学者推荐一个简单实用的掌握方法。

（一）着重掌握科刑一罪

罪数论的纷争皆因三个问题而起：①常识上的一罪（自然意义的行为单数与经验意义的行为单数）、法律评价的一罪（法规单数）、科刑的一罪（科刑单数）三者不尽一致；②三者不一致引发的标准之争，即在上述三者中选取"哪个一"为标准不能取得一致；③因为标准不一致产生的概念不同一。学者与学者之间关于罪数的学说哪怕在上述三点中任意一点不一致就会使初学者陷入困惑。对初学者而言要点是，避开各种概念、标准之争，着重掌握科刑的一罪。

（二）认定科刑一罪的一般方法

1. 以法律为准绳恰如其分评价。评价的标准是分则各条构成要件、刑罚效果。对犯罪个数做到"恰如其分评价"，意味着既不能遗漏罪行，也不能重复评价处罚。这需要正确认知两项内容：

（1）正确认识分则各条构成要件、刑罚效果应有的内容，这属于犯罪构成的解释论问题，有赖于以后对分则罪刑各论的掌握。这里只能从方法上讲，要领是掌握分则各条"犯罪构成·刑罚效果"的设置情况，无论是常识上的数罪还是犯罪构成要件评价上的数罪，只要被设置为"一个法定刑效果"的，就算它是一罪。其趋向是尊重法律的拟制，实益是切合数罪并罚制度的适用。其中较突出者是分则条文规定的"加重犯"，法律拟制只科处一刑，尽管与常识存在冲突，也只能按一罪处罚。例如，张三拐卖妇女王某后以暴力迫使其卖淫，张三尽管犯有拐卖妇女罪和强迫卖淫罪，但是属于《刑法》第240条规定的加重犯，对张三的行为只需以拐卖妇女罪定罪处罚。若法律没有特别加重的规定通常情况下应当数罪并罚，如抢劫过程中强奸妇女的，应当以抢劫罪和强奸罪数罪并罚。又如，李四为迫使妇女张某卖淫而将张某强奸，李四触犯了强奸罪和强迫卖淫罪，根据《刑法修正案（九）》之前的《刑法》第358条，此情形是强迫卖淫罪的加重犯，故只按强迫卖淫罪一罪论处；但《刑法修正案（九）》以"情节严重"代替了原条文的5种加重情节，并增设第3款："犯前两款罪，并有杀害、伤害、强奸、绑架等犯罪行为的，依照数罪并罚的规定处罚"，因此，对李四应以强奸罪和强迫卖淫罪数罪并罚。

（2）正确认识行为人的意思、行为、结果的个数。注意结合行为人的意思、目的观察行为的个数。人的行为是在目的支配下的身体举止，而不是单纯的人体动作，不能脱离行为人的意思机械观察动作的个数。比如，甲为了抢劫乙的财物，施加暴力将乙打成重伤后搜取乙身上的财物，甲以一个抢劫的意思，对他人先施暴伤害继而取其财，是一个行为。因为抢劫的主观故意包含以取财为目的施加暴力后取财的意思，与此相应客观方面包含暴力和取财的举止，甲的主观意思和客观举止结合在一起是一个行为。反之，如果行为人为报复仇人而进行人身侵害，致被害人伤亡后"临时起意"取其财的，则行为人明显有两个意思：最初的伤害的意思和后来取财的意思，并在这两个意思支配下实施了两个行动：伤人和取财，是两个行为犯两个罪：侵犯人身健康的故意伤害罪和侵犯财产的抢劫罪或盗窃罪。例如，张某出于报复动机将赵某打成重伤，发现赵某丧失知觉后，临时起意拿走了赵某的钱包，钱包里有1万元现金，张某将其占为己有的案例。[1] 本例中张某起先"为了报复而打人"符合故意伤害罪要件；而后又"临时起意"取财的，另生犯意、另有行为，符合盗窃罪要件。因此张某有两个故意两个行为，符合两个罪的构成要件，应成立数罪且应当数罪并罚。只定故意伤害罪，则遗漏"取财行为"，如果只定盗窃罪则遗漏故意伤害行为，两罪并罚才能完整涵盖张某的犯罪事实，既没有遗漏罪行也没有重复处罚。

2. 即使是触犯了数个构成要件，但是斟酌案情显然不宜实行数罪并罚的，酌情只科一刑。

（1）一行为同时犯数罪或手段行为或结果行为又犯其他罪的，择一重罪处罚（酌定的科刑一罪）。其中，"一行为同时犯数罪"是想象竞合犯，犯某罪而作为该罪的"手段行为或结果行为又犯其他罪"的是牵连犯。

（2）一罪行是另一罪行一部分的或必经过程或当然结果的，是吸收犯。

3. 禁止重复评价、重复处罚。在司法中，根据案情，对同一行为事实只能进行一次（或一个）构成要件评价，或适用一次（或一个）法律效果（法定刑），不得重复评价，即司法习惯中的禁止"一件事情两头占"。如甲以出卖为目的偷盗一名男童，得手后因未找到买主，就产生了自己抚养的想法并抚养了一段时间。甲只有一个拐卖故意和行为，其后的"抚养行为"实际是拐卖儿童行为的继续，甲只成立一个拐卖儿童罪，甲后来想自己抚养只是"想法"而已，并无另外的拐骗行为，所以不另成立拐骗儿童罪。如果仅仅根据有"自己抚养想法"，将其拐卖儿童的持续行为再单定一个拐卖儿童罪，就存在重复处罚。对于因受贿而渎职构成滥用职权、玩忽职守的渎职罪的，除刑法有特别规定的以外应当评价为数罪、实行数罪并罚。但是如果具体案件中渎职的事实作为受贿的立案事由的，即受贿数额未达到刑事立案的标准，加上渎职情节后则可以立案的，[2] 按照禁止重复评价原则，不得数罪并罚。

4. 掌握盗窃、抢夺、抢劫等侵犯财产罪的"事后行为"的罪数问题。

（1）盗窃普通财物，事后实施窝藏、转移、销售等掩饰、隐瞒盗窃犯罪所得（赃物）及其收益的，属于"事后不可罚"行为，只以一个盗窃罪论。抢夺、抢劫财

---

[1] 国家司法考试2007年卷二第7题。
[2] 根据2016年4月18日最高人民法院、最高人民检察院《办理贪污贿赂刑案解释》，个人受贿数额1万元以上不满3万元，但为他人谋取不正当利益，致使公共财产、国家和人民利益遭受损失的，应当认定为《刑法》第383条第1款规定的"其他较重情节"，予以立案。

物后的处置赃物行为同理掌握。例如，陈某掏出仿真手枪夺取了80克海洛因并一直持有，陈某只成立抢劫罪，其非法持有毒品行为，是该抢劫的事后不可罚行为。

（2）盗窃存折、票据等金融票证而后又实施冒领等诈骗行为的，通常认为是盗窃之后兑现赃物的行为，仅以盗窃一罪论，兑现的金额算作盗窃既遂的犯罪金额。抢夺、抢劫金融票证后的冒领行为同理掌握。

（3）盗窃信用卡而后冒用该信用卡的，仅以盗窃一罪论，冒用的金额算作盗窃既遂的犯罪金额。抢夺、抢劫信用卡后的冒用行为同理掌握。

（4）盗窃毒品、淫秽物品等违禁品而后处置违禁品的行为触犯贩卖毒品罪、传播淫秽物品牟利罪的，以盗窃罪和贩卖毒品罪、传播淫秽物品牟利罪数罪并罚。但是仅仅是持有的，仍仅以盗窃罪一罪处罚。抢夺、抢劫违禁品后的处置行为同理掌握。

（5）盗窃枪支的，属于刑法特别规定，成立盗窃枪支罪，其后对该枪支的持有、销售等行为，属于盗窃枪支罪的事后不可罚行为。不能再以非法持有枪支罪、非法买卖枪支罪论。抢劫、抢夺枪支后的处置行为同理掌握。盗窃、抢夺、抢劫爆炸物、危险物质等的处置行为也同理掌握。但是，行为人想偷钱却偷成了枪的，其后对该枪支的销售行为，不属于盗窃罪的事后不可罚行为，以盗窃罪和非法买卖枪支罪数罪并罚。若仅仅是持有的，仍以盗窃罪一罪处罚。

第三编 刑罚论

第一章 刑罚概说

第一节 刑罚的观念

一、刑罚的定义和特点

刑罚是刑法规定的由人民法院依法对犯罪人适用的制裁方法。

刑罚与其他制裁方法比较，具有如下特点：①严厉的程度不同，刑罚是一种最为严厉的制裁方法；②适用的对象不同，刑罚只能对犯罪分子适用；③适用的机关和程序不同，刑罚只能由人民法院代表国家适用，并要依照刑事诉讼法规定的管辖权和诉讼程序进行；④适用的法律后果不同，受过刑罚处罚的人，在法律上和事实上都被视为有前科的人，并且，当其重新犯罪时，可能受到比初犯更严厉的处罚。

二、刑罚的本质、目的

（一）问题的缘起

对犯罪适用刑罚最根本的依据是什么？对这个问题的回答便是所谓刑罚的本质、目的论。比如，孩子故意打碎了邻居窗户玻璃，孩子的母亲打他的屁股，孩子或许会质问：为什么要打我（惩罚我）？母亲可能会做以下几种回答：①因为你做了坏事就应该受到惩罚；②为了你记住教训以后不再做坏事；③为了其他的孩子接受教训不做坏事。母亲对惩罚孩子理由的解答就涉及刑罚的本质、目的。

关于刑罚的本质、目的，存在两种学说：①报应主义，主张刑罚的本质就是对犯罪的报应。所谓报应，就是惩罚罪行、罪犯赎罪，如同"恶有恶报"的生活观念。报应主义强调，刑罚的本质除了作为犯罪的回报之外不应再有其他的目的或企图，尤其是不能将惩罚犯罪人作为实现社会其他利益的手段。②预防主义，认为报应主义把犯罪作为刑罚存在的唯一理由是错误的，主张刑罚应当有目的性，即预防犯罪。因为预防主义是后起的批判报应主义不讲刑罚目的性的学说，所以又被称为"目的主义"。

两种学说自始就在刑罚是否应当实现某种目的上发生对立。站在报应主义立场上，刑罚因为有犯罪存在而存在，这就是刑罚的本质，不屑于谈论刑罚的目的；站在预防主义立场上，刑罚应当追求防范、减少犯罪的目的，把刑罚的本质归结为实现特定的目的。因为两种学说对刑罚根本问题的解答自始就没有"共同语言"，以至于人们难以找到一个"中立"的标题。如果使用"刑罚的本质"作标题，难免隐含对刑罚目的不屑一顾的报应主义的观念；如果使用"刑罚的目的"作标题，则难免隐含预防主义的目的论观念。所以只好使用"刑罚的本质、目的"作为讨论刑罚根本问题的标题。

我国通说认为刑罚的目的是预防犯罪而非报应犯罪，故报应不是刑罚的目的。但是鉴于报应观念源远流长、影响深远，应有所了解。

（二）报应主义

报应主义，又称报应刑论，认为报复犯罪就是刑罚的本质，别无任何目的。报应观念自古有之，"以牙还牙、以眼还眼"便是其简明的表达；"善有善报、恶有恶报"便是民众对其正当性的认同。报应观念包含两项基本内容：①犯罪招致了惩罚，如同侵害者发动的侵害返回到自身（惩罚）；②返报犯罪人的惩罚与罪恶的程度相称，其中包含了人们朴实的公平感。报应观念经哲学家的理论推演，成为刑罚本质的学说。康德（1724~1804）认为，人人应受尊重并因而彼此只能以目的相待，不能把人作为实现某种目的的手段。据此证明对侵害者回报相应的侵害，就是用刑罚惩罚犯罪的唯一理由，不得有其他的目的（比如威慑、警戒其他人不要犯罪），如果另有所图，意味着在惩罚犯罪的活动中罪犯（人）被当作促进其他目的的手段，这不符合道义。人被尊重的前提是自尊自重，自尊自重当然得遵循一些行为准则，其中最重要的是，己所欲为的应当也是众人能为的。[1] 根据这个准则可推导出两个结论：①自己认为别人（众人）对自己做不得的事，自己也不要去对别人做。若将自己认为做不得的事情施加于他人，是违反道义的。通俗地说就是"己所不欲、勿施于人"，己所欲的才能施于人。经过这样换位思考才能既尊重个人意志又能约束个人不为所欲为，避免人们的意志发生冲突并且在发生冲突时有一个判别是非的标准。②己所为的他人也定能为，也就是说，若某人实施了侵害（他人的）行为，则众人也应当能对该人实施同样的（侵害）行为，即惩罚该人。由此推导出多重约束：①对犯罪者而言不应逃避惩罚，因为按照犯罪者的意思，己所为的众人也应能为，所以犯罪者因其侵害行为招致侵害（惩罚）是犯罪人自己的意志选择，逃避惩罚则等同于自己违背自己的意志，这是不符合道义的；②对社会、众人而言，不能赦免

---

[1] 马克昌主编：《近代西方刑法学说史略》，中国检察出版社1996年版，第98页。

对犯罪人的惩罚，因为惩罚犯罪人是以其人之道还治其人之身，是尊重犯罪人的意志选择，倘若社会赦免罪犯，则将陷犯罪人于不仁不义。这不仅违反了正义的要求，也违反了犯罪人意志。经过这样的理论推演，报应主义确立了犯罪与刑罚的绝对关系，犯罪是刑罚存在、适用的唯一理由，且有罪必罚、罚当其罪，所以也被称为绝对主义。报应主义确立犯罪与刑罚绝对关系的理论根据是道义，即尊重人及其意志，把人应得的东西给他，而不论这个东西是利益还是恶害（刑罚），这道义就是公平正义，所以报应主义也被称为正义的理论。康德还举例阐述"罪·刑"之间基于正义而生的这种绝对关系：如果一个岛国行将解散，在解散前必须把死刑犯处死。否则，社会不仅因为剥夺了罪犯应得的东西（刑罚）而违反了道义，而且罪犯的人格和意志也因此而遭到玷污，被陷于不道义。为了追求什么目的而惩罚犯罪，意味着把人当作推进某种目的的手段、工具，这种不尊重人的做法是违反道义的。为了追求什么目的而严惩或宽纵罪犯，意味着没有把罪犯应得的东西不折不扣地给他，也是违反道义的。

此外，还有其他循此思路阐明刑罚本质的学说，如黑格尔认为，犯罪应受惩罚的理由是需要用刑罚否定犯罪这种不法；神意报应说认为，对犯罪者处以刑罚是神的意志；法律报应说认为，国家采用刑罚，是为了维护法律的尊严，犯罪者既然犯法，就应报之以法律规定的刑罚。这些观点的思路均借助某种理由说明惩罚与犯罪的必然联系，都可归入报应主义之列。

（三）目的主义的兴起

刑罚具有剥夺犯罪能力、惩戒犯罪人、警戒其他人的作用，人们也都期望刑罚最大限度地发挥这方面的作用，实现压制、减少犯罪的目的，这是不争的事实。自有刑罚以来，刑罚虽然没有能够消灭犯罪，甚至有时都不能遏制犯罪的增长，但试想一下，若没有刑罚犯罪会猖獗到什么程度？目的主义或预防主义思想与报应主义一样源远流长。例如，贝卡利亚1764年发表的《论犯罪与刑罚》就提出："刑罚的目的仅仅在于，阻止犯罪再重新侵害公民，并规诫其他人不要重蹈覆辙。"[1] 德国刑法学之父费尔巴哈（1775~1883）就把预防犯罪的目的作为倡导罪刑法定原则的论据，他认为国家不能够也不应该在他人还没有犯罪的时候预先采取物理强制措施防范犯罪，因此只有利用人趋利避害的本能，在刑法中规定出各种犯罪的代价（刑罚）并预先公布，对人们心理施加强制，使人们感到犯罪得不偿失从而放弃犯罪的选择。边沁（1748~1782）认为"自然已将人类置于两个至高无上主人——苦与乐的统治之下",[2] 一切制度的设置都必须顺从这两个主人，以增进快乐减少痛苦为目的。刑罚是一种痛苦、一种恶、一种代价，刑罚存在的根据只能是通过减少犯罪的恶害、增进福利，在这个意义上讲刑罚是一种必要的"恶"，刑罚所排除的犯罪之恶大于刑

---

[1] [意] 切萨雷·贝卡利亚著，黄风译：《论犯罪与刑罚》，北京大学出版社2008年版，第29页。
[2] 马克昌主编：《近代西方刑法学说史略》，中国检察出版社1996年版，第60页。

罚之恶才符合功利原则，[1] 才有存在的根据。功利主义为刑罚预防犯罪的目的奠定了深厚的哲学基础，足以与康德的正义理论相匹敌，所以，目的主义或预防主义因为这个理论根基而被称为功利理论。因为目的主义把刑罚的本质归结为预防犯罪的目的，不再像报应主义那样把罪·刑关系绝对化，所以也被称为相对主义。

　　两种学说早期仅仅在理论根基、概念演绎层面存在分歧、争议。报应主义认为，尊重人及其意志、把人应得的东西（包括刑罚）给他，这是正义，是刑罚存在的根基，舍此不能说明刑罚的正当性。目的主义认为，预防犯罪是刑罚存在的根基，刑罚应当是减少犯罪、促进社会福利的工具。报应主义批评目的主义把刑罚的本质由报应犯罪转移到其他目的上，不仅使人成为促进某种目的的手段（不尊重人），还可能迷失适用刑罚的依据和尺度，如为了达到杀一儆百的效果而不惜适用重刑、酷刑，犯罪人受到重罚不是因为罪行深重而是因为国家需要告诫别人不要向他学习。刑罚依据和尺度一旦偏离犯罪自身，对犯罪人是不公平的。目的主义则批评报应主义仅仅满足于概念推演出的正当性，过于忽视社会生活的需求。这种观念层面的纷争并未带来刑罚制度的根本变革。

　　目的主义的兴起，源于使用科学方法研究犯罪人、犯罪原因、犯罪对策，彻底刷新了人们的思维。伴随工业化、城市化的进程，社会面临犯罪增长带来的巨大压力，人们深感哲学家们"坐在摇椅上"推演出来的刑罚观无法对付日益增长的犯罪现象，开始重视犯罪对策，尝试使用生物学、医学、统计学的科学方法调查研究犯罪人、犯罪原因、犯罪现象，寻求犯罪对策。其中最著名的是意大利医生龙勃罗梭，他首先从人类学的角度对犯罪者进行研究，根据对精神病人和服刑犯人的观察和鉴定的结果，于1876年发表《犯罪人论》，提出天生犯罪人类型说。他认为，这一类犯罪人由于有着与生俱来的身体构造方面的特征（如头盖骨异常、前额扁平、颧骨特别突出等），必然会走上犯罪道路；在精神的心理的方面，天生犯罪人也有某些特征（如精神发育迟滞、缺乏道德感情、耽于迷信、冲动、残忍、懒惰等）。这一类人在犯罪人中占有相当的比例。曾师从于龙勃罗梭的E.菲利（1856~1929），通过研究犯罪的社会原因，认为犯罪固然有个人的原因，但同时还有自然的原因（如季节、气候、地域、自然灾害等）和社会的原因（如经济状况、工农业生产、社会教育、舆论、习惯等），人走上犯罪道路是个人、自然、社会因素综合作用的结果。德国学者李斯特认为，个人与社会的因素相结合，是导致犯罪的原因。

　　人的素质和生活背景（社会条件）差异对人走上犯罪道路的影响，使人们认识到，传统的报应主义、目的主义基本观念如人（包括犯罪人）有自由意志、理性，按照自己意志或者算计选择是否犯罪等，不过是假设，并且这些假设被证明是不可靠、不准确的；也使人们认识到，犯罪人应当也能够对自己选择的行为负责的观念同样存在假设的成分；刑罚只以犯罪行为本身为对象的观念是片面的，缺乏针对性

---

[1] 马克昌主编：《近代西方刑法学说史略》，中国检察出版社1996年版，第61页。

和实效。于是刑法学说在犯罪、责任、刑罚等基本观念上发生了全面革新。

传统的刑罚观认为，人是理性的，有能力按照自由意思对自己的行动作出理智的判断（非决定论），行为人在能够自由选择是否犯罪的情况下，竟然决意去犯罪，因此理所当然地要受非难、处罚（道义责任论、行为责任、意思责任）。刑罚对犯罪这种恶行的回报（报应刑），是让人们看到犯罪招致的刑罚后果并进而作出明智的选择，不敢贸然犯罪（一般预防）。刑罚的轻重与犯罪的危害程度均衡，不必要适用过分严酷的刑罚（罪刑相适应）。

新的刑罚观则认为，人未必有自由意思，人的行为并不是根据自己的自由意思所作出的选择，而是被其个人素质以及社会环境所决定的（决定论）。在个人因素和社会环境的作用下形成的反社会人格，决定了人走上犯罪道路。换句话说，犯罪行为不过是犯罪人反社会的性格或者危险性的外在表现（犯罪征表说）。据此，应处罚的不应是犯罪行为而是行为人的反社会性格。因受现代科学水平的限制，还没有找到能直接获知反社会性格的方法，所以只好将反社会行为的极端情形即犯罪行为作为发现反社会性格的阶段，并在这一阶段上使其受到处罚。因为处罚行为人，就其是实施了犯罪行为的人而言，是没有办法的办法，所以处罚行为人也就失去了责任（非难）所固有的意义。因为存在着具有反社会性格的行为者，会动摇社会的生存，所以应为了保卫社会而适用刑罚（社会防卫论、社会责任论、人格责任论）。刑罚的目的，应是矫正行为人的反社会性格、防止重新犯罪（教育刑、特别预防、不定期刑），刑罚的轻重分量应当与人格危险程度相适应，而不是与行为的危害程度相适应（刑罚个别化）。

（四）目的刑主义

目的刑主义主张，使犯罪受到刑罚的处罚，这本身不是目的。国家确立、适用刑罚是为了预防犯罪，以达到维护社会长远利益的目的。这个目的主要是预防犯罪，所以又称预防主义。目的主义反对报应主义把罪刑关系绝对化，所以又称相对主义。目的主义是以功利主义为价值基础的，所以又称功利主义。因主张的预防的对象、方式不同，预防主义可二分为一般预防和特殊预防（如剥夺能力、惩戒、教育、改造、回归等）。

1. 特殊预防。特殊预防，是指对犯罪分子适用刑罚的目的是防止他再次犯罪。目的主义其实主要是因特殊预防而兴起。在刑罚观念系统刷新背景下，特殊预防的显著特征是：

（1）刑罚适用的重心移向行为人。李斯特提出："应惩罚的是行为者，而不是行为"，这一著名论断鲜明地表达了转移的方向。过去倾向于"对事不对人"，罪刑相适应指刑罚的轻重与"事"适应（相称）。在"人·意思·行为·结果"的四要素中，重视行为和结果，适用刑罚重视客观危害。特殊预防倾向于"对人不对事"，在"人·意思·行为·结果"的要素中，重视"人·意思"，适用刑罚重视人身危险性即再次犯罪的可能性。

（2）刑罚个别化，即刑罚适应教育、改造犯罪人的需要。过去倾向于"对事不对人"，所以适用刑罚强调根据犯罪行为危害性（事）给予一视同仁的处罚，即同罪同罚。特殊预防倾向于"对人不对事"，因为犯罪人存在个体差异，所以在预防犯罪的目标下适用刑罚应"因人而异"。应针对犯人的个性特点适用刑罚以期达到最佳预防犯罪的效果，教育改造可教化者，惩戒威吓精于算计的可惩戒威吓者，隔离不可教化不可惩戒者。为了适应对不同犯罪人教育改造的需要，刑罚适用、执行方式也多样化，如不定期刑、缓刑、假释等。对于无刑事责任能力人或其他有犯罪危险的人，可采取保安处分。

（3）淡化赎罪观念。过去的观念重视刑罚令犯罪人赎罪，罪责的重点是已经犯下的罪行，适用刑罚以自由意志即有刑事责任能力为前提，犯罪人对过去所犯罪行接受惩罚、谴责，蕴含着强烈的赎罪意味。特殊预防采取不与犯罪人一般见识的态度，适用刑罚以保护社会免受犯罪人再次侵害为宗旨，重视对犯罪人将来产生的影响，不斤斤计较犯罪人赎罪与否。在这种观念之下，刑罚是惩罚的观念就受到了冲击，有学者宁愿把刑罚当作保护社会、处置犯罪人的措施，其核心内容是教育、矫正犯罪人。

激进的预防主义侧重于对罪犯的教育和促进罪犯适应社会生活。这种主张又分为：①改善说，强调对犯罪人适用刑罚，不仅是为了使他们不再犯罪，而且要使他们改过自新，成为新人。这派学者有的更进而主张废除惩罚的概念，只以改善为目的，在这个基础上，形成了教育刑主义。②回归说，强调教育、帮助犯罪人适应社会，与人们共同享受生活的幸福。使犯罪人能和我们共同生活，不仅是犯罪人的义务，而且是犯罪人的权利。换言之，帮助犯罪人回归社会是社会义务和责任。

2. 一般预防。一般预防是指通过刑罚威慑防止社会大众犯罪。相对于针对被判刑人的特殊预防，一般预防的对象是正在服刑的犯罪分子以外的社会大众。从预防主义的发展过程看，早期的预防主义和现代的预防主义差别很大。早期重视一般预防，对特殊预防则侧重于刑罚本身对罪犯的惩戒、教训。一般预防的主张又分为：①心理强制说，强调以刑罚作为抑制人们犯罪心理的方法，达到预防犯罪的目的；②威吓说，强调以刑罚作为威吓手段，达到预防犯罪的目的。

第二节 我国关于刑罚目的的通说

我国通说认为刑罚的目的是预防犯罪，包括特殊预防和一般预防。

一、特殊预防

特殊预防可通过两种途径实现：①教育、劳动改造，即通过刑罚的适用、执行，教育、改造犯罪分子，使其接受教训、悔过自新；②剥夺犯罪的能力或条件，即通过适用剥夺自由刑，限制犯罪分子在社会上作案犯罪；通过适用没收财产刑、罚金刑，剥夺或减低犯罪分子的经济条件；通过适用剥夺政治权利刑，剥夺犯罪人滥用自由民主权利的条件。

对个别罪犯适用死刑，也能起到使该犯罪人不致再危害社会的效果。不过，特殊预防的途径不应包括死刑。因为特殊预防的核心是教育改造罪犯并促使其重新做人，适用死刑将使特殊预防的对象不复存在，教育、改造和重新做人均无从谈起。死刑的正当性根据只能从报应和一般预防中寻求。

我国的特殊预防，主要体现在刑罚执行过程中，强调对罪犯的教育和劳动改造。特殊预防的理由对量刑的实际影响可能没有西方国家那么明显。[1]

二、一般预防

一般预防，是指通过对犯罪分子适用刑罚，警戒社会上的不稳定分子，防止他们走上犯罪道路；对社会大众而言，使他们树立守法信念。使犯罪受到刑事追诉和处罚，有助于培养社会大众的守法意识、坚定守法的信念，对于一些图谋犯罪的人具有威慑作用；对于受到犯罪机会诱惑的人，具有抑制犯罪欲念的作用。

一般预防的观念，对我国刑法中刑罚的轻重具有重要影响，其中既包括立法层面，也包括司法层面，即刑罚的裁量。就立法层面而言，刑法典中大量的条款规定了死刑，是这种观念突出的反映；就司法层面而言，较为广泛地适用死刑，尤其是对贪污贿赂犯罪、毒品犯罪、强奸罪等实际适用死刑，是一般预防观念的反映。此外，面对严峻的治安状况和官员贪污腐败现象，开展"严打"活动，力图起到维护治安、整顿吏治的效果；在一定的时期，开展打击某类犯罪的专项斗争，如反走私、打击骗购外汇、打击非法出版物、扫除社会丑恶现象等专项斗争，也是这种观念的突出反映。在这些"严打"或者专项斗争中，通常要强调从严惩处犯罪以震慑犯罪分子，并且往往通过公判大会、新闻媒体广为宣传、扩大影响，直接表露出一般预防意图。

三、中国的报应观念

在我国，刑法教科书谈及刑罚的目的向来不提报应主义，表明通说不接纳报应是刑罚的目的。比如，惩罚性或痛苦性是刑罚的固有属性，但不是刑罚的目的，[2]这样，通说的观点就隐含有拒绝报应主义的态度。虽然学说不提倡报应主义，但是，报应的观念实际存在并发生着重要的影响。《刑法》第1条把刑法目的规定为"为了惩罚犯罪，保护人民"。可见在我国并不讳言刑罚的惩罚性，只是讳言将其作为刑罚的目的。这一点还体现在《刑法》第5条关于罪刑相适应原则、第61条关于量刑原

---

[1] 例如，《意大利刑法》第133条明确规定，法官量刑时除了要考虑犯罪的严重程度之外，还应当考虑罪犯的犯罪能力；推定罪犯犯罪能力的因素包括：①犯罪动机及罪犯的特征；②刑事处罚前科及类似司法处罚前科、罪犯在犯罪前的行为和生活；③犯罪当时或事后的行为；④罪犯所处的个人、家庭及社会生活环境。

[2] 高铭暄、马克昌主编：《刑法学》，北京大学出版社、高等教育出版社2017年版，第224页。

则的规定中,以及刑法典的客观化倾向之中。"有罪必罚、罚当其罪"被当作公正的执法理念,这其实是典型的报应观念。就个案的处罚而言,对于故意杀人罪导致死亡结果的,通常判处死刑,也是"杀人偿命"这一朴素的报应观念的表现。

第三节 评价和现状

一、对报应主义的评价

一方面,报应主义不在意刑罚对社会的调控功能,过于消极,不能适应现实需求。报应主义学说纯粹通过概念、理念推导出刑罚的正当性,不能令人信服。自由意志的假定,并不适合所有的犯罪人。另一方面,报应主义把刑罚的正当性根据建立在犯罪上,主张因为有犯罪就应当有刑罚,并强调有罪必罚、罚当其罪,有利于培育规范意识,符合朴实的公平观念,作为刑罚中的"公正模式"应予肯定。报应主义强调尊重人及其意志,把人应得的东西给他,这种价值理念(道义)存在恒久的魅力。

对报应主义严重的误解是:报应主义残酷、野蛮、愚昧。其实,报应主义只求有罪必罚、罚当其罪,并不追求严刑峻法,也不必然导致严刑峻法,因为报应主义主张惩罚以罪恶为依据、为限度,惩罚的严厉性不能超出罪行本身的危害性。在欧洲中世纪和近代刑罚普遍严苛的背景下,这种主张反倒限制了刑罚的严酷、野蛮。报应刑论是启蒙思想家尊重个人自由、权利的观念在刑罚学说方面的体现,其根基是尊重人及其意志,它的结论貌似"恶有恶报"的原始公平观念,其实是理性主义的刑罚学说。

报应主义没有预防犯罪的效果,这也是对报应主义的严重误解。报应主义反对把刑罚正当性根据建立在道义之外的基础上,但不意味着反对预防犯罪。在追求有罪必罚、罚当其罪的公平观念的同时,可有效培植人们的规范意识、产生预防犯罪的效果,即所谓"无意插柳柳成荫"。

其实,晚近的报应刑论也带有目的主义的色彩。比如,根据《意大利宪法》第27条第3款的规定,刑罚应当指向对罪犯的再教育;意大利宪法法院在解释该条款时,将刑罚的再教育(目的主义)功能与罪刑相适应的报应观念联系起来,指出:"追求刑罚的再教育目的,首先须要求与犯罪所造成的法益侵害相当的刑罚;判处与侵害不相当的刑罚会使得罪犯感到不公平,从而使得刑罚的再教育目的落空。"[1]

---

[1] 参见意大利宪法法院1990年第313号判决、1994年第341号判决、2012年第251号判决、2014年第105号判决、2015年第185号判决;学界支持意见参见 Marco Ronco, *Il significato retributivo-rieducativo della pena*, in *Dir. pen e proc.*, 2005, 139, 143~144。

二、对一般预防的评价

一般预防显而易见的好处是威慑、警戒其他的人不要以身试法。为了告诫他人不要效仿（罪犯）而惩罚犯罪，惩罚的根据不在于犯罪人及其犯罪行为，而在于他人学样、模仿，使其正当性根据总是受到质疑。确定刑罚分量的根据是遏制别人模仿的效果，这会造成惩罚脱离罪行的倾向。对一般预防近乎迷信的成语是"杀一儆百"。为了告诫他人不要以身试法而惩罚罪犯，对罪犯不公平，对他人也不恭敬。一般预防追求预防的效果，是以他人可威慑为前提的。但事实证明，人们犯罪并非都是明智地算计犯罪得失之后决意实施犯罪的，如冲动性犯罪，基于情感、信仰的犯罪等。有的人是心存犯罪不会被发现的侥幸心理决意犯罪，即使是适用重罚也不能有效遏制他们犯罪。

三、对特殊预防的评价

特殊预防说重视对犯罪人的教育、改造，目的崇高。该学说建立在了解犯罪、讲求对策的基础上，犯罪原因的科学研究成果使人们对犯罪的认识更深入，把犯罪看作社会问题使人们的视野更开阔、更乐于把刑罚当作社会防卫的手段。不与犯罪人一般见识、不与犯罪人斤斤计较，不仅出于对犯罪的社会因素和个人非理性因素的新认识，还掺和着理性、宽容对待犯罪人的人道主义精神，掺和着尝试科学矫治犯罪人的热情和信心。它在 19 世纪中后期以来百余年的时间里，作为一种新思潮、新行动而迅速占据优势地位。

特殊预防操作上难以预测人身危险性，无论是在司法裁判还是刑罚执行阶段，诊断犯罪人需要什么样的改造教育措施、需要花费多长时间，都是很困难的。诊断的准确性前提不可靠导致随后的处置措施也不可信，这是特殊预防的"软肋"。况且就个人而言，"江山易改、禀性难移"，教育改造有多大的成效难以验证；就社会而言，社会不圆满、不公正必然存在犯罪，出现在哪个个体身上不过是社会痼疾的表现。另外，由于特殊预防的核心是"对人不对事"，同样的犯罪行为，处罚却因人而异，会背离公众的公平观念、损害规范意识。

四、现状

制度应以正常人为对象来设定，也只能对正常人发挥作用。因此，形成犯罪应当受到相应惩罚的观念是维护秩序、培植公民守法意识的基础。在此基础上，刑罚作为社会控制的手段，不能不具有一定的目的性，适当考虑对犯罪人个人将来的影响。适用刑罚是"因为有了犯罪、为了没有犯罪"，这个箴言简明地表达了学说折中主义的态度，用中国人熟悉的话语表达就是"惩前毖后、治病救人"。

第二章
刑罚的体系

第一节 概述

现代刑法中规定有多种刑罚方法，以满足处罚犯罪的需要。首先，犯罪在轻重程度上存在差异，需要采取轻重不同的刑罚方法；其次，从刑罚的目的、作用上讲，多样的刑罚方法方便针对犯罪的具体情况适用，能更合理有效地发挥刑罚报应、预防犯罪的作用。因此需要由在惩罚内容和分量上存在差异的多种刑罚方法组成一个刑罚体系，以便适应处罚各种各样的犯罪的需要。

一、刑罚的基本类型

我国刑法规定有两类九种刑罚方法。根据《刑法》第 32~35 条的规定，刑罚分为主刑和附加刑两大类。主刑有管制、拘役、有期徒刑、无期徒刑、死刑五种；附加刑有罚金、剥夺政治权利、没收财产、驱逐出境四种。

剥夺犯罪人某种权益是刑罚的内容。学理上根据剥夺权益的性质，将我国刑罚方法分为生命刑、自由刑、财产刑、资格刑四类。从剥夺权益性质的角度讲，我国刑法中管制是限制自由刑；拘役、有期徒刑、无期徒刑是剥夺自由刑；死刑是生命刑；罚金刑和没收财产刑属于财产刑；剥夺政治权利刑属于资格刑。此外，在人类刑罚的历史上，还有过笞、杖、劓、宫、腓等残害人体的刑罚，这些属于身体刑；墨或者黥，则属于羞辱刑。因为身体刑和羞辱刑不人道，我国刑法没有规定这两类刑罚。

刑罚主要通过对犯罪人应有权益的剥夺来体现对罪行的否定、惩罚，所以，在我国刑法中追缴违法犯罪所得，没收犯罪工具、违禁品等犯罪关联物，旨在消除不法状态，不属于刑罚方法。

各国刑法规定的刑罚种类存在差异。比如，有的国家废除了死刑，生命刑就不再作为刑罚方法；有的国家把吊销营业执照、吊销驾驶执照、剥夺法人资格也作为刑罚方法，而我国则将它们作为行政处罚方法。

从刑罚的发展过程看，在欧洲古代和中世纪，刑罚主要是生命刑、身体刑以及流放方式的自由刑。我国古代的情形也大体如此，早期有墨、劓、宫、腓、大辟五刑；后来有笞、杖、徒、流、死五刑，主要是以剥夺生命、伤害身体和流放为刑罚的内容。监狱刑，即现在大家熟知的将罪犯羁押于监狱的自由刑（坐牢），在欧洲直到16世纪中期才渐渐推广、普及，成为近现代刑罚方法的核心。

我国刑罚以限制、剥夺自由刑为主干、为核心。现行刑法规定的五种主刑中，就有四种是对自由的限制、剥夺，且除了《刑法》第133条之一危险驾驶罪之外，分则对每一种犯罪都规定了有期徒刑。[1] 死刑仅仅作为极少数罪行极其严重犯罪的法律效果；财产刑和资格刑仅仅是附加刑。可见我国刑法是以剥夺自由刑为主干的。

现代刑罚以剥夺自由刑为支柱，即所谓的"坐牢"。我国刑法中除危险驾驶罪的所有犯罪的法律后果（刑罚）中都包括有期徒刑，仍表明其具有刑罚支柱的地位。把罪犯置于牢狱之中进行教育改造，是在封闭地执行刑罚即与社会隔离。与此相对，一些刑罚改革主义者提倡尽量把罪犯放到社会之中改造，这种改变传统的监狱封闭式的改造思想，被称为开放主义、非监禁主义（不与社会隔离）。体现这种理念的刑罚措施有：①缓刑；②假释，假释是在实际（关押）执行一段刑期后，部分刑期开放执行；③社区矫正；④单处罚金刑结案，不判处自由刑；⑤管制。

二、我国刑法体系的概念和特征

刑罚体系，是指为实现刑罚的目的、满足合理处罚各种犯罪的需要而设置的多种刑罚方法组成的整体。我国刑法规定有两类九种刑罚方法，其体系性表现为：①包含不同内容或不同分量的多种刑罚方法，能够适应同犯罪作斗争的需要，实现刑罚的目的；②划分主刑和附加刑两类，按照从轻刑到重刑次序编排，形成主刑辅刑搭配，轻刑重刑依次衔接的整体。这种内容合目的、编排有序的刑种组合，便于根据案情精细裁量刑罚，体现刑罚的多元功能。

第二节　主刑

刑罚分主刑和附加刑两类。主刑，又称基本刑，其特点包括：①是对犯罪适用的主要刑罚方法；②一个犯罪人不论犯有多少罪行，最终一次只能适用一个主刑。我国刑法规定的主刑有五种：管制、拘役、有期徒刑、无期徒刑和死刑。

一、管制

管制，指由人民法院判决，对犯罪分子不予关押，依法实行社区矫正的刑罚方法。

1. 管制刑的立法规定（《刑法》第38~41条）。

（1）判处管制，可以根据犯罪情况，同时禁止犯罪分子在执行期间从事特定活动，进入特定区域、场所，接触特定的人。对判处管制的犯罪分子，依法实行社区矫正。违反"禁止令"的，由公安机关依照《治安管理处罚法》的规定处罚。

---

[1] 我国《刑法》分则中，单处罚金（只能判处罚金，而不能判处其他刑罚）只对犯罪的单位适用。

(2) 被判处管制的罪犯，在执行期间，应当遵守下列规定：①遵守法律、行政法规，服从监督；②未经执行机关批准，不得行使言论、出版、集会、结社、游行、示威自由的权利；[1] ③按照执行机关规定报告自己的活动情况；④遵守执行机关关于会客的规定；⑤离开所居住的市、县或者迁居，应当报经执行机关批准。

(3) 对于被判处管制的犯罪分子，在劳动中应当同工同酬。

(4) 管制的刑期为3个月以上2年以下；数罪并罚时，最高不能超过3年。管制的刑期从判决执行之日起计算。判决执行前先行羁押的，羁押1日折抵刑期2日。

(5) 被判处管制的犯罪分子，管制期满，执行机关应立即向本人和其所在单位或者居住地的群众宣布解除管制。

2. 管制适用对象。管制是最轻的主刑，它适用的对象通常需要具备三个条件：①罪行很轻，因为它仅仅限制人身自由，是最轻的主刑。②犯罪人人身危险性很小，适用管制不致危害社会。因为管制对犯罪人不予关押，所以不宜适用于存在再犯危险性的犯罪分子。③犯罪人需要给予适当的处罚，但不必关押。

3. 管制的"禁止令"。《刑法》第38条第2款规定："判处管制，可以根据犯罪情况，同时禁止犯罪分子在执行期间从事特定活动，进入特定区域、场所，接触特定的人。"第4款明确了违反禁止令的法律后果："违反第2款规定的禁止令的，由公安机关依照《中华人民共和国治安管理处罚法》的规定处罚。"法院宣告"禁止令"对管制犯提出个别化的约束，确保管制的执行效果。

4. "禁止令"适用。最高人民法院、最高人民检察院、公安部、司法部《适用禁止令的规定》(2011) 第2条规定：人民法院宣告禁止令，应当根据犯罪分子的犯罪原因、犯罪性质、犯罪手段、犯罪后的悔罪表现、个人一贯表现等情况，充分考虑与犯罪分子所犯罪行的关联程度，有针对性地决定禁止其在管制执行期间、缓刑考验期限内"从事特定活动，进入特定区域、场所，接触特定的人"的一项或者几项内容。

5. "禁止令"的内容。根据《适用禁止令的规定》(2011)，"禁止令"主要内容有：

(1) 可禁止从事以下一项或者几项活动：①禁止设立公司、企业、事业单位。这针对利用公司等单位从事犯罪活动的人适用。②禁止从事证券交易、申领贷款、使用票据或者申领、使用信用卡等金融活动。这针对实施有关金融犯罪的人适用。③禁止从事有关生产经营活动。这针对利用从事特定生产经营活动实施犯罪的人适用。④禁止从事高消费活动。这针对附带民事赔偿义务未履行完毕，违法所得未追缴、退赔到位，或者罚金尚未足额缴纳的人适用。⑤其他确有必要禁止从事的活动。

(2) 禁止进入以下一类或者几类区域、场所：①禁止进入夜总会、酒吧、迪厅、

---

[1] 理解要点：在对待管制罪犯的言论、出版等自由的权利上与剥夺政治权利有所差别，是"限制"而不是完全"剥夺"。

网吧等娱乐场所；②未经执行机关批准，禁止进入举办大型群众性活动的场所；③禁止进入中小学校区、幼儿园园区及周边地区，确因本人就学、居住等原因，经执行机关批准的除外；④其他确有必要禁止进入的区域、场所。"特定的区域、场所"的具体情形应当具有针对性，一般是指原犯罪的区域、场所或诱发被告人走上犯罪道路的区域、场所。司法实践中不宜抽象地禁止进入某类或者某几类场所，例如，犯罪分子在夜总会强制猥亵妇女的，可以禁止其进入夜总会，并非一定要禁止其进入娱乐场所这一类场所。[1]

（3）禁止接触以下一类或者几类人员：①未经对方同意，禁止接触被害人及其法定代理人、近亲属；②未经对方同意，禁止接触证人及其法定代理人、近亲属；③未经对方同意，禁止接触控告人、批评人、举报人及其法定代理人、近亲属；④禁止接触同案犯；⑤禁止接触其他可能遭受其侵害、滋扰的人或者可能诱发其再次危害社会的人。

6. "禁止令"的期限。禁止令期限既可以与管制执行的期限相同，也可以短于管制执行的期限，但判处管制的，禁止令的期限不得少于3个月。

判处管制的犯罪分子在判决执行以前先行羁押以致管制执行的期限少于3个月的，禁止令的期限不受上述规定的最短期限的限制。

禁止令的执行期限，从管制执行之日起计算。

7. 禁止令的提起、宣告、执行。人民检察院在提起公诉时，对可能判处管制的被告人可以提出宣告禁止令的建议。当事人、辩护人、诉讼代理人可以就应否对被告人宣告禁止令提出意见，并说明理由。

公安机关在移送审查起诉时，可以根据犯罪嫌疑人涉嫌犯罪的情况，就应否宣告禁止令及宣告何种禁止令，向人民检察院提出意见。

人民法院对判处管制的被告人宣告禁止令的，应当在裁判文书主文部分单独作为一项予以宣告。

禁止令由司法行政机关指导管理的社区矫正机构负责执行。

8. 管制的特点是限制自由，实行社区矫正。管制是我国刑法中非常有特色的刑罚种类。它是让罪犯在开放状态下（非关押状态）服刑的制度。对被判处管制的犯罪分子，不交由监狱关押执行，而是依法实行社区矫正。社区矫正机关依照人民法院的判决，向被判处管制的犯罪分子原所在单位或居住地的有关群众，宣布被判处管制的犯罪分子所犯的罪行、管制期限、是否附加剥夺政治权利以及被管制分子在执行期间必须遵守的规定，并定期组织有关群众对被管制分子进行评议。犯罪分子在服刑期间虽然不受关押，但必须遵守《刑法》第39条规定的事项，自由受到限制，所以它是一种限制自由刑。

---

[1] 张军主编：《〈刑法修正案（八）〉条文及配套司法解释理解与适用》，人民法院出版社2011年版，第371~372页。

社区矫正是一项综合性很强的工作，需要各有关部门分工配合。《社区矫正实施办法》（2012）规定，司法行政机关负责指导管理、组织实施该项工作；人民检察院对该项工作各执法环节实行法律监督；公安机关对违反治安管理规定和重新犯罪的社区矫正人员及时依法处理。县级司法行政机关社区矫正机构对社区矫正人员进行监督管理和教育帮助。司法所承担社区矫正日常工作。

9. 管制刑的优点和适用上的局限性。管制是我国刑法中极有特色的开放性处遇措施。管制与缓刑有相近之处，二者都对罪犯实行社区矫正，从减少监禁、扩大开放性处遇措施的角度讲，管制和缓刑具有相同的刑事政策意义。但是，管制与缓刑有两个明显的区别：①法律性质不同，管制是独立的刑种；而缓刑只是拘役、有期徒刑的具体运用制度。②管制是不可撤销的，被判处管制的犯罪人即使违反了法定的应遵守事项，也不会招致被撤销管制、关押执行的后果，执行管制的公安机关只能督促他遵守法律规定的事项；而缓刑则是可以撤销的。管制也不同于西方国家的社区劳动。被判管制的犯人，如果参加劳动的，应当同工同酬。罪犯有遵守管制规则和禁止令的义务，但没有被科处从事义务劳动。从现代刑事政策的眼光看，管制对犯罪分子个人的生活、工作及家庭生活影响较小，有利于犯罪人回归社会。

管制刑存在局限性，不能广泛适用，其表现在：①因我国刑法入罪门槛较高，定罪要求犯罪行为必须具有较严重的社会危害性，这从根本上压缩了管制的适用空间。②管制的执行很难落实，这也制约了管制的适用。尤其是流动人员犯罪的，很难落实对犯罪人的监管。③缓刑制度的存在，限制了管制适用的范围。对于被判处3年以下有期徒刑、拘役的罪犯，如果不必关押，可以适用缓刑取得同样的政策效果。④人们对管制刑褒贬不一。在过去（1976年以前），管制曾经被作为对付敌对阶级、懒汉、无赖的一种措施，其内容、期限、适用的权限均无明确的规定。被管制的人在社会上遭受歧视，人人都可对其言行进行监督。在人们的潜意识里，管制并非是对任何轻微犯罪都适宜的刑罚。对被判刑人来说，被人视同"二等公民"在心情上不一定比短期自由刑轻松。因为管制这种历史背景，《刑法》第40条特意提示，管制期满，执行机关应及时向罪犯所在单位或者居住地的群众宣布解除管制，避免管制犯遭到超期限监督。

制定和修订刑法典时，管制刑的存废是争议的焦点之一。如果实践经验表明管制刑实际上被闲置不用，那么，管制刑就没有保留的必要。况且，完全可以用缓刑实现管制刑功能。虽然缓刑和管制都有监管难的问题，相对而言，缓刑的监管难比管制较容易解决。因为缓刑具有可撤销性，这种压力对罪犯有一些督促作用。在管制的执行中就出现了被判刑人不遵守管制规则的情况，而执行机关没有有效的约束手段，只好默许其行为，以致出现了管制执行事实上"不管不制"的情况。[1]

---

[1] 参见黄京平主编：《刑法总则案例分析》，中国人民大学出版社2000年版，第202页。

二、拘役

拘役是短期剥夺犯罪分子人身自由，并就地实行劳动改造的刑罚方法。

1. 拘役的立法规定（《刑法》第42~44条）：拘役的期限，为1个月以上6个月以下，数罪并罚的不得超过1年。被判处拘役的犯罪分子，由公安机关就近执行。在执行期间，被判处拘役的犯罪分子每月可以回家1~2天；参加劳动的，可以酌量发给报酬。拘役的刑期从判决执行之日起计算；判决执行以前先行羁押的，羁押1日折抵刑期1日。

2. 拘役的特点是短期剥夺自由。拘役虽然属于剥夺自由刑的一种，但是它在刑期和执行的场所、待遇及法律后果上与徒刑（有期徒刑、无期徒刑）明显不同，具体表现为：①刑期短，拘役一般为1个月以上6个月以下；有期徒刑一般为6个月以上15年以下。②在执行的场所上，拘役一般就近在犯罪人所在地的看守所执行，有期徒刑一般在监狱执行。③在待遇上，被判处拘役的犯罪分子，每月可以回家1~2天，参加劳动的可以酌量获取报酬；被判处有期徒刑的犯罪分子，有劳动的义务并且没有探家和获取劳动报酬的权利。④在法律后果上，被判处拘役不属于构成累犯的前科条件；被判处有期徒刑，则是构成累犯的前科条件。

拘役与"拘留"不同。拘留是《治安管理处罚法》中规定的一种行政处罚方法，拘留期限为1日以上15日以下。仅就剥夺自由而言，拘留和拘役相同，但是，二者的法律性质截然不同。从法律性质讲，拘留是行政性质处罚，由公安机关适用于违反治安管理处罚法的行为，被处拘留的人在专门的拘留所监禁；而拘役是由法院适用于犯罪的刑罚方法。

3. 拘役的适用。拘役的严厉性介于管制与有期徒刑之间，主要适用于罪行较轻，但又必须关押的犯罪分子。常见的以拘役作为法定刑之一的犯罪有盗窃罪、故意伤害罪（轻伤）、非法拘禁罪、刑讯逼供罪、抢夺罪、侵占罪、敲诈勒索罪等。法院对于较轻的盗窃罪、故意伤害罪、虐待罪、遗弃罪、侮辱罪、诽谤罪偶有适用拘役。

司法实务中，法院很少适用拘役，这并非因为短期自由刑不符合流行的刑事政策观念，而是因为受到行政拘留的制约。对于违法行为，通常处15日以下的拘留就足以惩戒，留给拘役适用的空间本来就不大。又鉴于刑事诉讼程序繁琐，公安机关往往宁愿以行政拘留处罚结案，适用拘役的空间进一步被挤压。公安机关以行政拘留处理的案件数量是很大的，如果把行政拘留也算作短期剥夺自由刑，那么，在中国短期自由刑适用的数量也是很可观的。因此拘役刑适用的数量很少并不意味广义的短期剥夺自由刑适用量少。

就广义的短期剥夺自由刑而言，由于拘留是在专门的拘留所执行，拘役在就近的看守所执行，二者均不在监狱执行，所以在一定程度上避免了重刑犯人、常习犯人对他们的传染。在我国的制裁体制下，适用短期剥夺自由措施不必过多顾虑刑事政策弊端。此外，行政拘留还可避免给受罚者打上罪犯的烙印。

三、有期徒刑

有期徒刑是剥夺犯罪分子一定期限的人身自由、强制劳动改造的刑罚方法。

1. 有期徒刑的立法规定（《刑法》第45~47、50、69条）：有期徒刑的期限为6个月以上15年以下，数罪并罚时，有期徒刑总和刑期不满35年的，最高不能超过20年，总和刑期在35年以上的，最高不能超过25年。刑期从判决执行之日起计算，判决执行以前先行羁押的，羁押1日折抵刑期1日。"死缓犯"如果确有重大立功表现，2年期满以后，减为25年有期徒刑，刑期自"死缓"考验期满第2日起计算。被判处有期徒刑的犯罪分子，在监狱或者其他执行场所执行；凡有劳动能力的，都应当参加劳动，接受教育和改造。

2. 有期徒刑的适用。有期徒刑是适用最为广泛的刑种，除第133条之一的危险驾驶罪外，刑法对所有的犯罪都规定了有期徒刑。如果说，近现代刑罚体系以自由刑为中心，那么有期徒刑则是自由刑的支柱。有期徒刑的刑期幅度大，为法院根据案情量刑提供了便利。刑法配置应处3年以上10年以下的有期徒刑幅度的犯罪，要么性质严重，如抢劫罪、强奸罪；要么后果严重，如盗窃、抢夺、诈骗数额巨大，故意伤害致人重伤，大体可以算是重罪。刑法配置应处3年以下有期徒刑、拘役或管制的犯罪，大体可以算作轻罪。

3. 刑期的计算和折抵。被判处有期徒刑、拘役的犯罪分子的刑满释放日期，应为判决书确定的刑期的终止之日，[1] 例如，犯罪分子被判处有期徒刑1年，判决书确定刑期自1990年5月1日起至1991年4月30日止，其刑满释放日期应为1991年4月30日，执行机关应在当天的工作日内释放罪犯。

4. 刑期的折抵。根据最高人民法院的答复、批复：①被告人在被逮捕前被隔离审查期间，事实上完全限制了人身自由。被羁押期间，即应予折抵刑期，羁押1日折抵有期徒刑刑期1日。②因被海关扣押人身而被限制人身自由的，也应当折抵刑期。③被监视居住的日期，不能折抵刑期。④"经过批准外出的监外罪犯，其被许可外出的期间，应计入执行期，但超过许可的时间不计入执行期；对于未经批准而擅自离开所在地域的监外罪犯，其外出期间，不得计入执行期。"对于在居住地犯罪或经批准离开居住地后又犯罪的，从其被准予监外执行之日起至犯新罪后新判决执行前这段时间，应视为所服前罪判决的刑期。但是，在此期间，如前罪判决已执行完毕而尚在羁押的，其羁押日期应折抵新判决判处的刑期。对于监外执行的罪犯擅自离开居住地到外地犯罪的这段时间，不得计入服刑期。

四、无期徒刑

无期徒刑是剥夺犯罪分子终身自由，并强制劳动改造的刑罚方法。

1. 无期徒刑的立法规定（《刑法》第46条）：被判处无期徒刑的犯罪分子，在监狱或者其他执行场所执行；凡有劳动能力的，都应当参加劳动，接受教育和改造。

---

[1] 1990年9月27日最高人民法院《确定刑满释放日期的批复》（已失效）。

2. 无期徒刑的特点：

（1）没有刑期限制，罪犯终身被剥夺自由。不过，被判处无期徒刑的犯罪分子不一定都实际服刑终身。因为刑法规定有减刑、假释或者赦免制度。在执行一定期限后，罪犯如果确有悔改表现或者立功表现的，可以减刑为有期徒刑。罪犯在实际服刑13年以上的，还有机会被假释出狱。《刑法修正案（九）》在第383条贪污罪、受贿罪中新增了终身监禁的规定：因犯贪污罪、受贿罪"被判处死刑缓期执行的，人民法院根据犯罪情节等情况可以同时决定在其死刑缓期执行2年期满依法减为无期徒刑后，终身监禁，不得减刑、假释"。终身监禁不是一个独立的刑种，只是无期徒刑的一种特殊执行方式。一般的无期徒刑有减刑、假释的机会，而终身监禁不得减刑、假释。

（2）在判决执行以前先行羁押的时间不存在折抵刑期的问题。被判无期徒刑的犯罪分子，经过一次或者数次减刑实际执行的刑期不能少于13年，该13年从判决确定之日起计算；被判无期徒刑的犯罪分子，必须已经执行13年以上方可假释，该13年也是从判决确定之日起计算。在判决确定以前先行羁押的时间不得算入该13年执行的时间内。原判有期徒刑的罪犯经再审改判无期徒刑的，无期徒刑的执行期间从再审判决确定之日起计算。但是，改判前原判确定之日起已经执行的刑期，在决定假释时应当计算为无期徒刑实际执行的刑期。[1]

（3）对被判处无期徒刑的犯罪分子，应当附加剥夺政治权利终身。

五、死刑

死刑是剥夺犯罪分子生命的刑罚方法。法定死刑执行的方式是枪决或注射。

（一）死刑的立法规定（《刑法》第48~51条）

死刑只适用于罪行极其严重的犯罪分子。对于应当判处死刑的犯罪分子，如果不是必须立即执行的，可以判处死刑同时宣告缓期二年执行。

判处死刑缓期执行的，在死刑缓期执行期间，如果没有故意犯罪，2年期满以后，减为无期徒刑；如果确有重大立功表现，2年期满以后，减为25年有期徒刑；如果故意犯罪，情节恶劣的，报请最高人民法院核准后执行死刑；对于故意犯罪未执行死刑的，死刑缓期执行的期间重新计算，并报最高人民法院备案。

对被判处死刑缓期执行的累犯以及因故意杀人、强奸、抢劫、绑架、放火、爆炸、投放危险物质或者有组织的暴力性犯罪被判处死刑缓期执行的犯罪分子，人民法院根据犯罪情节等情况可以同时决定对其限制减刑。

犯罪的时候不满18周岁的人和审判的时候怀孕的妇女，不适用死刑。审判的时候已满75周岁的人，不适用死刑，但以特别残忍手段致人死亡的除外。

死刑除依法由最高人民法院判决的以外，都应当报请最高人民法院核准。死刑

---

[1] 1995年《最高人民法院研究室关于原判有期徒刑的罪犯被再审改判无期徒刑应如何确定执行刑期问题的答复》（已失效）。

缓期执行的，可以由高级人民法院判决或者核准。

（二）死刑的适用

1. 死刑（立即执行）的适用条件。适用死刑（立即执行）的条件是"罪行极其严重"，这是死刑适用的实质条件，包含3个方面的内容：①被告人的行为触犯了刑法规定的可以判处死刑的罪名，且行为性质极其恶劣；②被告人所犯罪行的情节特别严重，且造成了特别严重的社会危害后果；③被告人的主观恶性和人身危险性极大。判断被告人的犯罪行为是否极其严重，应当根据《刑法》和司法解释的有关规定，并综合考虑上述主客观因素，严格认定。适用死刑的通常是故意暴力犯罪造成死亡结果的罪行，如故意杀人、绑架、抢劫、强奸、爆炸、放火等造成一人或多人死亡的。在非暴力犯罪中，一般是走私、贩卖、运输、制造毒品数量巨大，或者是贪污、受贿数额特别巨大且情节特别严重的情形。对于既具有自首这样的法定从轻、减轻处罚情节，又具有累犯这样的法定从重处罚情节的罪行极其严重的被告人，应综合衡量影响量刑的各种因素，审慎适用死刑立即执行。

联合国有关条约在控制死刑适用方面建议："在未废除死刑的国家，判处死刑只能作为对最严重罪行的惩罚"[1]，其"适用范围不应超过致命的或其他极度严重后果的故意犯罪"[2]。

2. 死刑缓期二年执行（简称"死缓"）的适用。适用"死缓"的条件是：①罪行极其严重应当判处死刑；②不是必须立即执行死刑。死缓不是独立的刑种，而是死刑执行的执行制度。因此，适用死缓必须具备适用死刑的"罪行极其严重"的条件，在此基础上，如果根据犯罪人的犯罪的情节、悔罪表现认为不是必须立即执行的，可以缓期二年执行。

根据有关司法文件[3]：适用死刑应充分考虑维护社会稳定的实际需要，充分考虑社会和公众的接受程度，对那些罪行极其严重，性质极其恶劣，社会危害极大，罪证确实充分，必须依法判处死刑立即执行的，坚决依法判处死刑立即执行。同时，要贯彻执行"保留死刑，严格控制和慎重适用死刑"的刑事政策。对于具有法定从轻、减轻情节的，依法从轻或者减轻处罚，一般不判处死刑立即执行。对于因婚姻家庭、邻里纠纷等民间矛盾激化引发的案件，因被害方的过错行为引起的案件，案发后真诚悔罪积极赔偿被害人经济损失的案件等具有酌定从轻情节的，应慎用死刑立即执行。拟判处死刑的具体案件定罪或者量刑的证据必须确实、充分，能够得出唯一结论。

注重发挥死缓制度既能够依法严惩犯罪又能够有效减少死刑执行的作用，凡是

---

[1]《公民权利和政治权利国际公约》第6条第2款。
[2] 联合国经社理事会《关于保障面临死刑的人的权利的措施》第1条。
[3]《最高人民法院关于贯彻宽严相济刑事政策的若干意见》（2010）、《最高人民法院关于进一步加强刑事审判工作的决定》（2007）。

判处死刑可不立即执行的,一律判处死刑缓期二年执行。

3. 对"死缓犯"限制减刑的适用(简称"特殊死缓")。对被判处死刑缓期执行的犯罪分子,人民法院根据犯罪情节等情况可以同时决定对其限制减刑。被决定限制减刑的"死缓犯",缓期执行期满后依法减为无期徒刑的,实际执行的刑期不能少于25年,缓期执行期满后依法减为25年有期徒刑的,实际执行的刑期不能少于20年。

因为《刑法修正案(八)》增加规定了这种"限制减刑的死缓",它与没有被限制减刑的死缓存在重大差别,所以,有必要把"死缓"分为两种类型:普通死缓和特殊死缓(即限制减刑的死缓)。"特殊死缓"的适用条件:

(1)属于《刑法》第50条第2款规定的两类犯罪人:①累犯;②故意杀人、强奸、抢劫、绑架、放火、爆炸、投放危险物质或者有组织的暴力性犯罪。这里的"暴力",应指对人身非法使用有形力。[1] "暴力性"是否涵盖"故意杀人、强奸、抢劫、绑架、放火、爆炸、投放危险物质"的犯罪?从语法表达看,似应涵盖。另外,最高人民法院《〈刑法修正案(八)〉时间效力解释》将限制减刑的死缓犯分为有累犯情节和暴力性犯罪两种,据此,也似应涵盖。不过,从内容看,"投放危险物质"难言具有暴力性,不能被暴力性所涵盖,由此推及暴力性未必涵盖"故意杀人"。对于死刑适用标准,国际公约强调"故意"造成"极严重后果",重视把握主观故意和客观后果,不以暴力性为必要。对投放危险物质或投毒杀人的适用死缓限制减刑,是否以"暴力性"为必要?此"暴力性"该如何理解?尚存探讨空间。

"有组织"的暴力性犯罪,是指参与有组织犯罪活动的行为同时构成暴力性犯罪。有组织犯罪,狭义指黑社会性质组织、恐怖组织、邪教组织的犯罪,广义还包括其他有组织犯罪,如贩毒集团、走私集团的犯罪。这里取广义,参与贩毒集团并实施集团安排的暴力性犯罪的,应属于"有组织的暴力性犯罪"。

(2)根据犯罪情节、人身危险性等情况,认为有必要限制减刑。斟酌要领可参照《〈刑法修正案(八)〉时间效力解释》第2条,"根据修正前刑法判处死刑缓期执行不能体现罪刑相适应原则,而根据修正后刑法判处死刑缓期执行同时决定限制减刑可以罚当其罪的",适用修正后《刑法》第50条第2款(限制减刑)的规定。

根据本书的理解,《刑法修正案(八)》对死缓犯可限制减刑的规定,主要是作为死刑(立即执行)的替代措施,意在减少死刑(立即执行)的适用。因此酌情适用的要领为:一方面,按照过去的尺度可以判处死刑(立即执行);另一方面,按照控制死刑的政策可以通过"死缓限制减刑"替代适用,可以罚当其罪,不违背公平感的。《〈刑法修正案(八)〉时间效力解释》规定对死缓犯限制减刑的规定具有溯

---

[1] 暴力有多种理解,广义暴力指非法使用有形力,包括对人身和财产,狭义的仅限于对人身。这里取狭义暴力。参见[日]大塚仁著,冯军译:《刑法概说》(各论),中国人民大学出版社2003年版,第48~49页。

及力,可适用于其生效以前的犯罪行为。据此应推断"死缓犯限制减刑"的新法属于"轻法",否则不应当有溯及既往的效力。"死缓犯限制减刑"只有在替代死刑(立即执行)时,才能言其轻。所以,"死缓犯限制减刑"应作为死刑(立即执行)的替代措施才符合罪刑法定原则和《刑法》第12条。

(三)"死缓"的执行及其法律效果

"死缓犯"在缓期二年执行期间,在监狱如同徒刑犯人一样执行刑罚,凡有劳动能力的,应参加劳动,接受教育和改造。被判处死刑缓期二年执行的犯罪分子,如果在死缓执行期间发现判决宣告前还有其他犯罪没有判决,经对漏罪判决后,仍决定执行死刑缓期二年执行的,新的死缓判决应报请高级人民法院重新核准。死刑缓期执行的期间应从新的死缓判决确定之日起计算,已经执行的死缓期间不应计算在新的死缓判决的执行期间之内。[1]

一般而言,按照罪犯在执行期间的表现,可能产生以下三种法律效果之一:

1. 没有故意犯罪的,死缓二年期满减为无期徒刑。到期必减,这是立法规定,无需经过司法裁量。死缓罪犯以后就像无期徒刑罪犯一样服刑,可获取减刑、假释。

2. 有重大立功表现的,二年期满后减为25年有期徒刑。这25年有期徒刑的刑期,从死缓二年期满第2日起计算。附加剥夺政治权利刑在3年以上10年以下范围内作出相应调整。

3. 故意犯罪,情节恶劣的,由最高人民法院核准,执行死刑。死刑缓期执行的"二年"期间,从判决确定之日起计算。判决确定前先行羁押的期间,不能折抵死缓二年执行期间,也不能算作实际执行的刑期。如果是在死缓判决宣告前的罪行,不能作为核准执行死刑的事由,应当对该罪行定罪量刑,与原判决的"死缓"合并决定执行的刑罚。如果是在死缓期满以后犯的罪行,同样不能作为核准执行死刑的事由,应对该罪行定罪量刑,然后与无期徒刑合并决定执行的刑罚。

对于故意犯罪未执行死刑的,死刑缓期执行的期间重新计算,并报最高人民法院备案。我国《刑法》曾一度将"1979年刑法"中的"抗拒改造情节恶劣"用"如果故意犯罪"取而代之,虽然这使得死缓核准执行的标准具体明确、易于把握,但在两类案件中难以适用:①犯罪分子虽在死缓期间故意犯罪,但犯罪性质、后果等一般,特别是在有可宽宥的因素时,若执行死刑明显失之过严;②罪犯虽在死缓期间故意犯罪,但经审查其原死缓判决,发现在事实认定、证据采信等方面存在瑕疵,尚未达到适用死刑的证明标准,如因死缓期间故意犯罪就"依法"执行死刑,则面临错杀风险。

对于死缓核准执行死刑的条件,应注意以下几点:[2]

---

〔1〕 "范昌平抢劫、盗窃案",载《刑事审判参考》(总第51集),法律出版社2006年版,第15页。

〔2〕 沈德咏主编:《〈刑法修正案(九)〉条文及配套司法解释理解与适用》,人民法院出版社2015年版,第31~33页。

(1)"情节恶劣"的认定。一般是指：①故意犯罪所应判处的刑罚达到 5 年以上有期徒刑的；②刑罚虽在 5 年有期徒刑以下，但综合考虑罪犯实施犯罪的性质、后果、起因等，能够明显表明其实施犯罪是出于抗拒改造、能够明显说明其已不堪改造的，例如死缓期间为抗拒改造，无故伤害他人致多人轻伤，又如死缓期间曾经故意犯罪，此后不思悔改再次故意犯罪；③如果此前死缓判决存在问题的，只有死缓犯又犯的故意犯罪已达到判处死刑立即执行的标准时才能认定为情节恶劣。

(2) 处理程序。如果在死缓期间故意犯罪的，无论情节是否恶劣都应由罪犯服刑地的中级人民法院审判，所作判决可以上诉、抗诉。如果属于"情节恶劣"的，应报最高人民法院核准后执行死刑；不属于"情节恶劣"的，应将新犯之罪的刑罚与原判死缓刑依照《刑法》第 69 条予以并罚，并在该判决生效后层报最高人民法院备案。经审理，如认为原判死缓判决确有错误的，应通过审判监督程序予以再审，并对死缓期间所犯之罪一并进行审理。

(3)"重新计算"的理解。重新计算是指对死缓犯新犯之罪所判处的刑罚与原判死缓刑进行并罚，再次判处死缓的判决生效后，重新计算死缓执行期间，已经执行的死缓期间不应计算在新判决的死缓执行期间内。结合《刑法修正案（九）》颁布后的贪污罪来看，我国的死缓实际上形成了由轻到重的三级结构：第一级是普通死缓，死缓期满减为无期徒刑；第二级是限制减刑的死缓，对被判处死缓的累犯以及因故意杀人、强奸、抢劫、绑架、放火、爆炸、投放危险物质或者有组织的暴力性犯罪被判处死缓的，根据犯罪情节等情况可以同时决定限制减刑；第三级是不得减刑、假释的死缓，贪污、受贿数额特别巨大，并使国家和人民利益遭受特别重大损失的，如果被判处死刑缓期执行，可以同时决定在期满依法减为无期徒刑后，终身监禁，不得减刑、假释。

(四) 不得适用死刑的主体

不得适用死刑当然包括不适用"死缓"。

1. 犯罪的时候不满 18 周岁的人，不适用死刑。不满 18 周岁以犯罪时（即行为时）为准，即使审判时已满 18 周岁的，也不得适用死刑。

2. 审判的时候怀孕的妇女，不适用死刑。审判时怀孕是指自立案侦查时起发现犯罪嫌疑人、被告人已经怀孕。审判时怀孕的妇女，不仅包括审判时正在怀孕的妇女，也包括因犯罪被羁押时已怀孕，羁押期间因某种原因自然或人工流产，之后基于同一犯罪事实被起诉、交付审判的妇女，即适用于刑事诉讼的整个过程。羁押期间做人工流产后脱逃，多年后又被抓获交付审判的，亦不能适用死刑，因为脱逃只导致原诉讼程序中止而非终止。

3. 审判的时候已满 75 周岁的人，不适用死刑，但以特别残忍手段致人死亡的除外。审判时满 75 岁，"是指按照刑事诉讼法的规定，案件进入法院审理程序的时候被告人已满 75 岁"[1]。"以特别残忍的手段致人死亡"仅仅是"情节特别恶劣"的情形之一，两者应当区别认定。在具体案件中，"特别残忍的手段"可综合以下几个方面理解和认定：①杀人手段：使用焚烧、冷冻、油煎、毒蛇猛兽撕咬、分解肢体、剥皮等凶残狠毒方法杀死被害人的。②行为过程：犯罪行为持续时间长、次数频繁、折磨被害人的主观故意强。如用凶器数十次捅刺被害人的；长时间暴力折磨被害人，故意加重其痛苦程度的；在被害人失去反抗能力后求饶、逃跑、呼救的过程中，仍然执意追杀被害人的。③以其他让社会民众普遍难以接受的手段和方式杀害被害人的。[2]

（五）死刑适用的限制

我国刑法虽然保留死刑，但仍通过多种方式限制死刑适用，具体表现为：

1. 严格掌握死刑适用条件，即死刑只适用于罪行极其严重的犯罪分子。

2. 限制死刑适用对象，即犯罪时不满 18 周岁的人和审判时怀孕的妇女，不适用死刑。审判的时候已满 75 周岁的人，一般不适用死刑。

3. 严格掌握死刑适用程序，即死刑除依法由最高人民法院判决的以外，都应当报请最高人民法院核准。

4. 减少死刑执行，即对于应当判处死刑的犯罪分子，如果不是必须立即执行的，可以判处死刑同时宣告缓期二年执行。被判处死缓的罪犯，只要在死缓二年执行期间没有故意犯罪，或者即使故意犯罪但未达到情节恶劣标准的，就自动减为无期徒刑。

（六）死刑存废之争及未来趋势

1. 赞成废除死刑的主要观点：①死刑有损"个人的尊严"，残酷。麦尔斯有言："生命比整个地球都贵重。"[3]国家处罚非法的杀人行为，却接受以法律名义的杀人行为（死刑），不仅在对待"杀人"的态度上自相矛盾，也不利于培植公民尊重生命的意识。从宪政的观点看，各国宪法中都规定保护人的生命权利，但是刑法中又规定了剥夺人的生命的死刑，这一点违背宪法的精神。②没机会纠错。刑事审判仍不过是人对人的裁判，难免出现误判。死刑一旦执行，即使发现误判也没有办法纠正。法律造成的冤死案难以得到人们的谅解。③没有证据表明死刑具有预防犯罪的作用。保留死刑或许会增加某些犯罪的代价，根据人精于算计的本性推测，死刑能加强抑制犯罪动机的力度，会得到减少犯罪的效果。不过，这仅仅是按照常理的推测。更多的经验表明，死刑与犯罪的增减没有明显的相关性。二战后许多国家减少、废止死刑的实践，没有造成有关犯罪犯罪率的明显波动。其中，有国家渐进式的废止死

---

[1] 黄太云：《刑法修正案例全编——根据刑法修正案（八）全新阐释》，人民法院出版社 2011 年版，第 25 页。

[2] "胡金亭故意杀人案"，载《刑事审判参考》（总第 90 集），法律出版社 2013 年版，第 40 页。

[3] [法]马丁·莫内斯蒂埃著，袁筱一等译：《人类死刑大观》，漓江出版社 1999 年版，前言。

刑，如英、法等国；也有突变式的，如俄罗斯。在俄罗斯联邦，1996年8月以总统令的形式暂停执行死刑，为了加入欧盟，继而废弃死刑。这种在死刑制度上剧烈的变革，也未见带来何种消极的影响。④就特殊预防的效果而言，其他方法也可做到使罪犯永久不再危害社会，如采取终身监禁。相反，死刑与特殊预防主张教育改造罪犯的理想是不相容的。因为已经处死了罪犯，教育改造则无从谈起。

2. 赞成保留死刑的观点：①杀人偿命，符合一般人的法信念、公平观。②为了维护秩序，必须期待死刑对重大罪犯的威吓力；至少应表明社会极端反对的态度。如果废除死刑，人们的生命安全会不断遭受凶恶罪犯的威胁。③对极其恶劣的人，有必要让他们永远离开社会。

3. 废止、减少死刑的发展趋势。联合国《公民权利和政治权利国际公约》第6条倡导：未废除死刑的国家，死刑只适用于最严重的犯罪。联合国调查报告显示：截至2003年，世界上2/3的国家已经废除了死刑。即使保留死刑的国家，实际判处、执行死刑的人数也很少。以日本为例，1994~2003年10年间，年均判决死刑人数为4人，即使判处死刑也很少执行。2002年，全世界仅有31个国家执行了死刑。废止、减少死刑仍是未来发展的趋势。

（七）我国减少死刑适用的立法、司法动向

我国1997年刑法共有68种罪名涉及死刑，司法实际适用死刑的，既有暴力致人死亡的凶恶犯罪也有非暴力犯罪如贩卖毒品，伪造、贩卖假币，贪污贿赂等。在国际社会倡导废止、减少死刑的背景下，我国在保留死刑的同时也努力减少死刑。具体的举措有：

1. 1997年修订刑法，对盗窃罪基本废除了死刑，只对盗窃金融机构、珍贵文物特别严重的情形保留死刑。《刑法修正案（八）》完全取消了该罪的死刑配置。因为盗窃罪居所有犯罪之首，所以立法削减这一个罪名的死刑，实际上能大幅削减死刑可适用的案件数量。

2. 司法适用限制。最高人民法院在有关文件中指出："要准确把握故意杀人犯罪适用死刑的标准。对故意杀人犯罪是否判处死刑，不仅要看是否造成了被害人死亡的结果，还要综合考虑案件的全部情况。对于因婚姻家庭、邻里纠纷等民间矛盾激化引发的故意杀人犯罪，适用死刑一定要十分慎重。"同时还强调，"被告人有法定从轻处罚情节的，一般不应判处死刑立即执行"。此外，被害人有严重过错的，一般也是不判处死刑的重要理由。[1]最高人民法院在《关于进一步加强刑事审判工作的决定》中，进一步强调死刑的控制适用。有关指导案例亦作出了类似的限制：①被害方存在严重的过错，对犯罪发生具有刺激作用，直接导致被告人故意杀人或者故意伤害的主观故意的产生，被告人在激情之下实施杀人行为的，对被告人一般不应

---

[1] 1999年10月27日最高人民法院《全国法院维护农村稳定刑事审判工作座谈会纪要》。

判处死刑立即执行。[1] ②被告人所犯罪行极其严重，论罪应对其判处死刑立即执行，但其如实供认公安机关没有掌握的致人死亡的关键情节（例如致命伤是谁造成的），且其家属积极赔偿了附带民事诉讼原告人的经济损失的，可以酌情从轻处罚，改判死缓。[2]

在适用死刑的案件中以故意杀人罪的数量最大；同时，若不适用死刑往往遭到被害人亲属的激烈反对，不适用死刑的阻力最大。因此，故意杀人案死刑适用率的高低对死刑适用数量具有举足轻重的影响。最高人民法院对故意杀人罪"慎用或不用"死刑提出较明确标准，是极有实效的举措。

3. 将死刑核准权统一收归最高人民法院行使。《刑法》规定死刑报最高人民法院核准，但是，由于各种原因，长期以来这项法律规定没有落实到位，尚有部分死刑立即执行案件授权高级人民法院核准。最高人民法院作出决定，从2007年1月1日起，收回死刑核准权，各高级人民法院和解放军军事法院依法判决和裁定的死刑立即执行案件，应当报请最高人民法院核准。这对于严格控制死刑适用、统一死刑适用标准、落实宪法保障人权的规定无疑具有重要作用。

4. 为了进一步减少死刑，《刑法修正案（八）》采取了以下举措：①从1997《刑法》68个死刑罪名中，取消了13个罪名的死刑，其中包括《刑法》第264条盗窃罪的死刑。②将"无期徒刑"实际执行的最低期限由10年提高到13年。③增加"限制减刑的死缓"，将其减为无期徒刑实际执行的最低刑期大幅提高至25年。通过调高无期徒刑、死缓犯实际执行的最低刑期，以期替代死刑（立即执行）的适用。在此基础上，《刑法修正案（九）》又采取了以下举措：①提高死缓犯核准执行死刑的标准，并规定故意犯罪未执行死刑的惩罚措施；②取消了集资诈骗罪、伪造货币罪、组织卖淫罪等9个非暴力犯罪的死刑，使得规定了死刑的罪名数量减少至46个；③对贪污罪设立了终身监禁制度，不仅对惩治腐败犯罪具有积极意义，更为减少死刑适用创制了条件。

（八）我国关于死刑适用的学术动态

我国学者一般认为，废止死刑是未来的发展趋势，但不能操之过急。就我国目前的情况，应在保留死刑的同时积极推动死刑适用的减少，由限制、减少死刑循序渐进到废止死刑。其路径是应当先从非暴力罪行开始减少、废除死刑，逐渐过渡到暴力致死的罪行。

减少、废除死刑的步骤：首先，应当司法先行，即司法上逐渐减少乃至不适用死刑，使其到了名存实亡的程度，再从立法上予以废止，可谓是水到渠成。别国废止死刑大多经历了这样的过程，可资借鉴。其次，司法应以"死缓"逐渐替代死刑

---

[1] "贾淑芳故意杀人案"，载《刑事审判参考》（总第46集），法律出版社2006年版，第26页。
[2] "杜益忠故意伤害致人死亡案"，载《刑事审判参考》（总第58集），法律出版社2008年版，第35页。

立即执行，这也是别国经历的废止死刑之路，即判处死刑但减少执行或不执行，并且在这一过程中逐步转变民众观念，以减少社会阻力。既然选择从限制到废止的渐进道路，从逻辑上讲，应选取司法先行，从减少执行、减少判处死刑到最终立法废止死刑的稳健方式。

此外，还应当通过刑罚的执行来消除减少死刑适用产生的罪刑失衡情况。罪刑均衡实际是文化、历史、观念综合形成的公平感。减少死刑适用，以"死缓"逐渐替代死刑立即执行，以无期徒刑逐渐替代死缓，势必会造成各刑种适用的不平衡，冲击人们固有的罪刑均衡感。因此，需要适当调重死缓、无期徒刑，以替代死刑（立即执行）。《刑法修正案（八）》《刑法修正案（九）》似乎朝这方向前进了一步。

【案例1】张俊杰故意杀人案[1]

张俊杰与施玉军同是铁路职工，同在乌鲁木齐铁路运输学校参加培训。期间，张与施商定请老师吃饭，在张向老师说了请客之意后，施又反悔。为此张俊杰遂与施玉军、蔡文仲发生争执、打斗，致蔡文仲轻伤，被公安机关取保候审。张俊杰多次寻求和解未果。某日，保证人李建方转告张俊杰公安机关通知让张俊杰去一趟，张俊杰认为施、蔡二人不放过自己，自己将被追究刑事责任，工作将保不住，而自己尚有正读中学的女儿与没有工作的妻子需要养活。他想最后一次努力请施玉军斡旋调解致蔡文仲轻伤一事，如仍遭拒绝就"同归于尽"。之后，张俊杰打听到施玉军正在乌苏火车站值班，即带上礼物和匕首过去找到施玉军，先拿出白酒和食品向施玉军道歉，并请求施玉军在其和蔡文仲之间调解，但其要求遭到施玉军拒绝。随后，张俊杰抽出携带的匕首向施玉军连续捅刺，致其当场死亡。而后，张俊杰将房门反锁，用匕首在自己胸腹部扎了两刀，并给保证人李建方发短信告知其将施玉军杀死并准备自杀。李建方随后通知了张俊杰妻子兰素萍并报警，兰素萍赶到现场亦让同事打电话报警。公安人员到达现场后，将张俊杰制服抓获。法院以故意杀人罪判处张俊杰死刑，并依法报请最高人民法院核准。

最高人民法院不核准该死刑判决并发回重审。理由是，《维护农村稳定座谈会纪要》规定，对于因婚姻家庭、邻里纠纷等民间纠纷矛盾激化引发的故意杀人犯罪，适用死刑一定要十分慎重，应当与发生在社会上的严重危害社会治安的其他故意杀人犯罪案件有所区别。这里的民间纠纷，包括但不限于邻里纠纷，也包括那些因为工作、生活等矛盾引起的纠纷；也不限于农村的民间纠纷，城市中发生的民间纠纷也可以适用《纪要》规定的精神。具体到本案，不核准张俊杰死刑，主要有以下理由：①毕竟是同事间因琐事纠纷引发的悲剧，不属极端危害社会治安的犯罪；②家属报案使得公安机关及时破案，节省了司法资源；③被告人悔罪，被告人家属积极赔偿被害方（52 000元）。

---

[1] 载《刑事审判参考》（总第65集），法律出版社2009年版，第1页。

【案例2】杭州市中院对冯云故意杀人罪适用"死缓"并限制减刑案

冯云（男）有一情人，冯云和张霞（女）夫妻二人常为此争吵。2010年11月23日凌晨，夫妻二人在家中为此又争吵，冯云遂从床头柜抽屉内拿出一把折叠刀朝张霞的胸、背部等处捅刺数十刀，致张霞肺、肝、肾多脏器破裂大失血死亡。尔后，冯云乘出租车离开现场，期间用手机拨打110电话报警，后返回向接报警赴现场的民警投案。

杭州市中级人民法院认为：冯云有婚外情，是引发本案的主要原因，犯罪动机卑劣，作案手段极其残忍，后果严重，本应予以严惩，但鉴于冯云作案后主动向公安民警投案，并如实供述自己的犯罪事实，有自首情节，可判处死刑，不立即执行。据此判决冯云死刑缓期二年执行并限制减刑。

【案例3】药家鑫故意杀人被判处死刑案[1]

2010年10月20日22时30分许，药家鑫驾小轿车行至翰林南路时，将前方在非机动车道上骑电动车同方向行驶的张妙（女）撞倒。药家鑫下车查看，见张妙倒地呻吟，因担心张妙看到其车牌号后找麻烦，即拿出其背包中的一把尖刀。向张妙胸、腹、背等处捅刺数刀，致张妙主动脉、上腔静脉破裂大出血并当场死亡。杀人后，药家鑫驾车逃离，当行至翰林路郭南村口时，又将行人马海娜、石学鹏撞伤产生事故纠纷，郭杜中队接报警后到场处理，将肇事车辆扣留待处理。同月22日，郭杜中队和郭杜派出所分别对药家鑫进行了询问，药家鑫否认杀害张妙之事。同月23日，药家鑫在其父母陪同下到公安机关投案，如实供述了杀人事实。

法院认为，药家鑫作案后虽有自首情节并当庭认罪，但纵观本案，药家鑫在开车将被害人张妙撞伤后，不但不施救，反而因怕被害人看见其车牌号而杀人灭口，犯罪动机极其卑劣，主观恶性极深；持尖刀在被害人前胸、后背等部位连捅数刀，致被害人当场死亡，犯罪手段特别残忍，情节特别恶劣，罪行极其严重；仅因一般的交通事故就杀人灭口，丧失人性，人身危险性极大，依法仍应严惩。故辩护人所提药家鑫有自首、属于激情杀人、系初犯、偶犯应对药家鑫从轻处罚的辩护意见不予采纳。药家鑫及其父母虽愿意赔偿附带民事诉讼原告人的经济损失，但附带民事诉讼原告人不接受药家鑫父母以期获得对药家鑫从轻处罚的赔偿，故不能以此为由对药家鑫从轻处罚。据此判决药家鑫犯故意杀人罪，判处死刑，剥夺政治权利终身；赔偿经济损失丧葬费、被抚养人王思宇生活费共计45 498元。

---

[1] 陕西省西安市中级人民法院刑事附带民事判决书（2011）西刑一初字第68号。

第三节 附加刑

附加刑，又称从刑，是补充主刑适用的刑罚方法。其特点是既能附加适用，也能独立适用。对于一个犯罪人可以同时附加适用多个附加刑。我国刑法规定的附加刑有四种：罚金、剥夺政治权利、没收财产、驱逐出境。

一、罚金刑

罚金是人民法院判处犯罪分子向国家缴纳一定数额金钱的刑罚方法。

（一）罚金刑的立法配置

在我国的现行《刑法》中，广泛规定了罚金刑。主要规定于经济犯罪、贪利性犯罪及某些妨害社会管理秩序犯罪等章节中。以财产犯罪为例，《刑法》分则第五章规定的侵犯财产罪，共15个条文，13种犯罪，其中9种规定了罚金，占条文总数的50%以上。

在我国，罚金主要适用于经济犯罪和贪利性犯罪，目的是预防犯罪。通过罚金剥夺犯罪人财产权益，一方面能够针对犯罪人贪利动机直接施加压制，收到惩罚与教育的效应，另一方面能够剥夺罪犯进行贪利犯罪活动的经济条件，收到剥夺犯罪能力的效应。而对于危害国家安全罪、渎职罪、军人违反职责罪以及常见的侵犯人身权利罪，不论罪行轻重一般没有规定罚金刑。我国罚金刑立法的特点是"重预防重剥夺"，不考虑罚金刑的"赎罪"功能。这大概是反对"以钱赎罪"观念的表现。

（二）罚金数额的立法模式

1. 限额罚金制。法律明文规定罚金最高数额和最低数额的限额。法定的具体限额因罪而异。通常在1万元以上10万元以下或者在2万元以上20万元以下，最高的限额在5万元以上50万元以下。例如，《刑法》第173条规定："变造货币，数额较大的，处3年以下有期徒刑或者拘役，并处或者单处1万元以上10万元以下罚金；数额巨大的，处3年以上10年以下有期徒刑，并处2万元以上20万元以下罚金。"

2. 倍比罚金制。法律规定根据犯罪的违法所得或者犯罪涉及的数额，按一定的倍数或者比例确定罚金额。在以违法所得为依据的场合，通常为违法所得1倍以上5倍以下。例如，《刑法》第202条规定："以暴力、威胁方法拒不缴纳税款的，处3年以下有期徒刑或者拘役，并处拒缴税款1倍以上5倍以下罚金；情节严重的，处3年以上7年以下有期徒刑，并处拒缴税款1倍以上5倍以下罚金。"在以生产、销售伪劣产品销售额为依据的场合，罚金数额为销售金额的50%以上2倍以下。

3. 无限额罚金制。法律上仅规定处以罚金，未规定具体的罚金额，如《刑法》第224条规定："有下列情形之一，以非法占有为目的，在签订、履行合同过程中，骗取对方当事人财物，数额较大的，处3年以下有期徒刑或者拘役，并处或者单处罚金；数额巨大或者有其他严重情节的，处3年以上10年以下有期徒刑，并处罚金；

数额特别巨大或者有其他特别严重情节的，处 10 年以上有期徒刑或者无期徒刑，并处罚金或者没收财产……"又如《刑法》分则第五章"侵犯财产罪"中的抢劫、盗窃、诈骗、抢夺、聚众哄抢公私财物、侵占犯罪等，只规定了量刑时应"单处"或"并处"罚金，而未限定罚金数额。这种无法定数额的罚金制，一直遭到批评。人们认为这种罚金制缺乏明确性，不符合罪刑法定的原则。但这种罚金制的优点是"有利于法官根据犯罪情节作出符合实际的罚金判决，同时也不会因货币价值变化而不断修订罚金的数额"。[1]

（三）科处模式

罚金刑在刑罚体系中的法律地位是附加刑，既可以独立适用也可以附加于主刑适用。法定的罚金刑适用方式主要有：

1. 罚金刑与主刑选科制。例如，《刑法》第 270 条第 1 款规定："将代为保管的他人财物非法占为己有，数额较大，拒不退还的，处 2 年以下有期徒刑、拘役或者罚金……"这种选科制规定的犯罪大多属于性质或者情节较轻的犯罪。

2. 罚金刑与主刑并科制。例如，《刑法》第 263 条规定："以暴力、胁迫或者其他方法抢劫公私财物的，处 3 年以上 10 年以下有期徒刑，并处罚金……"这种并科制规定的犯罪大多属于性质或者情节较重的犯罪。即使被告人经济状况决定了罚金实际上无法执行的，仍应判处罚金，但在确定具体数额时要对经济状况予以充分考虑，原则上按照下限确定罚金数额，以降低将来执行的难度。[2]

3. 或并科或单科的复合制。例如，《刑法》第 264 条规定："盗窃公私财物，数额较大的，或者多次盗窃、入户盗窃、携带凶器盗窃、扒窃的，处 3 年以下有期徒刑、拘役或者管制，并处或者单处罚金……"这种复合制规定的犯罪大多属于性质或者情节一般的犯罪。

4. 单处罚金制。对于犯罪的单位，唯一的刑罚是罚金刑，不过同时对单位犯罪的责任人，可以适用其他刑罚方法处罚。在我国《刑法》中，没有把罚金刑作为某犯罪的唯一法定刑的情况，这是因为附加刑不能作为唯一的法定刑。

（四）罚金刑的适用

1. 决定罚金数额的根据。根据《刑法》第 52 条，判处罚金，应当根据"犯罪情节"决定罚金数额。2000 年 12 月 13 日发布的最高人民法院《适用财产刑规定》第 2 条规定："人民法院应当根据犯罪情节，如违法所得数额、造成损失的大小等，并综合考虑犯罪分子缴纳罚金的能力，依法判处罚金。……"比起生命刑、自由刑、资格刑，罚金刑与生俱来的缺陷就是由财富的不平均性产生的适用不公平。就惩罚

---

[1] 赵俊如、韩强、于天敏："如何正确适用罚金刑"，载丁慕英等主编：《刑法实施中的重点难点问题研究》，法律出版社 1998 年版，第 510 页。

[2] 沈德咏主编：《〈刑法修正案（九）〉条文及配套司法解释理解与适用》，人民法院出版社 2015 年版，第 45 页。

犯罪而言，最基本的准则是公平且止于犯罪者一身，自由刑符合这个要求，所以无人质疑其公平性。而罚金刑则不然，因为人们拥有财富的数量不同，所以同罪同罚只能满足形式公平而有违实质公平；反之，根据财富的多寡同罪不同罚，则满足实质公平而损害形式公平。根据我国《刑法》规定和司法解释，决定罚金额的根据主要是"犯罪情节"也就是犯罪行为本身，"缴纳罚金的能力"只是参考因素。对于没有"缴纳罚金的能力"的，不要一味根据"犯罪情节"判处高额罚金。

因为决定罚金数额的依据是"犯罪情节"，所以依法根据该案的犯罪情节应当适用罚金的，即使犯罪人"身无分文"，照样判处罚金。

2. 决定罚金数额的最低限度。《刑法》明确规定罚金数额标准的，依法定标准判处。《适用财产刑规定》（2000）第 2 条规定："……刑法没有明确规定罚金数额标准的，罚金的最低数额不能少于 1000 元。对未成年人犯罪应当从轻或者减轻判处罚金，但罚金的最低数额不能少于 500 元。"一般而言，无限额罚金的上限不能超过被告人个人全部财产。

3. 罚金刑合并执行。依法对犯罪分子所犯数罪分别判处罚金的，根据《适用财产刑规定》第 3 条，"应当实行并罚，将所判处的罚金数额相加，执行总和数额"。

4. 根据司法经验：①对于依法可单处罚金刑的犯罪（案件），对于可执行财产刑且罪行又不严重的罪犯，可依法单处罚金刑。在这方面，既要避免以罚金刑代替自由刑的倾向，也要克服只判处自由刑的倾向。②对于依法应当并处罚金刑的犯罪，如果被告人积极缴纳罚金、认罪态度较好且罚金数额较大的，在裁量自由刑上可以适当从轻，或适用缓刑。

5. 在前罪所判的附加财产刑没有执行完毕以前再犯罪的，不论后罪是否判处附加财产刑，均不应实行并罚。原因在于：①附加罚金、没收财产等财产刑与附加剥夺政治权利在执行方式上有很大区别，没有明确的执行期限，如逐一查证，会给审判工作带来不必要的负担；②实践中，财产刑执行困难受到多种因素影响，该问题不能通过并罚得到有效解决。[1]

（五）单处罚金刑的条件

单处罚金刑必须"依法"适用，这里的依法指依据分则条文关于罚金刑的规定，即在上述选科制和复合制的立法模式下才可单处罚金。根据司法解释，单处罚金刑的条件是：

1. 犯罪情节较轻。因为罚金刑具有与生俱来的"软弱性"，对穷人无奈，不宜适用高额罚金；对富人缺乏严厉性。对富人虽然可以适用与其财产状况相应的高额罚金直到其感到"痛苦"，但这又违背公平原则。所以罚金的软弱性不足以惩罚严重的犯罪。在单处罚金结案时，应仅限于"犯罪情节较轻"的案件。

---

[1] 张军主编：《〈刑法修正案（八）〉条文及配套司法解释理解与适用》，人民法院出版社 2011 年版，第 103 页。

2. 适用单处罚金不致再危害社会。因为单处罚金结案意味着对犯罪人不适用限制、剥夺自由的主刑,从预防犯罪的目的来看,适用单处罚金必须确保犯罪人不致再危害社会。

3. 具有下列情形之一的,可以单处罚金刑:①偶犯或者初犯;②自首或者有立功表现的;③犯罪时不满18周岁的;④犯罪预备、中止或者未遂的;⑤被胁迫参加犯罪的;⑥全部退赃并有悔罪表现的;⑦其他可以依法单处罚金的情形。

（六）罚金刑的执行

1. 缴纳方式。《刑法》第53条第1款规定:"罚金在判决指定的期限内一次或者分期缴纳。期满不缴纳的,强制缴纳。对于不能全部缴纳罚金的,人民法院在任何时候发现被执行人有可以执行的财产,应当随时追缴。"《适用财产刑规定》第5条规定:"刑法第53条规定的'判决指定的期限'应当在判决书中予以确定;'判决指定的期限'应为从判决发生法律效力之第2日起最长不超过3个月。"

具体而言,罚金有以下几种缴纳方式:

（1）限期一次缴纳。要求犯罪分子按照判决确定的数额和指定的期限,一次缴纳。通常,罚金数额不大或者数额虽然较大但缴纳不困难的,限期一次缴纳完毕。

（2）限期分期缴纳。适用于罚金数额较大,一次缴纳有困难的,可以决定在一定的期限内分次缴纳。

（3）强制缴纳。判决指定的期限届满后,犯罪分子有能力缴纳而不缴纳的,人民法院依照《刑事诉讼法》的有关规定,强制犯罪分子缴纳。

（4）随时追缴。对于不能全部缴纳罚金的,人民法院在任何时候发现被执行人有可以执行的财产,应当随时追缴。这是旨在强化罚金刑执行的新规定。追缴实际上是刑罚执行的延续,可以增强罚金刑执行的威慑力。这显然是因为没有罚金刑与自由刑或者其他处罚措施换处的制度,而不得不采取的解决办法。

2. 酌情减免罚金的事由。《刑法》第53条第2款规定:"由于遭遇不能抗拒的灾祸等原因缴纳确实有困难的,经人民法院裁定,可以延期缴纳、酌情减少或者免除。"《适用财产刑规定》第6条第1款规定:"刑法第53条规定的'由于遭遇不能抗拒的灾祸缴纳确实有困难的',主要是指因遭受火灾、水灾、地震等灾祸而丧失财产;罪犯因重病、伤残等而丧失劳动能力,或者需要罪犯抚养的近亲属患有重病,需支付巨额医药费等,确实没有财产可供执行的情形。"该解释的要点是:①减免罚金的前提:确实没有财产可供执行。如果有可供执行的财产,即使遭遇到天灾人祸等原因也不是要求减免的理由。②遭遇到灾祸、患病等原因导致没有可供执行的财产。在宽宥的方式上,《刑法修正案（九）》将原条文"可以酌情减少或者免除"修订为"可以延期缴纳、酌情减少或者免除"。其中,"延期缴纳"是对于那些因遭遇不能抗拒的灾祸等原因缴纳确实有困难的犯罪人建立的一种变通性措施,它相对于《刑法修正案（九）》之前的规定而言,有所重;但就延期缴纳使犯罪分子缴纳罚金获得了一个宽限而言,又有所轻。

3. 裁定减免罚金的程序。具有《刑法》第53条规定的"可以延期缴纳、酌情减少或者免除"的事由的，由罪犯本人、亲属或者犯罪单位向负责执行的人民法院提出书面申请，并提供相应的证明材料。人民法院审查以后，根据实际情况裁定延期缴纳，或者减少、免除应当缴纳的罚金数额。

（七）民事赔偿责任优先

承担民事赔偿责任的犯罪分子，同时被判处罚金，其财产不足以全部支付的，应当先承担对被害人的民事赔偿责任。同理，被判处没收财产但其财产不足以全部支付的，也应先承担民事赔偿责任。

（八）罚金刑适用现状及改进

1. 并科适用率高。原因是我国《刑法》对盗窃、诈骗、抢劫、抢夺等常见罪规定判处主刑的同时必须并处罚金刑。

2. 单科罚金适用率低。原因是我国《刑法》和司法实务掌握的"犯罪门槛"较高，导致绝大多数犯罪因为危害性较严重不适合以单处罚金刑结案。可单处罚金的案件大多已经作为行政违法、治安违法案件处理，没有进入刑事司法程序。

3. 执行难。原因是《刑法》规定应当科处罚金的犯罪范围过大，不论犯罪人有没有缴纳能力都必须判处罚金，自然造成执行难的局面。在流动人口犯罪增加的现状下，对未履行完毕财产刑的刑满释放者尤其是外地人员的财产情况掌握难度较大，既缺乏相关组织进行监控，也无可供有效利用的金融资讯系统；另外，由于绝大多数罚金刑基本附加于主刑并科适用，在"以罚代刑"思想的影响下，罪犯缺乏缴纳罚金的积极性，甚至有家属配合隐瞒、转移财产，增加执行难度。

4. 罚金刑适用的改进：①中外虽然都倡导扩大罚金刑的适用，但二者的刑事政策思想根本不同。西方国家学者在二次大战后倡导扩大适用罚金刑的政策思想主要是期望取代短期自由刑，避免自由刑费用昂贵、犯罪传习不利于罪犯回归社会等弊端，同时包含刑罚宽缓的精神。而我国立法的政策思想则侧重从经济上加大打击力度。"我们应当注意改变过去重视自由刑忽视财产刑的片面认识和做法，特别是要注意对于那些利用经济条件进行犯罪活动的犯罪分子，依法充分适用财产刑，剥夺其重新进行犯罪活动的条件；同时，对于进行贪利性犯罪的犯罪分子，也应当依法充分适用财产刑，不让其在经济上得到任何好处"[1]。可见，同是倡导扩大罚金刑的适用，但刑事政策思想完全不同。在我国目前"刑事门槛高""法定并科罚金多"的体制下，倡导扩大罚金刑适用不会得到响应，也不会产生减少关押的效果。要想真正发挥罚金刑替代自由刑的政策效果，需要更新观念，把罚金刑作为令罪犯赎罪的手段之一，可适用于一切轻微的犯罪而非仅仅贪利性犯罪。当然，这需要对法律结构进行调整才能做到。②执行难是广泛适用主刑的同时并科罚金刑的必然结果。罚

---

[1] 刘家琛："关于贯彻执行修订后刑法应当注意的几个问题"，载《最高人民法院公报》1997年第4期。

金刑以并科为主，使罪犯及其家属有受到双重处罚之感，难免对缴纳罚金有抵触情绪，不配合罚金刑的执行。罪犯被判处剥夺自由刑后，在监狱通常也没有缴纳罚金的能力和条件。因此司法大量适用并处罚金虽然符合立法要求，但势必遗留执行困难的问题。大量罚金判决不能执行，如同法院给国家打"白条"，有损法院判决的尊严。对此的解决办法可作如下考虑：一是建立罚金刑与自由刑换处的制度，让罪犯用金钱换自由或者用自由抵罚金，才能使罚金刑的广泛适用具有实际意义；二是建立罚金数额与罪犯经济状况挂钩的制度，应当考虑被告人当前的财产状况（即个人全部财产的数额）、收入状况、是否需要抚养儿童或老人、是否身患重病等因素，以保证罚金刑适用的平等性以及与自由刑的可互换性。在这方面，德国、瑞士等国的日额罚金制可供借鉴；三是规范罚金刑执行主体、执行程序，由第一审法院负责裁判执行的机构，根据 2014 年 10 月 30 日最高人民法院《关于刑事裁判涉财产部分执行的若干规定》中的程序执行，未规定的可参照适用民事执行的有关规定。

二、没收财产刑

没收财产，指将犯罪分子个人所有财产的一部或者全部强制无偿地收归国有的刑罚方法。

（一）法定没收财产的适用模式

我国《刑法》中共有 59 个条文共计 72 个罪名规定了没收财产刑，占分则条文的比例不低，几乎成为一种和罚金刑平行的刑罚方法。

1. 判处主刑同时应当并处罚金或没收财产。例如，《刑法》第 170 条规定，伪造国家货币的，处 3 年以上 10 年以下有期徒刑，并处罚金，有下列情形之一的，处 10 年以上有期徒刑、无期徒刑，并处罚金或者没收财产。这里没收财产只能附加适用。

2. 可以并处没收财产。这种情况下，可以并处也可以不并处没收财产。

3. 并处没收财产。例如，《刑法》第 239 条第 1、2 款规定，以勒索财物为目的绑架他人的，或者绑架他人作为人质的，处 10 年以上有期徒刑或者无期徒刑，并处罚金或者没收财产；情节较轻的，处 5 年以上 10 年以下有期徒刑，并处罚金。犯前款罪，杀害被绑架人的，或者故意杀害被绑架人，致人重伤、死亡的，处无期徒刑或者死刑，并处没收财产。就是说，在一般情况下，可以并处也可以不并处没收财产，但对情节特别严重的，则必须并处没收财产。

刑法对没收财产刑的适用范围没有作出一般性的规定。根据《刑法》分则规定的情形，适用没收财产刑的对象主要有：①危害国家安全罪。我国《刑法》分则第一章"危害国家安全罪"规定有法定刑的条文为 11 条，根据《刑法》第 113 条的规定，这些条文所处犯罪均可以并处没收财产。②严重的经济犯罪及贪利性的犯罪。如情节严重的走私，伪造、变造国家证券，伪造国家货币或贩运伪造的国家货币等破坏社会主义市场经济秩序罪；抢劫等侵犯财产罪；引诱、容留妇女卖淫，走私、制造、贩卖、运输毒品，非法种植毒品原植物犯罪，走私、制作、贩卖、传播淫秽物品的犯罪，组织、强迫他人卖淫的犯罪，拐卖、绑架妇女、儿童的犯罪等妨害社会管理秩序罪。对这些犯罪分子适用没收财产，既是对贪财图利的罪犯给以应有的惩罚，也是对他们继续进行犯罪活动的物质条件予以必要的剥夺。③其他严重的犯罪。如组织他人偷越国（边）境罪，有特别严重情节的，可以适用没收财产。

（二）没收财产的范围

没收财产范围应当是犯罪人个人所有的合法财产。《刑法》第59条规定："没收财产是没收犯罪分子个人所有财产的一部或者全部。没收全部财产的，应当对犯罪分子个人及其扶养的家属保留必需的生活费用。在判处没收财产的时候，不得没收属于犯罪分子家属所有或者应有的财产。"

在判处没收财产的时候，要对犯罪分子本人所有财产及其家庭财产进行析产，考虑其本人被判处的刑罚种类、刑期和其扶养的家属的实际情况，如年龄、健康状况等，再结合当地生活水平，确定一个必需保留的"生活费用"后，才能执行属于罪犯本人财产的部分。这样析产、"保留"后没收的财产，仍属"没收全部财产"。所没收的财产是犯罪分子所有财产的一部还是全部，应当根据犯罪的性质、严重程度以及案件的具体情况来决定。

（三）正当债务清偿

《刑法》第60条规定："没收财产以前犯罪分子所负的正当债务，需要以没收的财产偿还的，经债权人请求，应当偿还。"根据司法解释，"刑法第60条规定的'没收财产以前犯罪分子所负的正当债务'，是指犯罪分子在判决生效前所负他人的合法债务"。正当债务清偿的要件是：①判处没收财产刑以前的债务；②正当债务不能是因为违法犯罪行为所产生的债务；③该债务需要以没收的财产偿还；④经债权人请求。

（四）作为财产刑的没收与犯罪关联财物的没收

1. 犯罪关联财物的没收。《刑法》第64条规定："犯罪分子违法所得的一切财物，应当予以追缴或者责令退赔；对被害人的合法财产，应当及时返还；违禁品和供犯罪所用的本人财物，应当予以没收。……"该条所称之"没收"，是对犯罪关联物品的没收，也称"刑事没收""特殊没收"。刑事没收的财产分为三类：①违法所得的财物，如盗窃、诈骗、非法经营等所得财物，除应当返还被害人的合法财产之外，应当予以没收；②本身违法之物，如管制刀具、毒品、淫秽物品等违禁品；③用于犯罪之物，如犯罪工具。为了显示对犯罪关联物品的没收与没收财产刑的联系与区别，称没收财产刑为"一般没收"；称犯罪关联物品的没收为"特殊没收"。

亲属退赃退赔的处理

根据1987年8月26日最高人民法院发布的《关于被告人亲属主动为被告人退缴赃款应如何处理的批复》的规定：①被告人是成年人，其违法所得都由自己挥霍，无法追缴的，应责令被告人退赔，其家属没有代为退赔的义务。被告人在家庭共同财产中有其个人应有部分的，只能在其个人应有部分的范围内，责令被告人退赔。②如果被告人的违法所得有一部分用于家庭日常生活，对这部分违法所得，被告人和家属均有退赔义务。③如果被告人对责令其本人退赔的违法所得已无实际上的退赔能力，但其亲属应被告人的请求，或者主动提出并征得被告人同意，自愿代被告人退赔部分或者全部违法所得的，法院也可考虑其具体情况，收下其亲属自愿代被告人退赔的款项，并视为被告人主动退赔的款项。④属于以上三种情况，已作了退赔的，均可视为被告人退赃较好，可以依法适用从宽处罚。⑤如果被告人的罪行应当判处死刑并必须执行，属于以上第①、②两种情况的，法院可以接收退赔的款项；属于以上第③种情况的，其亲属自愿代为退赔的款项，法院不应接收。

2. "一般没收"与"特殊没收"的区别。二者最显见的区别是该财产与犯罪有没有关联性。如果财产与犯罪有关联，即属于犯罪所得之物、用于犯罪之物、本身违禁之物，应当适用特殊没收（《刑法》第64条）。与此相关，一般没收的对象应是犯罪关联物之外的合法财产。二者不可混同，因为犯罪关联物属于"当然"的没收，旨在消除不法状态，无须考虑罪犯触犯的法条有没有规定没收财产刑的法律后果，并且该没收不属于刑罚的范畴，不必考虑作为罪犯赎罪的依据。而一般没收是刑罚方法，其适用必须以罪犯触犯的法条包含有没收财产刑的法律后果为前提，且作为对罪犯的处罚。

从法理上讲，犯罪关联物没收的正当性根据是依法"取缔不法状态"，因为这种财物是犯罪人本不该拥有的财物。对其没收，本身不构成对犯罪分子合法权益的剥夺，因此基本不具报应（惩罚）的性质。这意味着犯罪分子不论因此而被没收、追缴多少数量的财产，都不具有赎罪的意义，不妨碍使用其他方法惩罚已然的罪行。这还意味着，不论以此理由没收、追缴多少数量的财产，都不构成过量的惩罚或苛刻刑罚。一般没收的财物是罪犯应被特殊没收财物之外的财物，这样的财物应属于罪犯的合法财产。对这些财产的一般没收以"报应"或"预防"犯罪作为正当性根据。剥夺犯罪人合法财产权益，作为对犯罪人所犯罪行的惩罚，具有"赎罪"意义，另外，也具有剥夺犯罪人犯罪的经济能力、预防犯罪的作用。这就是刑法中对"国事罪"均规定有没收财产刑的原因，虽然国事罪一般不具有贪利性、经济性。

3. "一般没收"与"特殊没收"适用上的差异。首先，一般没收作为刑种，必须以法条明文规定为限，没有明文规定的不得适用。特殊没收则是根据《刑法》第64条的规定适用，不是刑种，不以分则有规定为前提。其次，一般没收以剥夺犯罪人合法财产为内容，不需要证明财产的非法性质或与犯罪的关联性。相反，特殊没收则需要证明财产的非法性质或与犯罪的关联性。财产的合法性可以作为特殊没收的抗辩理由，但不是一般没收的抗辩理由。因为一般没收不用证明财产的非法性，所以实务中有时为了省却举证证明财产非法性的麻烦，往往倾向于适用一般没收，造成一般没收与特殊没收适用界限不甚分明。

（五）没收财产刑的适用

因为可适用没收财产刑的犯罪都是严重的刑事犯罪，所以没收财产刑实际上只能和其他主刑并科，没有单科的余地。

1999年10月27日最高人民法院发布的《全国法院维护农村稳定刑事审判工作座谈会纪要》规定：①对判处死刑的并依法需要附加适用财产刑的，只能附加适用没收财产刑（不宜附加适用罚金刑）；②对判处无期徒刑并依法需要附加适用财产刑的，既可以附加适用没收财产刑也可以附加适用罚金刑；③对判处有期徒刑并依法需要附加适用财产刑的，只能附加适用罚金刑，不能附加适用没收财产刑。

由于附加适用没收财产刑极为严厉，加上罪犯财产状况的调查、分割、执行上的困难，没收财产刑的实际适用情形没有立法规定的那样广泛，并且还存在着法定应当适用没收财产刑却适用罚金刑的情况。[1] 对于这种司法与立法背离的情况，应当认为责任不在司法而在立法。立法上广泛规定没收财产刑，而这种严厉的刑罚并不适宜广泛适用，对违法所得可以适用特殊没收和追缴措施，从经济上制裁可以适用罚金刑，一般场合下并无适用没收财产刑的必要，也无适用的余地。其实没收财产刑仅仅在抗制危害国家安全、社会经济、治安秩序的恶势力的场合才有适用的必要。

（六）没收财产刑的执行

一人犯数罪依法同时并处罚金和没收财产的，应当合并执行；但并处没收全部财产的，只执行没收财产刑。2018年修订后的《刑事诉讼法》第272条规定："没收财产的判决，无论附加适用或者独立适用，都由人民法院执行；在必要的时候，可以会同公安机关执行。"根据司法解释，"财产刑由第一审人民法院执行。犯罪分子的财产在异地的，第一审人民法院可以委托财产所在地人民法院代为执行"。

《刑法》第59条规定："没收全部财产的，应当对犯罪分子个人及其扶养的家属保留必需的生活费用。"这是出于人道主义的考虑作出的规定。

三、剥夺政治权利

剥夺政治权利，是指剥夺犯罪分子参加国家管理和政治活动权利的刑罚方法。对外国人不得附加剥夺政治权利，因为政治权利是我国宪法赋予我国公民的权利，外国籍被告人并不享有，也就不存在剥夺的问题。

（一）剥夺政治权利的内容

根据《刑法》第54条的规定，剥夺政治权利是指剥夺以下权利：①选举权与被选举权；②言论、出版、集会、结社、游行、示威自由的权利；③担任国家机关职务的权利；④担任国有公司、企业、事业单位和人民团体领导职务的权利。

另外，根据其他法律法规，被判处剥夺政治权利刑的，还会产生以下后果：①没有被选举为村民委员会委员、居民委员会委员的资格；②没有资格担任商业银行的高级管理人员；③没有资格从事律师、检察、审判、教师工作。

---

[1] 河北省高级人民法院研究室："对当前适用没收财产、罚金刑的分析"，载《人民法院年鉴》，人民法院出版社1995年版，第842页。

(二) 剥夺政治权利的适用

在附加适用的场合，剥夺政治权利刑一般适用于性质严重或者处刑严重的犯罪。

1. 应当附加适用的情形：①《刑法》第56条规定，"对于危害国家安全的犯罪分子应当附加剥夺政治权利"；②《刑法》第57条规定，"对于被判处死刑、无期徒刑的犯罪分子，应当剥夺政治权利终身"。

2. 可以附加适用的情形：《刑法》第56条规定，"……对于故意杀人、强奸、放火、爆炸、投毒、抢劫等严重破坏社会秩序的犯罪分子，可以附加剥夺政治权利"。根据司法解释，重大盗窃（盗窃数额巨大）、重伤害（故意伤害致人重伤）的犯罪分子也属于严重破坏社会秩序的犯罪分子，可以附加剥夺政治权利。

3. 独立适用剥夺政治权利的，一般适用于较轻的犯罪。独立适用剥夺政治权利的，依照刑法分则的规定。"依照刑法分则规定"，是指分则条文明文规定有单处剥夺政治权利刑的情形，如《刑法》第246条（侮辱罪、诽谤罪）第1款规定："以暴力或者其他方法公然侮辱他人或者捏造事实诽谤他人，情节严重的，处3年以下有期徒刑、拘役、管制或者剥夺政治权利。"其法定刑中明文规定有"剥夺政治权利"的刑罚，据此对犯该条之罪的犯罪人可选择适用（单处）剥夺政治权利刑。若触犯的法条中没有这样的规定则不得单独适用，如《刑法》第245条（非法搜查罪、非法侵入住宅罪）第1款规定："非法搜查他人身体、住宅，或者非法侵入他人住宅的，处3年以下有期徒刑或者拘役。"该条之罪的法定刑中没有剥夺政治权利刑，意味着不得适用（单处）剥夺政治权利刑。

4. 剥夺政治权利刑的"附加适用"的范围和条件完全是由总则规定的，分则各条则对"附加适用"不再另行规定，因此附加适用剥夺政治权利，不需要考虑分则有没有规定。但是"单处"剥夺政治权利刑则是由分则规定的，必须依照分则规定适用。鉴于剥夺政治权利刑对被判刑人职业生涯的重大不利影响，附加适用仅限于严重的罪行；单独适用限于分则规定的涉及滥用政治权利的特定罪行。

(三) 剥夺政治权利刑的刑期和计算

1. 《刑法》第57条规定："对于被判处死刑、无期徒刑的犯罪分子，应当剥夺政治权利终身。在死刑缓期执行减为有期徒刑或者无期徒刑减为有期徒刑的时候，应当把附加剥夺政治权利的期限改为3年以上10年以下。"

2. 《刑法》第55条第1款规定："剥夺政治权利的期限，除本法第57条规定外，为1年以上5年以下。"《刑法》第57条规定了死刑、无期徒刑附加剥夺政治权利终身的情形。剥夺政治权利刑期的起算可分为三种情况：

(1) 判处有期徒刑、拘役附加剥夺政治权利的，依据《刑法》第58条第1款规定："附加剥夺政治权利的刑期，从徒刑、拘役执行完毕之日或者从假释之日起计算；剥夺政治权利的效力当然施用于主刑执行期间。"该规定包括两个要点：①起算点为主刑"执行完毕之日"。例如，甲犯故意伤害罪（致人死亡）被判处10年有期徒刑，附加剥夺政治权利3年，该3年刑期从10年有期徒刑"执行完毕之日"起计算；如果罪犯因获假释出狱的，则"从假释之日"起计算执行附加剥夺政治权利的刑期。②剥夺政治权利的效力当然施用于"主刑执行期间"，这意味着被附加剥夺政治权利罪犯在主刑执行期间也实际被剥夺了政治权利。例如，上例中的甲在被执行10年有期徒刑期间，也当然被剥夺政治权利。这意味着甲虽然被判处附加剥夺政治权利3年，实际上被剥夺了13年政治权利。若甲获得假释被提前1年释放出狱，因为"从假释之日"起计算而不是从假释期满之日起计算，则甲实际被剥夺政治权利12年。

（2）判处管制附加剥夺政治权利的，根据《刑法》第55条第2款的规定，"剥夺政治权利的期限与管制的期限相等，同时执行"。比如，乙被判处2年管制附加剥夺政治权利，意味着乙附加剥夺政治权利的刑期也是2年（与管制的期限相等），并且与管制同时执行。这样，判处管制附加剥夺政治权利的，其实际被剥夺政治权利的时间与管制的执行时间事实上是相等的。

（3）单处剥夺政治权利的，其刑期为1年以上5年以下，应从判决执行之日起起算并执行。

（四）剥夺政治权利刑的中止执行

根据《执行剥权期间犯新罪应如何处理的批复》（2009），如果主刑已执行完毕，在执行剥夺政治权利这一附加刑期间又犯新罪，则该附加刑的刑期从新罪的主刑有期徒刑执行之日起停止计算，再从新罪的主刑有期徒刑执行完毕之日或者假释之日起继续计算；附加刑剥夺政治权利的效力施用于新罪的主刑执行期间。前述"新罪的主刑有期徒刑执行之日"，分为两种情形：①判决以前先行羁押的，是指被羁押之日；②判决前未予羁押的，可从一审判决作出之日起停止计算，再将此日至新罪有期徒刑执行之日的期间，计算在新判决确定的剥夺政治权利的刑期以内。比如，甲因为盗窃数额巨大被判处5年有期徒刑，附加剥夺政治权利3年，甲在刑满释放后执行剥夺政治权利刑刚满1年，又因为犯抢劫罪被逮捕羁押，尚余2年剥夺政治权利没有执行，暂时中止执行，待抢劫罪服刑完毕，继续执行该2年剥夺政治权利。

四、驱逐出境

驱逐出境，是指将犯罪的外国人或无国籍人逐出我国国（边）境的刑罚方法。它在独立适用时，自判决确定之后执行；作为附加刑适用时，应在主刑执行完毕之后执行。驱逐出境只能适用于犯罪的"外国人或无国籍人"，不能适用于我国公民。

第四节　非刑罚处理方法

非刑罚处理方法，是指人民法院对犯罪分子适用刑罚以外的其他处理方法的总称。主要有三种情形：

一、赔偿经济损失

《刑法》第 36 条规定："由于犯罪行为而使被害人遭受经济损失的，对犯罪分子除依法给予刑事处罚外，并应根据情况判处赔偿经济损失。承担民事赔偿责任的犯罪分子，同时被判处罚金，其财产不足以全部支付的，或者被判处没收财产的，应当先承担对被害人的民事赔偿责任。"

二、免予刑事处罚时的处置措施

《刑法》第 37 条规定："对于犯罪情节轻微不需要判处刑罚的，可以免予刑事处罚，但是可以根据案件的不同情况，予以训诫或者责令具结悔过、赔礼道歉、赔偿损失，或者由主管部门予以行政处罚或者行政处分。"据此，这些处置措施包括：①训诫；②责令具结悔过；③赔礼道歉；④赔偿损失；[1] ⑤由主管部门予以行政处罚；⑥由主管部门予以行政处分。

这些处置措施是以犯罪情节轻微、免予刑事处罚为前提的。因此从法律上讲，仍确认被告人的行为构成了犯罪且应受刑罚处罚，只是因为犯罪情节轻微，法院酌情免予刑事处罚。法院在判决免予刑事处罚的同时可根据案情对犯罪人适用训诫、责令具结悔过、赔礼道歉、赔偿损失；而行政处罚或者行政处分作为非刑罚处理方法，法院只是向有关主管部门提出建议，由主管部门适用。

这些处置措施的意义：①为法院提供了对犯罪人酌情适用非刑罚方法处理犯罪的法律依据；②在对犯罪人免予刑事处罚时，能够寻求刑罚以外的方法惩戒、教育犯罪分子，保护被害人的合法权益；③通过刑法规定的途径可以使刑事审判活动与行政部门的行政处罚处分活动衔接、协调。

三、从业禁止

《刑法修正案（九）》增设第 37 条之一："因利用职业便利实施犯罪，或者实施违背职业要求的特定义务的犯罪被判处刑罚的，人民法院可以根据犯罪情况和预防再犯罪的需要，禁止其自刑罚执行完毕之日或者假释之日起从事相关职业，期限为 3 年至 5 年。被禁止从事相关职业的人违反人民法院依照前款规定作出的决定的，由公安机关依法给予处罚；情节严重的，依照本法第 313 条的规定定罪处罚。其他法律、行政法规对其从事相关职业另有禁止或者限制性规定的，从其规定。"增设原因主要在于，剥夺政治权利、《刑法修正案（八）》新增的禁止令难以满足实践所需：一是适用对象有限，二是从业禁止内容过窄，三是从业禁止期限过短。

在理解上述条文时应注意：

1. 从业禁止的性质。"从业禁止"措施并非新的刑种，而是预防性的非刑罚处

---

[1] 《刑法》第 37 条 "赔偿损失" 不同于第 36 条 "赔偿经济损失"：在对犯罪人依法给予刑事处罚的场合，又判处承担民事赔偿责任的，该赔偿责任称 "赔偿经济损失"（第 36 条）。简言之，是 "又罚又赔"。在认定行为人的行为构成犯罪，但免予刑事处罚，仅仅以承担民事赔偿责任结案的，该赔偿责任称 "赔偿损失"（第 37 条）。简言之，是 "只赔不罚"。

理措施,其主要目的在于防止犯罪分子再次利用其职业和职务之便进行犯罪。

2. 适用例外。"从其规定"是指法院在对被告人决定是否适用"从业禁止"时,应首先考察在被告人被判处刑罚后,其他法律、行政法规中对其所从事相关职业有没有禁止或限制性规定,它们大致可以分为三类:①禁止担任一定的公职;②禁止从事特定职业;③禁止从事特定活动,例如驾驶机动车。如果有,就不应再适用从业禁止措施,而应依照有关法律、行政法规的规定由相关部门作出处理。

3. 适用期限。①从业禁止措施适用于刑罚执行期间;②被禁止从事相关职业的人认真接受教育改造的,可以考虑缩短从业禁止措施的期限。

4. 具体适用。如果人民法院确实认为被告人所实施的犯罪行为与其职业有密切关系,而且确有可能再次利用其职业实施犯罪的,可宣告从业禁止,在裁判文书主文部分作为一项单独内容予以宣告,由公安机关负责监督执行。违反从业禁止措施的,由公安机关予以处罚,情节严重的,可以构成拒不执行判决罪。[1]

---

[1] 沈德咏主编:《〈刑法修正案(九)〉条文及配套司法解释理解与适用》,人民法院出版社2015年版,第25~28页。

第三章
刑罚的裁量

第一节　量刑原则

一、量刑的概念和意义

量刑是人民法院对于犯罪分子依法裁量决定刑罚的活动。司法（适用刑法）无非是解决"定罪和量刑"问题的，因此量刑是刑事司法的两个核心内容之一。在确认有罪的前提下，某种意义上讲量刑更为实质。在诉讼中，对定罪（确认罪名）争议的背后往往是处罚的轻重，例如，许霆发现 ATM 机出错恶意取款案[1]引起强烈反响的原因其实不在定罪而在量刑。他的同案犯郭某此前以盗窃罪被判处 1 年有期徒刑，缓刑 2 年，没有引起人们的注意，可是许霆被法院判处盗窃罪却引起了强烈反响，原因就是许霆被判处了无期徒刑，量刑过重。

量刑以确认有罪为前提。在此前提下，量刑既包括裁量轻重不同的刑罚，也包括不实际判处刑罚。因此，免除处罚、免予刑事处罚也属于量刑的结果。

二、量刑的一般原则

《刑法》第 61 条规定："对于犯罪分子决定刑罚的时候，应当根据犯罪的事实、犯罪的性质、情节和对于社会的危害程度，依照本法的有关规定判处。"简言之，就是以事实为根据，以法律为准绳。

（一）法定量刑原则与刑罚的目的

刑罚的目的决定着量刑的一般原则倾向性。按照报应主义，量刑的倾向是"对事不对人"，量刑考虑的因素主要是犯罪行为及其危害性，衡量量刑合理性的标准是刑罚的轻重与罪行的轻重相适应，讲究同罪同罚。按照预防主义，量刑则会因为预防的重点不同而有所差别。按照特殊预防主义，量刑的倾向是"对人不对事"，量刑考虑的因素主要是犯罪人主观恶性及其再次犯罪的危险性，衡量量刑合理性的标准

---

[1] 基本案情：被告人许霆到某银行 ATM 机取款，在取出 1000 元后发现银行卡账户仅被扣了 1 元，遂连续取款 5.4 万元。许霆回到住处将此事告诉了同伴郭某。两人随即再次前往提款。许霆先后取款 171 笔，合计 17.5 万元；郭某则取款 1.8 万元。事后，二人各携赃款潜逃。郭某向公安机关投案自首，并全额退还款 1.8 万元。许霆潜逃一年多后被警方抓获，赃款无法追回。一审法院以盗窃罪判处无期徒刑。上诉后，二审法院以事实不清发回重审。

是其是否能够适应教育改造罪犯的需要，讲究刑罚"个别化"，因犯罪人的个性差异而适用不同的刑罚。刑罚目的对量刑的影响表现在李斯特的名言中，"应予惩罚的不是行为，而是行为人"。一般预防主义则重视量刑对预防其他人犯罪的影响，即所谓社会效果。可见，刑罚目的观不同，评价量刑是否公正、合理的标准不同，结论自然也不同。

《刑法》第61条规定的量刑原则，要求量刑"根据犯罪的事实、犯罪的性质、情节和对于社会的危害程度"，显然偏重于对事不对人，属于客观、公正模式的量刑原则。作为其补救，《刑法》第5条规定："刑罚的轻重，应当与犯罪分子所犯罪行和承担的刑事责任相适应。"对此条中的"刑事责任"一般理解为，量刑时考量犯罪人的主观恶性及人身危险性，算是在一定程度上纠正了量刑原则忽视犯罪人情况的缺陷。《常见犯罪量刑指导意见》（2017）同样规定："量刑既要考虑被告人所犯罪行的轻重，又要考虑被告人应负刑事责任的大小，做到罪责刑相适应，实现惩罚和预防犯罪的目的。"此外还提出："确保裁判法律效果和社会效果的统一""对于同一地区同一时期，案情相似的案件，所判处的刑罚应当基本均衡"。

（二）立法及司法解释规定的对未成年人的量刑原则

2018年修订后的《刑事诉讼法》再次强调，对犯罪的未成年人坚持"教育为主、惩罚为辅"的原则。2017年最高人民检察院《未成年人刑检指引（试行）》明确，对未成年人犯罪，应最大限度地减少羁押措施、刑罚尤其是监禁刑的适用。2006年最高人民法院《审理未成年人刑案解释》指出："对未成年罪犯适用刑罚，应当充分考虑是否有利于未成年罪犯的教育和矫正。对未成年罪犯量刑应当依照《刑法》第61条的规定，并充分考虑未成年人实施犯罪行为的动机和目的、犯罪时的年龄、是否初次犯罪、犯罪后的悔罪表现、个人成长经历和一贯表现等因素。对符合管制、缓刑、单处罚金或者免予刑事处罚适用条件的未成年罪犯，应当依法适用管制、缓刑、单处罚金或者免予刑事处罚。"

上述立法和司法解释中对未成年人的量刑原则，包含两方面内容：

1. 依照《刑法》第61条的规定，量刑时即应当考虑第61条规定的"根据犯罪的事实、犯罪的性质、情节和对于社会的危害程度"。

2. 充分考虑未成年人实施犯罪行为的动机和目的、犯罪时的年龄、是否初次犯罪、犯罪后的悔罪表现、个人成长经历和一贯表现等因素。

这两方面内容共同组成了报应与预防相结合的现代意义的量刑原则。在目的主义兴起之后，各国刑法的量刑原则多采取这种折中主义的立场。例如，《瑞士联邦刑法典》第63条规定："法官根据行为人的罪责量刑；量刑时要考虑被告的犯罪动机、履历和个人关系。"又如，《德国刑法典》第46条（量刑的基本原则）规定："①犯罪人的责任是量刑的基础，且应考虑刑罚对犯罪人将来社会生活产生的影响。②法院在量刑时，应权衡对犯罪人有利和不利的情况。特别应注意下列事项：犯罪人的犯罪动机和目的，行为所表露的思想和行为时的意图，违反职责的程度，行为方式和犯罪结果，犯罪人的履历、人身和经济情况及犯罪后的态度，尤其是为了补救损害所做的努力。③属于法定犯罪构成的，可不予考虑。"再如，《意大利刑法》第133条规定："在行使前条规定的裁量权时，法官应当考虑根据以下因素认定犯罪的严重性：①行为的性质、种类、手段、对象、时间、地点以及其他行为方式；②对受犯罪所侵害之人造成的实害或危险的严重性；③故意的强度或者过失的程度。法官还应当考虑以下因素认定罪犯的犯罪能力：①犯罪动机及罪犯的特征；②刑事处罚前科及类似司法处罚前科、罪犯在犯罪前的行为和生活；③犯罪当时或事后的行为；④罪犯所处的个人、家庭及社会生活环境。"

第二节 量刑情节

所谓量刑情节，是指犯罪构成事实之外的、对犯罪的社会危害程度和犯罪人的人身危险性具有影响作用的、人民法院在对犯罪人量刑时需要考虑的各种事实情况。[1] 量刑情节根据是否由法律明文规定，可以分为法定情节和酌定情节两类。

一、法定量刑情节

法定的量刑情节，是指《刑法》明文规定的、量刑时应当或者可以据以从严、从宽或者免除刑罚处罚的事实情况。根据法律规定的方式不同，又可分为分则中针对某种犯罪规定的重要量刑情节和总则中规定的一般量刑情节。

（一）总则中规定的量刑情节

《刑法》总则共规定有19个量刑情节，列举如下：

1. 犯罪主体方面。

（1）未成年人。《刑法》第17条规定，已满14周岁不满18周岁的人犯罪，应当从轻或者减轻处罚。

（2）已满75周岁的人。《刑法》第17条之一规定，已满75周岁的人故意犯罪的，可以从轻或者减轻处罚；过失犯罪的，应当从轻或者减轻处罚。

（3）限制刑事责任能力人。《刑法》第18条规定，尚未完全丧失辨认或者控制自己行为能力的精神病人犯罪的，应当负刑事责任，但是可以从轻或者减轻处罚。

（4）聋哑人。《刑法》第19条规定，又聋又哑的人犯罪的，可以从轻、减轻或者免除处罚。

（5）盲人。《刑法》第19条规定，盲人犯罪的，可以从轻、减轻或者免除处罚。

2. 犯罪形态方面。

（1）预备犯。《刑法》第22条规定，对于预备犯，可以比照既遂犯从轻、减轻处罚或者免除处罚。

---

[1] 高铭暄、马克昌主编：《刑法学》，北京大学出版社、高等教育出版社2017年版，第254页。

（2）未遂犯。《刑法》第 23 条规定，对于未遂犯，可以比照既遂犯从轻或者减轻处罚。

（3）中止犯。《刑法》第 24 条规定，对于中止犯，没有造成损害的，应当免除处罚；造成损害的，应当减轻处罚。

3. 共同犯罪方面。

（1）从犯。《刑法》第 27 条规定，对于从犯，应当从轻、减轻处罚或者免除处罚。

（2）胁从犯。《刑法》第 28 条规定，对于被胁迫参加犯罪的，应当按照他的犯罪情节减轻处罚或者免除处罚。

（3）教唆未成年人犯罪。《刑法》第 29 条第 1 款规定，教唆不满 18 周岁的人犯罪的，应当从重处罚。

（4）教唆未遂。《刑法》第 29 条第 2 款规定，如果被教唆的人没有犯被教唆的罪，对于教唆犯，可以从轻或者减轻处罚。

4. 犯罪后的表现。

（1）自首。《刑法》第 67 条第 1 款规定，对于自首的犯罪分子，可以从轻或者减轻处罚。其中，犯罪较轻的，可以免除处罚。

（2）立功。《刑法》第 68 条规定，犯罪分子有立功表现的，可以从轻或者减轻处罚；有重大立功表现的，可以减轻或者免除处罚。

（3）坦白。如实供述自己罪行的，可以从轻处罚；因其如实供述自己罪行，避免特别严重后果发生的，可以减轻处罚。

5. 其他方面的情节。

（1）累犯。《刑法》第 65 条第 1 款规定，对累犯，应当从重处罚。

（2）防卫过当。《刑法》第 20 条第 2 款规定，正当防卫明显超过必要限度造成重大损害的，应当负刑事责任，但是应当减轻或者免除处罚。

（3）避险过当。《刑法》第 21 条第 2 款规定，紧急避险超过必要限度造成不应有的损害的，应当负刑事责任，但是应当减轻或者免除处罚。

（4）在域外犯罪已受处罚的。《刑法》第 10 条规定，在外国已经受过刑罚处罚的，可以免除或者减轻处罚。

（二）分则中规定的量刑情节

分则中规定的量刑情节，只适用于特定条款的罪行，有两种类型：

1. 适用于特定条款的罪行的从重或从轻、减轻处罚规定。例如，《刑法》第 386 条规定，索贿的从重处罚。与总则量刑情节不同，此类规定只能适用于特定条款的罪行。

在法律适用上，此类规定是特别规定，与总则情节发生竞合的，优先适用，同时按照不得重复评价的原理，排斥总则情节的适用。例如，《刑法》第 390 条第 2 款规定："行贿人在被追诉前主动交待行贿行为的，可以从轻或者减轻处罚。其中，犯罪较轻的，对侦破重大案件起关键作用的，或者有重大立功表现的，可以减轻或者免除处罚。"即使该行贿人该主动交代行为同时符合坦白、自首条件的，也不适用坦白、自首的规定。

有疑问的是，对于毒品再犯，[1] 若符合总则累犯条件的，是仅适用分则毒品再犯的规定，还是适用总则累犯的规定，抑或同时适用总则累犯与分则毒品再犯的规定？例如，甲犯走私毒品罪被判处 5 年有期徒刑，刑满释放后在 3 年以内又犯运输毒品罪，应当判处有期徒刑以上刑罚，符合累犯条件同时也符合第 356 条再犯的条件，如何适用法律？对此，2000 年 4 月 4 日最高人民法院发布的《审理毒品案座谈会纪要》（已失效）曾指出："对依法同时构成再犯和累犯的被告人，今后一律适用《刑法》第 356 条规定的再犯条款从重处罚，不再援引《刑法》关于累犯的条款。" 2008 年 12 月 1 日最高人民法院发布的《部分法院审理毒品案座谈会纪要》改变了前述规定，"对同时构成累犯和毒品再犯的被告人，应当同时引用《刑法》关于累犯和毒品再犯的条款从重处罚。" 但后一种做法无疑是对同一事实进行了不利于被告人的重复评价。2015 年 5 月 18 日最高人民法院发布的《毒品犯罪审判座谈会纪要》注意到这一问题，"对于因同一毒品犯罪前科同时构成累犯和毒品再犯的被告人，在裁判文书中应当同时引用《刑法》关于累犯和毒品再犯的条款，但在量刑时不得重复予以从重处罚。" 有学者主张："对于符合累犯条件的，必须适用总则关于累犯的条款，而不再适用《刑法》第 356 条。"[2] 该主张其实是将分则毒品再犯的规定理解为总则累犯规定的补充条款，即《刑法》第 356 条只适用于不符合累犯条件的再犯。

2. 分则中规定的加减法定刑的情节。这类情节如《刑法》第 232 条规定的"情节较轻"[3]、第 280 条规定的"情节严重"[4]、第 341 条规定的"情节特别严

---

[1] 《刑法》第 356 条："因走私、贩卖、运输、制造、非法持有毒品罪被判过刑，又犯本节规定之罪的，从重处罚。"

[2] 张明楷：《刑法学》，法律出版社 2016 年版，第 1150 页。

[3] 《刑法》第 232 条规定："故意杀人的，处死刑、无期徒刑或者 10 年以上有期徒刑；情节较轻的，处 3 年以上 10 年以下有期徒刑。" 犯故意杀人罪的，通常应在死刑、无期徒刑或者 10 年以上有期徒刑量刑幅度内处罚。如若情节较轻，则应在 3 年以上 10 年以下这个处刑较轻的幅度内判处适当的刑罚。适用情节较轻的量刑个案如：①董玉环出于激愤杀死其子案。被告人董玉环长期以来一直受到其子郭义星的打骂、滋扰，不堪忍受。某日，在遭到其子郭义星打骂、砸坏家具之后，见其子又在殴打其夫，出于义愤而用铁棍将郭义星打死。阜新蒙古族自治县人民法院审理认定其行为已构成故意杀人罪。但综观全案的事实情节，其杀人行为情节较轻，应从轻处罚。法院对被告人董玉环判处有期徒刑 3 年，缓刑 5 年。②曾毅彬故意杀人案。被害人姜军霞和其他 5 人在夜晚无故闯入被告人曾毅彬家中，对其殴打，强索钱财。被告人曾毅彬高声呼救，被害人姜军霞和其他 5 人立即逃离现场。被告人曾毅彬一怒之下，拿出刀子自家中追出，对姜军霞连刺十余刀，将姜当场刺死。丹阳市人民法院审理认定其行为构成故意杀人罪。鉴于曾毅彬是在遭到犯罪分子不法侵害后一时激愤杀人，情节较轻，并且主动投案自首，依法可以从轻处罚。法院以故意杀人罪判处曾毅彬有期徒刑 5 年，剥夺政治权利 1 年。

[4] 《刑法》第 280 条第 1 款规定："伪造、变造、买卖或者盗窃、抢夺、毁灭国家机关的公文、证件、印章的，处 3 年以下有期徒刑、拘役、管制或者剥夺政治权利，并处罚金；情节严重的，处 3 年以上 10 年以下有期徒刑，并处罚金。"

重"[1]（或者特别恶劣）等。它们决定选择刑种或者刑度，属于分则条款的具体适用问题。此外还有一些是采取列举方式规定的加重情节，如《刑法》第263条规定的八种加重情形、第236条第3款规定的五种加重情形、第240条规定的八种加重情形等。它们是适用较重法定刑幅度的根据。

二、酌定量刑情节

酌定量刑情节[2]，又称裁判情节，作为法定情节的对称，指不是法律明文规定的，而是根据刑事立法的精神和司法实践抽象概括出来的、在量刑时酌情考虑的情节。学说上认为酌定情节通常有：①犯罪人的一贯表现；②犯罪动机；③犯罪后的态度；④犯罪的手段；⑤犯罪对象的情况；⑥犯罪时的环境和条件，特别是当时的政治、经济形势和社会治安状况等。

这些酌定情节其实就是法官量刑时酌情考虑的因素或者要点。对它们从主客观方面划分，犯罪人的一贯表现、犯罪动机、犯罪后的态度是反映犯罪人主观恶性程度的要点；犯罪的手段、犯罪对象的情况、犯罪时的环境和条件等是反映犯罪人客观危害程度的要点。从过去责任和将来责任的角度划分，犯罪动机、犯罪的手段、犯罪对象的情况、犯罪时的环境和条件等，是反映已然犯罪情况的要点；犯罪人的一贯表现、犯罪后的态度是反映犯罪人犯罪危险性的要点。

三、法定情节中表示量刑轻重程度的术语

在法定情节中用"从重处罚""从轻处罚""减轻处罚""免除处罚"等概念表示量刑轻重程度，需要了解。

（一）从重处罚和从轻处罚

《刑法》第62条规定："犯罪分子具有本法规定的从重处罚、从轻处罚情节的，应当在法定刑的限度以内判处刑罚。"从重处罚，指在法定刑的范围内，对犯罪分子适用相对较重的刑种或者相对较长的刑期，如累犯应当从重处罚。从轻处罚，指在法定刑的范围内，对犯罪分子适用相对较轻的刑种或者相对较短的刑期，如犯罪以后坦白的，可以从轻处罚。从重处罚和从轻处罚的特点是：

1. 在法定刑限度以内判处刑罚。例如，《刑法》第240条规定，拐卖妇女、儿童的"处5年以上10年以下有期徒刑"，该"5年以上10年以下"就是一个法定刑的幅度，其下限是5年、上限是10年，构成该法定刑的限度，无论是从轻处罚还是从

---

[1]《刑法》第341条第1款规定："非法猎捕、杀害国家重点保护的珍贵、濒危野生动物的，或者非法收购、运输、出售国家重点保护的珍贵、濒危野生动物及其制品的，处5年以下有期徒刑或者拘役，并处罚金；情节严重的，处5年以上10年以下有期徒刑，并处罚金；情节特别严重的，处10年以上有期徒刑，并处罚金或者没收财产。"因为情节特别严重，则应在10年以上有期徒刑，并处罚金或者没收财产这一量刑幅度内决定应判处的刑罚。

[2] 有学者认为量刑情节应当具有法定性的特征，否则不符合罪刑法定原则，因此否定酌定情节的分类。这种观点寻求量刑情节的法定化，反映出进一步规范法院量刑的愿望，但不是通说。参见陈兴良、莫开勤："论量刑情节"，载《法律科学（西北政法学院学报）》1995年第2期。

重处罚，都只能在该限度内判罚，最大限度的从轻处罚是5年有期徒刑；最大限度的从重处罚是10年有期徒刑。若判处不满5年的有期徒刑，不是从轻处罚而是减轻处罚；若判处10年以上的有期徒刑，不是从重处罚而是加重处罚。

2. 判处相对较重或较轻的刑罚。比如，甲犯拐卖妇女罪后自首，假如法官宣告从轻处罚，意味着：①在5年以上10年以下范围内处罚；②判处相对较轻的刑罚。此相对较轻是相对于甲的罪行在没有从轻情节时通常的判罚，适当判处较轻刑罚。假如甲的罪行较重通常应判处10年有期徒刑，考虑自首判处9年有期徒刑，也算是从轻处罚。再比如，乙犯拐卖妇女罪，是累犯，应当从重处罚，同理：①在5年以上10年以下范围内处罚；②判处相对较重的刑罚。此相对较重是相对于甲的罪行在没有从重情节时通常的判罚，适当判处较重刑罚。假如乙的拐卖妇女罪行较轻，若无累犯从重处罚情节按惯例判处5年有期徒刑，鉴于乙累犯从重处罚，判处6年有期徒刑，也是从重处罚。理解上需特别注意两点：①认为从轻处罚一定要在法定刑幅度"中间线"以下判罚是错误的，同理认为从重处罚一定要在法定刑幅度"中间线"以上判罚也是错误的；②对于"处5年以上10年以下有期徒刑"的幅度，如果正好判处5年有期徒刑，仍属于法定刑范围内，属于从轻处罚而不属于减轻处罚。

（二）减轻处罚

1. 减轻处罚的含义。《刑法》第63条第1款："犯罪分子具有本法规定的减轻处罚情节的，应当在法定刑以下判处刑罚；本法规定有数个量刑幅度的，应当在法定量刑幅度的下一个量刑幅度内判处刑罚。"据此，减轻处罚指在罪行对应的法定刑幅度的最低刑之下判处刑罚。分两种情况：①单一法定刑幅度的，"在法定刑以下判处"，如《刑法》第258条规定："有配偶而重婚的，或者明知他人有配偶而与之结婚的，处2年以下有期徒刑或者拘役。"例如，李某犯第258条之（重婚）罪，鉴于其有重大立功表现，若宣告减轻处罚，则对李某只能在拘役之下判罚，即只能判处管制。若判处拘役仍属于从轻处罚。②数个法定刑幅度的，"在下一个量刑幅度内判处"。例如《刑法》第234条第1、2款规定："故意伤害他人身体的，处3年以下有期徒刑、拘役或者管制。犯前款罪，致人重伤的，处3年以上10年以下有期徒刑；致人死亡或者以特别残忍手段致人重伤造成严重残疾的，处10年以上有期徒刑、无期徒刑或者死刑。本法另有规定的，依照规定。"这是有"数个法定刑幅度"的条文。如刘某故意伤害张某致死亡构成第234条之罪，刘某罪行（伤害致死）对应的第234条之法定刑幅度是"10年以上……"。如果对刘某宣告"减轻处罚"，则应在"下一个量刑幅度内判处"即"3~10年"的幅度内判罚，不得判处10年有期徒刑，因为这仍属于从轻处罚；也不得判处不满3年有期徒刑，因为不符合"下一个量刑幅度内"。

2. 适用减轻处罚的条件。《刑法》第63条规定犯罪分子具有该法规定的减轻处罚情节的，可以减轻处罚。犯罪分子虽然不具有该法规定的减轻处罚情节，但是根

据案件的特殊情况,经最高人民法院核准,也可以减轻处罚。据此适用减轻处罚分两种情形:

(1)普通减轻处罚,即具有法定减轻处罚情节的减轻处罚。一般情况下,适用减轻处罚需具备法定减轻处罚的量刑情节。法定减轻处罚的情节,如上述未成年、从犯、胁从犯、自首、立功等。比如,甲有重大立功表现,可以减轻或者免除处罚,法官可以依法对甲减轻处罚,即在法定刑以下判罚。这意味着,法官对不具有法定减轻处罚情节的罪犯无权酌情适用减轻处罚,法官只能在罪犯具有某种法定减轻处罚情节时才能适用减轻处罚。这体现出立法对司法量刑的裁量权的限制。司法必须遵守分则各条规定的法定刑限度,有酌情在此限度内裁量刑罚的权利,如果突破法定限度判罚,需罪犯具有法定的量刑情节。

(2)特别减轻处罚,也称酌情减轻处罚。对于"不具有法定减轻处罚情节"的犯罪分子,《刑法》第63条后半段留有例外适用减轻处罚的余地,"但是根据案件的特殊情况,经最高人民法院核准",也可以减轻处罚。这种对"不具有法定减轻处罚情节"的犯罪分子例外适用减轻处罚的,被称为"特别"或"酌情"减轻处罚。这近似于法外施恩的情况,也可称为"破格减轻"。法官适用酌情减轻处罚,必须经最高人民法院核准方能生效。通常的程序是,下级法院在判决中对罪犯适用酌情减轻处罚的,逐级上报到最高人民法院核准。上级法院如果认为下级法院适用酌情减轻处罚不当的,可直接裁定驳回上报的判决,发回重审;如果认为适用正确的,继续上报上级法院直至上报最高人民法院核准。这意味着最高人民法院掌握着酌情减轻处罚的适用权限,下级法院实际只有适用酌情减轻处罚的建议权,没有最终决定权,最终决定权在最高人民法院。

第一,特别减轻处罚的适用。适用特别减轻处罚的根据是"案件的特殊情况"。"特殊情况"大概有两种:①根据案情在法定刑范围内判罚明显不符合罪刑相适应原则、显失公平的;②案件处理具有特殊性。根据司法经验,"特殊情况""主要是指案件的处理具有特殊性,一般是指涉及政治、外交、统战、民族、宗教等国家利益的特殊需要"。[1] 这样规定的原因主要是,全国各级法院在审判中遇到的根据案情在法定刑范围内判罚会显失公平的案件数量并不少,即使一个法院一年只遇到一两起,都上报到最高人民法院那也是数以千计,最高人民法院恐怕没有精力核准这么多的案件。因此只能是极其特殊的情况才有可能适用特别减轻处罚,将其说成是法外施恩的例外情况并不过分。

适用特别减轻处罚获得核准的判例如下:

---

[1]《刑事审判参考》(总第18集),法律出版社2001年版,第6页。

【案例1】李建贵故意伤害其兄致死因具有特殊情况被核准减轻处罚案[1]

本案被告人因为反感、劝阻其兄酒后滋事，掷砖击中其兄头部致其兄死亡。[2] 法院一审判决被告人犯故意伤害（致人死亡）罪，酌情减轻判处有期徒刑3年，缓刑5年。最高人民法院复核认为，考虑被害人在案件起因上有一定过错，被告人是在劝阻被害人停止滋事而遭被害人拒绝的情况下作案，伤害的手段、情节一般，其危害结果并非被告人所追求，对此，可以对被告人李建贵在法定刑以下判处刑罚。裁定核准新疆维吾尔自治区昌吉市中级人民法院对被告人李建贵以故意伤害罪，在法定刑以下判处有期徒刑3年，缓刑5年的刑事判决。

更多的案件一般结局是不能得到核准，例如：

【案例2】李小平等人故意伤害案[3]

公司职员与他人争执时，殴打并将他人带进公司。被抓打者的同乡约十余人得消息后前来要人并要求交出打人者。公司关闭拉闸门，双方隔门对峙。公司经理李小平接报告后来到门前劝解，未能平息事态，人员仍然不停打砸公司大门。李小平对员工说："冲出去打，把他们抓起来！"该公司的几十名员工随即手持铁水管、木棍等工具一涌而出，追打前来争执的人员。造成对方1人被殴致死和1人轻伤的结果。案发后，被告人所在公司向死者家属赔偿10万元，被告人李小平个人赔偿人民币5万元。

本案中共有包括李小平在内的9人被起诉（共同）故意伤害罪（致人死亡）。根据《刑法》第234条的规定，故意伤害致人死亡的，"处10年以上有期徒刑或者无期徒刑"。因此，在无法定减轻处罚情节的情况下，对本案被告人应当适用10年以上有期徒刑处刑。其中，仅有一名未成年人具备法定的减轻处罚情节。李小平等8名被告人均无法定减轻情节，故一审法院均判处了10年以上有期徒刑。二审法院认为量刑过重，适用《刑法》第63条第2款的规定，予以"破格"减轻处罚，在10年以下判处了刑罚，并依法定程序报最高人民法院核准。

---

[1] 最高人民法院中国应用法学研究所编：《人民法院案例选》（总第37辑），人民法院出版社2001年版。

[2] 基本案情：被告人李建贵的胞兄李建军在本组村民郭建文家饮酒时，因琐事与同村人温希伟发生口角，被温打了一拳。李建军回家叫李建贵帮他打架，说："我在酒桌上为你要欠款（温希伟欠李建贵人民币150元），温希伟不给，还打了我，你要为我争面子。"李建贵即跟随李建军去郭建文家。在郭家门外，李建贵拣起两块砖头，进入郭家后，见温希伟手握一空酒瓶，即将一块砖头向温掷去，砸在温的脸上，致温希伟受轻微伤。郭建文见状上前将李建贵拦住，向他说明先前是因李建军的过错，温希伟才打了李建军。李建贵听后转而斥责李建军，说："都是你的错，你还不赶快回家。"此时李建军已醉酒，不听劝说，继续与人争吵。李建贵羞怒之下将另一块砖头掷向李建军，恰巧击中李建军的头部。之后，李建贵等人即搀扶着李建军回家休息。次日早晨7时许，发现李建军已经死于家中。经法医鉴定：李建军因受钝力作用，致急性硬脑膜下血肿，引起呼吸衰竭而死亡。案发后，被告人李建贵的认罪态度好，能真诚悔罪。

[3] 载《刑事审判参考》（总第18集），法律出版社2001年版。

最高人民法院对本案"破格"减轻处罚判决不予核准。理由是"对被告人李小平等8人在法定刑以下减轻处罚量刑不当,应予纠正",所以裁定撤销二审判决,发回重审。从最高人民法院裁定的理由看,似乎是认为李小平等8人不具备酌情减轻处罚的第一个条件,即对本案被告在法定刑之内判处刑罚,量刑并非显失公平。

本案例的评述人则进一步解说,《刑法》第63条第2款规定的"特殊情况","主要是指案件的处理具有特殊性,一般是指涉及政治、外交、统战、民族、宗教等国家利益的特殊需要"。但是,李小平一案似乎还不涉及这个特殊情况。

另外,有的适用特别减轻处罚的案件直接被上级法院驳回,例如,北京市高级人民法院对于下列案例的裁决,更典型地体现出对酌情减轻处罚第二个条件的掌握。

【案例3】刘玉华盗窃前夫数额特别巨大财物案[1]

被告人刘玉华(女,45岁)离婚后与前夫仍在一起共同生活。某日用前夫放在家中的钥匙,打开前夫床下的木箱,窃取前夫12.4万的存折一个并将钱全部取出。因前夫告发归案,赃款全部起获。

一审法院认为:被告人刘玉华盗窃数额特别巨大,依法判处有期徒刑10年,剥夺政治权利2年,并处罚金人民币2000元。二审法院审理被告人刘玉华的上诉认为:……鉴于刘玉华犯罪的情节特殊,赃款没有损失等情节,原判对其量刑过重,应予以改判。据此,改判刘玉华犯盗窃罪,判处有期徒刑3年,缓刑5年,并处罚金人民币2000元。因刘玉华的犯罪行为无法定减轻处罚情节,依法报请最高人民法院核准对其在法定刑以下判处。

北京市高级人民法院经复核认为:刘玉华不具有法律规定的可以在法定刑以下判处刑罚的特殊情况。裁定撤销二审判决,并将案件发回二审法院重新审判。

本案就犯罪事实而言,的确比较特殊。从动机上讲,被告人盗窃共同生活的前夫的钱财是因为其认为前夫在协议离婚时有隐瞒财产之嫌;从手段上,取共同生活的前夫放在家中的钥匙开箱取物,非常轻微;从后果上讲,所有赃款全部追回,没有损失。仅仅因为数额特别巨大(行为时标准),依法应处10年以上有期徒刑,显失公平,甚至于失之严苛。法官不愿依法判处,实属情有可原。因此,完全符合在法定刑范围内处罚还嫌过重的情形。但是北京市高级人民法院没有核准上报对本案被告的酌情减轻处罚。其理由显然是认为不具备适用酌情减轻处罚的第二个条件,即案件处理的特殊情况,涉及政治、外交、统战、民族、宗教等国家利益的特殊需要。换言之,对本案没有核准特别减轻处罚,不是因为案情本身不需要特别减轻,而是因为案外的情况不符合特别减轻处罚的条件。

第二,特别减轻处罚的适用的三点启示:①《刑法》第63条第2款规定的"特殊情况"包括案情本身特殊和案件处理情况特殊两方面条件。因为案件"处理"的特殊情况,并非案件事实情节本身。因此,即使某一案件被核准破格减轻处罚,另

---

[1] 北京市高级人民法院编著:《北京法院名案判解》,法律出版社2001年版,第193页。

一同样或类似的案情未必能获得破格减轻处罚。案件本身的特殊性相同但是案外的特殊性不同,可能得出不同的判决。②根据案件本身的特殊性应当减轻处罚而案外特殊因素不具备的,只是不能依据《刑法》第63条第2款的规定来酌情减轻处罚,并不意味着排除重审法院通过其他途径在法定最低刑以下判处刑罚。不过,这个衡平的根据和途径在哪里,值得深思。③法定刑幅度的限定是相当刚性的。这种刚性在上述两案中体现得淋漓尽致。其本质是立法权对司法自由裁量权的约束。法律是抽象的、一般的,而案情是千差万别的,其中不乏稀罕现象,司法人员处理案件力求公平合理,存在扩张自由裁量权的倾向;而立法唯恐司法滥用裁量权,存在约束司法裁量权的倾向。这也算是一种"博弈"吧。

(三) 免除处罚

免除处罚,是指对犯罪分子作有罪宣告,同时免除其刑罚处罚。

(四) 免予刑事处罚

《刑法》第37条规定:"对于犯罪情节轻微不需要判处刑罚的,可以免予刑事处罚……"

1. 免除处罚与免予刑事处罚的区别。二者的共同点是,都宣告被告人有罪但都不实际判处刑罚。不同点是适用的法律根据不同。"免予刑事处罚"是根据《刑法》第37条规定适用的"对于犯罪情节轻微不需要判处刑罚的,可以免予刑事处罚……":①适用的根据是"犯罪情节轻微";②适用的范围可以是任何一种犯罪。而"免除处罚"则是根据犯罪人具有某一法定量刑情节,并且该法定情节允许"免除处罚"的情形。例如,对于中止犯,没有造成损害结果的,应当免除处罚;犯罪以后自首,罪行较轻的可以免除处罚。如果不具有某一法定允许免除处罚情节的,不能适用"免除处罚",如果属于犯罪情节轻微的,可以适用《刑法》第37条"免予刑事处罚"。

2. 令人困惑的问题。刑法一方面对司法适用酌情减轻处罚进行了极为严格的限制,通常以具有法定减轻处罚情节为适用条件;另一方面却赋予司法酌情免予刑事处罚的裁量权,实在令人费解。

(五) 法定量刑情节中的双重"酌定"因素

1. 法定量刑情节往往包含"从轻处罚""减轻处罚""免除处罚"的选择。例如,《刑法》第19条规定,聋哑人犯罪,"可以从轻、减轻或者免除处罚"。法官可以有三种选择:①"从轻处罚";②"减轻处罚";③"免除处罚"。选择从轻还是减轻抑或是免除处罚,可由法官酌情决定。这是法定情节中的第一重酌定因素。

2. "从轻处罚""从重处罚"是作"相对"较轻或较重的量刑,也使法官有酌量空间。其中相对较轻的尺度,法官可酌情掌握。同理,"从重处罚"的尺度法官也可酌情掌握。这是法定情节中第二重酌定因素。

其实,把"从轻处罚""从重处罚"这样由法官斟酌掌握尺度的内容作为法定情节的内容意义不大。因为在法定刑范围内从轻还是从重,本来就是司法应有的裁量权,不需要法律再行规定。

3. 法定情节中的"应当"和"可以"的理解。从法定量刑情节是否绝对要求在量刑中体现来看,有两种情况:①"可以",如《刑法》第67条第1款规定:"……对于自首的犯罪分子,可以从轻或者减轻处罚。其中,犯罪较轻的,可以免除处罚。"从立法意图上理解,法律规定"可以"是有倾向性的,即除个别极端情况外,一般要从轻处罚、减轻处罚或者免除处罚。但是这毕竟不是要求绝对的必须在量刑中体现,法院仍有些许斟酌余地。在司法实践中,有对自首的犯罪人判处死刑的实例,反映出"可以"的斟酌因素。②"应当",如"对于从犯应当从轻、减轻处罚或者免除处罚",这"应当"是绝对的、硬性的,在量刑时必须兑现,至少在应从轻处罚这一点上没有自由裁量的余地。

第三节 量刑初步

一、分则"罪·刑"条款(正条)之法定刑(量刑幅度)

定罪旨在确认被告人的行为是否触犯了《刑法》分则某"罪·刑"条款。之后,该条款之法定刑成为处罚该罪行最基本的依据。因此,在谈论量刑之前需了解一下正条法定刑的知识。

例如,《刑法》第263条(抢劫罪)规定:"以暴力、胁迫或者其他方法抢劫公私财物的,处3年以上10年以下有期徒刑,并处罚金;有下列情形之一的,处10年以上有期徒刑、无期徒刑或者死刑,并处罚金或者没收财产:①入户抢劫的;②在公共交通工具上抢劫的;③抢劫银行或者其他金融机构的;④多次抢劫或者抢劫数额巨大的;⑤抢劫致人重伤、死亡的;⑥冒充军警人员抢劫的;⑦持枪抢劫的;⑧抢劫军用物资或者抢险、救灾、救济物资的。"

1. 法定最低刑和法定最高刑。例如《刑法》第263条规定的法定最低刑为3年有期徒刑,法定最高刑为死刑。

2. (主刑)法定刑幅度。例如《刑法》第263条有两个法定刑幅度:①3年以上10年以下有期徒刑;②10年以上有期徒刑、无期徒刑或者死刑。二者之中,"3年以上10年以下"是抢劫罪"基本犯"(或普通抢劫、一般抢劫)的法定刑,也叫做基本刑、普通刑;"10年以上有期徒刑、无期徒刑或者死刑"是抢劫罪"加重犯"的法定刑,也叫做加重的法定刑。对"加重犯"还可细分为:①结果加重犯,如"抢劫致人重伤、死亡的";②数额加重犯,如"抢劫数额巨大的";③次数加重犯,如"多次抢劫的";④手段加重犯,如"持枪抢劫的""冒充军警人员抢劫的";⑤其他情节加重犯,如"入户抢劫的""抢劫军用物资或者抢险、救灾、救济物资的"。当然,也还有其他分类方法或称呼。简便起见,可统称为"加重犯"。分则规定有大量的"加重犯",是我国《刑法》的一大特色,对罪数、数罪并罚、处罚轻重有深远而广泛的影响，应高度重视。

《刑法》总则中没有规定一般性加重处罚的量刑情节，因此，一般称"加重犯"，如抢劫罪的加重犯，都是特指分则条款中明文规定的特别事由或情节并相应规定有较重法定刑幅度的情形。这意味着我国《刑法》中没有一般性的加重处罚情节，"加重处罚"均是以分则明文规定为限。但《刑法》中有一般性减轻处罚、免除处罚的情节，如重大立功的可以减轻或免除处罚。

3. 附加刑。例如《刑法》第263条基本犯（基本刑）的附加刑是"并处罚金"，其加重犯（加重刑）的附加刑是"并处罚金或没收财产"。这里的"并处"是指必须并处，即并科制。附加剥夺政治权利刑的适用则完全依据总则适用。

4. 刑事没收与追缴。对于犯罪关联物，比如犯罪工具、犯罪所得应当依据总则第64条的规定予以没收或者追缴，属于被害人的财物应当予以返还。

二、《常见犯罪量刑指导意见》（2017）及量刑方法

《常见犯罪量刑指导意见》（2017）是近些年推进量刑规范化的重要司法解释。根据该解释，量刑（宣告刑的裁量）有以下关键步骤：①适用的法定刑或量刑幅度；②量刑起点；③基准刑；④基准刑调节；⑤宣告刑，即法院在判决书中对罪犯宣判的刑罚是量刑的结果。

张三（17岁）夜晚在公园里持刀拦住一个妇女，将其扎成轻伤迫使其交出提包离去，提包内有价值5000元的财物。对张三抢劫案应如何量刑？下面以此抢劫案为例，结合《刑法》第263条（抢劫罪）的规定来解说量刑的方法。

（一）确定"量刑幅度"（应适用的正条法定刑幅度）

通过定罪，确定对犯罪行为适用的刑罚法规，也就是确定量刑的法定刑幅度。当确定适用的正条规定有数个量刑幅度的，需确定应当适用的量刑幅度。就张三抢劫案而言，法院认定张三的行为构成《刑法》第263条之抢劫罪，等于同时确认处罚张三的法定刑。张三不具有处10年以上（加重犯）的情形，应适用的"量刑幅度"是"3年以上10年以下有期徒刑，并处罚金"。

（二）确定"量刑起点"

在选定的量刑幅度内，根据司法解释、司法经验、惯例等确定"量刑起点"。《关于常见犯罪的量刑指导意见》（2017）中规定："抢劫1次的，可以在3年至6年有期徒刑幅度内确定量刑起点。"据此，张三抢劫1次、数额5000元，可确定量刑起点为"3年至6年"，法官为便于操作有时就取中确定量刑起点为"4年"。

（三）确定"基准刑"

在量刑起点的基础上，根据犯罪数额、犯罪次数、犯罪后果等因素增加刑罚量，确定"基准刑"。就张三抢劫案而言，以量刑起点"3年至6年"或"4年"为基础，根据抢劫情节严重程度、抢劫次数、数额、致人伤害后果等其他影响犯罪构成的犯罪事实增加刑罚量，确定基准刑。比如张三抢劫：①造成被害人轻伤增20%刑罚；②半夜持刀拦截妇女抢劫，手段较严重，增6个月；③数额5000元，远超抢劫

200元的基数，每200元加1个月，4800元增加24个月。据此确定基准刑为：4年+（48个月×20%）+6个月+24个月=87.6个月。

（四）"调节基准刑"

最后根据量刑情节对基准刑进行调节，并综合考虑全案情况，依法得出宣告刑。

"基准刑"确定之后，最重要的工作是根据"量刑情节"对基准刑进行"调节"，《关于常见犯罪的量刑指导意见》中对常见量刑情节的调节比例规定如下：

1. 总则常见法定从轻减轻情节对"基准刑"的调节比例。

（1）未成年人犯罪，已满14不满16岁的，可减（基准刑的）30%~60%；已满16不满18岁的，可减10%~50%。

（2）未遂犯，可比照既遂犯减50%以下。

（3）从犯，可减少20%~50%；犯罪较轻的，可以减50%以上或者依法免除处罚。

（4）自首，可减少40%以下；犯罪较轻的，可减40%以上或者依法免除处罚。恶意利用自首规避法律制裁等不足以从宽处罚的除外。

（5）立功：①一般立功的，可减20%以下；②重大立功的，可减20%~50%；③犯罪较轻的，可减50%以上或者依法免除处罚。

（6）坦白：①如实供述自己罪行的，可减20%以下；②如实供述司法机关尚未掌握的同种较重罪行的，可减10%~30%；③因如实供述自己罪行，避免特别严重后果发生的，可减30%~50%。

2. 常见酌定从轻量刑情节对"基准刑"的调节比例。

（1）当庭自愿认罪的，可减10%以下，依法认定为自首、坦白的除外。

（2）退赃、退赔的，可减30%以下。其中抢劫等严重危害社会治安犯罪的应从严掌握。

（3）积极赔偿被害人经济损失并取得谅解的，可减40%以下；积极赔偿但没有取得谅解的，可减30%以下；尽管没有赔偿，但取得谅解的，可减20%以下；其中抢劫、强奸等严重危害社会治安犯罪的应从严掌握。

（4）达成刑事和解协议的，可减50%以下；犯罪较轻的，可减50%以上或者依法免除处罚。

3. 常见法定或酌定的从重量刑情节。

（1）累犯，可增10%~40%，一般不少于3个月。

（2）前科劣迹，可增10%以下，前科犯罪为过失犯罪、未成年人犯罪的除外。

（3）犯罪对象为未成年人、老人、残疾人、孕妇等弱势人员的，可增20%以下。

（4）在重大自然灾害、预防、控制突发传染病疫情等灾害期间犯罪的，可增20%以下。

4. 多种量刑情节对"基准刑"的调节。

（1）调节比例的确定。具有多种量刑情节的，根据各个量刑情节的调节比例，采用同向相加、逆向相减的方法确定全部量刑情节的调节比例,再对基准刑进行调节。

（2）调节的顺序。具有《刑法》总则规定的如下量刑情节的：未成年人、老年人、限制刑事责任能力人、又聋又哑的人或者盲人、防卫过当、避险过当、犯罪预备、犯罪未遂、犯罪中止、从犯、胁从犯和教唆犯等,先用该量刑情节对基准刑进行调节。这类量刑情节的特点是,均为犯罪人或犯罪事实方面的法定量刑因素。

在此基础上,再用其他量刑情节进行调节。这类情节主要是累犯、前科、自首、立功、坦白、赔偿等犯罪前后的表现。

被告人犯数罪,同时具有适用于各个罪的立功、累犯等量刑情节的,先适用该量刑情节调节个罪的基准刑,确定个罪所应判处的刑罚,再依法实行数罪并罚,决定执行的刑罚。

就张三抢劫案而言,基准刑约"87.6个月",张三犯罪时仅 17 岁故具有未成年的法定情节,根据《关于常见犯罪的量刑指导意见》,"可以减少基准刑的 10%～50%",按减少 30% 调节基准刑：87.6-（87.6×30%）= 61.32 个月。调节基准刑结果是 61.32 个月。

（五）综合全案得出宣告刑

根据量刑情节调节基准刑结果,如果：①在法定刑幅度内,且罪责刑相适应的,可以直接确定为宣告刑,如果具有应当减轻处罚情节的,应依法在法定最低刑以下确定宣告刑；②在法定最低刑以下,具有减轻处罚情节,且罪责刑相适应的,可以直接确定为宣告刑,只有从轻处罚情节的,可以确定法定最低刑为宣告刑；③在法定最高刑以上的,可以确定法定最高刑为宣告刑。

根据案件的具体情况,独任审判员或合议庭可以在 20% 的幅度内进行调整,调整后的结果仍然罪责刑不相适应的,提交审判委员会讨论决定宣告刑。

对张三抢劫案,调节基准刑的结果是 61.32 个月。综合考虑全案情况,张三是未成年人初犯,持刀手段比较严重,抢 5000 元致轻伤后果比较严重,最后得出宣告刑：判处张三有期徒刑 5 年,并处罚金 5000 元。

三、法官裁量权和司法裁量权

这里所谓的法官的裁量权,特指法官个人对个案审理裁判刑罚轻重作出决定的权力。法官裁量权与司法裁量权不尽相同。法官裁量权说明法官个性在案件的刑罚判决中可以有多大程度的表现；而司法裁量权是相对于立法权而言的,表明被立法赋予多大的刑罚裁量权限。司法裁量权受立法的限制,而法官的裁量权不仅受立法的限制,事实上还受司法习惯的限制。司法习惯主要有两方面：①成文司法习惯,即司法解释。最高人民法院有时会对某种犯罪的量刑问题作出具体而详尽的解释,这些解释对法官个人的裁量权有很大的限制。②不成文的习惯,即人民法院本着平等原则,追求同样的罪行受到平等的处罚所形成的量刑的大体尺度。在裁量刑罚时,法官个人通常也要受到约束。在我国,判决往往要经过集体研究决定（合议庭）,还需要经过审判庭或者法院审判委员会审批，并且以法院的名义作出。在这种特定程序的保障之下，司法惯例对量刑的影响是非常大的。如果某法官量刑偏离了这样的尺度，很可能被认为量刑不当（畸轻畸重）而遭到上诉、抗诉，甚至申诉，被上级法院纠正。所以，对普通抢劫，法院依《刑法》第263条可在3年~10年范围内裁量，只是立法授予司法的裁量权，法官对个案的裁量，其实还受到司法机关形成的量刑惯例的约束。

在我国，刑罚的司法裁量权和法官的裁量权是受到较大程度约束的。其原因当然包括追求公平、防止司法擅断等一般理由；但是，在我国，还有两个特别的理由：①我国是一个领域辽阔、人口众多的国家，并且是一个讲究集中统一的国家，十几亿人使用一部刑法典并且要保持统一性，因此必须在立法上作出限制，并且要求严格遵守这些限制；②由于特殊的历史原因，我国法官的法律教育程度和职业化水平普遍不高，必须对司法裁量权尤其是法官个人的裁量权加以限制。这种限制突出地表现为我国刑法在定罪量刑方面浓重的客观化倾向。因此我国刑法的客观化倾向，不仅是一个刑事政策的价值取向问题，也是一个便利操作的技术上的需要。

从实质上看，国家、公民对犯罪与刑罚的等价意识以及其他刑罚观念，决定了量刑的结果。因为国家、公民对犯罪与刑罚的等价意识左右着以下对量刑结果具有重要影响的因素：①法定刑的确立。也就是说国家、公民的罪刑等价观念决定了对某种罪行应当适用何等的刑罚。②刑事政策的导向。较稳定的刑事政策有对待未成年犯罪人重视教育的政策、对待累犯从严的政策；临时性的刑事政策指国家从治理社会需要考虑，在一定的时期或者场合强调对某种犯罪进行严厉惩处的政策。③审判人员量刑意识。因为审判人员往往需要接受国家观念来指导自己适用法律，同时作为社会生活中的一员，其不能不受到社会意识的影响。

四、我国刑法配置法定刑的特点

我国刑法广泛以犯罪结果、数额作为配置法定刑的依据，这表现为一定量的犯罪结果或数量（数额）是定罪的起点，并随着结果或数量（数额）的增加而不断升格法定刑幅度，形成所谓加重犯，如结果加重犯、数额加重犯，如《刑法》第264条对盗窃罪的规定："盗窃公私财物，数额较大的，或者多次盗窃、入户盗窃、携带凶器盗窃、扒窃的，处3年以下有期徒刑、拘役或者管制，并处或者单处罚金；数额巨大或者有其他严重情节的，处3年以上10年以下有期徒刑，并处罚金；数额特别巨大或者有其他特别严重情节的，处10年以上有期徒刑或者无期徒刑，并处罚金或者没收财产。"

这条规定典型地反映了我国刑法配置刑罚（处罚）的特点：①盗窃"数额较大"（1000元~3000元以上）是盗窃定罪的数额起点；②随着盗窃金额增加不断升高"法定最低刑"：盗窃"数额巨大"（3万元~10万元以上）处3年以上有期徒刑，"数额特别巨大"（30万元~50万元以上）处10年以上有期徒刑。

我国刑法广泛以结果（数额）作为依据，并随其数量的增加而升格法定刑。其效果包括：

1. 重视结果（数额）。"同罪"同罚、罚当其罪，其实是偏向于"同结果"（数额）同罚，结果是客观的，因此以结果作为定罪量刑的依据。其优点是标准明确、操作简便、公平显而易见，也可有效防范量刑的随意性；其缺点是有时可能不便充分考虑结果以外的因素，如最高人民法院《审理未成年人刑案解释》中指出的那些因素：犯罪行为的动机和目的、犯罪时的年龄、是否初次犯罪、犯罪后的悔罪表现、个人成长经历和一贯表现等，对预防主义、教育刑观念落实不充分。

2. 司法对加重犯的量刑空间受到严格约束。刑法根据结果（数额、数量）的增加而升格法定刑，形成"加重犯"。立法对加重犯设定法定最低刑并对酌情适用减轻处罚的限制，相当于为加重犯的量刑设置了双重约束，使司法裁量的空间在此点受到严格限制。曾引起广泛议论的许霆案突出反映了这个问题。被告人许霆在用银行卡取款时，发现ATM取款机出故障，取千元仅从卡里扣1元，随后连续取款171笔共17.5万元，携款潜逃1年后被抓获。若法院认定被告人属于原《刑法》第264条之"盗窃金融机构，数额特别巨大"[1]，依法被告人将面临无期徒刑判决。该案见诸媒体后，引起了人们的广泛关注。最初许霆果然被法院以盗窃罪判处无期徒刑，上诉后，二审撤销原判发回重审，重审后，适用酌情减轻处罚而判决被告人5年有期徒刑。许霆最初判处无期徒刑正是这种双重限制的产物。我国刑法这一特点不变，因"案件的特殊情况"需要酌情减轻的案件将会源源不断出现，司法机关需要作出适当应对。

3. 加重犯的限缩适用。因为加重犯严格限制了司法量刑空间，可能导致极端不合情理的量刑，所以，司法实务多采取限缩适用的态度。主要表现为，加重犯一般以实际发生（实现）为必要，如"多次抢劫或者抢劫数额巨大"的（第263条第2款），应当解释为实际发生了3次以上的抢劫或者实际抢取了数额巨大的财物，类似如盗窃、诈骗数额巨大，通常解释为实际窃取、骗取的金额达到巨大，这种解释的倾向在我国特有量刑体制下是明智的选择。此外，在既遂认定方面，对加重犯往往也采取收缩的倾向。

【案例】弓喜抢劫案[2]

某日晚10时许，弓喜到其曾经工作过的工厂内，持壁纸刀向值班会计赵某要1万元，并将赵颈部划伤（经法医鉴定为轻伤），因赵逃脱而未取得钱财。一审判决弓喜成立抢劫罪并达到数额巨大，处有期徒刑10年。二审认为，上诉人弓喜"虽然使用暴力索要数额巨大的财物，实际并未抢得被害人财物，依法不应认定其抢劫数额

---

[1] 行为时《刑法》第264条规定："……有下列情形之一的，处无期徒刑或者死刑：①盗窃金融机构，数额特别巨大的；……"

[2] 载《刑事审判参考》（总第61集），法律出版社2008年版，第16页。

巨大",改判有期徒刑6年,并处罚金。

《常见犯罪量刑指导意见》通过确认"量刑起点""基准刑""基准刑调节"这三个关键环节,规范量刑的操作,同时,还规定了量刑情节"调节比例"。把量刑中法官斟酌因素都纳入到量刑起点、基准刑、基准刑调节的酌量。把法定量刑情节中诸如"从轻、减轻"、"应当"(从轻减轻)、"可以"(从轻减轻)的尺度,都转换为"调节比例"的斟酌。法官量刑都要在这样的话语平台上进行,起到一定的规范作用。但是,必须要注意我国刑法配置法定刑的特点,如前所述,以"数额·结果"作为主要甚至唯一加重事由并广泛设定法定最低刑,这种模式原本就已经极大地限缩了司法裁量的空间,尤其是限缩了司法考虑"结果·数额"之外的因素的裁量空间,在这样的立法背景下,有必要反思:是否还应在量刑的"片面客观规范化"这条路上走得更远?

五、量刑情节与定罪情节

在分则中,"情节严重"有两种意义:

1. 量刑意义(升格法定刑)。这一意义往往具有法定刑升格的作用,如《刑法》第276条(破坏生产经营罪)规定,由于泄愤报复或者其他个人目的,毁坏机器设备、残害耕畜或者以其他方法破坏生产经营的,处3年以下有期徒刑、拘役或者管制;情节严重的,处3年以上7年以下有期徒刑。该"情节严重"是适用"3年以上7年以下"这一较重法定刑幅度的条件。

2. 定罪意义(犯罪构成要件)。如《刑法》第273条(挪用特定款物罪)规定,挪用用于救灾、抢险、防汛、优抚、扶贫、移民、救济款物,情节严重,致使国家和人民群众利益遭受重大损害的,对直接责任人员,处3年以下有期徒刑或者拘役;情节特别严重的,处3年以上7年以下有期徒刑。该"情节严重"是构成挪用特定款物罪的构成要件,即不属"情节严重"的,不构成犯罪。在刑法分则中"情节严重"大多在构成要件意义上使用。另外,上述条文中"情节特别严重"属于量刑情节,具有升格法定刑的作用。在分则中,"情节特别严重"只具有升格法定刑的量刑作用。

第四章

刑罚裁量制度

第一节　数罪并罚

一、数罪并罚的概念

数罪并罚，是指人民法院对犯罪分子一人所犯的数个罪，分别定罪量刑，然后按照法定的原则和方法，决定应当执行的刑罚。数罪并罚的要点如下：

（一）一人犯数罪

一人犯数罪是数罪并罚的前提。

1. 罪数论和数罪并罚论的联系与区别。罪数论着眼于分析、确认犯罪的个数，解决数罪并罚的前提，数罪并罚是罪数论的归宿。确认为一罪的不应数罪并罚；确认为数罪的应当数罪并罚。如果脱离罪数论，数罪并罚就没有了标准；如果脱离数罪并罚，罪数论就成为概念游戏。

问题的复杂性在于：①数罪未必都适合数罪并罚，如科刑的一罪（连续犯、吸收犯、牵连犯）就不宜数罪并罚；②按一罪处罚的未必都是一罪，如法律把"数罪"特别规定为一罪、配置一个法定刑的场合，例如，《刑法》第 239 条关于绑架又杀害被绑架人的规定，从自然的观念看，分别是绑架罪、故意杀人罪，但只能依法按一罪处罚。此外，根据罪数论同种数罪也是数罪。比如，甲于 1999 年某日因为奸情杀死乙，2000 年某日因为刑讯逼供将犯罪嫌疑人丙活活打死（转化为故意杀人罪），甲显然犯有两个独立的故意杀人罪，但是根据我国司法习惯，对判决宣告前的同种数罪不实行数罪并罚。

2. 术语。科刑的一罪（连续犯、吸收犯、牵连犯）究竟应当称为"一罪"还是"数罪"？司法实务中可以不在意怎么称呼，反正不数罪并罚就是了，考试的场合就不能不在意了。比如，牵连犯的情形试题中若问"触犯的罪名？"，正确选项是"触犯数个罪名"；试题中若问"构成何罪？"或"以何罪定罪处罚？"，正确选项一般为处罚的那一罪。至于法定的一罪（如《刑法》第 239 条绑架又杀害被绑架人等情形），一般认为既是"构成一罪"也是"处罚一罪"。

（二）对数罪分别定罪量刑

应当数罪并罚的，对数罪分别定罪量刑，例如，赵某犯有金融凭证诈骗罪和诈骗罪二罪：①对赵某分别定罪：构成金融凭证诈骗罪和诈骗罪；②分别判刑：对金融凭证诈骗罪判处10年有期徒刑，并处罚金5万元；对诈骗罪判处无期徒刑，并处罚金10万元。到目前为止，审判数罪与审判一罪仅有数量的不同（判决一罪一刑还是数罪数刑），其他都是一样的。

为何要对数罪"分别定罪量刑"？因为评价、惩罚的对象是犯罪行为（事实），如果犯罪人犯有多项罪行的，必须对每一项罪行都进行清算，而且以对数罪逐项清算为基础，即分别定罪判刑后，再依照一定的原则合并决定执行的刑罚。这样把数罪的处罚建立在各项罪行单独评价处罚的基础上，比起对多项罪行笼统地评价、"估堆"判罚的方式，要清晰牢靠。另外，处罚的基准是在处罚一罪基础上形成的，对数罪分别定罪量刑，使数罪处罚依托在一罪一罚的基础上，数罪与一罪的处罚基准一致。从诉讼上讲，只有首先对数罪分别定罪判刑，才能清楚地看出其定罪量刑是否合理，适用的法律是否正确。也就是说，数罪并罚首先是建立在一罪一罚基础上的，先对每一个罪行正确定罪、合理处罚，然后再合并数罪的刑罚。当需要上诉、抗诉时，控辩双方也才能有针对性地提出对哪一项罪行的判决不服。上诉法院才能有效地进行审理，如果发现某项罪行判决有错，只需对有错误的定罪量刑部分进行改判。还以上述赵某金融凭证诈骗和诈骗案为例，假如赵某认为判决其诈骗罪的事实有误，或者证据不足，或者定性错误，那么就对诈骗罪这一部分的认定处罚提出异议。假如二审法院认为上诉有理，其行为不构成诈骗罪，那么改判不构成诈骗罪，维持一审对金融凭证诈骗罪的定罪判刑。由于一审对赵某金融凭证诈骗罪和诈骗罪是分别定罪量刑的，就不需要对其金融凭证诈骗罪重新定罪判刑了。因此，数罪并罚首先要求分别定罪量刑是经过深思熟虑、精心设置的制度，并非是多此一举，相反，对数罪笼统定罪处罚，弊病很多。

不过，我国司法习惯仅仅是对异种数罪采取分别定罪量刑的数罪并罚方法，对同种数罪一并审理时习惯上不实行数罪并罚，意味着对同种数罪不采取分别定罪处罚的方式，而是采取"估堆"的方式。好在立法建立起了相应的数额、次数、情节加重的模式，因此二者可以相辅相成，相沿成习。

对同种数罪不并罚产生于两种情况：①立法模式，对一些涉及财产、经济的犯罪，法定刑的轻重与犯罪涉及财产的数额相联系，数额越大，法定刑也就越重。例如，《刑法》第153条对走私普通货物、物品罪规定，偷逃应缴税额特别巨大的，处10年以上有期徒刑或者无期徒刑；《刑法》第171条对出售、购买、运输假币罪规定，犯罪数额特别巨大的，处10年以上有期徒刑或者无期徒刑；《刑法》第263条规定多次抢劫或者抢劫数额巨大的，处10年以上有期徒刑、无期徒刑或者死刑；《刑法》第264、266、267条规定盗窃、诈骗、抢夺财物数额特别巨大的，处10年以上有期徒刑或者无期徒刑；第347条规定走私、贩卖、运输、制造鸦片1千克以上、海洛因或者甲基苯丙胺50克以上或者其他毒品数量大的处15年有期徒刑、无期徒刑或者死刑；第383条规定贪污受贿数额特别巨大的，处10年以上有期徒刑或者无期徒刑；等等。这些数量不仅指一次犯罪的数量，也包括多次犯罪未经处理累积的数量，犯罪人因为多次犯一种罪，如贩毒5次，每次贩卖海洛因12克，积少成多累加达到60克，则成为可以适用15年有期徒刑、无期徒刑或者死刑之罪。对一些非财产性犯罪，往往有"情节严重""情节特别严重""多次""多人"等加重因素。例如，《刑法》第236条规定强奸情节恶劣或强奸多人的，处10年以上有期徒刑、无期徒刑或者死刑；第240条规定拐卖3人以上的，处10年以上有期徒刑或者无期徒刑，情节特别严重的，处死刑。②司法习惯，对于经济、财产性同种数罪，通常累加犯罪数额按一罪处理；对于其他的同种数罪，也不实行数罪并罚。比如，多次犯有故意伤害罪、故意杀人罪，只要是未经处理的，一律不实行数罪并罚，而是按一罪处罚。

同种数罪不并罚在一定程度上导致了无期徒刑（甚至死刑）的扩大适用。因为这种累积加重评价的效果，可能导致数个仅需判处有期徒刑之罪，累加数额或者次数按一罪处无期徒刑。当然，这种可能性仅会发生在法定最高刑为无期徒刑以上刑罚的场合。如果某种罪行的法定最高刑为有期徒刑的，这种立法模式和司法习惯也会轻纵同种数罪。

此外，即使是异种数罪，亦有法定不实行数罪并罚的情况，也就是法定一罪作为另一罪加重情节的情况。例如，绑架人质并杀害人质的；拐卖妇女又奸淫被拐卖妇女或者强迫其卖淫的；组织偷越国（边）境过程中又拘禁被组织人的。在这里，杀人、强奸、强迫卖淫、非法拘禁分别被法定作为绑架罪、拐卖妇女罪、组织他人偷越国（边）境罪的加重情节，从而使数个有期徒刑之罪升格到无期徒刑甚至死刑。这虽然有利于严惩某种类型的犯罪，但是有悖于限制加重原则的精神。限制加重原则的精神，就是防止使数个原本属于有期徒刑之罪因其数量的增加，而发生质变，成为无期徒刑之罪。

（三）依照刑法规定的数罪并罚原则合并决定执行的刑罚

在处罚一罪的场合，因为只判处一个主刑，直接交付执行该主刑就可以了，假如上例中的赵某只犯有一个金融凭证诈骗罪，那么认定构成金融凭证诈骗罪，依法判处10年有期徒刑，并处罚金5万元，就完成定罪判刑了。剩下的就是把判决交付监狱执行10年有期徒刑，由法院执行附加的罚金5万元。

在处罚数罪的场合，可能对犯罪分子数罪分别判处了数个主刑（有时还会有数个附加刑），如上述赵某案，法院对赵某的两个罪判处了两个刑罚：10年有期徒刑、并处罚金5万元和无期徒刑、并处罚金10万元。因为对一个犯罪分子最终只能判决（执行）一个主刑，这就要决定执行的刑罚。由此可见，数罪并罚与一罪一罚的差别，无非是面对判决的数刑根据法律规定如何决定执行的刑罚问题。接着赵某的案子说，关键是对赵某的"10年有期徒刑，并处罚金5万元"和"无期徒刑，并处罚金10万元"两个刑罚，按照法定的数罪并罚原则（合并数刑的规则）决定最终应执行的刑罚。

二、数罪并罚的一般原则

（一）立法规定

《刑法》第69条规定："判决宣告以前一人犯数罪的，除判处死刑和无期徒刑的以外，应当在总和刑期以下、数刑中最高刑期以上，酌情决定执行的刑期，但是管制最高不能超过3年，拘役最高不能超过1年，有期徒刑总和刑期不满35年的，最高不能超过20年，总和刑期在35年以上的，最高不能超过25年。数罪中有判处有期徒刑和拘役的，执行有期徒刑。数罪中有判处有期徒刑和管制，或者拘役和管制的，有期徒刑、拘役执行完毕后，管制仍须执行。数罪中有判处附加刑的，附加刑仍须执行，其中附加刑种类相同的，合并执行，种类不同的，分别执行。"

（二）数个主刑的合并

1. 死刑、无期徒刑的合并。如果数罪被判处的数个主刑之中最重为死刑或者无期徒刑的，决定执行最重的刑罚，判处的其他主刑就不再执行。学者对那些不执行的主刑给了一个说法，就是被决定执行的主刑所"吸收"了，因此称为"吸收原则"。以上述赵某案为例，赵某被判处的两个主刑中有无期徒刑，正好适用此规则。根据吸收原则，对赵某决定执行最重的主刑即无期徒刑，而10年有期徒刑，被认为是被执行的重刑（无期徒刑）吸收了。假如赵某被判一个无期徒刑和一个死刑，同样适用吸收原则，决定执行死刑，无期徒刑被吸收。道理很简单，一个人只有一条命、一身自由，被判了一个死刑即剥夺了其生命，不可能执行其他死刑或自由刑了。被判处一个无期徒刑也不可能执行其他的自由刑。同理，无论犯有多少个罪，无论如何数罪并罚，对一个罪犯最终只能决定一个剥夺生命刑或自由刑。

2. 有期徒刑、拘役、管制的合并。如果判处的数个主刑均为有期徒刑，或者均为拘役，或者均为管制，则采取以下规则合并：

（1）在数刑的总和刑期以下，数刑中最高刑期以上，决定执行的刑罚。例如，陈希同案，法院对他的贪污罪判处有期徒刑13年，玩忽职守罪判处有期徒刑4年。其总和刑期为17年，数刑中最高刑期为13年。依规定，应当在17年（总和刑期）以下13年（数刑中的最高刑期）以上酌情决定执行的刑罚。法院判决决定执行16年。对陈希同两罪最终判决的刑期就是有期徒刑16年。当然，法院也可以决定执行13、14、15年或17年，只要不低于13年且不高于17年，都符合法律的规定。不过，我国司法习惯一般是以总和刑期为基点往下适当扣除1~2年作为决定执行的刑罚。法院对陈希同两罪决定执行16年就体现了这种合并数刑期的习惯。

（2）决定执行的刑期，有期徒刑总和刑期不满35年的，最高不能超过20年，总和刑期在35年以上的，最高不能超过25年，拘役最高不能超过1年，管制刑最高不能超过3年。假如犯罪分子两罪分别被判处有期徒刑10年、15年，其总和刑期是25年，数刑中最高刑期15年。因为法律规定数罪并罚时决定执行的有期徒刑最高不能超过20年，所以对该犯罪分子只能在20年以下、15年以上决定执行的刑期。同理，数个拘役刑合并的，最高不得超过1年；数个管制刑合并的，最高不能超过

3年。

上述规则被称为"限制加重原则"。这是相对于并科原则（或称相加原则）和吸收原则而言的。吸收原则对于有期徒刑、拘役、管制的合并过于宽大。按照这一原则，假如某人被处一个 10 年有期徒刑、一个 5 年有期徒刑，重刑（10 年）吸收轻刑（5 年），只执行最重的 10 年有期徒刑，这显然过轻，可能会产生鼓励多犯罪的副作用。并科原则对于有期徒刑、拘役、管制合并而言，可能导致数刑相加高达数十年甚至百年，又显得过于严厉。鉴于吸收原则过轻、并科原则过重，所以取限制加重的折中方案：在数刑中最高刑期之上决定执行的刑罚，比吸收原则有所加重，例如，犯罪人因数罪分别被判处 10 年和 5 年有期徒刑，按限制加重原则，可以决定执行 11、12、13、14 年甚至 15 年，显然有所加重。当然如果决定执行 10 年就与吸收原则的结果相同，但这样的判罚罕见。比并科原则又有限制，这个限制就是有期徒刑最高不能超过 25 年或 20 年，拘役最高不得超过 1 年，管制刑最高不能超过 3 年，所以称为限制加重原则。也可以说限制加重原则实际是吸收原则和并科原则的折中方案。

（3）限制加重原则的合理性。按理讲，对数罪所判数刑采取相加原则合并刑期既简单又合理，因此很多国家都采取相加原则，比如，某一恐怖分子实施爆炸致死 20 人，法院认定其构成 20 个故意杀人罪，每一故意杀人罪判处 20 年有期徒刑，合并决定判处 400 年有期徒刑。但是在有些场合会产生不合理性，比如，某人犯有 10 项罪行，每个罪被处 10 年有期徒刑，简单相加就要决定执行 100 年有期徒刑。犯罪人本来犯的（10 个）分别都是有期徒刑的罪行，因为数量多，事实上遭到了无期徒刑的处罚，显属苛刻。限制加重原则，目的是避免使犯罪人的数个"有期徒刑之罪"，经并罚后变相受到"无期徒刑之罪"的处罚。尤其是在我国刑法广泛规定加重犯，罪行严重往往被科处无期徒刑、死刑的情况下，采取限制加重原则不会宽纵罪犯，具有极大的合理性。有的国家刑罚比较轻缓，废除了死刑，慎用无期徒刑，采取限制加重原则可能会放纵罪恶累累的罪犯，采取相加原则较为合理。制度的合理性是相对的，取决于该制度的法律背景。

（4）限制加重原则适用的限制。限制加重原则只能适用于相同刑种的合并，即数个有期徒刑之间、数个拘役之间、数个管制之间的合并。假如罪犯分别被处 3 年有期徒刑、6 个月拘役、2 年管制，该如何合并？根据《刑法修正案（九）》，首先，数罪中有判处有期徒刑和拘役的，采取吸收原则，执行有期徒刑，拘役被吸收；其次，数罪中有判处有期徒刑和管制，或者拘役和管制的，采取并科原则，有期徒刑、拘役执行完毕后，管制仍须执行。但这一规定可能导致拘役轻于管制的不合理现象。此外，有学者指出：前述"并科原则"存在一个法律障碍，即违反了一个判决只能有一个主刑的原则。我国刑法中，主刑、附加刑均可独立适用，它们的区别在于是否可以附加适用。刑罚的独立适用，是指只能判处一个刑罚；附加适用，是指可以与其他刑罚共存。这一特征就决定了一个判决只能有一个主刑，却可以有数个附加刑。前述"并科原则"导致一个判决存在两个或者两个以上主刑,此时主刑就不是独立适用而是附加适用,这就抹杀了主刑和附加刑之间的区分。[1] 但假如犯罪分子被判处的数刑中有无期徒刑或者死刑的,即使还被判有有期徒刑、拘役、管制,统统都被决定执行的无期徒刑或者死刑所吸收,没有适用限制加重原则的余地。

(三) 附加刑的合并

1. 附加刑与主刑并科。对于判处的附加刑(即罚金、没收财产、剥夺政治权利以及驱逐出境)原则上采取并科原则,也就是无论判处多少附加刑都要与主刑一并执行。例如,对王某犯抢劫罪判处有期徒刑 10 年,附加剥夺政治权利 3 年;犯诈骗罪判处有期徒刑 5 年,罚金 1 万元;犯盗窃罪判处有期徒刑 6 年,罚金 2 万元。主刑按限制加重原则在 20 年以下 10 年以上决定执行的刑罚,而附加刑剥夺政治权利、罚金都要与有期徒刑一并执行。

2. 数个附加刑的合并。

(1) 数附加刑种类相同的,合并执行。此"合并"方法,根据情况或相加或吸收或限制加重。分述于下:①数罚金刑合并采取相加原则。《适用财产刑规定》第 3 条第 1 款:"依法对犯罪分子所犯数罪分别判处罚金的,应当实行并罚,将所判处的罚金数额相加,执行总和数额。"根据此规定,对王某的 1 万元和 2 万元两笔罚金,采取相加原则(1 万元+2 万元=3 万元),决定执行 3 万元。②数个没收财产刑,如果数个没收部分财产刑的,都要执行,采取相加原则。如果其中有没收个人全部财产的,决定执行没收个人全部财产,采取吸收原则。③数个剥夺政治权利刑的,如果其中一个为剥夺政治权利终身的,吸收其他,只能执行一个剥夺政治权利终身;如果是数个有期剥夺政治权利刑的,参照最高人民法院《执行剥权期间犯新罪应如何处理的批复》,似应采取限制加重原则,即在总和刑期以下数刑中最高刑期以上决定执行的刑期,但不能超过 5 年。如甲因 A 罪剥夺政治权利 3 年,B 罪剥夺政治权利 4 年,应当在 4 年以上 5 年以下决定执行的刑期。此外,数剥夺政治权利刑的合并还有相加原则的主张。

(2) 数附加刑种类不同的,分别执行。这其实就是简单相加或并科原则。简单说,数罪并处有罚金、没收部分财产、剥夺政治权利、驱逐出境的,都要执行。例如,外国人阿里犯诈骗罪并处罚金 2 万元,犯贩卖毒品罪并处没收别墅一栋、轿车 3 辆,驱逐出境。则没收部分财产和 2 万元罚金都执行,主刑执行完毕,还要执行驱逐出境。一人犯数罪同时并处罚金和没收全部财产的,按照《适用财产刑规定》的规定,"只执行没收财产刑",表明迄今为止司法实务采取吸收原则。例如,甲因 A 罪被并处没收个人全部财产,因 B 罪被并处罚金 2 万元,决定执行没收全部财产,罚金 2 万元被吸收。这是否符合《刑法修正案(八)》"分别执行"的新规定,稍存疑问。有观点主张:"罚金刑和没收财产刑虽然属于两种刑罚,但由于它们在性质

---

[1] 陈兴良主编:《刑法总论精释》(下),人民法院出版社 2016 年版,第 879~880 页。

上均是财产刑,因此可将它们看作同一性质的刑罚。"[1] 这一观点巧妙地绕过了前述,继续维持司法解释的做法。

本书认为,应该采取择一重的吸收原则。同时并处罚金和没收全部财产的情形有三种可能:①先执行罚金,剩余的没收,这与吸收没有差别;②先执行没收全部财产,然后罚金刑待罪犯有可供执行的财产时随时追缴,这样太苛刻;③罚金额远超罪犯个人全部财产,比如乙因 A 罪被并处罚金 300 万元,因 B 罪被并处没收全部财产,但乙的全部财产总额只有 200 万元。这样的情况最麻烦,如果只执行没收全部财产反倒使罪犯免除了 100 万元罚金日后被随时追缴的负担。为了避免尴尬和苛刻,决定择一重执行较为合理,即如果罚金额超出罪犯全部财产的,执行罚金刑吸收没收全部财产刑;如果罪犯全部财产多于罚金额的,执行没收全部财产,吸收罚金刑。

三、适用数罪并罚的两类情形

适用数罪并罚的情况有三种:①判决宣告前的数罪并罚;②刑罚执行过程中对发现的"漏罪"的数罪并罚;③对刑罚执行过程中犯"新罪"的数罪并罚。其中,"判决宣告前"的并罚是刑法设置数罪并罚原则的"常态"情形,"刑罚执行过程中"的数罪并罚属于特殊情形。所以也可分为两类情况,即"判决宣告前"和"刑罚执行中"的数罪并罚。对主刑合并刑罚,只要有一罪判处无期徒刑、死刑的,适用吸收原则,无论何种情形结果相同,不需要特别考虑。只有在适用限制加重原则时,场合不同结果有所差异,所以适用数罪并罚的两种情况实际上是限制加重原则的适用情况。

(一) 判决宣告前的数罪并罚

对犯罪分子在判决宣告之前的数罪进行并罚是最常见的情形,如甲分别犯有故意杀人罪和强奸罪,被公诉机关起诉至法院,法院开庭审理甲的故意杀人罪和强奸罪两项罪行,然后对该两项罪行作出宣判,该两项罪行就是"判决宣告前的罪行",对该两项罪行的数罪并罚就是"判决宣告前的"数罪并罚。因为《刑法》第 69 条的数罪并罚原则就是根据这种情形设置的,对此直接适用《刑法》第 69 条规定的数罪并罚"一般规则"合并即可。

(二) 刑罚执行中的数罪并罚

1. 刑罚执行中发现"漏罪"的并罚。《刑法》第 70 条规定:"判决宣告以后,刑罚执行完毕以前,发现被判刑的犯罪分子在判决宣告以前还有其他罪没有判决的,应当对新发现的罪作出判决,把前后两个判决所判处的刑罚,依照本法第 69 条的规定,决定执行的刑期。已经执行的刑期,应当计算在新判决决定的刑期以内。"

在刑罚执行中发现"漏罪",该"漏罪"指犯罪分子在判决宣告以前还有其他未被判决的罪行,即"漏网之罪"。例如,甲在 2003 年间分别犯有强奸罪和抢劫罪,2004 年 5 月强奸罪案发,被判处有期徒刑 10 年,其抢劫罪因为没有被发现而暂时隐

---

[1] 赵秉志主编:《〈刑法修正案(八)〉理解与适用》,中国法制出版社 2011 年版,第 107 页。

瞒下来（漏网之罪）。在监狱服刑 7 年时，甲主动交待出过去犯的抢劫罪。这个抢劫罪就是甲在（强奸罪 10 年）刑罚执行中被发现的在判决宣告以前没有被判决的罪，即"漏罪"。对甲的抢劫罪作出判决，如从轻（因为自首）判处有期徒刑 15 年，这时需要把抢劫罪之刑（15 年）与原判强奸罪之刑（10 年）合并决定执行的刑罚。其步骤、方法如下：①将漏罪之刑与原判之刑依限制加重原则"合并"。甲漏罪（抢劫罪）之刑是 15 年，与原判强奸罪之刑 10 年依限制加重原则合并：因数罪总和刑期为 25 年（抢劫 15 年+强奸 10 年）、数刑中最高刑期（抢劫罪）为 15 年，故应在 20 年以下、15 年以上决定执行的刑罚，如决定执行有期徒刑 20 年。到目前为止，实际上还是适用限制加重原则"合并"数刑，与对判决宣告前数罪的数刑"合并"方法相同。②从合并的刑期中，"减去"原判已经执行的刑期。甲的强奸罪之刑已经被执行了 7 年，这已经执行的 7 年刑期应当从合并的刑期（20 年）中减去（或扣除）：20 年−7 年＝13 年，这 13 年是甲继续要执行的刑期。道理很简单，如果不将甲原判已经执行的刑期从合并的刑期中扣除，等于让甲重复执行了 7 年刑。换言之，不论罪犯合并的刑期是多少，原先已经执行的部分依然有效，应算作合并后刑期已经执行的刑期。

如果暂时抛开原判已经执行的刑期，刑罚执行中"漏罪"的并罚方法其实与判决宣告前的一样，都是依限制加重原则合并数刑。只是在合并刑期之后，计算仍需执行的刑期时，要把原判已经执行的刑期减去。其道理如同判决宣告前先行羁押的，羁押 1 日折抵 1 日一样。可见刑罚执行中"漏罪"的数罪并罚比判决宣告前的数罪并罚，仅仅多个原判决已经执行的刑期应予抵扣的问题。

2. 刑罚执行中"犯新罪"的并罚。《刑法》第 71 条规定："判决宣告以后，刑罚执行完毕以前，被判刑的犯罪分子又犯罪的，应当对新犯的罪作出判决，把前罪没有执行的刑罚和后罪所判处的刑罚，依照本法第 69 条的规定，决定执行的刑罚。"

在刑罚执行中又犯"新罪"，如刘某犯强奸罪被判有期徒刑 10 年，在服刑 7 年时，因与同监舍犯人斗殴造成重伤后果，构成故意伤害罪，刘某的故意伤害罪不是过去遗漏的罪行，而是在服刑期间新犯下的罪行，所以是刑罚执行中的"新罪"。对刘某的故意伤害罪作出判决，比如判处有期徒刑 15 年。这时需要把前罪判决（强奸罪）之刑与新罪（故意伤害罪）之刑合并。其步骤、方法如下：①算出"前罪没有执行的刑罚"，即前罪"剩余的刑期"。这很简单，将前罪的刑期"减去"已经执行的刑期，得到的差就是"前罪没有执行的刑罚"。比如，刘某前罪强奸罪的刑期是 10 年，已经执行的刑期是 7 年，10 年减去 7 年得到剩余的刑期 3 年。这 3 年就是刘某"前罪没有执行的刑罚"。②将"前罪没有执行的刑罚"和"后罪所判处的刑罚"依限制加重原则"合并"决定执行的刑罚。比如，刘某前罪（强奸罪）没有执行的刑罚是 3 年，新罪（故意伤害罪）的刑期是 15 年，按照限制加重原则合并：在总和刑期 18 年（3 年+15 年＝18 年）以下、数刑中最高刑期 15 年以上决定执行的刑罚。假如决定执行 17 年，这就是刘某数罪并罚的刑期，也是应予执行的刑期，因为刘某前罪（强奸罪）已经执行的 7 年刑期，在合并前已经先行减去。

3. 刑罚执行中犯下"新罪"与发现"漏罪"并罚的异同。

（1）相同点：①二者都存在"已经执行的刑罚"，因为在刑罚执行中，原判刑罚一定或多或少执行了部分；②已执行的部分应予抵扣（减去）。而判决宣告前的数罪并罚不存在已经执行的部分，也就不存在抵扣问题，只存在先行羁押日期抵扣刑期的问题。

（2）二者的不同点表现在如下方面：

第一，方法上的不同。刑罚执行中"新罪"的并罚，是将前罪已经执行的刑罚先行"减去"，然后将前罪没有执行的刑罚和后罪所判处的刑罚依限制加重原则"合并"，被称为"先减后并"；刑罚执行中"漏罪"的并罚，是将原判刑罚与"漏罪"所判处的刑罚依限制加重原则"合并"，然后将已经执行的刑罚从合并刑中"减去"，被称为"先并后减"。

第二，在效果上的差别。"先减后并"比"先并后减"要严厉一些，这具体表现为两点：①在一定条件下，实际的刑期可能突破法定数罪并罚最高刑期的限制，即有期徒刑不得超过 20 年、拘役不得超过 1 年、管制不得超过 3 年的限制。如上述刘某案，虽然判决合并决定 17 年有期徒刑，但是刘某前罪（强奸）已经服刑 7 年没有算进去，如果两项相加（17 年+7 年），刘某两个有期徒刑之罪实际的刑期可能达 24 年。②在一定条件下，合并时的实际起刑点可能高出数刑中的最高刑期。如上例刘某案，表面上合并时的起刑点是 15 年，假如把刘某前罪已经执行的 7 年也算进去，其实际起刑点是 22 年（15 年+7 年），高于数刑中的最高刑期（15 年）。

道理很简单，先行减去已经执行的刑期再合并，判决书中合并刑的上限和下限已经不包含已经执行的刑期。如果算上已经执行的刑期，合并刑的上限和下限肯定要高些。而在刑期较长，尤其是已经执行的刑期较长的情况下，"先减后并"的严厉性更为明显。

如果使用"先并后减"的方法，把已经执行的刑期考虑上以后再合并，则总是和判决宣告前的数罪并罚的效果一样，其实际执行的最高刑期不可能突破法定的限制，其合并的起刑点也不可能超出数刑中最高刑期。仍以上述刘某案为例，如果使用"先并后减"的方法，在合并时受法律限制有期徒刑不得超过 20 年；合并后，已经执行的 7 年再从这合并刑（20 年）中扣除，其合并的刑期与实际的刑期一致，不受已经执行刑期的影响，不会超出 20 年。同理，其合并的起刑点也不会超出数刑中的最高刑期 15 年。

对"新罪"规定较严厉的"先减后并"方法的原因是，罪犯经过一段时间的监狱改造，不仅没有改恶从善竟然重新犯罪，表明其主观恶性深，应当予以严惩。这与累犯从重处罚的道理相同。相反，漏罪是在判决宣告前犯下的，只是当时没有发现而已。假如当时被一并发现一并审理，也是按照判决宣告前的数罪并罚处理。

只有当罪犯正处在刑罚执行过程中才存在所谓"先并后减""先减后并"的问

题。因为此时，罪犯原判刑期或多或少被执行了一段时间，需要在并罚时考虑"减去"。如果不在刑罚执行过程中，如在刑满释放以后，那么无论是新罪、漏罪，一概按照判决宣告前的数罪并罚方式解决。

4. 刑罚执行中，原判决为数罪并罚之刑的合并。在刑罚执行中发生数罪并罚可能会遇到原判决本身即为数罪并罚之刑的情形，例如，甲在判决宣告前犯有盗窃、抢劫、强奸、诈骗四罪，在判决宣告前盗窃、抢劫二罪案发，并分别判处盗窃罪有期徒刑 4 年，抢劫罪有期徒刑 5 年，按限制加重原则对二罪之刑（9 年以下 5 年以上）决定执行有期徒刑 8 年。在该判决刑罚（8 年）执行期间又发现强奸、诈骗二罪并分别定罪处罚：强奸罪有期徒刑 3 年、诈骗罪有期徒刑 4 年。这就产生了一个问题，漏罪之刑（强奸罪 3 年、诈骗罪 4 年）应当与原判决盗窃、抢劫二罪的"执行刑" 8 年合并，还是与原判决盗窃、抢劫二罪的"宣告刑"（盗窃罪）4 年、（抢劫罪）5 年合并？这一问题存在"执行刑"说和"宣告刑"说的分歧。通说采取"执行刑"说，即认为应当将原判执行刑 8 年与漏罪之刑强奸罪 3 年、诈骗罪 4 年合并，依限制加重原则，在总和刑期 15 年（8 年+3 年+4 年）以下，数刑中最高刑期 8 年以上决定执行的刑罚，然后减去已经执行的刑期。

对上述"漏罪"的并罚采取"执行刑"说，其结果与数罪均在判决宣告前案发、数罪并罚有细微差别。

5. 刑罚执行中，既发现漏罪又犯有新罪的数罪并罚。刑罚执行中，可能出现既发现漏罪又犯有新罪需数罪并罚的情形，如张三因抢劫罪被判刑 8 年，在刑罚执行 1 年时越狱（又新犯脱逃罪），被抓获归案后交待判决宣告前还曾犯有盗窃罪（漏罪）。首先，应对张三脱逃罪和盗窃罪分别定罪判刑，如脱逃罪判处 2 年有期徒刑、盗窃罪判处 4 年有期徒刑，对此有两种合并的方法：①将正在执行之刑（抢劫罪）8 年与漏罪（盗窃罪）之刑 4 年、新罪（脱逃罪）之刑 2 年三刑依限制加重原则合并，即在总和刑期 14 年（8 年+4 年+2 年）以下，数刑中最高刑 8 年以上决定执行的刑罚，比如决定执行 13 年，然后减去已经执行的 1 年，最终需执行 12 年有期徒刑；②先将正在执行之刑（抢劫罪）8 年与漏罪（盗窃罪）之刑 4 年依限制加重原则合并，即在总和刑期 12 年（8 年+4 年）以下，数刑中最高刑 8 年以上决定执行的刑罚，如决定执行 11 年，然后减去已经执行的 1 年，剩余刑期 10 年。其次，再将 10 年刑期与新罪（脱逃罪）之刑 2 年合并，在总和刑期 12 年以下，数刑中最高刑期 10 年以上决定，如决定执行 11 年。这 11 年便是张三最终需执行的刑期。

这两种合并方式究竟孰优孰劣？实难判定。第一种方式较为自然简便，但不足以反映漏罪与新罪并罚的差异。第二种方式较为复杂，需分两步走：①先将漏罪之刑与原判之刑合并然后减去已经执行的刑期（先并后减）；②然后将二罪没有执行完的刑期与新罪之刑合并（先减后并），简言之，依"先漏、后新"的顺序合并。这种方式虽然严格遵循漏罪和新罪并罚规则，但太矫情。本书比较赞成第一种方式。对犯罪分子而言，第一种方式较为有利，因为对三刑（原判之刑、漏罪之刑、新罪之刑）依限制加重原则合并然后减去已经执行的刑期，事实上对新罪之刑也采取了"先并后减"的方式，显然让罪犯讨了点便宜。若采取第二种方式，则对漏罪、新罪之刑分别严格适用先并后减和先减后并的方法，罪犯讨不到便宜。须注意，以往国家司法考试的标准答案采取的是第二种方式。

6. 吸收原则和并科原则的适用。无论是判决宣告前的数罪并罚，还是刑罚执行中的数罪并罚，都涉及吸收原则和并科原则的适用，不过不生差异。例如，甲犯强奸罪被处无期徒刑，发现其漏罪抢劫罪，对抢劫罪判处 15 年有期徒刑，最终还是决定执行无期徒刑。再如，甲犯强奸罪被处无期徒刑，服刑期间又犯新罪抢劫罪，对新罪抢劫罪判处 15 年有期徒刑，最终也还是决定执行无期徒刑。

7. 在刑罚执行中同种数罪可能数罪并罚。在我国司法习惯上对判决宣告前的同种数罪在一并审判时不实行数罪并罚，而是在认定各项罪行后，以一罪定罪处罚。例如，周某曾盗窃作案 3 起，第一次窃取一辆奔驰车（价值 50 万元），第二次窃取一辆宝马车（价值 40 万元），第三次窃取一辆哈雷摩托车（价值 10 万元）。如果对周某上述三起盗窃罪行一并审判，通常证实三项犯罪事实、认定盗窃性质后，累计金额（50 万元+40 万元+10 万元＝100 万元），按照盗窃犯罪数额 100 万元财物，以一个盗窃罪（犯罪金额 100 万元）定罪处罚。

但是对于刑罚执行过程中发现的"漏罪"或者又犯的"新罪"，无论与原判决的罪行是否属于同种罪行，必须实行数罪并罚。[1] 以上述周某盗窃案为例，如果判决宣告前只发现盗窃奔驰车的事实，那么对周某以盗窃罪（奔驰车价是 50 万）判处 15 年有期徒刑。后来周某在服刑期间盗窃宝马车的事实被举报案发，自然须对该漏掉的盗窃宝马车罪行起诉、审判，并将盗窃宝马车判决之刑与原判决（盗窃奔驰车 15 年）之刑，合并决定执行的刑罚。道理是，原判决刑罚合法有效不因处罚犯罪分子漏罪而撤销，只能对漏罪判处刑罚后，将漏罪之刑与原判之刑合并决定刑罚。这样对犯罪分子的利弊一言难尽。如果该罪的法定最高刑为有期徒刑的，数个同种罪一并案发一并审理并以一罪定罪处罚，对罪犯较为有利，因为一罪最高处刑不过 15 年有期徒刑。如果该罪的法定最高刑为无期徒刑或死刑的，数个同种罪一并案发一并审理并以一罪定罪处罚，对罪犯较为不利，因为数个同种犯罪事实一并评价（往往是犯罪金额累加）可能把刑给"顶上去"，导致被判处无期徒刑或死刑。相反，若分别处罚，可能分别被判处有期徒刑，合并决定执行的刑罚最高不超过 20 年有期徒刑。

同理，对于刑罚执行中犯新罪的，不论该新罪与前罪是否同种罪，都要实行数罪并罚。以上述周某案为例，如果周某在服刑期间盗窃监管干部数额较大财物，新犯盗窃罪行。那么，首先对新罪定罪判刑，如判 3 年，然后再把这 3 年有期徒刑与原

---

[1] 1993 年 4 月 16 日最高人民法院《判决宣告后又发现同种漏罪的批复》指出，刑罚执行期间发现漏罪的，"不论新发现的罪与原判决的罪是否属于同种罪，都应当依照刑法的规定实行数罪并罚"。

判决的 15 年有期徒刑按照先减后并的方法决定执行的刑罚。

更为复杂的问题是，假如周某在服刑期间盗窃监管干部的财物新犯盗窃罪，审理时又供述出在原判决宣告前犯下的两起盗窃漏罪（盗窃宝马车和哈雷摩托车），对此应当如何数罪并罚？若想对漏罪和新罪严格落实不同的并罚原则，似乎应当先把两起盗窃漏罪（按一罪）之刑与原判决之刑按照"先并后减"的方法决定执行的刑期。然后把新犯的盗窃罪刑期与前面决定执行的刑期按照"先减后并"的方法决定执行的刑期。从理论上讲，这种做法符合对漏罪和新罪适用不同的并罚原则的要求，但是司法实务恐怕不愿意采取这样麻烦的方法。司法实务大约还是不分漏罪新罪，按同种罪判一罪一刑，然后将其与原判之刑合并决定执行的刑罚。

8. 假释期间犯罪的数罪并罚。犯罪分子在假释考验期内又犯新罪的，属于刑罚执行期间又犯新罪的并罚。对新罪定罪判刑后，可能涉及以下处理方法：①罪犯正处于无期徒刑假释期间，而新罪被处有期徒刑、拘役、管制的，撤销假释，决定执行无期徒刑。实际采取的是吸收原则。如果新罪被处无期徒刑或者死刑，也是适用吸收原则，决定执行无期徒刑或者死刑。②罪犯正处于有期徒刑假释期间，如果新罪也被判处有期徒刑的，撤销假释，把原判决刑期与新罪刑期按照"先减后并"的方法决定执行的刑期。鉴于有期徒刑假释的考验期为尚未执行完毕的刑期，也就等于原判决剩余的刑期，相当于"先减"之后的刑期。所以简单的方法就是直接将考验期的时间与新罪刑期按限制加重原则合并。

9. 假释考验期内发现漏罪的并罚。罪犯在假释考验期内被发现有"漏罪"的，可能涉及以下处理方法：①罪犯是无期徒刑假释的，而漏罪被处有期徒刑、拘役、管制的，撤销假释，决定执行无期徒刑，实际采取吸收原则；②罪犯是有期徒刑假释的，如果新罪也被判处有期徒刑的，撤销假释，把原判决刑期与漏罪刑期按照"先并后减"的方法决定执行的刑期。注意原判决已经执行的刑期不包括经过的假释考验时间。

10. 缓刑期间的数罪并罚。缓刑考验期内又犯新罪的或者发现漏罪的，应撤销缓刑并对新罪或者漏罪定罪判刑，然后按照判决宣告前的数罪实行数罪并罚。因为缓刑考验期间不是执行刑罚期间，而假释考验期间实际视为刑罚执行期间，这是缓刑考验期内与假释考验期内犯新罪或者发现漏罪时，实行数罪并罚的根本不同点。如果犯罪人在判决宣告前曾经被先行羁押，而对其撤销缓刑实行数罪并罚又判处"实刑"的，依据判决宣告前先行羁押 1 日折抵刑期 1 日的规定解决，不适用"先并后减"或者"先减后并"的方法。

11. 附加刑剥夺政治权利期间犯新罪的处理。最高人民法院《执行剥权期间犯新罪应如何处理的批复》（2009）规定："前罪尚未执行完毕的附加刑剥夺政治权利的刑期从新罪的主刑有期徒刑执行之日起停止计算，并依照刑法第 58 条规定从新罪的主刑有期徒刑执行完毕之日或者假释之日起继续计算；附加刑剥夺政治权利的效力施用于新罪的主刑执行期间。"例如，甲因为犯抢劫罪被判处 10 年有期徒刑，附加剥夺政治权利 3 年，于 2005 年 1 月 5 日刑满释放，其附加剥夺政治权利 3 年开始起算执行。甲 2006 年 1 月 5 日犯故意伤害罪，2006 年 7 月 5 日被刑事拘留，2006 年 8 月 5 日被一审判决 5 年徒刑。甲属于在执行附加刑剥夺政治权利期间犯新罪的情况。根据上述批复处理方法如下：

（1）"停止计算"，即其前罪（抢劫罪）剩余剥夺政治权利刑期自新罪主刑（故意伤害罪之 5 年徒刑）执行之日起"停止计算"。此"执行之日起停止计算"，根据"最高人民法院刑五庭答记者问"的回答是指：①在先行羁押的场合，从先行羁押之日起"停止计算"；②在判决前未予羁押的场合，自一审判决作出之日起"停止计算"，再将此日至新罪有期徒刑执行之日的期间，计算在新判决确定的剥夺政治权利的刑期以内。上例甲的剥夺政治权利期限自 2006 年 7 月 5 日"停止计算"。

（2）待新罪之主刑执行完毕之日或者假释之日起继续计算前罪剩余的剥夺政治权利刑期。

（3）前罪剥夺政治权利的效力施于新罪主刑执行期间。

12. 剥夺政治权利刑执行期间犯新罪又被适用剥夺政治权利刑的合并。根据上述批复，采取"先减后并"的方式合并。如果新罪无须附加剥夺政治权利的，也采取第 71 条"先减后并"的方式并罚。例如，乙因为绑架罪被判 10 年徒刑，附加剥夺政治权利 3 年，于 2005 年 1 月 5 日刑满释放。2007 年 1 月 5 日犯盗窃罪，同年 5 月 5 日被法院判决 6 年有期徒刑附加剥夺政治权利 2 年。依第 71 条对乙剥夺政治权利刑期进行合并，前罪（绑架罪）剩余剥夺政治权利刑期 8 个月（3 年－2 年 4 个月），与新罪剥夺政治权利刑期 2 年合并，按限制加重原则合并，在总和刑期 2 年 8 个月以下，最高刑期 2 年以上，决定执行的刑期，但不能超过 5 年。

13. 无期徒刑经过减刑减为有期徒刑后，被发现漏罪的处理。根据最高人民法院《漏罪新罪并罚时减刑裁定处理意见》（2012），罪犯被裁定减刑后，因被发现漏罪或者又犯新罪而依法进行数罪并罚时，经减刑裁定减去的刑期不计入已经执行的刑期。也就是说，应将漏罪判处的刑罚与原判决判处的无期徒刑进行并罚，决定执行无期徒刑的刑罚。此后，对因漏罪数罪并罚的罪犯依法减刑，决定减刑的频次、幅度时，应当对其原经减刑裁定减去的刑期酌情予以考虑。

第二节　累犯

一、累犯的概念和种类

累犯，是具备特定条件、依法应当从重处罚的再次犯罪的犯罪人。

"再次"犯罪是累犯的核心要素。按照个别预防观念，有犯罪前科的人再次犯罪，表明其"屡教不改"，主观恶性较深、人身危险性即再次犯罪的可能性较大，需要从重处罚。累犯制度的基本点是把犯罪前科作为再犯之罪法定从重处罚的事由。

不过，刑法对再次犯罪从重处罚设置了限制条件，只有符合特定条件的再次犯罪人才作为累犯从重处罚。

我国《刑法》规定有两种累犯：普通累犯和特殊累犯。

二、普通累犯

(一) 普通累犯的概念

《刑法》第65条之"普通累犯"规定：被判处有期徒刑以上刑罚的犯罪分子，刑罚执行完毕或者赦免以后，在5年以内再犯应当判处有期徒刑以上刑罚之罪的，是累犯，应当从重处罚，但是过失犯罪和不满18周岁的人犯罪的除外。

(二) 普通累犯的成立条件

1. 罪种条件：前科之罪与再犯之罪都是故意犯罪。因为对累犯从重处罚的动因是犯罪人具有较严重的人身危险性，只有屡次故意犯罪才能反映这样的人身危险性。因为过失犯罪不是犯罪人有意识选择的，不反映犯罪人的危险人格或至少不能表明犯罪人具有较严重的人身危险性，所以被排除在累犯之外。

2. 刑种条件：前科之罪与再犯之罪都是判处有期徒刑以上刑罚之罪。对于前科之罪而言，实际判处了有期徒刑以上刑罚。如果前科之罪被判处管制、拘役或者单科罚金、剥夺政治权利的，不能构成累犯。对于再犯之罪而言，是兼及法律评价、刑事追究的复合要件而非单纯的事实要件，即依法应予追究刑事责任、应当判处有期徒刑以上刑罚。如果罪行轻微，依法只应（或仅仅可能）判处管制、拘役或者单科罚金、剥夺政治权利的，不构成累犯。刑种条件的限制，意在把轻微的再次故意犯罪排除在累犯范围之外。

困难之处在于，如何判断再犯之罪应判处的刑罚？其判断的基准是指暂不考虑累犯情节时该罪可能判处的宣告刑，即抛开前科单独考虑该罪行是否应当判处有期徒刑以上刑罚，即首先仿佛对没有前科的犯罪人一样考虑该罪行是否应当判处有期徒刑以上刑罚。但实际做到这一点相当困难，对某一罪行（犯罪事实），法官对没有前科者按常规可能不判处有期徒刑（如判处管制、拘役或单科罚金），但是对于有前科者，法官考虑到犯罪人的前科因素可能会认为应当判处有期徒刑以上刑罚，并据此进而认定构成累犯。这样，意味着犯罪人同一事实（前科）受到了重复评价，既成为再犯之罪应当判处有期徒刑以上刑罚的依据又成为构成累犯从重处罚的依据。假如法官不考虑前科因素，按照常规仿佛对没有前科的犯罪人一样对该罪行没有判处有期徒刑以上刑罚，如判处管制、拘役，又使其前科因素在量刑中没有丝毫的体现，似有漏罚之嫌。在司法实务中宁愿遗漏还是宁愿重复评价？这的确是两难选择。

3. 时间条件：再犯之罪发生于前科之罪的刑罚执行完毕或者赦免以后5年以内。对于"刑罚执行完毕"，应注意：①它仅指主刑执行完毕，附加刑是否执行完毕不影响累犯的构成，否则将过分延长前、后罪的时间间隔；②刑罚执行的时间起点是判决、裁定发生法律效力之时。因此，如果案件进入了二审程序，被告人因一审判处的有期徒刑期限届满而被采取取保候审措施，在此期间又犯新罪，之后二审判决才发生法律效力的,则在对新罪进行审判时不应认定该被告人构成累犯;[1] ③对于被假释的犯罪分子,自假释"期满"之日起计算 5 年以内,而不是自假释之日起计算。

此时间条件的限制,含有前科消灭的意味,即对构成累犯而言,如果前科之罪的刑罚执行完毕达 5 年以上,该前科之罪刑对成立累犯而言被消灭,不再作为构成累犯的前科依据。此"前科消灭"的意义在于:①犯罪分子在刑罚执行完毕长达 5 年的时间内保持善行,没有再次故意犯罪,此后的再次故意犯罪与前科之罪难言有何人身危险性的联系,不应当再将二者联系起来评价犯罪人;②对犯罪分子具有鼓励作用。

如果前罪被判处有期徒刑缓刑,并且原判刑罚没有执行,此后即使再犯应当判处有期徒刑以上的故意犯罪的,也不成立累犯。理由是:①从总则的体系上看,缓刑规定于"刑罚的具体运用"而不是"刑罚"之中,故仅属于刑罚执行的具体方式,基于严格的法定主义,刑罚的种类是确定的,不宜随意扩张。如果前罪的刑罚没有被执行,则不符合"刑罚执行完毕"这一再次犯罪条件,所以不成立累犯。另外,缓刑考验期限自判决确定之日起算,不折抵羁押期限,也不同于判处刑罚时折抵羁押期限;②从主观恶性、社会危害性上看,相对于接受过强制劳动改造的再犯罪者,缓刑期满再犯罪者的主观恶性、社会危害性较小,法院考虑其犯罪前科酌情从重处罚即可,不宜认定为累犯。由此也可解释为何假释期满 5 年内再故意犯有期徒刑以上刑罚之罪构成累犯,而缓刑期满再犯罪不构成;③从最高人民法院的倾向性意见上看,其在有关答复中曾指出:"如果犯罪分子在缓刑考验期内没有再犯新罪,实际上并没有执行过原判的有期徒刑刑罚。对被判处有期徒刑缓刑的犯罪分子,在缓刑考验期满 3 年内又犯应判处有期徒刑以上刑罚之罪的,可不作累犯对待。"[2] 司法实践中,大多数法院亦认定缓刑期满再犯罪不构成累犯,并援引了上述答复中的观点。同理,如果是在服刑期间或假释期间再次犯罪的,因为不具备"刑罚执行完毕"的条件,也不构成累犯。不过,数罪并罚制度考虑到这种情况,采取较重的"先减后并"的方法,体现了从重处罚。犯罪分子仍然不能逃避再次犯罪应承担的较重责任。

4. 年龄条件:行为人犯前科之罪和再犯之罪时,都已满 18 周岁。如果行为人犯前罪时不满 18 周岁,即使犯后罪时已满 18 周岁,仍不成立累犯。也可认为:未成年时的犯罪,不能成为累犯前科。反过来说,如果前罪的犯罪行为跨 18 周岁前后的,行为人在已满 18 周岁后实施的那部分犯罪为故意犯罪,且被判处或者明显应当判处有期徒刑以上刑罚,在刑罚执行完毕或者赦免 5 年内,又故意再犯应当判处有期徒

---

[1] "周崇敏贩卖毒品案",载《刑事审判参考》(总第 102 集),法律出版社 2016 年版,第 82 页。
[2] 1989 年 10 月 25 日《最高人民法院研究室关于缓刑考验期满三年内又犯应判处有期徒刑以上刑罚之罪的是否构成累犯问题的电话答复》(已废止)。

刑以上刑罚之罪的,应当认定为累犯。[1]

三、特殊累犯

(一) 特殊累犯的概念

《刑法》第 66 条之"特殊累犯":危害国家安全犯罪、恐怖活动犯罪、黑社会性质的组织犯罪的犯罪分子,在刑罚执行完毕或者赦免以后,在任何时候再犯上述任一类罪的,都以累犯论处。

(二) 特殊累犯的成立条件

1. 罪种条件:前科之罪和再犯之罪是危害国家安全罪、恐怖活动犯罪、黑社会性质的组织犯罪这三类犯罪之一。危害国家安全罪,即《刑法》分则第一章之罪,简称"国事罪"。恐怖活动犯罪和黑社会性质的组织犯罪在《刑法》中没有严格对应的条款和罪名,指具有恐怖主义性质或黑社会性质的犯罪,包括"涉恐""涉黑"、以制造社会恐怖为目的而实施的放火、决水、爆炸、投放危险物质、非法制造、买卖、运输、储存危险物质、绑架、故意杀人、故意伤害、破坏交通工具等犯罪。

前科之罪和再犯之罪是这三类犯罪之一即可,不限于同种罪,例如,甲曾犯间谍罪,刑满释放后犯组织黑社会性质的组织罪,甲成立特殊累犯。如果前科之罪和再犯之罪有一个不是这三类犯罪之一的,不能适用《刑法》第 66 条认定(特殊)累犯,但是,不排除适用《刑法》第 65 条认定(一般)累犯,如果具备一般累犯条件的,可成立一般累犯。

2. 时间条件:再犯之罪发生于前科之罪刑罚执行完毕或者赦免以后。对于被假释的犯罪分子,再犯之罪应发生在假释"期满"以后。如果犯罪分子没被判处刑罚,比如免除处分或免予刑事处罚,再次犯不论何种罪的,不成立特殊累犯。如果在刑罚执行期间或假释考验期内再次犯不论何种罪的,也不成立特殊累犯。对于前科之罪被判处有期徒刑缓刑的犯罪分子,如果原判刑罚没有执行,此后再次犯罪的,也不成立特殊累犯。

《刑法》第 66 条累犯成立条件与《刑法》第 65 条相比:①适用罪种范围有严格限制,仅适用于危害国家安全罪、恐怖活动犯罪、黑社会性质的组织犯罪这三类犯罪之一;②没有刑种和"5 年以内再犯"的限制。

《刑法》第 65 条中不满 18 周岁的犯罪不成立累犯的规定是否适用于《刑法》第 66 条之累犯认定?如果认为《刑法》第 65 条未成年犯罪不成立累犯的规定具有普适性,那么,该限制同样适用于《刑法》第 66 条之累犯。从刑事政策考虑,特殊累犯不适用于未成年人犯罪较为合理。

四、累犯的责任

累犯会产生以下法律后果:①从重处罚,根据《关于常见犯罪的量刑指导意

---

[1] 北京市第一中级人民法院(2015)一中刑终字第 2191 号裁定,载《人民司法·案例版》2016 年第 8 期。

见》，对累犯可增加基准刑的 10%～40%，一般不少于 3 个月，应综合考虑前后罪的性质、刑罚执行完毕或者赦免以后至再犯罪时间的长短以及前后罪罪行轻重等情况确定具体比例。一般而言，前后罪行性质越近、与前罪间隔时间越短、前后罪罪行越重，就表明其人身危险性越大，越难以改造，需要从重的幅度就越大，反之就越小。对于部分具有更深的主观恶性和更大的人身危险性的累犯，例如累犯出狱后再犯罪又构成累犯的，可称之为重复累犯，应以更大幅度从重处罚；[1] ②不得缓刑；③不得假释。

不过，《刑法》没有规定禁止对累犯减刑，累犯仍有获取减刑的资格。

在司法实践中，对累犯量刑时通常判处较重的刑罚。根据对北京市朝阳区人民检察院 1999 年度提起公诉、朝阳区人民法院作出的有罪判决的统计结果，这一点得到了鲜明的体现。最明显的是盗窃数额较大的场合，累犯的人均犯罪金额几乎仅相当于非累犯的一半，而被判处的刑期却高出非累犯一倍多。在伤害和抢劫罪方面，累犯的人均刑期也高出非累犯的约三分之二。

五、毒品再犯

（一）毒品再犯的规定

《刑法》第 356 条规定，因走私、贩卖、运输、制造、非法持有毒品罪被判过刑，又犯本节（《刑法》分则第六章第八节毒品犯罪）规定之罪的，从重处罚。这是《刑法》分则第六章第八节毒品犯罪中的特别规定，被称为"毒品再犯"。

（二）毒品再犯的成立条件

1. 罪种的限制，前科之罪限定为两种罪：①走私、贩卖、运输、制造毒品罪；②非法持有毒品罪。再犯之罪包括《刑法》分则第六章第八节全部毒品犯罪。注意，毒品再犯的前科之罪与再犯之罪的范围是不对称的。前科之罪范围较窄，而再犯之罪的范围较宽。

2. 前科之罪被判处了刑罚。

（三）毒品再犯与累犯

1. 成立毒品再犯，不一定具备累犯的条件。毒品再犯与一般累犯的成立条件存在差异。毒品再犯没有刑种限制、没有前科消灭，也没有刑罚执行完毕、假释考验期满以后的时间条件限制，只有"被判过刑"的限制条件。这意味着，前科之罪为特定毒品犯罪并被判过刑的，再次犯毒品犯罪，不论时间、场合、罪行轻重，即不论在刑罚执行期间还是刑罚执行完毕以后；不论假释考验期间还是假释考验期满以后；不论是否缓刑，都应当从重处罚。

2. 争议点：行为人既符合累犯条件又符合毒品再犯条件，如何适用法律？司法实务的主张前后有变化。2000 年 4 月 4 日最高人民法院发布的《审理毒品案座谈会

---

[1] 张军主编：《〈刑法修正案（八）〉条文及配套司法解释理解与适用》，人民法院出版社 2011 年版，第 76 页。

纪要》（现已失效）曾指出："对依法同时构成再犯和累犯的被告人，今后一律适用刑法第356条规定的再犯条款从重处罚，不再援引刑法关于累犯的条款。"2008年12月1日最高人民法院发布的《部分法院审理毒品案座谈会纪要》改变了前述规定："对同时构成累犯和毒品再犯的被告人，应当同时引用刑法关于累犯和毒品再犯的条款从重处罚。"但后一种做法无疑是对同一事实进行了不利于被告人的重复评价。2015年5月18日最高人民法院发布的《毒品犯罪审判座谈会纪要》注意到这一问题："对于因同一毒品犯罪前科同时构成累犯和毒品再犯的被告人，在裁判文书中应当同时引用刑法关于累犯和毒品再犯的条款，但在量刑时不得重复予以从重处罚。"对此，有学者明确主张："对于符合累犯条件的，必须适用总则关于累犯的条款，而不再适用《刑法》第356条。"[1] 换言之，只有不符合累犯条件的，才适用第356条以毒品再犯从重处罚。应当说该学说的主张较合理，因为累犯的限制条件较严、法律效果较重，不仅从重处罚，而且不得缓刑、假释，若毒品再犯与累犯竞合，应择一重法适用，即以累犯处罚。不符合累犯条件的毒品再犯，在法律上并未排除适用缓刑、假释的机会。相反，累犯则同时排除适用缓刑、假释的资格。正是因为二者存在这样的效果差别，有必要加以区分并确立竞合场合重法优先适用的原则。

第三节　自首、坦白

一、自首的概念和种类

《刑法》第67条规定，犯罪以后自动投案，如实供述自己的罪行的，是自首。对于自首的犯罪分子，可以从轻或者减轻处罚。其中，犯罪较轻的，可以免除处罚。被采取强制措施的犯罪嫌疑人、被告人和正在服刑的罪犯，如实供述司法机关还未掌握的本人其他罪行的，以自首论。

《刑法》第67条第1款的情形是"一般自首"；第2款的情形是"特殊自首"。二者适用的前提条件不同：如果属于被采取强制措施的犯罪嫌疑人、被告人或正在服刑的罪犯，只能适用特殊自首的条件认定。

自首是犯罪人在犯罪后的一种悔罪表现，并且因有此悔罪表现获得对其犯罪的从宽处罚。犯罪人在犯罪后即使追悔莫及也无法改变已然的犯罪事实，但是通过自首却可以影响已然罪行的处罚。这使自首成为常见、重要的法定量刑情节之一。

二、一般自首（或称普通自首）

（一）一般自首的概念

一般自首，是指犯罪以后自动投案，如实供述自己的罪行的行为。

---

[1] 张明楷：《刑法学》，法律出版社2016年版，第1150页。

(二) 一般自首的成立条件[1]

1. 犯罪以后自动投案。

(1) 自动投案的时机：①犯罪事实或者犯罪嫌疑人被司法机关发觉之前投案；②被司法机关发觉以后采取强制措施以前投案。应注意的是，这里的"强制措施"与《刑事诉讼法》中的"强制措施"既有区别又有联系，两者存在某种程度的交叉。前者是指对犯罪嫌疑人人身实施的实际控制或管控，尽管其不要求履行《刑事诉讼法》规定的程序，但对犯罪嫌疑人的实际控制也可能发生在已经对其适用《刑事诉讼法》规定的"强制措施"后，且这种情形在司法实践中发生的概率更高；另外，即使犯罪嫌疑人已被采取了《刑事诉讼法》规定的"强制措施"，其人身仍有可能并未被司法机关实际控制，如在犯罪嫌疑人被取保候审后脱保，监视居住后潜逃，或者羁押期间脱逃，这些情况下，司法机关对犯罪嫌疑人并未形成事实上的控制，犯罪嫌疑人对其行为和活动仍能作自由决定，只要其实施了投案行为，就应当认为其是在尚未被采取"强制措施"前的自动投案。[2]

如果司法机关对上述犯罪嫌疑人进行政策教育，并进一步收集新的证据，而其后来又作了如实供述的，应根据其供述时司法机关对犯罪事实掌握的程度，分两种情况作出认定：对于在司法机关尚未掌握其实施犯罪的重要证据、根据现有证据和工作经验尚不能断定其为所查询犯罪的重大嫌疑人之时作出供述的，可按"仅因形迹可疑被有关组织查询而作供述"对待，认定为自首；对于在司法机关逐步掌握了其实施犯罪的重要证据，足以断定其为所查询之罪的重大嫌疑犯之后才作供述的，则应认定为坦白罪行，酌情从轻处罚。

海关、税务机关的调查部门依职权查获犯罪事实，并找到犯罪嫌疑人当面进行查询或核实，犯罪嫌疑人如实供述自己的罪行后被扭送移交司法机关处理的，对于此种在司法机关讯问或采取强制措施以前，犯罪嫌疑人已经作出如实供述的行为，不能认定自首。因为，该犯罪嫌疑人在供述前没有实施自动投案的行为，不能成立典型的自首；在被查询时，其犯罪事实已在有关组织的掌握之中，也不符合仅因形迹可疑被有关组织查询而作如实供述的规定，不能成立准自首；故只能以坦白罪行论，酌情从轻处罚。[3]

(2) 自动投案，一般指犯罪嫌疑人被采取强制措施前主动、直接向"公安、检察、法院"等司法机关投案。根据司法解释以及有关指导案例，犯罪嫌疑人有下列情形之一的视为自动投案：①罪行尚未被司法机关发觉，仅因形迹可疑，被有关组

---

[1] 参见1998年5月9日最高人民法院《处理自首和立功解释》和2010年最高人民法院《处理自首和立功意见》。
[2] "周元军故意杀人案"，载《刑事审判参考》（总第80集），法律出版社2011年版，第42页。
[3] 上海市高级人民法院："上海市高级人民法院刑法适用问题解答（试行）汇编（总则部分）"，载陈兴良主编：《刑事法判解》（第7卷），法律出版社2004年版。

织或者司法机关盘问、教育后，主动交代自己的罪行的；但有关部门、司法机关在其身上、随身携带的物品、驾乘的交通工具等处发现与犯罪有关的物品的，不能认定为自动投案。例如，公安人员、治安联防队员等在公共场所（如车站、机场、列车上等）因怀疑某人非法携带违禁物品而对其进行一般查询时，其能及时交出随身携带的毒品、枪支弹药或假币等非法物品并作有罪供述的，可以认定为仅因形迹可疑被查询而如实交代罪行的行为，认定为自首。如果上述人员在一般查询中不作交代，被带人民警室或其他特定场所后被勒令交出或搜出上述非法物品，然后才作如实供述的，一般只能认定为坦白罪行。先行实施了盗窃、诈骗或抢劫等行为的犯罪嫌疑人在窝藏、转移或销售赃物过程中被查获，其后如实交代司法机关尚未掌握的盗窃、诈骗或抢劫等主要犯罪事实的，应当以自首论。如果司法机关在发现了盗窃、诈骗或抢劫等犯罪事实，正在追查犯罪嫌疑人过程中查获相关的赃物犯罪，能立即将赃物犯罪与所追查之盗窃等罪相联系，并就赃物和盗窃等犯罪对犯罪嫌疑人一并进行讯问的，此种情形下犯罪嫌疑人对自己实施的盗窃等主要犯罪事实的供述，因通常已失去"仅因形迹可疑被查询"的前提条件，一般认定为坦白罪行。②犯罪后逃跑，在被通缉、追捕过程中，主动投案的。③经查实确已准备去投案，或者正在投案途中，被公安机关捕获的。若行为人是以投案为目的主动来司法机关的，无论司法机关是否已掌握了其犯罪事实、是否决定对其采取强制措施，均应当认定为自动投案。若来到司法机关仅是为了了解被害人的伤亡情况的，不属于"以投案为目的"。④犯罪后主动报案，虽未表明自己是作案人，但没有逃离现场，在司法机关询问时交代自己罪行的。⑤明知他人报案而在现场等待，抓捕时无拒捕行为，供认犯罪事实的。⑥在司法机关未确定犯罪嫌疑人，尚在一般性排查询问时主动交代自己罪行的。⑦因特定违法行为被采取行政拘留、司法拘留、强制隔离戒毒等行政、司法强制措施期间，主动向执行机关交代尚未被掌握的犯罪行为的。⑧交通肇事后保护现场、抢救伤者，并向公安机关报告的，应认定为自动投案，构成自首，因上述行为同时系犯罪嫌疑人的法定义务，对其是否从宽、从宽幅度要适当从严掌握。交通肇事逃逸后自动投案，如实供述自己罪行的，应认定为自首，但应依法以较重法定刑为基准，视情决定对其是否从宽处罚以及从宽处罚的幅度。

犯罪嫌疑人被亲友采用哄骗、捆绑、麻醉等手段送到司法机关，或者在亲友带领侦查人员前来抓捕时无拒捕行为，并如实供认犯罪事实的，不能认定为自动投案，不成立自首，如实供述自己罪行的，可成立坦白。但应注意：犯罪人在其亲友对其采取哄骗、捆绑、麻醉之后，中途得知要送交归案的真相，并且不明确表示反对、无任何对抗行为的；或者犯罪人直至亲友将其送交有关单位或个人处理后，方知亲友送其归案的真相，此时不明确反对、无逃跑意图的，仍宜推定亲友送其归案的行为不违背本人意志，可认定为自动投案。

（3）自动投案一般是指犯罪嫌疑人直接向司法机关投案。下列情形视为自动投案：①犯罪嫌疑人向其所在单位、城乡基层组织或者其他有关负责人员投案的；

②犯罪嫌疑人因病、伤或者为了减轻犯罪后果，委托他人先代为投案，或者先以信电投案的；③犯罪分子向所在单位等办案机关以外的单位、组织或者有关负责人员投案的。

犯罪嫌疑人自动投案后又逃跑的，不能认定为自首。例如，甲杀人后到派出所投案，听说会被判死刑就从看守所中逃走，后被公安抓获归案。甲不成立自首。但是，如果在逃亡中再次自动投案的，仍可以成立自首。例如公安人员李某听了赵某的交待后随口说了一句"你罪行不轻啊"，赵某担心被判死刑，逃跑至外地。在被通缉的过程中，赵某身患重病无钱治疗，向当地公安机关投案，再次如实交待了自己的全部罪行，赵仍能成立自首。

2. 如实供述自己的罪行。根据《处理自首和立功意见》，如实供述"自己的罪行"包含两方面内容：

（1）主要"犯罪事实"，犯罪行为及其结果。所谓"主要犯罪事实"，是指：①对认定行为人的行为性质有决定意义的事实、情节（定罪事实）；②对量刑有重大影响的事实、情节（重大量刑事实），即决定着对行为人应适用的法定刑档次是否升格的情节，以及在总体危害程度上比其他部分事实、情节更大的事实、情节。在犯罪嫌疑人多次实施"同种"罪行的场合，如实供述"主要犯罪事实"，一般指已交代的犯罪事实多于（或重于）未交代的。投案后没有交代全部犯罪事实，但已交代的犯罪情节重于未交代的，或者已交代的犯罪数额多于未交代的，可认为如实供述。如果已交代的与未交代的孰重孰轻难以判明的，一般不算如实供述。

犯罪嫌疑人自动投案时虽然没有交代自己的主要犯罪事实，但在司法机关掌握其主要犯罪事实之前主动交代的，应认定为如实供述自己的罪行。犯罪嫌疑人有多个"不同种"罪行的场合，如实供述的罪行成立自首，没有如实供述的，不成立自首。如甲曾盗窃乙一辆摩托车，又同丙和伙杀害了丁。甲自动投案如实供述了盗窃罪行，但没有供述杀人罪行，甲的盗窃摩托车罪行成立自首。如果甲杀人罪行因被他人举报或公安的侦查而破获，甲的杀人罪行不成立自首。

（2）影响定罪量刑的"犯罪人因素"，如姓名、年龄、职业、住址、前科等犯罪人的情况。犯罪嫌疑人供述的身份等情况与真实情况虽有差别，但不影响定罪量刑的，应认定为如实供述自己的罪行。犯罪嫌疑人自动投案后隐瞒自己的真实身份等情况，影响对其定罪量刑的，不能认定为如实供述自己的罪行。共同犯罪案件中的犯罪嫌疑人，还应当供述所知的同案犯，主犯则应当供述所知其他同案犯的共同犯罪事实，才能认定为自首。

如实供述后又翻供的，不算如实供述；但在一审判决前又能如实供述的，应当认定为自首。一审阶段始终翻供，二审期间又如实供述的，二审法院不能再认定为自首。反之，一审阶段符合自动投案、如实供述条件而被认定为自首，即便在二审期间翻供的，二审法院也不能改变对自首的认定，因为受上诉不得加重对被告人刑罚的规定限制，故改变对自首的认定没有实际意义。前述"翻供"是指否认主要犯罪事实（犯罪构成要件和量刑情节），例如被告人虽如实供述杀人抢劫行为，但在此后的审理过程中又对持刀伤害被害人予以否认。但对案情细节的否认、对行为性质的合理辩解均不得视为翻供。[1]

"犯罪嫌疑人在自动投案时供述了一罪或部分犯罪，继而被采取强制措施，后经教育又如实供述了司法机关尚未掌握的其他（含同种和异种）犯罪的，应当一并认定为自首；即因自动投案原因被采取强制措施的犯罪嫌疑人所作的后续供述，不受最高人民法院所作司法解释中关于被司法机关采取强制措施的犯罪嫌疑人或被告人主动供述同种犯罪不作自首认定的限制。因为，我们不能要求实施了多种或多次犯罪的嫌疑人或被告人在自动投案时，就一次性地将全部罪行交代清楚，应当允许其有一个逐一回忆犯罪事实的过程或者进行适当考虑的机会。对于因被抓获而采取强制措施的犯罪嫌疑人所交代的同种犯罪事实，仍应依照司法解释的规定，以坦白罪行论处。"[2]

注意，犯罪分子的投案动机和目的，不影响自首的成立，诸如为了获取赏金、报复同案人等原因均可认定为自首；犯罪分子对行为性质的辩解也不影响自首的成立。

三、特殊自首

（一）特殊自首的概念

特殊自首，指被采取强制措施的犯罪嫌疑人、被告人和已宣判的罪犯，如实供述司法机关尚未掌握的罪行，与司法机关已掌握的或者判决确定的罪行属不同种罪行的情形。

（二）特殊自首的成立条件

1. "非自动投案人员"或"已到案"人员，即被采取强制措施的犯罪嫌疑人、被告人、正在服刑的罪犯。以下两种情形视为"已经到案"：①已经受到司法机关"讯问"或"被宣布"采取强制措施的；②已经受到纪检部门"调查谈话"，或者"被宣布"采取调查措施的。已经到案就失去"自动投案"的时间条件，只能成立非自动投案型自首。

2. 如实供述司法机关尚未掌握的不同种罪行。必须同时具备两个要点：

（1）司法机关还没有掌握罪行，一般指该罪行尚未被采取强制措施审查犯罪嫌疑人的司法机关掌握。对于其他司法机关掌握的罪行，如果嫌疑人不主动交待则侦办机关难以查出的，视为尚未掌握的罪行。

根据《处理自首和立功意见》，下列情形视为侦办机关已经掌握的罪行：①该罪行被通缉，且侦办机关在该通缉令的发送范围内；②该罪行已录入全国公安信息网

---

[1] "郭玉林等抢劫案"，载《刑事审判参考》（总第27集），法律出版社2002年版。
[2] 上海市高级人民法院："上海市高级人民法院刑法适用问题解答（试行）汇编（总则部分）"，载陈兴良主编：《刑事法判解》（第7卷），法律出版社2004年版。

络在逃人员信息数据库的。如果该罪行没有被通缉或虽被通缉但侦办机关不在该通缉令发送范围内，也未录入全国公安信息网络在逃人员信息数据库的，应以侦办机关实际掌握该罪行为标准。

（2）（与司法机关已掌握的罪行属）不同种的罪行。这里的不同种罪行根据《处理自首和立功意见》"一般应以罪名区分"，例如，甲因为盗窃一辆奥迪汽车涉嫌盗窃罪被逮捕，之后甲主动供述还有盗窃一辆宝马车的罪行，尽管盗窃宝马车没有被掌握，不认为自首。因为甲主动交代的与司法机关已经掌握的（盗窃奥迪）是同种罪名（盗窃）的罪行。如果甲主动供述盗窃罪（名）以外的未掌握罪行，如抢劫罪、故意杀人罪、强奸罪（只要不是涉嫌被采取强制措施的罪名），以自首论。但不应绝对化，"虽然罪名不同，但如实供述的其他犯罪与司法机关已掌握的犯罪属选择性罪名或者在法律、事实上密切关联，如因受贿被采取强制措施后，又交代因受贿为他人谋取利益行为，构成滥用职权罪的，应认定为同种罪行"。此外，如果交代的余罪与已被公安机关掌握的犯罪构成牵连犯，所交代的余罪不能认定为自首。[1]

根据《职务犯罪认定自首等量刑情节意见》（2009）之"关于自首的认定和处理"部分的规定：

（1）没有自动投案，但具有以下情形之一的，以自首论：①犯罪分子如实交代办案机关未掌握的罪行，与办案机关已掌握的罪行属不同种罪行的；②办案机关所掌握线索针对的犯罪事实不成立，在此范围外犯罪分子交代同种罪行的。

（2）没有自动投案，以下情形不能认定为自首：①在办案机关调查谈话、讯问、采取调查措施或者强制措施期间，犯罪分子如实交代办案机关掌握的线索所针对的事实的；②办案机关仅掌握小部分犯罪事实，犯罪分子交代了大部分未被掌握的同种犯罪事实的；③如实交代对于定案证据的收集有重要作用的。但是，有前述②、③的情形之一的，一般应当从轻处罚。

四、一般自首与特殊自首的区别

（一）是否具备"自动投案"的条件

自动投案的前提：被采取强制措施（逮捕、拘留）前投案。贪污贿赂等职务犯罪分子在受到办案机关调查谈话、讯问之前或被（宣布）采取强制措施之前投案。一般自首可以称之为"自动投案型自首"；特殊自首可以称之为"非自动投案型自首"。特殊自首因为不具备"自动投案"的条件，所以成立自首的条件较为苛刻。

（二）对供述内容要求不同

自动投案的，成立一般自首只要如实供述即可，而特殊自首供述的必须是司法机关尚未掌握的不同种罪行。特殊自首供述内容具有两个特点：①司法机关尚未掌握的罪行；②与司法机关掌握的罪行属于不同种罪行。

---

[1] "蒋文正爆炸、敲诈勒索案"，载《刑事审判参考》（总第80集），法律出版社2011年版，第62页。

五、单位自首与个人自首

与单位犯罪有关的自首，一般按下列四种情况分别认定：

1. 根据《职务犯罪认定自首等量刑情节意见》（2009），在以下三种情形下，如实交代单位犯罪事实的，应当认定单位自首，并依法对犯罪单位和其中的自然人给予从宽处罚：①单位集体决定，自动投案；②单位负责人决定，自动投案；③单位犯罪中直接负责的主管人员或者经授权的其他直接责任人员自动投案。在单位自首成立的前提下，即使前述第③种情形之外的其他直接责任人员未主动投案，只要其到案后能够如实交代的，可以认定为个人自首，如果单位犯罪中有的自然人拒不到案或到案后不如实交代罪行的，对其不予认定自首。

2. 单位犯罪中的其他直接责任人员先行投案并如实交代罪行，直接负责的主管人员到案后亦能供述主要犯罪事实的，可以单位自首论。如果直接负责的主管人员拒不到案或到案后不如实交代罪行的，则只能认定自动投案的其他直接责任人员成立自首。[1]

3. 没有参与单位犯罪的单位负责人主动报案，参与单位犯罪的有关人员到案后能如实交代单位犯罪事实的，可以单位自首论，并依法对犯罪单位及其中的自然人给予从宽处罚。如果有的自然人拒不到案或到案后不如实交代罪行的，对其不予认定自首。[2]

4. 当犯罪嫌疑人作为被告单位的直接主管人员，是被告单位实施犯罪的主要决策者时，其在司法机关未掌握该单位及其本人罪行的情况下，如实交代单位及自己的犯罪事实的，在认定个人成立自首的同时，也应认定被告单位成立自首。[3]

六、坦白

（一）坦白的概念和处理原则

《刑法》第67条第3款规定："犯罪嫌疑人虽不具有前两款规定的自首情节，但是如实供述自己罪行的，可以从轻处罚；因其如实供述自己罪行，避免特别严重后果发生的，可以减轻处罚。"坦白，是指如实供述自己罪行的行为。其要点与自首"如实供述自己罪行"相同，由于其主体限定为犯罪嫌疑人，因此只有侦查、审查起诉阶段如实供述自己罪行的才属于坦白，不包括审判阶段，后者仅属于认罪情节。

因坦白"避免特别严重后果发生的"，是指避免人身伤亡或重大财产损失结果，比如使人质及时获得解救、使赃款赃物及时追回、使国家珍贵文物及时追回避免流失毁损等。如果同时符合立功条件的，应当适用立功。

---

[1] 上海市高级人民法院："上海市高级人民法院刑法适用问题解答（试行）汇编（总则部分）"，载陈兴良主编：《刑事法判解》（第7卷），法律出版社2004年版，第120页。

[2] 上海市高级人民法院："上海市高级人民法院刑法适用问题解答（试行）汇编（总则部分）"，载陈兴良主编：《刑事法判解》（第7卷），法律出版社2004年版，第120页。

[3] "陈德福走私普通货物、物品案"，载《刑事审判参考》（总第24集），法律出版社2002年版，第9页。

（二）坦白与自首的区别

坦白与自首的共同点都是"如实供述自己的罪行"。不同点在于，成立自首还需要具备其他条件。坦白的要点是"如实供述"。

1. 一般自首与坦白的区别关键在于是否自动投案。自动投案且如实供述自己罪行的，是自首；非自动投案仅仅如实供述自己罪行的，是坦白。其中认定的难点是，罪行尚未被司法机关发觉，仅因形迹可疑，被有关组织或者司法机关盘问、教育后，主动交代自己的罪行的，是自动投案，可成立自首。这种盘问下的自动投案具有两个特点：①罪行尚未被司法机关发觉，盘查人并未掌握被盘查人的犯罪事实、证据，盘查具有随机性、偶然性；②行为人仅仅是外观、外表可疑，并未暴露出犯罪事实和证据。例如，甲因交通肇事逃逸被通缉，在进站上车时因为神情慌张、衣着狼狈被警察叫住，查看甲身份证，发现是假的，即对其进行盘问，甲交代其交通肇事逃逸的罪行，成立自首。但是经侦查排查已经确定目标，并依法对犯罪嫌疑人进行"传唤、讯问"时，被传讯、传唤人承认自己的罪行的，不认为自动投案，不成立自首。

此外，下列情形不认为是自动投案：①作案时被当场抓住的。②随身携带犯罪赃物被查获显然无法抵赖的。例如，甲、乙、丙三人深夜盗窃后用三轮车运赃物途中，遇到巡警。巡警觉得如此夜深之时如此情形运物，十分可疑，掀开遮盖物发现是一台电机，盘问所运之物的来源。三人交代了盗窃的事实。这种人赃俱获的情形下，罪犯经盘问而交代的，一般不认为是自动投案，不成立自首。③司法人员接举报、线报进行目标明确查处行动时，被迫承认的。例如，经群众举报将甲从街头抓获后，警察发现甲与通缉令中的嫌疑犯极为相像。在盘问下，甲承认自己就是该嫌疑犯，这不属于自首。④被采取传唤等强制措施后逃跑，逃跑中又投案的。例如，公安机关认为甲有犯罪嫌疑，即对其实施拘传。甲在派出所趁民警应对突发事件无人看管之机逃跑。半年后，甲得知被网上通缉，于是到派出所交代了自己的罪行。[1] 甲不成立自首。

2. 特殊自首与坦白的区别关键在于司法机关尚未掌握的是否不同种罪行。属于不同种罪行的，以自首论；属于同种罪行的，是坦白，根据《处理自首和立功解释》(1998)，可以酌情从轻处罚；如实供述的同种罪行较重的，一般应当从轻处罚。不同种罪行是指与"本罪"（即正在羁押审查中的罪行或已经被判决的罪行）不同种。例如，甲因为故意杀人嫌疑被逮捕审查，在审查中主动交代出其他不属于故意杀人性质的犯罪，如盗窃罪、诈骗罪、窝藏罪等，成立自首；如果甲交代出其他故意杀人性质的罪行，因与"本罪"（即正在审查中的故意杀人罪）是同种罪，不是自首而是坦白，可以"酌情"从轻处罚。

在主动交代不同种罪成立自首的场合，其自首效力只及于主动交代的罪行，不

---

[1] 2009年司法考试案例分析题。

及于"本罪"。例如，甲因涉嫌故意杀人罪被抓获归案（不符合自首条件不是自首），在审查其故意杀人罪行时，甲主动交代本人一起强奸罪行，与故意杀人罪属于不同种罪，成立自首。但是该自首的效力仅及于甲的强奸罪，不及于甲的故意杀人罪。在处罚时仅对甲强奸罪适用自首规定宽大处罚。

在因治安违法行为被行政拘留期间，主动交代犯罪事实的，应当认定为自首。例如，甲因为盗窃少量财物被行政拘留10日，期间，甲主动交代曾一起盗窃数额较大财物构成盗窃罪的罪行，在处罚该盗窃罪行时应认定成立自首。尽管偷窃行为与交代的盗窃罪行在"偷窃"上相同，但犯罪与一般违法属于不同性质的行为，应当按照主动交代不同种罪对待。

第四节　立功

一、立功的概念和种类

立功，指犯罪分子到案后实施的检举他人犯罪、协助抓捕其他犯罪人等有利于国家和社会的行为。根据立功表现的突出程度，立功分为一般立功和重大立功。

前述立功是指狭义上的立功，即刑罚裁量中的立功。犯罪分子在到案以后，具有立功表现的是法定量刑情节。在到案之前实施的有利于国家和社会的行为，属于犯罪人日常表现，只能作为酌定情节。广义上的立功还包括在刑罚执行期间的立功表现，但其仅属于减刑的条件，不作为量刑情节。

《刑法》第68条规定，犯罪分子有立功表现的，可以从轻或者减轻处罚；有重大立功表现的，可以减轻或者免除处罚。

二、一般立功

具有以下表现之一的，是一般立功：

1. 到案后有检举、揭发他人犯罪行为，经查证属实的。揭发"他人犯罪行为"指他人实施的且与揭发者非同案的罪行。"同案犯"包括：①同案共犯，如甲教唆乙杀害丙，甲乙是同案共犯。②同案对合犯，如甲向乙出售假币30万元，甲乙属于同案对合犯。说出"同案犯"的，属于交代本人罪行的内容，不是揭发他人犯罪行为。同理，毒品犯罪分子交代毒品来源、去向而"检举"上下家毒品犯罪行为的，不能认定为立功。[1] 但是，揭发同案犯与本人不同案罪行的，仍属于揭发他人罪行，如甲向乙出售假币30万元，甲、乙是该30万元假币犯罪的同案犯，乙揭发甲还犯有抢劫罪行，属于揭发他人罪行，乙揭发甲还有向丙出售100万元假币的罪行，也属于揭发他人罪行。③本犯说出他人提供的窝藏、包庇、掩饰、隐瞒犯罪所得、犯罪所得收益、帮助毁灭证据等事后帮助行为，不属于揭发他人罪行，例如，甲因抢劫汽车

---

[1] 载《刑事审判参考》（总第55集），法律出版社2007年版，第95页。

被追捕，乙明知甲抢劫而予以窝藏，甲被抓捕归案后主动说出公安机关未掌握的乙曾经为其提供掩饰、隐瞒犯罪所得、犯罪所得收益的帮助的事实，甲不属于揭发他人罪行。但是，提供窝藏、包庇、掩饰、隐瞒犯罪所得、犯罪所得收益、帮助毁灭证据等事后帮助行为的人揭发被其帮助的本犯的罪行的，属于揭发"他人犯罪行为"，可立功。例如，被告人甲明知乙等4人抢劫致人死亡的事实，仍为乙等提供隐藏处所帮助其逃匿。甲因为涉嫌掩饰、隐瞒犯罪所得、犯罪所得收益被传唤后，揭发了公安机关未掌握的乙等四人的抢劫事实，属于揭发他人罪行。[1]

揭发他人犯罪，应当指明具体犯罪事实、并经查证属实，才能认定为立功。没有指明具体犯罪事实的；或者揭发的犯罪事实与查实的犯罪事实不具有关联性的，不能认定为立功。

2. 提供侦破其他案件的重要线索，经查证属实的。据以立功的线索应当查证属实，对于侦破案件要有实际帮助作用。不具有实际帮助作用的，不能认定为立功表现。

3. 阻止他人犯罪活动的。应注意：①"阻止"在行为方式上并不要求一定是有高度人身危险的激烈对抗，也可以是较为和缓的劝告、说服，或者是向司法机关告发等，不但要求有"阻"的行为，还要求有"止"的效果；②"他人"既包括自然人，也包括单位。对于其中的自然人，不受犯罪主体中刑事责任能力的限制。如果是在共同犯罪中阻止共犯犯罪，则属于共同犯罪形态的问题，不属于立功适用的范畴；③"阻止他人犯罪活动"必须是在当场，有特定的时间、空间的限制。这里的"当场"，可以理解为行为人进行犯罪预备的现场、实施犯罪活动的现场以及当即被追捕过程中的现场。[2]

4. 协助司法机关抓捕其他犯罪嫌疑人（包括同案犯）。根据《处理自首和立功意见》，犯罪分子具有下列行为之一，使司法机关抓获其他犯罪嫌疑人的，属于……"协助司法机关抓捕其他犯罪嫌疑人"：①按照司法机关的安排，以打电话、发信息等方式将其他犯罪嫌疑人（包括同案犯）约至指定地点的；②按照司法机关的安排，当场指认、辨认其他犯罪嫌疑人（包括同案犯）的；③带领侦查人员抓获其他犯罪嫌疑人（包括同案犯）的；④提供司法机关尚未掌握的其他案件犯罪嫌疑人的联络方式、藏匿地址的，等等。这里的同案犯包括构成共犯的同案犯，也包括不构成共犯的同案犯。被告人的协助是抓获同案犯的重要条件，但不一定是必要条件。不能以没有被告人的协助还可以通过其他办法抓到同案犯，而否认被告人的协助行为构成立功。协助公安机关抓获同案犯后，被抓获者由于其他原因脱逃的，不影响被告

---

〔1〕 罗鹏飞、许秀：" 吴灵玉等抢劫、盗窃、窝藏案——揭发型立功中'他人犯罪行为'的认定"，载《刑事审判参考》（总第63集），法律出版社2008年版，第33页。

〔2〕 "沈同贵受贿案"，载《刑事审判参考》（总第80集），法律出版社2011年版，第89页。

人构成立功。[1] 此外，同案犯罪嫌疑人带领被害方抓捕同案犯的行为，在同案犯被抓捕并被扭送司法机关的情况下，可以认定为有立功表现。[2]

根据《处理自首和立功意见》，下列行为不能认定为协助司法机关抓捕同案犯：①提供同案犯姓名、住址、体貌特征等基本情况，司法机关据此抓捕同案犯的；②提供犯罪前、犯罪中掌握、使用的同案犯联络方式、藏匿地址，司法机关据此抓捕同案犯的。例如，甲被逮捕归案后，主动供述同案犯乙年龄、性别、家庭住址、联系电话、身高、体貌特征等个人基本情况。公安机关根据这些信息将乙抓获，不认为立功。原因是，交代同案共犯的基本情况属于如实供述的基本内容，且对抓获同案犯不起重要作用。[3]

不是本人协助而抓获同案犯的，不是立功。如甲被逮捕归案后，写信通过公安机关转交亲友，请求其亲属协助司法机关将在逃同案犯抓捕，不认为立功。[4] 理由在于不是本人亲自协助，仅属于酌定情节。但是，已被羁押的犯罪嫌疑人或被告人将抓捕其他犯罪嫌疑人或同案犯的有关线索告知亲属，其亲属据此查找尚未归案的犯罪嫌疑人或同案犯，并协助公安人员抓捕成功的，可以认定提供线索的犯罪嫌疑人具有其他立功表现。[5]

犯罪嫌疑人被抓获后，另行交代自己窝藏、包庇其他犯罪嫌疑人，并协助司法机关将其抓获的，一般应当认定窝藏、包庇罪成立自首。如果因此抓获其他重大犯罪嫌疑人，且协力抓捕行为作用突出的，也可以在依法认定窝藏、包庇罪成立自首的同时，一并认定具有重大立功表现。[6] 犯罪嫌疑人、被告人或正在服刑的罪犯检举他人窝藏、包庇自己的犯罪事实，查证属实的，应当依法认定具有立功表现。如果犯罪嫌疑人、被告人在自动投案、如实交代罪行中检举他人窝藏、包庇自己的犯罪事实，也查证属实的，可以将检举行为视为如实交代行为的一部分，依法认定自首，无须另定立功。

5. 具有其他有利于国家和社会的突出表现的。

三、重大立功

具有下列表现之一的，是重大立功：

1. 检举、揭发他人重大犯罪行为，经查证属实。

---

[1] 王小明："《全国法院审理毒品犯罪案件工作座谈会纪要》的理解与适用"，载《刑事审判参考》（总第12集），法律出版社2001年版，第73页。
[2] 最高人民法院研究室：《关于带领被害方抓捕同案犯能否认定为有立功表现问题的研究意见》
[3] "审判实务释疑"，载《刑事审判参考》（总第35集），法律出版社2004年版，第212页。
[4] 载《刑事审判参考》（总第35集），法律出版社2004年版，第195页。
[5] 上海市高级人民法院："上海市高级人民法院刑法适用问题解答（试行）汇编（总则部分）"，载陈兴良主编：《刑事法判解》（第7卷），法律出版社2004年版，第120页。
[6] 上海市高级人民法院："上海市高级人民法院刑法适用问题解答（试行）汇编（总则部分）"，载陈兴良主编：《刑事法判解》（第7卷），法律出版社2004年版，第120页。

2. 提供侦破其他重大案件的重要线索，经查证属实。

3. 阻止他人进行重大犯罪活动。

4. 协助司法机关抓捕其他重大犯罪嫌疑人（包括同案犯）。

5. 对国家和社会有其他重大贡献等。

应注意：被评为"劳动改造积极分子"，其级别无论是省级还是所处监狱内的级别，都属于行政奖励的范畴，不认定为（一般）立功或重大立功。[1]

四、重大立功与一般立功的区别

重大立功与一般立功的区别在于表现的突出程度不同。举报的重大犯罪行为、重大案件、重大犯罪嫌疑人，一般是指犯罪嫌疑人、被告人可能被判处无期徒刑以上刑罚或者案件在本省、自治区、直辖市或者全国范围内有较大影响等情形。其中，可能被判处无期徒刑以上刑罚，是指根据犯罪行为的事实、情节应当判处无期徒刑以上刑罚。案件已经判决的，以实际判处的刑罚为准。但是，根据犯罪行为的事实、情节应当判处无期徒刑以上刑罚，因被判刑人有法定或酌定情节经依法从轻、减轻处罚后宣告刑为有期徒刑的，不影响认定为重大立功。

区别二者的意义在于从宽处罚的幅度不同：一般立功，可以从轻或者减轻处罚；重大立功，可以减轻或者免除处罚。

五、认定立功的其他问题

根据《处理自首和立功意见》及其他司法解释，认定立功还需注意：

（一）"送功"行为的评价

1. 犯罪分子亲友为使犯罪分子"立功"，向司法机关提供他人犯罪线索、协助抓捕犯罪嫌疑人的，不能认定为犯罪分子有立功表现。

2. 通过非法途径获取他人犯罪线索并予检举揭发的，不能认定为立功。主要涉及：

（1）非法获取的线索。如犯罪分子通过贿买、暴力、胁迫等手段获取他人犯罪的线索，或者被羁押后与律师、亲友会见过程中违反监管规定获取他人犯罪线索，又或者从负有查办犯罪、监管职责的国家工作人员处获取的他人犯罪线索。

（2）犯罪分子因以往查办犯罪职务活动中掌握的线索。具体判断时应注意考察：①线索是否系利用查禁犯罪的职务上的便利或利用职务形成的便利条件获取；②是否属于职务范围内应当查禁处理的事项。如，被告人在担任看守所副所长期间获得了立功线索，但该线索来源不是基于职务获取，而是基于与被检举犯罪嫌疑人的亲友关系在生活中获取，则可依法认定为立功。[2]

3. 在排除立功线索系贿买、暴力、威胁或违反监规等非法手段获取的以外，一

---

[1] 宫鸣、黄永维主编：《最高人民法院关于减刑、假释司法解释理解与适用》，人民法院出版社 2014 年版，第 69 页。

[2] "汪光斌受贿案"，载《刑事审判参考》（总第 72 集），法律出版社 2010 年版，第 74 页。

般情况下可认定为立功。如同监人员将自己知悉或自己所犯罪行告诉他人，后者再向监管部门检举的，可认定为立功。

（二）判决后确认重大立功的处理

判前有重大立功行为，判决后才得到确认，罪犯的重大立功行为未在量刑中得以从轻、减轻体现的，如果未通过审判监督程序进行再审，则报请减刑的刑罚执行机关或者人民法院可以根据司法机关出具的罪犯在判前有重大立功的说明材料，在减刑时酌情考虑。[1]

六、自首与立功的区别

如实供述本人的罪行是自首条件之一；检举、揭发他人的罪行是立功表现之一，二者的界限分明。不过共同犯罪案件的犯罪分子交代出同案犯属于如实交代本人罪行，因为同案犯共同犯罪事实是本人犯罪事实不可分割的部分。据此，共同犯罪案件的犯罪分子，如果自动投案以后如实供述本人及同案犯罪行的，仅仅成立自首；主动揭发、检举其他犯罪分子（包括共犯）另外单独或与他人共同实施的罪行、在共同犯罪过程中超过共同故意所另外实施的其他犯罪，并经查证属实的，则对这部分可以按立功对待。[2] 如果被采取强制措施的犯罪嫌疑人、被告人和已宣判的罪犯如实供述司法机关未掌握的不同种罪行及其同案犯的，也仅仅成立自首；如果到案后，揭发同案犯共同犯罪事实的，属于坦白，可以酌情予以从轻处罚。

此外，自首和立功的作用范围也不同。在犯罪分子有数项罪行的场合，自首的从宽处罚效力只及于犯罪人符合自首条件的罪行。例如，甲犯A罪时被抓后归案，在公安机关审查其A罪时主动供述了司法机关不掌握的B罪，B罪符合自首条件，仅B罪成立自首。对甲A、B二罪并罚分别定罪量刑时，仅对B罪适用自首规定从宽处罚。至于A罪，因是被抓获归案不符合自首条件，不成立自首。然而，立功从宽处罚的效力可及于犯罪人。例如，甲犯故意杀人罪被抓获归案，在审查关押期间主动供述自己窝藏犯故意伤害致死罪行的乙，并提供乙的藏匿地点，公安机关据此将乙抓获。就本案而言：①甲主动交代本人窝藏罪行与被审查罪行（故意杀人罪）属于不同种罪，对窝藏罪以自首论；②甲自首窝藏乙的罪行仅作用于对窝藏罪的处罚，其效力不及于故意杀人罪，即甲故意杀人罪不具有自首的性质；③因甲交代出乙的藏匿地点，将乙抓获，符合"协助抓获同案犯"的立功条件，成立立功。据此：①甲有重大立功表现，因为乙伤害致死的罪行可处无期徒刑以上刑罚，属于重大案犯或重大罪行；②甲窝藏乙，甲、乙是同案犯但不是共犯；③该重大立功的作用范围可及于甲的故意杀人罪，适用重大立功规定从轻或减轻处罚。

---

[1] 宫鸣、黄永维主编：《最高人民法院关于减刑、假释司法解释理解与适用》，人民法院出版社2014年版，第69页。

[2] "从一起个案看共同犯罪的自首和立功的区别"，载《刑事审判参考》（总第51集），法律出版社2006年版，第167~169页。

第五节　缓刑

一、缓刑的概念

缓刑，是对犯罪较轻、有悔改表现的犯罪分子判处自由刑但有条件不执行原判刑罚的制度。

设立缓刑制度的主要目的是减少"监狱传染"、便利罪犯改过自新。在现代刑罚体系中，剥夺自由刑（监禁刑）居于主干地位，被广泛使用。但人们逐渐发现自由刑存在两个严重缺陷：①在监狱，犯人之间容易发生不良影响，有的犯人在监狱关押一段时间后不仅没有进步，反倒染上一些恶习，学到不少犯罪的经验、方法；②监狱关押使犯人与社会生活隔离一段时间后，导致犯人难以重新适应社会生活。因为犯人在监狱服刑，会失去原有的工作，有时还会引起家庭解体。犯人出狱后，背负恶名，往往会遭到社会排斥，就业谋生比较困难。为了避免监狱给犯人造成的不良影响，降低重新犯罪的几率，取得预防犯罪的效果，于是产生了有条件不执行原判刑罚的缓刑制度。

二、缓刑适用的条件

《刑法》第72条规定："对于被判处拘役、3年以下有期徒刑的犯罪分子，同时符合下列条件的，可以宣告缓刑，对其中不满18周岁的人、怀孕的妇女和已满75周岁的人，应当宣告缓刑：①犯罪情节较轻；②有悔罪表现；③没有再犯罪的危险；④宣告缓刑对所居住社区没有重大不良影响。宣告缓刑，可以根据犯罪情况，同时禁止犯罪分子在缓刑考验期限内从事特定活动，进入特定区域、场所，接触特定的人。"

《刑法》第74条规定："对于累犯和犯罪集团首要分子，不适用缓刑。"据此，适用缓刑的条件是：

1. 适用的对象是被判处拘役或者3年以下有期徒刑的犯罪分子。"被判处拘役或者3年以下有期徒刑"是宣告刑而不是法定刑。例如，甲犯绑架罪，依据《刑法》第239条第1款的规定，绑架罪法定刑为10年以上有期徒刑或者无期徒刑，并处罚金或没收财产；情节较轻的，处5年以上10年以下有期徒刑，并处罚金。法官鉴于甲是该绑架案中的从犯且未成年，减轻处罚判处2年有期徒刑，则甲符合被判处3年以下有期徒刑的条件。缓刑只适用于被判处较轻刑罚的犯罪分子，意味着缓刑适用的对象是罪行较轻者。因为缓刑毕竟是较为宽缓的处置措施，适用缓刑需要兼顾公正报应的观念。

2. 实质条件：同时具备犯罪情节较轻、有悔罪表现、没有再犯罪的危险、宣告缓刑对所居住社区没有重大不良影响这四个条件。

（1）犯罪情节较轻，"犯罪情节"一般是指犯罪的动机、手段、结果等犯罪事实，与此关联，还包括被害人的态度、社会影响等因素。在这些情节因素方面较轻，或者说，在情节因素方面没有出现某种严重的情况，如动机恶劣，手段狡猾，被害人不宽恕等，足以阻止适用缓刑。

(2)"悔罪表现"，指犯罪人在犯罪以后、判决宣告以前的善意态度和行动，如自首、坦白、立功、认罪态度好；能反省自己的罪行、感到内疚、后悔；对被害人表示道歉；积极退赃，减少或者补偿被害人的损失等。法定的或酌定的从轻情节往往是评价犯罪情节、悔罪表现的重要因素。

(3)"没有再犯罪的危险"，指犯罪人将来再次犯罪可能性的预测。适用缓刑不致再危害社会，主要是综合犯罪人的犯罪事实、情节；犯罪人的平时表现；工作、家庭、社会环境等因素预测即使不予关押犯罪人，其也不会再次犯罪。其中，已然的犯罪情节和悔罪表现是作出未来预测的重要依据。

(4)宣告缓刑对所居住社区没有重大不良影响。

3. 不是累犯和犯罪集团的首要分子。《刑法》第74条规定："对于累犯和犯罪集团的首要分子，不适用缓刑。"累犯和犯罪集团的首要分子足以表明其具有较高人身危险性，不符合适用缓刑不致再危害社会的条件。

"具备"缓刑条件的，法院"可以"宣告缓刑。这个酌情的"可以"，其实仍然是对具备缓刑条件的犯罪人是否适用缓刑的判断。对其中不满18周岁的人、怀孕的妇女和已满75周岁的人，应当宣告缓刑。这里规定"应当"宣告缓刑，反映出立法对上述三种犯罪人扩大缓刑适用的取向。其实仍然存在对犯罪人是否适合缓刑的判断或裁量。

4. 具有下列情形之一的职务犯罪分子，一般不适用缓刑：①不如实供述罪行的；②不予退缴赃款赃物或者将赃款赃物用于非法活动的；③属于共同犯罪中情节严重的主犯的；④犯有数个职务犯罪依法实行并罚或者以一罪处理的；⑤曾因职务违纪违法行为受过行政处分的；⑥犯罪涉及的财物属于救灾、抢险、防汛、优抚、扶贫、移民、救济、防疫等特定款物的；⑦受贿犯罪中具有索贿情节的；⑧渎职犯罪中徇私舞弊情节或者滥用职权情节恶劣的；⑨其他情形。如果根据全案事实和量刑情节，认为确有必要适用缓刑的，应经检察委员会或审判委员会讨论决定。[1]

三、缓刑的"禁止令"

《刑法》第72条第2规定："宣告缓刑，可以根据犯罪情况，同时禁止犯罪分子在缓刑考验期限内从事特定活动，进入特定区域、场所，接触特定的人。"

法院宣告"禁止令"对缓刑犯提出个别化的约束，确保管制和缓刑的执行效果。关于"禁止令"的适用、内容、期限、宣告、执行参见本编第二章第二节"主刑"中的"管制"部分。

---

[1] 2012年8月8日最高人民法院、最高人民检察院《关于办理职务犯罪严格适用缓刑、免予刑事处罚若干问题的意见》。

四、司法实务对缓刑条件的掌握

根据天津市高级人民法院的总结,在司法实践中,适用缓刑的条件可概括为"三好、三看、两小"。

"三好"是指:①被告人犯罪前一贯表现好,通常是在日常生活、工作中,待人接物较好,没有前劣迹,属于初犯、偶犯;②犯罪后认罪悔罪态度好,通常表现为与司法机关合作,有坦白、自首、立功的表现,此外,也包括积极退赃、赔偿被害人的损失取得被害人的原谅;③适用缓刑的社会效果好,主要是被害人、被告人单位、居住地的群众对被告人缓刑持赞成的态度,此外,还有对被告人及其家庭生活的影响。

"三看"是指:①看是否有法定的从轻或减轻情节;②看退赃情况;③看被告人所在单位领导和群众对被告人处理意见。

"两小"是指:①犯罪的社会危害性要小;②犯罪人的主观恶性要小。

在缓刑方面较为典型的案例如:

【案例1】丁东狗盗窃他人的隐藏物适用缓刑案[1]

被告人丁东狗,男,50岁,受单位指派到一居民家改装家用电线。在开凿室内穿墙线洞时,发现墙内有一塑料布包着的3根金条(计九十余克),即取出藏匿。被房主问及,丁矢口否认见过金条。丁于3日后受公安机关传讯时,如实交代了犯罪事实、交出金条。法院认为,上诉人属于确有悔罪表现,适用缓刑不致再危害社会,宣告判处丁有期徒刑3年,缓刑4年。

【案例2】唐莉不宜适用缓刑案[2]

被告人唐莉因为毒瘾发作,无钱买毒品吸,便趁他人不备,抢夺一对金耳环。被告人的亲属代为赔偿了受害人1400元。法院对本案被告人以抢夺罪判处有期徒刑2年,并指出,鉴于被告人犯罪的动机、目的、性质和情节等因素,对其不宜适用缓刑。就本案而言,为吸毒之需而抢夺钱财,在未戒除毒瘾之前具有再犯危险性,不符合缓刑的条件。

五、缓刑考验和效果

(一)缓刑考验

1. 缓刑考验期。

(1)拘役的缓刑考验期限为原判刑期以上1年以下,但是不能少于2个月。

(2)有期徒刑的缓刑考验期限为原判刑期以上5年以下,但是不能少于1年。

2. 缓刑考验的内容。《刑法》第75条规定,被宣告缓刑的犯罪分子,应当遵守

---

[1] 最高人民法院中国应用法学研究所编:《人民法院案例选》(总第9辑),人民法院出版社1994年版,第55页。

[2] 中国高级法官培训中心、中国人民大学法学院编:《中国审判案例要览(1995年综合本)》,中国人民大学出版社1996年版,第147页。

下列规定：
(1) 遵守法律、行政法规，服从监督。
(2) 按照考察机关的规定报告自己的活动情况。
(3) 遵守考察机关关于会客的规定。
(4) 离开所居住的市、县或者迁居，应当报经考察机关批准。

注意："迁居"的，无论迁往何处，都必须报考察机关批准；"外出"的，只是在离开所居住的市、县的场合，需报批准。

(二) 缓刑考验的效果

1. 原判刑法不再执行。《刑法》第76条规定："对宣告缓刑的犯罪分子，在缓刑考验期限内，依法实行社区矫正，如果没有本法第77条规定的情形，缓刑考验期满，原判刑罚就不再执行，并公开予以宣告。"这里"原判刑罚不再执行"，意味着缓刑犯没有受过刑罚的执行，其重大的影响是不作为累犯的前科之罪，此后该缓刑犯再次犯罪的不成立累犯。

但是附加刑仍须执行。被宣告缓刑的犯罪分子，如果被判处附加刑，附加刑仍须执行。这意味着对附加刑无论在数罪并罚场合还是在缓刑场合，均采取与主刑并科执行的方法。缓刑仅仅是拘役、有期徒刑的有条件不执行。

2. 撤销缓刑。

(1) 撤销缓刑，数罪并罚。《刑法》第77条第1款规定："被宣告缓刑的犯罪分子，在缓刑考验期限内犯新罪或者发现判决宣告以前还有其他罪没有判决的，应当撤销缓刑，对新犯的罪或者新发现的罪作出判决，把前罪和后罪所判处的刑罚，依照本法第69条的规定，决定执行的刑罚。"

第一，"缓刑考验期内犯新罪"，是指在缓刑考验期内再次犯罪。例如，2000年8月21日，甲因犯诈骗罪被判处有期徒刑3年，缓刑5年。2005年6月20日，甲又犯盗窃罪。甲的盗窃罪是在缓刑考验期内所犯新罪，应当对再犯之罪定罪量刑，如对甲该盗窃罪判处4年有期徒刑，然后撤销缓刑，将原判之刑（3年）与新罪之刑（4年）依数罪并罚原则合并决定执行的刑罚：总和刑期7年（3年+4年=7年）、数刑中最高刑期4年，比如决定执行6年，收监执行。如果甲在考验期内犯的盗窃罪当时没被发现，而到考验期满（2005年8月20日）以后才发现的，也应当撤销缓刑，实行数罪并罚。在此，发现时间的早晚不影响缓刑的撤销。

第二，"缓刑考验期内被发现漏罪"，是指缓刑考验期内发现判决宣告以前还有其他罪没有判决。例如，2000年8月21日，甲因犯诈骗罪被判处有期徒刑3年，缓刑5年，在考验期满（2005年8月20日）之前，发现甲在2000年8月21日以前曾经还犯有盗窃罪（漏罪），对甲的盗窃罪定罪量刑，然后撤销缓刑，将原判之刑与盗窃罪（漏罪）之刑依数罪并罚原则合并决定执行的刑罚。对于"漏罪"，必须是"发现"于缓刑考验期内才能成为撤销缓刑的事由，至于该罪与缓刑判决所宣判的罪实施时间的前后没有影响。如果到甲诈骗罪考验期满（2005年8月20日）以后才发现漏罪的，不能撤销缓刑数罪并罚。在此，是否发现于考验期内决定缓刑是否撤销。如果在考验期满后发现漏罪的，原判刑罚不再执行，仅仅涉及对漏罪的追诉。

缓刑考验期内被发现漏罪数罪并罚的，原判之刑与漏罪之刑合并后仍在3年有期徒刑以下的，如果符合缓刑条件仍然可以对合并后的刑期适用缓刑。

第三，缓刑的数罪并罚。因为缓刑考验不是刑罚执行，所以不属于刑罚执行期间的数罪并罚，不存在已经执行的刑期故不涉及"先并后减"或者"先减后并"的问题，只是普通的数罪并罚，即判决宣告前的数罪并罚。

撤销缓刑实行数罪并罚决定执行的刑期时，判决宣告前先行羁押的日期应予折抵刑期，经过的缓刑考验期不可折抵刑期。

第四，缓刑考验期的起算。如甲犯诈骗罪被判处有期徒刑3年，缓刑5年，假如该考验期自2000年8月21日起算，则考验期满之日为2005年8月20日。2005年8月20日当日，仍属缓刑考验期内，在这天再犯新罪的仍是在缓刑考验期内犯罪，是撤销缓刑的事由。8月21日才算真正出了缓刑考验期。

（2）撤销缓刑，执行原判刑罚。《刑法》第77条第2款规定："被宣告缓刑的犯罪分子，在缓刑考验期限内，违反法律、行政法规或者国务院有关部门关于缓刑的监督管理规定，或者违反人民法院判决中的禁止令，情节严重的，应当撤销缓刑，执行原判刑罚。"这种情形撤销缓刑的事由分三种：①"违反法律、行政法规"，是指尚未构成犯罪的违法行为，常见的是违反治安管理处罚法。违法行为撤销缓刑须具备"情节严重"的条件。②"违反缓刑监督管理规定"，主要是指《刑法》第75条规定的缓刑犯应遵守事项以及相关的监管规定。因"违规"行为撤销缓刑也须具备情节严重的条件。③违反人民法院判决中的禁止令，情节严重的。根据《刑事诉讼法解释》（2012）罪犯在缓刑考验期限内，有下列情形之一的，应当撤销缓刑：①违反禁止令，情节严重的；②无正当理由不按规定时间报到或者接受社区矫正期间脱离监管超过1个月的；③因违反监督管理规定受到治安管理处罚，仍不改正的；④受到执行机关3次警告仍不改正的；⑤违反有关法律、行政法规和监督管理规定，情节严重的其他情形。根据《适用禁止令的规定》，"情节严重"是指：①3次以上违反禁止令的；②因违反禁止令被治安管理处罚后，再次违反禁止令的；③违反禁止令，发生较为严重危害后果的；④其他情节严重的情形。原作出缓刑裁判的人民法院应当自收到当地社区矫正机构提出的撤销缓刑建议书之日起1个月内依法作出裁定，一经作出立即生效。综上，有五个撤销缓刑的事由：在缓刑考验期限内再犯新罪的；违法情节严重的；违规情节严重的；违反"禁止令"情节严重的；被发现漏罪的。

六、战时缓刑

《刑法》第449条规定："在战时，对被判处3年以下有期徒刑没有现实危险宣告缓刑的犯罪军人，允许其戴罪立功，确有立功表现时，可以撤销原判刑罚，不以犯罪论处。"这是《刑法》分则第十章"军人违反职责罪"中专门适用于战时犯罪军人的缓刑制度。

（一）适用战时缓刑的条件

1. 适用于战时。根据《刑法》第451条的规定，"战时"，是指国家宣布进入战争状态、部队受领作战任务或者遭敌突然袭击时。部队执行戒严任务或者处置突发性暴力事件时，以战时论。

2. 适用于被判处3年以下有期徒刑的犯罪军人。

3. 宣告缓刑没有现实危险。这是适用战时缓刑的实质条件。没有现实危险，主要指没有再次犯罪的危险，与普通缓刑适用的标准大致相同。不过，掌握战时缓刑实质标准还需考虑"战时"的特殊背景，谨防犯罪军人实施危害军事利益的行为。

（二）战时缓刑的考验和效果

允许犯罪军人戴罪立功，确有立功表现时，可以撤销原判，不以犯罪论处。

战时缓刑的效果与普通缓刑存在显著的差别，就是仍然允许犯罪军人执行军事任务，并激励其戴罪立功。若有立功表现的，撤销有罪判决且不再认为其原行为是犯罪。普通缓刑则需待考验期满，且效果仅止于原判刑罚不再执行。

第五章

刑罚的执行

减刑、假释是适用于服刑犯人的制度，适用根据是犯人服刑的表现。其程序是由刑罚执行机关（监狱或公安机关）根据罪犯服刑表现呈报减刑或假释建议书，由中级以上人民法院组成合议庭审理后裁定是否准许。非经法定程序不得减刑、假释。

法院在审判案件时，量刑的根据是已然犯罪事实以及犯罪后悔罪表现，量刑的轻重体现了对已然罪行的惩罚和对犯罪人再犯危险性的预测，裁量刑罚侧重于公平报应，即裁量与罪行轻重相应的刑罚。按照预防主义的观点，适用刑罚好比治病救人，罪犯已经改过自新好比病人已经治疗痊愈，自然没有继续关押隔离、改造的必要，如同病人痊愈没有继续住院治疗的必要。但是，在量刑阶段难以准确预测罪犯改造的难易程度，因此预防主义的目的需要进一步在刑罚执行期间落实。根据罪犯在服刑期间悔过自新的表现，可以适当减轻原判决刑罚或附条件提前释放，从而进一步贯彻教育改造罪犯的预防目的。量刑侧重于报应的目的；刑罚执行中裁量减刑、假释侧重于预防目的，二者各有其功用。对司法机关量定的刑罚，在刑罚执行期间应予尊重，这体现在减刑的限度和假释的执行刑期的前提上。罪犯经过一次或数次减刑，最终还可以获假释，但其实际执行的刑期必须保障在原判（有期徒刑的）刑期的1/2以上或（无期徒刑的）在13年以上。因为量刑的根据是判刑前的犯罪事实和犯罪后表现，而减刑、假释的根据是判刑后刑罚执行期间的表现。

此外，减刑、假释也具有恩惠性质，起到鼓励罪犯遵守监规、努力改造的作用。

第一节　减刑

一、减刑的概念和适用范围

减刑，是根据罪犯服刑的表现适当减短刑期或减轻刑种的制度。

减刑适用的范围是被判处管制、拘役、有期徒刑、无期徒刑的罪犯，即主刑中除死刑（含死刑缓期二年，以下简称"死缓"）不能减刑外，其余四种主刑均属于减刑范围之内。例外情况是，根据《刑法》第383条第4款和第386条的规定，犯贪污罪、受贿罪的犯罪分子被判处死刑缓期执行的，法院根据犯罪情节等情况同时决定在其死缓期满依法减为无期徒刑后，终身监禁的，不得减刑。死刑立即执行，没有减刑的必要和可能。死缓二年考验期满减为无期徒刑属于死缓制度中法定的变更，与减刑的根据不同，不属于减刑制度。

此外，《刑事诉讼法》规定，对被判处有期徒刑或者拘役的罪犯可以暂予监外执行。一般情况下对暂予监外执行的罪犯不适用减刑，但如有立功或重大立功表现的，仍可予以减刑，但应比照在监狱内服刑的罪犯，在同等情形下在减刑幅度等方面适当有所限制。[1] 有期徒刑、拘役缓刑考验不是刑罚执行，缓刑犯有重大立功表现的，对其有期徒刑、拘役可以适用减刑。

对附加刑不适用减刑。死缓或无期徒刑减为有期徒刑的，其附加剥夺政治权利终身可随之相应减为 3 年以上 10 年以下；有期徒刑减刑时，对附加剥夺政治权利的刑期可以酌减。这是随附死缓变更或无期徒刑减刑的变更，不是针对附加剥夺政治权利刑的减刑。

二、减刑的条件

（一）应当减刑的条件

犯人在刑罚执行期间有重大立功表现的，应当减刑。"重大立功表现"是指具有《刑法》第 78 条第 1 款规定的应当减刑的以下六种表现之一的情形：①阻止他人重大犯罪活动的；②检举监狱内外重大犯罪活动，经查证属实的；③有发明创造或者重大技术革新的；④在日常生产、生活中舍己救人的；⑤在抗御自然灾害或者排除重大事故中，有突出表现的；⑥对国家和社会有其他重大贡献的。

因为具有重大立功表现的效果是"应当减刑"，即必须减刑，所以：①在死缓执行期间，有重大立功表现的，也应当减刑，但必须等到死缓期满后裁定减刑。具体操作的方式是，待死缓二年考验期满后，在法定减为无期徒刑的基础上根据死缓期间的重大立功表现减为 25 年有期徒刑。②对（有期徒刑的）缓刑犯一般不减刑，因为缓刑犯不是处在关押状态，没有必要减刑，但有重大立功表现的，仍可减刑。其操作方式是，适当减去一定有期徒刑的刑期，并根据有期徒刑减刑的长短相应缩短考验期。比如，甲被判处有期徒刑 3 年，缓刑 4 年，若因重大立功表现给甲减刑，应当先针对 3 年有期徒刑减去一段刑期比如 1 年，然后根据原判刑期减短 1 年相应缩短考验期比如 1 年。不得在没有对判决刑期减短的情况下直接缩短考验期，因为减刑不可撤销而缓刑可撤销，假如只减考验期没有减刑期，以后罪犯若发生应予撤销缓刑的事由收监执行，将会面临应执行 3 年还是 2 年的问题。若减刑期则不生此问题，很明确应当执行 2 年，减去的 1 年不可撤销。③罪犯有重大立功表现的，可以不受减刑起始和间隔时间的限制。

（二）可以减刑的条件

根据《刑法》第 78 条第 1 款的规定，可以减刑的条件有两个：①悔改表现；②立功表现。

---

[1] 宫鸣、黄永维主编：《最高人民法院关于减刑、假释司法解释理解与适用》，人民法院出版社 2014 年版，第 79 页。

1. "确有悔改表现"。根据 2016 年 11 月 14 日最高人民法院《办理减刑假释案规定》,"确有悔改表现"是指同时具备以下四个方面的情形:①认罪悔罪;②认真遵守法律法规及监规,接受教育改造;③积极参加思想、文化、职业技术教育;④积极参加劳动,努力完成劳动任务。对职务犯罪、破坏金融管理秩序犯罪和金融诈骗犯罪、组织、领导、参加、包庇、纵容黑社会性质组织犯罪等罪犯,不积极退赃、协助追缴赃款赃物、赔偿损失,或者服刑期间利用个人影响力和社会关系等不正当手段意图获得减刑、假释的,不认定其"确有悔改表现"。

对罪犯在刑罚执行期间提出申诉的,要依法保护其申诉权利。对罪犯申诉应当具体情况具体分析,不应当一概认为是不认罪悔罪的表现。

2. 有"立功表现"。根据《办理减刑假释案规定》,有"立功表现"是指具有下列情形之一的:①阻止他人实施犯罪活动的;②检举、揭发监狱内外犯罪活动,或者提供重要的破案线索,经查证属实的;③协助司法机关抓捕其他犯罪嫌疑人的;④在生产、科研中进行技术革新,成绩突出的;⑤在抗御自然灾害或者排除重大事故中,表现积极的;⑥对国家和社会有其他较大贡献的。

三、减刑的限度

(一)实际执行的最低刑期

根据《刑法》第 78 条第 2 款的规定,罪犯经过一次或数次减刑以后,实际执行的刑期不能少于下列期限:

1. 判处管制、拘役、有期徒刑的,不能少于原判刑期的 1/2。
2. 判处无期徒刑的,不能少于 13 年。
3. 限制减刑的死刑缓期执行的犯罪分子,缓期执行期满后依法减为无期徒刑的,不能少于 25 年,缓期执行期满后依法减为 25 年有期徒刑的,不能少于 20 年。

普通"死缓犯"2 年期满减为无期徒刑的,其实际执行的刑期底线即按照无期徒刑犯的掌握,不能少于 13 年。

(二)实际执行刑期的起算

1. 无期徒刑犯减刑后(不能少于 13 年的),实际执行的刑期自无期徒刑判决确定之日起计算。
2. 死缓犯 2 年期满减为无期徒刑的(不能少于 13 年的),实际执行的刑期自死缓 2 年期满第 2 日起计算。普通死缓犯因重大立功表现减为 25 年有期徒刑的(不能少于 1/2 的实际执行刑期),特殊死缓犯(限制减刑的死缓犯)因重大立功表现减为有期徒刑的(不能少于 20 年的实际执行刑期),也是自死缓 2 年期满第 2 日起计算。

判处管制、拘役、有期徒刑的罪犯减刑后,不能少于原判刑期的 1/2,自判决执行之日起计算。但是判决宣告前先行羁押的日期应折抵刑期,实际上应自羁押之日起计算。例如,甲因为涉嫌抢劫罪于 2000 年 3 月 8 日被刑事拘留,于 2000 年 9 月 5 日被判处 5 年有期徒刑,于 2000 年 10 月 3 日交付执行。因为先行羁押的刑期折抵的缘故,其刑期自 2000 年 3 月 8 日起至 2005 年 3 月 7 日止。这意味着甲的 5 年有期徒刑实际执行 1/2 的起算日是 2000 年 3 月 8 日，即先行羁押日。而无期徒刑、死缓不存在先行羁押日期折抵刑期问题，故实际执行的刑期的起算点由法律设定，无期徒刑的，自判决确定之日起计算；死缓的，自死缓二年期满之日第二日起计算。

四、减刑的幅度

（一）有期徒刑的减刑幅度

被判处有期徒刑的罪犯，确有悔改表现或者有立功表现的，一次减刑不超过 9 个月有期徒刑；确有悔改表现并有立功表现的，一次减刑不超过 1 年有期徒刑；有重大立功表现的，一次减刑不超过 1 年 6 个月有期徒刑；确有悔改表现并有重大立功表现的，一次减刑不超过 2 年有期徒刑。

（二）无期徒刑的减刑幅度

被判处无期徒刑的罪犯，确有悔改表现或者有立功表现的，可以减为 22 年以下有期徒刑；确有悔改表现并有立功表现的，可以减为 21 年以上 22 年以下有期徒刑；有重大立功表现的，可以减为 20 年以上 21 年以下有期徒刑；确有悔改表现并有重大立功表现的，可以减为 19 年以上 20 年以下有期徒刑。无期徒刑的罪犯减为有期徒刑后再减刑时，减刑幅度依照有期徒刑的减刑幅度执行。

（三）死缓的减刑幅度

1. 被判处死缓的罪犯减为无期徒刑后，确有悔改表现或者有立功表现的，可以减为 25 年有期徒刑；确有悔改表现并有立功表现的，可以减为 24 年以上 25 年以下有期徒刑；有重大立功表现的，可以减为 23 年以上 24 年以下有期徒刑；确有悔改表现并有重大立功表现的，可以减为 22 年以上 23 年以下有期徒刑。

2. 对被判处死刑缓期执行的职务犯罪罪犯，破坏金融管理秩序和金融诈骗犯罪罪犯，组织、领导、参加、包庇、纵容黑社会性质组织犯罪罪犯，危害国家安全犯罪罪犯，恐怖活动犯罪罪犯，毒品犯罪集团的首要分子及毒品再犯，累犯以及因故意杀人、强奸、抢劫、绑架、放火、爆炸、投放危险物质或者有组织的暴力性犯罪的罪犯，确有履行能力而不履行或者不全部履行生效裁判中财产性判项的罪犯，数罪并罚被判处死刑缓期执行的罪犯，减为无期徒刑后，符合减刑条件的，一般减为 25 年有期徒刑，有立功表现或者重大立功表现的，可以减为 23 年以上 25 年以下有期徒刑；减为有期徒刑后再减刑时，减刑幅度从严掌握，一次不超过 1 年有期徒刑。

（四）管制、拘役的减刑幅度

被判处管制、拘役的罪犯，以及判决生效后剩余刑期不满 2 年的罪犯，符合减刑条件的，可以酌情减刑，但实际执行的刑期不得少于原判刑期的 1/2。

（五）剥夺政治权利的减刑幅度

被判处有期徒刑罪犯减刑时，对附加剥夺政治权利的期限可以酌减。酌减后剥夺政治权利的期限不得少于 1 年。被判处死缓、无期的罪犯减为有期徒刑时，应当将附加剥夺政治权利的期限减为 7 年以上 10 年以下，经过 1 次或几次减刑后，最终剥夺政治权利的期限不得少于 3 年。

五、减刑起始时间和间隔时间

（一）减刑起始时间和间隔时间的由来

减刑的根据是罪犯服刑的表现，执行机关对刚刚入狱的罪犯需考察一段时间作为报请减刑的依据，因此产生了减刑的"起始时间"要求。另外，执行机关根据罪犯前一段时间有悔改或立功表现而报请法院裁定减刑后，再次报请减刑需要重新对罪犯考察一段时间作为报请减刑的依据，由此产生减刑的"间隔时间"的要求。

（二）减刑起始时间和间隔时间

1. 被判处不满 5 年有期徒刑的罪犯，应当执行 1 年以上方可减刑；5 年以上不满 10 年有期徒刑的，应当执行 1 年 6 个月以上方可减刑；10 年以上有期徒刑的，应当执行 2 年以上方可减刑。被判处不满 10 年有期徒刑的罪犯，两次减刑间隔时间不得少于 1 年；被判处 10 年以上有期徒刑的罪犯，两次减刑间隔时间不得少于 1 年 6 个月。减刑间隔时间不得低于上次减刑减去的刑期。

对符合减刑条件的职务犯罪罪犯，破坏金融管理秩序和金融诈骗犯罪罪犯，组织、领导、参加、包庇、纵容黑社会性质组织犯罪罪犯，危害国家安全犯罪罪犯，恐怖活动犯罪罪犯，毒品犯罪集团的首要分子及毒品再犯，累犯，确有履行能力而不履行或者不全部履行生效裁判中财产性判项的罪犯，被判处 10 年以下有期徒刑的，执行 2 年以上方可减刑，两次减刑之间应当间隔 1 年以上。对被判处 10 年以上有期徒刑的前款罪犯，以及因故意杀人、强奸、抢劫、绑架、放火、爆炸、投放危险物质或者有组织的暴力性犯罪被判处 10 年以上有期徒刑的罪犯，数罪并罚且其中两罪以上被判处 10 年以上有期徒刑的罪犯，执行 2 年以上方可减刑，两次减刑之间应当间隔 1 年 6 个月以上。

罪犯有重大立功表现的，可以不受上述减刑起始和间隔时间的限制。

2. 无期徒刑罪犯一般在服刑 2 年以后，可以减刑。两次减刑间隔时间不得少于 2 年。减为有期徒刑后，其减刑的起始时间和间隔时间按照有期徒刑的掌握。

对被判处无期徒刑的职务犯罪罪犯，破坏金融管理秩序和金融诈骗犯罪罪犯，组织、领导、参加、包庇、纵容黑社会性质组织犯罪罪犯，危害国家安全犯罪罪犯，恐怖活动犯罪罪犯，毒品犯罪集团的首要分子及毒品再犯，累犯以及因故意杀人、强奸、抢劫、绑架、放火、爆炸、投放危险物质或者有组织的暴力性犯罪的罪犯，确有履行能力而不履行或者不全部履行生效裁判中财产性判项的罪犯；数罪并罚被判处无期徒刑的罪犯，符合减刑条件的，执行 3 年以上方可减刑；减为有期徒刑后再减刑时，两次减刑之间应当间隔 2 年以上。

罪犯有重大立功表现的，可以不受上述减刑起始和间隔时间的限制。

3. 被判处死刑缓期执行的罪犯减为无期徒刑后，符合减刑条件的，执行 3 年以上方可减刑。

对被判处死刑缓期执行的职务犯罪罪犯，破坏金融管理秩序和金融诈骗犯罪罪犯，组织、领导、参加、包庇、纵容黑社会性质组织犯罪罪犯，危害国家安全犯罪罪犯，恐怖活动犯罪罪犯，毒品犯罪集团的首要分子及毒品再犯，累犯以及因故意杀人、强奸、抢劫、绑架、放火、爆炸、投放危险物质或者有组织的暴力性犯罪的罪犯，确有履行能力而不履行或者不全部履行生效裁判中财产性判项的罪犯，数罪并罚被判处死刑缓期执行的罪犯，减为无期徒刑后，符合减刑条件的，执行3年以上方可减刑；减为有期徒刑后再减刑时，两次减刑之间应当间隔2年以上。

注意：死刑缓期执行罪犯在死刑缓期执行期间，如果没有故意犯罪，2年期满以后，减为无期徒刑。因为这是法定到期当然的变更，所以不属减刑范围的问题。普通死缓犯如果在死刑缓期执行期间确有重大立功表现，2年期满以后，减为25年有期徒刑，这属于减刑范围。可以理解为死缓到期可以减为无期徒刑，又因罪犯在死缓期间有重大立功表现，可以作为减轻的根据由无期徒刑减为有期徒刑。

被限制减刑的死刑缓期执行罪犯，减为无期徒刑后，符合减刑条件的，执行5年以上方可减刑，两次减刑之间应当间隔2年以上。有重大立功表现的，间隔时间可以适当缩短。

4. 被判处有期徒刑、无期徒刑的罪犯在刑罚执行期间又故意犯罪，新罪被判处有期徒刑的，自新罪判决确定之日起3年内不予减刑；新罪被判处无期徒刑的，自新罪判决确定之日起4年内不予减刑。罪犯在死缓期间又故意犯罪，未被执行死刑，死缓期间重新计算，减为无期徒刑后，5年内不予减刑。

六、缓刑犯的减刑

对判处拘役或者3年以下有期徒刑并宣告缓刑的犯罪分子，一般不适用减刑。如果在缓刑考验期间有重大立功表现的，可以参照《刑法》第78条的规定，予以减刑，同时相应地缩减其缓刑考验期限。减刑后实际执行的刑期不能少于原判刑期的1/2，相应缩减缓刑考验期限；拘役的不能少于2个月；有期徒刑的不能少于1年。

被假释的罪犯，除有特殊情形，一般不得减刑，其假释考验期也不能缩短。

第二节　假释

一、假释的概念和意义

假释，是指根据囚犯的服刑时间、悔罪表现等情况，将囚犯有条件提前释放实行社区矫正的制度。简言之，假释即附条件提前释放。

这个制度创始于19世纪初叶，创立之初，还只是作为一种恩典或者特殊的奖赏适用于极少数囚犯。20世纪以来，西方国家把假释当作行刑制度现代化的一项重要措施加以推广，不断扩大假释的范围，使几乎所有的囚犯都有可能获得假释。刑事政策还强调，司法当局和公众应当积极帮助囚犯创造获准假释的条件。20世纪60年代美国州监狱的犯人有60%获假释，到70年代，达70%。在日本，现在假释出狱者也超过刑满出狱者。瑞典1943年的法律规定罪犯服刑2/3的可以假释，服刑5/6的应当假释,实际使每一个被处自由刑的囚犯都能以假释的方式出狱。在一些广泛适用假释的西方国家,自由刑的执行方式因此发生了重大变化,对于多数囚犯来说,自由刑的执行实际分成了两个阶段,前一阶段在监狱中执行,后一阶段在社会上以假释的方式执行。这种刑罚执行方式日益朝制度化、原则化的方向发展。

西方国家广泛适用假释的第一个原因来源于刑罚哲学的变化。传统的刑罚哲学强调报复和惩罚,在这种刑罚哲学影响下,形成了立法和司法中罪与刑之间的僵化关系。一种新的刑罚哲学强调教育、改造罪犯和预防犯罪,抛弃了报应刑思想,这为实践中摆脱这种僵化的罪刑关系的束缚、采用包括假释在内的比较灵活的刑罚制度铺平了道路。第二个原因是单纯依靠监狱改造罪犯的效果并不理想,累犯率一直很高。罪犯在刚刚出狱的一段时间里难以适应社会的自由生活,尤其容易重新犯罪。这一事实促成了这样的设想:应当有计划地使犯人实现由监狱生活到社会自由生活的平稳过渡,以减少重新犯罪的现象。假释制度作为贯彻这一设想的措施便得到了推广应用。另外,假释比监禁犯人节省费用,也是它得以被广泛适用的重要原因。

我国的状况是减刑适用率高、假释适用率很低。原因主要是减刑可酌情多次小量适用,有利于鼓励罪犯不断努力改造,假释是一次性提前释放,在不能准确判断犯罪人再犯危险性时,存在较大风险。减刑和假释都具有使罪犯缩短刑期或提前释放的效果,差别是提前释放之后是否附加考察监管的条件,因减刑而获得提前释放,对释放后的罪犯没有考察监管;因假释而获得提前释放,对释放后的罪犯有考察监管。我国目前假释考验体制、措施不完备,难以落实对假释犯的考验,多适用减刑、少适用假释较为稳妥。不过,应当充分认识假释优于减刑的刑事政策意义,努力创造条件扩大假释的适用。《办理减刑假释案规定》就体现出扩大假释适用的倾向,其中第 26 条第 2 款明确规定,"罪犯既符合法定减刑条件,又符合法定假释条件的,可以优先适用假释"。

二、假释的适用

《刑法》第 81 条规定:"被判处有期徒刑的犯罪分子,执行原判刑期 1/2 以上,被判处无期徒刑的犯罪分子,实际执行 13 年以上,如果认真遵守监规,接受教育改造,确有悔改表现,没有再犯罪的危险的,可以假释。如果有特殊情况,经最高人民法院核准,可以不受上述执行刑期的限制。对累犯以及因故意杀人、强奸、抢劫、绑架、放火、爆炸、投放危险物质或者有组织的暴力性犯罪被判处 10 年以上有期徒刑、无期徒刑的犯罪分子,不得假释。对犯罪分子决定假释时,应当考虑其假释后对所居住社区的影响。"

(一)适用范围

假释适用于被判处有期徒刑、无期徒刑的犯罪分子。"死缓"犯减为无期徒刑或者有期徒刑后,符合假释条件的,可以假释。被判处管制刑的犯罪分子,因为本来就在社会上监管执行,没有假释的必要。被判处拘役的犯罪分子刑期太短,若认为犯罪人连拘役这样短期的关押都不必要,则可以适用缓刑,不适合适用假释。所以刑法限定假释适用的对象是有期徒刑、无期徒刑罪犯。

(二) 不得适用假释的罪犯

根据《刑法》第81条第2款的规定,对下列犯人不得适用假释:

1. 累犯。因为累犯主观恶性较深、再犯的危险性较大,所以对累犯不得适用假释。

2. 因故意杀人、强奸、抢劫、绑架、放火、爆炸、投放危险物质或者有组织的暴力性犯罪[1]被判处10年以上有期徒刑、无期徒刑的犯罪分子。注意,因上述犯罪被判处死缓的罪犯,被减为无期徒刑、有期徒刑后,也不得假释。

第二种情况下的犯罪是否都以具有暴力性为必要?通说持肯定的观点。[2] 本书认为值得讨论。首先,投放危险物质,一般而言不属于暴力性犯罪;其次,犯罪的严重性、危险性在于"故意致命"的行为。投毒杀人或投放危险物质,虽然不是暴力犯,却是极其危险的犯罪甚至是恐怖主义罪行。

参照司法解释,前述第二种中的"被判处10年以上有期徒刑",指因"一罪"被判处10年以上有期徒刑。如果因数罪合并达到10年以上但没有单罪达到被判10年以上的,不属于这里所称的"被判处10年以上",不在禁止假释之列。例如,甲犯有强奸罪和抢劫罪二罪,抢劫被判处8年有期徒刑,强奸罪被判处5年有期徒刑,数罪并罚决定执行有期徒刑12年,甲不属于不得假释的罪犯,尽管甲的合并刑期(12年)达到10年以上,也不属于不得假释的罪犯。

此外,根据《刑法》第383条第4款和第386条的规定,犯贪污罪、受贿罪的犯罪分子被判处死刑缓期执行的,法院根据犯罪情节等情况同时决定在其死缓期满依法减为无期徒刑后,终身监禁的,不得假释。

(三) 适用假释的时间条件

适用假释要求犯罪分子已经被实际执行了一段刑期。注意,经减刑裁定减去的刑期不能并入假释执行期限。

1. 被判处有期徒刑的犯罪分子,至少已执行原判刑期1/2以上,才可以假释。

2. 被判处无期徒刑的犯罪分子,至少已实际执行13年以上,才可以假释。

前述"实际执行"应从判决确定之日起计算,不包括无期徒刑判决前的羁押期间。判决确定之日,分为两种情形:①一审判决后未提起上诉与抗诉的,一般情况下为法定10日上诉期满后的第1日;②一审判处无期徒刑后有上诉或抗诉,二审法院维持原判的,为二审判决或裁定向被告人宣告或送达的日期。[3]

3. 被判处死缓的罪犯减为无期徒刑或者有期徒刑后,实际执行15年以上,方可

---

[1] 有组织的暴力性犯罪,是指从事犯罪集团的犯罪活动而实施的暴力性犯罪。
[2] 赵秉志主编:《〈刑法修正案(八)〉理解与适用》,中国法制出版社2011年版,第143页。
[3] 宫鸣、黄永维主编:《最高人民法院关于减刑、假释司法解释理解与适用》,人民法院出版社2014年版,第187页。

假释。该实际执行时间从死缓执行期满之日起计算，不包括死缓执行期间和判决前的羁押期间。

4. 例外规定。如果有特殊情况，经最高人民法院核准，可以不受上述执行刑期的限制。所谓特殊情况，是指有国家政治、国防、外交等方面特殊需要的情况。

5. 罪犯减刑后又假释的间隔时间，一般不得少于 1 年；对一次减 1 年以上有期徒刑后，决定假释的，其间隔时间不得少于 1 年 6 个月。罪犯减刑后余刑不足 2 年，决定假释的，可以适当缩短间隔时间。

由于我国减刑适用率高，所以即使假释适用率低、提前释放的时间短，罪犯实际执行的刑期也不一定很长。

（四）适用假释的实质条件

认真遵守监规，接受教育改造，确有悔改表现，没有再犯罪的危险，假释后对其所居住的社区没有重大不良影响的，可以假释。这些实质条件主要包括三方面：①监狱服刑期间的表现良好。认罪悔罪，遵守法律法规及监规，接受教育改造，积极参加思想、文化、职业技术教育，积极参加劳动，努力完成劳动任务的，属于"确有悔改表现"。对职务犯罪、破坏金融管理秩序和金融诈骗犯罪、组织（领导、参加、包庇、纵容）黑社会性质组织犯罪等罪犯，不积极退赃、协助追缴赃款赃物、赔偿损失，或者服刑期间利用个人影响力和社会关系等不正当手段意图获得减刑、假释的，不认定其"确有悔改表现"。但是，罪犯在刑罚执行期间的申诉权利应当依法保护，对其正当申诉不能不加分析地认为是不认罪悔罪。②对犯罪人人身危险性的评估，确保其被提前释放出狱后不会再次犯罪。认定"没有再犯罪的危险"时，除须符合《刑法》第 81 条规定的情形外，还应当根据犯罪的具体情节、原判刑罚情况，在刑罚执行中的一贯表现，罪犯的年龄、身体状况、性格特征，假释后生活来源以及监管条件等因素综合考虑。③假释后对其所在社区没有重大不良影响。

对老年人、身体有残疾（不含自伤致残）已经丧失作案能力的犯人适用假释，主要看悔罪表现，因为根据他们丧失作案能力的情况可推定对他们适用假释不致再危害社会。如果属于《刑法》规定不得假释的人，即使因老、残丧失作案能力也不得假释。对老、残犯人适用假释还需考虑其生活自理能力和假释后的生活着落，如果生活不能自理且出狱后生活没有着落的，不宜假释出狱。

对下列罪犯适用假释时可以依法从宽掌握：①过失犯罪的罪犯、中止犯罪的罪犯、被胁迫参加犯罪的罪犯；②因防卫过当或者紧急避险过当而被判处有期徒刑以上刑罚的罪犯；③犯罪时未满 18 周岁的罪犯；④基本丧失劳动能力、生活难以自理，假释后生活确有着落的老年罪犯、患严重疾病罪犯或者身体残疾罪犯；⑤服刑期间改造表现特别突出的罪犯。

三、假释的考验和效果

（一）考验期

有期徒刑的假释考验期限为没有执行完毕的刑期。例如，甲被判处 8 年有期徒刑，在执行7年时获得假释，该没有执行完毕的1年刑期（剩余的刑期）就是甲的假释考验期。无期徒刑的假释考验期限为10年，这10年是无期徒刑犯人被准许直接从无期徒刑上假释的考验期。如果无期徒刑犯人被减为有期徒刑后，其假释考验期是其（有期徒刑）没有执行完毕的刑期。

假释考验期限，从假释之日起计算。

假释期限的折抵

1. 保外就医。一般而言，保外就医期间应当折抵假释期限，但采用非法手段骗取保外就医或超过批准的时空范围的，所经过的时间不折抵。如果罪犯在保外就医地实施了违法犯罪行为，造成未及时收监的，应区分两种情形：一是执行机关自己的原因造成未及时收监的，如玩忽职守等，由于罪犯仍然在执行机关的监管之下，其人身自由受到严格限制，未及时收监而经过的时间应当折抵假释期限；二是罪犯采取隐瞒、抵抗、逃逸、欺骗等违法行为造成未及时收监的，不应折抵。如果同时存在以上两种情形，是否折抵应视主要原因而定。

2. 行政强制措施。①根据《最高人民法院研究室关于行政拘留日期折抵刑期问题的电话答复》（1988），行政拘留期间可以计入假释期限；②参照公安部在劳动教养废止之前作出的相关解释，留置盘问期间可折抵假释期限；③强制医疗、强制戒毒等措施能否折抵假释期限，应区分情形：被告人未被刑事拘留或逮捕而先予强制医疗隔离的，不予折抵。因为从性质看，它属于一种治疗性措施；从引起原因看，强制医疗隔离是因被隔离者吸毒或疾病等原因引起，与涉案犯罪行为之间没有必然联系。反之，被告人被刑事拘留或逮捕后被强制医疗隔离的，应当折抵。[1]

（二）考验内容

对假释的犯罪分子，在假释考验期限内，依法实行社区矫正。《刑法》第84条规定，被宣告假释的犯罪分子，应当遵守下列规定：①遵守法律、行政法规，服从监督；②按照监督机关的规定报告自己的活动情况；③遵守监督机关关于会客的规定；④离开所居住的市、县或者迁居，应当报经监督机关批准。

（三）假释的效果

1. 原判刑罚已经执行完毕。如果没有发生《刑法》第86条规定的撤销假释的事由，假释考验期满，就认为原判刑罚已经执行完毕，并公开予以宣告。

2. 撤销假释。

（1）撤销假释，数罪并罚。包括以下两种情形：

第一，《刑法》第86条第1款："被假释的犯罪分子，在假释考验期限内犯新罪，应当撤销假释，依照本法第71条的规定实行数罪并罚。"

"假释考验期限内"视同刑罚执行期间，该数罪并罚适用刑罚执行期间犯"新

---

[1] 宫鸣、黄永维主编：《最高人民法院关于减刑、假释司法解释理解与适用》，人民法院出版社2014年版，第190页。

罪"的并罚方式，即"先减后并"。即使在假释考验期满以后才发现罪犯在考验期内犯新罪的，只要该新犯的罪没有超过追诉时效，仍应当撤销假释、数罪并罚。例如，甲因合同诈骗罪被判10年有期徒刑，服刑8年后于2001年3月8日被假释，假释考验期自2001年3月8日起至2003年3月7日止，甲在2003年1月6日盗窃一辆汽车（在考验期内犯新罪）。该起盗窃罪行在2003年8月案发。正确的处理方法是：①对甲盗窃罪定罪处罚，如判处有期徒刑12年；②撤销假释，在追究甲盗窃罪行时尽管考验期已满，仍然应当撤销假释；③先减后并，将前罪尚未执行完毕的刑期2年（10年-8年=2年，实际等于考验期，因为假释考验期为剩余刑期），与新罪（盗窃罪）刑期12年按限制加重原则合并决定执行的刑期。经过的考验期不能抵刑期。如果原判为无期徒刑或新罪判处无期徒刑的，则直接采取吸收原则，决定执行无期徒刑。

第二，在假释考验期限内，发现被假释的犯罪分子在判决宣告以前还有其他罪没有判决的，应当撤销假释，依照《刑法》第70条的规定实行数罪并罚。

在假释考验期内"被发现漏罪"的，撤销假释数罪并罚。该数罪并罚按照刑罚执行期间发现漏罪的方式，即"先并后减"。如上例甲因合同诈骗罪被判10年有期徒刑，服刑8年后于2001年3月8日被假释，假释考验期自2001年3月8日起至2003年3月7日止，司法机关在此期间发现甲曾在15年前谋杀了妻子，此即为甲合同诈骗罪判决宣告以前的罪行，即漏罪。对此应当对甲的故意杀人罪定罪判刑，撤销假释，数罪并罚。如果是假释考验期满以后才发现罪犯有"漏罪"未经处理的，仅发生对该漏罪追诉的问题，不发生撤销假释的效果。例如，司法机关在2003年8月发现甲曾在15年前谋杀了自己的妻子。正确的处理方法是：甲的谋杀罪行未过追诉时效，应予追诉；鉴于发现"漏罪"时甲的考验期已满，原判刑罚视为执行完毕，不撤销假释。

（2）撤销假释，收监执行尚未执行完毕的刑罚。《刑法》第86条第3款规定："被假释的犯罪分子，在假释考验期限内，有违反法律、行政法规或者国务院有关部门关于假释的监督管理规定的行为，尚未构成新的犯罪的，应当依照法定程序撤销假释，收监执行未执行完毕的刑罚。""违反法律、行政法规"，是指尚未构成犯罪的违法行为，常见的是违反治安管理处罚法；"违反假释监督管理规定"，主要是指《刑法》第84条规定的假释犯应遵守事项以及相关的监管规定。

综上，具有下列四个事由之一，撤销假释：在假释考验期限内犯新罪；被发现漏罪；有违法行为；有违反假释监督管理规定的行为。有以上情形之一因而被撤销假释的罪犯，一般不得再次假释。但因在假释考验期限内被发现漏罪而撤销假释的罪犯，如果罪犯对漏罪曾作如实供述但原判未认定，或者漏罪系自首，符合假释条件的，可以再次假释。此外，被撤销假释的罪犯，收监后符合减刑条件的，可以减刑，但减刑起始时间自收监之日起计算。

四、假释与缓刑的异同

（一）相近点

1. 假释与缓刑在刑事政策的构想上基本相同，都是在预防犯罪的刑罚目的观支配下，期望通过以社会为基地的开放式改造措施来增强教育、预防效果，弥补传统的监狱为基地的封闭式改造的不足。

2. 在考验方式、撤销事由上基本相同。二者考验的内容（假释犯、缓刑犯应遵守的事项）、撤销的事由是相同的，所以也有教科书将缓刑置于刑罚的执行部分。[1] 但是在因"违法""违规"导致撤销缓刑时，以"情节严重"为要件；导致假释撤销时，不以"情节严重"为要件。

（二）不同点

1. 性质和适用对象不同。假释是罪犯在狱中服满一定刑期后，根据其表现有条件提前释放的制度，通常适用于较长刑期罪犯（无期徒刑或有期徒刑罪犯），属于刑罚执行制度；而缓刑属于有期徒刑的具体运用制度，由法院根据犯罪事实和犯罪后悔罪表现在量刑阶段适用，属于量刑制度。因为适用缓刑意味着自始就将罪犯放在社会上改造，不予关押，所以通常适用于罪行较轻且（不关押）不致危害社会的罪犯，即罪行和人身危险性均较小的罪犯。

2. 考验的效果不同。假释的考验视为刑罚的执行，正所谓"假释考验期满视为刑罚执行完毕"；缓刑的考验则不被视为刑罚的执行，正所谓"缓刑考验期满原判刑罚不再执行"。因为学说上认为缓刑考验既不是也不视为刑罚的执行，所以考验期满以后，不认为被执行过刑罚。这种说法的一个明显效果就是缓刑之罪未被撤销的，不可作为认定累犯的前科。另外也导致缓刑考验期内再犯新罪或者被发现漏罪的数罪并罚，仍属于判决宣告前的数罪并罚。而假释考验期内再犯新罪或者漏罪的数罪并罚，则属于刑罚执行期间的数罪并罚。

五、管制与假释、缓刑的异同

（一）相近点

1. 管制与假释、缓刑刑事政策设计相近，都是在预防犯罪的刑罚目的观的支配下，采取以社会为基地的开放式执行方式，相对于监狱内封闭改造的传统执行方式，均是反传统的或改革的。

2. 依法实行社区矫正，执行或考验的内容相近，即以限制人身自由为主。

（二）不同点

1. 法律性质不同。管制属于刑种；缓刑不是刑种而是有期徒刑的运用制度；假释则是刑罚的执行制度。

2. 执行或考验的效力不同。管制的执行本身是刑罚的执行，不具有可撤销性；而假释是有条件的提前释放，缓刑是有条件不执行原判刑罚，具有可撤销性。

---

[1] 例如周光权：《刑法总论》，中国人民大学出版社2016年版，第454~457页。

六、适用"开放性处遇"的共同要件

相对于传统的监狱内封闭执行方式（坐牢），凡自始对罪犯不关押而以社会为基地的改造措施均可被称为"开放性"处遇。最广义的"开放性处遇"，除管制、缓刑之外，还包括单科剥夺政治权利、单科罚金刑。在这些情形下罪犯被定罪判刑却自始不被关押改造。假释犯虽然经过关押改造，其假释的考验也属于开放性处遇。

社区矫正是开放性处遇的一种实现方式，目前适用于管制、缓刑、假释的犯人。

对犯罪分子适用"开放性处遇"，相对于适用传统的关押处罚措施（自由刑），要求具有一个共性的条件，这个条件是"确有悔改表现不致危害社会，对所居住社区没有重大不良影响"。如果把进监狱单纯看作对罪犯的公正惩罚，那么对犯罪的人都应当判刑入狱令其接受这种惩罚。但是从改造罪犯、预防犯罪的角度看，不是所有的犯罪人都有关押执行刑罚的必要。有的罪犯确有再次犯罪的危险性，自然需要关押，防范其再次危害社会，这是一种最消极的个别预防犯罪的方法。有的罪犯再次犯罪的可能性很小，即所谓"确有悔改表现不致危害社会，对所居住社区没有重大不良影响"，也可以采取不关押的刑罚措施，即开放性的处遇措施。相反，采取不关押的刑罚措施可能致危害社会的，不宜适用开放性的处遇措施。如累犯不得缓刑、不得假释，其根本点就在于累犯具有较大再犯的人身危险性。

第六章 刑罚的消灭

第一节 追诉时效

一、追诉时效的概念和意义

追诉时效，是指刑法规定的对犯罪人追究刑事责任的有效期限。在追诉期限内，国家有权追究犯罪人的刑事责任。超过时效期限，国家追究犯罪人刑事责任的权力即归于消灭。

刑法设立追诉时效制度的意义在于，犯罪人在犯罪以后，随着时间的推移，社会对该犯罪行为的谴责、惩罚情感逐渐缓和、淡化，以至于不必要处罚。[1] 可谓时间可以磨灭一切，犯罪随着时间的推移而渐渐成为遥远的过去，并失去"旧事重提"的必要性。此外，追诉时效还有一些其他意义。比如，有利于敦促国家司法机关及时追诉犯罪行为，以免时过境迁难以查清、证实案件情况；有利于鼓励犯罪人在犯罪后改过自新、长期保持善行，因为追诉时效以犯罪后保持善行为前提，犯罪后逃避审判或再次犯罪就会丧失时效制度的恩惠。如果犯罪人在犯罪后不再犯罪，安分守己地工作、生活一段时间，足以表明他接受教训、改恶从善了，已经收到了预防犯罪的效果，没有必要打乱犯罪人长期安分守己的生存状态、追溯其遥远过去的罪行。

刑法除追诉时效制度外，还有行刑时效制度。行刑时效，是指刑法规定的对被判处刑罚的犯罪人执行刑罚的有效期限。在该有效期限内，国家有权执行刑罚，超过有效期限，则执行该刑罚的权力消灭。我国《刑法》中只规定了追诉时效，没有规定行刑时效。不过，《刑法》第53条关于罚金刑的执行有这样的规定："对于不能全部缴纳罚金的，人民法院在任何时候发现被执行人有可以执行的财产，应当随时追缴。"这随时追缴的规定似乎确认了罚金刑没有行刑时效的限制。

二、追诉时效的期限

（一）法定追诉时效的期限

《刑法》第87条规定，犯罪经过下列期限不再追诉：

---

[1] [日] 大塚仁著，冯军译：《刑法概说：总论》，中国人民大学出版社2003年版，第502页。

1. 法定最高刑为不满 5 年有期徒刑的，经过 5 年。
2. 法定最高刑为 5 年以上不满 10 年有期徒刑的，经过 10 年。
3. 法定最高刑为 10 年以上有期徒刑的，经过 15 年。
4. 法定最高刑为无期徒刑、死刑的，经过 20 年。如果 20 年以后认为必须追诉的，须报请最高人民检察院核准。

(二)《刑法》第 87 条的理解要点

1. 第 87 条所称"法定最高刑"，是指与犯罪危害程度相应的法定刑幅度的最高刑，不一定是触犯条文的最高刑。例如，《刑法》第 234 条规定，故意伤害他人身体的，处 3 年以下有期徒刑、拘役或者管制。致人重伤的，处 3 年以上 10 年以下有期徒刑；致人死亡或者以特别残忍手段致人重伤造成严重残疾的，处 10 年以上有期徒刑、无期徒刑或者死刑。这一条文的法定最高刑是死刑，但是并非所有的故意伤害罪都按（该条文法定最高刑）死刑来确定追诉时效，而是根据罪行应当适用的法定刑幅度最高刑确定追诉时效。例如，甲故意伤害他人造成轻伤后果的，其应当适用的法定刑幅度为"处 3 年以下有期徒刑、拘役或者管制"，这一幅度的法定最高刑为 3 年，则甲这一伤害罪行的追诉时效为 5 年；假如造成了重伤，其应当适用的法定刑幅度为"3 年以上 10 年以下有期徒刑、拘役或者管制"，这一幅度的法定最高刑为 10 年，则甲这一伤害（重伤）罪行的追诉时效为 15 年。

在判断刑法的效力范围时也需要确认"法定最高刑""法定最低刑"，此处与彼处的解释相同。

2. 第 87 条中"不满 5 年"和"不满 10 年"不包括 5 年、10 年本数。《刑法》规定，"以上""以下"含本数。例如，《刑法》第 293 条规定，犯寻衅滋事罪的，处 5 年以下有期徒刑、拘役或者管制，据此，寻衅滋事罪的法定最高刑"5 年以下"含 5 年本数，即该条之罪"法定最高刑为 5 年"，故寻衅滋事罪的追诉期限是 10 年。而"不满……年"不含年本数。

3. 追诉时效的例外情况。如果 20 年以后认为必须追诉的，须报请最高人民检察院核准。这种已过追诉时效经特别"核准"追诉的，仅限于"法定最高刑为无期徒刑、死刑的"情形，不适用于法定最高刑为有期徒刑的情形。

三、追诉时效的起算

《刑法》第 89 条第 1 款规定："追诉期限从犯罪之日起计算；犯罪行为有连续或者继续状态的，从犯罪行为终了之日起计算。"

追诉期限从犯罪之日起计算。"犯罪之日"通常为犯罪成立之日。例如，甲在 2003 年 5 月 6 日盗窃他人现金 3000 元。该项罪行的追诉时效从 2003 年 5 月 6 日起算。对甲该项盗窃数额较大财物的罪行法定最高刑为 3 年，追诉期间为 5 年，即自 2003 年 5 月 6 日起至 2008 年 5 月 5 日止。注意：2008 年 5 月 5 日在追诉期间内。

挪用公款罪的追诉时效从犯罪成立之日起算。因挪用公款归个人使用场合，需超过 3 个月未还才成立犯罪，故应自超过 3 个月未还之日起计算时效，而不是从挪用之日起。但在挪作营利活动、非法活动的场合，挪用之日即犯罪成立之日，不生此问题。

玩忽职守罪的追诉时效从结果发生之日起算。玩忽职守行为造成的重大损失当时没有发生，而是玩忽职守行为之后一定时间发生的，应从危害结果发生之日起计算玩忽职守罪的追诉期限。[1]

犯罪行为有连续或者继续状态的，从犯罪行为终了之日起计算。例如，甲在2003年5月6日将乙非法拘禁，至2004年5月6日才将乙释放，长达1年之久。对甲该项法定最高刑为3年以下有期徒刑的追诉期间为5年，从行为终了之日起计算，即从2004年5月6日计算，至2009年5月5日止。继续犯常见的类型有：①侵犯自由的犯罪，如非法拘禁罪、绑架罪等；②非法持有的犯罪，如非法持有毒品罪、持有假币罪、非法持有枪支罪等；③不作为犯，如遗弃罪、拒不执行判决、裁定罪等。追诉时效应从行为终了之日起计算。但是挪用公款罪、挪用资金罪、脱逃罪不是继续犯，其追诉期限从犯罪成立之日起计算。

四、追诉时效的重新起算（追诉时效中断）

《刑法》第89条第2款规定，在追诉期限以内又犯罪的，前罪追诉的期限从犯后罪之日起计算。例如，甲1985年1月5日犯一个盗窃罪，盗窃数额较大。其法定最高刑为3年，其追诉期限为5年，自1985年1月5日起计算。甲某在1988年6月3日又犯有寻衅滋事罪，其追诉时效是10年。自1988年6月3日起计算，须经过10年不再追诉。问题是，1988年发生的寻衅滋事罪会影响到1985年盗窃罪的追诉时效。其盗窃罪（前罪1985年发生的）的追诉时效从犯后罪（寻衅滋事罪）之日（1988年6月3日）起重新计算，经过5年不再追诉。本来盗窃罪的追诉时效从1985年1月5日起算，经过5年不再追诉，结果成为自1988年6月3日起算，经过5年不再追诉。其后罪寻衅滋事罪的追诉时效照常计算，即自1988年6月3日起计算，须经过10年不再追诉。假如在1992年将甲抓获归案，其盗窃罪和寻衅滋事罪均在追诉期限内，可对此二罪进行追诉。假如在1996年将甲抓获归案，则其盗窃罪自1988年6月3日计算，已经过5年，不得追诉；其寻衅滋事罪仍在追诉期限内，可以追诉。时效中断制度的实质在于，追诉时效制度虽然对犯罪人有所优惠，但这个优惠并不是无条件的。条件是其在该罪行的追诉期内不得再犯罪，如果再犯新罪，前罪的追诉时效从新罪发生之日起重新计算。

五、追诉时效不起算（追诉时效延长）

1.《刑法》第88条第1款规定："在人民检察院、公安机关、国家安全机关立案侦查或者在人民法院受理案件以后，逃避侦查或者审判的，不受追诉期限的限制。"

适用该条款规定的要件如下：

---

[1] 2003年11月13日最高人民法院印发《全国法院审理经济犯罪案件工作座谈会纪要》。

（1）有关机关已经立案侦查或者受理案件。

（2）罪犯有逃避侦查、审判的行为。"逃避"应指以逃匿的方式躲避侦查、审判。因为在已知犯罪人的场合，罪犯没有逃匿，司法机关可对其采取强制措施；在未知犯罪人的场合，有时犯罪人没有采取逃匿方式逃避侦查、审判，依旧在其常住地生活、工作，不能认为有逃避侦查、审判行为。

"不受追诉期限的限制"，一般认为是追诉时效延长，其实意味着不起算追诉期限。如果逃避、侦查审判的事由消失，比如犯罪人自动投案以后，应当起算追诉时效。

2.《刑法》第 88 条第 2 款规定："被害人在追诉期限内提出控告，人民法院、人民检察院、公安机关应当立案而不予立案的，不受追诉期限的限制。"

适用这款的要件如下：

（1）被害人向司法机关提出了控告。

（2）司法机关应当立案或者受案而没有立案、受案。"应当立案"，是指对符合《刑事诉讼法》第 112 条规定的"有犯罪事实需要追究刑事责任"的立案条件，应当立案。

【案例】1980 年初，张某强奸某妇女并将其杀害。1996 年末，张某因酒后驾车致人重伤。两案在 2007 年初被发现。对张某的犯罪行为应当如何追究罪责？

答：应当以故意杀人罪追诉。强奸基本犯法定最高刑为有期徒刑 10 年，则追诉期 15 年，故意杀人罪法定最高刑为死刑，则追诉期 20 年。1996 年时，强奸已过追诉期，但故意杀人罪未过，因张某犯交通肇事罪导致杀人罪追诉时效中断（自 1996 年重新算），故时至 2007 年仍能追诉故意杀人罪。

第二节 赦免

赦免，是国家对于犯罪分子宣告免予追诉或者免除全部或者部分执行刑罚的法律制度。

赦免分为大赦和特赦。我国现行《宪法》只规定有特赦，没有规定大赦。因此，我国《刑法》中所规定的"赦免"是指特赦。特赦由全国人民代表大会常务委员会决定，由国家主席发布特赦令，最高人民法院执行。我国先后实行了九次特赦（1959~2019）。其特点是适用于确已改恶从善的犯罪分子，免除执行其剩余的刑罚予以释放或者减轻其原判的刑罚，而不是赦免罪，也不是免除全部刑罚。

一、我国前七次特赦的特点

我国实行的前七次特赦中，第一次特赦的对象除了战争罪犯以外，还包括反革命罪犯和普通刑事犯，特赦对象较为广泛。最后一次特赦包括全部在押的战争罪犯，中间几次特赦的对象及应具备的条件较为一致。从中可以看出，我国前七次特赦具有以下特点：

1. 在范围上，特赦的对象不是针对个别的犯罪分子，而是针对某一类或者某几类犯罪分子。除了1959年的第一次特赦是既针对战争罪犯，又针对反革命罪犯和普通刑事罪犯实行以外，其余六次特赦都是针对战争罪犯实行。

2. 在对象上，被特赦的不是刑罚尚未开始执行的犯罪分子，而是关押改造了一定期限、确实改恶从善的犯罪分子，以上两个条件应同时具备。

3. 在免除方式上，特赦不是免除犯罪分子的全部刑罚，而是只免除其未执行部分，或者酌情减轻原来判处的刑罚。这也就是说，对特赦的对象，或者免除刑罚的未执行部分予以提前释放，或者将原判刑罚予以适当减轻。

二、我国第八次特赦的特点

第八次特赦与前七次特赦相比，既有共同之处，又有其自身的特点。

共同之处主要在于：在对象上，此次被特赦的同样不是刑罚尚未开始执行的犯罪人，而是服刑改造了一定期限、并且经过评估认定释放后不具有现实社会危险性的服刑罪犯。

不同之处主要在于：在范围上，此次特赦对象限定为两类特殊类型的服刑罪犯：①正在服刑的在中华人民共和国成立前或中华人民共和国成立后参加过保家卫国和反侵略正义战争的人员。这是此次特赦对象最为显著的特征，由于发生在中国人民抗日战争暨世界反法西斯战争胜利70周年（2015年）的背景下，特赦此类罪犯与这一主题密不可分。②"一老一少"正在服刑的罪犯。从"1979刑法"至今，我国刑法和刑事政策一贯坚持对特殊弱势群体犯罪从宽处罚的原则。此次将"一老一少"正在服刑的罪犯作为特赦对象，是和我国长期坚持的宽严相济的刑事政策和刑法人道主义的立场和做法相一致的，同时也具有庆祝抗战胜利70周年的意义。

三、我国第九次特赦的特点

第九次特赦与第八次特赦相比，既有共同之处，又有其自身的特点。

共同之处主要在于：在对象上，此次被特赦的人员仍然不是刑法尚未开始执行的犯罪人，而是服刑改造了一定期限，并且经过评估认定释放后不具有现实社会危险性的服刑罪犯。

不同之处主要在于：在范围上较之于第八次特赦有所扩大，包括九类服刑罪犯：①参加过中国人民抗日战争、中国人民解放战争的；②中华人民共和国成立以后，参加过保卫国家主权、安全和领土完整对外作战的；③中华人民共和国成立以后，为国家重大工程建设做过较大贡献并获得省部级以"劳动模范""先进工作者""五一劳动奖章"等荣誉称号的；④曾系现役军人并获得个人一等功以上奖励的；⑤因防卫过当或者避险过当，被判处3年以下有期徒刑或者剩余刑期在1年以下的；⑥年满75周岁、身体严重残疾且生活不能自理的；⑦犯罪的时候不满18周岁，被判处3年以下有期徒刑或者剩余刑期在1年以下的；⑧丧偶且有未成年子女或者有身体严重残疾、生活不能自理的子女,确需本人抚养的女性,被判处3年以下有期徒刑或者剩余刑期在一年以下的;⑨被裁定假释已执行1/5以上假释考验期的,或者被判处管制的。

对这九类罪犯的特赦,刑种、刑期等都有限制,例如贪污贿赂犯罪、严重暴力犯罪、恐怖活动犯罪、黑社会性质的组织犯罪等罪犯不得特赦。这体现了宽中有严、慎重有度,既维护刑事判决稳定性和严肃性,也兼顾了对罪犯宽宥人道与确保社会安全之间的平衡。